Disposition im Internationalen Erbrecht

Studien zum vergleichenden und internationalen Recht -
Comparative and International Law Studies

Herausgeber: Bernd von Hoffmann (†), Erik Jayme, Heinz-Peter Mansel,
Christine Budzikiewicz, Michael Stürner, Karsten Thorn
und Marc-Philippe Weller

Band 201

PETER LANG

Valesca Tabea Profehsner

Disposition im Internationalen Erbrecht

Rechtswahl und
parteiautonome Zuständigkeitsbestimmung
nach der Europäischen Erbrechtsverordnung
unter besonderer Berücksichtigung
der beteiligten Interessen

PETER LANG

Bibliografische Information der Deutschen Nationalbibliothek
Die Deutsche Nationalbibliothek verzeichnet diese Publikation in der Deutschen Nationalbibliografie; detaillierte bibliografische Daten sind im Internet über http://dnb.d-nb.de abrufbar.

Zugl.: Heidelberg, Univ., Diss., 2018

D 16
ISSN 0930-4746
ISBN 978-3-631-78878-3 (Print)
E-ISBN 978-3-631-78941-4 (E-PDF)
E-ISBN 978-3-631-78942-1 (EPUB)
E-ISBN 978-3-631-78943-8 (MOBI)
DOI 10.3726/b15597

Peter Lang – Berlin · Bern · Bruxelles · New York · Oxford · Warszawa · Wien

Dieses Buch erscheint in einer Herausgeberreihe bei PL Academic Research und wurde vor Erscheinen peer reviewed.

www.peterlang.com

Meiner Familie

Vorwort

Diese Arbeit entstand während meiner Zeit als wissenschaftliche Mitarbeiterin am Institut für ausländisches und internationales Privat- und Wirtschaftsrecht der Ruprecht-Karls-Universität Heidelberg. Sie wurde im Sommersemester 2018 von der Juristischen Fakultät der Ruprecht-Karls-Universität als Dissertation angenommen. Literatur und Rechtsprechung konnten bis einschließlich Oktober 2018 berücksichtigt werden.

Mein größter Dank gilt meinem hochverehrten Doktorvater Prof. Dr. Christoph A. Kern, LL.M. (Harvard). Durch die Mitarbeit an seinem Lehrstuhl durfte ich nicht nur fachlich sondern auch persönlich sehr viel von ihm lernen. Die familiäre Atmosphäre am Lehrstuhl hat die Arbeit dabei immer sehr angenehm gemacht. Als Betreuer meiner Arbeit stand seine Tür stets offen, um über Probleme und Fortschritte der Arbeit zu diskutieren. Hierfür bin ich ihm außerordentlich dankbar. Durch seine freundliche und bodenständige Art wird er mir immer ein Vorbild bleiben.

Außerdem danke ich Herrn Prof. Dr. Dr. h.c. mult. Erik Jayme, LL.M. (Berkley) für die rasche Erstellung des Zweitgutachtens und die Aufnahme in diese Schriftenreihe. Vor allem durch seine Vorlesung „Internationales Familien- und Erbrecht“ wurde mein Interesse am Internationalen Erbrecht geweckt. Herrn Prof. Dr. Marc-Philippe Weller danke ich für die Übernahme des Prüfungsvorsitzes in der Disputation.

Im Rahmen des Stipendiums der Partnerschaft der Juristischen Fakultäten der Universitäten Montpellier und Heidelberg durfte ich einen Forschungsaufenthalt am *Laboratoire de droit privé* in Montpellier verbringen. Auch hierfür möchte ich meinen Dank aussprechen.

Die liebgewonnen Freunde des Lehrstuhls mit Dr. Andreas Duttig, Ole Jena, Johannes Kist, Dominik Mohr, Simone Slawik, Christian Uhlmann und Alexander Urhahn haben immer wieder für Unterhaltung gesorgt. Ohne sie wäre der „Doktorarbeitsalltag“ ziemlich langweilig gewesen und sie sind ein weiterer Grund für dic familiäre Atmosphäre am Lehrstuhl.

Außerdem danke ich den übrigen Mitarbeiterinnen und Mitarbeitern des Instituts, insbesondere Prof. Dr. Robert Magnus, Dr. Lisa Engelhardt, Mirjam Escher und Lisa Fritz, die bei den gemeinsamen Mittags- und Kaffeepausen für Ablenkung gesorgt haben und in dieser Zeit nicht nur Kollegen, sondern auch Freunde geworden sind.

Vom ersten Tag des Studiums an haben mich Anja Bothien und Laura Kanis begleitet, denen ich für die gemeinsame Studienzeit und die Diskussionsbereitschaft zu meiner Doktorarbeit sehr dankbar bin.

Ganz besonders bedanken möchte ich mich bei meiner Familie, die mir immer Rückhalt gegeben hat. Allen voran danke ich meinen lieben Eltern Helmut Profehsner und Beate Stribl-Profehsner sowie meinen Geschwistern Justine und Raphael, die mich in jeder Lebensphase unterstützt haben. Insbesondere meine Eltern haben mich stets gefördert und an mich geglaubt, weshalb diese Arbeit ohne sie in dieser Form nicht möglich gewesen wäre. Schließlich gilt mein Dank Dr. rer. nat. Marco Wiesel, der stets an meiner Seite ist und mich in der Zeit der Doktorarbeit vorbehaltlos und geduldig unterstützt hat. Ihnen allen ist diese Arbeit gewidmet.

Inhaltsverzeichnis

Verzeichnis der Abkürzungen

a.A.	anderer Ansicht
ABGB	Österreichisches Bürgerliches Gesetzbuch
ABl.	Amtsblatt
ABlMR BritZ	Amtsblatt der Militärregierung in der Britischen Besatzungszone
Abs.	Absatz
AcP	Archiv für die civilistische Praxis
AEUV	Vertrag über die Arbeitsweise der Europäischen Union
a.F.	alte Fassung
AGB	Allgemeine Geschäftsbedingungen
AJ Famille	Actualité juridique. Famille
AmJCL	American Journal of Comparative Law
Annuaire	Annuaire de l'Institut de Droit International
AO	Abgabenordnung
Art.	Artikel
Aufl.	Auflage
Bd.	Band
BeckOGK	beck-online.GROSSKOMMENTAR zum Zivilrecht
BeckRS	Beck online Rechtsprechung
Begr.	Begründer
BGB	Bürgerliches Gesetzbuch
BGH	Bundesgerichtshof
BGHZ	Entscheidungen des Bundesgerichtshofs in Zivilsachen
BGBl.	Bundesgesetzblatt
Brüssel IIa-VO	Verordnung über die Zuständigkeit und die Anerkennung und Vollstreckung von Entscheidungen in Ehesachen und in Verfahren betreffend die elterliche Verantwortung
BT-Drucks.	Bundestags-Drucksache
BVerfG	Bundesverfassungsgericht
BVerfGE	Entscheidungen des Bundesverfassungsgerichts
bzw.	beziehungsweise

ca.	circa
CCI	Codice civile italiano (italienisches Bürgerliches Gesetzbuch)
Clunet	Journal du droit international privé
CMLR	Common Market Law Review
COMI	Center of Main Interests
ders.	derselbe
d.h.	das heißt
dies.	dieselbe
DNotI	Deutsches Notarinstitut
DNotZ	Deutsche Notar-Zeitschrift
Dr. et patr.	Droit et patrimoine
DStR	Deutsches Steuerrecht
ECLI	European Case Law Identifier
EF-Z	Zeitschrift für Familien- und Erbrecht
EGBGB	Einführungsgesetz zum Bürgerlichen Gesetzbuche
EGMR	Europäischer Gerichtshof für Menschenrechte
EGV	Vertrag zur Gründung der Europäischen Gemeinschaft
Einl.	Einleitung
EMRK	Europäische Menschenrechtskonvention
ErbR	Zeitschrift für die gesamte erbrechtliche Praxis
ErbStB	Der Erbschaft-Steuer-Berater
ErbStG	Erbschaftsteuergesetz
ERPL	European Review of Private Law
EU	Europäische Union
EuErbVO	Europäische Erbrechtsverordnung
EuErbVO-V	Vorschlag für eine Europäische Erbrechtsverordnung
EuGH	Europäischer Gerichtshof
EuGRZ	Europäische Grundrechte-Zeitschrift
EuGVÜ	Europäisches Gerichtsstands- und Vollstreckungsübereinkommen
EuGVVO	Verordnung über die gerichtliche Zuständigkeit und die Anerkennung und Vollstreckung von Entscheidungen in Zivil- und Handelssachen
EuGüVO	Europäische Güterrechtsverordnung
EuPartVO	Europäische Partnerschaftsverordnung

EuPartVO-E	Entwurf zur Europäischen Partnerschaftsverordnung
EuR	Zeitschrift Europarecht
EuUnthVO	Europäische Unterhaltsverordnung
EUV	Vertrag über die Europäische Union
EVÜ	Europäisches Schuldvertragsübereinkommen
EWS	Europäisches Wirtschafts- und Steuerrecht
f	folgende
FamFG	Gesetz über das Verfahren in Familiensachen und in den Angelegenheiten der freiwilligen Gerichtsbarkeit
FamRB	Familen-Rechts-Berater
FamRZ	Zeitschrift für das gesamte Familienrecht
ff	folgende (akademischer Plural)
FGG	Gesetz über die freiwillige Gerichtsbarkeit
FGPrax	Praxis der Freiwilligen Gerichtsbarkeit
FPR	Familie Partnerschaft Recht
FS	Festschrift
FuR	Familie und Recht
Gaz. Pal.	Gazette du Palais
GBO	Grundbuchordnung
gem.	gemäß
GG	Grundgesetz
ggf.	gegebenenfalls
GPR	Zeitschrift für das Privatrecht der Europäischen Union
GRCh	Grundrechte-Charta
GVG	Gerichtsverfassungsgesetz
HbIntZR	Handbuch des Internationalen Zivilverfahrensrechts
HbStR	Handbuch des Staatsrechts
HbPflichtteil	Handbuch Pflichtteilsrecht
hM	herrschende Meinung
HS	Halbsatz
HöfeO	Höfeordnung
Hrsg.	Herausgeber
HTestformÜ	Haager Testamentsformübereinkommen
HUP	Haager Unterhaltsprotokoll

IntErbVG	Internationales Erbverfahrensgesetz
IPRax	Praxis des internationalen Privat- und Verfahrensrechts
IPRG	Schweizer Gesetz zum Internationalen Privatrecht
iSd	im Sinne des / der
ital. IPRG	Italienisches Gesetz zum Internationalen Privatrecht
iVm	in Verbindung mit
JEV	Journal für Erbrecht und Vermögensnachfolge
JGS	Österreichische Juristengesetzsammlung
JN	Jurisdictionsnorm
JuS	Juristische Schulung
JZ	Juristenzeitung
KG	Kammergericht
lit.	Buchstabe
LugÜ	Luganer Übereinkommen
MDR	Monatszeitschrift für deutsches Recht
MittBayNot	Mitteilungen des Bayerischen Notarvereins, der Notarkasse und der Landesnotarkammer Bayern
MittRhNotK	Mitteilungen der Rheinischen Notarkammer
MPI	Max-Planck-Institut für ausländisches und internationales Privatrecht
MüKo	Münchener Kommentar zum Bürgerlichen Gesetzbuch
MüKoFamFG	Münchener Kommentar zum Gesetz über das Verfahren in Familiensachen und in den Angelegenheiten der freiwilligen Gerichtsbarkeit
MüKoZPO	Münchener Kommentar zur Zivilprozessordnung
m.w.N.	mit weiteren Nachweisen
NAG	Schweizer Niederlassungs- und Aufenthaltsgesetz
n.F.	neue Fassung
NiemZ	Niemeyer's Zeitschrift für internationales Recht
NJW	Neue Juristische Wochenschrift
NK	Nomos Kommentar zum Bürgerlichen Gesetzbuch
notar	Zeitschrift notar

NotBZ	Zeitschrift für die notarielle Beratungs- und Beurkundungspraxis
Nr.	Nummer
NYÜ	New Yorker Übereinkommen über die Rechtsstellung Staatenloser
NZ	Österreichische Notariatszeitung
ÖJZ	Österreichische Juristen-Zeitung
OLG	Oberlandesgericht
öRGBl.	Österreichisches Reichsgesetzblatt
RabelsZ	Rabels Zeitschrift für ausländisches und internationales Privatrecht
RdC	Recueil de Cours
Rev. crit. dr. intern. priv.	Revue critique de droit international privé
RG	Reichsgericht
RGBl.	Reichsgesetzblatt
RGZ	Entscheidungen des Reichsgerichts in Zivilsachen
RIW	Recht der Internationalen Wirtschaft
Rn.	Randnummer
RNotZ	Rheinische Notarzeitschrift
Rpfleger	Der deutsche Rechtspfleger
Rom I-VO	Verordnung über das auf vertragliche Schuldverhältnisse anwendbare Recht
Rom II-VO	Verordnung über das auf außervertragliche Schuldverhältnisse anwendbare Recht
Rom III-VO	Verordnung über das auf die Ehescheidung und Trennung ohne Auflösung des Ehebandes anwendbare Recht
Rs.	Rechtssache
RzW	Rechtsprechung zum Wiedergutmachungsrecht
S.	Seite / Satz
SchiedsVZ	Zeitschrift für Schiedsverfahren
Schweizerisches Jahrbuch	Schweizerisches Jahrbuch für internationales Recht
Slg.	Sammlung der Rechtsprechung des Europäischen Gerichtshofs

SGB I	Sozialgesetzbuch I
SJZ	Schweizerische Juristen-Zeitung
s.o.	siehe oben
StAG	Staatsangehörigkeitsgesetz
StAZ	Das Standesamt
StBW	Steuerberater Woche
s.u.	siehe unten
u.a.	und andere
UAbs.	Unterabsatz
UNIDROIT	International Institute for the Unification of Private Law
UNÜ	UN-Übereinkommen über die Anerkennung und Vollstreckung ausländischer Schiedssprüche
Urt.	Urteil
U.S.A.	Vereinigte Staaten von Amerika
v.	von / vom
Var.	Variante
vgl.	vergleiche
ZAR	Zeitschrift für Ausländerrecht und Ausländerpolitik
ZErb	Zeitschrift für die Steuer- und Erbrechtspraxis
ZEuP	Zeitschrift für Europäisches Privatrecht
ZEV	Zeitschrift für Erbrecht und Vermögensnachfolge
ZfIR	Zeitschrift für Immobilienrecht
ZfRV	Zeitschrift für Europarecht, Internationales Privatrecht und Rechtsvergleichung
ZIR	Zeitschrift für internationales Privat- und Strafrecht
zit.	zitiert
ZPO	Zivilprozessordnung
ZRP	Zeitschrift für Rechtspolitik
ZVglRWiss	Zeitschrift für Vergleichende Rechtswissenschaft
ZZP	Zeitschrift für Zivilprozess
ZZPInt	Zeitschrift für Zivilprozess International

1. Teil: Einleitung und Grundlagen

Kapitel 1: Einleitung

Die Mobilität der europäischen Bürger innerhalb der europäischen Union ist in den vergangenen Jahren immer weiter gestiegen. Insbesondere die Grundfreiheiten und die Freizügigkeit haben hierzu beigetragen.[1] Davon werden nicht nur die wirtschaftlichen Verhältnisse beeinflusst, sondern auch im privaten Bereich der Bürger macht sich diese Mobilität bemerkbar. Es werden häufiger gemischtnationale Ehen geschlossen; es gibt viele Grenzpendler, die in einem Staat leben und in einem anderen Staat arbeiten; Studierende verbringen ein Semester im Ausland; ältere Menschen beziehen ihren Alterswohnsitz im Süden Europas oder werden im Ausland von Pflegekräften betreut. Dies hat offensichtlich auch Auswirkungen auf das Erbrecht: In der Europäischen Union nimmt die Zahl der Erbfälle mit Auslandsbezug stetig zu.[2]

Doch anders als beispielsweise für das Internationale Schuldrecht und Familienrecht lag bisher keine Vereinheitlichung des europäischen Erbrechts vor; das Erbrecht richtete sich nach den Kollisionsnormen der einzelnen Mitgliedstaaten. Jeder Staat hat sein eigenes Erbrecht, das auf seine nationalen Bedürfnisse zugeschnitten sein will und meist das Ergebnis einer langen Tradition ist. So legen manche Rechtsordnungen mehr Wert auf die Pflichtteilsrechte oder Noterbrechte, manche kennen eine Vor- und Nacherbschaft, andere beteiligen den überlebenden Ehegatten lediglich mit einem Nießbrauchsrecht.[3] Insbesondere im Zusammenhang mit den Pflichtteilsrechten gingen die Regelungen teilweise auseinander, sowohl in der Ausgestaltung als auch dem berechtigten Personenkreis. Einige Staaten wie Deutschland, Österreich und Schweden kennen gemeinschaftliche Testamente, die in anderen Mitgliedstaaten unbekannt sind. Manche Staaten kennen einen Erbnachweis, andere lediglich ein Inventarregister. Der Anfall des Erbes ist teilweise von einem besonderen Verfahren, in Österreich beispielsweise von der Einantwortung, abhängig oder erfolgt wie in

---

1 *Jayme*, Zugehörigkeit und kulturelle Identität, S. 22 f.

2 Einer Schätzung zufolge liegt bei ca. 50.000 bis 100.000 Erbfällen ein grenzüberschreitender Bezug vor; im Jahr 2012 waren 10% der europäischen Erbfälle solche mit Bezug zum Ausland, wobei dies in Zahlen 450.000 Erbfällen bzw. Nachlässen mit einem Gesamtwert von 120 Milliarden Euro entspricht; vgl. hierzu *Deutsches Notarinstitut*, Studie, S. 189; Bundesministerium der Justiz, Pressemitteilung vom 08.06.2012: EU-Erbrechtsverordnung trägt den Bedürfnissen gesteigerter Mobilität Rechnung.

3 Vgl. *Lehmann*, FPR 2008, 203, 203.

Deutschland durch einen Vonselbsterwerb. Auch im Hinblick auf die Höhe des Teils, über den der Erblasser frei verfügen kann, findet sich Diversität in den Mitgliedstaaten. So kann der Erblasser beispielsweise in Spanien über ein Drittel seines Erbes überhaupt nicht verfügen.

Diese materiellen Besonderheiten spiegelten sich auch im Kollisionsrecht der Mitgliedstaaten wider. Im Kollisionsrecht waren neben den beiden Prinzipien der Nachlasseinheit und Nachlassspaltung insbesondere verschiedene Anknüpfungspunkte in den nationalen Rechten gegeben. So standen sich das Domizil- oder Wohnsitzprinzip und die Anknüpfung an die Staatsangehörigkeit sowie die Anknüpfung an den Ort der Belegenheit gegenüber. Nur wenige Staaten ließen eine Rechtswahl des Erblassers zu, oft war diese auch nur eingeschränkt möglich. Eine ähnliche Vielfalt ist auch im Nachlassverfahrensrecht zu finden. Einige Staaten kannten eine Trennung zwischen streitiger und freiwilliger Gerichtsbarkeit, andere nur die streitige Gerichtsbarkeit. Zur Bestimmung des Gerichtsorts wurde in manchen Staaten auf den Ort der Belegenheit des Vermögens, in anderen auf den letzten Wohnsitz des Erblassers abgestellt, wieder andere knüpften an die Staatsangehörigkeit an. Für das deutsche Internationale Erbrecht ließ sich feststellen, dass das Kollisionsrecht immer personaler, das Nachlassverfahrensrecht immer territorialer wurde.[4]

Insbesondere die Möglichkeiten der Parteien, ihren Willen zur Geltung zu bringen, waren sehr begrenzt und begegneten viel Skepsis. Man wollte einerseits im Kollisionsrecht dem Erblasser keine umfassende Rechtswahlmöglichkeit einräumen, um so die Pflichtteilsberechtigten zu schützen. Die Erben und Vermächtnisnehmer andererseits mussten sich bei der Zuständigkeit der Gerichte auf die nationalen Gerichtsstände verweisen lassen.

Durch die Europäische Erbrechtsverordnung wurde nun ein Instrument geschaffen, das sowohl das Kollisionsrecht als auch die Internationale Zuständigkeit vereinheitlicht und darüber hinaus mit dem Europäischen Nachlasszeugnis einen Nachweis mit grenzüberschreitender Wirkung zur Verfügung stellt. Die Regelungen der Verordnung sollen so Schwierigkeiten bei Nachlassfällen mit Auslandsbezug überwinden. Dabei wurde ein einheitlicher Anknüpfungspunkt für die Beurteilung des anwendbaren Rechts und der Internationalen Zuständigkeit am letzten gewöhnlichen Aufenthalt des Erblassers geschaffen. Dem Institut der Nachlasseinheit wurde in der Europäischen Erbrechtsverordnung der Vorzug eingeräumt und eine Rechtswahlmöglichkeit für den Erblasser vorgesehen. Darüber hinaus können die betroffenen Parteien einen Gerichtsstand für die

4 *Wiethölter*, in: Lauterbach, Vorschläge und Gutachten, S. 141, 169.

Abwicklung des Erbfalls wählen und auch die Regelungen zur Anerkennung und Vollstreckung sind autonom in der Verordnung enthalten.

Damit hat die Parteiautonomie sowohl auf kollisions- als auch verfahrensrechtlicher Ebene europaweit Einzug in das Internationale Erbrecht erhalten. Der Erblasser kann das auf seinen Erbfall anwendbare Recht wählen und den betroffenen Parteien steht eine parteiautonome Zuständigkeitsbestimmung offen. Die Europäische Erbrechtsverordnung schafft so einen teils ganz beträchtlichen Raum für Disposition im Internationalen Erbrecht.

Mit der Europäischen Erbrechtsverordnung sind dennoch nicht alle Ungereimtheiten im Internationalen Erbrecht beseitigt; vielmehr stellt sie die juristische Welt vor neue Aufgaben.

Das Vereinheitlichungsbestreben des Internationalen Erbrechts und die Parteiautonomie wurden zwar zusammengeführt. Die Regelungen der Europäischen Erbrechtsverordnung müssen aber zugleich den Interessen der Beteiligten entsprechen. In Nachlasssachen sind grundsätzlich mehrere Parteien betroffen, die jeweils unterschiedliche Interessen verfolgen. Bei der grenzüberschreitenden Nachlassabwicklung begegnen sowohl der Erblasser als auch später die Erben, Pflichtteilsberechtigten und Nachlassgläubiger Schwierigkeiten.

Deswegen stellt sich die Frage, wie die Interessen der beteiligten Parteien bei einem Internationalen Erbfall zu berücksichtigen sind. Nicht nur der Erblasser, sondern auch die Erben, Pflichtteilsberechtigten, Dritte und der Staat haben schließlich ein Interesse daran, dass sich der Erbfall in ihren Augen vorteilhaft gestaltet. Gerade im Hinblick auf die gesetzliche Erbfolge, die grundsätzlich der Sicherung des Familienfriedens dient,[5] können privat- und parteiautonom getroffene Entscheidungen zu Konflikten führen. Besonders deutlich wird dies beim Pflichtteilsrecht. Es steht in Konkurrenz mit der Testierfreiheit des Erblassers, der durch gewillkürte Erbfolge von der gesetzlichen abweichen kann. Doch selbst wenn der Erblasser nur einem oder bestimmten Erben seinen Nachlass zukommen lassen will, steht das Pflichtteils- und Noterbrecht als Ausdruck der Versorgungsfunktion weiter dem ausgeschlossenen Erben zu.

Das Augenmerk in dieser Arbeit soll deshalb darauf gerichtet sein, ob und wie die Interessen der jeweiligen Parteien bei einer Rechtswahl oder einer parteiautonomen Zuständigkeitsbestimmung berücksichtigt worden sind. Kann der Erblasser nun durch eine geschickte Rechtswahl und das damit zur Anwendung berufene Recht die Erbteile und Pflichtteile stärker lenken? Können die Parteien durch die Wahl eines ihnen günstigen Gerichts die Durchsetzbarkeit

---

5 *Stumpf*, EuR 2007, 291, 298.

und womöglich die Höhe des Erbteils durch geringe Gerichtskosten steuern? Es gilt, diese und weitere Fragen in einer Untersuchung der Disposition im Internationalen Erbrecht zu beantworten. Im Folgenden sollen deshalb die Rechtswahl und die Gerichtsstandsvereinbarung in der Europäischen Erbrechtsverordnung anhand der Interessen der Beteiligten näher untersucht werden.

Kapitel 2: Gang der Untersuchung

Die Untersuchung der Disposition im Internationalen Erbrecht beginnt im ersten Teil in Kapitel 3 mit der Darstellung der Entwicklung der Europäischen Erbrechtsverordnung. Dass es letztlich zu einer europaweiten Regelung des Internationalen Erbrechts und zusätzlich der internationalen Zuständigkeit gekommen ist, ist keinesfalls selbstverständlich. Vielmehr war es ein langer Weg, der vieler Wegbereiter bedurfte. Im Einzelnen widmet sich die Arbeit dann den unterschiedlichen Regelungsinhalten der Europäischen Erbrechtsverordnung und geht auf die Besonderheiten ein, von denen es in der Europäischen Erbrechtsverordnung einige gibt. Auch die Parteiautonomie an sich blickt auf eine lange Entwicklung zurück. Ihre Anfänge und Entwicklungen bedürfen deshalb einer eingehenden Betrachtung in Kapitel 4. Spannend in dieser Hinsicht ist bereits die Legitimation der Parteiautonomie, die sowohl aus philosophischen als auch verfassungsrechtlichen Gründen erfolgen kann. Gerade im Internationalen Erbrecht hatte die Parteiautonomie lange einen schweren Stand. Doch auch hier zeigt sich nun ein Fortschritt; im Grundsatz ist die Rechtswahl im Internationalen Erbrecht, wie zu zeigen sein wird, nunmehr anerkannt. Gleichzeitig sollen auch Gerichtsstandsvereinbarungen auf ihrem Weg zur internationalen Akzeptanz untersucht werden und schließlich die Parallelen zwischen der Parteiautonomie bezüglich des anwendbaren Rechts und bezüglich der Bestimmung des Gerichtsstands aufgezeigt werden.

Der zweite Teil der Arbeit beschäftigt sich in Kapitel 5 näher mit der Rechtswahlmöglichkeit in der Europäischen Erbrechtsverordnung. Es wird der Frage nach dem Anknüpfungspunkt nachgegangen und der gewöhnliche Aufenthalt in einem Vergleich mit der Anknüpfung an die Staatsangehörigkeit auf den Prüfstand gestellt. Hierauf folgt eine ausführliche Betrachtung der Wahl des Heimatrechts in Art. 22 EuErbVO, vor allem im Hinblick darauf, dass dem Erblasser lediglich eine eingeschränkte Rechtswahl zur Verfügung steht. Die Arbeit untersucht dabei auch, zu welchem Zeitpunkt die Staatsangehörigkeit berücksichtigt wird, und die Möglichkeiten für Staatenlose und Staatsangehörige von Mehrrechtsstaaten. Ein vertiefter Blick gilt den Ausgestaltungsmöglichkeiten nach Art. 22, 24 und 25 EuErbVO, wobei vor allem auch die Formungültigkeit der Rechtswahl und die Testierunfähigkeit sowie deren Einfluss auf die Rechtswahl im Fokus stehen. Auch die Änderung und der Widerruf der Rechtswahl sind bei der Untersuchung zu berücksichtigen. Abschließend verdienen die

Auswirkungen von Rechtswahlen, die vor dem 17.08.2015 ausgeübt wurden und in Art. 83 EuErbVO gesondert geregelt sind, besondere Aufmerksamkeit.

In prozessrechtlicher Hinsicht nimmt sich die Arbeit im dritten Teil in Kapitel 6 der Möglichkeiten einer parteiautonomen Zuständigkeitsbestimmung an. Nur nach vorheriger Rechtswahl des Erblassers sind Gerichtsstandvereinbarungen, Gerichtsstandsanerkennungen und eine rügelose Einlassung durch die Parteien des Verfahrens möglich. Dabei ist insbesondere auf die Definition des Parteienbegriffs einzugehen, der zu Schwierigkeiten führen kann, wenn nachträglich weitere Personen am Verfahren zu beteiligen sind. Auch hier erfolgt eine genaue Untersuchung der allgemeinen Voraussetzungen der parteiautonomen Zuständigkeitsbestimmung, die in Art. 5 ff EuErbVO verankert sind. Ein besonderes Augenmerk ist auf den Gleichlauf von *forum* und *ius* gerichtet, den das europäische Kollisionsrecht anstrebt. Dieser Grundsatz muss vor allem im Hinblick auf das mögliche Auseinanderfallen von Gerichtsstand und anwendbarem Recht in mehreren denkbaren Fällen untersucht werden.

Kernelement am Ende der Untersuchung in Kapitel 7 ist die Synthese der Interessen bezogen auf die Regelungen zur Disposition in der Europäischen Erbrechtsverordnung. Die beteiligten Parteien – also Erblasser, Erben, Pflichtteilsberechtigte und sonstige Nachlassberechtigte, Dritte und der Staat – verfolgen im Erbrecht unterschiedliche Interessen. Die Arbeit untersucht, ob die Kodifikation der Europäischen Erbrechtsverordnung diese Interessen berücksichtigt und ihnen gerecht wird. Es gilt, jeweils gesondert für die Rechtswahl und die parteiautonome Zuständigkeitsbestimmung zu prüfen, ob und wie die Interessen beachtet wurden.

Die vorliegende Arbeit verfolgt zwei Ziele. Zum einen will sie feststellen, ob und gegebenenfalls wie die Erbrechtsverordnung die Dispositionsinteressen der beteiligten Parteien zu einem konsistenten und angemessenen Ausgleich bringt. Zum anderen möchte sie Möglichkeiten präsentieren, wie die Dispositionsinteressen der Parteien eine bessere Berücksichtigung finden können. Die Möglichkeiten der Einflussnahme durch die Parteien in unserer heutigen Gesellschaft sind schließlich von immensem Gewicht und Ausdruck des freien Willens der Parteien.

Nach einer Zusammenfassung der Ergebnisse in Thesen folgt in Kapitel 8 ein Fazit, das die wesentlichen Punkte der Arbeit nochmals aufgreift und sie abschließt.

Kapitel 3: Die neue Europäische Erbrechtsverordnung

A. Der Gedanke der Rechtsvereinheitlichung

Die Einheitlichkeit des Rechts wird als eine wichtige Voraussetzung für die Rechtssicherheit angesehen.[6] Ist für den Bürger klar, nach welchem Recht sich Sachverhalte beurteilen, kann er sein Verhalten daran ausrichten, insbesondere gezielter Rechtsgeschäfte tätigen. Ist dann das Recht zusätzlich vereinheitlicht, weiß er, dass sich der Sachverhalt überall gleich beurteilt und überall zum selben Ergebnis führt. Die Verflechtung der Lebensverhältnisse durch grenzüberschreitende Sachverhalte und das hieraus resultierende besondere Interesse der Bürger an Rechtssicherheit machen die Rechtsvereinheitlichung notwendig.[7] Diese Rechtsvereinheitlichung tritt im europäischen Kontext immer häufiger auf. Vorangetrieben wurde sie dabei schon durch die Kodifikationsbewegungen.[8] Seit dem 17.08.2015 richtet sich das deutsche Internationale Erbrecht nach der Europäischen Erbrechtsverordnung[9], die auf europäischer Ebene das Kollisionsrecht und die internationale Zuständigkeit einheitlich regelt.

Dabei gibt es unterschiedliche Formen der Rechtseinheit. Zum einen ist es möglich, das Recht einer Vollharmonisierung zu unterziehen, sodass nicht etwa nur die Kollisions-, sondern auch die Sachnormen vereinheitlicht werden. Die Vielfalt der Rechte wird dann überwunden.[10] Dies ist zum Beispiel der Fall beim internationalen Warenkauf, wo das UN-Kaufrecht[11] sein materielles Recht

---

6 *Herweg*, Vereinheitlichung des Internationalen Erbrechts, S. 216 und 220.

7 *Aubin*, in: Zweigert, Europäische Zusammenarbeit im Rechtswesen, S. 45, 47; siehe hierzu ausführlich *Kropholler*, Internationales Einheitsrecht, S. 17, der Rechtsvereinheitlichung als den Vorgang des „Einheitlich*machens* und Einheitlich*werdens*“ zur Schaffung von internationalem Einheitsrecht ansieht.

8 *Von Caemmerer*, in: FS Hallstein, S. 63, 67.

9 Verordnung (EU) Nr. 650/2012 des Europäischen Parlaments und des Rates vom 4. Juli 2012 über die Zuständigkeit, das anzuwendende Recht, die Anerkennung und Vollstreckung von Entscheidungen und die Annahme und Vollstreckung öffentlicher Urkunden in Erbsachen sowie zur Einführung eines Europäischen Nachlasszeugnisses (ABl. L 201/107).

10 *Von Caemmerer*, in: FS Hallstein, S. 63, 65.

11 Übereinkommen der Vereinten Nationen über Verträge über den internationalen Warenkauf vom 11.04.1980 (Fundstelle Deutschland: BGBl. 1989 II, S. 588).

angewendet wissen will. Weitere Beispiele finden sich im Transportrecht, für das diverse Abkommen bestehen, die materielle Regelungen enthalten.[12] Diese Art der Rechtsvereinheitlichung wird jedoch nicht für alle Rechtsgebiete gleichermaßen als nützlich angesehen. Eine Vereinheitlichung des Sachrechts wird immer nur dann in Betracht gezogen, wenn die natürlichen und sozialen Verhältnisse sich bereits angenähert haben. In anderen Fällen wird sie abgelehnt.[13] So wendet sich *Aubin* gegen die Vereinheitlichung des Boden- und Familienrechts.[14] *Von Caemmerer, Zweigert* und *David* erwähnen das Erbrecht ausdrücklich als vereinheitlichungsfeindlich.[15] Es scheint daher oft sinnvoll, lediglich das Kollisionsrecht zu vereinheitlichen, sodass zumindest jeder Staat zur Anwendbarkeit derselben Rechtsordnung gelangt. Grund hierfür ist die Rechtsverschiedenheit in den einzelnen Staaten.[16] Bei der Vereinheitlichung des Kollisionsrechts wird ein Anknüpfungspunkt festgelegt, nach dem sich dann das anwendbare Recht bestimmt. Hierdurch kommt es zur Entscheidungsgleichheit – oder um es mit *Aubin* zu sagen: „Ohne Kollisionsrechtsvereinheitlichung keine Rechtsharmonie“[17]. Ähnlich sieht dies auch *Pfeiffer*, der noch weiter geht und ein einheitliches Kollisionsrecht als notwendige, aber dennoch nicht hinreichende Bedingung für ein unabhängiges Prozessrecht ansieht.[18] Auch kann im „Willen zur Schaffung einer europäischen Identität“[19], der allen Mitgliedstaaten gemein ist, die sich zu einem Staatenverbund zusammengeschlossen haben, das Ziel eines einheitlichen Erbrechts gesehen werden.[20] In der Europäischen Erbrechtsverordnung ist es nicht zu einer Vollharmonisierung gekommen, sondern lediglich das Kollisions- und Zuständigkeitsrecht wurden einheitlich geregelt.[21] Die Vereinheitlichung

---

12 Eine ausführliche Übersicht der einzelnen Abkommen findet sich bei MüKo/*Martiny*, Art. 5 Rom I-VO Rn. 40 ff jeweils für die einzelnen Transportarten.

13 *Aubin*, in: Zweigert, Europäische Zusammenarbeit im Rechtswesen, S. 45, 61; *von Caemmerer*, in: FS Hallstein, S. 63, 66; *David*, in: Zweigert, Europäische Zusammenarbeit im Rechtswesen, S. 1, 4 f (*David* sieht ein gemeinsames Interesse insbesondere im Handelsrecht); *Neuhaus*, Grundbegriffe, S. 24.

14 *Aubin*, in: Zweigert, Europäische Zusammenarbeit im Rechtswesen, S. 45, 62.

15 *Von Caemmerer*, in: FS Hallstein, S. 63, 66; *Zweigert*, RabelsZ 16 (1951), 387, 390 und 392; *David*, in: Zweigert, Europäische Zusammenarbeit im Rechtswesen, S. 1, 6.

16 *Remien*, JZ 1992, 277, 281.

17 *Aubin*, in: Zweigert, Europäische Zusammenarbeit im Rechtswesen, S. 45, 55.

18 *Pfeiffer*, in: Müller-Graff, Raum der Freiheit, der Sicherheit und des Rechts, S. 75, 79.

19 *Kuchinke*, in: FS Söllner, S. 589, 598.

20 *David*, in: Zweigert, Europäische Zusammenarbeit im Rechtswesen, S. 1, 10.

21 *R. Wagner*, DNotZ 2010, 506, 506; *Lehmann*, ZErb 2005, 320, 320; so auch schon gefordert von *Junghardt*, Vereinheitlichung des Erb- und Testamentsrechts, S. 49 ff.

des materiellen Rechts wird aus gutem Grund wegen des „gefühlsgebundenen Charakters des Erbrechts“ für „illusorisch“ gehalten.[22] Schließlich haben sich in jedem Mitgliedstaat unterschiedliche Regelungen des Erbrechts entwickelt, deren gemeinsamer Nenner sich nur schwer finden lässt. In manchen Staaten wird dem Erblasser viel Freiheit eingeräumt, in anderen sind die Pflichtteils- oder Noterbrechte besonders stark ausgeprägt; zum Teil wird das Erbrecht des Ehegatten anerkannt, in den romanischen Rechtsordnungen wird der Ehegatte mit einem bloßen Nießbrauchrecht am Erbe beteiligt. Hier zeigt sich auch ein Problem der Rechtsvereinheitlichung: Es wird meist versucht, unter allen Regelungen einen Kompromiss zu finden, der für alle beteiligten Rechtsordnungen hinnehmbar ist. Darunter leidet jedoch die Qualität des geschaffenen Instruments. Oft setzt sich dann nämlich nicht das bessere Recht, sondern die stärkere Rechtsordnung durch.[23] Bei der Vereinheitlichung des Kollisionsrechts wird hingenommen, dass es unterschiedliche Regelungen des Sachrechts gibt, und diese Vielfalt wird auch nicht als Nachteil gesehen.[24] Im Gegensatz zum Einheitsrecht, bei dem das Kollisionsrecht überflüssig wird, steht der Entscheidungseinklang im Vordergrund.[25] Als Sachrecht ist in Erbfällen weiterhin die jeweilige Rechtsordnung des Staates anwendbar, dessen Recht nach der Europäischen Erbrechtsverordnung für anwendbar erklärt wird.[26]

Mit ihrem Inkrafttreten hat die Europäische Erbrechtsverordnung die Regelungen des EGBGB für internationale Erbfälle im Hinblick auf das anwendbare Recht abgelöst.[27] Durch die Änderung in Art. 15 IntErbVG[28] kommt Art. 25

---

22 *Van Loon*, MittRhNotK 1989, 9, 9; *Stumpf*, in: Jung/Baldus, Differenzierte Integration im Gemeinschaftsprivatrecht, S. 217, 247 bezeichnet die Vereinheitlichung des materiellen Rechts als „Radikallösung“; auch in jüngster Vergangenheit hielt *Remien*, JZ 1992, 277, 278 f die materiellrechtliche Vereinheitlichung auf europäischer Ebene eher für ausgeschlossen, er begrüßt aber die Vereinheitlichung des Kollisionsrechts auf europäischer Ebene (S. 281); *Leipold*, in: FS Söllner, S. 647, 668 steht hingegen einer materiellrechtlichen Vereinheitlichung nicht völlig ablehnend gegenüber; kritisch aber *Denkinger*, Europäisches Erbkollisionsrecht, S. 360 ff.

23 *Zweigert*, RabelsZ 16 (1951), 387, 388.

24 *Von Caemmerer*, in: FS Hallstein, S. 63, 66; *Süß*, in: Süß, Erbrecht in Europa, 2. Aufl., § 9 Rn. 42.

25 *Von Caemmerer*, in: FS Hallstein, S. 63, 65 f.

26 *Müller-Lukoschek*, Die neue EU-Erbrechtsverordnung, S. 59.

27 *Müller-Lukoschek*, Die neue EU-Erbrechtsverordnung, S. 60.

28 Gesetz zum Internationalen Erbrecht und zur Änderung von Vorschriften zum Erbschein sowie zur Änderung sonstiger Vorschriften vom 29.06.2015 (BGBl. I, S. 1042).

EGBGB[29] nur noch dann zur Anwendung, wenn die Rechtsnachfolge von Todes wegen nicht in den Anwendungsbereich der Europäischen Erbrechtsverordnung fällt. Dies ist dann der Fall, wenn die Frage vor Anwendung der Europäischen Erbrechtsverordnung im deutschen Kollisionsrecht erbrechtlich qualifiziert wurde, nun jedoch nicht mehr nach Art. 20 ff EuErbVO angeknüpft wird wie beispielsweise Testierverträge nach dem *common law*.[30] Auch die Zuständigkeit richtet sich nun allein nach den europäischen Vorschriften.[31] Hierdurch wird der geforderte internationale Entscheidungseinklang erreicht. Jedes Gericht gelangt zur selben Gerichtszuständigkeit und zur Anwendung derselben Rechtsordnung auf den Erbfall, wodurch die Akzeptanz der Entscheidung in allen Staaten erhöht wird.

Eine solche Vereinheitlichung kann auf unterschiedlichen Ebenen erfolgen. Nach *Gebauer* kann man fünf verschiedene Typen unterscheiden: gemeineuropäisches Privatrecht, Konventionsprivatrecht, Gemeinschaftsprivatrecht, interne Harmonisierung und die Rechtsprechung des EuGH.[32] Die Europäische Erbrechtsverordnung fällt dabei unter das Gemeinschaftsprivatrecht bzw. Unionsprivatrecht. Die frühen Bestrebungen lassen sich unter das Konventionsprivatrecht fassen. Grundvoraussetzung einer Vereinheitlichung irgendeiner Form in Europa ist jedenfalls das Aufgeben des Nationalstaatdenkens.[33] Es muss ein Wille bestehen, dem europäischen Gesetzgeber Kompetenzen zum Normerlass einzuräumen, was durch den Vertrag von Amsterdam[34] auch geschehen ist. Allerdings war es bis zum endgültigen Entwurf der Erbrechtsverordnung, der am 17.08.2015 in Kraft getreten ist, ein langer Weg – zumal der Entwurf häufig auf Widerstand gestoßen ist. Die Rechtstraditionen und gesellschaftlichen Vorstellungen über Ehe und Familie ließen eine gemeinsame Verordnung

29 Einführungsgesetz zum Bürgerlichen Gesetzbuche vom 18.08.1896 (RGBl. S. 604), in der Fassung vom 21.09.1994 (BGBl. I, S. 2494).

30 MüKo/*Dutta*, Art. 25 EGBGB Rn. 3; Palandt/*Thorn*, Art. 25 EGBGB Rn. 1.

31 *Meyer*, Gerichtsstände der Erbrechtsverordnung, S. 13; *Geimer*, in: Hager, Die neue Europäische Erbrechtsverordnung, S. 9, 20; *Junker*, Internationales Privatrecht, 2. Aufl., § 20 Rn. 1 nennt als Fälle, für die der Restanwendungsbereich des Art. 25 EGBGB verbleibt, zum einen Testierverträge und zum anderen *testamentary trusts*, sofern sie erbrechtlich qualifiziert werden.

32 *Gebauer*, Grundfragen, S. 61, es folgt eine ausführliche Darstellung der verschiedenen Formen der Europäisierung des Privatrechts.

33 *David*, in: Zweigert, Europäische Zusammenarbeit im Rechtswesen, S. 1, 2 f.

34 Vertrag von Amsterdam zur Änderung des Vertrags über die Europäische Union, der Verträge zur Gründung der Europäischen Gemeinschaften sowie einiger damit zusammenhängender Rechtsakte vom 10.11.1997 (ABl. C 340/1).

zunächst nicht umsetzbar erscheinen.[35] Es wurde angenommen, dass eine Vereinheitlichung auf Gebieten ohne große Traditionen einfacher erreicht werden kann. So werden das Internet und der eCommerce als moderne Rechtsgebiete eher als vereinheitlichungsaffin angesehen.[36] Auch wurde keine Notwendigkeit einer einheitlichen Regelung für das europäische Erbrecht gesehen.[37] Trotz der späteren Einigkeit darüber, dass eine Regelung des Erbrechts sinnvoll sei, waren die Vertreter oft geteilter Meinung, wie ein solches Regelwerk ausgestaltet sein sollte. Schließlich konnte der Gesetzgeber nicht ohne weiteres auf einen einheitlichen Grundkonsens zurückgreifen, weil insbesondere im Erbrecht die kulturell bedingten Wert- und Moralvorstellungen eine große Rolle spielen.[38] Die unterschiedlichen erbrechtlichen Systeme mussten daher beim Entwurf einer einheitlichen Regelung berücksichtigt werden.[39] Auch das Kollisionsrecht ist in den einzelnen Staaten historisch geprägt und deshalb unterschiedlich ausgestaltet.[40] Ein gemeinsamer Grundkonsens in Europa lässt sich jedoch aufgrund der gemeinsamen Geschichte erkennen. Insbesondere haben religiöse und philosophische Anschauungen – Christentum, Humanismus und Aufklärung – zu ähnlichen Werten und Vorstellungen in Europa geführt.[41]

Auch zeigt sich anhand der deutschen Rechtsgeschichte, dass eine solche Vereinheitlichung möglich ist. Schließlich galten auch im Deutschen Reich vor Einführung des BGB[42] unterschiedliche Erbrechte. Während im eigentlichen Preußen das Preußische Allgemeine Landrecht von 1794 Anwendung fand, standen die linksrheinischen Gebiete unter dem *Code Civil* von 1804; weiter galten etwa das Badische Landrecht von 1810 im Großherzogtum Baden, der *Codex Maximilianeus Bavaricus Civilis* von 1756 in Bayern und das Sächsische BGB von 1865 im Königreich Sachsen. Alle anderen Gebiete des Deutschen Reichs unterlagen dem gemeinen Recht.[43] Auch hier gelang es ohne größere Schwierigkeiten,

---

35 *Deutsches Notarinstitut*, Studie, S. 185.

36 *Van Loon*, in: Mansel, Systemwechsel, S. 193, 198.

37 *Verbeke/Leleu*, in: Hartkamp/Hesselink, Towards a European Civil Code, 2. Aufl., S. 173, 186; *Denkinger*, Europäisches Erbkollisionsrecht, S. 385.

38 *Lange*, ZVglRWiss 110 (2011), 426, 441; *Lehmann*, FPR 2008, 203, 203.

39 *K.-H. Kunz*, ZRP 1990, 212, 212.

40 *Meyer*, Gerichtsstände der Erbrechtsverordnung, S. 29.

41 *Leipold*, JZ 2010, 802, 811.

42 Bürgerliches Gesetzbuch vom 18.08.1896 (RGBl. S. 195), in der Fassung vom 02.01.2002 (BGBl. I, S. 41).

43 Vgl. *Eisenhardt*, Deutsche Rechtsgeschichte, 6. Aufl., S. 307 ff.

mit dem Inkrafttreten des BGB ein einheitliches Erbrecht zu schaffen und so trotz der vormaligen Zersplitterung eine Einheit herzustellen.[44]

B. Entwicklung der Verordnung

Bei dem Versuch der Vereinheitlichung waren die Regelungen zur internationalen Zuständigkeit einfacher zu handhaben als das Kollisionsrecht. Dies zeigt die Entstehungsgeschichte der Europäischen Erbrechtsverordnung vom Grünbuch über den Verordnungsentwurf hin zur heutigen Fassung. Zuvor soll jedoch ein Blick auf die staatsvertragliche Vereinheitlichung auf dem Gebiet des Internationalen Erbrechts geworfen werden.

I. Staatsvertragliche Vereinheitlichung

Die Bemühungen um ein einheitliches Internationales Erbrecht begannen zunächst auf staatsvertraglicher Ebene durch die Haager Konferenz für Internationales Privatrecht. Die Haager Konferenz ist eine globale zwischenstaatliche Organisation, die mit dem Ziel gegründet wurde, die Regelungen der verschiedenen Staaten auf dem Gebiet des Internationalen Privatrechts schrittweise zu vereinheitlichen.[45] Insbesondere die persönlichen und familiären sowie wirtschaftlichen Situationen sollen von dieser Aufgabe erfasst sein.[46] Auch das Erbrecht stand daher auf der Aufgabenliste der Haager Konferenz, weshalb sie sich erstmals 1904 und 1928 mit der Vereinheitlichung des Erbrechts befasste und Konventionsentwürfe ausarbeitete.[47] Mit Übereifer wollte man damals alle Ebenen vereinheitlichen; man wollte sowohl die gerichtliche Zuständigkeit und die Anerkennung und Vollstreckung von Entscheidungen als auch das anwendbare Recht regeln. Dies wurde den Konventionen jedoch zum Verhängnis: Sie wurden nur von wenigen Staaten unterzeichnet.[48]

---

44 *Leipold*, in: FS Söllner, S. 647, 651.

45 Art. 1 Statute of the Hague Conference on Private International Law vom 15.07.1955, https://www.hcch.net/de/instruments/conventions/full-text/?cid=29 (geprüft am 07.10.2018).

46 *Haager Konferenz*, https://www.hcch.net/de/about (geprüft am 07.10.2018); *van Loon*, in: Mansel, Systemwechsel, S. 193, 194 ff betont, dass die Haager Konferenz mit zunehmender Globalisierung an Bedeutung gewinnt.

47 *Brandi*, Haager Abkommen, S. 26; kritisch auch *Kahn*, ZIR 13 (1903), 229, 232 ff.

48 *Brandi*, Haager Abkommen, S. 26; *van Loon*, MittRhNotK 1989, 9, 10; *Herweg*, Vereinheitlichung des Internationalen Erbrechts, S. 136.

Eine Ausnahme bildet das Übereinkommen der Haager Konferenz über die Testamentsform von 1961[49]. Dieses Übereinkommen wurde von 42 Staaten unterzeichnet und wird heute noch von ihnen angewendet. Das Besondere ist, dass Art. 27 EuErbVO für die Form letztwilliger Verfügungen an das Übereinkommen angelehnt ist und nun für alle Mitgliedstaaten gilt – auch für diejenigen, die das Testamentsformübereinkommen nicht ratifiziert[50] hatten.[51] Was Erbverträge angeht, so sind die Vorschriften in der Europäischen Erbrechtsverordnung künftig für alle Mitgliedstaaten anwendbar; vom Haager Testamentsformübereinkommen sind Erbverträge nicht erfasst.[52] Für diejenigen Mitgliedstaaten, die das Haager Testamentsformübereinkommen unterzeichnet haben, geht in Bezug auf Testamente nach Art. 75 Abs. 1 EuErbVO jedoch das Übereinkommen vor.

Zu erwähnen ist außerdem das Übereinkommen der Haager Konferenz zur Einführung einer internationalen Nachlassabwicklung von 1973[53]. Dieses Übereinkommen ist allerdings nur für Portugal, die Slowakei und die Tschechische Republik in Kraft getreten. Es regelt die Ausstellung eines Zeugnisses der Personen, die den Nachlass verwalten.[54] Der fehlende Erfolg dieses Übereinkommens ist hier auf den geringen Regelungsgehalt zurückzuführen. Der Regelung war auch deshalb wenig Erfolg beschieden, da kein einheitliches Kollisionsrecht bestand.[55] Was bei den Konventionen von 1908 und 1924 zu viel geregelt wurde, wurde nun zu wenig geregelt.[56]

---

49 Übereinkommen vom 5. Oktober 1961 über das auf die Form letztwilliger Verfügungen anzuwendende Recht (Fundstelle Deutschland: BGBl. 1965 II, S. 1144).

50 Nicht ratifiziert haben Bulgarien, Italien, Lettland, Litauen, Malta, Portugal, Rumänien, die Slowakei, die Tschechische Republik, Ungarn und Zypern.

51 *Dörner*, ZEV 2012, 505, 511; *Bonomi*, in: FS van Loon, S. 69, 71.

52 *Lorenz*, ErbR 2012, 39, 47; *Müller-Lukoschek*, Die neue EU-Erbrechtsverordnung, S. 61 f; *Schaub*, in: Muscheler, Hereditare, S. 91, 118; *Junker*, Internationales Privatrecht, 2. Aufl., § 20 Rn. 12.

53 Übereinkommen vom 2. Oktober 1973 über die internationale Nachlassverwaltung, https://www.hcch.net/de/instruments/conventions/full-text/?cid=83 (geprüft am 07.10.2018); siehe hierzu ausführlich *D. Lübcke*, Nachlassverfahrensrecht, S. 170–185.

54 Vgl. *Haager Konferenz*, Statustabelle Haager Übereinkommen über die Nachlassabwicklung, https://www.hcch.net/de/instruments/conventions/status-table/?cid=83 (geprüft am 07.10.2018).

55 *Dörner/Hertel/Lagarde/Riering*, IPRax 2005, 1, 7.

56 *Van Loon*, MittRhNotK 1989, 9, 10; *Brandi*, Haager Abkommen, S. 26; *Herweg*, Vereinheitlichung des Internationalen Erbrechts, S. 136.

Das Übereinkommen über das auf Trusts anzuwendende Recht[57] ist ebenfalls eine anerkannte Arbeit der Haager Konferenz. Unter den Begriff des Trusts im Sinne dieses Übereinkommens fallen auch Trusts, die erbrechtlich ausgestaltet sind.[58] Das Übereinkommen ist für einige, hauptsächlich, aber nicht nur, vom *common law* geprägte Staaten in Kraft getreten.[59]

Schließlich hat sich die Haager Konferenz ab 1984 erneut mit dem Erbrecht und der Vereinheitlichung des anwendbaren Rechts befasst und das Haager Erbrechtsübereinkommen vom 01.08.1989[60] verabschiedet, das das auf die Rechtsnachfolge von Todes wegen anwendbare Recht regelt.[61] Dieses Übereinkommen ist jedoch trotz intensiver Auseinandersetzung mit dem Thema nie in Kraft getreten, da lediglich Argentinien, Luxemburg, die Niederlande und die Schweiz unterzeichnet haben,[62] wobei die Niederlande das Übereinkommen wieder gekündigt haben – nach Übernahme seiner Regelungen in das nationale Recht.[63] Deutschland hatte wohl deshalb nicht unterzeichnet, weil erst kurz zuvor das deutsche Internationale Erbrecht reformiert wurde[64] und die Unterzeichnung des Haager Erbrechtsübereinkommens grundsätzliche Positionen wieder „auf den Kopf [ge]stellt“ hätte.[65] Der Grund für das Scheitern des Haager Erbrechtsübereinkommens wird zum einen in der fehlenden inhaltlichen Überzeugungskraft[66] und zum anderen in dessen Komplexität

---

57 Übereinkommen vom 1. Juli 1985 über das auf Trusts anzuwendende Recht und ihre Anerkennung, https://www.hcch.net/de/instruments/conventions/full-text/?cid=59 (geprüft am 07.10.2018).

58 *Dutta*, RabelsZ 73 (2009), 547, 552; *Pirrung*, in: Mélanges Sturm, S. 1607, 1615.

59 Vgl. *Haager Konferenz*, Statustabelle Haager Trustübereinkommen, https://www.hcch.net/de/instruments/conventions/status-table/?cid=59 (geprüft am 07.10.2018): Australien, Italien, Kanada, Luxemburg, Malta, Monaco, die Niederlande, die Schweiz, Großbritannien, Zypern.

60 Übereinkommen vom 1. August 1989 über das auf die Rechtsnachfolge von Todes wegen anzuwendende Recht, Übersetzung abgedruckt in IPRax 2000, 53–59.

61 Siehe ausführlich zu den Regelungen des Haager Erbrechtsübereinkommens *Brandi*, Haager Abkommen.

62 Abrufbar unter *Haager Konferenz*, Statustabelle Haager Erbrechtsübereinkommen, https://www.hcch.net/de/instruments/conventions/status-table/?cid=62 (geprüft am 07.10.2018).

63 *Denkinger*, Europäisches Erbkollisionsrecht, S. 336; *Dutta*, RabelsZ 73 (2009), 547, 552.

64 *Herweg*, Vereinheitlichung des Internationalen Erbrechts, S. 151; *Junghardt*, Vereinheitlichung des Erb- und Testamentsrechts, S. 147 f.

65 *K.-H. Kunz*, ZRP 1990, 212, 214.

66 *Junghardt*, Vereinheitlichung des Erb- und Testamentsrechts, S. 148.

gesehen.[67] Allerdings blieb die Arbeit der Konferenz in diesem Bereich nicht unbeachtet. Viele der Normen des Haager Erbrechtsübereinkommens wurden nun in die Europäische Erbrechtsverordnung übernommen, wie zum Beispiel die Regelung zu erbenlosen Nachlässen. Die Arbeit der Haager Konferenz kann deshalb als Grundstein für eine einheitliche Kodifikation im Internationalen Erbrecht gesehen werden. Hier hat die Haager Konferenz eine wichtige Vorarbeit geleistet, auf die der europäische Gesetzgeber beim Erlass der Europäischen Erbrechtsverordnung aufbauen konnte.[68] Immerhin wird das Haager Erbrechtsübereinkommen als „Meilenstein in der Geschichte"[69] angesehen, obwohl es nicht von einer hinreichenden Anzahl an Staaten unterzeichnet wurde.[70] Ohne dieses grundlegende Umdenken im Erbrecht durch die Haager Konferenz hätte womöglich das Projekt einer europäischen Verordnung keine Gestalt angenommen. Die Gedanken, die bereits auf zwischenstaatlicher Ebene gemacht wurden, hatten großen Einfluss auf die Arbeit des europäischen Gesetzgebers. Eine Erklärung für das fehlende Inkrafttreten des Haager Erbrechtsübereinkommens ist ferner, dass die Zeit noch nicht reif für eine so fortschrittliche Arbeit war. Das Denken der Bürger musste sich erst ändern, bevor eine grundlegende Umstrukturierung im Internationalen Erbrecht geschehen konnte. Die steigende Mobilität der Bürger hat hierzu beigetragen.[71]

Grundsätzlich steht der Weg weiterhin offen für eine staatsvertragliche Regelung. Nach Ansicht von *Bonomi* wäre eine staatsvertragliche Lösung gegenüber einer europäischen sogar zu bevorzugen. Hierdurch könnte die Regelung des Internationalen Erbrechts auch auf Staaten wie Großbritannien,[72] Irland und Dänemark ausgeweitet werden.[73] Zu denken ist vor allem an einen Beitritt der EU,[74] der für alle Mitgliedstaaten verbindlich wäre. Ein solcher Beitritt ist bereits

67 *Dutta*, RabelsZ 73 (2009), 547, 552; *Meyer*, Gerichtsstände der Erbrechtsverordnung, S. 29; *Lorenz*, ErbR 2012, 39, 40.

68 *Bonomi*, in: FS van Loon, S. 69, 71.

69 *Van Loon*, MittRhNotK 1989, 9, 12.

70 Vgl. *Schaub*, in: Muscheler, Hereditare, S. 91, 94.

71 Vgl. *Herweg*, Vereinheitlichung des Internationalen Erbrechts, S. 150.

72 Die Lösung über einen Beitritt der EU würde nach dem Austritt von Großbritannien wiederum nur die Mitgliedstaaten und gerade nicht Großbritannien binden. Es müsste dann ein gesonderter Beitritt von Großbritannien erfolgen.

73 *Bonomi*, in: FS van Loon, S. 69, 73 f; dagegen *Denkinger*, Europäisches Erbkollisionsrecht, S. 354.

74 *Basedow*, IPRax 2017, 194, 196 f beleuchtet den Beitritt der EU zur Haager Konferenz insgesamt kritisch.

für das Haager Unterhaltsverfahrensübereinkommen[75] erfolgt.[76] Hierdurch wurden alle Staaten der EU gebunden. Auch im Schrifttum finden die Überlegungen eines Beitritts der EU zum Haager Erbrechtsübereinkommen Anklang.[77]

Eine weitere staatsvertragliche Regelung auf dem Weg zur Vereinheitlichung des Erbrechts ist das Basler Übereinkommen über ein System zur Registrierung von Testamenten von 1972[78]. Hiermit wollte man erreichen, dass Testamente nach dem Versterben des Erblassers schnell gefunden werden und sich in kurzer Zeit der letzte Wille des Erblassers feststellen lässt. Allerdings hat sich die Registrierung von Testamenten nicht durchgesetzt. Auch im Rahmen der Europäischen Erbrechtsverordnung wurde eine Registrierung von Testamenten diskutiert, jedoch ebenfalls als nicht praktikabel abgelehnt.[79]

In Bezug auf Testamente wurde außerdem von UNIDROIT ein Abkommen erlassen. UNIDROIT ist eine unabhängige zwischenstaatliche Organisation, die Einheitsrecht im Bereich des Privat- und Wirtschaftsrechts schafft.[80] Das Washingtoner Abkommen über ein Einheitsrecht der Form eines internationalen Testaments von 1973[81] beabsichtigt, dass Testamente international nach derselben Form aufgebaut sind und sich auch durch diese Regelung der letzte Wille des Erblassers schneller und leichter feststellen lässt. Allerdings ist auch dieses Abkommen nur in wenigen Staaten in Kraft getreten.[82] Es wird jedoch aufgrund seiner Spezialität als sehr wertvoll angesehen.[83]

---

75 Übereinkommen vom 23. November 2007 über die internationale Geltendmachung der Unterhaltsansprüche von Kindern und anderen Familienangehörigen, https://www.hcch.net/de/instruments/conventions/full-text/?cid=131 (geprüft am 07.10.2018).

76 Rauscher/*Kern*, Haager Unterhaltsverfahrensübereinkommen, Rn. 37 ff.

77 *Denkinger*, Europäisches Erbkollisionsrecht, S. 337.

78 Übereinkommen über die Schaffung eines Systems zur Registrierung von Testamenten vom 16.05.1972 (Sammlung Europäischer Verträge Nr. 77).

79 Der Vorschlag war im Haager Programm vom 15.10.2004 (13302/1/04 REV 1), S. 28 enthalten.

80 *UNIDROIT*, Purpose of UNIDROIT, http://www.unidroit.org/about-unidroit/overview (geprüft am 07.10.2018).

81 Convention providing a uniform law on the form of an international will vom 26.10.1973, https://www.unidroit.org/instruments/international-will (geprüft am 07.10.2018).

82 In Kraft getreten in Australien, Belgien, Bosnien-Herzegowina, Kanada, Kroatien, Zypern, Ecuador, Frankreich, Italien, Libyen, Niger, Portugal und Slowenien; bisher lediglich unterzeichnet durch den Heiligen Stuhl, Iran, Laos, Russland, Sierra Leone, Großbritannien und die U.S.A.

83 *Verbeke/Leleu*, in: Hartkamp/Hesselink, Towards a European Civil Code, 2. Aufl., S. 173, 187.

Ein Blick in Richtung Norden und Westen von Europa zeigt ebenfalls, dass eine Vereinheitlichung für mehrere Staaten möglich sein kann. Sowohl die nordischen Staaten als auch die Beneluxstaaten haben auf regionaler Ebene eine Vereinheitlichung des Kollisionsrechts im Erbrecht vorgenommen. Die Regelungen kommen jeweils nur dann zur Anwendung, wenn der Erbfall einen Bezug zu mehreren Vertragsstaaten aufweist, beispielsweise beim Versterben eines Dänen in Schweden. Die äußeren Bedingungen lagen etwas günstiger als bei einer europäischen Vereinheitlichung, da die bisherigen Regelungen in den Staaten bereits auf eine gemeinsame Historie zurückblicken konnten.[84] In den nordischen Staaten standen sich dennoch das Domizil- und das Staatsangehörigkeitsprinzip gegenüber, sodass auch hier eine Kompromisslösung gefunden werden musste. Nach Art. 1 Abs. 1 der Nordischen Nachlasskonvention[85] erfolgt grundsätzlich eine Anknüpfung an den Wohnsitz zur Bestimmung des Erbstatuts. Allerdings können die Erben oder Vermächtnisnehmer verlangen, dass das Staatsangehörigkeitsrecht des Erblassers die Rechtsnachfolge von Todes wegen bestimmt, wenn der Erblasser noch nicht fünf Jahre seinen Wohnsitz in diesem Staat hatte.[86] In den Beneluxstaaten wollte man eine einheitliche Regelung für das gesamte Internationale Privatrecht erreichen, darunter auch eine Regelung des Internationalen Erbrechts. Im Gegensatz zu den nordischen Staaten entschied man sich hier für das Staatsangehörigkeitsprinzip und räumte dem Wohnsitz nur in seltenen Ausnahmefällen einen Anwendungsbereich ein.[87] Allerdings ist diese einheitliche staatsvertragliche Regelung nicht in Kraft getreten. Aufgrund des umfassenden Geltungsanspruchs nicht nur für das Internationale Erbrecht, sondern das gesamte Internationale Privatrecht, und aufgrund der parallel

---

84 Für die nordischen Staaten, die in westnordische (Dänemark, Island, Norwegen) und ostnordische (Schweden, Norwegen) Staaten aufgeteilt werden können, siehe *Malmström*, in: Zweigert, Europäische Zusammenarbeit im Rechtswesen, S. 18, 19 ff; *Denkinger*, Europäisches Erbkollisionsrecht, S. 338 ff; *Junghardt*, Vereinheitlichung des Erb- und Testamentsrechts, S. 127 ff; *Herweg*, Vereinheitlichung des Internationalen Erbrechts, S. 109 ff. Für die Beneluxstaaten siehe die ausführliche Darstellung bei *van Hecke*, in: Zweigert, Europäische Zusammenarbeit im Rechtswesen, S. 33, 33 ff; *Denkinger*, Europäisches Erbkollisionsrecht, S. 342 ff; *Junghardt*, Vereinheitlichung des Erb- und Testamentsrechts, S. 132 ff.

85 Nordische Nachlasskonvention vom 19.11.1934, abgedruckt bei Staudinger/*Firsching*, 10./11. Aufl., vor Art. 24–26 EGBGB Rn. 408.

86 *Uddgren*, RabelsZ 9 (1934), 266, 267.

87 Siehe den Text des Entwurfs bei *Ferid*, StAZ 1969, 241, 250–252.

stattfindenden Verhandlungen für eine europäische Vereinheitlichung war der Regelung kein Erfolg beschieden.[88]

II. Europäische Vereinheitlichung

Es überrascht deshalb nicht, dass nach den mäßig erfolgreichen Versuchen auf zwischenstaatlicher Ebene auch auf europäischer Ebene die Bestrebungen vorangetrieben wurden. Dabei ist *Remien* zuzustimmen, dass eine europäische Vereinheitlichung nicht nur auf einer Sprache basieren kann, sondern mehrere Sprachfassungen erforderlich sind.[89] Grundlegend für eine Europäisierung des Privatrechts war der Vertrag von Maastricht[90]. Als wichtige dritte Säule im Aufbau der Europäischen Union[91] stellte er Institutionen und neue Instrumente für die Zusammenarbeit in den Bereichen Justiz und Inneres zur Verfügung, um eine bessere Umsetzung in diesen Bereichen zu garantieren.[92] Vorher war die justizielle Zusammenarbeit lediglich auf Staatsverträge zwischen den einzelnen Staaten beschränkt.[93] In Art. 220 EGV[94] a.F. wurde vorgesehen, dass Mitgliedstaaten untereinander Verhandlungen einleiten konnten. Wichtige zustande gekommene Übereinkommen sind dabei die konsolidierten Fassungen des Europäischen Gerichtsstands- und Vollstreckungsübereinkommens[95] und des Europäischen Schuldvertragsübereinkommens[96]. Durch den Vertrag von Maastricht konnten nun weitere Rechtsakte hinzutreten, die kollisionsrechtliche

88 Ausführlich mit den Gründen für das Scheitern beschäftigt sich *Herweg*, Vereinheitlichung des Internationalen Erbrechts, S. 133 ff.

89 *Remien*, JZ 1992, 277, 283.

90 Vertrag über die Europäische Union vom 29.07.1992 (ABl. C 191/1).

91 *Zimmermann*, Europäisierung des Privatrechts, S. 12; *Herdegen*, Europarecht, 19. Aufl., § 4 Rn. 13; *Hess*, NJW 2000, 23, 25; Bergmann/Lenz/*Winkler*, Kapitel 2, Rn. 1; *Basedow*, in: Mansel, Systemwechsel, S. 19, 24.

92 *Herweg*, Vereinheitlichung des Internationalen Erbrechts, S. 164.

93 *Herweg*, Vereinheitlichung des Internationalen Erbrechts, S. 154.

94 Vertrag zur Gründung der Europäischen Gemeinschaft vom 25.03.1957 (Fundstelle Deutschland: BGBl. 1958 II, S. 1).

95 Übereinkommen über die gerichtliche Zuständigkeit und die Vollstreckung gerichtlicher Entscheidungen in Zivil- und Handelssachen vom 27.09.1986 (ABl. L 299/32), konsolidierte Fassung vom 26.01.1998 (ABl. C 27/1).

96 Übereinkommen von Rom über das auf vertragliche Schuldverhältnisse anzuwendende Recht vom 19.06.1980 (ABl. L 266/1), konsolidierte Fassung vom 26.01.1998 (ABl. C 27/34).

Regelungen enthielten und von den Gemeinschaftsorganen erlassen wurden.[97] Allerdings waren lediglich gemeinsame Standpunkte, gemeinsame Maßnahmen und weiterhin Übereinkommen möglich, da die supranationale Gesetzgebungskompetenz fehlte.[98] In Arbeit waren eine Regelung zur Zustellung[99] und zu Ehesachen[100], die jedoch beide nicht in Kraft getreten sind.

Mit dem Amsterdamer Vertrag vom 02.10.1997 wurde der Maastrichter Vertrag um einen „Raum der Freiheit, der Sicherheit und des Rechts" erweitert und die justizielle Zusammenarbeit wurde von der dritten Säule in die erste Säule aufgenommen.[101] Dieser Wechsel – der aufgrund struktureller Schwächen der dritten Säule erfolgte[102] – machte es möglich, den Organen der Europäischen Gemeinschaft in Art. 61 EGV eine Gesetzgebungskompetenz zum schrittweisen Aufbau des Raumes der Freiheit, der Sicherheit und des Rechts einzuräumen.[103] Der Raum der Freiheit, der Sicherheit und des Rechts erfährt keine Definition, kann jedoch aus der in Art. 61 ff EGV verankerten Auflistung als „offenes Zielkonglomerat" angesehen werden.[104] Dadurch musste sich die Vereinheitlichung nicht nur auf die zwischenstaatliche Zusammenarbeit stützen, sondern der europäische Gesetzgeber konnte gemeinschaftsweit Regelungen erlassen.[105] Mit der Einfügung des Titels IV „Visa, Asyl, Einwanderung und andere Politiken

97 *C. Kohler*, in: Reichelt, Vorlesungen und Vorträge, S. 1, 1; *Kreuzer*, RabelsZ 70 (2006), 1, 10 f; *Junghardt*, Vereinheitlichung des Erb- und Testamentsrechts, S. 14.

98 *Herweg*, Vereinheitlichung des Internationalen Erbrechts, S. 167 f.

99 Übereinkommen über die Zustellung gerichtlicher und außergerichtlicher Schriftstücke in Zivil- und Handelssachen in den Mitgliedstaaten der Europäischen Union vom 27.08.1997 (ABl. C 261/1).

100 Übereinkommen über die Zuständigkeit und die Anerkennung und Vollstreckung von Entscheidungen in Ehesachen 16.07.1998 (ABl. C 221/1).

101 *Müller-Graff*, in: Müller-Graff, Raum der Freiheit, der Sicherheit und des Rechts, S. 11, 12 f; *ders.*, in: FS Jayme II, S. 1323, 1327; *Süß*, in: Süß, Erbrecht in Europa, 2. Aufl., § 9 Rn. 17; *Oppermann/Classen/Nettesheim*, Europarecht, § 3 Rn. 3; *Kreuzer*, RabelsZ 70 (2006), 1, 17; *Junghardt*, Vereinheitlichung des Erb- und Testamentsrechts, S. 14; *Herweg*, Vereinheitlichung des Internationalen Erbrechts, S. 154.

102 *Herweg*, Vereinheitlichung des Internationalen Erbrechts, S. 174.

103 *Lechner*, in: Dutta/Herrler, Die Europäische Erbrechtsverordnung, S. 5, 6; *Linke*, in: FS Geimer (2002), S. 529, 529 und 542; *Müller-Lukoschek*, Die neue EU-Erbrechtsverordnung, S. 41; Calliess/Ruffert/*Rossi*, Art. 81 AEUV Rn. 1; *Kreuzer*, RabelsZ 70 (2006), 1, 17.

104 *Müller-Graff*, in: Müller-Graff, Raum der Freiheit, der Sicherheit und des Rechts, S. 11, 15.

105 *Lechner*, in: Dutta/Herrler, Die Europäische Erbrechtsverordnung, S. 5, 6; *Denkinger*, Europäisches Erbkollisionsrecht, S. 347.

betreffend den Personenverkehr" war der Weg für Maßnahmen mit Bezug zum Binnenmarkt und freien Personenverkehr offen. Insbesondere konnten die in Art. 294 EGV vorgesehenen Maßnahmen getroffen werden. Hierunter fallen Verordnungen, Richtlinien und Entscheidungen.[106] Dabei ergab sich die Gesetzgebungskompetenz für Maßnahmen der justiziellen Zusammenarbeit in Zivilsachen aus Art. 61 lit. c, 65 EGV.

Der Vertrag von Nizza vom 26.02.2001[107] verbesserte die Kompetenzverteilung weiter, indem das Verfahren zum Erlass von Maßnahmen durch einen einfachen Mehrheitsbeschluss möglich gemacht wurde.[108] Eine Ausnahme wurde jedoch in Art. 67 Abs. 5 EGV vorgesehen, in dem familienrechtliche Aspekte von diesem Verfahren ausgenommen waren. Um auf Gemeinschaftsebene Rechtsakte zu erlassen, ist nach dem Prinzip der begrenzten Einzelermächtigung nach Art. 5 EGV ein Kompetenztitel erforderlich.[109] Aufgrund des fehlenden Binnenmarktbezugs wurde eine gemeinschaftsrechtliche Kompetenz für das Erbrecht zunächst teilweise abgelehnt.[110] Das Merkmal des Binnenmarktes in Art. 65 EGV sei so essentiell wichtig für Rechtsakte nach dieser Norm, dass nicht allein durch das Abstellen auf die Personenfreizügigkeit der Binnenmarktbezug hergestellt werden könne.

Zwar ist das Merkmal des Binnenmarktbezugs insgesamt auf das Funktionieren des Binnenmarkts bezogen, es kann aber nicht vollständig unabhängig hiervon betrachtet werden.[111] Eine Definition fand sich in Art. 14 Abs. 2 EGV[112],

---

106 *Müller-Graff*, in: Müller-Graff, Raum der Freiheit, der Sicherheit und des Rechts, S. 11, 23; *Hess*, Europäisches Zivilprozessrecht, S. 39.

107 Vertrag von Nizza zur Änderung des Vertrags über die Europäische Union, der Verträge zur Gründung der Europäischen Gemeinschaften sowie einiger damit zusammenhängender Rechtsakte vom 10.03.2001 (ABl. C 80/1).

108 Vgl. *Süß*, in: Süß, Erbrecht in Europa, 2. Aufl., § 9 Rn. 17; *Herdegen*, Europarecht, 19. Aufl., § 4 Rn. 23; *Herweg*, Vereinheitlichung des Internationalen Erbrechts, S. 241; *C. Kohler*, in: Reichelt, Vorlesungen und Vorträge, S. 1, 8; *Mansel*, in: Mansel, Systemwechsel, S. 1, 4; *Basedow*, in: Mansel, Systemwechsel, S. 19, 26.

109 *Oppermann/Classen/Nettesheim*, Europarecht, § 11 Rn. 3.

110 *Linke*, in: FS Geimer (2002), S. 529, 538; *Stumpf*, EuR 2007, 291, 308; *dies.*, in: Jung/Baldus, Differenzierte Integration im Gemeinschaftsprivatrecht, S. 217, 223 ff; *Gaudemet-Tallon*, DNotI-Studie, S. 445, 446; *Verbeke/Leleu*, in: Hartkamp/Hesselink, Towards a European Civil Code, 2. Aufl., S. 173, 184; *Kuchinke*, in: FS Söllner, S. 589, 589.

111 *Müller-Graff*, in: FS Jayme II, S. 1323, 1326, insbesondere auch deshalb, weil der EGV mit Art. 61 EGV auch Ermächtigungen vorsah, bei denen es gerade nicht auf den Binnenmarktbezug ankam, S. 1328.

112 Dieselbe Definition findet sich nun auch in Art. 26 Abs. 2 AEUV.

wonach der Binnenmarkt ein Raum ohne Binnengrenzen ist, in dem der freie Verkehr von Waren, Personen, Dienstleistungen und Kapital gewährleistet wird. Problematisch ist deshalb insbesondere, Familiensachen unter diese Definition zu fügen.[113] Auch andere Normen des EGV konnten nicht herangezogen werden, um eine Gesetzgebungskompetenz der Gemeinschaftsorgane zu begründen.[114] Es schien so, als würde das Erbrecht nicht in den Regelungsbereich der Europäischen Gemeinschaften passen. Die Gegenmeinung vertrat jedoch, dass auch das Erbrecht einen gewissen Binnenmarktbezug oder zumindest einen wirtschaftlichen Bezug aufweise, sodass eine Gesetzgebung auf europäischer Ebene jedenfalls umfasst sei. Die Personenverkehrsfreiheit wird als Teilkomponente des Binnenmarkts angesehen,[115] die vom Erbrecht zumindest berührt wird.[116] Auch ist nicht von der Hand zu weisen, dass das Erbrecht eine gewisse wirtschaftliche Relevanz hat und nicht nur wirtschaftliche, sondern alle Rechtsverhältnisse ein einheitliches Internationales Privatrecht benötigen.[117]

Auf Grundlage der Verträge zur Europäischen Union wurden verschiedene Verordnungen in anderen Rechtsgebieten auf europäischer Ebene erlassen. Das Erbrecht ist jedoch in diesen ersten Regelungen explizit ausgenommen. So sehen Art. 1 Abs. 2 lit. f EuGVVO[118] sowie Art. 1 Abs. 2 lit. c Rom I-VO[119] und Art. 1 Abs. 2 lit. b Rom II-VO[120] jeweils eine Ausnahme vom Anwendungsbereich

---

113 *Müller-Graff*, in: FS Jayme II, S. 1323, 1328.

114 *Stumpf*, EuR 2007, 291, 314 f.

115 Bergmann/Lenz/*Winkler*, Kapitel 2, Rn. 23.

116 *Herweg*, Vereinheitlichung des Internationalen Erbrechts, S. 204; *Basedow*, CMLR 37 (2000), 687, 698; *Mansel*, in: FS Ansay, S. 185, 191; *Hess*, Europäisches Zivilprozessrecht, S. 34; *Junghardt*, Vereinheitlichung des Erb- und Testamentsrechts, S. 31 ff.

117 *Tilmann*, in: FS Oppenhoff, S. 495, 503; *Pfeiffer*, in: Müller-Graff, Raum der Freiheit, der Sicherheit und des Rechts, S. 75, 80; *D. Lübcke*, Nachlassverfahrensrecht, S. 192–204.

118 Verordnung (EU) Nr. 1215/2012 des Europäischen Parlaments und des Rates vom 12. Dezember 2012 über die gerichtliche Zuständigkeit und die Anerkennung und Vollstreckung von Entscheidungen in Zivil- und Handelssachen (ABl. L 351/1).

119 Verordnung (EG) Nr. 593/2008 des Europäischen Parlaments und des Rates vom 17. Juni 2008 über das auf vertragliche Schuldverhältnisse anzuwendende Recht (ABl. L 177/6).

120 Verordnung (EG) Nr. 864/2007 des Europäischen Parlaments und des Rates vom 11. Juli 2007 über das auf außervertragliche Schuldverhältnisse anzuwendende Recht (ABl. L 199/40).

für Erbsachen vor. Auch das Luganer Übereinkommen[121], das im Großen und Ganzen der EuGVVO entspricht und für die EU-Mitgliedstaaten im Verhältnis zu der Schweiz, Norwegen und Island gilt, nimmt das Erbrecht in Art. 1 Abs. 2 lit. a LugÜ von seinem Anwendungsbereich aus. Das Erbrecht, das als schwer zu regelnde Materie galt, wurde jeweils außen vor gelassen, es sollte nicht durch eine Verordnung geregelt werden – insbesondere auch deshalb, weil die Kompetenz der Europäischen Gemeinschaft hierfür bezweifelt wurde. Auffallend ist, dass andere Verordnungen, wie die Europäische Zustellungsverordnung[122] und die Europäische Insolvenzverordnung[123], Erbsachen nicht vom Anwendungsbereich ausschließen.[124] Für Zustellungen in Nachlasssachen innerhalb der EU ist deshalb die Zustellungsverordnung ausschlaggebend, Nachlassinsolvenzen beurteilen sich nach der Insolvenzverordnung.

Mit dem Inkrafttreten des Vertrags von Lissabon[125] am 01.12.2009 ist letztlich eine rechtliche Grundlage in Art. 81 AEUV geschaffen worden, die eine umfassende Regelung auf dem Gebiet des Zivilrechts zulässt.[126] Der Binnenmarktbezug ist durch die Formulierung „insbesondere wenn dies für das reibungslose Funktionieren des Binnenmarkts" in Art. 81 Abs. 2 AEUV gerade nicht mehr explizit erforderlich, sodass nun auch das Erbrecht umfasst ist und die Zweifel an einer Kompetenz der EU für das Erbrecht beseitigt sind. Während Art. 65 EGV noch eine abschließende Aufzählung der Kompetenzen enthielt, sodass für jede Maßnahme überlegt werden musste, ob sie unter die Kompetenznorm fällt, sind in Art. 81 AEUV nun beispielhaft die Kompetenzen der Europäischen Union auf dem Gebiet des Internationalen Privatrechts aufgezählt und es können bei einschlägigem Kompetenztitel Verordnungen erlassen werden.[127] Wie bereits die

121 Übereinkommen über die gerichtliche Zuständigkeit und die Anerkennung und Vollstreckung von Entscheidungen in Zivil- und Handelssachen vom 15.10.2007 (Beschluss 2007/712/EG).

122 Verordnung (EG) Nr. 1393/2007 des Europäischen Parlaments und des Rates vom 13. November 2007 über die Zustellung gerichtlicher und außergerichtlicher Schriftstücke in Zivil- oder Handelssachen in den Mitgliedstaaten („Zustellung von Schriftstücken") (ABl. L 324/79).

123 Verordnung (EU) 2015/848 des Europäischen Parlaments und des Rates vom 20. Mai 2015 über Insolvenzverfahren (ABl. L 141/19).

124 *Stumpf*, EuR 2007, 291, 315.

125 Vertrag über die Arbeitsweise der Europäischen Union vom 09.05.2008 (ABl. C 115/47).

126 *Max-Planck-Institut für ausländisches und internationales Privatrecht*, RabelsZ 74 (2010), 522, 529.

127 NK/*Looschelders*, vor Art. 1 Rn. 5; Calliess/Ruffert/*Rossi*, Art. 81 AEUV Rn. 13.

Überschrift des Titels V deutlich macht, ist der „Raum der Freiheit, der Sicherheit und des Rechts" ein neues Ziel der Europäischen Union; er umfasst auch die justizielle Zusammenarbeit im Zivilrecht.

Die Frage nach dem Gesetzgebungsverfahren ist in diesem Zusammenhang zunächst offen geblieben. Entsprechend der Regelung des Art. 67 Abs. 5 EGV für das Familienrecht sieht auch Art. 81 Abs. 3 AEUV ein besonderes Verfahren für Maßnahmen zum Familienrecht vor. Zum Teil wird deshalb verlangt, dass auch das Erbrecht dieser Regelung unterliegt. Es wurde ein sehr enger Bezug zum Familienrecht gesehen, der ein solches besonderes Verfahren notwendig mache.[128] Andererseits betrachtet man das Erbrecht als eigenständiges Rechtsgebiet und sieht es der Natur nach als Nachfolgerecht im Vermögen an, das deshalb nicht dem Familienrecht zuzurechnen ist.[129] Die Bezüge zum Familienrecht werden trotzdem gesehen, da sich bei der gesetzlichen Erbfolge meist ein Verwandtenerbrecht nach dem materiellen Recht der Mitgliedstaaten ergibt. Allerdings wird bei einem Vergleich von Art. 65 Abs. 5 EGV, der von „familienrechtlichen Aspekten" spricht, mit Art. 81 Abs. 3 AEUV, der „Maßnahmen zum Familienrecht" erfasst, deutlich, dass Art. 81 Abs. 3 AEUV wesentlich enger gefasst ist und nicht bereits einen Bezug zum Familienrecht ausreichen lässt. Die Vorschrift ist als Ausnahme ausgestaltet.[130] Der endgültigen Fassung der Europäischen Erbrechtsverordnung lässt sich Art. 81 Abs. 2 AEUV als Rechtsgrundlage entnehmen. Erwägungsgrund 2 gibt an, dass es sich um eine Maßnahme zur Anpassung der Kollisionsnormen und Vermeidung von Kompetenzkonflikten handelt. Damit hat der europäische Gesetzgeber zum Ausdruck gebracht, dass es sich bei der Europäischen Erbrechtsverordnung aus seiner Sicht nicht um eine Maßnahme zum Familienrecht handelt.

Ein weiterer Meilenstein zur endgültigen Europäischen Erbrechtsverordnung war der Wiener Aktionsplan von 1998[131], der die Möglichkeiten zur Umsetzung

---

128 *Scheuba*, in: Schauer/Scheuba, Europäische Erbrechtsverordnung, S. 1, 13.

129 *Max-Planck-Institut für ausländisches und internationales Privatrecht*, RabelsZ 74 (2010), 522, 531; Vorschlag für eine Verordnung des Europäischen Parlaments und des Rates über die Zuständigkeit, das anzuwendende Recht, die Anerkennung und die Vollstreckung von Entscheidungen und öffentlichen Urkunden in Erbsachen sowie zur Einführung eines Europäischen Nachlasszeugnisses vom 14.10.2009 (KOM (2009) 154 endgültig), S. 3; *Kroll-Ludwigs*, Rolle der Parteiautonomie, S. 25.

130 *Max-Planck-Institut für ausländisches und internationales Privatrecht*, RabelsZ 74 (2010), 522, 531.

131 Aktionsplan des Rates und der Kommission zur bestmöglichen Umsetzung der Bestimmungen des Amsterdamer Vertrags über den Aufbau eines Raumes der Freiheit, der Sicherheit und des Rechts vom 23.01.1999 (ABl. C 19/1).

eines Raumes der Freiheit, der Sicherheit und des Rechts nach dem Amsterdamer Vertrag näher beleuchtete. Ziel ist es, die justizielle Zusammenarbeit in Zivilsachen vor allem in den Bereichen zu fördern, in denen die menschliche Dimension und der Alltag der Bürger besonders betroffen sind.[132] Der Wiener Aktionsplan erwähnt die Umsetzung eines europäischen Rechtsakts, der die Erbschaftssachen regelt, und möchte die Regelungen des Haager Erbrechtsübereinkommens berücksichtigt wissen.[133] Hierdurch wurde zum ersten Mal festgelegt, dass auch das Erbrecht auf europäischer Ebene einer Regelung bedarf.

Gefolgt von einem Maßnahmenprogramm im Jahr 2000[134], das eine gerichtliche Zuständigkeit und Anerkennung und Vollstreckung von Entscheidungen in Erbsachen vorsah, nahm dann im Jahr 2002 das Deutsche Notarinstitut unter Mithilfe der Professoren *Lagarde* und *Dörner* seine Arbeit an einer Studie zum Internationalen Erbrecht auf.[135] Die Studie widmet sich den praktischen Problemen der Testamentsgestaltung und der Nachlassabwicklung.[136] Sie enthält den Vorschlag, die Internationale Zuständigkeit ebenfalls in der Verordnung zu regeln, und schlägt als allgemeinen Gerichtsstand das Gericht des letzten gewöhnlichen Aufenthalts des Erblassers vor.[137] So soll ein mögliches *forum shopping* durch die Erben verhindert werden.[138] Auch die Möglichkeit von Gerichtsstandsvereinbarungen wird in der Studie angesprochen.[139] Außerdem kommt die Studie zu dem Schluss, dass sich das anwendbare Recht nach dem Recht des gewöhnlichen Aufenthalts des Erblassers richten soll, aber eine Wahl

---

132 Aktionsplan des Rates und der Kommission zur bestmöglichen Umsetzung der Bestimmungen des Amsterdamer Vertrags über den Aufbau eines Raumes der Freiheit, der Sicherheit und des Rechts vom 23.01.1999 (ABl. C 19/1), S. 10.

133 Aktionsplan des Rates und der Kommission zur bestmöglichen Umsetzung der Bestimmungen des Amsterdamer Vertrags über den Aufbau eines Raumes der Freiheit, der Sicherheit und des Rechts vom 23.01.1999 (ABl. C 19/1), S. 10.

134 Maßnahmenprogramm zur Umsetzung des Grundsatzes der gegenseitigen Anerkennung gerichtlicher Entscheidungen in Zivil- und Handelssachen vom 15.01.2001 (ABl. C 12/1).

135 *Lechner*, in: Dutta/Herrler, Die Europäische Erbrechtsverordnung, S. 5, 6; NK/*Looschelders*, vor Art. 1 Rn. 6.

136 *Deutsches Notarinstitut*, Rechtsvergleichende Studie der erbrechtlichen Regelungen des Internationalen Verfahrensrechtes und Internationalen Privatrechts der Mitgliedsstaaten der Europäischen Union des Deutschen Notarinstituts.

137 *Deutsches Notarinstitut*, Studie, S. 183.

138 *Dörner/Hertel/Lagarde/Riering*, IPRax 2005, 1, 2; zum *forum shopping* im Erbrecht siehe *Meyer*, Gerichtsstände der Erbrechtsverordnung, S. 15–20 sowie S. 115–125.

139 *Dörner/Hertel/Lagarde/Riering*, IPRax 2005, 1, 3.

des Heimatrechts zulässig sein soll.[140] Ein weiteres Ziel ist die Einführung eines europäischen Erbscheins und eines Testamentsregisters, in das alle Testamente einzutragen sind.[141] Diese Idee beruht auf der oben erwähnten Basler Konvention. Für nicht erstrebenswert hält die Studie die Harmonisierung des materiellen Rechts.[142] Die Harmonisierung des Erbkollisionsrechts wird hingegen als die wichtigste Voraussetzung für die Vereinheitlichung des Erbrechts auf europäischer Ebene angesehen.[143] Diese Studie wurde zur grundlegenden Vorarbeit der Europäischen Erbrechtsverordnung. Die meisten Vorschläge, die sie unterbreitet, fanden auch später Eingang in die Verordnung.[144] Das Haager Programm des Europäischen Rates von 2004, das auf die Beschlüsse von Tampere 1999 zurückgeht, nannte Prioritäten zur Umsetzung des europäischen Rechtsraumes – darunter auch eine europäische Regelung im Erbrecht.[145]

Auf Grundlage der Studie des Deutschen Notarinstituts wurde das Grünbuch zum Europäischen Erbrecht vom 01.03.2005[146] veröffentlicht. Von verschiedenen Seiten gingen Stellungnahmen ein, die den Fragenkatalog aus 39 Fragen des Grünbuchs zu beantworten versuchten. Dieser Katalog war offen formuliert, aber es wurde deutlich, dass auf eine umfassende Regelung abgezielt wurde.[147] Zusammenfassend kann man sagen, dass die Stellungnahmen überwiegend eine Nachlasseinheit und eine Rechtswahl befürworten.[148] Auch die Einführung eines Europäischen Erbennachweises wird von den meisten Stimmen positiv angeführt.[149] Lediglich bei der objektiven Anknüpfung und der Bestimmung des zuständigen Gerichts konnte kein einheitliches Merkmal gefunden werden.[150] Hier standen sich die Staatsangehörigkeit und der gewöhnliche Aufenthalt mit ihren unterschiedlichen Vor- und Nachteilen gegenüber. Auf die Stellungnahmen

---

140 *Deutsches Notarinstitut*, Studie, S. 184.

141 *Deutsches Notarinstitut*, Studie, S. 183 f.

142 *Deutsches Notarinstitut*, Studie, S. 185.

143 *Dörner/Hertel/Lagarde/Riering*, IPRax 2005, 1, 3; *Herweg*, Vereinheitlichung des Internationalen Erbrechts, S. 232 ff.

144 *Lechner*, in: Dutta/Herrler, Die Europäische Erbrechtsverordnung, S. 5, 6.

145 *Meyer*, Gerichtsstände der Erbrechtsverordnung, S. 32; *Kreuzer*, RabelsZ 70 (2006), 1, 28 f; *Junghardt*, Vereinheitlichung des Erb- und Testamentsrechts, S. 15; NK/*Looschelders*, vor Art. 1 Rn. 6.

146 Grünbuch Erb- und Testamentsrecht vom 09.08.2005 (KOM (2005) 65 endgültig).

147 *Scheuba*, in: Schauer/Scheuba, Europäische Erbrechtsverordnung, S. 1, 6.

148 *Lehmann*, IPRax 2006, 204, 205 und 206.

149 *Lehmann*, IPRax 2006, 204, 207.

150 *Lehmann*, IPRax 2006, 204, 206.

zum Grünbuch folgte eine öffentliche Anhörung am 21.11.2005, an der auch Praktiker teilnahmen.[151]

Mit dem Gargani-Report vom 16.10.2006[152] wurden Empfehlungen des Rechtsausschusses des Europäischen Parlaments an die EU-Kommission geäußert. Dabei näherten sich die Empfehlungen im Großen und Ganzen an die im Grünbuch und im Verordnungsvorschlag bereits erarbeiteten Vorschläge an. Im Gargani-Report wurde besonders auf das Pflichtteilsrecht Wert gelegt, weil vorgeschlagen wurde, die nationalen Rechte anzupassen.[153] Daraufhin arbeitete die Kommission einen Vorentwurf aus. Dieser nahm den gewöhnlichen Aufenthalt als modernen Anknüpfungspunkt auf und versuchte eine Definition dieses Begriffes. Neben einer umfangreichen Rechtswahl wurde auch eine uneingeschränkte *ordre public*-Klausel aufgenommen.[154]

Abgerundet wurden die Regelungen im Erbrecht schließlich durch den Verordnungsvorschlag zur Vereinheitlichung des Erbkollisionsrechts vom 16.11.2006, der am 14.10.2009 eingebracht wurde.[155] Ziel war es, die Freizügigkeit in der Europäischen Union zu fördern. Die Freizügigkeit sollte nicht durch die unterschiedlichen Regelungen in den Mitgliedstaaten oder verschiedene Behörden oder Nachlassspaltungen verhindert werden.[156] Besonders das Max-Planck-Institut für ausländisches und internationales Privatrecht nahm sich des Vorschlags an und erarbeitete Verbesserungsvorschläge für den Text.[157]

Schließlich wurde am 04.07.2012 die Verordnung über die Zuständigkeit, das anzuwendende Recht, die Anerkennung und Vollstreckung von Entscheidungen und die Annahme und Vollstreckung öffentlicher Urkunden in Erbsachen sowie zur Einführung eines Europäischen Nachlasszeugnisses verabschiedet und am

151 *Süß*, in: Süß, Erbrecht in Europa, 2. Aufl., § 9 Rn. 23.

152 *Gargani*, Bericht mit Empfehlungen an die Kommission zum Erb- und Testamentrecht (2005/2148(INI)).

153 *Scheuba*, in: Schauer/Scheuba, Europäische Erbrechtsverordnung, S. 1, 9.

154 *Scheuba*, in: Schauer/Scheuba, Europäische Erbrechtsverordnung, S. 1, 10 ff.

155 Vorschlag für eine Verordnung des Europäischen Parlaments und des Rates über die Zuständigkeit, das anzuwendende Recht, die Anerkennung und die Vollstreckung von Entscheidungen und öffentlichen Urkunden in Erbsachen sowie zur Einführung eines Europäischen Nachlasszeugnisses vom 14.10.2009 (KOM (2009) 154 endgültig).

156 Vorschlag für eine Verordnung des Europäischen Parlaments und des Rates über die Zuständigkeit, das anzuwendende Recht, die Anerkennung und die Vollstreckung von Entscheidungen und öffentlichen Urkunden in Erbsachen sowie zur Einführung eines Europäischen Nachlasszeugnisses vom 14.10.2009 (KOM (2009) 154 endgültig), S. 2.

157 *Max-Planck-Institut für ausländisches und internationales Privatrecht*, RabelsZ 74 (2010), 522.

27.07.2012 im Amtsblatt veröffentlicht. Nach Art. 84 EuErbVO ist die Verordnung am zwanzigsten Tag nach der Veröffentlichung, also am 17.08.2012, in Kraft getreten.[158] Die Verordnung findet erst auf Erbfälle Anwendung, die nach dem 17.08.2015 eintreten.[159] Es wurde eine Übergangszeit von drei Jahren bestimmt, sodass sich die einzelnen Mitgliedstaaten auf die Änderungen im Internationalen Erbrecht einstellen und die nationalen Regelungen anpassen konnten.[160] Die Verordnung wird als „ambitioniertestes Projekt des europäischen Gesetzgebers" gesehen.[161]

Die Ausarbeitung der einheitlichen europäischen Regelung hat also einige Zeit in Anspruch genommen. Durch die verschiedenen Vorschläge, auch aus der Praxis, sollte die Regelung des Internationalen Erbrechts nun nur wenige Wünsche offen lassen. Sowohl die Vorarbeiten der Haager Konferenz als auch die Studie des Deutschen Notarinstituts haben die Europäische Erbrechtsverordnung entscheidend geprägt.

C. Anwendungsbereich der Europäischen Erbrechtsverordnung

I. Grenzüberschreitender Sachverhalt

Die Europäische Erbrechtsverordnung ist nur dann anwendbar, wenn es sich um einen grenzüberschreitenden Sachverhalt handelt. Dies ist zwar nicht ausdrücklich in der Verordnung geregelt – anders als in Art. 1 Abs. 1 Rom I-VO, Art. 1 Abs. 1 Rom II-VO und Art. 1 Abs. 1 Rom III-VO, die jeweils eine Verbindung zu mehreren Staaten verlangen –, lässt sich jedoch aus den Erwägungsgründen ableiten, die in Nr. 1 und Nr. 7 einen grenzüberschreitenden Bezug voraussetzen. Teilweise wird bereits aus der Natur der Sache gefolgert, dass ein Auslandsbezug gegeben sein muss, weil sich sonst die Fragen des anwendbaren Rechts und der internationalen Zuständigkeit erst gar nicht stellen.[162] Fraglich ist deshalb, wann

---

158 Verordnung (EU) Nr. 650/2012 des Europäischen Parlaments und des Rates vom 4. Juli 2012 über die Zuständigkeit, das anzuwendende Recht, die Anerkennung und Vollstreckung von Entscheidungen und die Annahme und Vollstreckung öffentlicher Urkunden in Erbsachen sowie zur Einführung eines Europäischen Nachlasszeugnisses (ABl. L 201/107).

159 Vgl. Art. 83 Abs. 1 EuErbVO.

160 *Hinden/T. Müller*, ErbStB 2013, 97, 97 f; *Wilke*, RIW 2012, 601, 602; *R. Wagner*, DNotZ 2010, 506, 518; *Rudolf*, NZ 2013, 225, 242; *Schoppe*, IPRax 2014, 27, 28.

161 *Dutta*, FamRZ 2013, 4, 4.

162 MüKo/*Dutta*, Art. 1 Rn. 56.

ein Auslandsbezug bei einem Erbfall vorliegt. In Anlehnung an die Regelungen in den übrigen europäischen Verordnungen lässt sich ein Auslandsbezug dann annehmen, wenn der Erbfall eine Verbindung zu mehreren Staaten aufweist, also immer dann, wenn Staatsangehörigkeit und gewöhnlicher Aufenthalt auseinanderfallen oder Vermögen in einem anderen Staat als dem Staat des gewöhnlichen Aufenthalts belegen ist. Insgesamt sind keine allzu hohe Anforderungen an den grenzüberschreitenden Bezug zu stellen.[163]

II. Sachlicher Anwendungsbereich

1. *Allgemeine Regelung*

Der Anwendungsbereich der Europäischen Erbrechtsverordnung ist in sachlicher Hinsicht in Art. 1 EuErbVO geregelt. Dieser sieht in seinem Abs. 1 vor, dass die Verordnung auf die Rechtsnachfolge von Todes wegen Anwendung findet. Art. 1 Abs. 1 EuErbVO regelt allgemein den Anwendungsbereich. Ergänzt wird die Regelung des Art. 1 EuErbVO durch Erwägungsgrund 9, der besagt, dass alle zivilrechtlichen Aspekte der Rechtsnachfolge von Todes wegen unter die Europäische Erbrechtsverordnung fallen. Nach Art. 3 Abs. 1 lit. a EuErbVO ist der Rechtsnachfolge von Todes wegen jede Form des Übergangs von Vermögenswerten, Rechten und Pflichten von Todes wegen sowohl durch gesetzliche als auch durch gewillkürte Erbfolge. Weiterhin definiert Art. 3 Abs. 1 lit. d EuErbVO, was unter einer Verfügung von Todes wegen zu verstehen ist, und benennt das Testament, das gemeinschaftliche Testament (Art. 3 Abs. 1 lit. c EuErbVO) und den Erbvertrag (Art. 3 Abs. 1 lit. b EuErbVO). Sodann legt Art. 23 EuErbVO fest, dass die gesamte Rechtsnachfolge von Todes wegen dem anzuwendenden Recht unterliegt. Art. 23 Abs. 2 EuErbVO nimmt eine Aufzählung vor, welche Fragen von der Rechtsnachfolge von Todes wegen erfasst sein sollen. Hierunter fallen insbesondere die Gründe, die Zeit und der Ort des Erbfalls sowie die Berufung der Berechtigten und die Erbfähigkeit.

2. *Ausnahmen vom sachlichen Anwendungsbereich*

Eine erste Ausnahme vom sachlichen Anwendungsbereich findet sich bereits in Art. 1 Abs. 1 S. 2 EuErbVO. Hier sieht die Verordnung vor, dass Steuer- und Zollsachen sowie verwaltungsrechtliche Angelegenheiten nicht vom Anwendungsbereich erfasst sind. Sämtliche öffentlich-rechtliche Angelegenheiten sind ebenso aus dem Anwendungsbereich ausgeklammert. Dabei kann man sich

163 NK/*Looschelders*, Art. 1 Rn. 4; Dutta/Weber/*J. P. Schmidt*, Art. 1 Rn. 4.

an der Rechtsprechung des EuGH zu Art. 1 Abs. 1 EuGVVO orientieren.[164] In Erwägungsgrund 10 der EuErbVO wird angeführt, dass für Verbindlichkeiten öffentlich-rechtlicher Art und Steuersachen innerstaatliches Recht gilt. Als Steuersache versteht sich auch die Erbschaftsteuer. Die Europäische Erbrechtsverordnung kann deshalb nicht bestimmen, wie die Erbschaftsteuer berechnet wird. Hierfür ist weiterhin das nationale Recht anwendbar. Grundsätzlich richtet sich in Deutschland die Erbschaftsteuer nach § 2 ErbStG[165]. Zum Teil gibt es auch Doppelbesteuerungsabkommen, die als Völkerrecht den nationalen Bestimmungen nach § 2 AO[166] vorgehen. Deutschland hat mit Dänemark, Frankreich, Griechenland, Österreich, Schweden, der Schweiz und den Vereinigten Staaten von Amerika jeweils ein solches Doppelbesteuerungsabkommen für die Erbschaftsteuer abgeschlossen.[167] Diese Doppelbesteuerungsabkommen verhindern, dass der Erbe in beiden Staaten besteuert wird.

Außerdem enthält Art. 1 Abs. 2 EuErbVO einen Ausnahmekatalog, der bestimmte Rechtsmaterien dem Anwendungsbereich entzieht. Besonders erwähnt sei an dieser Stelle zunächst die Ausnahme des Art. 1 Abs. 2 lit. a EuErbVO, der besagt, dass sich das auf den Personenstand und andere Familienverhältnisse anzuwendende Recht nicht aus dieser Verordnung ergibt. Diese Materien unterliegen weiterhin dem nationalen Recht oder anderen EU-Verordnungen.[168] So wird nicht nach der Europäischen Erbrechtsverordnung bestimmt, ob eine Ehe oder eingetragene Lebenspartnerschaft[169] wirksam geschlossen oder beendet wurde; ebenso wenig sind Fragen der Abstammung hiernach zu klären. Der Grund hierfür ist die besondere Bindung eines Staates zu seinen Vorstellungen des Personenstandes und der Familienverhältnisse.[170] Durch die Ausnahme vom Anwendungsbereich der Europäischen Erbrechtsverordnung trägt der europäische Gesetzgeber diesen Besonderheiten Rechnung und lässt auch weiterhin jeden Mitgliedstaat selbst in diesen Bereichen entscheiden.

---

164 MüKo/*Dutta*, Art. 1 Rn. 9, der darauf verweist, dass erbrechtliche Besonderheiten wie die Erbschaftsteuer und sozialrechtliche Ansprüche zu berücksichtigen sind.

165 Erbschaftsteuer- und Schenkungsteuergesetz vom 03.06.1906 (RGBl. S. 620).

166 Abgabenordnung vom 16.03.1976 (BGBl. I, S. 613), in der Fassung vom 01.10.2002 (BGBl. I, S. 3866).

167 Vgl. *Süß*, in: Süß, Erbrecht in Europa, 2. Aufl., § 9 Rn. 25.

168 Im deutschen Recht für das Namensrecht: Art. 10 EGBGB; für die Eheschließung: Art. 13, 14 EGBGB; für die Ehescheidung: Rom III-VO; für die Annahme als Kind: Art. 22 EGBGB.

169 Siehe hierzu *Coester*, ZEV 2013, 115; *Bruns*, ZErb 2014, 181.

170 BeckOGK/*J. Schmidt*, Art. 1 Rn. 15.

In Art. 1 Abs. 2 lit. b EuErbVO findet sich eine Ausnahme für die Rechts-, Geschäfts- und Handlungsfähigkeit, die sich weiterhin nach den nationalen Rechtsordnungen bestimmen. Allerdings beurteilen sich ausweislich des Art. 1 Abs. 2 lit. b 2. HS EuErbVO die Erb- und Testierfähigkeit nach dem durch die Europäische Erbrechtsverordnung bestimmten Recht. Diese speziellen Arten der Rechts-, Geschäfts- und Handlungsfähigkeit sind nicht vom Anwendungsbereich ausgenommen, sondern sind in Art. 23 Abs. 2 lit. c EuErbVO und Art. 26 EuErbVO ausdrücklich genannt und beurteilen sich nach dem Erbstatut. Die allgemeine, nicht das Erbrecht betreffende Rechts-, Geschäfts- und Handlungsfähigkeit bestimmt sich aber nach dem nationalen Recht. Im deutschen Recht ist dabei Art. 7 EGBGB maßgeblich.

Nach Art. 1 Abs. 2 lit. c EuErbVO ergibt sich das auf die Verschollenheit und Todeserklärung anwendbare Recht nicht aus der Europäischen Erbrechtsverordnung. Allerdings enthält Art. 32 EuErbVO eine Regelung für gleichzeitig versterbende Menschen (Kommorienten). Lässt sich bei ihnen nicht feststellen, wer zuerst verstorben ist, können sich die Personen nicht gegenseitig beerben. Eine solche Regelung wurde ausdrücklich gewünscht, da diese Fälle in verschiedenen Mitgliedstaaten zu sich widersprechenden Entscheidungen geführt haben: Manche Mitgliedstaaten nahmen ein gleichzeitiges Versterben an, andere legten eine hypothetische Reihenfolge fest.[171] Mit dieser neuen Regelung als spezielle Sachnorm sollte künftig eine eindeutige Lösung gegeben sein. Die übrigen Fragen der Verschollenheit und Todeserklärung sind nach Art. 9 EGBGB zu beurteilen.

Auch das Güterrecht ist vom Anwendungsbereich nach Art. 1 Abs. 2 lit. d EuErbVO ausgeschlossen, insbesondere deshalb, weil hierfür eine Verordnung für das Güterrecht von Ehegatten[172] und von eingetragenen Lebenspartnern[173] existiert. Um diesen beiden neuen Verordnungen ihren Anwendungsbereich zu belassen, nimmt sich die Europäische Erbrechtsverordnung des Güterrechts

---

171 Grünbuch Erb- und Testamentsrecht vom 09.08.2005 (KOM (2005) 65 endgültig), S. 6.

172 Verordnung (EU) 2016/1103 des Rates vom 24. Juni 2016 zur Durchführung einer Verstärkten Zusammenarbeit im Bereich der Zuständigkeit, des anzuwendenden Rechts und der Anerkennung und Vollstreckung von Entscheidungen in Fragen des ehelichen Güterstands (ABl. L 183/1).

173 Verordnung (EU) 2016/1104 des Rates vom 24. Juni 2016 zur Durchführung der Verstärkten Zusammenarbeit im Bereich der Zuständigkeit, des anzuwendenden Rechts und der Anerkennung und Vollstreckung von Entscheidungen in Fragen güterrechtlicher Wirkungen eingetragener Partnerschaften (ABl. L 183/30).

nicht an.[174] Die deutsche Lösung des pauschalierten Zugewinnausgleichs in § 1371 BGB, bei der der überlebende Ehegatte im Falle des Güterstands der Zugewinngemeinschaft pauschal ein weiteres Viertel zu seinem gesetzlichen Erbteil aus § 1931 Abs. 1 BGB erhält, enthält jedoch sowohl erbrechtliche als auch güterrechtliche Elemente.[175] Der Pauschalgüterausgleich war deshalb schon vor Anwendung der Europäischen Erbrechtsverordnung umstritten und konnte entweder güterrechtlich oder erbrechtlich, nach der Theorie der Doppelqualifikation sogar sowohl erb- als auch güterrechtlich qualifiziert werden.[176] Je nach Qualifikation fiel die Anwendung des § 1371 BGB in das Güterrecht oder das Erbrecht. In der Europäischen Erbrechtsverordnung findet sich hierfür keine ausdrückliche Regelung. Im Rahmen einer Vorlagefrage[177] befasste sich der EuGH mit der Qualifikation des § 1371 BGB und hat sich für die erbrechtliche Qualifikation des pauschalierten Zugewinnausgleichs entschieden. Er hat damit festgestellt, dass § 1371 BGB in den Anwendungsbereich der Europäischen Erbrechtsverordnung fällt, weil er gerade die Rechtsnachfolge von Todes wegen eines Ehegatten betrifft und nur beim Tod eines Ehegatten zur Anwendung kommt.[178] Nach Art. 68 lit. h EuErbVO soll das Europäische Nachlasszeugnis auch die güterrechtlichen Verhältnisse der Ehegatten ausweisen. Das erbrechtliche Vierteil aus § 1371 Abs. 1 BGB ist einzutragen, weil er gerade nicht dem Güterrecht zugeordnet wird und der Zweck des Europäischen Nachlasszeugnisses nicht erreicht werden kann, wenn nicht alle Informationen bezüglich der Ansprüche des überlebenden Ehegatten eingetragen werden.[179] Der EuGH hat sich damit gegen die überwiegende

---

174 *Dutta*, FamRZ 2013, 4, 5.

175 Das allgemeine Ehegattenerbrecht in § 1931 Abs. 1 BGB ist jedoch erbrechtlich zu qualifizieren, ebenso die Regelung des § 1931 Abs. 4 BGB bei Gütertrennung und der Voraus in § 1932 BGB, vgl. *Dörner*, in: Dutta/Herrler, Die Europäische Erbrechtsverordnung, S. 73, 76.

176 Siehe zum Meinungsstand *Mankowski*, ZEV 2014, 121, 121 f.

177 Das KG Berlin, Urt. v. 25.10.2016 – 6 W 80/16, FamRZ 2017, 64 = BeckRS 2016, 19276 hat dem EuGH die Frage zur Entscheidung vorgelegt, ob § 1371 BGB im Hinblick auf das Europäische Nachlasszeugnis erbrechtlich oder güterrechtlich zu qualifizieren sei.

178 EuGH, Urt. v. 01.03.2018, Rs. C-558/17 (*Mahnkopf*), ECLI:EU:C:2018:138, Rn. 40 = NJW 2018, 1377, 1378. Der EuGH schließt sich darin den Schlussanträgen des Generalanwalts an (Schlussanträge, ECLI:EU:C:2017:965, Rn. 68 ff); ebenso *Sakka*, MittBayNot 2018, 4, 8 f; *ders.*, MittBayNot 2018, 377, 378 f; kritisch hierzu Dörner, ZEV 2018, 305, 306 ff; Hinweise für die Praxis bei *Wachter*, ErbStB 2018, 206, 210 ff.

179 EuGH, Urt. v. 01.03.2018, Rs. C-558/17 (*Mahnkopf*), ECLI:EU:C:2018:138, Rn. 43 = NJW 2018, 1377, 1378; siehe auch Schlussanträge, ECLI:EU:C:2017:965, Rn. 97 ff; siehe hierzu auch *Mankowski*, ErbR 2018, 295, 297 ff; für eine güterrechtliche Qualifikation und deshalb gegen eine Eintragung aber *Dörner*, in: Dutta/Herrler, Die

Ansicht in der deutschen Literatur und Rechtsprechung[180] einer güterrechtlichen Qualifikation gestellt, die auch nach dem Anwendungsbeginn der Europäischen Erbrechtsverordnung einige Befürworter fand.[181] Damit ist die Ausnahme von Art. 1 Abs. 2 lit. d EuErbVO so zu verstehen, dass sämtliche güterrechtliche Fragen vom Anwendungsbereich ausgeschlossen sind und bis zum Inkrafttreten der Güterrechtsverordnungen nach nationalem Recht zu beantworten sind. Der pauschalierte Zugewinnausgleich beurteilt sich nun aufgrund der erbrechtlichen Qualifikation nach der Europäischen Erbrechtsverordnung. Problematisch bleibt trotz der Entscheidung des EuGH weiterhin die Konstellation, in der ein ausländisches Güterrecht auf ein deutsches Erbstatut trifft.[182] Durch das Rechtsinstrument der Rechtswahl in beiden Verordnungen gibt es immerhin die Möglichkeit, einige Unsicherheiten auszugleichen.[183]

Unterhaltspflichten richten sich gemäß Art. 1 Abs. 2 lit. e EuErbVO nicht nach der Europäischen Erbrechtsverordnung. Auch hier sind die einschlägigen völkerrechtlichen Übereinkommen und Europäischen Verordnungen zu berücksichtigen. Eine Rückausnahme besteht allerdings für diejenigen Unterhaltsansprüche, die erst mit dem Tod einer Person entstehen. Hierunter fallen aus dem deutschen Recht zum Beispiel der Dreißigste nach § 1939 BGB und der Unterhaltsanspruch der werdenden Mutter nach § 1963 BGB. Diese postmortalen Unterhaltsansprüche unterfallen dem Anwendungsbereich der Europäischen Erbrechtsverordnung.[184]

Europäische Erbrechtsverordnung, S. 73, 80 ff; *Dutta*, IPRax 2015, 32, 33; *Jayme*, in: Reichelt/Rechberger, Europäisches Erb- und Erbverfahrensrecht, S. 27, 34; für eine Eintragung zu Informationszwecken *Schaub*, in: Muscheler, Hereditare, S. 91, 127.

180 BGH, Urt. v. 13.05.2015 – IV ZB 30/14, Rn. 24 = NJW 2015, 2185, 2186; siehe hierzu auch *Dörner*, IPRax 2017, 81; bereits angedeutet hat sich die Entscheidung des BGH in BGH, Urt. v. 12.09.2012 – IV ZB 12/12, FamRZ 2012, 1871, 1872; sowohl das OLG Stuttgart, NJW 2005, 2164 als auch das OLG Schleswig, ZEV 2014, 93, 94 sprechen sich ebenfalls für eine güterrechtliche Qualifikation aus.

181 *Dörner*, IPRax 2017, 81, 83 f; *ders.*, ZEV 2012, 505, 507 f; *ders.*, in: Dutta/Herrler, Die Europäische Erbrechtsverordnung, S. 73, 77 f; *Mankowski*, ZEV 2014, 121, 127; *ders.*, ErbR 2018, 295, 297; *Walther*, GPR 2014, 325, 328; *Dutta*, FamRZ 2013, 4, 9; *Odersky*, notar 2013, 3, 3 f; *Schurig*, in: FS Spellenberg, S. 343, 352.

182 *Weber*, NJW 2018, 1356, 1358; *Bandel*, ZEV 2018, 207, 208 f; mit Nachdruck *ders.*, MittBayNot 2018, 209, 210; *Ludwig*, FamRB 2018, 274, 275; *Löhnig*, NotBZ 2018, 225, 226; *Fornasier*, FamRZ 2018, 634, 635; *Mankowski*, ErbR 2018, 295, 301 ff; a.A. *Sakka*, MittBayNot 2018, 4, 8 f; *ders.*, MittBayNot 2018, 377, 378 f: Wegfall des Zugewinnausgleichs ist hinzunehmen.

183 *Mankowski*, ZEV 2014, 121, 128; *Walther*, GPR 2014, 325, 328.

184 *Junker*, Internationales Privatrecht, 2. Aufl., § 20 Rn. 6; NK/*Looschelders*, Art. 2 Rn. 38.

Für die Bestimmung der Formgültigkeit von schriftlichen Verfügungen von Todes wegen ist in der Europäischen Erbrechtsverordnung in Art. 27 EuErbVO ausdrücklich eine Regelung enthalten. Allerdings besteht nach Art. 1 Abs. 2 lit. f EuErbVO eine Ausnahme vom Anwendungsbereich für mündliche Verfügungen von Todes wegen. Diese Ausnahme hat aus deutscher Sicht wenig Bedeutung, weil nach Art. 75 Abs. 2 EuErbVO das Haager Testamentsformübereinkommen anwendbar ist und Deutschland auch keine Ausnahme nach Art. 10 HTestformÜ vorsieht.

Besonders schwierig ist auch die Definition von Vermögenswerten, die auf andere Weise als durch Rechtsnachfolge von Todes wegen begründet oder übertragen werden. Diese sind nach Art. 1 Abs. 2 lit. g EuErbVO vom Anwendungsbereich ausgeschlossen. Der Gesetzgeber zählt hier bereits mit unentgeltlichen Zuwendungen, Miteigentum mit Anwachsungsrecht des Überlebenden (*joint tenancy*)[185], Rentenplänen und Versicherungsverträgen einige Beispiele auf. Die Abgrenzung fällt dennoch nicht so einfach. Nach deutschem Recht fallen hierunter vor allem Rechtsgeschäfte unter Lebenden und Rechtsgeschäfte, die sich außerhalb des Erbrechts vollziehen, wie im deutschen Recht die Schenkung auf den Todesfall und Verträge zugunsten Dritter mit Wirkung für den Todesfall. Bei einer Schenkung auf den Todesfall soll bei einer lebzeitigen Vollziehung des Rechtsgeschäfts nicht das Erbrecht zur Anwendung kommen. Lediglich bei einem Versterben des Schenkers vor Vollzug beurteilt sich die Schenkung dann nach erbrechtlichen Aspekten.[186] Bei Verträgen zugunsten Dritter muss zwischen dem Deckungs- und dem Valutaverhältnis unterschieden werden. Nur das Valutaverhältnis kann dabei dem Erbstatut unterstehen.[187] Vom Erbstatut ausdrücklich erfasst sind jedoch die Ausgleichung und Anrechnung von unentgeltlichen Zuwendungen nach Art. 23 Abs. 2 lit. i EuErbVO wie Pflichtteilsergänzungsansprüche.[188]

Nicht in den Anwendungsbereich der Europäischen Erbrechtsverordnung fallen nach Art. 1 Abs. 2 lit. h und lit. i EuErbVO sämtliche Fragen, die das Gesellschaftsrecht betreffen. Im Gesellschaftsrecht sind häufig Regelungen anzutreffen, die bestimmen, wie sich die Gesellschaft nach dem Ableben eines Gesellschafters

---

185 Vgl. hierzu OLG Nürnberg, Beschl. v. 25.04.2017 - 15 W 318/17 = Rpfleger 2017, 545, 546.

186 *Dörner*, ZEV 2012, 505, 508; *Müller-Lukoschek*, Die neue EU-Erbrechtsverordnung, S. 84.

187 NK/*Looschelders*, Art. 1 Rn. 47; siehe hierzu ausführlich *Nordmeier*, ZEV 2013, 117, 122 f.

188 Siehe hierzu ausführlich *Magnus*, Der Rückholanspruch, S. 344 ff; BeckOGK/*J. Schmidt*, Art. 1 Rn. 34.

fortsetzt oder ob sie aufgelöst wird. Insbesondere Nachfolgeklauseln, die die Vererblichkeit von Gesellschafteranteilen regeln, unterfallen dem Gesellschaftsstatut. Diese Fragen sind aufgrund der Faustregel, dass das Gesellschaftsstatut Vorrang vor dem Erbstatut genießt, vom Anwendungsbereich der Europäischen Erbrechtsverordnung ausgenommen.[189]

Häufig wird in den *common law* Staaten der Nachlass durch einen Trust geregelt, um eine gewisse Flexibilität zu erhalten. Die Fragen betreffend die Errichtung, Funktionsweise und Auflösung sind nach Art. 1 Abs. 2 lit. j EuErbVO jedoch nicht nach der Europäischen Erbrechtsverordnung zu entscheiden.[190] Lediglich der Übergang der Vermögenswerte und die Bestimmung der Berechtigten richten sich nach dem Erbstatut.[191]

In engem Zusammenhang mit dem Sachenrecht stehen auch die Ausnahmen des Art. 1 Abs. 2 lit. k und lit. l EuErbVO. Diese Ausnahmevorschriften sehen vor, dass sich die Art der dinglichen Rechte und das Registerrecht nicht nach der Europäischen Erbrechtsverordnung richten. Die Erbrechtsverordnung hat deshalb keinen Einfluss auf die sachen- und registerrechtliche Ebene der nationalen Rechtsordnungen.[192] Trotz der Ausnahmen in Art. 1 Abs. 2 lit. k und lit. l EuErbVO beeinflusst das Sachenrecht das Erbrecht zu großen Teilen. Das Verhältnis dieser beiden Rechtsgebiete zueinander ist noch nicht vollständig geklärt. Das Sachenrecht ist noch keiner europäischen Vereinheitlichung unterfallen und bestimmt sich weiterhin nach dem Recht der Mitgliedstaaten. Diese wenden für sachenrechtliche Fragen meist das Prinzip der *lex rei sitae* an, wie dies für Deutschland in Art. 43 Abs. 1 EGBGB festgehalten ist. Das anwendbare Recht bestimmt sich also immer nach der Belegenheit der Sache. Vor allem im Grundstücksrecht setzt sich dieses Prinzip deutlich durch. Es wird deshalb immer das Recht des Mitgliedstaats angewendet, in dessen Hoheitsgebiet die Sache belegen ist. Der Numerus clausus der Sachenrechte soll grundsätzlich von der Europäischen Erbrechtsverordnung unberührt bleiben.[193] Da den Mitgliedstaaten (insbesondere Deutschland) die Register „heilig" sind und auf ihnen besondere Gutglaubensfunktionen beruhen, sollten die registerrechtlichen Regelungen nicht in den Anwendungsbereich der Europäischen Erbrechtsverordnung fallen.

---

189 Siehe hierzu ausführlich *Leitzen*, ZEV 2012, 520.

190 Vgl. Erwägungsgrund 13.

191 MüKo/*Dutta*, Art. 1 Rn. 45.

192 Vgl. Erwägungsgründe 18 und 19; *Buschbaum*, in: Hager, Die neue Europäische Erbrechtsverordnung, S. 39, 48 f; *L. Kunz*, GPR 2013, 293, 293 sieht darin die „Nachlassspaltung durch die registerrechtliche Hintertür".

193 *Junker*, Internationales Privatrecht, 2. Aufl., § 20 Rn. 9; NK/*Looschelders*, Art. 1 Rn. 57.

Die Ausnahme des Registerrechts vom Anwendungsbereich der Europäischen Erbrechtsverordnung ist insoweit ein Kompromiss, um den Dritt- und Verkehrsschutz nicht zu stören. Somit können weiterhin die Mitgliedstaaten über Eintragungen in Grund- und Handelsbücher bestimmen. Ein Problem ergibt sich hier jedoch mit Art. 23 Abs. 2 lit. e EuErbVO, der festlegt, dass der Übergang sich unabhängig vom Belegenheitsrecht bestimmt. Es wird vorgeschlagen, dass der gesamte Übertragungsvorgang sich nach dem Erbstatut richtet und das Registerrecht lediglich die Erfassung des Rechtserwerbs sicherstellen soll.[194] Dem Register würde dann nur eine untergeordnete Rolle zukommen. Andererseits könnte man auch annehmen, dass das Erbstatut entscheidet, welche Rechte entstehen können, das Sachenrecht aber deren Realisierung bestimmt.[195] So kommt es in den Mitgliedstaaten nicht zu dem Fall, dass sie ein ihnen unbekanntes Institut des Sachenrechts anerkennen müssen, sondern eine Anpassung nach Art. 31 EuErbVO stattfinden muss.[196] Insbesondere Vindikationslegate, bei denen der Vermächtnisnehmer ein unmittelbares Recht an der Sache erwirbt, bereiten im deutschen Recht Schwierigkeiten, da dieses nur eine Ausgestaltung des Vermächtnisses als Damnationslegat (§ 2147 BGB) kennt.

Der EuGH beschäftigte sich im Rahmen der Vorlagefrage zum Fall *Kubicka* erstmals mit einer Streitigkeit nach der Europäischen Erbrechtsverordnung. Er sollte sich zur Auslegung des Art. 1 lit. l und lit. k EuErbVO im Zusammenhang mit einem polnischen Vindikationslegat äußern. Zu entscheiden war die Frage, ob die deutschen Gerichte hier eine Anpassung nach Art. 31 EuErbVO vornehmen können. Nach bisheriger deutscher Auffassung konnte der Vindikationslegatar nicht unmittelbar in ein deutsches Grundbuch eingetragen werden. Das Legat sollte umgedeutet werden, sodass der Vermächtnisnehmer lediglich einen schuldrechtlichen Anspruch gegen die Erben erhielt. Ein für den Mitgliedstaat fremdes dingliches Recht sollte demnach an das am ehesten vergleichbare inländische dingliche Recht angepasst werden, wobei die Interessen und Wirkungen des ausländischen Rechtsinstituts zu berücksichtigen sein sollten.[197] Auch nach

194 *Dutta*, FamRZ 2013, 4, 12.

195 *Dörner*, ZEV 2012, 505, 509; *Rudolf*, NZ 2013, 225, 227 f.

196 NK/*Looschelders*, Art. 1 Rn. 59; *Dörner*, ZEV 2012, 505, 509; *Martiny*, IPRax 2012, 119, 128; *L. Kunz*, GPR 2012, 253, 255; *Odersky*, notar 2013, 3, 4; vgl. auch BT-Drucks. 18/4201, S. 48.

197 BGH, Urt. v. 28.09.1994 – IV ZR 95/93, DNotZ 1995, 704, 707 f; KG Berlin, Beschl. v. 12.06.2012 – 1 W 748/11, ZEV 2013, 561, 562; MüKo/*Leipold*, § 1939 BGB Rn. 2; *Süß*, RabelsZ 65 (2001), 245, 248 ff (S. 249 Fn. 26 m.w.N.); siehe hierzu auch ausführlich *Gärtner*, Vindikationslegate, S. 41 ff m.w.N., der sich jedoch für eine Anerkennung eines ausländischen Vindikationslegats im deutschen Recht ausspricht (S. 150 f).

Inkrafttreten der Europäischen Erbrechtsverordnung wird vertreten, dass weiterhin die Auflassung eines Grundstücks und die Eintragung ins Grundbuch notwendig seien.[198] Allerdings soll nach Art. 23 Abs. 2 lit. e EuErbVO ein unmittelbarer Rechtserwerb möglich sein. Erwägungsgrund 47 lässt erkennen, dass dem europäischen Gesetzgeber die unterschiedliche Beurteilung von Vermächtnissen durchaus bewusst war und er sich trotzdem nicht für eine Ausnahme ausgesprochen hat. Hier lässt sich der Begründung entnehmen, dass es nicht möglich sein soll, ein neues Recht in einem Mitgliedstaat zu begründen, das diesem unbekannt ist.[199] Der erbrechtliche Erwerbsvorgang richtet sich gemäß Art. 23 EuErbVO nach dem Erbstatut, sodass in diesem Fall die Ausnahme des Art. 1 Abs. 2 lit. l EuErbVO nicht eingreift. Nichtsdestotrotz sollte die Regelung des Art. 23 EuErbVO eng ausgelegt werden, um nicht über das Erbrecht das Sachenrecht zu modifizieren.[200] In seiner Stellungnahme stellte der Generalanwalt des EuGH auf Art. 23 Abs. 2 lit. e EuErbVO ab und sprach sich dafür aus, dass die deutschen Gerichte das Vindikationslegat als solches anzuerkennen haben. Er begründete seine Entscheidung mit dem Schutz des Verfügenden und der Tatsache, dass die deutschen Gerichte nicht entscheiden können, in welcher Form das Legat übergeht; dies sei gerade nicht in der Regelung des Art. 1 Abs. 2 lit. l EuErbVO enthalten. In seinem Urteil vom 12.10.2017[201] hat sich der EuGH der Meinung des Generalanwalts angeschlossen und eine Ablehnung allein mit der Begründung, dass ein Vermächtnis mit unmittelbarer Wirkung dem Belegenheitsstaat unbekannt ist, für unzulässig erachtet. Ein Vindikationslegat ist nach der Entscheidung des EuGH als solches anzuerkennen und zwar auch ohne weiteren Publizitätsakt. Bei einem Vindikationslegat sei gerade nicht die Art des dinglichen Rechts betroffen, da es sich um die Übertragung von Eigentum

---

198 Auch nach Inkrafttreten der Europäischen Erbrechtsverordnung wird eine Auflassung und Eintragung gefordert von *Döbereiner*, MittBayNot 2013, 358, 361; *ders.*, GPR 2014, 42, 43 f; *Lechner*, IPRax 2013, 497, 499; *Hertel*, ZEV 2013, 539, 540; *Janzen*, DNotZ 2012, 484, 487 f; *Odersky*, notar 2013, 3, 4; kritisch aber *Margonski*, GPR 2013, 106, 108 ff; gegen eine Auflassung und Eintragung unter der Europäischen Erbrechtsverordnung *J. P. Schmidt*, ZEV 2014, 133, 135 f.

199 Vorschlag für eine Verordnung des Europäischen Parlaments und des Rates über die Zuständigkeit, das anzuwendende Recht, die Anerkennung und die Vollstreckung von Entscheidungen und öffentlichen Urkunden in Erbsachen sowie zur Einführung eines Europäischen Nachlasszeugnisses vom 14.10.2009 (KOM (2009) 154 endgültig), S. 5.

200 *Schaub*, in: Muscheler, Hereditare, S. 91, 101.

201 EuGH, Urt. v. 12.10.2017, Rs. C-218/16 (*Kubicka*), ECLI:EU:C:2017:755, Rn. 58 = DNotZ 2018, 33, 42.

handle, das dem deutschen Recht ebenfalls bekannt sei.[202] Allerdings muss an der Entscheidung des EuGH kritisiert werden, dass vollständig auf die Eintragung ins Grundbuch verzichtet werden soll. Wird keine Eintragung verlangt, wird die Funktion des Grundbuchs geschwächt, da man sich nicht mehr auf Eintragungen bzw. Nichteintragungen verlassen kann. Zwar könnte man eine Grundbuchberichtigung vornehmen.[203] Der Publizitätsakt bei der Übertragung von Grundstücken geht jedoch verloren. Außerdem verliert die Vermutungswirkung für den gutgläubigen Erwerb an Kraft.[204] Auf eine konstitutive Eintragung ins Grundbuch kann deshalb auch unter Geltung der Europäischen Erbrechtsverordnung entgegen der Entscheidung des EuGH nicht verzichtet werden.[205] Lediglich bei Mobilien ist ein unmittelbarer Erwerb des Gegenstands durch den Vermächtnisnehmer möglich.

Ebenfalls vom Anwendungsbereich ausgeschlossen ist das Insolvenzrecht, da nach Art. 76 EuErbVO die Anwendung der Europäischen Insolvenzverordnung unberührt bleibt. Fälle der Nachlassinsolvenz beurteilen sich deshalb allein nach der Europäischen Insolvenzverordnung.[206]

3. *Anknüpfung von Vorfragen*

Oftmals sind die erbrechtlichen Fragen von einer Vorfrage abhängig. So kann zum Beispiel relevant sein, ob der Erblasser verheiratet war und diese Ehe wirksam geschlossen wurde oder ob die Annahme als Kind rechtswirksam erfolgt ist und das Kind aus diesem Grund Erbe des Verstorbenen ist. In diesen Fällen

---

202 EuGH, Urt. v. 12.10.2017, Rs. C-218/16 (*Kubicka*), ECLI:EU:C:2017:755, Rn. 49 = DNotZ 2018, 33, 40; mit dieser Begründung auch schon *J. P. Schmidt*, ZEV 2014, 133, 137.

203 Nach § 22 GBO: *Bandel*, MittBayNot 2018, 99, 102; *Wilsch*, ZfIR 2018, 253, 257; *Dorth*, ZEV 2018, 11, 14; nach § 35 GBO: *Böhringer*, ZfIR 2018, 81, 82 ff (mit ausführlicher Ausführung zur Durchführung der Berichtigung).

204 *J. Weber*, DNotZ 2018, 16, 21 f.

205 *Dressler*, Rpfleger 2018, 413, 417 schlägt vorsorglich eine Auflassungserklärung vor; a.A. Leitzen, ZEV 2018, 311, 315 (nur deklaratorisch).

206 *Dutta*, ZEuP 2016, 427, 435; *D. Lübcke*, Nachlassverfahrensrecht, S. 380 f. Nach *Strauß*, Der notleidende Nachlass, S. 223 ff können Fälle der Doppelqualifikation zu einer Konkurrenz zwischen Europäischer Erbrechtsverordnung und Europäischer Insolvenzverordnung führen. Er macht jedoch deutlich, dass die beiden Verordnungen gleichrangig nebeneinander stehen (S. 225). Es folgt eine ausführliche Behandlung der Problemfälle, bei denen im Ergebnis eine eindeutige Zuordnung zum Insolvenz- oder Erbrecht erfolgen kann (S. 227 ff).

muss zunächst als Vorfrage geklärt werden, ob diese bedeutsamen Verhältnisse wirksam sind und eine Rolle für den Erbgang spielen können. Bei Vorfragen ist jedoch immer zu entscheiden, ob diese selbstständig oder unselbstständig angeknüpft werden.[207] Muss also für die Vorfrage eine eigene Qualifikation erfolgen oder wird die Vorfrage nach demselben Recht beurteilt, nach dem auch das Erbstatut beurteilt wird? In diesem Punkt scheiden sich die Geister. In der Europäischen Erbrechtsverordnung selbst findet sich hierzu keine eigene Regelung[208], sodass auf die allgemeinen Grundsätze im Internationalen Privatrecht und die Besonderheiten der Europäischen Erbrechtsverordnung im Allgemeinen zurückgegriffen werden muss. Eine Ausnahme besteht allerdings für die Fragen, die bereits aus dem Anwendungsbereich ausgeschlossen sind. Diese bestimmen sich gemäß Art. 1 Abs. 2 EuErbVO nicht nach der Europäischen Erbrechtsverordnung. Insbesondere der Personenstand und die Familienverhältnisse sind gemäß Art. 1 Abs. 2 lit. a EuErbVO nach dem jeweiligen Statut zu beurteilen.

Bei einer selbstständigen Anknüpfung entscheidet das Kollisionsrecht der *lex fori* über die Vorfrage. Innerhalb eines Staates wird die Vorfrage dann einheitlich, unabhängig vom anwendbaren Sachrecht der Hauptfrage, beurteilt. Beispielsweise wird die Ehe einheitlich entweder als bestehend oder nicht bestehend angesehen, ganz gleich, ob sich die Frage nach dem Bestehen einer Ehe als Vor- oder als Hauptfrage stellt. Die selbstständige Anknüpfung führt also zu einem internen Entscheidungseinklang.[209]

Bei der unselbstständigen Anknüpfung richtet sich jedes Statut, dessen der Rechtsanwender zur Beantwortung der Hauptfrage bedarf, nach demselben Recht, nämlich dem Recht der Hauptfrage. Für die unselbständige Anknüpfung

207 Siehe hierzu ausführlich *Mäsch*, in: Leible/Unberath, Brauchen wir eine Rom 0-Verordnung?, S. 201, 207 ff.

208 Lediglich Art. 59 Abs. 4 EuErbVO enthält eine Regelung, nach der das im Falle einer öffentlichen Urkunde befasste Gericht ebenfalls über die Vorfrage entscheidet, falls die Entscheidung hiervon abhängt. Daraus lässt sich jedoch nicht ableiten, ob die Vorfrage selbstständig oder unselbstständig angeknüpft werden soll, vgl. *Schaub*, in: Muscheler, Hereditare, S. 91, 110.

209 *Schurig*, in: FS Spellenberg, S. 343, 350 f; *Max-Planck-Institut für ausländisches und internationales Privatrecht*, RabelsZ 74 (2010), 522, 526 f; *Nordmeier*, ZEV 2012, 513, 515. Für eine Entscheidung nach dem jeweiligen Forumskollisionsrecht Bonomi/Wautelet/*Bonomi*, Art. 1 Rn. 17; *Hellner*, in: Dutta/Herrler, Die Europäische Erbrechtsverordnung, S. 107, 109; *Lorenz*, ErbR 2012, 39, 48; *Looschelders*, in: FS Coester-Waltjen, S. 531, 537 f.

spricht der internationale Entscheidungseinklang.[210] Die Vorfrage wird dann demselben Recht wie die Hauptfrage unterstellt. Probleme, die bei der Anwendung einer – ggf. weiteren – fremden Rechtsordnung auftreten und zu Folgeproblemen in der Beurteilung des Erbgangs führen könnten, werden so umgangen.[211] Außerdem wird so das Ziel der Verordnung nicht aus den Augen gelassen, alle erbrechtlichen Fragen nach einem Recht zu beurteilen. Ein weiterer Aspekt zeigt sich durch das Europäische Nachlasszeugnis. Die Frage nach der Wirksamkeit des Nachlasszeugnisses muss in allen Mitgliedstaaten einheitlich beantwortet werden. Dies ist nur gewährleistet, wenn Vorfragen unselbstständig angeknüpft werden.[212]

Die unselbstständige Anknüpfung widerspricht aber der Regelung zum Anwendungsbereich der Europäischen Erbrechtsverordnung, die gerade bestimmte Gebiete nicht dem Erbstatut unterstellen möchte.[213] Für die Europäische Erbrechtsverordnung empfiehlt sich deshalb eine selbstständige Anknüpfung der Vorfragen.[214]

III. Räumlicher Anwendungsbereich

Die Europäische Erbrechtsverordnung gilt als Verordnung nach Art. 288 Abs. 2 AEUV in allen Mitgliedstaaten der Europäischen Union.[215] Die Erbrechtsverordnung ist außerdem nach Art. 20 EuErbVO als *loi uniforme* ausgestaltet, sodass sie selbst dann anwendbar ist, wenn das anzuwendende Recht nicht das Recht eines Mitgliedstaats ist. Ist ein Gericht eines Mitgliedstaats befasst, wendet es automatisch die Europäische Erbrechtsverordnung an. Gelangt es zur Zuständigkeit oder zum anwendbaren Recht eines Drittstaats, so ist – aus innereuropäischer Sicht – dieses Gericht zuständig und dessen Recht anwendbar. Bei der

---

210 Palandt/*Thorn*, Art. 1 Rn. 5; MüKo/*Dutta*, vor Art. 20 Rn. 51; *Dörner*, ZEV 2010, 221, 224; *ders.*, ZEV 2012, 505, 512 f; *Dutta*, FamRZ 2013, 4, 13; *Kleinschmidt*, RabelsZ 77 (2013), 723, 764 ff; *Mäsch*, in: Leible/Unberath, Brauchen wir eine Rom 0-Verordnung?, S. 201, 210.

211 *Dörner*, ZEV 2010, 221, 224; *ders.*, ZEV 2012, 505, 512 f; *Soutier*, Geltung deutscher Rechtsgrundsätze, S. 84 f; *Döbereiner*, MittBayNot 2013, 358, 361; *Dutta*, FamRZ 2013, 4, 13 und 15; *Kleinschmidt*, RabelsZ 77 (2013), 723, 765 ff; *D. Lübcke*, Nachlassverfahrensrecht, S. 563 ff; *Mäsch*, in: Leible/Unberath, Brauchen wir eine Rom 0-Verordnung?, S. 201, 213.

212 *Dörner*, ZEV 2010, 221, 224; *Kleinschmidt*, RabelsZ 77 (2013), 723, 765 ff.

213 Rauscher/*Hertel*, Art. 2 Rn. 44; Geimer/Schütze/*Odersky*, Art. 23 Rn. 6.

214 *Hellner*, in: Dutta/Herrler, Die Europäische Erbrechtsverordnung, S. 107, 109.

215 *Wilke*, RIW 2012, 601, 601; *Meyer*, Gerichtsstände der Erbrechtsverordnung, S. 50.

Anwendung der Regelungen der Europäischen Erbrechtsverordnung muss es deshalb nicht zur Anwendung des Rechts eines Mitgliedstaats kommen. Vielmehr sind ihre Normen universell anzuwenden.[216]

1. Problemfall Großbritannien, Irland und Dänemark

Problematisch ist jedoch die Anwendung in Großbritannien, Irland und Dänemark. Diese Staaten sind zwar (noch) Mitgliedstaaten der Europäischen Union; ihnen ist jedoch für Verordnungen, die sich auf die hier einschlägigen Kompetenztitel stützen, die Möglichkeit eingeräumt, nicht daran teilzunehmen. Wenn im Folgenden die Rede von den Mitgliedstaaten ist, sind dies alle Mitgliedstaaten der EU mit Ausnahme von Großbritannien, Irland und Dänemark. Großbritannien und Irland haben sich nach Maßgabe des Art. 4 des Protokolls Nr. 21, das dem Vertrag über die Europäische Union und dem Vertrag über die Arbeitsweise der Europäischen Union beigefügt wurde, ein *opt-out*-Recht vorbehalten. Sie können bei Verordnungen erklären, nicht teilnehmen zu wollen. Diese Erklärung haben Großbritannien und Irland auch abgegeben und sich so gegen eine Teilnahme an der Europäischen Erbrechtsverordnung entschieden.[217] Für Dänemark gilt ein anderes Prinzip: Es kann aktiv entscheiden, ob es Rechtsakte der Europäischen Union in Dänemark gelten lassen will, und von seiner *opt-in*-Möglichkeit Gebrauch machen.[218] Dies hat Dänemark im Fall der Europäischen Erbrechtsverordnung unterlassen. Dänemark ist somit nicht als Mitgliedstaat anzusehen.[219] Diese drei Staaten, die grundsätzlich Mitgliedstaaten der Europäischen Union sind, müssen im Falle der Europäischen Erbrechtsverordnung mithin als Drittstaaten behandelt werden.[220] Aufgrund der in Art. 20 EuErbVO vorgesehenen universellen Anwendbarkeit kann jedoch das Recht dieser Staaten anzuwenden sein.[221]

Entscheiden sich diese Staaten gegen eine Teilnahme, wird dies für die unionsweite Regelung als sehr nachteilig empfunden.[222] Durch den Nichtbeitritt

---

216 *Junker*, Internationales Privatrecht, 2. Aufl., § 20 Rn. 11.
217 Vgl. Erwägungsgrund 82.
218 Art. 1 und 2 des dem Vertrag über die Europäische Union und dem Vertrag über die Arbeitsweise der Europäischen Union beigefügten Protokolls Nr. 22.
219 Vgl. Erwägungsgrund 83.
220 *Pintens*, in: Löhnig/Schwab, Erbfälle unter Geltung der Europäischen Erbrechtsverordnung, S. 1, 4.
221 *Janzen*, DNotZ 2012, 484, 485.
222 Zu den Gründen siehe ausführlich *Lein*, in: Dutta/Herrler, Die Europäische Erbrechtsverordnung, S. 199, 202 ff.

dieser Staaten wird eine einheitliche Regelung verhindert.[223] Bedauerlich ist, dass bei der Ausarbeitung und den Überlegungen zu den Anknüpfungspunkten Rücksicht auf die *common law* Staaten genommen wurde, um auch sie zu einer Teilnahme zu bewegen.[224] So wurde Abschied vom Staatsangehörigkeitsprinzip genommen und die Anknüpfung an den gewöhnlichen Aufenthalt gewählt, um einen Kompromiss zwischen Staatsangehörigkeit und Wohnsitz zu finden.[225] Die Staaten mit anglo-amerikanischen Rechtsordnungen haben sich jedoch bereits in der Vergangenheit bei Rechtsvereinheitlichungsvorhaben vielfach nicht beteiligt.[226] Völlig überraschend kommt die Nichtbeteiligung daher nicht.

Nach dem Brexit wird sich ohnehin ein anderes Verhältnis von Großbritannien zur EU ergeben. Mit dem Tag des endgültigen Austritts werden sämtliche europäische Verordnungen nicht mehr im Verhältnis zu Großbritannien gelten. Insbesondere bezüglich der Rom I-VO und der Rom II-VO sowie der EuGVVO ist dies zu beklagen.[227] Für die Europäische Erbrechtsverordnung werden sich keine großen Änderungen ergeben, da sie bereits seit ihrem Inkrafttreten nicht in Großbritannien anwendbar war. Auch in Zukunft kann indes das Recht Großbritanniens nach Art. 20 EuErbVO anwendbar sein. Großbritannien ist dann eindeutig Drittstaat.[228]

2. *Verhältnis zu Drittstaaten*

Problematisch für das Verhältnis zu Drittstaaten ist, ob der Europäischen Union in diesem Fall überhaupt die Rechtssetzungskompetenz zusteht. Hierfür sind die Grundsätze des EUV heranzuziehen. Aus dem Subsidiaritätsprinzip nach Art. 5 Abs. 3 EUV ergibt sich, dass die EU nur dann tätig wird, wenn sich Sachverhalte nicht auf zentraler, regionaler oder lokaler Ebene regeln lassen und eine unionsweite Regelung dem Umfang und den Wirkungen des Regelungsbereichs entspricht. Für reine Drittstaatensachverhalte ergibt sich jedoch keine besondere Situation, die es rechtfertigen würde, diese Sachverhalte auf Unionsebene zu regeln. Die Freizügigkeit der EU-Bürger und die Anerkennung und

223 *Lehmann*, IPRax 2006, 204, 207; *Bonomi*, in: FS van Loon, S. 69, 73 f.

224 Siehe *Geimer*, in: Hager, Die neue Europäische Erbrechtsverordnung, S. 9, 28 f.

225 Rauscher/*Rauscher*, Bearbeitung 2010, EG-ErbVO-E, Rn. 49.

226 *Von Caemmerer*, in: FS Hallstein, S. 63, 87.

227 *Hess*, IPRax 2016, 409, 411 ff; *Ungerer*, in: Kramme/Baldus/Schmidt-Kessel, Brexit und die juristischen Folgen, 297, 298 ff.

228 *Ungerer*, in: Kramme/Baldus/Schmidt-Kessel, Brexit und die juristischen Folgen, 297, 315.

Vollstreckung von Entscheidungen wird für EU-Bürger nicht erschwert. Vielmehr weist ein reiner Drittstaatensachverhalt keinerlei Verbindung zu einem Mitgliedstaat auf, sodass das Subsidiaritätsprinzip gegen eine Regelung von Drittstaatensachverhalten spricht.[229] Auch nach dem Verhältnismäßigkeitsprinzip in Art. 5 Abs. 4 EUV ergibt sich keine Kompetenz der EU für die Regelung von reinen Drittstaatensachverhalten.[230] Es stellt sich nun die Frage, wann eine Verbindung zu einem Mitgliedstaat gegeben ist. Als Vorschlag wird hier angebracht, dass es sich dann um eine hinreichende Verbindung zu einem Mitgliedstaat handelt, wenn auch die Kompetenztitel für die internationale Zuständigkeit nach der Europäischen Erbrechtsverordnung einschlägig sind. Ist dies der Fall, richtet sich auch das Kollisionsrecht nach der Europäischen Erbrechtsverordnung. Kann keine Zuständigkeit begründet werden, bleibt das nationale Recht anwendbar.[231]

Die Europäische Erbrechtsverordnung ist als universelle Regelung ausgestaltet, sodass auch das Recht von Drittstaaten zur Anwendung kommen kann. Zu unterscheiden sind reine Drittstaatensachverhalte und Sachverhalte, die sowohl zu einem Mitgliedstaat als auch zu einem Drittstaat eine Verbindung aufweisen. Nach Art. 20 EuErbVO kann auch das Recht eines Nichtmitgliedstaats zur Anwendung kommen, wenn man bei der Bestimmung des gewöhnlichen Aufenthalts des Erblassers zu einem Aufenthalt in einem Drittstaat kommt.[232] Dies führt zudem zu einer einfachen Handhabung von Drittstaatenfällen: Es muss nicht zunächst von Gerichten oder Behörden festgestellt werden, ob es sich um einen reinen Drittstaatensachverhalt handelt.[233] Es ist auch der Fall denkbar, dass ein Drittstaatler mit gewöhnlichem Aufenthalt in der EU das Recht seines Heimatstaates nach Art. 22 EuErbVO wählt. Auch hier sehen Art. 20 und Art. 34 EuErbVO vor, dass dann das gewählte Recht des Drittstaates zur Anwendung kommt. Reine Drittstaatensachverhalte, die keinen Bezug zu einem Mitgliedstaat aufweisen, sollen jedoch nicht von der Europäischen Erbrechtsverordnung erfasst sein.

Etwas anderes ergibt sich jedoch im Hinblick auf die internationale Zuständigkeit. Diese kann sich aus der Europäischen Erbrechtsverordnung nicht für Drittstaaten ergeben. Lediglich die Regelungen in Art. 10 und Art. 11 EuErbVO

---

229 *Majer*, ZEV 2011, 445, 448.

230 *Majer*, ZEV 2011, 445, 449.

231 *Majer*, ZEV 2011, 445, 449 f.

232 Ablehnend hierzu Rauscher/*Rauscher*, Bearbeitung 2010, EG-ErbVO-E, Rn. 4.

233 *Schaub*, in: Muscheler, Hereditare, S. 91, 111; *Dörner*, in: FS Holzhauer, S. 474, 476; *Lein*, in: Dutta/Herrler, Die Europäische Erbrechtsverordnung, S. 199, 205.

beziehen sich auch auf Drittstaaten. Allerdings wird durch diese Regelungen nicht die Zuständigkeit in einem Drittstaat begründet, sondern bei einem Bezug zu einem solchen in einen Mitgliedstaat gezogen. Mit Art. 10 EuErbVO können die Gerichte der Mitgliedstaaten entscheiden, wenn der Erblasser die Staatsangehörigkeit dieses Mitgliedstaats hat oder dort seinen früheren gewöhnlichen Aufenthalt hatte. In Art. 11 EuErbVO ist eine Notzuständigkeit geregelt, die nur in Ausnahmefällen zur Anwendung kommen soll und einen Bezug zu einem Drittstaat hat. Sie kommt zum Zug, wenn es nicht zumutbar erscheint, den Erbfall vor den Gerichten eines Drittstaats zu entscheiden.[234] Probleme können sich dann jedoch mit den drittstaatlichen Regelungen zur internationalen Zuständigkeit ergeben.[235]

3. *Verhältnis zu bilateralen Staatsverträgen*

Problematisch erscheint auch das Verhältnis zu bilateralen Staatsverträgen. Deutschland hat mit der Türkei, dem Iran und den Nachfolgestaaten der Sowjetunion bilateral Verträge zur Regelung des Nachlassrechtes abgeschlossen. So sieht § 14 zum Anhang des Art. 20 des Konsularvertrags mit der Türkei[236] vor, dass für unbewegliche Gegenstände das Belegenheitsrecht maßgeblich ist, ansonsten die Staatsangehörigkeit das anwendbare Recht bestimmt. In Art. 28 Abs. 3 des Konsularvertrags mit den Nachfolgestaaten der Sowjetunion[237] wird lediglich eine Regelung für das unbewegliche Vermögen getroffen. Nach dieser Norm wird für Immobilien an das Belegenheitsrecht angeknüpft. Für sonstige Gegenstände gibt es im Konsularvertrag keine Regelung, womit folglich das Internationale Erbrecht des jeweiligen Staates zur Anwendung kommt. Im deutsch-iranischen Verhältnis sieht Art. 8 Abs. 3 des Niederlassungsabkommens[238] vor, dass in erbrechtlichen Fällen das Recht maßgeblich ist, dem die

234 *Bajons*, in: Schauer/Scheuba, Europäische Erbrechtsverordnung, S. 29, 33.

235 *Lein*, in: Dutta/Herrler, Die Europäische Erbrechtsverordnung, S. 199, 206 und 215 ff.

236 Konsularvertrag zwischen dem Deutschen Reich und der Türkischen Republik vom 28.05.1929 (RGBl. II, S. 748) (gilt für die Bundesrepublik Deutschland fort).

237 Konsularvertrag zwischen der Bundesrepublik Deutschland und der Union der Sozialistischen Sowjetrepubliken vom 25.04.1958 (BGBl. II, S. 233) (nach Auflösung der Sowjetunion ist die Weiteranwendung dieses Vertrags für Armenien, Aserbaidschan, Belarus, Georgien, Kasachstan, Kirgisistan, die Republik Moldau, die Russische Föderation, Tadschikistan, Ukraine und Usbekistan vereinbart worden).

238 Niederlassungsabkommen zwischen dem Deutschen Reich und dem Kaiserreich Persien vom 17.02.1929 (RGBl. II, S. 1006) (gilt für die Bundesrepublik Deutschland und den Iran fort).

Angehörigen der Vertragsstaaten angehören. So gilt für die Erbfolge von iranischen Staatsangehörigen das iranische Recht, auch wenn sie in Deutschland versterben. Damit treffen die Konsularverträge für ihre Staatsangehörigen, die im jeweils anderen Staat versterben, eigene Regelungen.

Die staatsvertraglichen Abkommen gingen nach Art. 3 Nr. 2 EGBGB den Regelungen der Art. 25 ff EGBGB a.F. vor. So wurden die Regelungen der Konsularverträge vorrangig auf Erbfälle mit Bezug zum Iran, der Türkei oder den Folgestaaten der Sowjetunion angewendet. Auch in der Europäischen Erbrechtsverordnung wird geregelt, dass nach Art. 75 Abs. 1 EuErbVO die Anwendung internationaler Übereinkommen unberührt bleibt. Dies könnte bedeuten, dass im Verhältnis zu den betroffenen Staaten weiterhin die Konsularverträge vorrangig zur Anwendung kämen und für Erbfälle in diesen Konstellationen die Europäische Erbrechtsverordnung keine Geltung beanspruchen würde. Trotz Ausgestaltung als *loi uniforme* mit der Anknüpfung an den gewöhnlichen Aufenthalt würde dann wieder an die Staatsangehörigkeit oder die Belegenheit angeknüpft werden. Es gilt daher, Art. 75 Abs. 1 EuErbVO auszulegen und zu untersuchen, ob auch bilaterale Verträge in den Anwendungsbereich fallen. Zunächst könnte man überlegen, dass von Art. 75 Abs. 1 EuErbVO durch das Wort „international" nur multilaterale Übereinkommen erfasst sind und eine bloße Grenzüberschreitung nicht ausreicht.[239] Der Wortlaut unterscheidet nicht, ob die Verträge bilateral oder multilateral sein müssen. Es könnten deshalb nur solche Übereinkommen erfasst sein, die einen eindeutigen Bezug zu mehreren Staaten aufweisen. Es wird jedoch einstimmig Art. 75 Abs. 1 EuErbVO auf für bilaterale Abkommen anwendbar erklärt.[240] Schließlich sind bilaterale Abkommen deshalb international, weil sie zwischen zwei unterschiedlichen Staaten geschlossen werden.

Durch die Anwendung der Konsularverträge wird sowohl die in der Europäischen Erbrechtsverordnung vorgesehene Anknüpfung an den gewöhnlichen Aufenthalt als auch die Nachlasseinheit unterlaufen. Der verbreitete Vorschlag in der Literatur, die Abkommen mit den Vertragsstaaten zu kündigen,[241] erscheint hier sehr sinnvoll. Der Sinn und Zweck der Abkommen lag darin, eine besondere

239 *Mankowski*, ZEV 2013, 529, 530.

240 *Süß*, in: Dutta/Herrler, Die Europäische Erbrechtsverordnung, S. 181, 186; *Majer*, ZEV 2012, 182, 186; *Mankowski*, ZEV 2013, 529, 530 ff; *Dutta*, FamRZ 2013, 452, 452.

241 *Majer*, ZEV 2012, 182, 186; *Gebauer*, IPRax 2018, 345, 350; für den schweizerisch-italienischen Niederlassungs- und Konsularvertrag vom 22. Juli 1868 überlegen dies *Schnyder/Capaul*, in: Heiss, Europäische Erbrechtsverordnung, S. 63; a.A. *Süß*, in: Dutta/Herrler, Die Europäische Erbrechtsverordnung, S. 181, 197 f.

Stellung für Bürger der Vertragsstaaten zu schaffen. Indem Staaten bilaterale Verträge abschließen, verpflichten sie sich, die Rechte und Pflichten gegenüber dem jeweiligen Vertragsstaat einzugehen. Die völkerrechtlichen Abkommen entsprechen insoweit den privatrechtlichen Verträgen, mit dem Unterschied, dass die handelnden Parteien Völkerrechtssubjekte sind. Durch die Europäische Erbrechtsverordnung wurde jedoch ein Regelwerk geschaffen, das universell zur Anwendung kommen soll. Die bilateralen Verträge, die Deutschland abgeschlossen hat, stehen dem Regelungsgehalt der Europäischen Erbrechtsverordnung eindeutig entgegen. Um einen solchen Widerspruch zu vermeiden, scheint es am sinnvollsten, diese bilateralen Abkommen zu kündigen und das Regelwerk der Europäischen Erbrechtsverordnung voll zur Entfaltung zu bringen.

IV. Zeitlicher Anwendungsbereich

Die Verordnung ist nach Art. 84 EuErbVO auf Erbfälle anwendbar, in denen der Erblasser nach dem 17.08.2015 verstirbt. Ausnahme bilden einige Artikel, die schon vorab für anwendbar erklärt wurden. So gelten Art. 77 und 78 EuErbVO zum Austausch von Informationen bereits seit dem 16.11.2014 und Art. 79, 80, 81 EuErbVO zur Erstellung von Formblättern seit dem 05.07.2012.[242] Im Hinblick auf die Rechtswahl konnte der Europäischen Erbrechtsverordnung bereits eine gewisse Vorwirkung zukommen, indem sie in Art. 83 Abs. 4 EuErbVO eine vor dem 17.08.2015 erfolgte Rechtswahl als wirksam ansieht. Dieser Regelung liegt der Gedanke des *favor testamenti* zugrunde.

D. Besonderheiten der Europäischen Erbrechtsverordnung

Nachdem nun die Europäische Erbrechtsverordnung nach ihrem langen Weg in Kraft getreten ist, gilt es, die Besonderheiten der Regelung zu beleuchten. Die Europäische Erbrechtsverordnung enthält eine umfassende Regelung des Internationalen Erbrechts: Sie regelt sowohl das anwendbare Recht als auch die internationale Zuständigkeit und diese sind voneinander abhängig.[243] Zu Beginn der Arbeit der Haager Konferenz schien dieses Ziel nicht erreichbar zu sein. Nun zeigt sich jedoch, dass auf europäischer Ebene die Mitgliedstaaten für ein solches Instrument offen sind. Wie *Rauscher* zutreffend beschreibt, ist die Europäische Erbrechtsverordnung „weder Rom noch Brüssel“[244]. Die Erbrechtsverordnung passt weder

242 Vgl. Art. 84 Abs. 2 EuErbVO; *Lechner*, in: Dutta/Herrler, Die Europäische Erbrechtsverordnung, S. 5, 6.

243 *Bajons*, in: FS Rüßmann, S. 751, 753.

244 Rauscher/*Rauscher*, Bearbeitung 2010, EG-ErbVO-E, Rn. 9.

in die Brüsseler Regelungen, da sie nicht allein die internationale Zuständigkeit regelt, noch in die Linie der Rom-Verordnungen, da hier lediglich das anwendbare Recht geregelt wird. Auch wenn zu Beginn der Überlegungen oft der Begriff der „Rom IV-Verordnung" für die Erbrechtsverordnung gebraucht wurde, ist man nun dazu übergegangen, keines der Vorbilder für die Namensgebung zu nutzen. Es hat sich nun die Bezeichnung „Europäische Erbrechtsverordnung" durchgesetzt, was der Tatsache Rechnung trägt, dass sowohl anwendbares Recht als auch internationale Zuständigkeit geregelt werden. Im Folgenden sollen nun die einzelnen Besonderheiten, die sich nicht in der gleichzeitigen Regelung der internationalen Zuständigkeit und dem anwendbaren Recht erschöpfen, näher beleuchtet werden.

Bei der Auslegung der Europäischen Erbrechtsverordnung ist jeweils darauf zu achten, dass die von ihr verwendeten Begriffe verordnungsautonom ausgelegt werden. Hierfür ist auf den Wortlaut, die Entstehungsgeschichte, Systematik und Ziele der Verordnung zurückzugreifen. Eine nationale Bewertung bei der Auslegung verbietet sich geradezu, denn um zu einer einheitlichen Auslegung der Begriffe zu gelangen, müssen nationale Interpretationen zurücktreten.[245]

I. Anknüpfung an den gewöhnlichen Aufenthalt für das anwendbare Recht und die internationale Zuständigkeit, Art. 4 und Art. 21 EuErbVO

Die aus deutscher Sicht wohl größte Änderung im Internationalen Erbrecht ist die objektive Anknüpfung an den gewöhnlichen Aufenthalt. Dabei richtet sich sowohl das anwendbare Recht als auch die internationale Zuständigkeit nun nach dem gewöhnlichen Aufenthalt des Erblassers. Art. 4 und Art. 21 EuErbVO müssen deshalb immer im Zusammenhang gelesen werden.[246] Es sollte ein Anknüpfungspunkt gefunden werden, „der alle Probleme löst"[247]. In der Diskussion standen sich das Staatsangehörigkeitsprinzip und das Aufenthaltsprinzip gegenüber. In den Mitgliedstaaten waren seither das Staatsangehörigkeitsprinzip[248] und die Anknüpfung an den Wohnsitz bzw. das *domicile* in den

245 *Rudolf*, NZ 2013, 225, 226; vgl. EuGH, Urt. v. 08.11.2005, Rs. C-443/03 (*Leffler*), Slg. 2005, I-9611, Rn. 45 ff.

246 *Bajons*, in: FS Rüßmann, S. 751, 753.

247 Grünbuch Erb- und Testamentsrecht vom 09.08.2005 (KOM (2005) 65 endgültig), S. 4.

248 Das Staatsangehörigkeitsprinzip geht dabei entscheidend auf *Pasquale Stanislao Mancini* zurück, siehe hierzu ausführlich *Jayme*, Mancini, S. 8 f; *Mansel*, in: Schulze, Deutsche Rechtswissenschaft und Staatslehre, S. 245, 252 ff.

Internationalen Erbrechten vertreten, in modernen Rechtsordnungen findet sich auch die Anknüpfung an den gewöhnlichen Aufenthalt.[249] Dabei ist auffallend, dass der Großteil der Mitgliedstaaten an die Staatsangehörigkeit anknüpfte.[250] Dies geht auf die Nationalstaatbewegungen Ende des 19. Jahrhunderts zurück.[251] Im Hinblick auf die Anknüpfung ist auch festzustellen, dass Einwanderungsländer eher an den Wohnsitz oder das *domicile* anknüpfen, während sich Auswanderungsländer meist auf das Staatsangehörigkeitsprinzip berufen.[252] In Deutschland wurde bis zum Anwendungsbeginn der Europäischen Erbrechtsverordnung nach Art. 25 Abs. 1 EGBGB a.F. an das Heimatrecht des Erblassers angeknüpft. So war das anwendbare Recht auf den Erbfall immer von der Staatsangehörigkeit des Verstorbenen abhängig. Man machte sich für die Europäische Erbrechtsverordnung auf die Suche nach einem Anknüpfungspunkt, der als Kompromiss zwischen den bisherigen Möglichkeiten Erfolg haben sollte. Bereits bei den Arbeiten der Haager Konferenz zum Haager Erbrechtsübereinkommen stellte sich dieses Problem. Auch damals sollte eine vernünftige Lösung zwischen den möglichen Anknüpfungsprinzipien Staatsangehörigkeit und Domizil gefunden werden. Als Lösung wurde dann eine Kombination erarbeitet, die grundsätzlich auf das Zusammenfallen von Staatsangehörigkeit und gewöhnlichem Aufenthalt abstellt, aber bei einem Aufenthalt von mindestens fünf Jahren in einem anderen Staat das Recht des gewöhnlichen Aufenthalts vorgehen lässt.[253] In sonstigen Fällen ist die Staatsangehörigkeit das maßgebliche Anknüpfungsmoment. Eine Ausnahme besteht jeweils dann, wenn es eine offensichtlich engere

249 *Staatsangehörigkeit:* Deutschland, Griechenland, Italien, Kroatien, Niederlande (in Kombination mit gewöhnlichem Aufenthalt), Österreich, Polen, Portugal, Schweden, Slowakei, Slowenien, Spanien, Tschechien, Ungarn; *Wohnsitz oder domicile:* Finnland (wenn fünf Jahre, sonst Staatsangehörigkeit), Dänemark, Frankreich (für das bewegliche Vermögen), Irland, Malta, Großbritannien, Zypern; bereits *gewöhnlicher Aufenthalt:* Belgien, Bulgarien, Estland, Litauen, Luxemburg, Rumänien; allein an das *Belegenheitsrecht* knüpfen Frankreich (für das unbewegliche Vermögen) und Finnland an. Siehe auch die ausführliche Darstellung bei *Denkinger*, Europäisches Erbkollisionsrecht, S. 38–56.

250 So auch *Kanzleiter*, in: FS Zimmermann, S. 165, 166; *Geimer*, in: Hager, Die neue Europäische Erbrechtsverordnung, S. 9, 26.

251 *Reinhart*, ZVglRWiss 80 (1981), 150, 155; *Wahl*, in: FS IPR, S. 123, 127 ff; *Braga*, Staatsangehörigkeitsprinzip oder Wohnsitzprinzip?, S. 9 und ausführlich S. 26 ff.

252 *Brandi*, Haager Abkommen, S. 63; *Hotz*, Rechtswahl im Erbrecht, S. 109.

253 *Kroll-Ludwigs*, Rolle der Parteiautonomie, S. 398 kritisiert, dass die Dauer von fünf Jahren zu willkürlich ist und der Beginn des gewöhnlichen Aufenthalts sich nicht ohne weiteres bestimmen lässt.

Verbindung zu einem anderen Staat gibt.[254] Die Anknüpfung an den gewöhnlichen Aufenthalt wird deshalb bereits im Haager Erbrechtsübereinkommen als Kompromiss zwischen den bisherigen Möglichkeiten angesehen.[255] Allerdings kann man aufgrund der abgestuften Regelung nicht von einem „Haager Trend“ sprechen, der sich als Begründung für die Anknüpfung an den gewöhnlichen Aufenthalt heranziehen lässt.[256] Dennoch lässt sich eine Abkehr vom Staatsangehörigkeitsprinzip nicht leugnen.[257]

Sowohl die Anknüpfung an die Staatsangehörigkeit als auch die Anknüpfung an den gewöhnlichen Aufenthalt bringen Vor- und Nachteile mit sich. So spricht für das Staatsangehörigkeitsprinzip, dass die Staatsangehörigkeit auf leichte Weise feststellbar ist. Aus den persönlichen Dokumenten des Erblassers ergibt sich sehr schnell, welchem Staat er angehört. Allerdings entstehen hier Probleme bei Menschen, die entweder mehrere oder keine Staatsangehörigkeit besitzen oder bei denen aufgrund sonstiger politischer Gegebenheiten eine Feststellung der Staatsangehörigkeit nur schwer erfolgen kann. Für Staatenlose hilft jedoch das New Yorker Übereinkommen über die Rechtsstellung Staatenloser[258] weiter. Nach Art. 12 des Übereinkommens bestimmt sich das Personalstatut für Staatenlose nach dem Recht des Wohnsitzstaats; ist ein Wohnsitz nicht vorhanden, richtet sich das Personalstatut nach dem Recht des Staates, in dem sie sich aufhalten. Trotz fehlender Staatsangehörigkeit kann so ein Anknüpfungspunkt für das Personalstatut und somit auch für erbrechtliche Fragen gefunden werden. Die Gegenseite kann dieses Argument ebenfalls ins Feld führen. Wenn bei Staatenlosen an das Aufenthaltsrecht als das am einfachsten feststellbare Recht angeknüpft wird, kann auch für alle Bürger der Aufenthalt als Kriterium gelten. Es müsste keine Ausnahme für Staatenlose gelten, sondern die Regelanknüpfung

---

254 Siehe die ausführliche Darstellung bei *Brandi*, Haager Abkommen, S. 91 ff, insbesondere S. 96 ff.

255 *Brandi*, Haager Abkommen, S. 98.

256 Rauscher/*Rauscher*, Bearbeitung 2010, EG-ErbVO-E, Rn. 49; *Kanzleiter*, in: FS Zimmermann, S. 165, 168 f; *GEDIP*, Réponse du Groupe européen de droit international privé au livre vert de la Commission européenne sur les successions et testaments, http://www.gedip-egpil.eu/documents/gedip-documents-15rlv.html (geprüft am 07.10.2018) befürwortet den gewöhnlichen Aufenthalt allein aus Praktikabilitätsgründen und erhofft sich eine einfachere Lösung als im Haager Erbrechtsübereinkommen.

257 Khairallah/Revillard/*Khairallah*, Rn. 110; *Kroll-Ludwigs*, Rolle der Parteiautonomie, S. 324 ff; siehe hierzu ausführlich *Henrich*, in: FS Stoll, S. 437, 437 ff.

258 Übereinkommen über die Rechtsstellung Staatenloser vom 28. September 1954 (New Yorker Übereinkommen) (Fundstelle Deutschland: BGBl. 1976 II, S. 473).

umfasste dann auch Staatenlose. Für Staatenlose erfolgt die Anknüpfung jedoch am schlichten Aufenthalt[259], die Europäische Erbrechtsverordnung stellt aber auf den gewöhnlichen Aufenthalt ab, der schwerer zu handhaben ist. Zudem hat der Erblasser oft mit seinem Heimatstaat die engste Verbindung. Er ist in diesem Staat stark verwurzelt und hat eine besondere Bindung zu seinem Heimatstaat. Meist kann auch davon ausgegangen werden, dass die Sozialisierung in diesem Staat im Hinblick auf das Erbrecht erfolgt ist, sodass sich der Erblasser mit diesem Recht am besten auskennt.[260]

Der gewöhnliche Aufenthalt wird jedoch im Gegensatz dazu als „dynamische“ Lösung angesehen, die der steigenden Mobilität der europäischen Bürger durch ihre Flexibilität gerecht wird. Hierdurch wird der Verlegung des Aufenthaltsorts Rechnung getragen, indem anerkannt wird, dass der Bürger sich nun einer anderen Rechtsordnung zugehörig fühlt.[261] Allerdings zeigt sich aufgrund des Streits über die optimale Anknüpfung, dass im Moment keines der zur Wahl stehenden Kriterien besser als das andere geeignet ist, die engste Verbindung des Erblassers mit einer Rechtsordnung zu begründen.[262] Außerdem spiegelt sich bei der Entscheidung für einen Kompromiss das Problem der Rechtsvereinheitlichung wider. Es wird nach einer Lösung gesucht, mit der alle Vertragsstaaten einverstanden sind, und es wird nicht versucht, die beste Lösung zu finden.[263] Vielmehr können sich die Rechtsordnungen durchsetzen, die sich wirtschaftlich oder politisch besser im internationalen Bereich einbringen können. Es entstehen Kompromisse, die „nichts Halbes und nichts Ganzes“ repräsentieren, oder wie *Zweigert* dies formuliert, ein „Mischmasch“[264] aus verschiedenen Rechtsordnungen.

Problematisch ist, dass die Europäische Erbrechtsverordnung keine Definition des Begriffs gewöhnlicher Aufenthalt enthält. Zu Beginn der Verordnung sind in Art. 3 EuErbVO Begriffsbestimmungen dargelegt, um einen gemeinsamen Konsens über die verwendeten Begriffe in der Verordnung zu erreichen. Allerdings findet sich in Art. 3 EuErbVO keine Definition des gewöhnlichen Aufenthalts. Allgemein verbindliche Definitionen sind für die Rechtsvereinheitlichung

---

259 Vgl. hierzu weitere Sprachfassungen: englische Fassung: *residence*, französische Fassung: *résidence*.

260 Rauscher/*Rauscher*, Bearbeitung 2010, EG-ErbVO-E, Rn. 50.

261 *Kroll-Ludwigs*, Rolle der Parteiautonomie, S. 336; kritisch hierzu *Kern/Glücker*, RabelsZ 78 (2014), 294, 309 f.

262 *Lehmann*, IPRax 2006, 204, 206.

263 S.o. Kapitel 3, A.

264 *Zweigert*, RabelsZ 16 (1951), 387, 388.

jedoch dringend notwendig.[265] Sie ermöglichen es, den gewöhnlichen Aufenthalt in allen Mitgliedstaaten gleich zu verstehen. Rechtsanwender können unabhängig von ihrem Standort den gewöhnlichen Aufenthalt unter Verwendung desselben inhaltlichen Verständnisses auslegen und so zu einer transparenten Beurteilung des Begriffs gelangen. Allerdings entspringt der Begriff des gewöhnlichen Aufenthalts den Formulierungen der Haager Konferenz, die in ihren Regelwerken jeweils auf eine Definition verzichtet.[266] Auch bei einer Definition auf Verordnungsebene gäbe es weiterhin Schwierigkeiten, die einzelnen Begriffe der Definition einheitlich auszulegen.[267]

Aufgrund der fehlenden Definition stellt sich die Frage, anhand welcher Kriterien der gewöhnliche Aufenthalt zu bestimmen ist.[268] Anhaltspunkte geben die Erwägungsgründe 23 und 24, die als Kriterien die Dauer, die Regelmäßigkeit des Aufenthalts in diesem Staat und die damit zusammenhängenden Umstände und Gründe in den Mittelpunkt der Betrachtung stellen. In komplexeren Fällen soll auf den Herkunftsstaat abgestellt werden, in dem der Erblasser seinen familiären und sozialen Lebensmittelpunkt hatte. Bei einem Aufenthalt in mehreren Staaten kann auch die Staatsangehörigkeit oder die Belegenheit des Vermögens eine Rolle spielen. Eine Mindestdauer, wie sie zuvor in Art. 5 des Haager

---

265 *Aubin*, in: Zweigert, Europäische Zusammenarbeit im Rechtswesen, S. 45, 51; *Lange*, ZVglRWiss, 110 (2011), 426, 429; *Mansel*, in: FS Ansay, S. 185, 211.

266 *Kränzle*, Heimat als Rechtsbegriff?, S. 221; *Lehmann*, FPR 2008, 203, 204 f. Siehe auch BT-Drucks. 10/504, S. 41: Auch der deutsche Gesetzgeber sah aufgrund der Unmöglichkeit einer Definition von dieser ab mit der Begründung, dass jeweils nur ein Rahmen geschaffen werden könne, jedoch nicht allen Einzelheiten Rechnung getragen werden kann; *Max-Planck-Institut für ausländisches und internationales Privatrecht*, RabelsZ 74 (2010), 522, 605 spricht sich ebenfalls gegen eine Definition aus; ebenso *D. Lübcke*, Nachlassverfahrensrecht, S. 364 ff.

267 *R. Wagner*, DNotZ 2010, 506, 514; *Emmerich*, Probleme der Anknüpfung, S. 149; den Versuch einer Definition anhand der verschiedenen Auslegungsmethoden unternimmt *Kurth*, Der gewöhnliche Aufenthalt, S. 102 ff.

268 Siehe hierzu ausführlich *Baetge*, Der gewöhnliche Aufenthalt, S. 28 ff; zu inhaltlichen Grundlinien *Rentsch*, Der gewöhnliche Aufenthalt im System des Europäischen Kollisionsrechts, S. 149–187, sowie der Ansatz einer rechtswahlakzessorischen Differenzierung des gewöhnlichen Aufenthalts: Je mehr Rechtswahl durch einen europäischen Rechtsakt zugelassen wird, desto geringer ist der Prüfungsumfang zur Feststellung des gewöhnlichen Aufenthalts; so können Differenzierungsschwierigkeiten überwunden werden. Für die Europäische Erbrechtsverordnung bedeutet dies, dass zur Bestimmung des gewöhnlichen Aufenthalts eine umfassende Prüfung zu erfolgen hat, da sie nur eine beschränkte Rechtswahl zulässt (S. 418 ff).

Erbrechtsübereinkommens vorgesehen war, findet sich in der Europäischen Erbrechtsverordnung nicht und sollte auch nicht als Faustregel herangezogen werden.[269] Sie spiegelt in keinem Fall die Interessen wider, da sich nicht anhand einer Mindestdauer entscheiden lässt, ob der Erblasser seinen gewöhnlichen Aufenthalt bereits in einen neuen Staat verlegt hat.[270] Fraglich ist darüber hinaus, ob dem gewöhnlichen Aufenthalt auch ein subjektives Element innewohnen muss. Für die Bestimmung anhand des Willens des Erblassers spricht, dass Erwägungsgrund 23 auch die Gründe und Umstände berücksichtigt wissen will. Auch ist dort von einer Bindung und Verfestigung des gewöhnlichen Aufenthalts die Rede.[271] Hält der Erblasser sich mit dem Willen in dem Staat auf, um dort seinen gewöhnlichen Aufenthalt zu begründen, dann soll dieser Wille ebenfalls berücksichtigt werden. Besonders die enge persönliche Beziehung des Erblassers zu seinem gewöhnlichen Aufenthalt und folglich dem anwendbaren Recht auf seine Rechtsnachfolge von Todes wegen sprechen dafür, diesem subjektiven Element Raum einzuräumen. *M.-P. Weller* sieht außerdem ein Funktionsäquivalent zwischen dem gewöhnlichen Aufenthalt und der Rechtswahlfreiheit, das durch die Berücksichtigung des Willens als subjektives Element ebenfalls in die Betrachtungen einbezogen werden soll.[272] Der „Bleibewille" ist als ausschlaggebendes Element bei der Beurteilung des gewöhnlichen Aufenthalts heranzuziehen.[273]

---

269 So aber *Röthel*, Ist unser Erbrecht noch zeitgemäß?, A 101; *Geimer*, in: Hager, Die neue Europäische Erbrechtsverordnung, S. 9, 25.

270 *Max-Planck-Institut für ausländisches und internationales Privatrecht*, RabelsZ 74 (2010), 522, 606; *D. Lübcke*, Nachlassverfahrensrecht, S. 361 ff.

271 *Emmerich*, Probleme der Anknüpfung, S. 105.

272 *M.-P. Weller*, in: Leible/Unberath, Brauchen wir eine Rom 0-Verordnung?, S. 293, 320 f vertritt, dass für das gesamte europäische Kollisionsrecht der gewöhnliche Aufenthalt auch ein subjektives Element enthalten soll; siehe ebenso *Rentsch*, Der gewöhnliche Aufenthalt im System des Europäischen Kollisionsrechts, S. 162–182, die sich aus praktischen und konzeptionellen Gründen für die Berücksichtigung des Willens ausspricht; im Hinblick auf die Europäische Erbrechtsverordnung *E. Geimer*, in: FS Geimer (2017), S. 117, 118; *Schaub*, in: Muscheler, Hereditare, S. 91, 114; *Süß*, ZErb 2009, 342, 344; *Junghardt*, Vereinheitlichung des Erb- und Testamentsrechts, S. 85 f. *Müller-Lukoschek*, Die neue EU-Erbrechtsverordnung, S. 96 spricht sich für eine Beurteilung allein anhand objektiver Kriterien aus; ebenso *D. Lübcke*, Nachlassverfahrensrecht, S. 363 f; siehe hierzu auch OLG Hamburg, Beschl. v. 16.11.2016 – 2 W 85/16 = FamRZ 2017, 568, 569; OLG Hamm, Beschl. v. 02.01.2018 – I-10 W 35/17 = NJW 2018, 2061.

273 *Solomon*, in: Dutta/Herrler, Die Europäische Erbrechtsverordnung, S. 19, 24 f, der eine objektivierte Sicht des Bleibewillens befürwortet; a.A. *Kurth*, Der gewöhnliche

Eine Umschreibung in den Erwägungsgründen der Europäischen Erbrechtsverordnung beinhaltet nun zumindest einige wichtige Anhaltspunkte dafür, was unter dem gewöhnlichen Aufenthalt zu verstehen ist. So sieht Erwägungsgrund 23 vor, dass auf die Gesamtumstände der Lebensverhältnisse des Erblassers abgestellt wird, auch Dauer und Regelmäßigkeit spielen eine Rolle. Erwägungsgrund 24 nimmt sich den komplexen Fällen an. Hier finden sich besondere Hinweise zur Bestimmung des gewöhnlichen Aufenthalts für im Ausland tätige Bürger und Langzeitpendler. Die Erwägungsgründe enthalten jedoch keine normativen Regelungen, sondern sind Teil der Begründung des Rechtsakts.[274] Sie sind deshalb keine unmittelbar anwendbaren Normen. Auf sie kann aber zur teleologischen Auslegung der Verordnung zurückgegriffen werden.[275] Betrachtet man das Wort „Aufenthalt", muss darunter eine physische Präsenz verstanden werden.[276]

Wichtig bei der Auslegung ist, dass der Begriff des gewöhnlichen Aufenthalts verordnungsautonom ausgelegt wird.[277] Auf das nationale Recht kann nicht zurückgegriffen werden. Er ist außerdem nicht völlig identisch mit dem Begriff in Art. 3 Abs. 1 Brüssel IIa-VO[278], Art. 5, 8 Rom III-VO[279], Art. 3, 4 EuUnthVO[280],

---

Aufenthalt, S. 119 ff, der dennoch den Willen des Erblassers als Indiz zur Bestimmung des gewöhnlichen Aufenthalts heranziehen will, S. 178 ff.

274 Gemeinsamer Leitfaden des Europäischen Parlaments, des Rates und der Kommission für Personen, die an der Abfassung von Rechtstexten der Europäischen Union mitwirken, http://eur-lex.europa.eu/content/techleg/DE-leitfaden-fuer-die-abfassung-von-rechtstexten.pdf (geprüft am 07.10.2018), S. 22 f.

275 *Kränzle*, Heimat als Rechtsbegriff?, S. 226; *Kropholler*, in: FS MPI, S. 583, 592.

276 *Junghardt*, Vereinheitlichung des Erb- und Testamentsrechts, S. 80 f; *Weber/Francastel*, 2018, 163, 166; *Kurth*, Der gewöhnliche Aufenthalt, S. 141 ff.

277 *Kränzle*, Heimat als Rechtsbegriff?, S. 221; *Dutta*, RabelsZ 73 (2009), 547, 568 f; *Odersky*, notar 2013, 3, 4; Bonomi/Wautelet/*Bonomi*, Art. 4 Rn. 14; *Solomon*, in: Dutta/Herrler, Die Europäische Erbrechtsverordnung, S. 19, 21 f; *Mankowski*, IPRax 2015, 39, 42; *Schaub*, in: Muscheler, Hereditare, S. 91, 112. Gegen die autonome Auslegung in Bezug auf den Verordnungsentwurf *Kindler*, IPRax 2010, 44, 46; *Lurger*, in: Rechberger, Brücken im Europäischen Rechtsraum, S. 45, 56.

278 Verordnung (EG) Nr. 2201/2003 des Rates vom 27. November 2003 über die Zuständigkeit und die Anerkennung und Vollstreckung von Entscheidungen in Ehesachen und in Verfahren betreffend die elterliche Verantwortung (ABl. L 338/1).

279 Verordnung (EU) Nr. 1259/2010 des Rates vom 20. Dezember 2010 zur Durchführung einer Verstärkten Zusammenarbeit im Bereich des auf die Ehescheidung und Trennung ohne Auflösung des Ehebandes anzuwendenden Rechts (ABl. L 343/10).

280 Verordnung (EG) Nr. 4/2009 des Rates vom 18. Dezember 2008 über die Zuständigkeit, das anwendbare Recht, die Anerkennung und Vollstreckung von Entscheidungen und die Zusammenarbeit in Unterhaltssachen (ABl. L 7/1).

Art. 5 Nr. 2 EuGVVO a.F., Art. 19 EuGVVO, Art. 19 Rom I-VO, Art. 4 Abs. 2 Rom II-VO, sondern jeweils gesondert für jede Verordnung auszulegen. Doch auch in den anderen europäischen Verordnungen findet sich keine Definition des Begriffs, sodass jeweils aus der Verordnung selbst die Auslegung des gewöhnlichen Aufenthalts zu ziehen ist. Eine Übertragbarkeit des Begriffs aus einer anderen Verordnung ist nicht möglich,[281] denn hinter jeder Verordnung steckt ein anderer Wille der Regelung und verschiedene Interessen spielen für die Beurteilung eine Rolle. Bisher hat der EuGH Entscheidungen zum gewöhnlichen Aufenthalt im Zusammenhang mit der Brüssel IIa-VO getroffen und jeweils eine Einzelfallbetrachtung vorgenommen, bei der er auf den Daseinsmittelpunkt sowie eine Dauer und Regelmäßigkeit abgestellt hat.[282] So berücksichtigt das Internationale Erbrecht die Familienverhältnisse des Erblassers und ermittelt den Lebensmittelpunkt des Erblassers, während das Internationale Vertragsrecht nur auf das Vermögen abstellt und es dort vielmehr auf den Daseinsmittelpunkt ankommt. Die Umschreibung „wo jemand zur Ruhe kommt, wo er schläft“[283] trifft diese Form des Daseinsmittelpunkts sehr gut.

Im Gegensatz dazu enthalten die Regelungen in § 9 AO und § 30 Abs. 3 SGB I[284] eine Definition des gewöhnlichen Aufenthalts.[285] Hier wird eindeutig der Begriff des gewöhnlichen Aufenthalts definiert und er versteht sich als der Ort, wo sich eine Person unter Umständen aufhält, die erkennen lassen, dass sie an diesem Ort oder in diesem Gebiet nicht nur vorübergehend verweilt. Lediglich § 9 AO verlangt eine Dauer von sechs Monaten. Dies sind jedoch einfachgesetzliche nationale Vorschriften, die nicht zur Auslegung einer europäischen Verordnung herangezogen werden können. Auch wenn die Definition in § 9 AO

---

281 *Emmerich*, Probleme der Anknüpfung, S. 90 spricht von einer autonomen Begriffsauslegung in „doppelter Hinsicht“, damit der Begriff des gewöhnlichen Aufenthalts weder an der nationalen Begrifflichkeit noch an den Begrifflichkeiten der anderen Verordnungen oder Übereinkommen gemessen wird. Ebenso Bonomi/Wautelet/*Bonomi*, Art. 4 Rn. 14; *Süß*, in: Süß, Erbrecht in Europa, 3. Aufl., § 2 Rn. 16; EuGH, Urt. v. 02.04.2009, Rs. C-523/07 (A), Slg. 2009, I-2805, Rn. 36; a.A. *Solomon*, in: Dutta/Herrler, Die Europäische Erbrechtsverordnung, S. 19, 33.

282 EuGH, Urt. v. 22.12.2010, Rs. C-497/10 PPU (*Mercredi*), Slg 2010, I-14309 = ECLI:EU:C:2010:829, Rn. 48 ff; EuGH, Urt. v. 02.04.2009, Rs. C-523/07 (A), Slg. 2009, I-2805, Rn. 37 ff.

283 Soergel/*Kegel*, Art. 1–50 EGBGB, Rn. 44, der den Daseinsmittelpunkt mit dieser kurzen und prägnanten Formulierung gut zusammenfasst.

284 Sozialgesetzbuch Erstes Buch – Allgemeiner Teil – vom 11.12.1975 (BGBl. I, S. 3015).

285 Siehe hierzu auch *Rentsch*, Der gewöhnliche Aufenthalt im System des Europäischen Kollisionsrechts, S. 335 f.

und § 30 Abs. 3 SGB I festgehalten ist, so lässt sich unter diese Regelungen nur das deutsche nationale Recht subsumieren.[286] Für das Internationale Privatrecht wurde keine Definition vorgenommen,[287] auch deshalb, weil die Rechtsgebiete unterschiedliche Funktionen haben.

Ebenso kennt das Schweizer Recht in Art. 20 Abs. 1 lit. b IPRG[288] den gewöhnlichen Aufenthalt. Besonders an dieser Regelung ist, dass sie speziell für das Kollisionsrecht gilt. Hier zeigt sich eine etwas weniger aussagekräftige Definition: dort, wo eine Person während längerer Zeit lebt, auch wenn diese Zeit von vornherein befristet ist. Mit dieser Definition wollte der Schweizer Gesetzgeber den Empfehlungen des Europarats zur Vereinheitlichung der Begriffe „Wohnsitz" und „Aufenthalt" folgen.[289] Diese Definition ist allerdings im Lichte des gesamten Art. 20 IPRG zu sehen. So ergibt sich bei einer vollständigen Betrachtung, dass in Art. 20 IPRG der gewöhnliche Aufenthalt vom Wohnsitz und der Niederlassung abgegrenzt wird. Der Wohnsitz einer Person ist nämlich nach Art. 20 Abs. 1 lit. a IPRG der Ort, an dem sich eine Person mit der Absicht des längeren Verbleibens aufhält, und die Niederlassung dort, wo sich der Mittelpunkt der geschäftlichen Tätigkeit befindet. Der gewöhnliche Aufenthalt kommt nach Art. 20 Abs. 2 S. 2 IPRG nur dann zur Anwendung, wenn die Person keinen Wohnsitz hat. Eine dem Schweizer Recht sehr ähnliche Regelung enthält auch das ungarische Recht.[290] Auch im österreichischen Recht begegnet man dem Begriff des gewöhnlichen Aufenthalts in § 66 Abs. 2 JN[291]. Die dortige Regelung besagt jedoch nur, dass sich der Aufenthalt allein nach tatsächlichen Umständen beurteilt, jedoch persönliche oder berufliche Umstände eine Rolle spielen können sowie eine gewisse Dauer Voraussetzung ist.

Problemfälle werden sich insbesondere bei den sogenannten „Mallorca-Rentnern" ergeben. Viele Deutsche sehnen sich im Alter nach einem warmen Alterswohnsitz und entscheiden sich, für einen Teil des Jahres auf Mallorca zu leben. Oft sind diese „Mallorca-Rentner" jedoch nicht in die dortige Gesellschaft integriert, sprechen beispielsweise kein Spanisch und erst recht nicht Mallorquinisch. Sie verbringen aber den größten Teil des Jahres auf der Insel und sind

---

286 *Junghardt*, Vereinheitlichung des Erb- und Testamentsrechts, S. 78 f.
287 *Baetge*, Der gewöhnliche Aufenthalt, S. 38.
288 Bundesgesetz über das Internationale Privatrecht vom 18.12.1987 (AS 1988 1776).
289 *Baetge*, Der gewöhnliche Aufenthalt, S. 30 f.
290 *Baetge*, Der gewöhnliche Aufenthalt, S. 38 f; *Kurth*, Der gewöhnliche Aufenthalt, S. 72.
291 Gesetz vom 1. August 1895 über die Ausübung der Gerichtsbarkeit und die Zuständigkeit der ordentlichen Gerichte in bürgerlichen Rechtssachen (Jurisdictionsnorm) (öRGBl. 110/1895).

meist Eigentümer eines Hauses oder einer Ferienwohnung, sodass sich durchaus beachtliche Vermögenswerte auch auf spanischem Boden befinden. Es empfiehlt sich für „Mallorca-Rentner" eine Einzelfallbetrachtung.[292]

Aber auch Grenzpendler haben eine Beziehung zu mehreren Staaten: Sie leben in einem Staat, haben dort ihre Familie und ihren Rückzugsort, arbeiten jedoch in einem anderen Staat. Hier gibt Erwägungsgrund 24 bereits Auskunft, indem er die persönliche Beziehung einer beruflichen vorzieht und als Lebensmittelpunkt weiterhin den Herkunftsstaat ansieht.[293] Ebenso ist dies für Auslandsstudenten der Fall, die sich lediglich für einen bestimmten Zeitraum im Ausland aufhalten und bei denen ein Rückkehrwille auszumachen ist.[294]

Problematischer sind wiederum pflegebedürftige Menschen, die aufgrund der niedrigeren Betreuungskosten in einem Alters- oder Pflegeheim im Ausland betreut werden. Oft ist der Wechsel des Aufenthalts keine bewusste Entscheidung des Pflegebedürftigen. Die Angehörigen übernehmen die Entscheidung und verlegen dadurch den Aufenthalt. Zieht man die Kriterien der Erwägungsgründe 23 und 24 heran, lässt sich zumindest im Hinblick auf die Dauer und Regelmäßigkeit eine Verlegung des gewöhnlichen Aufenthalts feststellen. Soll das subjektive Element berücksichtigt werden, muss hier an einer Verlegung des Aufenthalts gezweifelt werden.[295]

---

292 *Solomon*, in: Dutta/Herrler, Die Europäische Erbrechtsverordnung, S. 19, 30 f; *Odersky*, notar 2013, 3, 5 möchte auf die Staatsangehörigkeit abstellen; nach *Pfeiffer*, IPRax 2016, 310, 312 soll es aber nicht zu einer „uferlosen Ausdehnung" kommen; *Kurth*, Der gewöhnliche Aufenthalt, S. 214 ff nimmt häufig einen Aufenthalt im Heimatstaat an, eine Ausnahme besteht nur dann, wenn der Erblasser die Verbindungen zum Heimatstaat abbricht.

293 *Solomon*, in: Dutta/Herrler, Die Europäische Erbrechtsverordnung, S. 19, 30; *Odersky*, notar 2013, 3, 5; siehe auch KG Berlin 26.04.2016 – 1 AR 8/16, MDR 2016, 832; siehe hierzu auch ausführlich *Martiny*, IPRax 2018, 29, 33 f und *Kurth*, Der gewöhnliche Aufenthalt, S. 205 ff.

294 *Solomon*, in: Dutta/Herrler, Die Europäische Erbrechtsverordnung, S. 19, 26 f.

295 *Odersky*, notar 2013, 3, 5, der die Ausweichklausel in Betracht zieht; *Solomon*, in: Dutta/Herrler, Die Europäische Erbrechtsverordnung, S. 19, 28 f; siehe hierzu auch OLG München, Beschl. v. 22.03.2017 – 31 AR 47/17 = FamRZ 2017, 1251, 1252; kritisch *Weber/Francastel*, 2018, 163, 167 f, die auf die physische Präsenz abstellen und den gesetzlichen Vertreter entscheiden lassen wollen; auch *Kurth*, Der gewöhnliche Aufenthalt, S. 222 ff sieht dies kritisch und will nicht auf ein subjektives Element abstellen, sondern auf die soziale Integration.

Für die genannten Problemfälle muss jedoch jeweils eine Einzelfallentscheidung getroffen werden. Es ist in der jeweiligen Situation gesondert zu beurteilen, in welchem Staat der gewöhnliche Aufenthalt liegt.[296]

Trotz der fehlenden Definition in Art. 3 EuErbVO hat sich der europäische Gesetzgeber nun für den gewöhnlichen Aufenthalt als allgemeinen Anknüpfungspunkt entschieden. Allerdings sieht Art. 21 Abs. 2 EuErbVO eine Ausnahme dann vor, wenn der Erblasser zu einem anderen Staat eine offensichtlich engere Verbindung besitzt. Nach Erwägungsgrund 25 soll diese Ausnahme die Fälle erfassen, in denen der Erblasser erst kurz vor seinem Tod seinen gewöhnlichen Aufenthalt in diesen Staat verlegt hat. Diese Norm soll aber nicht immer dann zur Anwendung kommen, wenn der gewöhnliche Aufenthalt nicht feststellbar ist.[297] Vielmehr ist an Konstellationen zu denken, bei denen sich der Erblasser bereits in den Staat, in dem er sich zuletzt aufgehalten hat, integriert hat, aber weiterhin ein Rückkehrwille besteht und der Aufenthalt noch nicht zum gewöhnlichen Aufenthalt wurde.[298] Einen weiteren Fall könnte die umgekehrte Situation bilden: Es ist bereits ein Umzug in einen neuen Staat geplant, Familie und Vermögen befinden sich bereits im neuen Staat, aber der Erblasser verstirbt vor dem Umzug.[299] Problematisch ist hierbei jedoch, dass sich kein klarer Anwendungsbereich der Ausweichklausel aus der Verordnung ergibt. Art. 21 Abs. 2 EuErbVO soll immer dann herangezogen werden, wenn sich nach Feststellung des gewöhnlichen Aufenthalts eine wesentlich engere Verbindung zu einem anderen Staat ergibt. So ist auch nicht ersichtlich, welche Kriterien bestimmen sollen, wann eine engere Verbindung zu einem anderen Staat gegeben ist.[300] Für die Bestimmung des gewöhnlichen Aufenthalts sollen bereits die Gesamtumstände – und damit alle relevanten Umstände – berücksichtigt werden.[301] Sie führt zu Rechtsunsicherheit, da weder für den Erben noch für den Erblasser vorhersehbar ist, welches Recht zur Anwendung kommt.[302] Dem Gericht bleibt

---

296 *Döbereiner*, MittBayNot 2013, 358, 362; *Kern/Glücker*, RabelsZ 78 (2014), 294, 306 f versuchen, den „Normalfall" zu finden, stellen jedoch in den genannten Fällen immer auf das Heimatrecht ab.

297 Erwägungsgrund 25 S. 2; *Junker*, Internationales Privatrecht, 2. Aufl., § 20 Rn. 24.

298 Gierl/*Köhler*, § 4 Rn. 18; *Dörner*, ZEV 2012, 505, 511.

299 Beispiel nach *Emmerich*, Probleme der Anknüpfung, S. 136.

300 *Schaub*, in: Muscheler, Hereditare, S. 91, 114 sieht darin den „Savignyschen Grundgedanken des ‚Sitzes' des Rechtsverhältnisses".

301 *Süß*, in: Süß, Erbrecht in Europa, 3. Aufl., § 2 Rn. 39.

302 Bonomi/Wautelet/*Bonomi*, Art. 21 Rn. 22; *Dutta*, RabelsZ 73 (2009), 547, 568; *Wilke*, RIW 2012, 601, 605; *Geimer*, in: Hager, Die neue Europäische Erbrechtsverordnung, S. 9, 18; *Vollmer*, ZErb 2012, 227, 231; *Lange*, ZErb 2012, 160, 163; *Fischer-Czermak*,

ein nachträglicher Spielraum, indem es den gewöhnlichen Aufenthalt zunächst bestimmen muss. Auch im Haager Modell stellt sich diese nachträgliche Beurteilung des Gerichts als Gefahr für die Rechtssicherheit des Erblassers dar.[303] Als Vorteil zeigt sich die Anknüpfung an den gewöhnlichen Aufenthalt jedoch im Verfahrensrecht. Dort kommt es aufgrund des sehr bestimmten und einzig möglichen Gerichtsstands am gewöhnlichen Aufenthalt des Erblassers zur Vermeidung von konkurrierenden Gerichtsständen.[304]

II. Möglichkeit der Rechtswahl, Art. 22 ff EuErbVO

Des Weiteren wird dem Erblasser die Möglichkeit einer Rechtswahl zugestanden. Er kann nach Art. 22 EuErbVO zugunsten seines Heimatrechts testieren und damit das Recht des gewöhnlichen Aufenthalts nicht zur Anwendung kommen lassen. Rechtswahlen im Erbrecht sind ein sehr umstrittenes Thema. Man möchte dem Erblasser diese Option nur selten ermöglichen, damit keine Wahl zuungunsten von Personen mit Interessen am Erbfall erfolgt. Im Haager Erbrechtsübereinkommen war ebenfalls eine Rechtswahlmöglichkeit für den Erblasser vorgesehen. Man wollte so einen Gesamtkompromiss für die Anknüpfung finden.[305] Im Haager Erbrechtsübereinkommen stehen ihm vier Varianten zur Auswahl: Der Erblasser hat die Wahl zwischen dem Recht seines Heimatstaates und seines gewöhnlichen Aufenthalts, dem er jeweils zum Zeitpunkt der Errichtung oder zum Todeszeitpunkt angehören muss. So wird die Planungssicherheit zu einem Maximum gewährleistet.[306] Diese Freizügigkeit bei der Rechtswahl stieß jedoch auch auf Ablehnung. Im Haager Erbrechtsübereinkommen wurde deshalb eine Vorbehaltsmöglichkeit für die Vertragsstaaten eingeräumt. Somit konnte von den Staaten bestimmt werden, unter welchen Voraussetzungen sie eine Rechtswahl als unwirksam ansehen wollen.[307] Nach der Europäischen Erbrechtsverordnung beschränkt sich die Wahl lediglich auf das Heimatrecht. Es standen sich zwar mehrere Möglichkeiten gegenüber, letztlich wurde jedoch nur die Wahl des Heimatrechts als notwendig anerkannt. Somit soll dem Erblasser eine ausgleichende Möglichkeit zustehen, sein Heimatrecht zu wählen, wenn er

---

in: Schauer/Scheuba, Europäische Erbrechtsverordnung, S. 43, 45; kritisch auch *Solomon*, in: Dutta/Herrler, Die Europäische Erbrechtsverordnung, S. 19, 35 f.

303 Rauscher/*Rauscher*, Bearbeitung 2010, EG-ErbVO-E, Rn. 52.

304 Rauscher/*Rauscher*, Bearbeitung 2010, EG-ErbVO-E, Rn. 14.

305 *Schaub*, in: Muscheler, Hereditare, S. 91, 116.

306 *Brandi*, Haager Abkommen, S. 293 ff.

307 *Brandi*, Haager Abkommen, S. 296 ff.

zu diesem die engere Verbindung hat und nicht das Recht seines gewöhnlichen Aufenthalts auf seinen Erbfall angewendet wissen will.

III. Parteiautonome Zuständigkeitsbestimmung, Art. 5 ff EuErbVO

Die Europäische Erbrechtsverordnung regelt ebenfalls die internationale Zuständigkeit und sieht auch eine parteiautonome Zuständigkeitsbestimmung durch die beteiligten Parteien vor. Sie können einen Gerichtsstand vereinbaren oder anerkennen sowie sich rügelos auf das Verfahren einlassen. Diese Regelung ist im Erbrecht neu. Es gab zwar bereits Versuche, die internationale Zuständigkeit im Erbrecht durch ein Übereinkommen zu regeln, aber Gerichtsstandsvereinbarungen waren nicht im ersten Versuch der Haager Konferenz für die internationale Zuständigkeit in Erbsachen vorgesehen. Das Haager Übereinkommen über Gerichtsstandsvereinbarungen[308] regelt explizit die Wirksamkeit von Gerichtsstandsvereinbarungen, ist aber nach Art. 2 Abs. 2 lit. d des Gerichtsstandsübereinkommens nicht auf das Erbrecht anwendbar. Die Möglichkeit einer Gerichtsstandsvereinbarung sieht darüber hinaus auch die EuGVVO vor. Nach der Reformierung findet sich die Regelung in Art. 25 EuGVVO. Die EuGVVO enthält in Art. 1 Abs. 2 lit. f EuGVVO allerdings eine Ausnahme für das Gebiet des Testaments- und Erbrechts. Die Klagen zwischen dem Erben einerseits, Nachlassgläubigern und Nachlassschuldnern andererseits fallen aber in den Anwendungsbereich der EuGVVO. Wenn ein Vertrag zuvor mit dem Erblasser geschlossen wurde und die erbrechtlichen Fragen lediglich Vorfragen in dieser Streitigkeit sind, greift die Ausnahmevorschrift des Art. 1 Abs. 2 lit. f EuGVVO nicht ein.[309] Somit kann lediglich bei diesen Klagen auch die von der EuGVVO zur Verfügung gestellte Möglichkeit der Gerichtsstandsvereinbarung genutzt werden. Eine klare Abgrenzung zwischen den beiden Rechtsinstrumenten ist dennoch nötig.[310] In der Europäischen Erbrechtsverordnung ist nun auch für alle anderen erbrechtlichen Streitigkeiten, das heißt für solche, die erbrechtliche Fragestellungen nicht nur als Vorfrage umfassen, die parteiautonome Bestimmung eines Gerichtsstands möglich. Das Besondere hierbei ist, dass eine vorherige Wahl des anwendbaren Rechts durch den Erblasser erfolgt

308 Übereinkommen vom 30. Juni 2005 über Gerichtsstandsvereinbarungen, https://www.hcch.net/de/instruments/conventions/full-text/?cid=98 (geprüft am 07.10.2018).

309 *Dörner/Hertel/Lagarde/Riering*, IPRax 2005, 1, 3; *Kropholler/von Hein*, Europäisches Zivilprozessrecht, 9. Aufl., Art. 1 EuGVVO Rn. 28; *Schlosser/Hess*, EU-Zivilprozessrecht, 4. Aufl., Art. 1 EuGVVO Rn. 18.

310 NK/*Looschelders*, Art. 1 Rn. 9.

sein muss. Die Rechtswahl beeinflusst also die parteiautonome Zuständigkeitsbestimmung. Nimmt der Erblasser die Möglichkeit der Rechtswahl wahr und wählt sein Heimatrecht, können die Beteiligten des Verfahrens abweichend von der grundsätzlichen internationalen Zuständigkeit die Gerichte des Heimatstaates für zuständig erklären. Hier fällt auf, dass den Beteiligten lediglich die Wahl der Heimatgerichte gewährt wird. Wie bei der Rechtswahl steht den Beteiligten nur ein beschränktes Wahlrecht zu. Auch wenn die Parteien zu den Gerichten eines anderen Staates einen engeren Bezug haben, können sie nicht in diesem Staat eine Klage erheben. Vielmehr stehen nur die Gerichte des gewöhnlichen Aufenthalts (ohne Rechtswahl und parteiautonome Zuständigkeitsbestimmung) oder des Heimatstaats (bei einer erfolgten Rechtswahl und parteiautonomer Zuständigkeitsbestimmung) zur Verfügung.

IV. Nachlasseinheit

Bei den Vorüberlegungen zur Europäischen Erbrechtsverordnung hat sich die Mehrheit der Stellungnahmen für eine Nachlasseinheit ausgesprochen.[311] Man wollte verhindern, dass der Nachlass durch unterschiedliche Anknüpfungen gespalten wird und auf Vermögen in unterschiedlichen Staaten unterschiedliche Erbrechte angewendet werden. Diese Überlegungen finden sich bereits in der Diskussion über das Haager Erbrechtsübereinkommen.[312] Auch hier wurden die Nachlasseinheit und die Nachlassspaltung einander gegenüber gestellt, die jeweiligen Vor- und Nachteile analysiert und der Nachlasseinheit der Vorzug eingeräumt.[313] Die Entscheidung zugunsten der Nachlasseinheit beruhte seinerzeit auf einer Erörterung der Interessen der verschiedenen Beteiligten; lediglich das Verkehrsinteresse sprach für eine Nachlassspaltung.[314]

So entschied man sich auch in der Europäischen Erbrechtsverordnung für die Nachlasseinheit; die Erwägungsgründe[315] heben insbesondere die Rechtssicherheit hervor. Dem Prinzip der Nachlassspaltung, das vor allem im französischen Recht[316] und im *common law* bekannt ist und jeweils unterschiedliche

311 *Lehmann*, IPRax 2006, 204, 205.

312 *Van Loon*, MittRhNotK 1989, 9, 10 f; *Brandi*, Haager Abkommen, S. 148 f.

313 *Van Loon*, MittRhNotK 1989, 9, 11.

314 *Brandi*, Haager Abkommen, S. 163 f.

315 Vgl. Erwägungsgrund 37.

316 Vgl. *Ferid/Firsching*, Internationales Erbrecht, Frankreich Rn. 5 ff; *Döbereiner*, in: Süß, Erbrecht in Europa, 2. Aufl., Länderbericht Frankreich Rn. 2; durch eine Rückverweisung des französischen Rechts bei einem französischen Erblasser mit Wohnsitz in Deutschland kommt es dennoch zur Nachlasseinheit, vgl. hierzu Staudinger/*Dörner*,

Anknüpfungen für das bewegliche und unbewegliche Vermögen vorsieht, wurde damit der Rücken gekehrt.[317] Durch die Nachlasseinheit findet auf den gesamten Erbgang nur ein einziges Recht Anwendung. Dies unterstützt den Gedanken der Alleinzuständigkeit der Gerichte und den Gleichlauf zwischen *forum* und *ius*.[318] Auch die Regelung, dass die *gesamte* Rechtsnachfolge von Todes wegen einer Rechtsordnung unterstellt werden soll, betont nochmals den Aspekt der Nachlasseinheit.[319] Außerdem wird sich das meiste Vermögen des Erblassers in dem Staat befinden, in dem er seinen gewöhnlichen Aufenthalt oder Wohnsitz hat.[320] Man kann in der Nachlasseinheit auch das Pendant zur materiellrechtlichen Universalsukzession sehen.[321] Bei einem Übergang des gesamten Erbes soll auch internationalprivatrechtlich nur ein Recht auf den Vorgang Anwendung finden.

In der Europäischen Erbrechtsverordnung finden sich jedoch auch Ausnahmen vom Prinzip der Nachlasseinheit. In bestimmten Fällen nimmt es die Verordnung hin, dass es doch zur Nachlassspaltung kommen kann.

1. *Anknüpfung an den Belegenheitsort, Art. 30 EuErbVO*

Eine erste Ausnahme findet sich in Art. 30 EuErbVO, der für bestimmte Vermögenswerte vorsieht, dass sie nach dem Belegenheitsrecht angeknüpft werden und nicht der allgemeinen Anknüpfung an den gewöhnlichen Aufenthalt unterliegen. Voraussetzung ist, dass eine solche Regelung in dem betreffenden Mitgliedstaat aus wirtschaftlichen, familiären oder sozialen Erwägungen enthalten ist. Hiervon sollen insbesondere solche Regelungen erfasst sein, die die Erbfolge in

---

Anh. zu Art. 25 f EGBGB, Rn. 177; *Ferid/Firsching*, Internationales Erbrecht, Frankreich Rn. 8.

317 *Lagarde*, Rev. crit. dr. intern. priv. 101 (2012), 691, 698 ff; *Cabrillac/Lisanti*, Dr. et patr. 2013, 42, 44 bezeichnen es als „*rupture avec le système dualiste du droit international privé français*"; ebenfalls kritisch Khairallah/Revillard/*Khairallah*, Rn. 104–106.

318 *Bajons*, DNotI-Studie, S. 465, 466.

319 *Junker*, Internationales Privatrecht, 2. Aufl., § 20 Rn. 18.

320 *Lagarde*, in: Gottwald, Perspektiven, S. 1, 15; Vorschlag für eine Verordnung des Europäischen Parlaments und des Rates über die Zuständigkeit, das anzuwendende Recht, die Anerkennung und die Vollstreckung von Entscheidungen und öffentlichen Urkunden in Erbsachen sowie zur Einführung eines Europäischen Nachlasszeugnisses vom 14.10.2009 (KOM (2009) 154 endgültig), S. 6.

321 *Linde-Rudolf*, Probleme einer Parteiautonomie, S. 7; *Stoll*, Rechtswahl, S. 96 f; Staudinger, Eckpfeiler des Zivilrechts/*Meyer-Pritzl*, Erbrecht, Rn. 103; so bereits auch *Kühne*, Parteiautonomie, S. 89, der allerdings betont, dass eine Entscheidung entweder für die Nachlasseinheit oder die Nachlassspaltung als allgemeines Prinzip nicht alle Fälle erfassen kann (S. 91).

Landwirtschafts- und Familienbetrieben regeln. Nicht unter diese Regelung fällt die Nachfolge in Gesellschaftsanteile aufgrund der Bereichsausnahme in Art. 1 Abs. 2 lit. g EuErbVO.[322] Im deutschen Recht gibt es eine solche Sondererbfolge im Höferecht in den §§ 4 ff HöfeO[323]. Auch Österreich kennt ein Anerbenrecht, das zum einen bundesgesetzlich im Anerbengesetz geregelt ist und zum anderen eigenen Regelungen in Kärnten und Tirol unterliegt.[324] Art. 30 EuErbVO ist nach dem Vorbild des Art. 15 Haager Erbrechtsübereinkommen ausgestaltet[325] und soll eng ausgelegt werden.[326] Es kommt zur materiellrechtlichen Vermögensspaltung, die sich kollisionsrechtlich auswirkt.[327] Aus der Natur dieser Vorschrift ergibt sich auch, dass es sich hier um eine sachrechtliche Verweisung handelt.[328] Sie ist auch enger als die Vorschrift des Art. 3a Abs. 2 EGBGB.[329] Die von Art. 30 EuErbVO angesprochenen Normen wirken deshalb wie Eingriffsnormen, setzen sich doch zwingend bestimmte Regelungen des nationalen Rechts durch.[330]

2. Erbenlose Nachlässe, Art. 33 EuErbVO

Nach dem Vorbild des Art. 16 Haager Erbrechtsübereinkommen wurde eine Regelung für erbenlose Nachlässe in die Verordnung aufgenommen. Auch hier zeigt sich mithin wieder die Vorarbeit durch die Haager Konferenz. In Art. 33 EuErbVO wird ein Aneignungsrecht des Mitgliedstaats vorgesehen, in dessen Hoheitsgebiet Nachlassvermögen belegen ist. Hierdurch ergibt sich eine weitere Ausnahme vom Prinzip der Nachlasseinheit, da sich die Vorschrift lediglich auf im Mitgliedstaat belegenes Vermögen bezieht. Es muss ein gesetzliches Erbrecht des Staates vorliegen, sodass eine testamentarische Erbeinsetzung nicht in den Anwendungsbereich von Art. 33 EuErbVO fällt.[331] Hier treffen ein erbrechtlich

---

322 *Döbereiner*, MittBayNot 2013, 358, 364; *Dutta*, FamRZ 2013, 4, 11.

323 Höfeordnung vom 24.04.1947 (ABlMR BritZ Nr. 18 S. 505).

324 Deixler-Hübner/Schauer/*Schwartze*, Art. 30 Rn. 17.

325 *Dörner/Hertel/Lagarde/Riering*, IPRax 2005, 1, 5.

326 Vgl. Erwägungsgrund 54; *Werner*, StBW 2012, 857, 861; *Lange*, ZVglRWiss 110 (2011), 426, 431; *Rudolf*, NZ 2013, 225, 237; *Schaub*, in: Muscheler, Hereditare, S. 91, 121; *Fischer-Czermak*, in: Schauer/Scheuba, Europäische Erbrechtsverordnung, S. 43, 48 f; OLG Nürnberg, Beschl. v. 27.10.2017 - 15 W 1461/17 = NJW-RR 2018, 393, 394 f.

327 *Brandi*, Haager Abkommen, S. 217.

328 *Janzen*, DNotZ 2012, 484, 490.

329 *Schurig*, in: FS Spellenberg, S. 343, 350.

330 *Rudolf*, NZ 2013, 225, 237; Rauscher/*Rauscher*, Bearbeitung 2010, EG-ErbVO-E, Rn. 70; *Wilke*, RIW 2012, 601, 607.

331 Im deutschen Recht findet sich in § 1936 BGB ein gesetzliches Erbrecht des Fiskus; im österreichischen Recht hingegen ein Heimfallsrecht nach § 750 ABGB

zu qualifizierendes Erbrecht und ein sachenrechtlich zu qualifizierendes Aneignungsrecht aufeinander. Mit Art. 33 EuErbVO gibt die Europäische Erbrechtsverordnung jedoch vor, dass bei einem erbenlosen Nachlass ausnahmsweise eine sachenrechtliche Qualifizierung stattfinden soll. Dabei darf jedoch nicht die Befriedigung der Gläubiger gefährdet werden.[332]

3. *Renvoi, Art. 34 EuErbVO*

Ein vollständiger Ausschluss der Rückverweisung, wie sie das europäische Internationale Privatrecht kennt, ist der Europäischen Erbrechtsverordnung fremd. In Art. 20 Rom I-VO, Art. 24 Rom II-VO und Art. 11 Rom III-VO findet sich beispielsweise ein Ausschluss der Weiter- und Rückverweisung.[333] Sinn und Zweck des Ausschlusses ist die Vermeidung „hinkender Rechtsverhältnisse".[334] Anders als im europäischen Kollisionsrecht für schuldvertragliche und außervertragliche Schuldverhältnisse ist eine Weiter- und Rückverweisung in der Europäischen Erbrechtsverordnung teilweise beachtlich. Zunächst kommt ein Renvoi nur dann in Betracht, wenn es sich um Sachverhalte handelt, bei denen das Recht eines Drittstaats berufen ist. Art. 34 EuErbVO sieht vor, dass dann eine Rückverweisung auf einen Mitgliedstaat (lit. a) oder auf einen anderen Drittstaat, der sein eigenes Recht angewendet wissen will (lit. b), erfolgen kann. Voraussetzung ist aber ganz klar das Vorliegen eines Drittstaatensachverhalts. Ist das Recht eines Mitgliedstaats zur Anwendung berufen, ist eine Rück- oder Weiterverweisung ausgeschlossen.

Bei einer Rück- oder Weiterverweisung an einen Drittstaat kann es jedoch zu einer Nachlassspaltung kommen.[335] Knüpft der Drittstaat an die Belegenheit der Sache an und stellt er nicht auf den gewöhnlichen Aufenthalt ab, kommt es bei Vermögen in unterschiedlichen Staaten zu einer Anwendung des Rechts des Belegenheitsortes. Für die unterschiedlichen Vermögen, insbesondere Grundstücke, beurteilt sich die Rechtsnachfolge von Todes wegen dann nach

---

(Österreichisches Bürgerliches Gesetzbuch, JGS Nr. 946/1811), das gerade nicht erbrechtlich, sondern öffentlich-rechtlich zu qualifizieren ist; vgl. *Junker*, Internationales Privatrecht, 2. Aufl., § 20 Rn. 56.

332 Erwägungsgrund 56; *Schaub*, in: Muscheler, Hereditare, S. 91, 124.

333 Art. 20 Rom I-VO gestattet Ausnahmen dann, wenn in der Verordnung selbst etwas anderes vorgesehen ist. Eine solche Regelung sieht lediglich das Versicherungsrecht vor, wobei dies keine Gesamtnormverweisung, sondern lediglich eine Öffnung ist, vgl. MüKo/*Martiny*, Art. 20 Rom I-VO Rn. 4.

334 *Schaub*, in: Muscheler, Hereditare, S. 91, 120.

335 *Odersky*, notar 2013, 3, 4; *Lagarde*, Rev. crit. dr. intern. priv. 101 (2012), 691, 704 f.

unterschiedlichen Rechtsordnungen. Dadurch wird die in der Europäischen Erbrechtsverordnung geforderte Nachlasseinheit aufgegeben. Allerdings kann hier zur Rechtfertigung angeführt werden, dass die Nachlasseinheit nur innerhalb der Europäischen Union eingehalten werden und nicht für Sachverhalte mit Drittstaatenbezug gelten soll.

V. *Ordre public*, Art. 35 EuErbVO

Der *ordre public* wird generell als Korrektiv verwendet, wenn eine nach fremdem Recht getroffene Entscheidung mit den Grundwerten des Staates des angerufenen Gerichts nicht vereinbar ist. Das angerufene Gericht kann nach Art. 35 EuErbVO die Anwendung des nach der Europäischen Erbrechtsverordnung bestimmten Rechts verweigern, wenn es mit seiner öffentlichen Ordnung unvereinbar ist. Ein deutsches Gericht kann die Anwendung einer ausländischen Norm somit dann verweigern, wenn sie nicht mit den Grundwerten des Grundgesetzes vereinbar ist. Vor allem im Internationalen Familienrecht kommt es häufiger zur Annahme eines Verstoßes gegen den *ordre public*. Auch in der Europäischen Erbrechtsverordnung spielt dieses Korrektiv eine wichtige Rolle. Über die Regelung in Art. 35 EuErbVO gab es einige Diskussionen, da die verschiedenen Mitgliedstaaten ihre Vorstellungen zur Ausgestaltung nicht auf einen gemeinsamen Nenner bringen konnten. So war im Entwurf in Art. 27 Abs. 2 EuErbVO-V eine Sonderreglung zu den Pflichtteilsrechten vorhanden. Sie sah vor, dass ein Verstoß gegen den *ordre public* nicht deshalb angenommen werden kann, weil die Pflichtteilsrechte in der fremden Rechtsordnung anders geregelt sind. Diese Regelung wurde dann jedoch nicht in die endgültige Fassung aufgenommen. Diese Nichtaufnahme in die endgültige Fassung führt jedoch nicht automatisch bei einer abweichenden Regelung der Pflichtteilsrechte zu einem Verstoß gegen den *ordre public*[336] – auch wenn man dem europäischen Gesetzgeber unterstellen könnte, durch das Weglassen die Wichtigkeit des Pflichtteilsrechts zu betonen. In den europäischen Staaten besteht immerhin ein Mindestschutz für die Angehörigen, sodass ein geringerer Pflichtteil nicht allein die Annahme eines *ordre public*-Verstoßes rechtfertigt. Ein Verstoß gegen den *ordre public* kann, muss aber nicht bei einer abweichenden Regelung des Pflichtteilsrechts vorliegen.[337]

---

336 *Hellner*, in: Dutta/Herrler, Die Europäische Erbrechtsverordnung, S. 107, 111; *Fischer-Czermak*, in: Schauer/Scheuba, Europäische Erbrechtsverordnung, S. 43, 54; *Andrae*, in: FS von Hoffmann, S. 3, 21 f.

337 *Fischer-Czermak*, in: Schauer/Scheuba, Europäische Erbrechtsverordnung, S. 43, 54, die in ihren aufgeführten Beispielen jeweils einen Verstoß ablehnt; *Walther*, GPR 2016, 128, 129 ff; vgl. auch allgemein *Andrae*, in: FS von Hoffmann, S. 3, 14 f.

Andere Fälle, in denen die öffentliche Ordnung eine Nichtanwendung einer ausländischen Norm rechtfertigen könnte, können bei einem Verstoß gegen den Gleichheitssatz gegeben sein. Hier ist insbesondere an Fälle zu denken, in denen Erbberechtigte aufgrund ihres Geschlechts oder ihrer Religion einen geringeren Erbteil erhalten.[338] Bei einer Diskriminierung von nichtehelichen Kindern oder Adoptivkindern kann ebenfalls ein Verstoß gegen den *ordre public* vorliegen.[339] Möglich ist auch eine *ordre public*-widrige Benachteiligung aufgrund der sexuellen Orientierung oder der politischen oder sonstigen Anschauung.[340]

Insgesamt werden die Gerichte jedoch durch den Gleichlauf von *forum* und *ius*, der in der Europäischen Erbrechtsverordnung angestrebt wird, meistens ihr eigenes Recht anwenden. Hierdurch wird der Fall, dass eine ausländische Regelung nicht mit der inländischen öffentlichen Ordnung übereinstimmt, sehr selten sein und das Einfallstor für nationale Wertvorstellungen nur minimal geöffnet.[341] Die Regelung des Art. 35 EuErbVO kommt deshalb in einem Fall, in dem das Gericht sein eigenes Recht anwendet, überhaupt nicht zum Tragen. Es ist natürlich der Fall möglich, dass das Gericht eine fremde Rechtsordnung anwenden muss, wenn *forum* und *ius* auseinanderfallen. Für diese Situationen ist dann der *ordre public*-Vorbehalt ein geeignetes Mittel, um dem Richter die Möglichkeit zu geben, nicht eine Norm anwenden zu müssen, die offensichtlich mit der Grundordnung seines Staates unvereinbar ist.

VI. Anerkennung und Vollstreckung von Entscheidungen, Art. 39 ff EuErbVO

Wie auch in anderen europäischen Verordnungen auf dem Gebiet der justiziellen Zusammenarbeit soll die Entscheidung eines mitgliedstaatlichen Gerichts in anderen Mitgliedstaaten anerkannt und vollstreckt werden können. Ziel der Europäischen Union ist es, ein System der Anerkennung von gerichtlichen Entscheidungen für alle zivil- und handelsrechtlichen Streitigkeiten herauszuarbeiten.[342] So kommt es zur Freizügigkeit von Urteilen innerhalb der Europäischen Union.[343] Für die Europäische Erbrechtsverordnung war man sich einig, dass die

---

338 Dies wird meist bei Fällen mit Bezug zu einem islamischen Staat zu Problemen führen; vgl. *Junker*, Internationales Privatrecht, 2. Aufl., § 20 Rn. 60.

339 Palandt/*Thorn*, Art. 35 Rn. 2.

340 BeckOGK/*J. Schmidt*, Art. 35 Rn. 23.3.

341 *Schaub*, in: Muscheler, Hereditare, S. 91, 122.

342 *C. Kohler*, in: Reichelt, Vorlesungen und Vorträge, S. 1, 15; vgl. auch Art. 36 Abs. 1 EuGVVO; Art. 21 Abs. 1 Brüssel IIa-VO; Art. 23 Abs. 1 EuUnthVO.

343 Dutta/Weber/*J. Weber*, Art. 39 Rn. 1.

Regelungen der EuGVVO als Vorbild dienen sollen. Dementsprechend hat man diese Regelungen weitgehend übernommen.[344] So sieht Art. 39 EuErbVO vor, dass die Entscheidungen von Gerichten automatisch anerkannt werden, ohne dass es hierfür eines besonderen Verfahrens bedarf. In Art. 40 EuErbVO werden lediglich Gründe aufgezählt, wann eine Anerkennung zu versagen ist. Insbesondere bei einer *ordre public*-widrigen Entscheidung kann nach Art. 40 lit. a EuErbVO eine Anerkennung versagt werden.

Die Entscheidung muss dann nach Art. 43 EuErbVO zusätzlich für vollstreckbar erklärt werden. Erst nach Erteilung einer Vollstreckungsklausel kann die Entscheidung in einem anderen Mitgliedstaat vollsteckt werden. Diese Regelung entspricht jedoch nicht den Tendenzen in neueren europäischen Verordnungen. So wurden zunächst für Teilbereiche Verordnungen geschaffen, die die automatische Vollstreckbarkeit kennen. Hierzu gehören die Verordnung über die Einführung eines europäischen Vollstreckungstitels für unbestrittene Forderungen[345], die Bagatellverordnung[346] und die Europäische Mahnverordnung[347], unter denen Titel eines anderen Mitgliedstaats jeweils nicht des Exequaturs bedürfen. Auch in der EuGVVO wurde das Exequaturverfahren nach einer Überarbeitung der Verordnung abgeschafft.[348] Dies war eine der wichtigsten Neuerungen der EuGVVO. Im europäischen Rechtsraum bedarf deshalb eine Entscheidung, die im Anwendungsbereich jener Verordnung ergangen ist, keines gesonderten Vollstreckbarerklärungsverfahrens. Dieses „reaktionäre" Verfahren ist jedoch unter der Europäischen Erbrechtsverordnung weiterhin nötig, um eine Entscheidung in einem anderen Mitgliedstaat durchsetzen zu können. Allerdings ist die Abschaffung des Exequaturs ein Ziel der Europäischen Union und als solches auch formuliert.[349] Nach dem Maßnahmenprogramm ist die automatische Vollstreckbarkeit indes erst als dritte Stufe jeder Verordnung vorgesehen.

---

344 Siehe hierzu ausführlich *D. Lübcke*, Nachlassverfahrensrecht, S. 464 ff.

345 Verordnung (EG) Nr. 805/2004 des Europäischen Parlaments und des Rates vom 21. April 2004 zur Einführung eines europäischen Vollstreckungstitels für unbestrittene Forderungen (ABl. L 143/15).

346 Verordnung (EG) Nr. 861/2007 des Europäischen Parlaments und des Rates vom 11. Juli 2007 zur Einführung eines europäischen Verfahrens für geringfügige Forderungen (ABl. L 199/1); hierzu kritisch *Kern*, JZ 2012, 389, insbes. 391 ff.

347 Verordnung (EG) Nr. 1896/2006 des Europäischen Parlaments und des Rates vom 12. Dezember 2006 zur Einführung eines Europäischen Mahnverfahrens (ABl. L 399/1).

348 Siehe zur Abschaffung des Exequaturs nur *von Hein*, RIW 2013, 97, 108 ff.

349 *C. Kohler*, in: Reichelt, Vorlesungen und Vorträge, S. 1, 16.

Die Abschaffung des Exequaturs ist jeweils als Endziel anvisiert.[350] Durch den zeitlich versetzten Erlass der Europäischen Erbrechtsverordnung ist dieses Ziel erst zu einem späteren Zeitpunkt vorgesehen. Ein einheitliches Kollisionsrecht dient aber bereits der Vereinfachung von Anerkennung und Vollstreckung der Entscheidungen.[351]

VII. Annahme öffentlicher Urkunden, Art. 59 ff EuErbVO

Eine weitere Besonderheit – die auf die Wünsche der Notare zurückgeht – ist die Regelung des Art. 59 EuErbVO über die Annahme öffentlicher Urkunden.[352] Zunächst wurde der Begriff der „Anerkennung" auch im Zusammenhang mit öffentlichen Urkunden verwendet. Dies stieß jedoch auf Kritik, da die Anerkennung ein auf Entscheidungen bezogener Begriff ist.[353] Schließlich konnte man sich auf den Begriff „Annahme" einigen. Durch die Annahme der öffentlichen Urkunden ist eine wichtige Norm in die Europäische Erbrechtsverordnung aufgenommen worden. Eine öffentliche Urkunde kann nun in jedem Mitgliedstaat verwendet werden. Dabei liegt in Art. 3 Abs. 1 lit. i EuErbVO eine Legaldefinition vor, was unter einer öffentlichen Urkunde zu verstehen ist. So sind öffentliche Urkunden solche Schriftstücke, die förmlich errichtet oder eingetragen wurden. Dem Inhalt und der Unterschrift kommt Beweiskraft in anderen Mitgliedstaaten zu, sofern dies durch eine Behörde oder andere ermächtigte Stelle festgestellt worden ist. Im Erbrecht spielen insbesondere beurkundete Verfügungen von Todes wegen, Annahme- und Ausschlagungserklärungen, Nachlassinventare und mitgliedstaatliche Erbnachweise wie der deutsche Erbschein eine Rolle.[354] Diesen

---

350 Maßnahmenprogramm zur Umsetzung des Grundsatzes der gegenseitigen Anerkennung gerichtlicher Entscheidungen in Zivil- und Handelssachen vom 15.01.2001 (ABl. C 12/1), S. 7 f; *Kreuzer*, RabelsZ 70 (2006), 1, 19; *C. Kohler*, in: Mansel, Systemwechsel, S. 147, 155; *ders.*, in: Reichelt, Vorlesungen und Vorträge, S. 1, 17.

351 *C. Kohler*, in: Reichelt, Vorlesungen und Vorträge, S. 1, 19.

352 Siehe hierzu ausführlich *Geimer*, in: Dutta/Herrler, Die Europäische Erbrechtsverordnung, S. 143; im Verhältnis zur Schweiz *Schnyder/Capaul*, in: FS Geimer (2017), S. 629, 633 ff.

353 *Rudolf*, NZ 2013, 225, 231; *Rechberger*, ÖJZ 2012, 14, 18.

354 Vgl. die Auflistung bei MüKo/*Dutta*, Art. 59 Rn. 6; speziell zu Erbnachweisen sehr ausführlich *Kleinschmidt*, RabelsZ 77 (2013), 723, 735 ff sowie *Schaub*, in: Muscheler, Hereditare, S. 91, 109; *Lurger*, in: Rechberger, Brücken im Europäischen Rechtsraum, S. 45, 60 f; BeckOGK/*J. Schmidt*, Art. 59 Rn. 12; MüKo/*Dutta*, Art. 59 Rn. 11; zum Teil wird auch die Anerkennung nach Art. 39 EuErbVO angedeutet, wenn es sich um einen von einem Gericht ausgestellten Erbnachweis handelt; siehe *ders.*, FamRZ 2013, 4, 14; NK/*Nordmeier*, Art. 62 Rn. 18. Gegen die Möglichkeit der Annahme als

Urkunden kommt nach Art. 59 Abs. 1 EuErbVO dieselbe formelle Beweiskraft in einem anderen Mitgliedstaat zu, wie sie ihr auch im Ursprungsmitgliedstaat zukommen würde. Zur Bestätigung der formellen Beweiskraft steht ein Formblatt zur Verfügung. Gegen die Echtheit der Urkunde kann nach Art. 59 Abs. 2 EuErbVO ein Einwand bei den Gerichten des Ursprungsmitgliedstaats erhoben werden und nach Art. 59 Abs. 3 EuErbVO gegen das Rechtsgeschäft oder Rechtsverhältnisse bei dem zuständigen Gericht. Bis zur Klärung entfaltet die Urkunde keine Beweiskraft in einem anderen Mitgliedstaat. Vorfragen werden nach Art. 59 Abs. 4 EuErbVO auch von dem mit der Klärung betrauten Gericht entschieden.

Eine zentrale Rolle bei der Ausstellung von Urkunden im Erbrecht kommt den Notaren zu.[355] In vielen Mitgliedstaaten besteht ein Zusammenspiel von Gerichten und Notaren, die sich die Zuständigkeiten in Erbsachen teilen.[356] Notare sind oft für die Hinterlegung von Dokumenten, die Ausstellung der Erbscheine und die Entgegennahme von Erklärungen verantwortlich und kommen damit unmittelbar in Berührung mit der Europäischen Erbrechtsverordnung.[357] Nach Art. 3 Abs. 2 EuErbVO sind Gerichte im Sinne der Verordnung alle staatlichen Gerichte und sonstige Behörden und Angehörige von Rechtsberufen mit Zuständigkeit in Erbsachen. Damit fallen auch Notare unter die Definition der Gerichte nach Art. 3 Abs. 2 EuErbVO, wenn ihnen eine gerichtliche Funktion zukommt,[358] sie zur Unparteilichkeit verpflichtet sind und vor ihnen das Recht auf rechtliches Gehör gewährleistet ist. Außerdem muss nach Art. 3 Abs. 2 EuErbVO der von ihnen getroffenen Entscheidung eine Anfechtbarkeit (lit. a) innewohnen sowie eine gerichtlichen Entscheidungen vergleichbare Rechtskraft (lit. b). Für Notare ist eine solche Stellung in manchen Mitgliedstaaten gegeben.[359]

öffentliche Urkunde nach Art. 59 EuErbVO eines mitgliedstaatlichen Erbnachweises *Buschbaum*, in: Hager, Die neue Europäische Erbrechtsverordnung, S. 39, 57, der die Regelungen zum Europäischen Nachlasszeugnis als Spezialregelungen ansieht; Rauscher/*Hertel*, Art. 59 Rn. 43; *M. Kohler/Buschbaum*, IPRax 2010, 313, 315; Geimer/Schütze/*Franzmann/Schwerin*, Art. 59 Rn. 16; Dutta/Weber/*Fornasier*, Art. 69 Rn. 2.

355 Fast alle Mitgliedstaaten kennen ein Notariat, sei es lateinischer oder angelsächsischer Prägung, vgl. https://e-justice.europa.eu/content_legal_professions-29-de.do?init=true (geprüft am 07.10.2018).

356 Vgl. Erwägungsgrund 20; NK/*Looschelders*, vor Art. 1 Rn. 12.

357 Siehe für eine ausführliche Länderübersicht *D. Lübcke*, Nachlassverfahrensrecht, S. 79 Fn. 230.

358 *Rudolf*, NZ 2013, 225, 228; vgl. auch Erwägungsgrund 21 und 22.

359 In Deutschland hatten diese vergleichbare Stellung die baden-württembergischen Amtsnotariate bis zum 31.12.2017, vgl. *Hess*, in: Dutta/Herrler, Die Europäische

Die nach Art. 79 Abs. 3 EuErbVO verlangte Veröffentlichung im Amtsblatt der Europäischen Union ist zwar bisher noch nicht geschehen. Deutschland wird jedoch nach Art. 79 Abs. 1 EuErbVO gegenüber der Kommission erklären, dass Notare unter Art. 3 Abs. 2 EuErbVO fallen. Ein Problem stellt sich dann beim Vorabentscheidungsverfahren vor dem Europäischen Gerichtshof nach Art. 267 AEUV. Dieses Verfahren vor dem Europäischen Gerichtshof eröffnet die Möglichkeit, die Auslegung der Verträge oder die Gültigkeit und Auslegung von Handlungen der Organe, Einrichtungen oder sonstiger Stellen der EU zu überprüfen. Hierunter fällt auch die Gültigkeit und Auslegung von europäischen Verordnungen. Vorlageberechtigt sind alle Einzelfallgerichte, vorlageverpflichtet sind die letztinstanzlichen Gerichte. Kommt den Notaren dann dieselbe Befugnis wie Gerichten zu, müssten sie in Zukunft zur Vorlage beim Europäischen Gerichtshof berechtigt, wenn nicht sogar verpflichtet sein.[360]

VIII. Einführung eines Europäischen Nachlasszeugnisses, Art. 62 ff EuErbVO

Mit den Regelungen zum Europäischen Nachlasszeugnis regelt die Europäische Erbrechtsverordnung neben Zuständigkeits- und Kollisionsrecht auch unmittelbar anwendbares Sachrecht.[361] Vorbild für die Einführung eines Europäischen Nachlasszeugnisses war zum einen das oben erwähnte Haager Übereinkommen über die Nachlassabwicklung[362] und zum anderen der *lettre de vérification* aus Québec[363], der nur außerhalb dieser kanadischen Provinz zum Nachweis geeignet ist. Ebenso wurde vorgeschlagen, sich an den Anerkennungsregeln in der Schweiz zu orientieren.[364]

Das Europäische Nachlasszeugnis hat die „Freizügigkeit der Erbscheine" zum Ziel und soll parallel zur Freizügigkeit der Urteile ausgestaltet sein.[365] Es dient als

---

Erbrechtsverordnung, S. 131, 132; *Janzen*, DNotZ 2012, 484, 490; *Müller-Lukoschek*, Die neue EU-Erbrechtsverordnung, S. 121.

360 MüKo/*Dutta*, vor Art. 1 Rn. 26; NK/*Looschelders*, vor Art. 1 Rn. 21; a.A. Dutta/Weber/*J. Weber*, Einl. Rn. 52; *Kleinschmidt*, RabelsZ 77 (2013), 723, 768 (aber Einschränkung für nur vermittelnde Tätigkeit des Notars).

361 *Schauer*, in: Schauer/Scheuba, Europäische Erbrechtsverordnung, S. 73, 77.

362 Speziell zur Ausstellung des Zertifikats *D. Lübcke*, Nachlassverfahrensrecht, S. 176–180.

363 *Schauer*, in: Schauer/Scheuba, Europäische Erbrechtsverordnung, S. 73, 74; *Kleinschmidt*, RabelsZ 77 (2013), 723, 743 ff.

364 *Dörner/Hertel/Lagarde/Riering*, IPRax 2005, 1, 7.

365 *Lagarde*, in: Gottwald, Perspektiven, S. 1, 18.

Nachweis der Rechtsstellung für Erben[366], Vermächtnisnehmer und Testamentsvollstrecker oder Nachlassverwalter in einem Mitgliedstaat. Die Verwendung muss für einen anderen Mitgliedstaat bestimmt sein.[367] Es ist nach Art. 62 Abs. 3 S. 2 EuErbVO trotzdem auch im ausstellenden Mitgliedstaat wirksam.[368] Für reine Inlandsfälle kann es nicht ausgestellt werden.[369] Vermächtnisnehmer müssen eine unmittelbare Berechtigung am Nachlass haben, womit der Nachweis nur für Vindikationslegate bestimmt ist.[370] Damnationslegate, etwa das Vermächtnis des deutschen Rechts (§§ 2147, 2174 BGB), fallen nicht unter diese Bestimmungen.[371] Auch Nachlassgläubiger sind nicht antragsberechtigt.[372] Besonders ist, dass die nationalen Erbnachweise, wie der deutsche Erbschein, weiterhin erhalten bleiben und nicht durch das Europäische Nachlasszeugnis ersetzt werden. Das Europäische Nachlasszeugnis tritt nach Art. 62 Abs. 3 EuErbVO nicht an die Stelle der nationalen Erbnachweise. Bisher kannte nur knapp die Hälfte der Mitgliedstaaten einen solchen Nachweis der Erbenstellung.[373] Sie waren dann auch jeweils auf den Mitgliedstaat beschränkt, sodass bei grenzüberschreitenden Fällen mehrere Nachweise beantragt werden mussten. Dies verursachte hohe Kosten und beanspruchte viel Zeit.[374]

---

366 Einzelne Nachlassgegenstände können jedoch nicht aufgenommen werden, dies ist lediglich bei Vermächtnisgegenständen möglich, vgl. OLG München, Beschl. v. 12.09.2017 - 31 Wx 275/17 = NJW-RR 2017, 1288, 1288; OLG Nürnberg, Beschl. v. 05.04.2017 - 15 W 299/17 = FamRZ 2018, 143, 143; ebenso OGH Wien, Beschl. v. 29.08.2017 - 5 Ob 108/17v; siehe hierzu auch *Wilsch*, FGPrax 2018, 39, 40.

367 *Buschbaum*, in: Hager, Die neue Europäische Erbrechtsverordnung, S. 39, 45; *Schauer*, in: Schauer/Scheuba, Europäische Erbrechtsverordnung, S. 73, 76 f.

368 Palandt/*Weidlich*, Art. 63 Rn. 2; Dutta/Weber/*Fornasier*, Art. 63 Rn. 22; *Grau*, in: FS Schilken, S. 3. 7.

369 *Schauer*, in: Schauer/Scheuba, Europäische Erbrechtsverordnung, S. 73, 80; *Vollmer*, ZErb 2012, 227, 233; *Simon/Buschbaum*, NJW 2012, 2393, 2397.

370 *Dorsel*, ZErb 2014, 212, 213; *Buschbaum*, in: Hager, Die neue Europäische Erbrechtsverordnung, S. 39, 51; *Schauer*, in: Schauer/Scheuba, Europäische Erbrechtsverordnung, S. 73, 81.

371 *Kleinschmidt*, RabelsZ 77 (2013), 723, 770.

372 *Süß*, ZEuP 2013, 725, 737; *Dorsel*, ZErb 2014, 212, 213; *Lange*, in: Dutta/Herrler, Die Europäische Erbrechtsverordnung, S. 161, 163.

373 Einen Erbnachweis in irgendeiner Form kannten Belgien, Bulgarien, Dänemark, Deutschland, Finnland, Frankreich, Lettland, Niederlande, Polen, Portugal, Schweden, Slowakei und Spanien; siehe auch die ausführliche Darstellung bei *D. Lübcke*, Nachlassverfahrensrecht, S. 118–146.

374 *D. Lübcke*, Nachlassverfahrensrecht, S. 155; *Deutsches Notarinstitut*, Studie, S. 277.

Fraglich ist die Rechtsnatur des Europäischen Nachlasszeugnisses, nachdem es nicht wie nationale Erbnachweise ausgestaltet ist. Aufgrund der Bescheinigung der Rechtslage nach einem Erbfall und der Verwendung in einem anderen Mitgliedstaat wird es deshalb als Erbnachweis *sui generis* angesehen.[375] Für die Ausstellung wird den zuständigen Behörden ein Formblatt zur Verfügung gestellt, das in alle Amtssprachen der Europäischen Union übersetzt ist und die relevanten Anhaltspunkte für eine Beantragung enthält.[376] Das Formblatt ist mit 21 Seiten in der deutschen Fassung sehr umfangreich. Im Vergleich dazu hat ein deutscher Erbschein meist lediglich eine Seite.[377] Es wurde außerdem vorgeschlagen, für das Europäische Nachlasszeugnis ein Register einzurichten, in das sämtliche Nachlasszeugnisse aufgenommen werden, damit durch die Registrierung der Nachweis einer Erben- oder Testamentsvollstreckerstellung einfacher geführt werden kann. Auf das Register wurde aber sowohl im Vorschlag als auch in der endgültigen Fassung verzichtet.

1. *Gesetzgebungskompetenz für die Regelungen zum Europäischen Nachlasszeugnis*

Problematisch im Hinblick auf das Nachlasszeugnis ist allerdings die Gesetzgebungskompetenz hierfür. Grundsätzlich kann der europäische Gesetzgeber nach Art. 81 AEUV im Rahmen der justiziellen Zusammenarbeit Maßnahmen zur Angleichung der Rechtsvorschriften in den Mitgliedstaaten erlassen. Dabei ist die Gesetzgebungskompetenz auf den in Art. 81 Abs. 2 AEUV verankerten Kompetenzkatalog beschränkt. In Erwägungsgrund 2 der Europäischen Erbrechtsverordnung wird als Kompetenztitel für die gesamte Verordnung Art. 81 Abs. 2 lit. c AEUV genannt. Hiernach können Maßnahmen auf dem Gebiet der Vereinbarung des Kollisionsrechts in den Mitgliedstaaten sowie Vorschriften zur Vermeidung von Kompetenzkonflikten getroffen werden. Das Europäische Nachlasszeugnis ist jedoch nur eine Bescheinigung der materiellen Rechtslage und versucht nicht, das Kollisionsrecht zu vereinheitlichen.[378] Man

375 *Dorsel*, ZErb 2014, 212, 212; *Lange*, DNotZ 2012, 168, 170.

376 Das OLG Köln, Beschl. v. 06.02.2018 – I-2 Wx 276/17, 2 Wx 276/17 = FamRZ 2018, 960–962 hat dem EuGH die Vorlagefrage vorgelegt, ob die Benutzung des Formblatts verpflichtend ist.

377 *Baldus*, GPR 2006, 80, 81 und Rauscher/*Rauscher*, Bearbeitung 2010, EG-ErbVO-E, Rn. 80 gehen von einer inhaltlichen Überfrachtung des Europäischen Nachlasszeugnisses aus.

378 *D. Lübcke*, Nachlassverfahrensrecht, S. 532 f; *Omlor*, GPR 2014, 216, 217.

könnte deshalb lediglich eine Annexkompetenz zum Erbkollisionsrecht annehmen.[379] Allerdings wird durch das Europäische Nachlasszeugnis ein Instrument geschaffen, für das in manchen Mitgliedstaaten neue Behörden oder Zuständigkeiten begründet werden müssen, weil sie in der Vergangenheit nicht mit Erbnachweisen konfrontiert waren. Durch das Nachlasszeugnis wird indes ein eigenständiger Titel geschaffen, der einen reibungslosen Ablauf des zivilrechtlichen Verfahrens ermöglicht. Dies entspricht dem Kompetenztitel des Art. 81 Abs. 2 lit. f AEUV. Eine Gesetzgebungskompetenz müsste sich daher auf diese Vorschrift stützen lassen.[380] Jedenfalls muss den europäischen Gesetzgebungsorganen die Kompetenz für einen europaweiten Erbennachweis zustehen. Diese Kompetenz kann nicht nur auf Art. 81 Abs. 2 lit. c sondern auch auf Art. 81 Abs. 2 lit. f AEUV gestützt werden, um sowohl Regelungen über die Zuständigkeit, das anwendbaren Rechts und die Anerkennung und Vollstreckung als auch die Einführung eines Europäischen Nachlasszeugnisses treffen zu können. Es wurde vorgeschlagen, das Europäische Nachlasszeugnis nur formell zu vereinheitlichen, die materiellen Regelungen jedoch weiterhin dem Recht der Mitgliedstaaten zu unterstellen.[381] Das Bedürfnis einer einheitlichen Regelung ist jedoch so hoch, dass zumindest eine Annexkompetenz des europäischen Gesetzgebers für die Einführung des Europäischen Nachlasszeugnisses anzunehmen ist.[382]

2. Mehrwert des Nachlasszeugnisses

Fraglich bleibt, ob eine Einführung des Europäischen Nachlasszeugnisses tatsächlich einen Mehrwert gegenüber einem nationalen Erbnachweis bringt. Die nationalen Erbnachweise werden nach Art. 62 Abs. 1 EuErbVO nicht durch das Europäische Nachlasszeugnis ersetzt. Sie können deshalb zusätzlich oder sogar ausschließlich beantragt werden. Daher stellt sich die Frage, in welchen Fällen die Beantragung eines Europäischen Nachlasszeugnisses sinnvoller ist als die eines deutschen Erbscheins.

---

379 *Mansel*, in: FS Ansay, S. 185, 192 f; *R. Wagner*, DNotZ 2010, 506, 510; *Schauer*, in: Schauer/Scheuba, Europäische Erbrechtsverordnung, S. 73, 78.

380 *Süß*, ZEuP 2013, 725, 730; *Max-Planck-Institut für ausländisches und internationales Privatrecht*, RabelsZ 74 (2010), 522, 530.

381 Rauscher/*Rauscher*, Bearbeitung 2010, EG-ErbVO-E, Rn. 82.

382 MüKo/*Dutta*, vor Art. 62 Rn. 3; *Omlor*, GPR 2014, 216, 217; *Max-Planck-Institut für ausländisches und internationales Privatrecht*, RabelsZ 74 (2010), 522, 530; a.A. *Süß*, ZEuP 2013, 725, 730.

Hierzu gilt es, die Regelungen zum Europäischen Nachlasszeugnis und die zum deutschen Erbschein zu vergleichen. Grundsätzlich ist der Berechtigtenkreis beim Europäischen Nachlasszeugnis weiter als beim deutschen Erbschein. Nach Art. 63, 65 EuErbVO sind neben dem Erben auch Vermächtnisnehmer, Testamentsvollstrecker oder Nachlassverwalter berechtigt, ein solches Nachlasszeugnis zu beantragen. Im deutschen Recht wird zwischen einem Erbschein, der nur von Erben beantragt werden kann, und einem Testamentsvollstreckerzeugnis unterschieden. Den Nachweis für einen Vermächtnisnehmer kennt das deutsche Recht nicht. Ihm steht lediglich ein schuldrechtlicher und gerade kein dinglicher Anspruch zu. Nach der Europäischen Erbrechtsverordnung kann ein Zeugnis auch Vermächtnisnehmern mit unmittelbarer Berechtigung am Nachlass ausgestellt werden, also lediglich Legataren mit einem Vindikationslegat wie in den romanischen Rechtsordnungen.[383] Das Europäische Nachlasszeugnis ist auf die Verwendung in einem anderen Mitgliedstaat beschränkt, während der deutsche Erbschein sowohl in Deutschland als auch in einem Mitgliedstaat als Nachweis verwendet werden kann – sofern er dort anerkannt wird. Problematisch ist jedoch gerade, dass der deutsche Erbschein im Ausland einer besonderen Annahme bedarf. Das Europäische Nachlasszeugnis hingegen gilt unmittelbar in den anderen Mitgliedstaaten.[384] Nach Art. 64 EuErbVO sind für die Ausstellung des Europäischen Nachlasszeugnisses die Behörden in dem Staat zuständig, dessen Gerichte nach Art. 4 EuErbVO für den Erbfall zuständig wären. Dies gilt auch für die Ausstellung eines nationalen Erbscheins, um dem Interesse einer gerechten Rechtspflege gerecht zu werden.[385] Nach der *lex fori* des Staates entscheidet sich dann, ob die Ausstellung durch ein Gericht erfolgt oder eine andere Behörde damit beauftragt ist, den Nachweis auszustellen.[386] Der ausstellenden Behörde sind dann die erforderlichen Angaben nach Art. 65 EuErbVO

---

383 *Schauer*, in: Schauer/Scheuba, Europäische Erbrechtsverordnung, S. 73, 80 f.

384 Vgl. Erwägungsgrund 71; NK/*Nordmeier*, Art. 69 Rn. 1.

385 Bereits der Generalanwalt führte in seinen Schlussanträgen aus, dass Art. 4 EuErbVO auch für die Ausstellung nationaler Erbnachweise vorrangig vor nationalen Regelungen zu berücksichtigen sei (Schlussanträge, ECLI:EU:C:2018:89, Rn. 119). Dies hat der EuGH in seiner Entscheidung bestätigt, EuGH, Urt. v. 21.06.2018, Rs. C-20/17 (*Oberle*), ECLI:EU:C:2018:485, Rn. 59 = NJW 2018, 2309, 2311.

386 In Deutschland ergibt sich die Zuständigkeit aus § 34 IntErbVG. Ist weder eine Gerichtsstandsvereinbarung noch eine Zuständigkeitsanerkennung getroffen worden, ist nach § 34 Abs. 3 IntErbVG das Gericht am letzten gewöhnlichen Aufenthalt des Erblassers zuständig. Sachlich zuständig sind die Amtsgerichte in ihrer Funktion als Nachlassgericht.

mitzuteilen, die nach einer Prüfung gemäß Art. 66 EuErbVO das Europäische Nachlasszeugnis ausstellt. Für den Erbschein sind nach § 2353 BGB die Nachlassgerichte zuständig. Auch im deutschen Recht muss der Antragssteller dem Nachlassgericht die Angaben nach § 352 FamFG[387] mitteilen. Das Europäische Nachlasszeugnis weist die Rechtsstellung des Erben oder Vermächtnisnehmers mit dem jeweiligen Anteil am Nachlass, die Zuweisung eines bestimmen Vermögenswerts und die Befugnisse des Testamentsvollstreckers oder Nachlassverwalters nach Art. 63 Abs. 2 lit. a bis lit. c EuErbVO aus. Der Erbschein enthält lediglich die Information, wer Erbe ist, und jeweils die Höhe des Anteils am Erbe.

Aus Art. 69 Abs. 1 EuErbVO ergibt sich, dass das Europäische Nachlasszeugnis keiner besonderen Anerkennung zur Verwendung in einem anderen Mitgliedstaat bedarf.[388] Gibt sich jemand als Erbe aus und kann seine Erbenstellung durch einen Erbnachweis nachweisen, soll der Dritte an dessen Erbenstellung festhalten dürfen. Die Beweis- und Vermutungswirkung für das Europäische Nachlasszeugnis legt Art. 69 Abs. 2 EuErbVO fest. Diese Vermutung besagt, dass zunächst davon ausgegangen werden darf, dass die Angaben im Europäischen Nachlasszeugnis bezüglich des anwendbaren Rechts (Art. 69 Abs. 2 S. 1 EuErbVO) und der Rechtsstellung der ausgewiesenen Person (Art. 69 Abs. 2 S. 2 EuErbVO) richtig sind. Eine sehr wichtige Funktion von Erbnachweisen ist außerdem die Gutglaubensvermutung, die ihnen zukommt. Durch diese Funktion soll der Rechtsverkehr geschützt werden.[389] Art. 69 Abs. 3 EuErbVO schützt Dritte dadurch, dass eine Leistung an den nach dem Europäischen Nachlasszeugnis Berechtigten wirksam ist. Nach Art. 69 Abs. 4 ist eine Verfügung eines Nichtberechtigten, der im Nachlasszeugnis aber als Berechtigter bezeichnet ist, als eine Verfügung eines Berechtigten anzusehen. Diese Vermutungen sind jedoch widerleglich.[390] Das Besondere an diesen beiden Regelungen im Europäischen Nachlasszeugnis ist, dass sowohl Kenntnis als auch grobe Fahrlässigkeit für die Widerlegung ausreichen und sie somit enger als die deutschen Vorschriften sind.[391] Für den Erbschein legt § 2365 BGB eine Richtigkeitsvermutung fest.

---

387 Gesetz über das Verfahren in Familiensachen und in den Angelegenheiten der freiwilligen Gerichtsbarkeit vom 17.12.2008 (BGBl. I, S. 2586).

388 Dutta/Weber/*Fornasier*, Art. 69 Rn. 2.

389 Dutta/Weber/*Fornasier*, Art. 69 Rn. 11; *Omlor*, GPR 2014, 216, 216.

390 *Lange*, in: Dutta/Herrler, Die Europäische Erbrechtsverordnung, S. 161, 176; Palandt/*Weidlich*, Art. 69 Rn. 1; *Dorsel*, ZErb 2014, 212, 216.

391 *Lange*, in: Dutta/Herrler, Die Europäische Erbrechtsverordnung, S. 161, 169; Palandt/*Weidlich*, Art. 69 Rn. 2; *Omlor*, GPR 2014, 216, 219; *Buschbaum/Simon*, ZEV 2012, 525, 530 („Wettbewerbsnachteil").

Auch hier sieht das Gesetz einen öffentlichen Glauben für Rechtsgeschäfte mit einem als berechtigt Ausgewiesenen in § 2366 BGB vor. Eine Leistung ist nach § 2367 BGB auch im deutschen Recht an den Nichtberechtigten als wirksam anzusehen. Allerdings kann hier die Richtigkeitsvermutung nur bei Kenntnis der Unrichtigkeit widerlegt werden.[392]

Vor allem im deutschen Recht ist der Erbschein im Hinblick auf das Grundbuch von großer Bedeutung. Die Vorlage des Erbscheins als öffentliche Urkunde beim Grundbuchamt reicht aus, um den Erben als Rechtsnachfolger des Verstorbenen in das Grundbuch eintragen zu lassen.[393] Allerdings sieht nun auch die Europäische Erbrechtsverordnung in Art. 69 Abs. 5 EuErbVO vor, dass das Europäische Nachlasszeugnis ausreicht, um eine Eintragung in ein einschlägiges Register in einem Mitgliedstaat zu beantragen, auch unbeschadet der Ausnahme vom Anwendungsbereich in Art. 1 Abs. 2 lit. l und lit. k EuErbVO. Durch die Änderungen zu den Vorschriften des Erbscheins wurde in § 35 GBO[394] aufgenommen, dass ein Europäisches Nachlasszeugnis ausreicht, um die Rechtsstellung als Erbe nachzuweisen.

Eine Besonderheit des Europäischen Nachlasszeugnisses ist die in zeitlicher Hinsicht beschränkte Gültigkeit. Die Urschrift des Zeugnisses verbleibt bei der ausstellenden Behörde, während der Berechtigte lediglich eine Abschrift nach Art. 70 Abs. 1 EuErbVO erhält. Diese Abschrift ist dann nach Art. 70 Abs. 3 EuErbVO lediglich für sechs Monate gültig. Für einen deutschen Erbschein ist keine zeitliche Beschränkung vorgesehen. Diese Regelung der Europäischen Erbrechtsverordnung wird derzeit stark kritisiert[395] – zum einen die befristete Gültigkeit an sich und zum anderen die Befristung auf sechs Monate. Die Befristung soll bewirken, dass, falls es sich um ein unrichtiges Nachlasszeugnis handelt, dieses nur kurzfristig im Umlauf ist.[396] Allerdings kann ein im Nachlasszeugnis fälschlicherweise bezeichneter Berechtigter bereits mit Erhalten der Abschrift Schaden anrichten. Selbst wenn die Abschrift nur für sechs Monate ihre Gültigkeit behält, kann bereits vor Ablauf der Frist der Nichtberechtigte Verfügungen

392 *Müller-Lukoschek*, Die neue EU-Erbrechtsverordnung, S. 166.

393 *Schauer*, in: Schauer/Scheuba, Europäische Erbrechtsverordnung, S. 73, 93; zweifelnd *Lange*, in: Dutta/Herrler, Die Europäische Erbrechtsverordnung, S. 161, 171 f.

394 Grundbuchordnung vom 24.03.1897 (RGBl. S. 139), in der Fassung vom 26.05.1994 (BGBl. I, S. 1114).

395 *Lange*, in: Dutta/Herrler, Die Europäische Erbrechtsverordnung, S. 161, 173; *D. Lübcke*, Nachlassverfahrensrecht, S. 632 f.

396 *Schauer*, in: Schauer/Scheuba, Europäische Erbrechtsverordnung, S. 73, 91 f; *Lange*, DNotZ 2012, 168, 178.

über das Erbe treffen, da auf die Rechtslage des Nachlasszeugnisses nach Art. 69 EuErbVO vertraut werden darf.[397] Die Möglichkeit der Berichtigung oder Änderung besteht ohnehin. Die Dauer von nur sechs Monaten ist relativ kurz bemessen und gerade in internationalen Erbfällen ist eine lange Verfahrensdauer nicht ausgeschlossen.[398] Der Berechtigte hat nun lediglich sechs Monate Zeit, um sich um die Angelegenheiten zu kümmern. Nach Ablauf der Frist muss er eine neue Abschrift beantragen, die dann wieder befristet gültig ist. Für den Berechtigten bedeutet dies, dass er mit Mehrkosten und Mehraufwand für die Erstellung der jeweiligen Abschriften des Europäischen Nachlasszeugnisses rechnen muss, denn die Kosten fallen nicht nur einmal bei Ausstellung an, sondern sind bei jeder erneuten Beantragung zu entrichten.[399] Schließlich ist die erneute Beantragung einer Abschrift auch sehr zeitintensiv.[400] Der ursprüngliche Vorschlag enthielt in Art. 43 EuErbVO-V eine Befristung auf drei Monate, insofern ist die Befristung auf sechs Monate immerhin eine kleine Verbesserung. Beantragt der Erbe einen deutschen Erbschein, entstehen die Kosten für die Ausstellung des Erbscheins nur einmalig und der Erbschein ist bis zu seiner Einziehung oder seinem Kraftloswerden gültig.

Handelt es sich tatsächlich um einen unrichtigen Nachweis, sieht die Europäische Erbrechtsverordnung in Art. 71 EuErbVO verschiedene Möglichkeiten vor. So kann auf Antrag einer Person mit einem berechtigten Interesse eine Berichtigung bei einem Schreibfehler vorgenommen werden (Abs. 1) oder bei einer inhaltlichen Unrichtigkeit eine Änderung oder sogar ein Widerruf erfolgen (Abs. 2). Dabei unterrichtet die ausstellende Behörde alle Personen, denen eine Abschrift des Zeugnisses ausgestellt wurde, über die Änderung oder den Widerruf (Abs. 3). Auch das deutsche Recht sieht vor, dass ein unrichtiger Erbschein nach § 2361 BGB eingezogen werden soll. Falls eine Einziehung nicht möglich ist, soll der Erbschein für kraftlos erklärt werden.[401]

Als Rechtsbehelf sieht die Europäische Erbrechtsverordnung in Art. 72 EuErbVO eine Anfechtungsklage durch Personen vor, die berechtigt sind, ein Europäisches Nachlasszeugnis zu beantragen oder, nach Ausstellung des Zeugnisses, durch Personen, die ein berechtigtes Interesse haben. Der Rechtsbehelf ist im Staat der Ausstellung bei dem nach innerstaatlichem Recht zuständigen

397 Vgl. *Lange*, DNotZ 2012, 168, 178.
398 *Dorsel*, ZErb 2014, 212, 223; zum Grundbuchverfahren *Wilsch*, ZEV 2012, 530, 532.
399 NK/*Nordmeier*, Art. 70 Rn. 15; *Vollmer*, ZErb 2012, 227, 233; Palandt/*Weidlich*, Art. 63 Rn. 10.
400 *Müller-Lukoschek*, Die neue EU-Erbrechtsverordnung, S. 163.
401 *Lange*, in: Dutta/Herrler, Die Europäische Erbrechtsverordnung, S. 161, 173.

Gericht einzulegen und führt dann zu einer Ausstellung des Zeugnisses oder einer Berichtigung, einer Änderung oder einem Widerruf.[402] Es besteht zudem die Möglichkeit, nach Art. 73 EuErbVO die Wirkungen des Nachlasszeugnisses auszusetzen. Im deutschen Recht kann der wahre Erbe nach § 2361 BGB von demjenigen, der durch den Erbschein als Erbe bezeichnet ist, die Herausgabe des Erbscheins verlangen.

Nach dieser Gegenüberstellung der Regelungen zu den beiden Erbnachweisen zeigt sich, dass gewisse Gemeinsamkeiten, aber auch viele Unterschiede zwischen dem Europäischen Nachlasszeugnis und dem Erbschein bestehen. Möchte man nun den Mehrwert beurteilen, den das Europäische Nachlasszeugnis nach seinem Zweck bewirken soll, kann dieser nicht unbedingt festgestellt werden. Es ist zwar im Hinblick auf den Berechtigtenkreis großzügiger, sodass auch ein Vermächtnisnehmer mit dinglicher Berechtigung ein Europäisches Nachlasszeugnis zum Nachweis seiner Rechtsstellung beantragen kann. Im Hinblick auf die Wirkungen des Nachlasszeugnisses aber steht es denen des Erbscheins nicht gleichwertig gegenüber. Der eigentliche Zweck – die jeweilige Rechtsstellung in einem anderen Mitgliedstaat nachzuweisen – kann auch durch einen nationalen Erbnachweis erbracht werden. Durch die Regelung zur Annahme öffentlicher Urkunden, worunter ein nationaler Erbnachweis fällt, kann eine in einem Mitgliedstaat ausgestellte Urkunde auch in einem anderen Mitgliedstaat dieselben Wirkungen entfalten.[403] Gerade dadurch, dass ein Europäisches Nachlasszeugnis einem nationalen Erbnachweis nicht vorgeht, sondern die beiden Nachweise nebeneinander auf derselben Stufe stehen, lässt annehmen, dass sich kein großer Mehrwert gegenüber einem nationalen Erbnachweis ergibt. Es bleibt daher für einen Erben weiterhin sinnvoll, trotz Auslandsbezugs des Erbfalls einen deutschen Erbschein zu beantragen.[404] Das Verfahren ist in der Regel schneller und führt ebenfalls dazu, dass der Erbe seine Erbenstellung im Ausland nachweisen kann. Probleme ergeben sich dann, wenn sich der Erbschein und das Europäische Nachlasszeugnis widersprechen, was nach der bisherigen Regelung des Europäischen Nachlasszeugnisses nicht ausgeschlossen ist.[405] Mit der

---

402 In Deutschland sieht hierfür § 43 IntErbVG die Beschwerde zum Oberlandesgericht vor; siehe auch *Lange*, in: Dutta/Herrler, Die Europäische Erbrechtsverordnung, S. 161, 174.

403 Siehe hierzu Fn. 346.

404 *Buschbaum/Simon*, ZEV 2012, 525, 528.

405 *Lange*, in: Dutta/Herrler, Die Europäische Erbrechtsverordnung, S. 161, 177; *Buschbaum*, in: Hager, Die neue Europäische Erbrechtsverordnung, S. 39, 63: *Omlor*, GPR 2014, 216, 220; *Wilsch*, ZEV 2012, 530, 532.

Entscheidung zum pauschalierten Zugewinnausgleich nach § 1371 BGB und der erbrechtlichen Qualifikation hat der EuGH immerhin im Hinblick auf die Eintragung des erbrechtlichen Viertels in das Europäische Nachlasszeugnis Klarheit geschaffen.[406]

406 S.o. Kapitel 3, C., II., 2.

Kapitel 4: Grundlagen zur Disposition

Nicht nur die Europäische Erbrechtsverordnung hat bis zu ihrem Inkrafttreten einen langen Weg hinter sich gelassen. Auch die Disposition der Parteien durchlief mehrere Etappen, bis sie im heutigen Umfang in der Rechtswirklichkeit angekommen ist.

Disposition ist die Möglichkeit der Parteien, ihren Willen in Rechtsverhältnisse einfließen zu lassen.[407] Die Disposition im Internationalen Privatrecht bezieht sich nicht darauf, welche Normen zwingend und welche dispositiv sind. Dies untersteht jeweils der nationalen Rechtsordnung, die festlegen kann, welche Normen nicht durch eine Parteivereinbarung abbedungen werden können. Im Internationalen Privatrecht geht es vielmehr darum zu bestimmen, welches Recht anwendbar sein soll. Das anzuwendende Recht umfasst dabei sowohl die dispositiven als auch die zwingenden Normen.[408] Im Hinblick auf die prozessuale Seite eines Falles muss das zuständige Gericht bestimmt werden. Auf kollisionsrechtlicher Ebene spiegeln sich die zwingenden Normen als Eingriffsnormen wider: Wendet ein Gericht eine fremde Rechtsordnung an, ist es möglich, dass trotzdem die zwingenden Normen der eigenen Rechtsordnung anzuwenden bleiben, um die öffentlichen Interessen dieses Staates zu wahren.[409] Eine solche ausdrückliche Regelung enthält Art. 12 Rom I-VO, wobei bereits Art. 3 Abs. 3 und Abs. 4 Rom I-VO in Bezug auf die Rechtswahl in bestimmten Fällen festlegt, dass zwingende Normen dieser Rechtsordnung nicht abgewählt werden können. Eine Rechtswahl kann aus logischen Gründen nur bei einem internationalen Sachverhalt auftreten. Bei einem nationalen Sachverhalt stellt sich die Frage des anwendbaren Rechts nicht.[410]

Heute kann in vielen Rechtsgebieten eine Wahl des anwendbaren Rechts erfolgen. Die Parteien können dann vereinbaren, nach welchem Recht sich ein Sachverhalt beurteilen soll. Vor allem im internationalen vertraglichen Schuldrecht ist die Möglichkeit einer Rechtswahl sehr beliebt. Daneben konnte auch

---

407 *Kegel*, Internationalcs Privatrecht, 7. Aufl., S. 483 spricht von „Vorherrschaft des Parteiwillens".

408 *Neuhaus*, Grundbegriffe, S. 173; *Flessner*, Interessenjurisprudenz, S. 97; *Dreher*, Rechtswahl im internationalen Erbrecht, S. 4; *Linde-Rudolf*, Probleme einer Parteiautonomie, S. 16.

409 *Möslein*, Dispositives Recht, S. 197 f; *Schmeding*, RabelsZ 41 (1977), 299, 320 f.

410 *Flessner*, Interessenjurisprudenz, S. 100; *Hotz*, Rechtswahl im Erbrecht, S. 29.

eine Regelung zur parteiautonomen Bestimmung des anwendbaren Rechts für außervertragliche Schuldverhältnisse in Art. 14 Rom II-VO gefunden werden. Auch im Familienrecht, insbesondere im Ehescheidungs- und Unterhaltsrecht, gibt es inzwischen beschränkte Rechtswahlmöglichkeiten. Eine Ausnahme besteht für das Sachenrecht, das zumeist der *lex rei sitae* unterworfen ist. Das für die Ausnahme ins Feld geführte Argument sind die Rechtssicherheit und Besonderheiten des jeweiligen Lageorts.

Darüber hinaus können die Parteien wählen, welches Gericht ihre Streitigkeiten verhandeln soll. Dabei kann entweder festgelegt werden, die Gerichte welchen Staates zuständig sein sollen, oder bereits ein konkretes Gericht ausdrücklich bestimmt werden. Auch hier spielt der Grundsatz, dass die Parteien eine freie Wahl des Gerichtsstands haben sollen, eine wichtige Rolle. Solche Gerichtsstandsvereinbarungen sind im internationalen Rechtsverkehr vielfach üblich, weil dadurch von vornherein für die Parteien feststeht, welches Gericht am Ende über den Streit entscheidet. Es ist für die Parteien vorhersehbar, in welchem Staat sie sich der Gerichtsbarkeit unterwerfen, und sie können sich dann auf das Prozessrecht des jeweiligen Staates einstellen. Die Parteien wissen, welche Gerichtssprache das Verfahren dominiert und welche Rechtsanwälte kontaktiert werden können.

Das Besondere an den Möglichkeiten der Disposition ist, dass nicht die Parteien selbst ein Gesetz schaffen – wie man dies bei dem Begriff Autonomie vermuten könnte[411] – sondern dass ihnen durch ein Gesetz die Möglichkeit eingeräumt wird, selbst über das anwendbare Recht und das Forum zu entscheiden. Der Parteiwille selbst wird zum Anknüpfungspunkt gemacht.[412]

A. Begrifflichkeit

Für die Möglichkeit, durch eine willensgesteuerte Entscheidung Einfluss auf das Rechtsverhältnis zu nehmen, gibt es im deutschen Recht mehrere Begriffe. So bezeichnet die Rechtswahl die Bestimmung des anwendbaren Rechts, wohingegen Privatautonomie die Ausübung des Willens im materiellen Recht, d.h. innerhalb des Rahmens der national zwingenden Normen, beschreibt. Im französischen Recht wird für das Kollisionsrecht und für das materielle Recht einheitlich von *autonomie de la volonté* gesprochen.[413] Das englische Recht verwendet

411 Kritisch zum Begriff „Autonomie“ *von Savigny*, System des heutigen römischen Rechts VIII, S. 112 f.

412 *Neuhaus*, Grundbegriffe, S. 171.

413 *Neuhaus*, Grundbegriffe, S. 169; *Püls*, Parteiautonomie, S. 26; *Ranouil*, L’autonomie de la volonté, S. 42 ff.

den Begriff *choice of law*, unter dem sowohl die Parteiautonomie für das Kollisionsrecht als auch die Wahl der Richter und des Gesetzgebers zu verstehen ist;[414] der Begriff *choice of forum* ist erst eine jüngere Entwicklung. Das deutsche Recht nimmt eine klare Unterscheidung zwischen den jeweiligen Ebenen vor, weshalb es gilt, die Parteiautonomie von der Privatautonomie abzugrenzen. Nach *Neuhaus* ist diese Begriffswahl zwar historisch zufällig und bei einem Vergleich mit den Begriffen in anderen Sprachen ergibt sich auch keine Regelmäßigkeit; die Unterscheidung der Begriffe ist jedoch zu beachten.[415]

I. Privatautonomie

Unter Privatautonomie versteht man in erster Linie die Möglichkeit der Parteien, Verträge mit einem selbstbestimmten Inhalt einzugehen. Sie wird definiert als das Prinzip der Selbstgestaltung der Rechtsverhältnisse durch den Einzelnen nach seinem Willen.[416] Die Privatautonomie legt fest, welche Normen einer Rechtsordnung zur Anwendung kommen sollen, und bestimmt, welche zwingenden oder dispositiven Normen eines Rechts Anwendung finden. Die Privatautonomie dient der Selbstbestimmung jedes Einzelnen.[417] Sie wird häufig synonym mit der Vertragsfreiheit verwendet, da der Vertrag Ausdruck des privatautonomen Handelns ist.[418] Eine spezielle Ausgestaltung der Privatautonomie ist die Testierfreiheit. Sie erlaubt es dem Erblasser, nach seinem Willen Verfügungen von Todes wegen zu treffen, die erst mit seinem Tod Wirkung entfalten.[419] Ein Testiervertrag ist hierbei unzulässig. Der Erblasser kann nach § 2302 BGB nicht in einem Vertrag mit einer anderen Partei festlegen, ob und wie er testieren soll. Er kann auch nicht wirksam auf das Recht zur Aufhebung oder Anfechtung verzichten. Ein solcher Vertrag widerspricht dem Gedanken

---

414 *Neuhaus*, Grundbegriffe, S. 169 Fn. 411.

415 *Neuhaus*, Grundbegriffe, S. 169.

416 Siehe hierzu nur *Flume*, Allgemeiner Teil des Bürgerlichen Rechts, 4. Aufl., S. 1, der auch betont, dass Privatautonomie in jeder Rechtsordnung vorhanden ist, in manchen Staaten aber nur eingeschränkt gewährt wird; sowie ausführlich *ders.*, in: FS Deutscher Juristentag, S. 135, 135 ff.

417 *Flume*, Allgemeiner Teil des Bürgerlichen Rechts, 4. Aufl., S. 1 u. 10 ff; siehe auch *Canaris*, in: FS Lerche, S. 873, 875.

418 *Flume*, Allgemeiner Teil des Bürgerlichen Rechts, 4. Aufl., S. 12.

419 Siehe hierzu ausführlich *Muscheler*, Erbrecht I, § 13 Rn. 327 ff; Maunz/Dürig/*Papier*, Art. 14 GG Rn. 412 f; *Leisner*, in: HbStR VIII, 3. Aufl., § 174 Rn. 18 ff.

der Testierfreiheit.[420] Einzige gesetzlich vorgesehene Ausnahmen sind der Erbvertrag, der Erbverzicht und teilweise das gemeinschaftliche Testament.[421]

II. Parteiautonomie

Die Parteiautonomie ist im Gegensatz dazu die Freiheit zu bestimmen, welches Recht überhaupt auf den Sachverhalt anwendbar sein soll. Die Parteien können den in einer Kollisionsnorm enthaltenen Anknüpfungspunkt mittels Willenserklärung selbst bestimmen.[422] Die Parteiautonomie ist also eine der Privatautonomie vorgeschaltete Überlegung, denn zunächst muss feststehen, welchem Recht die Parteien sich unterordnen wollen. Die Parteiautonomie wird oft auch als das Spiegelbild der Privatautonomie auf Kollisionsrechtsebene angesehen.[423] Meist wird der üblichere Begriff „Rechtswahl" verwendet, um auszudrücken, dass der Wille der Parteien auf kollisionsrechtlicher Ebene Berücksichtigung findet. Privatautonomie hingegen meint, dass die Parteien auf der materiellrechtlichen Ebene festlegen, wie eine bestimmte Rechtslage gestaltet werden soll.

Privat- und Parteiautonomie sind Ausdruck der Freiheit des Einzelnen und der Selbstverantwortung, die er damit trägt. Trifft er eine Wahl zugunsten eines Rechts, lebt er die Freiheit aus, die ihm durch das Recht gewährt wird.[424] Er hat jedoch dann auch die Konsequenzen und möglichen Nachteile seiner Wahl zu tragen.

Schutz vor einer Rechtswahl kann insoweit ein möglicher *ordre public*-Vorbehalt bieten. Dieser kann jedoch nur dann als Korrektiv dienen, wenn die Entscheidung mit den Grundwerten einer anderen Rechtsordnung nicht übereinstimmt. Der *ordre public* soll nicht immer dann herangezogen werden, wenn eine Fehlentscheidung getroffen wurde, sondern nur unhaltbare Ergebnisse durch die Anwendung einer Rechtsordnung korrigieren. Er dient als Mittel zur Korrektur, wenn der Richter sich nicht gegen seine Grundwerte stellen will. So kann im deutschen Recht eine solche Möglichkeit damit begründet werden, dass der Richter nach Art. 1 GG[425] an Recht und Gesetz und die nachfolgenden

---

420 A.A. *Kaulbach*, Gestaltungsfreiheit, S. 192 ff, insbesondere S. 224.

421 Palandt/*Weidlich*, § 2302 Rn. 1; MüKo/*Musielak*, § 2302 BGB Rn. 1.

422 *Neuhaus*, Grundbegriffe, S. 171.

423 *Leible*, in: FS Jayme I, S. 485, 485; *Maultzsch*, in: FS von Hoffmann, S. 304, 306 f (sowohl die Parallele zur Privatautonomie als auch Anknüpfungsunsicherheit als Rechtfertigung); a.A. *Kühne*, in: Liber amicorum Gerhard Kegel, S. 65, 29 f.

424 *Jayme*, RdC 251 (1995), 9, 35 und 151; *Kühne*, Parteiautonomie, S. 29.

425 Grundgesetz der Bundesrepublik Deutschland vom 23.05.1949 (BGBl. I, S. 1).

Grundrechte gebunden ist. Er soll deshalb keine Entscheidung treffen müssen, mit der er sich gegen Recht und die Grundrechte wenden müsste, mag die Rechtswahl auch formal „gesetzlich“ sein. Vielmehr soll der *ordre public*-Vorbehalt ihm die Möglichkeit geben, das Ergebnis einer formal gesetzlichen Entscheidung, die auf einer Rechtswahl beruht, unter Anwendung der fremden Rechtsordnung in Einzelfällen – und nur dann, wenn auch ein Inlandsbezug gegeben ist – an die Grundwerte der Verfassung anpassen zu können. Trotzdem wendet der Richter das ausländische Recht zunächst in vollem Umfang an und lediglich das unpassend erscheinende Ergebnis wird geändert. Der *ordre public* ist mithin lediglich als Korrektiv ausgestaltet und verhindert die Rechtswahl nicht schon von vornherein.

Die Rechtswahl kann direkt oder indirekt erfolgen: Die Parteien können das anwendbare Recht tatsächlich bestimmen oder lediglich Einfluss auf den objektiven Anknüpfungspunkt nehmen. Im Folgenden ist mit dem Begriff „Rechtswahl“ die direkte Rechtswahl gemeint. Darunter soll nicht die unechte (oder indirekte oder rechtsgeschäftsähnliche) Rechtswahl verstanden werden.[426] Bei der indirekten oder unechten Rechtswahl wirkt sich der Wille der Parteien nur mittelbar aus und hat lediglich faktische Bedeutung.[427] Die Figur der rechtsgeschäftsähnlichen Rechtswahl hilft oft, um insbesondere für das Gesellschafts- und Insolvenzrecht eine flexiblere Anknüpfung zu garantieren. Die Rechtfertigung hierfür soll sich aus der Mobilitätsförderung und den Grundfreiheiten der Europäischen Union, hier speziell die Freizügigkeit und die Niederlassungsfreiheit, ergeben.[428] Trotzdem entscheiden die objektiven Kriterien über das jeweilige Statut. Für die Anknüpfung an den *Center of Main Interests* (COMI) kann der Insolvenzschuldner beispielsweise seinen COMI verlegen und so das anwendbare Recht beeinflussen, er *wählt* aber nicht das auf das Insolvenzverfahren anwendbare Recht.

Zu erwähnen ist noch die *professio iuris*. Sie bezeichnet ebenfalls die Möglichkeit einer Rechtswahl, wird jedoch hauptsächlich im Schweizer Recht gebraucht. Oft ist dann auch eine interkantonale und gerade keine internationale Rechtswahl gemeint.[429] Außerdem beschreibt der Begriff der *professio iuris*

426 Vgl. *Haudek*, Bedeutung des Parteiwillens, S. 2 f; *Umbricht*, Schranken, S. 45 f; *Püls*, Parteiautonomie, S. 49; *Kühne*, Parteiautonomie, S. 20 f spricht von einer indirekten Rechtswahl; *Moser*, Vertragsabschluss, S. 223 nennt sie materielle Rechtswahl.

427 *Kühne*, Parteiautonomie, S. 20; *Stoll*, Rechtswahl, S. 8 f.

428 *M.-P. Weller/Benz/Thomale*, ZEuP 2017, 250, 267 f.

429 Vgl. die Regelung des Art. 22 Abs. 2 NAG, für die der Begriff der *professio iuris* gebräuchlich war; *Schnitzer*, SJZ 1969, 133, 133.

die mittelalterliche Rechtswahl, die jedoch nicht mit dem heutigen Verständnis einer Rechtswahl identisch ist.[430]

Die Rechtswahl wird als kollisionsrechtliche Verweisung verstanden, sodass auf die gesamten Normen der berufenen Rechtsordnung verwiesen wird. Den Gegensatz hierzu bildet die materiellrechtliche Verweisung, die zunächst als Rechtsfolge einer erfolgten Rechtswahl angenommen wurde.[431] Bei dieser kam lediglich in einem bestimmten Bereich das ausländische Recht zur Anwendung; die zwingenden Normen wurden nicht abbedungen. Die materiellrechtliche Verweisung dient nicht der Lösung eines Konflikts zwischen verschiedenen Rechtsordnungen, sondern zielt auf die Ausgestaltung des Vertragsinhalts ab, denn die anwendbare Rechtsordnung steht schon fest[432] – sie ist Ausdruck der Privatautonomie.[433] Die kollisionsrechtliche Verweisung hingegen ist die Möglichkeit der Parteien, für ihr Rechtsverhältnis das anwendbare Recht zu bestimmen.[434] Im Folgenden soll deshalb eine Rechtswahl nicht bloß als materiellrechtliche, sondern als kollisionsrechtliche Verweisung zu verstehen sein. Dem Vertrag der Parteien, dass ein bestimmtes Recht anwendbar sein soll, muss kollisionsrechtliche Bedeutung zukommen. Er verdrängt dann ebenfalls das zwingende Recht der *lex fori* und das Recht, das ohne die Rechtswahl anzuwenden wäre.[435] Zu unterscheiden ist die kollisionsrechtliche Verweisung auch von einem Renvoi. Der Renvoi verweist auch auf ein Recht, jedoch ohne Berücksichtigung des Willens des oder der Beteiligten, und durch ihn wird kein konkretes Recht benannt.[436]

Die Rechtswahl ist ein auf die Verweisung bezogenes Rechtsgeschäft, in dem in einem vom eigentlichen Rechtsgeschäft unabhängigen Rechtsgeschäft eine Verweisung zugunsten einer Rechtsordnung vorgenommen wird.[437] Bei einem

---

430 *Kropholler*, Internationales Privatrecht, 6. Aufl., S. 11.

431 *Neumann*, Vertragsgültigkeit, S. 147.

432 *Haudek*, Bedeutung des Parteiwillens, S. 3; *Kötters*, Parteiautonomie, S. 5; *Kegel/Schurig*, Internationales Privatrecht, 9. Aufl., S. 654; *Kühne*, Parteiautonomie, S. 21.

433 *Hotz*, Rechtswahl im Erbrecht, S. 23.

434 *Haudek*, Bedeutung des Parteiwillens, S. 4; *Stojanovic*, Parteiautonomie, S. 17 f geht von zwei unterschiedlichen Stufen aus, wobei die kollisionsrechtliche Stufe die erste Stufe ist, um dann zur zweiten Stufe, der materiellrechtlichen, zu gelangen.

435 *Nishitani*, Mancini, S. 26; *Hotz*, Rechtswahl im Erbrecht, S. 23.

436 *Hotz*, Rechtswahl im Erbrecht, S. 63.

437 *Haudek*, Bedeutung des Parteiwillens, S. 88 ff; *Treumann*, Parteiautonomie, S. 3, eine Stellungnahme zum Statut des Verweisungsvertrags findet sich auf S. 28 ff; Entwurf eines Gesetzes zur Neuregelung des Internationalen Privatrechts vom 20.10.1983 (BT-Drucks. 10/504), S. 77; *Umbricht*, Schranken, S. 72 f; *Moser*, Vertragsabschluss, S. 227 ff.

Vertrag bedarf die Rechtswahl deshalb auch des Konsenses aller Parteien darüber, dass ein bestimmtes Recht auf den Vertrag Anwendung finden soll. Die Gültigkeit der Rechtswahl wird abstrakt vom Rechtsgeschäft behandelt.[438] Treffen die Parteien also eine wirksame Rechtswahl, vereinbaren nach dem gewählten Recht aber einen unzulässigen Vertrag, bleibt die Rechtswahl an sich dennoch wirksam. Zudem kann die Wirksamkeit des materiellrechtlichen Rechtsgeschäfts erst dann beurteilt werden, wenn bereits das darauf anzuwendende Recht feststeht. In den meisten Fällen fallen der Rechtswahlvertrag und der Vertrag über das Rechtsgeschäft zusammen, sodass für einen Laien die rechtliche Trennung der beiden Verträge nicht ersichtlich ist. Die Verweisung ist als Sachnormverweisung zu verstehen – eine Gesamtverweisung würde den Vorteil einer Rechtswahl wieder infrage stellen.

III. Wahlmöglichkeiten im Zuständigkeitsrecht

Auf der Ebene des Prozessrechts ist zunächst zwischen der Gerichtsbarkeit und der internationalen Zuständigkeit zu unterscheiden. Die Gerichtsbarkeit an sich legt lediglich fest, ob die Gerichte überhaupt zu einer Entscheidung berufen sind. Die internationale Zuständigkeit grenzt die Kompetenz der Gerichte einzelner Staaten gegeneinander ab.[439] Im Folgenden soll lediglich die internationale Zuständigkeit der Gerichte behandelt werden. Der Begriff der internationalen Zuständigkeit wird zwar kritisiert, da es sich nicht um international geltendes Recht handelt, aber es steht auch kein Begriff zur Verfügung, der die internationale Zuständigkeit besser beschreibt.[440]

Zwischen der internationalen und der örtlichen Zuständigkeit ist zu unterscheiden. Die internationale Zuständigkeit legt fest, die Gerichte welchen Staates über den Fall entscheiden sollen. Mit der örtlichen Zuständigkeit wird bestimmt, welche Gerichte innerhalb dieses Staates zuständig sind. Aufgrund

438 *Stoll*, Rechtswahl, S. 215.

439 *Pagenstecher*, RabelsZ 11 (1937), 337, 348 ff, der sich gerade für eine Trennung von Gerichtsbarkeit und internationaler Zuständigkeit ausspricht und sich gegen die damalige Auffassung des Reichsgerichts wendet; *Pfeiffer*, Internationale Zuständigkeit und prozessuale Gerechtigkeit, S. 24 ff; *Heldrich*, Internationale Zuständigkeit und anwendbares Recht, S. 78 ff; *Neuhaus*, RabelsZ 20 (1955), 201, S. 201 ff.

440 *Riezler*, Internationales Zivilprozeßrecht und prozeßuales Fremdenrecht, S. 1; *Wiethölter*, in: Lauterbach, Vorschläge und Gutachten, S. 141, 180; *Neuhaus*, RabelsZ 20 (1955), 201, 206 „trotz ihrer sprachlichen Häßlichkeit".

der Doppelfunktionalität der örtlichen Zuständigkeiten in der Zivilprozessordnung[441] indiziert zwar die örtliche die internationale Zuständigkeit.[442] Ist ein Gericht nach § 12 ZPO am Wohnsitz des Beklagten örtlich zuständig, ist es in einem Fall mit Auslandsbezug auch international zuständig. Die Doppelfunktionalität greift aber nur, sofern keine vorrangigen Staatsverträge oder Verordnungen einschlägig sind. Für die freiwillige Gerichtsbarkeit findet sich in § 105 FamFG eine ausdrückliche Regelung, dass durch die örtliche auch die internationale Zuständigkeit gegeben ist.

Das Zuständigkeitsrecht wird selten mit der Parteiautonomie verbunden. Dennoch kann auch im Prozessrecht der Wille der Parteien Berücksichtigung finden. Zuständigkeitsrechtliche Parteiautonomie oder Gerichtsstandsbestimmung meint, dass die Parteien selbst festlegen, welche Gerichte international zuständig sein sollen. Die Parteien können aber das Prozessrecht selbst nicht wählen, denn die Gerichte wenden – zumindest im Regelfall – jeweils ihre eigene *lex fori* an. Unter die parteiautonome Zuständigkeitsbestimmung fallen jegliche Einwirkungsmöglichkeiten der Parteien auf die Zuständigkeit, insbesondere die Gerichtsstandsvereinbarung als klassischer Fall einer Einflussnahme auf prozessrechtlicher Ebene. Ihre Einordnung als Prozesshandlung ist in der Rechtsprechung und Wissenschaft anerkannt.[443] Gerichtsstandsvereinbarungen drücken den Parteiwillen auf zuständigkeitsrechtlicher Ebene aus und sind als Disposition der Parteien anzusehen.[444] Sie sind deshalb Ausdruck der Privatautonomie im Prozessrecht.[445]

Als weitere Formen der parteiautonomen Zuständigkeitsvereinbarung sind die Gerichtsstandsanerkennung und die rügelose Einlassung zu sehen. Hier können die Parteien es von ihrem Willen abhängig machen, welches Gericht

---

441 Zivilprozessordnung vom 30.01.1877 (RGBl. S. 83), in der Fassung vom 05.12.2005 (BGBl. I, S. 3202).

442 *Geimer*, Internationales Zivilprozessrecht, 7. Aufl., Rn. 946; *Schröder*, Internationale Zuständigkeit, S. 84; *Pfeiffer*, Internationale Zuständigkeit und prozessuale Gerechtigkeit, S. 76.

443 RG, Urt. v. 16.02.1939 – IV 201/38, RGZ 159, 254, 255; *Baumgärtel*, Wesen und Begriff der Prozeßhandlung, S. 218 ff; *Schlosser*, Einverständliches Parteihandeln im Zivilprozeß, S. 26, der die Prorogation als einen gesetzlich geregelten Fall der Parteidisposition ansieht; ebenso Stein/Jonas/*Kern*, vor § 128 Rn. 332; *Teubner/Künzel*, MDR 1988, 720, 723; *Henckel*, Prozeßrecht und materielles Recht, S. 35; *Schiedermair*, Vereinbarungen im Zivilprozeß, S. 45 u. 167; *Hohloch*, in: FS Thue, S. 257, 260.

444 *Schröder*, Internationale Zuständigkeit, S. 475 ff; *Geimer*, Internationales Zivilprozessrecht, 7. Aufl., Rn. 306; *Schmeding*, RabelsZ 41 (1977), 299, 300.

445 *Schiedermair*, Vereinbarungen im Zivilprozeß, S. 31.

zuständig sein soll. Dabei wird die rügelose Einlassung als stillschweigende Gerichtsstandsvereinbarung angesehen.[446] Sie hat unmittelbare Prozesswirkung und ist nicht nur als Einrede ausgestaltet.[447] Im Gegensatz dazu ist die Gerichtsstandsanerkennung eine relativ neue Möglichkeit der Parteien, ihren Willen auf prozessualer Ebene durchzusetzen. Wird bei der rügelosen Einlassung eine konkludente Erklärung angenommen, können die Parteien bei einer Gerichtsstandsanerkennung ausdrücklich ihr Einverständnis erklären. Mit zuständigkeitsrechtlicher Parteiautonomie sollen hier alle diese Formen des Einflusses eines Parteiwillens im Zuständigkeitsrecht gemeint sein.

Eine Gerichtsstandsvereinbarung kann die Zuständigkeit von bestimmten Gerichten oder eines bestimmten Gerichts festlegen. Man spricht dann von einer Prorogation. Im Gegensatz dazu ist die Derogation die Abwahl von Gerichten. Bei der Prorogation wird also ein an sich unzuständiges Gericht aufgrund der Vereinbarung zuständig; bei der Derogation wird ein an sich zuständiges Gericht unzuständig.[448] Kombinationen von Prorogation und Derogation sind möglich und üblich. Der Parteiwille entscheidet, welche der beiden Möglichkeiten gewollt ist; eine Vermutung besteht jedoch für die Vereinbarung einer ausschließlichen Zuständigkeit, also eine Prorogation zugunsten eines Gerichts mit gleichzeitiger Derogation zulasten aller anderweitig zuständigen Gerichte.[449] Die Gerichtsstandsvereinbarung ist ein Vertrag zwischen den Parteien, die inhaltlich korrespondierende Willenserklärungen abgeben, dass ein Gericht zuständig bzw. nicht zuständig sein soll.[450] Eine Erklärung der Parteien an ein Gericht reicht nicht für dessen Zuständigkeit aus – anders aber bei der Gerichtsstandsanerkennung.[451] Die Rechtsnatur von Gerichtsstandsvereinbarungen war lange Zeit umstritten; heute werden sie jedoch als Prozessvertrag angesehen.[452] Schließlich kommt der

---

446 A.A. *Riezler*, Internationales Zivilprozeßrecht und prozeßuales Fremdenrecht, S. 308, der eine Fiktion annimmt.

447 *Schlosser*, Einverständliches Parteihandeln im Zivilprozeß, S. 50.

448 *Riezler*, Internationales Zivilprozeßrecht und prozeßuales Fremdenrecht, S. 306 ff; *Kropholler*, in: HbIntZR, § 3 Rn. 471.

449 *Riezler*, Internationales Zivilprozeßrecht und prozeßuales Fremdenrecht, S. 307; *Schiedermair*, Vereinbarungen im Zivilprozeß, S. 98.

450 *Schiedermair*, Vereinbarungen im Zivilprozeß, S. 23 f.

451 *Schiedermair*, Vereinbarungen im Zivilprozeß, S. 25.

452 Siehe zum früheren Streitstand *Baumgärtel*, Wesen und Begriff der Prozeßhandlung, S. 218 f; *Jakobs*, Vorprozessuale Vereinbarungen, S. 23 ff; zur Rechtsnatur als Prozessvertrag *Baumgärtel*, Wesen und Begriff der Prozeßhandlung, S. 229; *Rosenberg/Schwab/Gottwald*, Zivilprozessrecht, § 37 Rn. 2; *Schiedermair*, Vereinbarungen im Zivilprozeß, S. 40; Stein/Jonas/*Bork*, § 38 Rn. 50; Stein/Jonas/*Kern*, vor § 128 Rn. 250,

Gerichtsstandsvereinbarung keine materiellrechtliche, sondern ausschließlich prozessuale Wirkung zu.[453] Allerdings enthält § 38 ZPO selbst keine Regelungen, wie sich das Zustandekommen der Vereinbarung beurteilt. Für das Zustandekommen und die Wirksamkeit der Vereinbarung kann aber auf die Regelungen des bürgerlichen Rechts zurückgegriffen werden, die allgemein für Verträge gelten.[454] Der Vertrag über die Gerichtsstandsvereinbarung ist ein unabhängiger Vertrag, der gesondert vom materiellrechtlichen Vertrag auf seine Wirksamkeit hin zu überprüfen ist.[455] Im Gegensatz zu anderen Prozessverträgen, bei denen die Freiheiten der Parteien gegeneinander abgewogen werden, hat der Staat die Beeinflussung der Zuständigkeit der Gerichte durch eine Gerichtsstandsvereinbarung ausdrücklich gestattet.[456] Gerichtsstandsvereinbarungen werden deshalb als echte Verträge angesehen, die bereits als Vertrag vor Beginn des Verfahrens möglich sind.[457] Eine Gerichtsstandsvereinbarung kann nur dann getroffen werden, wenn es sich um ein bestimmtes Rechtsverhältnis handelt. Es kann deshalb keine Vereinbarung für noch unbekannte Beziehungen zwischen den Parteien geschlossen werden. Bei der sonst entstehenden Bindung der Parteien würde sonst die persönliche Freiheit beschränkt werden.[458]

Eine Gerichtsstandsvereinbarung kann nicht über die Zulässigkeit, funktionelle Zuständigkeit oder Geschäftsverteilung getroffen werden.[459] Es wird sonst

---

332; a.A. BGH, Urt. v. 22.09.1971 – VIII ZR 259/69, BGHZ 57, 72, 75; BGH, Urt. v. 29.02.1968 – VII ZR 102/65, BGHZ 49, 384, 385 ff.

453 *Henckel*, Prozeßrecht und materielles Recht, S. 34.

454 Statt aller RG, Urt. v. 16.02.1939 – IV 201/38, RGZ 159, 254, 255; Stein/Jonas/*Bork*, § 38 Rn. 51; Stein/Jonas/*Kern*, vor § 128 Rn. 339, 343; *Baumgärtel*, Wesen und Begriff der Prozeßhandlung, S. 223 ff; *Schiedermair*, Vereinbarungen im Zivilprozeß, S. 137; nur bis zur Klageerhebung nach dem materiellen Recht *Riezler*, Internationales Zivilprozeßrecht und prozeßuales Fremdenrecht, S. 295; ähnlich auch BGH, Urt. v. 29.02.1968 – VII ZR 102/65, BGHZ 49, 384, 386 f.

455 RG, Urt. v. 10.05.1915 – VI 13/15, RGZ 87, 7, 9; *Riezler*, Internationales Zivilprozeßrecht und prozeßuales Fremdenrecht, S. 295; *Schiedermair*, Vereinbarungen im Zivilprozeß, S. 155 ff; *Coester-Waltjen*, in: FS Geimer (2017), S. 31, 32.

456 *Schlosser*, Einverständliches Parteihandeln im Zivilprozeß, S. 3; *Baumgärtel*, Wesen und Begriff der Prozeßhandlung, S. 186 Fn. 9; *Schiedermair*, Vereinbarungen im Zivilprozeß, S. 28.

457 *Baumgärtel*, Wesen und Begriff der Prozeßhandlung, S. 219; *Schiedermair*, Vereinbarungen im Zivilprozeß, S. 24 f.

458 *Riezler*, Internationales Zivilprozeßrecht und prozeßuales Fremdenrecht, S. 298.

459 *Schlosser*, Einverständliches Parteihandeln im Zivilprozeß, S. 27; *Baumgärtel*, Wesen und Begriff der Prozeßhandlung, S. 188; *Schiedermair*, Vereinbarungen im Zivilprozeß, S. 65 ff und 78.

eine Gefahr der „Beeinträchtigung der eingefahrenen Prozeßgestaltung"[460] gesehen. Im Hinblick auf die Geschäftsverteilung[461] wird das Argument ins Feld geführt, dass die Parteien keine Unterscheidung danach treffen sollen, ob der Richter beliebt oder unbeliebt ist.[462] Auch sollen Verschiebungen der Gerichtsbarkeiten nicht möglich sein. Das Nachlassgericht soll nicht die gestaltende Funktion eines Notars oder Anwalts übernehmen.[463] Nach dem Wortlaut des § 38 ZPO ist lediglich eine Vereinbarung für die erste Instanz möglich. Die Parteien können nicht zweitinstanzliche Gerichte prorogieren.[464] Im Gegensatz zu der Bestimmung der Gerichte ist eine Schiedsabrede nach § 1025 ZPO gerade eine Abwahl der staatlichen Gerichtsbarkeit.[465]

Bei internationalen Gerichtsstandsvereinbarungen stellt sich jeweils die Frage, welches Recht über die Wirksamkeit der Vereinbarung entscheiden soll. Dabei kann entweder die *lex fori* oder die *lex causae* zur Anwendung berufen sein. Hier wird vertreten, dass die Entscheidung sich danach beurteilen soll, ob die Vereinbarung ein materiellrechtlicher oder ein prozessrechtlicher Vertrag ist.[466] Ist sie ein prozessrechtlicher Vertrag, bestimmt die *lex fori*; ist sie ein materiellrechtlicher Vertrag, muss die *lex causae* entscheiden.[467]

B. Entwicklung der Parteiautonomie im Kollisionsrecht

Die Parteiautonomie im Internationalen Privatrecht ist ein wichtiger Grundsatz, der sich weltweit in vielen Rechtsgebieten durchgesetzt hat und als allgemeines Anknüpfungsprinzip Beachtung findet – oft auch als Kompromiss, weil kein geeigneter Anknüpfungspunkt gefunden werden kann.[468] Eine gewisse Skepsis

---

460 *Schlosser*, Einverständliches Parteihandeln im Zivilprozeß, S. 27; ebenso *Schiedermair*, Vereinbarungen im Zivilprozeß, S. 66.

461 Siehe zum Geschäftsverteilungsplan *Kern*, ZZP (130) 2017, 91, 99 ff.

462 *Schlosser*, Einverständliches Parteihandeln im Zivilprozeß, S. 27.

463 *Schlosser*, Einverständliches Parteihandeln im Zivilprozeß, S. 28.

464 Stein/Jonas/*Bork*, § 38 Rn. 1; *Schlosser*, Einverständliches Parteihandeln im Zivilprozeß, S. 27.

465 Siehe nur Stein/Jonas/*Bork*, § 38 Rn. 71.

466 *Schiedermair*, Vereinbarungen im Zivilprozeß, S. 164.

467 Siehe hierzu ausführlich *Lindenmayr*, Vereinbarung über die internationale Zuständigkeit und das darauf anwendbare Recht, S. 102 ff; *Heinig*, Grenzen von Gerichtsstandsvereinbarungen, S. 75 ff; *M. Stürner*, GPR 2013, 305, 306.

468 *Jayme*, in: Jud/Rechberger/Reichelt, Kollisionsrecht in der Europäischen Union, S. 63, 65; *M.-P. Weller/Benz/Thomale*, ZEuP 2017, 250, 257; *Leible*, in: FS Jayme I, S. 485, 488; *Frick*, Grenzen der Parteiautonomie, S. 7.

gegenüber einer Rechtswahl fand sich in den lateinamerikanischen Staaten, doch auch dort hat die Parteiautonomie Einzug in das Internationale Privatrecht gefunden.[469]

I. Historische Betrachtungen

Im Folgenden wird auf den Begriff der Parteiautonomie abgestellt, wie er in der modernen Statutenlehre verwendet wird. Betrachtungen zum römischen Recht und den Stammesrechten werden nicht ausführlich dargestellt.[470] *Niboyet* geht sogar davon aus, dass in der Zeit vor *Charles Dumoulin* die Parteiautonomie nicht vorhanden war.[471]

Verschiedene Vertreter der Rechtswissenschaft haben den Begriff der Parteiautonomie besonders geprägt. Nun gilt es anhand der neuen Ansätze dieser Rechtswissenschaftler die Entwicklung der Parteiautonomie näher zu beleuchten.

1. Charles Dumoulin *(1500–1566)*

Als Schöpfer der Parteiautonomie wird oft *Dumoulin* bezeichnet,[472] der in einem Gutachten zu einem Fall zum Ehegüterrecht im Jahr 1525 eine Art Rechtswahl angenommen hatte – ohne diese so zu benennen. In dem Fall ging es um das auf das Ehegüterrecht anwendbare Recht. Die Eheleute waren in Paris ansässig und hatten sich in einer gegenseitigen Schenkung von Todes wegen zu Erben aller erworbenen Immobilien eingesetzt. In Paris galt zu dieser Zeit die *Coutume*, so dass lediglich gewohnheitsrechtlich anerkannte Regelungen den Rechtsverhältnissen zugrunde lagen. Der Ehemann erwarb in der Zeit der Ehe weitere Grundstücke in Lyon, wo das „geschriebene Recht", also das römisch-rechtlich geprägte *Droit écrit*, Anwendung fand. Problematisch in diesem Fall war, dass

469 *Leible*, in: FS Jayme I, S. 485, 489.

470 Vgl. hierzu aber die Ausführungen bei *Wicki*, Dogmengeschichte, S. 1–10; *Sturm*, in: FS Wolf, S. 637, 637 f.

471 *Niboyet*, RdC 16 (1927), 5, 8.

472 *Wicki*, Dogmengeschichte, S. 18; *Moser*, Vertragsabschluss, S. 134 f; *Gutzwiller*, Geschichte, S. 78 f, der den Begriff der „selbstherrlichen Anknüpfung" verwendet; *Yntema*, in: FS Rabel I, S. 513, 522 f; *Riezler*, Internationales Zivilprozeßrecht und prozeßuales Fremdenrecht, S. 75; *Niboyet*, RdC 16 (1927), 5, 9; *Meili*, Das internationale Civil- und Handelsrecht I, S. 197; *Raape*, Deutsches Internationales Privatrecht II, S. 249; *Wolff*, Das internationale Privatrecht Deutschlands, 2. Aufl., S. 14 Fn. 12; *Gebauer*, ZEuP 2016, 928, 946.

das Pariser Ortsrecht von einer Gütergemeinschaft ausging und für Eheleute an die *lex rei sitae* ihrer Grundstücke anknüpfte. Der gesetzliche Güterstand war in diesem Fall nach Pariser Recht zu beurteilen, wenn kein entgegenstehender Vertrag vorlag. Allerdings war dem „geschriebenen Recht" in Lyon ein solcher Güterstand nicht bekannt. Fraglich war deshalb, ob die vom Ehemann erworbenen Grundstücke trotzdem in die Gütergemeinschaft nach Pariser Recht fielen und sie damit in der Schenkung von Todes wegen übergehen konnten. *Dumoulin* ging in seinem Gutachten davon aus, dass die Eheleute keinen Vertrag geschlossen, aber sich stillschweigend auf das Pariser Recht der *Coutume* geeinigt hatten. Nach seinen Ausführungen galt diese stillschweigende Vereinbarung auch über die Grenzen von Paris hinaus, sodass die Gütergemeinschaft auch für die Grundstücke in Lyon gelten musste.[473] *Dumoulin* nahm also eine stillschweigende Rechtswahl zugunsten des Pariser Rechts an, das sich dann gegen alle anderen Rechtsordnungen durchsetzte.

Teilweise wird allerdings bestritten, dass *Dumoulin* mit seinem Gutachten tatsächlich so weit gehen wollte, eine Rechtswahl der Parteien anzunehmen.[474] Dementsprechend wird von diesen Autoren verneint, dass *Dumoulin* der Schöpfer der Parteiautonomie sei. Die italienische Statutenlehre, die in jener Zeit dominierte und sich in *Dumoulins* Werken widerspiegelt,[475] zeige, dass er mit seiner Vorstellung von juristischen Sachverhalten nicht zu einer Rechtswahl kommen konnte. Er könne keine kollisionsrechtliche Regelung gewollt haben.[476] In seiner Annahme, dass in diesem Fall das Pariser Recht auch über die Grundstücke in Lyon entscheiden sollte, könne lediglich eine Auflockerung der damals

473 Diese extraterritoriale Wirkung betont *Gebauer*, ZEuP 2016, 928, 943 f; er stellt jedoch klar, dass *Dumoulin* die Reichweite seiner Überlegung nicht ganz klar gewesen sein kann; sehr kritisch bereits in der damaligen Zeit äußerte sich *d'Argentré*, siehe hierzu *Gamillscheg*, Einfluß Dumoulins, S. 202 ff.

474 *Gamillscheg*, Einfluß Dumoulins, S. 120 f; *Niederländer*, AcP 155 (1956), 268, 271; *Kötters*, Parteiautonomie, S. 9; *Caleb*, Essai, S. 141 f (in seiner Ablehnung etwas zurückhaltender als *Gamillscheg*, indem er betont, dass *Dumoulin* die Wichtigkeit des Willens gesehen und dies erstmals ausdrücklich formuliert, aber nicht die Parteiautonomie im Internationalen Privatrecht begründet habe); *Ranouil*, L'autonomie de la volonté, S. 11 f; *Batiffol*, Traité élémentaire, 3. Aufl., S. 265; *Kegel*, Internationales Privatrecht, 3. Aufl., S. 67; *Vischer*, Internationales Vertragsrecht, S. 29 f; *Magold*, Parteiautonomie, S. 50.

475 *Gutzwiller*, Geschichte, S. 69 wählt als Überschrift für das Kapitel über *Dumoulin* „Letztes Aufflackern der italienischen Schule".

476 *Aubry*, Clunet 23 (1896), 465, 465 f.

vorherrschenden Regel *lex loci contractus* gesehen werden.[477] Auch wenn die Statutenlehre als Vorläufer des Kollisionsrechts gesehen werden könne, so sei ihr Regelungsziel im Vergleich doch geringer gewesen.[478] Es sollte zwar ebenfalls das auf eine Streitigkeit anwendbare Recht festgelegt werden, aber hierfür wurde eine Sachnorm herangezogen, die dann die Anwendbarkeit bestimmte. Es gab keine Kollisionsnormen, deren alleiniger Zweck es war, das anwendbare Recht zu bestimmen. Schließlich müsse *Dumoulin* unterstellt werden, dass er auch im Interesse seiner Mandanten gehandelt habe und hauptsächlich das Ergebnis des Falles im Blick hatte.[479]

Dem ist allerdings zu entgegnen, dass *Dumoulin* immer wieder den Willen der Parteien betonte, der durch die starren Regeln unberücksichtigt blieb. Durch die Schöpfung des stillschweigenden Vertrages kann er deshalb trotzdem als Wegbereiter der Parteiautonomie angesehen werden.[480] *Dumoulin* schreibt in einem späteren Werk „*ius est in tacita et versimili mente contrahentium*“[481]. Im Consilium 53 wollte er, dass der Wille zwischen den Parteien Gesetz ist.[482] Er hatte damit zumindest einen gewissen Einfluss auf die Rechtsfigur der Parteiautonomie. Die Idee, den Willen der Parteien zu berücksichtigen, kann ihm daher zugerechnet werden. Die eigentliche Parteiautonomie, wie sie heute im Kollisionsrecht verstanden wird, ist jedoch nicht auf *Dumoulin* zurückzuführen. Er hat lediglich eine stillschweigende Rechtswahl angenommen und es ist nicht nachvollziehbar, ob er auch von einer ausdrücklichen Rechtswahl ausgegangen wäre. Zusätzlich war seinem juristischen Denken das Kollisionsrecht fremd. Vielmehr hat er vom materiellrechtlichen Ergebnis her gedacht und die Interessen seines Mandanten als Anwalt vertreten. Durch seine Annahme einer stillschweigenden Rechtswahl hat er das vorherrschende Prinzip des *locus regit actum* nicht überwunden, sondern lediglich aufgelockert.

---

477 *Nishitani*, Mancini, S. 180; *Gamillscheg*, Einfluß Dumoulins, S. 121.

478 *Gamillscheg*, AcP 157 (1958), 303, 307 dort Fn. 21.

479 *Nishitani*, Mancini, S. 179.

480 *Kroll-Ludwigs*, Rolle der Parteiautonomie, S. 158; *Thireau*, Charles du Moulin, S. 2 anerkennt, dass *Dumoulin* zumindest einen Beitrag zur Entwicklung der Rechtsfigur der Parteiautonomie geleistet hat; in seinem Werk stellt er jedoch weitere, unbekanntere Einflüsse *Dumoulins* auf Politik und Wirtschaft vor; in jüngster Zeit ebenfalls zu *Dumoulins* Biographie und weiteren Einflüssen *Gebauer*, ZEuP 2016, 928, 929 ff.

481 Vgl. *Dumoulin* in seiner Abhandlung Opera omnia III Conclusiones de statutis et consuetudinibus localibus, Text bei *Meili*, ZIR 5 (1895), 554, dort S. 556.

482 *Gamillscheg*, Einfluß Dumoulins, S. 28 Fn. 33.

Die Überlegungen *Dumoulins*[483] hatten jedoch großen Einfluss auf die Statutenlehre im 16. und 17. Jahrhundert. Er hatte mit seiner Annahme der stillschweigenden Rechtswahl den Weg für weitere Ideen sowohl in Frankreich als auch den Niederlanden geöffnet. Unter den Statutisten stieß *Dumoulins* Gedanke der stillschweigenden Rechtswahl auf Ablehnung, konnte aber im Hinblick auf das Ehegüterrecht Zustimmung finden.[484]

2. *Überwindung der Statutenlehre durch* Carl Georg von Wächter *(1797–1880) und* Friedrich Carl von Savigny *(1779–1861)*

Carl Georg von Wächter wird als der „Überwinder der historischen Statutentheorie"[485] und deshalb als Wegbereiter des modernen Internationalen Privatrechts angesehen. Seine Kritik an der Statutenlehre bringt er in seiner Abhandlung „Ueber die Collision der Privatrechtsgesetze verschiedener Staaten" (erschienen im AcP 1841 und 1842) in einer Zeit des Umbruchs im deutschsprachigen Raum deutlich zum Ausdruck, indem er diese Lehre als unzureichend und willkürlich beschreibt.[486] Seiner Ansicht nach können von der Statutenlehre nicht alle Fälle erfasst werden, sodass er vorschlägt, jeweils die *lex fori* anzuwenden.[487] Auch wenn dieser Vorschlag in der deutschen Rechtswissenschaft wenige Anhänger fand, hat seine Kritik zumindest ein Umdenken bewirkt.[488] Im Hinblick auf die kollisionsrechtliche Ebene für den Vertragsinhalt berücksichtigt *von Wächter* ebenfalls den Parteiwillen.[489] Auch *von Wächter* ging allerdings noch nicht von einem vollständigen Kollisionsrecht aus. In seinen Theorien ist aber der „Keim der kollisionsrechtlichen Parteiautonomie" zu sehen.[490] Sein Denken ist geprägt

---

483 Ähnlich wie *Dumoulin* hatte auch *David Mevius* bei seinen Überlegungen in einem erbrechtlichen Fall lediglich das materiellrechtliche Ergebnis vor Augen. Auch er handelte hauptsächlich im Interesse seiner Mandanten, indem er ein stillschweigendes Testament annahm, dass sich aus den objektiven Umständen ergeben und den mutmaßlichen Willen des Erblassers repräsentieren sollte; siehe hierzu *Nishitani*, Mancini, S. 182.

484 Siehe hierzu *Gamillscheg*, Einfluß Dumoulins, S. 123 ff; *Wicki*, Dogmengeschichte, S. 18 ff.

485 *Püls*, Parteiautonomie, S. 51; vgl. auch *Gamillscheg*, Einfluß Dumoulins, S. 252, der von einem „Todesstoß" für die Statutentheorie spricht.

486 *Von Wächter*, AcP 24 (1841), 230; *ders.*, AcP 25 (1842), 1.

487 *Von Wächter*, AcP 24 (1841), 230, 236 ff.

488 MüKo/*von Hein*, Einl. IPR Rn. 16 formuliert, dass *von Wächter* eher den „Abriss als de[n] Neubau" bewirkt hat.

489 *Von Wächter*, AcP 25 (1842), 1, 35 f.

490 *Nishitani*, Mancini, S. 189; *Gutzwiller*, Einfluß Savignys, S. 6 f.

von der Frage nach dem anwendbaren Recht aus der Sicht des Richters.[491] Der Wille der Parteien soll nur insoweit berücksichtigt werden, als das Recht dispositiv ist.[492] Insbesondere müssen die zwingenden Normen als Schranke gelten.[493]

Als Begründer des Internationalen Privatrechts im heutigen Verständnis wird *Friedrich Carl von Savigny* angesehen. Seine Theorien sind auf die Gedanken *Immanuel Kants* gestützt und gelten als „kopernikanische Wende“[494]. Er vollzieht die durch *von Wächter* begonnene Überwindung der Statutenlehre.[495]

In seinem Werk „System des heutigen Römischen Rechts“ von 1849 geht *Savigny* nicht vom Gesetz aus, sondern sieht den Sitz des Rechtsverhältnisses als die zentrale Figur bei der Entscheidung an, nach welchem Recht es sich beurteilt.[496] Er verlangt, „daß bei jedem Rechtsverhältniß dasjenige Rechtsgebiet ausgesucht werde, welchem dieses Rechtsverhältniß seiner eigenthümlichen Natur nach angehört oder unterworfen ist (worin es seinen Sitz hat)“.[497] Eine solche Unterwerfung geschehe meist stillschweigend, es könne jedoch ausdrücklich eine Entscheidung gegen die Unterwerfung berücksichtigt werden.[498] Hierin liegt der Grundstein für das Bestreben des modernen Internationalen Privatrechts, jeweils die engste Verbindung eines Rechtsverhältnisses zu einer Rechtsordnung zu finden. So soll sich das Vertragsrecht nach dem Recht des Erfüllungsortes richten,[499] wohingegen das Sachenrecht sich nach der *lex rei sitae* beurteilt. Im Erbrecht wiederum stellt *Savigny* auf den Wohnsitz des Erblassers ab.[500] Er legt bei der Bestimmung des Sitzes des Rechtsverhältnisses jedoch den Parteiwillen

491 So wählt er als Überschrift über eines der Kapitel die Frage, „nach welchen Rechtsnormen der Richter unseres Staates ein vor ihn gebrachtes Rechtsverhältnis zu entscheiden, welches entweder im Auslande begründet wurde, oder bei welchem Ausländer beteiligt sind, oder welches sonst mit dem Auslande in einer Beziehung steht“, *von Wächter*, AcP 24 (1841), 230, 236 f.

492 *Von Wächter*, AcP 25 (1842), 1, 35.

493 *Von Wächter*, AcP 25 (1842), 1, 36.

494 So *Neuhaus*, RabelsZ 15 (1949/1950), 364, 366.

495 *Nishitani*, Mancini, S. 190.

496 *Gamillscheg*, Einfluß Dumoulins, S. 254 f.

497 *Von Savigny*, System des heutigen römischen Rechts VIII, S. 108.

498 *Von Savigny*, System des heutigen römischen Rechts VIII, S. 203.

499 Im Vertragsrecht sucht *Savigny* den Sitz der Obligation und betont, dass es oft schwierig sein kann, den Sitz einzuordnen, da jeweils gegenseitige Verpflichtungen vorhanden sind; er entscheidet sich letztendlich jedoch zugunsten des Erfüllungsortes, indem er eine Parallele zum Gerichtsstand annimmt, siehe *von Savigny*, System des heutigen römischen Rechts VIII, S. 203 ff.

500 *Von Savigny*, System des heutigen römischen Rechts VIII, S. 295 und 302.

zugrunde. Seiner Meinung nach unterwirft sich die Person freiwillig dem Ort und der Parteiwille sei somit der entscheidende Faktor bei der Bestimmung des Sitzes eines Rechtsverhältnisses. *Savigny* betonte auch im Prozessrecht die freiwillige Unterwerfung der Parteien unter einen Gerichtsstand.[501] Die Territorialität als objektiver Anknüpfungspunkt bestimmt demnach das anwendbare Recht. Die Idee der völkerrechtlichen Gemeinschaft arbeitet *Savigny* ebenfalls in seinem Werk heraus. Sie bildet die Grundlage für sein Verständnis des Sitzes des Rechtsverhältnisses, indem er annimmt, dass alle Staaten auf einer gleichgestellten Ebene miteinander verkehrende Nationen sind.[502] In sein System nimmt er als Ausnahme die zwingenden Normen eines Staates auf, denen man sich nicht entziehen kann, sowie die Nichtanerkennung von ausländischen Rechtsinstituten, die nicht mit der eigenen Rechtsordnung vereinbar sind.[503] Er sieht also Schranken vor, bleibt aber beim Grundsatz, dass Gesetze nicht nur territorial anzuwenden sind.[504] Außerdem stellt er auf das Ideal des Entscheidungseinklangs ab – ein Gesichtspunkt der zuvor in der Rechtswissenschaft nicht erkannt worden war.[505]

Der Ansatz *Savignys* ist eine indirekte oder unechte Rechtswahl, indem die Rechtssubjekte sich an den Ort begeben, nach dessen Recht sich der Sachverhalt beurteilen soll.[506] Insoweit kann in den Lehren *Savignys* eine Abkehr vom statutenrechtlichen Denken gesehen werden.[507] Jedoch ist die Herangehensweise keine klassische kollisionsrechtliche Parteiautonomie, denn die Anknüpfung erfolgt nicht anhand des subjektiven Willens, sondern anhand der objektiven Kriterien.[508] Die Parteien unterwerfen sich der jeweiligen Rechtsordnung

---

501 *Von Savigny*, System des heutigen römischen Rechts VIII, S. 226 und 243.

502 *Von Savigny*, System des heutigen römischen Rechts VIII, S. 27; siehe hierzu auch *Gutzwiller*, Einfluß Savignys, S. 13 f; *Neuhaus*, RabelsZ 15 (1949/1950), 364, 366 ff; *Wicki*, Dogmengeschichte, S. 31 f.

503 *Von Savigny*, System des heutigen römischen Rechts VIII, S. 33.

504 *Neuhaus*, RabelsZ 15 (1949/1950), 364, 369 f.

505 *Neuhaus*, RabelsZ 15 (1949/1950), 364, 372.

506 *Wicki*, Dogmengeschichte, S. 33; *Neuhaus*, RabelsZ 15 (1949/1950), 364, 374 f betont, dass die freiwillige Unterwerfung lediglich „mittelbar" erfolgt, aber zumindest durch den Menschen selbst ausgelöst wird; so auch *Yntema*, in: FS Rabel I, S. 513, 530.

507 *Kroll-Ludwigs*, Rolle der Parteiautonomie, S. 165.

508 Ähnlich lässt sich auch *Henri Batiffols* Theorie zur Bestimmung des anwendbaren Rechts einordnen: Er versucht eine Lokalisierung des Rechts. Er ist in der jüngsten Zeit einer der härtesten Gegner der Parteiautonomie und lehnt diese ab, da nicht der Wille der Parteien über dem Gesetz stehen soll. Für ihn gibt das Gesetz vor, welche Beziehungen es regeln will. Trotzdem soll es den Parteien zugestanden sein,

lediglich durch die Wahl, einen Vertrag an einem bestimmten Ort zu erfüllen – auch wenn der Begriff der freiwilligen Unterwerfung der Parteien darauf schließen lässt, dass die Parteien selbst die Anknüpfung wählen. Das Verständnis *Savignys* ist noch keine Parteiautonomie im kollisionsrechtlichen Sinne. Er nimmt zwar den Willen der Parteien in den Blick, allerdings reicht dies noch nicht aus, um von einer subjektiven Anknüpfung zu sprechen.[509] Nichtsdestotrotz hatte die Doktrin *Savignys* weitreichenden Einfluss auf die Rechtswissenschaft, dabei nicht nur in Deutschland, sondern auch über die Grenzen hinweg im anglo-amerikanischen und französischen sowie belgischen und italienischen Recht.[510]

3. Pasquale Stanislao Mancini *(1817–1888)*

Pasquale Stanislao Mancini, dessen Denken stark von den Umständen der damaligen Zeit in Italien beeinflusst war, machte einen wichtigen Schritt hin zur Parteiautonomie im Internationalen Privatrecht durch seine Lehren und Gutachten. Aufgrund des Risorgimento, das als Unabhängigkeits- und Freiheitsbewegung in die Geschichte Italiens eingegangen ist, kam es zu einem Umdenken in vielen Bereichen des Lebens. Dieses Umdenken lässt sich auch deutlich in den Werken von *Mancini* erkennen. So waren die Lehre *Kants* und die Idee, dass die Person im Mittelpunkt der Betrachtungen stehen müsse, die Grundlage für die von *Mancini* entwickelte Theorie.[511] Als Ausgangspunkt nimmt *Mancini* an, dass das ausländische Recht aufgrund der völkerrechtlichen Verpflichtung ebenfalls im Inland anzuwenden sein kann.[512] Diese Verpflichtung ergibt sich aus der

---

die Lokalisierung ihrer Rechtsbeziehung vorzunehmen. Dies entspricht ebenso einer unechten Rechtswahl, indem die Parteien auf das objektive Element Einfluss nehmen können, aber nicht an den Willen selbst angeknüpft wird. Dem Willen der Parteien kommt dabei lediglich Indizwirkung zu. Siehe *Batiffol*, Traité élémentaire, 3. Aufl., S. 312 ff; *ders.*, Aspects philosophiques, S. 86 ff; *ders.*, Conflits, S. 38 ff. *Neuhaus*, Grundbegriffe, S. 175 Fn. 430 nimmt jedoch an, dass *Batiffol* selbst seine Theorie wiederlegt und gerade eine Rechtswahl der Parteien annimmt.

509 *Nishitani*, Mancini, S. 192; *Wicki*, Dogmengeschichte, S. 32 f.

510 Vgl. hierzu ausführlich *Gutzwiller*, Einfluß Savignys, S. 49 ff, mit einer Unterscheidung im deutschen Recht für die Literatur und die Rechtsprechung.

511 *Nishitani*, Mancini, S. 45 f; *Jayme*, JuS 1988, 933, 934; auch die Lehren *Savignys* haben *Mancini* beeinflusst: *Mansel*, in: Schulze, Deutsche Rechtswissenschaft und Staatslehre, S. 245, 279 ff.

512 *Jayme*, Mancini, S. 5; *Nishitani*, Mancini, S. 61; *Wicki*, Dogmengeschichte, S. 33; *Mansel*, in: Schulze, Deutsche Rechtswissenschaft und Staatslehre, S. 245, 249 f.

nazionalità, die besagt, dass jedes Individuum einer Nation zuzuordnen ist.[513] Sein kollisionsrechtliches System beruht auf einer Dreiteilung, die er erstmals bei seiner Antrittsvorlesung 1851 vorstellte und später vertiefte: die eben bereits erwähnte *nazionalità*, daneben *libertà* und *sovranità ed indipendenza politica*.[514] Die Nationalität soll ausschlaggebend für die Beurteilung der persönlichen Verhältnisse sein. Ihren Ausdruck findet die Nationalität in der Staatsangehörigkeit.[515] Die *libertà* stellt für die Beurteilung auf den Parteiwillen ab. Eine Einschränkung ergibt sich aus dem *ordre public*, der sich aus der Souveränität eines Staates ergibt.[516] Die Rechtsgebiete unterteilt *Mancini* außerdem in *partie nécessaire* und *partie volontaire*.[517] Der *partie nécessaire* unterstehen die Gesetze, die die persönlichen Verhältnisse, die Rechts- und Geschäftsfähigkeit und die Familienverhältnisse regeln.[518] Lediglich für Rechtsgebiete, die *Mancini* der *partie volontaire* unterordnet, kann eine Verweisung vorgenommen werden; Rechtsgebiete der *partie nécessaire* sollten nicht einer Verweisung zugänglich sein.[519] Die Einteilung, welcher *partie* ein Rechtsgebiet zuzuordnen ist, erfolgt anhand der Eigenschaften im materiellen Recht.[520] Dabei stellt er darauf ab, wie frei das Individuum das Rechtsgeschäft gestalten kann. So ist besonders im Recht der Obligationen und im Handelsrecht eine Verweisung möglich.[521] Eine Ausnahme besteht für das Sachenrecht, das zwar ebenfalls der *partie volontaire* zuzuordnen ist, indem man frei über eine Sache verfügen kann; für eine kollisionsrechtliche

---

513 *Mancini*, Clunet 1 (1874), 285, 293 zählt die Faktoren auf, die die Zugehörigkeit zu einem Rechtssystem bestimmen; ebenso in seiner Antrittsvorlesung *ders.*, Della nazionalità come fondamento del dritto delle genti, S. 31. Dies zeigt die Schwierigkeit, den Begriff der Nation (speziell vor dem Hintergrund eines ungeeinten Italiens) zu bestimmen, siehe hierzu *Jayme*, Mancini, S. 25 f; *ders.*, JuS 1988, 933, 934; *Wahl*, in: FS IPR, S. 123, 137, der klarstellt, dass das Nationalitätsprinzip bei *Mancini* zunächst Ausgangspunkt für die völkerrechtliche Betrachtung ist und später die Gedanken des Staatsangehörigkeitsprinzips beeinflusste; ebenso *Braga*, Staatsangehörigkeitsprinzip oder Wohnsitzprinzip?, S. 18.

514 *Mancini*, Clunet 1 (1874), 285, 294 ff; weitergehende Darstellung auch bei *Nishitani*, Mancini, S. 69 und *Jayme*, Mancini, S. 3 f.

515 *Jayme*, Mancini, S. 27.

516 *Mancini*, Clunet 1 (1874), 285, 295.

517 *Mancini*, Clunet 1 (1874), 285, 294; siehe auch *Nishitani*, Mancini, S. 69.

518 *Mancini*, Clunet 1 (1874), 285, 294.

519 *Mancini*, Clunet 1 (1874), 285, 294 f; *Nishitani*, Mancini, S. 144 merkt hierzu an, dass es oft auch zur Vermischung der Begriffe und Denkansätze kam.

520 Insoweit kritisch *Nishitani*, Mancini, S. 209 ff.

521 *Mancini*, Clunet 1 (1874), 285, 295.

Verweisung hatte *Mancini* das Sachenrecht jedoch ausgenommen.[522] Die *sovranità ed indipendenza politica* begründet nach *Mancini* den *ordre public*. So sind die Staaten zur Anerkennung der Freiheit des Individuums (gleich ob In- oder Ausländer) verpflichtet, aber nur soweit ihre Souveränität reicht. Die territoriale Anwendung ihres öffentlichen Rechts soll den Staaten nicht aberkannt werden. Der *ordre public* wird gewahrt, wenn die *„principes supérieurs de la morale humaine et sociale"* respektiert werden.[523]

Mancini war an der Ausarbeitung der Kodifikation des *Codice Civile* von 1865 beteiligt. Auch hier ließ er seine Ideen bezüglich einer kollisionsrechtlichen Parteiautonomie einfließen.[524] In Art. 9 Abs. 2 S. 2 der *disposizioni preliminari* des *Codice Civile* war eine Regelung festgehalten, wonach der Parteiwille für die Gültigkeit, den Inhalt und die Folgen im Obligationenrecht als Anknüpfungspunkt dienen sollte.[525] Darüber hinaus sah auch Art. 9 Abs. 2 S. 1 der *disposizioni preliminari* eine Anknüpfung an den Parteiwillen für letztwillige Verfügungen vor.[526] Dabei ist jedoch zu beachten, dass *Mancini* gerade im Fall Samama[527], für den er ein Rechtsgutachten erstellte, keine Rechtswahl annahm. Er sprach sich in seinem Gutachten vielmehr gegen eine Rechtswahl im Erbrecht aus.[528]

Im Ergebnis kann man festhalten, dass *Mancini* zum ersten Mal die Privatautonomie auf das Internationale Privatrecht ausgedehnt hat. Er selbst hat zwar noch keine Unterscheidung zwischen Kollisions- und Sachrecht vorgenommen oder diese Begriffe verwendet.[529] Allerdings lässt sich bei *Mancini* erkennen, dass eine Unterscheidung zwischen einer sach- und kollisionsrechtlichen Verweisung nötig ist. *Mancini* ist Vordenker einer „positiven" Begründung der

---

522 *Mancini*, Clunet 1 (1874), 285, 301 f.

523 *Mancini*, Clunet 1 (1874), 285, 297.

524 *Wicki*, Dogmengeschichte, S. 34.

525 Art. 9 Abs. 2 S. 2 *disposizioni preliminari del Codice Civile*: *„La sostanza e gli effetti delle obbligazioni si reputano regolati dalla legge del luogo in cui gli atti furono fatti, e, se i contraenti stranieri appartengono ad una stessa nazione, dalla loro legge nazionale. È salva in ogni caso la dimostrazione di una diversa volontà."*

526 Art. 9 Abs. 2 S. 1 *disposizioni preliminari del Codice Civile*: *„La sostanza e gli effetti delle donazioni e delle disposizioni di ultima volontà si reputano regolati dalla legge nazionale dei disponenti."*

527 Ausführliche Schilderung des Falles bei *Jayme*, Mancini, S. 32 ff und *Nishitani*, Mancini, S. 194 ff.

528 *Nishitani*, Mancini, S. 238 ff; *Jayme*, Mancini, S. 36 und *ders.*, in: FS Zweigert, S. 145 betont die herausragende Bedeutung *Mancinis* für das Staatsangehörigkeitsprinzip.

529 Dies erst durch *Zitelmann*, Internationales Privatrecht I, S. 276 ff; vgl. *Püls*, Parteiautonomie, S. 47; *Siehr*, in: FS Keller, S. 485, 485.

Parteiautonomie.[530] Insbesondere lässt sich auf ihn der Gedanke zurückführen, dass Privatautonomie zu Parteiautonomie führt.[531] Er sah darüber hinaus lediglich eine Vereinheitlichung des Internationalen Privatrechts, aber nicht des Sachrechts vor.[532] In seinem Denken spiegeln sich deutlich die Philosophie *Kants* und die Umbruchstimmung des Risorgimento wider, denn die Freiheit des Individuums steht bei *Mancini* im Mittelpunkt.

4. Kritik an der Parteiautonomie in der Literatur

Die Parteiautonomie sah sich trotz der vielen Vorläufer zunächst einiger Kritik ausgesetzt. An erster Stelle wurde immer wieder genannt, dass der Wille selbst nicht als Rechtsquelle dienen könne. Er könne nicht über dem Gesetz stehen, sondern müsse sich aus dem Gesetz ergeben. Die Idee der Parteiautonomie als Produkt der Aufklärung und des Liberalismus ging nach vielen Ansichten zu weit.[533] So stieß die Parteiautonomie auf große Ablehnung, da ihr Willkür vorgeworfen wurde.[534]

Es wurde auch kritisiert, dass nicht klar sei, welchem Recht die Wirksamkeit der Rechtswahl unterstehen solle. Im Institut der Rechtswahl liegt nach dieser Ansicht ein Zirkelschluss[535]: Es müsse zunächst ein Recht feststehen, nach dem die Rechtswahl beurteilt werden kann, die Rechtswahl solle aber die Anwendung einer bestimmten Rechtsordnung bereits festlegen. Ohne eine feststehende Rechtsordnung, nach der sich die Wirksamkeit der Rechtswahl beurteilen lasse, könne eine Rechtswahl nicht vorliegen.

Außerdem sei nicht ersichtlich, welchen Schranken die Parteiautonomie unterliegen solle. Insbesondere die Frage der Grenzen der Parteiautonomie

---

530 *Nishitani*, Mancini, S. 244 ff; *Wicki*, Dogmengeschichte, S. 34; *Moser*, Vertragsabschluss, S. 67.

531 *Jayme*, Mancini, S. 38; *ders.*, in: Jud/Rechberger/Reichelt, Kollisionsrecht in der Europäischen Union, S. 63, 65; *Kötters*, Parteiautonomie, S. 13.

532 *Jayme*, in: Jud/Rechberger/Reichelt, Kollisionsrecht in der Europäischen Union, S. 63, 64.

533 *Umbricht*, Schranken, S. 37. Kritik lässt sich vor allem bei *Schnitzer*, Handbuch des Internationalen Privatrechts I, 3. Aufl., S. 86 f; *Zitelmann*, Internationales Privatrecht I, S. 270 ff und *ders.*, Internationales Privatrecht II, S. 373 ff finden.

534 *Von Bar*, Theorie und Praxis des internationalen Privatrechts, 2. Aufl., S. 4, der sich die Frage stellte: „Was können (dürfen) die Parteien wollen, mit der Wirkung, daß das Recht dieses Wollen beachtet, diesem Willen eine bindende Kraft beilegt?“; *Niboyet*, RdC 16 (1927), 5, 53 ff.

535 *Zitelmann*, Internationales Privatrecht II, S. 374 f; zu einem späteren Zeitpunkt auch *Mincke*, IPRax 1985, 313, 315.

beschäftigte die Wissenschaft.[536] So war schon früh als grundsätzliche Grenze anerkannt, dass es sich um einen Auslandsfall handeln sollte, also dass durch den Fall mehrere Rechtsordnungen berührt werden. Dabei sollte auch eine räumliche Beziehung zu der gewählten Rechtsordnung bestehen.[537] Andererseits sollte auch der *ordre public* die Parteiautonomie begrenzen.[538] Der mit dem Fall betraute Richter sollte also nicht eine Norm des ausländischen Rechts anzuwenden haben, die mit den Grundsätzen der *lex fori* nicht vereinbar ist.

Allerdings sprachen sich auch einige Autoren für die Parteiautonomie aus und wagten einen Versuch, sie systematisch zu begründen.[539] Erste Voraussetzung hierfür sollte sein, dass der Gesetzgeber eine entsprechende Kollisionsnorm aufnimmt. So könne das Argument entkräftet werden, dass der Wille über dem Gesetz steht. Eine Wahl der objektiv möglichen Anknüpfungspunkte solle einem Missbrauch der Rechtswahl vorbeugen.

Einen anderen Ansatz verfolgte *Gerhard Kegel*. Er sah in der Parteiautonomie lediglich eine Verlegenheitslösung.[540] Den Gedanken der Parteiautonomie führte er nicht auf den freien Willen der Parteien zurück. Vielmehr rechtfertigte er die Möglichkeit, das anwendbare Recht zu wählen, allein mit Praktikabilitätsgründen. Für ihn war die Parteiautonomie also eine Lösung für Fälle, in denen verschiedene Anknüpfungsmöglichkeiten in Betracht kommen, ein gerechter Ausgleich zwischen den Parteiinteressen aber nicht gefunden werden kann. Dass die Zulassung einer Rechtswahl auch dem Parteiwillen Rechnung trägt, ist für ihn also von geringerer Bedeutung.

5. *Rechtsprechung und Rechtsetzung*

Zu Beginn des 20. Jahrhunderts fand die Parteiautonomie auch Anklang in der Rechtsprechung der Gerichte.[541] Aus der Perspektive der Judikative war

---

536 Siehe hierzu ausführlich *Umbricht*, Schranken, S. 82 ff; ebenso zu den Schranken in der Rechtsprechung auf S. 123 ff.

537 *Haudek*, Bedeutung des Parteiwillens, S. 35 f; *Umbricht*, Schranken, S. 86.

538 *Umbricht*, Schranken, S. 118 macht deutlich, dass dennoch zuvor bereits der Parteiautonomie Grenzen zu setzen sind, da der *ordre public* (ebenso die Gesetzesumgehung) die Schranken nicht ersetzen kann. Der Gedanke des *ordre public* geht auf die italienische Schule zurück.

539 *G. Mayer*, NiemZ 44 (1931), 103, 103 ff; *Haudek*, Bedeutung des Parteiwillens, S. 4 ff und 12 ff; *Melchior*, Grundlagen, S. 498 ff.

540 *Kegel*, Internationales Privatrecht, 7. Aufl., S. 483; ihm zustimmend *Kühne*, Parteiautonomie, S. 30; kritisch *Lüderitz*, in: FS Kegel, S. 31, 49.

541 Siehe hierzu ausführlich *Püls*, Parteiautonomie, S. 126 ff; *Schmitz*, Rechtswahlfreiheit, S. 44 ff.

durchaus praktisch, die Frage des anzuwendenden Rechts mit einem Verweis auf den Parteiwillen zu beantworten.[542] So konnte in den meisten Fällen auf den ausdrücklichen oder hypothetischen Willen abgestellt und damit eine Rechtswahl angenommen werden. Das Reichsgericht war mit mehreren Fällen betraut, in denen es sehr großzügig eine Rechtswahl der Parteien annahm. Im ersten Fall, der in der Rechtsprechung des Reichsgerichts ins Auge fällt, ging es um einen Maklervertrag.[543] Das Reichsgericht stellte sich die Frage, ob der Erfüllungsort oder der Wille der Parteien das anwendbare Recht bestimmen sollte. Es kam zu dem Ergebnis, dass zunächst zu beachten sei, welchem Recht die Kontrahenten den Vertrag unterwerfen wollen.[544] Erst anschließend sei der Erfüllungsort als der Ort des anwendbaren Rechts heranzuziehen. Ebenso hielt es das Reichsgericht in einer späteren Entscheidung über den Kauf von Kalbsfellen für möglich, dass die Parteien das anwendbare Recht bestimmen können.[545] Eine Disposition über die zwingenden Normen einer Rechtsordnung sollte jedoch nicht möglich sein.[546] Fehlte es an einer solchen Bestimmung, war im Falle eines Kaufvertrags das Recht des Erfüllungsortes anwendbar. Ähnlich verhielt es sich auch in den Nachbarstaaten von Deutschland, wo die Parteiautonomie durch Rechtsprechung und Lehre weitgehend Anerkennung fand.[547] Vorangetrieben wurde die Akzeptanz der Parteiautonomie auch durch die Arbeiten des *Institut de Droit International*, das sich anhand eines Fragebogens einer Regelung der Parteiautonomie näherte.[548]

Im Laufe des 19. und 20. Jahrhundert erhielt die Parteiautonomie auch immer großflächiger Einzug in die Kodifikationen der europäischen Staaten oder wurde zumindest nicht völlig außer Acht gelassen. Zu Beginn der Kodifikation in Deutschland wurde das Internationale Privatrecht nur in geringem Umfang im EGBGB geregelt. Dabei wurde lediglich ein sehr kleiner Ausschnitt des gesamten Internationalen Privatrechts überhaupt kodifiziert. Es war beispielsweise keine Regelung des Schuldrechts als klassisches Gebiet der Parteiautonomie enthalten.[549] Erst im Zusammenhang mit der Neuregelung von 1986 wurde über

542 *Kühne*, Parteiautonomie, S. 26.

543 RG, Urt. v. 08.07.1882 – I 317/82, RGZ 9, 225.

544 RG, Urt. v. 08.07.1882 – I 317/82, RGZ 9, 225, 227.

545 RG, Urt. v. 19.04.1910 – II 394/09, RGZ 73, 379, 382.

546 RG, Urt. v. 21.09.1899 – VI 173/99, RGZ 44, 300, 301 f.

547 *Schmitz*, Rechtswahlfreiheit, S. 48–53 und 56–58.

548 Vgl. hierzu den vorbereitetenden Bericht zur Tagung von *Jayme*, Annuaire 64-I (1991), 13, 17 ff.

549 Das Einführungsgesetz zum Bürgerlichen Gesetzbuch enthielt keine Regelung zur Parteiautonomie.

die Möglichkeiten einer Rechtswahl auf verschiedenen Gebieten diskutiert und schließlich für das Schuldrecht in Umsetzung des EVÜ eine Rechtswahl auch in die endgültige Fassung aufgenommen.[550]

6. *Europäisches Kollisionsrecht*

Die Parteiautonomie versteht sich heute weder als Unterwerfung der Parteien unter ein bestimmtes Recht noch als Verlegenheitslösung. Vielmehr ist die Rechtswahl der Parteien als subjektive Anknüpfung neben der objektiven Anknüpfung fester Bestandteil im Internationalen Privatrecht.[551] Entscheiden sich die Parteien, eine Rechtswahl vorzunehmen, geht diese den möglichen objektiven Anknüpfungspunkten vor. Es wird den Parteien zugestanden, dass sie selbst am besten auswählen können, nach welcher Rechtsordnung sich ihr Sachverhalt beurteilen soll. Insbesondere im Vertragsrecht ist die Parteiautonomie kaum wegzudenken: Die Privatautonomie ist das Herzstück des Vertragsrechts und die Parteiautonomie die Parallele zur Privatautonomie auf kollisionsrechtlicher Ebene.[552] Der Handelsverkehr beruht darauf, dass die Parteien ihr Recht frei wählen können. Im Gegensatz zum Sachenrecht oder auch Familien- und Erbrecht spielt der Drittschutz eine eher untergeordnete Rolle, sodass die Privatautonomie umfassend gewährt werden kann.[553]

Die Parteiautonomie unterstützt auch das Ziel der Europäischen Union, den Binnenmarkt weiter auszubauen und innerhalb des Binnenmarktes eine Freizügigkeit zu garantieren, indem die Parteien selbst Akteure sind und ihre Rechtsverhältnisse mitgestalten können.[554] Bereits das EVÜ, das einen sehr großen Fortschritt im Hinblick auf eine Vereinheitlichung der Kollisionsnormen mit sich brachte, sah in seinem Art. 3 die Möglichkeit einer Rechtswahl durch

---

550 Gesetz zur Neuregelung des Internationalen Privatrechts vom 25.07.1986 (BGBl. I, S. 1142, 1147); vgl. Art. 27 EGBGB a.F.

551 *Maultzsch*, in: FS von Hoffmann, S. 304, 304; *Hohloch*, in: FS Thue, S. 257, 263; *Mansel*, in: Leible/Unberath, Brauchen wir eine Rom 0-Verordnung?, S. 241, 261.

552 Insbesondere kommt im Vertragsrecht nach der Französischen Revolution und der Schaffung des *Code Civil* mit Art. 1134 a.F. („*Les conventions légalement formée tiennent lieu de loi à ceux qui les ont faites*") der Parteiwille als Maßstab für das anwendbare Recht zum Ausdruck; zur Bedeutung für den Handel siehe *Moser*, Vertragsabschluss, S. 201 ff; *Sturm*, in: FS Wolf, S. 637, 640; siehe auch *Basedow*, ERPL 6 (2008), 901, 902 ff.

553 Vgl. *Möslein*, Dispositives Recht, S. 24.

554 *Corneloup*, in: Roth, Wahl ausländischen Rechts, S. 15, 21 f; *Sturm*, in: FS Wolf, S. 637, 653.

die Parteien vor. Hier zeigt sich, dass den Parteien eine umfassende Rechtswahl positiv eingeräumt wurde. Dem EVÜ war viel Erfolg beschieden: Durch die staatsvertragliche Regelung konnten internationalprivatrechtliche Fragen des Vertragsrechts einheitlich bestimmt werden und die Vertragsgestaltung sowie der Vertragsschluss unter Parteien aus den Vertragsstaaten wurden um einiges erleichtert. Das zunächst nicht kodifizierte Internationale Vertragsrecht im deutschen Recht erhielt mit den Regelungen der Art. 27–37 EGBGB a.F., die sich an der Regelung des EVÜ orientierten, auch Einzug in das EGBGB. Es wurde nun deutlich auf den Parteiwillen abgestellt.[555]

Es verwundert daher keineswegs, dass durch die Ausweitung der Kompetenzen innerhalb der Europäischen Gemeinschaft eine Verordnung für vertragliche Schuldverhältnisse ihren Weg gefunden hat. Mit der Rom I-VO gibt es für vertragliche Schuldverhältnisse eine Regelung, die das EVÜ fortführt, dabei keine staatsvertragliche Lösung, sondern ein Rechtsakt der Europäischen Gemeinschaft ist und ebenfalls die vertragliche Gestaltung zweier Parteien aus verschiedenen Staaten vereinfacht. In der Rom I-VO spielt die Parteiautonomie eine große Rolle. Dies zeigt sich darin, dass die Rom I-VO zum anwendbaren Recht auf vertragliche Schuldverhältnisse die Rechtswahl in Art. 3 Rom I-VO vor den objektiven Anknüpfungsmöglichkeiten in Art. 4 ff Rom I-VO regelt.[556] Eine Besonderheit im Vertragsrecht ist, dass jedes Recht frei wählbar ist und keine Einschränkung auf bestimmte Rechte gemacht wird. Es muss also keine Verbindung zu dem gewählten Recht bestehen. Ausnahmen gelten nur dann, wenn an dem Schuldverhältnis Verbraucher, Arbeitnehmer oder Versicherungsnehmer beteiligt sind. Zum Schutz der schwächeren Partei bleibt es jeweils bei den schützenden Regeln des ohne Rechtswahl anwendbaren Rechts nach Art. 5 Abs. 2, Art. 6 Abs. 2, Art. 7 Abs. 3 und Art. 8 Abs. 1 Rom I-VO.[557] Lediglich nichtstaatliches Recht können die Parteien nicht wählen.[558] Die *Hague Principles on Choice*

555 Zuvor war im deutschen Internationalen Vertragsrecht auf den hypothetischen Parteiwillen abgestellt worden, was zu einer Gefahr für die Rechtssicherheit wurde. Das Internationale Vertragsrecht war vor 1986 nicht im EGBGB geregelt und daher lediglich Richterrecht; vgl. hierzu *Schmitz*, Rechtswahlfreiheit, S. 44 ff; *Coester-Waltjen/Coester*, in: Liber amicorum Schurig, S. 33, 33 sehen spätestens im EVÜ die Verankerung der Parteiautonomie im Schuldrecht.

556 *Arnold*, in: Arnold, Grundfragen des Europäischen Kollisionsrechts, S. 24, 37.

557 Siehe hierzu ausführlich *Rühl*, in: FS von Hoffmann, S. 364, 368 ff.

558 Siehe nur MüKo/*Martiny*, Art. 3 Rom I-VO Rn. 28 ff; *Kroll-Ludwigs*, Rolle der Parteiautonomie, S. 55 ff m.w.N; *Rühl*, in: FS Kropholler, S. 187, 189 ff.

of Law in International Commercial Contracts[559] sehen ebenfalls Rechtswahlmöglichkeiten in internationalen Verträgen vor. Sie schließen nach ihrer Präambel jedoch eindeutig solche Verträge aus, an denen Verbraucher oder schwächere Parteien beteiligt sind.

Auch andere Regelungen zur Vereinheitlichung der Kollisionsnormen enthalten eine Rechtswahlmöglichkeit. Sie können als Antwort auf die Mobilität der Bürger in Europa gesehen werden.[560] So sieht in der Rom II-VO zur Regelung der außervertraglichen Schuldverhältnisse Art. 14 Rom II-VO eine Rechtswahl vor. Diese unterliegt jedoch Einschränkungen, indem die Parteien nur nach Entstehen des Schuldverhältnisses oder dann, wenn alle Parteien einer kommerziellen Tätigkeit nachgehen, das anwendbare Recht wählen können. In bestimmten Fällen ist eine Rechtswahl nach der Rom II-VO überhaupt nicht möglich (Verletzung des geistigen Eigentums, Art. 8 Abs. 3 Rom II-VO; unlauterer Wettbewerb, Art. 6 Abs. 4 Rom II-VO). Steht den Parteien eine Rechtswahl zu, können sie jedes beliebige Recht wählen.

Im Internationalen Familienrecht finden sich mit Art. 5 Abs. 1 Rom III-VO und Art. 8 Abs. 1 HUP[561] sowohl im Ehescheidungs- als auch im Unterhaltsrecht Regelungen zur Rechtswahl. Die Rechtswahl unterliegt jedoch Einschränkungen: nur solche Rechtsordnungen können gewählt werden, zu denen die Ehegatten bzw. die Unterhaltsberechtigten und Unterhaltsverpflichteten eine Verbindung haben. So ist vor allem die Rechtswahl zugunsten des Rechts des gewöhnlichen Aufenthalts oder der Staatsangehörigkeit vorgesehen. Zusätzlich steht das Recht des angerufenen Gerichts zur Wahl sowie in Art. 8 Abs. 1 HUP das Recht des Güterstandes oder der Ehescheidung. Im Güterrecht findet sich mit Art. 22 EuGüVO nun ebenfalls eine Möglichkeit für Ehegatten, das auf ihren Güterstand anwendbare Recht zu wählen. Sie können entscheiden, nach welchem Recht sich ihr Güterstand bestimmen soll, müssen aber ebenfalls beachten, dass die gewählte Rechtsordnung eine Verbindung zum Sachverhalt in Gestalt des Rechts des gewöhnlichen Aufenthalts oder des Heimatrechts aufweist. Die Verordnung über den Güterstand von Lebenspartnern sah in ihrem ersten Entwurf keine Rechtswahl vor, sondern bestimmte in Art. 15 EuPartVO-E, dass sich

---

559 Hague Principles on Choice of Law in International Commercial Contracts vom 19.03.2015, https://www.hcch.net/de/instruments/conventions/full-text/?cid=135 (geprüft am 07.10.2018); siehe hierzu *Martiny*, RabelsZ 79 (2015), 624.

560 *Schmitz*, Rechtswahlfreiheit, S. 105.

561 Protokoll vom 23. November 2007 über das auf Unterhaltspflichten anzuwendende Recht, https://www.hcch.net/de/instruments/conventions/full-text/?cid=133 (geprüft am 07.10.2018).

der Güterstand immer einheitlich nach dem Recht des Registers bestimmen soll. Die endgültige Fassung enthält nun parallel zur Ehegüterverordnung in Art. 22 EuPartVO eine Rechtswahlmöglichkeit. Die Möglichkeit der Wahl des Rechts des Staates, nach dessen Recht sich die eingetragene Partnerschaft richtet, ist beibehalten worden.

Mit Inkrafttreten der Europäischen Erbrechtsverordnung lässt nun auch Art. 22 EuErbVO eine Rechtswahl für internationale Erbfälle zu. Der Unterschied zwischen den Regelungen zum Vertragsrecht, zu außervertraglichen Schuldverhältnissen und zum Familienrecht liegt darin, dass im Erbrecht (außer bei Erbverträgen) keine direkte „Vertragspartei" gegeben ist. Verfügt der Erblasser in einem Testament seinen letzten Willen, muss er sich mit keiner anderen Person hierüber „einigen". Die Nähe zur Rechtswahl im Internationalen Familienrecht zeigt sich dadurch, dass der Erblasser nur die Rechtsordnungen wählen kann, zu denen er eine enge Verbindung aufweist.

Mit der Rechtswahl ist ein Aspekt, der als Besonderheit des Vertragsrechts angesehen wurde, mittlerweile ein anerkannter Anknüpfungspunkt im Internationalen Privatrecht.[562] Somit hat die Parteiautonomie sich nicht nur im Schuldrecht durchgesetzt, sondern mit dem Familien- und Erbrecht auch Rechtsgebiete erreicht, in denen man einer Parteiautonomie ablehnend gegenüber stand.

II. Entwicklung der Parteiautonomie im Erbrecht

1. Entwicklung im Internationalen Erbrecht

Im Erbrecht stand man der Parteiautonomie eher skeptisch gegenüber. Eine Rechtswahl in einem Bereich, der so eng mit den persönlichen, insbesondere familiären Lebensverhältnissen verschiedener Personen verknüpft ist, war für viele ein Gedanke der Unmöglichkeit. Auch im Familienrecht, ein dem Erbrecht eng verwandtes Rechtsgebiet, hielt man sich mit der Einführung einer Rechtswahl denn auch sehr zurück.

So wurde vorgebracht, das besondere Verhältnis zwischen den Parteien im Vertragsrecht liege im Erbrecht gerade nicht vor.[563] Die Möglichkeit, den Vertragspartner und den Inhalt des Vertrages selbst zu bestimmen, sei im Erbrecht nicht in gleichem Maße gegeben. Auch wenn das Erbrecht Teil des Vermögensrechts sei, indem es regle, was mit dem Vermögen nach dem Tod des Erblassers geschieht, seien viele weitere Interessen bei einem Erbfall betroffen. Bei einer

562 *Schmitz*, Rechtswahlfreiheit, S. 70.

563 Vgl. *Batiffol*, Traité élémentaire, 3. Aufl., Rn. 653.

Rechtswahl könnten diese außer Acht gelassen werden. Dies wiederum könnte sich nachteilig auf Beteiligte auswirken.

Außerdem wurde angeführt, dass das Erbrecht mehr zwingende Vorschriften beinhalte als das Schuldrecht.[564] Klares Gegengewicht zur Privatautonomie sei das Pflichtteilsrecht.[565] Diese Eigenart des Erbrechts sei zwangsläufig zu berücksichtigen und schränke die der Abschlussfreiheit entsprechende Testierfreiheit des Erblassers ein. Denn wenn wegen des Pflichtteilsrechts der für bestimmte Personen vorgesehene Teil des Vermögens im materiellen Recht nicht zur Disposition des Erblassers stehe, könne auch kollisionsrechtlich keine andere Zuordnung möglich sein.

Darüber hinaus dränge sich im Erbrecht zwingend das Domizil als Anknüpfungspunkt auf, um die betroffenen Interessen in einen Ausgleich zu bringen. Die Einführung einer Rechtswahlmöglichkeit wäre nicht auf das Internationale Privatrecht gemünzt, sondern immer politisch motiviert – wie dies das Beispiel der Regelung im Schweizer Niederlassungs- und Aufenthaltsgesetz[566] zeige.[567] Es wurde auch behauptet, dass der Grund einer Rechtswahl im Erbrecht nicht in der kollisionsrechtlichen Möglichkeit liege, sondern die anschließend anwendbaren materiellen Regelungen den Erblasser zu einer Rechtswahl animierten.[568] Oft wurde auch argumentiert, dass es gerade keine Regelung im deutschen Recht gebe, weshalb man an die Möglichkeit einer Rechtswahl auch nicht denken müsse.[569] *De lege lata* sei die Rechtswahl im Internationalen Erbrecht nicht vorgesehen und aus rechtspolitischen Gründen verbiete sich die Einführung einer solchen.[570] Außerdem sah man den Unterschied zum Schuldrecht darin, dass

---

564 *Ferid*, in: Lauterbach, Vorschläge und Gutachten, S. 91, 94; Lauterbach (Hrsg.), Vorschläge und Gutachten, S. 13.

565 *Reinhart*, ZVglRWiss 80 (1981), 150, 166; *Jayme*, ZfRV 1983, 162, 171 f; *Stumpf*, in: Jung/Baldus, Differenzierte Integration im Gemeinschaftsprivatrecht, S. 217, 249 f, die einer Rechtswahl sehr kritisch gegenübersteht.

566 Bundesgesetz betreffend die civilrechtlichen Verhältnisse der Niedergelassenen und Aufenthalter vom 25.06.1891 (AS 12 369).

567 *Umbricht*, Schranken, S. 62 dort Fn. 41.

568 *Ferid*, Internationales Privatrecht, 3. Aufl., Rn. 9–12, 1; *Reinhart*, ZVglRWiss 80 (1981), 150 161 f; *Goré*, in: Mélanges Loussouarn, S. 193, 197.

569 *Haudek*, Bedeutung des Parteiwillens, S. 12; *Neuhaus*, JZ 1951, 644, 646; *ders.*, Grundbegriffe, S. 171; *Boulanger*, Étude, Rn. 91 ff, der auch die Unterschiede herausstellt, wie die deutsche und die französische Rechtsprechung mit diesem Problem umgingen.

570 *Reinhart*, ZVglRWiss 80 (1981), 150, 166; *Ferid*, in: Liber amicorum Cohn, S. 31, 38; *Firsching*, in: Vorschläge und Gutachten zur Reform des IPR, S. 202, 221, der gerade die unterschiedlichen materiellen Erbrechte als Nachteil ansieht und darin auch einen strukturellen Unterschied zum Internationalen Schuldrecht erblickt; unklar insoweit

sich im Erbrecht die Rechtswahl nur auf einen „einmalige[n] Vorgang von großem persönlichen Gewicht“[571] beziehe. Hiervon ging auch die Rechtsprechung aus.[572]

Nachdem die Rechtswissenschaft für das Vertragsrecht die Rechtswahlmöglichkeit anerkannt hatte, war *François Laurent* einer der ersten Wissenschaftler, der auch das Erbrecht dem Parteiwillen unterstellen wollte. Er sah den Parteiwillen als eine über dem Gesetz stehende Rechtsquelle, die im Erbrecht durch die Testierfreiheit gerechtfertigt sei.[573] *Jules Aubry* war der Idee der erbrechtlichen Parteiautonomie im Grunde nicht abgeneigt, sah jedoch viele Einschränkungen vor.[574] Vor diesem Hintergrund kann er nicht zu den Befürwortern der Parteiautonomie im Erbrecht gezählt werden.[575] Der Kongress der Internationalen Union des lateinischen Notariats[576] versuchte 1963 das erste Mal, die Parteiautonomie im Erbrecht durchzusetzen. Es ging insbesondere auch darum, einen Kompromiss zwischen Staatsangehörigkeits- und Wohnsitzprinzip zu finden und eine „Einigungsformel“[577] mit der Rechtswahl zu finden. Letztlich sah der Vorschlag dann eine Rechtswahl zugunsten des Heimatrechts vor. Auch das *Institut de Droit International* befürwortete eine Rechtswahl im Erbrecht.[578]

Walter Breslauer und *Hans Dölle* waren die ersten Vertreter zu Beginn des 20. Jahrhunderts, die auch im Erbrecht Parteiautonomie forderten. *Breslauer*

Rabel, Conflict of Laws, 2. Aufl., S. 273 ff, da nicht ersichtlich ist, ob er eine Rechtswahl im Erbrecht befürwortet oder ablehnt.

571 *Kegel*, Internationales Privatrecht, 7. Aufl., S. 761.

572 BGH, Urt. v. 29.03.1972 – IV ZR 1200/68, NJW 1972, 1001, 1003; siehe auch *Kühne*, Parteiautonomie, S. 42 f, der auch französische, holländische und englische Rechtsprechung berücksichtigt.

573 *Laurent*, Droit civil international, S. 242.

574 *Aubry*, Clunet 23 (1896), 721, 739 ff; dabei will er vor allem eine Einschränkung für das Pflichtteilsrecht (S. 740) und den *ordre public* (S. 742) vornehmen.

575 *Kühne*, Parteiautonomie, S. 45.

576 Die Internationale Union des lateinischen Notariats ist ein Zusammenschluss von Notariaten lateinischen Ursprungs, *Union Internationale du Notariat*, UINL, http://www.uinl.org/mission (geprüft am 07.10.2018); siehe auch *Bundesnotarkammer*, https://www.bnotk.de/Bundesnotarkammer/Internationales/UINL/index.php (geprüft am 07.10.2018). Eine Zusammenfassung der Vorschläge findet sich bei *Dumoulin*, RabelsZ 28 (1964), 425 und *Rigaux*, Rev. crit. dr. intern. priv. 53 (1964), 168.

577 *Dumoulin*, RabelsZ 28 (1964), 425, 430; *Rigaux*, Rev. crit. dr. intern. priv. 53 (1964), 168, 168; *von Overbeck*, in: Liber amicorum Baron Louis Fredericq II, S. 1085, 1096 ff; so auch generell *Hotz*, Rechtswahl im Erbrecht, S. 110.

578 *Lalive*, Annuaire 52 (1967), 555, 558 ff; *Valladão*, Annuaire 52 (1967), 634, 637.

nimmt den *favor testamenti* als Ansatzpunkt und Begründung, dass dem Willen des Erblassers möglichst zur Geltung verholfen werden soll. Er will den Parteien auch aus praktischen Gesichtspunkten wie im Schuldrecht eine Rechtswahlmöglichkeit zugestehen. Außerdem könne der *ordre public* Grenzen setzen.[579] *Dölle* geht noch weiter, indem er eine umfassende Parteiautonomie fordert, die aber natürlich ebenso wie im Schuldrecht Grenzen unterliegen müsse.[580] Er sieht die öffentlichen Interessen oder gar sittliche Verbote nicht als der Rechtswahl entgegenstehend an.[581] In der Testierfreiheit im Erbrecht erblickt er eine Ausgestaltung der Privatautonomie, die der Vertragsfreiheit im Schuldrecht ähnlich sei. Für ihn ist die Rechtswahl im Internationalen Erbrecht „eine Projektion der nationalen Freiheit auf die internationale Ebene".[582] *Dölle* vergleicht deshalb die beiden Ausprägungen der Privatautonomie und kommt zu dem Ergebnis, dass die Testierfreiheit ebenso als Begründung zur Parteiautonomie im Erbrecht ausreiche, denn die Beteiligten könnten selbst beurteilen, nach welchem Recht ihr Sachverhalt sich am besten lösen lasse.[583] Die wichtigsten Vorteile der Parteiautonomie sieht *Dölle* darin, dass sämtliche Zweifel zur Bestimmung des anwendbaren Rechts ausgeräumt werden, weniger formungültige Testamente verfasst werden und schlicht Praktikabilitätsgründe (vor allem die Nachlasseinheit) eine solche Rechtswahlmöglichkeit rechtfertigten.[584] Er geht sogar so weit, dass eine Wahl jeder Rechtsordnung möglich sei, die aus sachlichen Gründen gewählt wird und nicht willkürlich erscheint, und dass diese Entscheidung lediglich durch den *ordre public* begrenzt werde[585] – gerade die Wahl einer Rechtsordnung mit einem weniger schützenden Pflichtteilsrecht sieht er jedoch nicht als Verstoß gegen den *ordre public* an.[586] Darüber hinaus soll die Rechtswahl formlos erfolgen können, da eine Abhängigkeit von der Form nicht im Sinne der Rechtswahl sei.[587]

---

579 *Breslauer*, Private International Law of Succession, S. 129; *ders.*, RzW 1969, 164, 166 spricht sich in einer Anmerkung zu einer Entscheidung des BVerfG über einen Erbfall eines Staatenlosen für die Rechtswahl aus.
580 *Dölle*, RabelsZ 30 (1966), 205, 222.
581 *Dölle*, RabelsZ 30 (1966), 205, 217.
582 *Dölle*, RabelsZ 30 (1966), 205, 218; so auch zum Europäischen Kollisionsrecht *Kroll-Ludwigs*, Rolle der Parteiautonomie, S. 184.
583 *Dölle*, RabelsZ 30 (1966), 205, 219.
584 *Dölle*, RabelsZ 30 (1966), 205, 229 ff.
585 *Dölle*, RabelsZ 30 (1966), 205, 234 f.
586 *Dölle*, RabelsZ 30 (1966), 205, 236.
587 *Dölle*, RabelsZ 30 (1966), 205, 236 f.

Ebenso befürwortet *Gunther Kühne* grundsätzlich die Parteiautonomie im Erbrecht. Er hält eine materiellrechtliche Rechtfertigung der Parteiautonomie im Erbrecht durch die Testierfreiheit aber nicht für empfehlenswert.[588] Die Privatautonomie sieht er zwar ebenfalls als notwendige, aber nicht als hinreichende Voraussetzung an.[589] Darüber hinaus will er der Testierfreiheit nicht die im Vertragsrecht übliche Zweiteilung in Abschluss- und Gestaltungsfreiheit entnehmen.[590] Für ihn ist der *favor testamenti* lediglich Auslegungsgrundsatz.[591] *Kühne* will vielmehr die Parteiautonomie im Erbrecht kollisionsrechtlich begründen. So sieht er die Parteiautonomie als Mittel zur Entscheidung zwischen den verschiedenen Anknüpfungsprinzipien und stimmt dem Charakter als bloße Verlegenheitslösung zu.[592] Er möchte deshalb die Rechtswahl zulassen, jedoch nur einige bestimmte Rechtsordnungen zur Auswahl geben, zu denen eine objektive Beziehung besteht. Dies soll helfen, in Einzelfällen die richtige Entscheidung zu treffen, und der Rechtssicherheit genügen.[593]

Mit Art. 5 Haager Erbrechtsübereinkommen sah erstmals eine Kodifikation eine Rechtswahlmöglichkeit im Erbrecht vor.[594] Der Weg für die Parteiautonomie im Erbrecht war damit geebnet.

2. *Historische Betrachtungen im kodifizierten deutschen Recht*

Auch im kodifizierten deutschen Recht hat die Parteiautonomie im Internationalen Erbrecht eine lange Reise hinter sich. Zu Beginn wehrte man sich heftig gegen eine Aufnahme der Parteiautonomie im Internationalen Erbrecht. Zu groß waren die Bedenken, dass eine Rechtswahl des Erblassers ausgenutzt werden könnte.[595]

588 *Kühne*, Parteiautonomie, S. 59; *ders.*, in: Liber amicorum Gerhard Kegel, S. 65, 71; so auch *Brandi*, Haager Abkommen, S. 265 ff, der eine Rechtfertigung aus den kollisionsrechtlichen Interessen ableitet; ähnlich *Dreher*, Rechtswahl im internationalen Erbrecht, S. 32; auch *Kemp*, Grenzen der Rechtswahl, S. 40 f lehnt eine Ableitung der Parteiautonomie aus der Privatautonomie ab.

589 *Kühne*, Parteiautonomie, S. 58.

590 *Kühne*, Parteiautonomie, S. 59.

591 *Kühne*, Parteiautonomie, S. 66.

592 *Kühne*, Parteiautonomie, S. 71; *ders.*, JZ 1973, 403, 404 ff.

593 *Kühne*, JZ 1973, 403, 405; *ders.*, Parteiautonomie, S. 104 f.

594 Siehe hierzu ausführlich *Brandi*, Haager Abkommen, S. 240–336.

595 Insbesondere die Rechtsprechung stand einer Rechtswahl im Erbrecht kritisch gegenüber, vgl. nur BGH, Urt. v. 29.03.1972 – IV ZR 1200/68, NJW 1972, 1001, 1003.

Die Entwicklung der Parteiautonomie im Erbrecht lässt sich auch anhand der Geschichte im deutschen Recht verfolgen. Im Zuge der Reform des Internationalen Privatrechts 1986 diskutierte man ausführlich über den Einzug der Parteiautonomie in das deutsche Internationale Erbrecht.[596] Allerdings hielt man die Möglichkeit einer Rechtswahl für nicht umsetzbar. Man wollte den Erblasser nicht zu rechtsmissbräuchlichen Verfügungen von Todes wegen zulasten der Pflichtteilsberechtigten verleiten, indem er frei eine andere Rechtsordnung für seinen Erbfall wählen konnte. Die Interessen von schutzwürdigen Personen, vor allem die der Pflichtteilsberechtigten, aber auch der Nachlassgläubiger, sollten nicht umgangen werden und diese sollten sich ihres unentziehbaren Teils sicher sein.[597] Außerdem sah man die Einführung einer Rechtswahl zugunsten des Heimatrechts als zu großen Aufwand an, da auch das Verfahrensrecht an diese neue Möglichkeit durch Folgeregelungen anzupassen gewesen wäre.[598] Deshalb fand sich im ersten Entwurf keine Regelung einer Rechtswahl.[599]

Nach Hinweisen aus der Notarpraxis nahm man jedoch in der endgültigen Fassung die Möglichkeit einer sehr beschränkten Rechtswahl auf. Nach Art. 25 Abs. 2 EGBGB a.F. konnte der Erblasser deutsches Recht in Form einer Verfügung von Todes wegen für im Inland belegenes Vermögen wählen. Eine solche Rechtswahl sollte Anpassungen bei einem ausländischen Erbrecht verhindern und die Handhabung durch das Grundbuchamt erleichtern.[600] Allerdings war

---

596 Die Beiträge der Diskussion sind ausführlich bei *Linde-Rudolf*, Probleme einer Parteiautonomie, S. 55–74, *Stoll*, Rechtswahl, S. 51–54 und *Sturm*, in: FS Wolf, S. 637, 646–649 zu finden. Insbesondere *Kühne*, IPR-Gesetz-Entwurf, S. 153 ff befürwortete in seinem Entwurf eine Rechtswahl.

597 Entwurf eines Gesetzes zur Neuregelung des Internationalen Privatrechts vom 20.10.1983 (BT-Drucks. 10/504), S. 74.

598 Entwurf eines Gesetzes zur Neuregelung des Internationalen Privatrechts vom 20.10.1983 (BT-Drucks. 10/504), S. 74.

599 Entwurf eines Gesetzes zur Neuregelung des Internationalen Privatrechts vom 20.10.1983 (BT-Drucks. 10/504), S. 11.

600 *Stoll*, Rechtswahl, S. 55 f; Beschlußempfehlung und Bericht des Rechtsausschusses (6. Ausschuß) zu dem von der Bundesregierung eingebrachten Entwurf eines Gesetzes zur Neuregelung des Internationalen Privatrechts – Drucksache 10/504 vom 09.06.1986 (BT-Drucks. 10/5632), S. 44; *Kötters*, Parteiautonomie, S. 32 f; *Dörner*, DNotZ 1988, 67, 93 f betont die Vereinfachung des Verfahrens und sieht hauptsächlich die Ordnungs- und Planungsinteressen bei einer solchen Rechtswahl im Vordergrund; zuvor hatte man sich mit der Regelung zum Einzelstatut, das dem Gesamtstatut vorgeht (Art. 3 Abs. 3 EGBGB a.F.), auf die Berücksichtigung des Situsrechts beschränkt, vgl. Entwurf eines Gesetzes zur Neuregelung des Internationalen Privatrechts vom 20.10.1983 (BT-Drucks. 10/504), S. 75.

diese Rechtswahl insofern sehr beschränkt, da sie eben nur für bestimmte Gegenstände, nämlich Grundstücke, zugelassen war. Im Gegensatz zur Europäischen Erbrechtsverordnung war diese Teilrechtswahl nach Art. 25 Abs. 2 EGBGB a.F. die einzige zulässige Rechtswahl im EGBGB. Zunächst setzte sie im Inland unbewegliches Vermögen voraus und außerdem stand die Möglichkeit nur ausländischen Erblassern zur Verfügung.[601] Dabei war unbewegliches Vermögen nach dem jeweiligen Lageort zu qualifizieren. Das deutsche Recht kennt zwar den Begriff des unbeweglichen Vermögens nur im Zwangsvollstreckungsrecht; es war jedoch eine weite Auslegung des Begriffes notwendig, um auch mit dem Grundstück verbundene Ansprüche darunter fassen zu können.[602] Deutsche Erblasser wurden grundsätzlich gemäß Art. 25 Abs. 1 EGBGB a.F. nach dem Recht ihres Heimatstaates, also nach deutschem Recht, beerbt. Die begrenzte materiellrechtliche Privatautonomie sollte hier auch die kollisionsrechtliche Parteiautonomie zum Schutz der Pflichtteilsberechtigten begrenzen.[603]

Hier zeigt sich die Entwicklung der Parteiautonomie im Erbrecht sehr deutlich: Bei der Diskussion zur Reform stand man dieser noch sehr skeptisch gegenüber, in der endgültigen Fassung fand sich dann zumindest eine beschränkte Rechtswahlmöglichkeit. Von einer kompletten Ablehnung ist der Weg hin zu minimaler Parteiautonomie im deutschen Internationalen Erbrecht durch die Einführung des Art. 25 Abs. 2 EGBGB a.F. erfolgt. Nachteil dieser Regelung war jedoch, dass es dadurch auf jeden Fall zu einer Nachlassspaltung kam.[604] Der durch die Spaltung entstandene Nachlass war so zu behandeln als wäre er der Gesamtnachlass, sodass auch eine Erbfolge nur zugunsten des unbeweglichen Nachlasses in Deutschland bestimmt werden konnte.[605] Durch die Spaltung entstanden deshalb auch keine Nachteile für Pflichtteilsberechtigte.[606] Art. 25 Abs. 2

---

601 Eine Rechtswahl konnte auch von einem deutschen Erblasser vorgenommen werden, brachte ihm jedoch keinen Vorteil; vgl. *Brandi*, Haager Abkommen, S. 246; *Tiedemann*, RabelsZ 55 (1991), 17, 20.

602 *Kötters*, Parteiautonomie, S. 61 f; *Stoll*, Rechtswahl, S. 109 ff; *Linde-Rudolf*, Probleme einer Parteiautonomie, S. 22 ff; *Tiedemann*, RabelsZ 55 (1991), 17, 35 versteht alle grundbuchfähigen Rechte darunter.

603 Beschlußempfehlung und Bericht des Rechtsausschusses (6. Ausschuß) zu dem von der Bundesregierung eingebrachten Entwurf eines Gesetzes zur Neuregelung des Internationalen Privatrechts – Drucksache 10/504 vom 09.06.1986 (BT-Drucks. 10/5632), S. 44; *Kötters*, Parteiautonomie, S. 32; *Linde-Rudolf*, Probleme einer Parteiautonomie, S. 21.

604 *Tiedemann*, RabelsZ 55 (1991), 17, 19.

605 *Linde-Rudolf*, Probleme einer Parteiautonomie, S. 40.

606 *Tiedemann*, RabelsZ 55 (1991), 17, 22.

EGBGB a.F. schwieg zwar dazu, ob die Rechtswahl ausdrücklich oder konkludent erfolgen sollte. Da aber die Rechtswahl auf nur einen Teilbereich und eine Rechtsordnung beschränkt war, wird man annehmen müssen, dass die Rechtswahl nach Art. 25 Abs. 2 EGBGB a.F. auch konkludent erfolgen konnte.[607] Der Rechtswahl kam insoweit Vorwirkung zu, als für die Beurteilung des wirksamen Zustandekommens bereits das gewählte Recht herangezogen wurde.[608]

3. *Rechtsentwicklung in Europa, insbesondere in der Schweiz*[609]

Der Vergleich mit dem Schweizer Recht zeigt, dass eine Rechtswahlmöglichkeit zugunsten des Heimatrechts durchaus eine Rechtfertigung haben kann. Die Rechtswahl – im Schweizer Recht meist als *professio iuris* bezeichnet – war bereits in Art. 22 NAG enthalten und findet sich nun in Art. 90 Abs. 2 und Art. 91 Abs. 2 IPRG wieder. Die ursprüngliche Regelung in Art. 22 NAG sah vor, dass grundsätzlich das Wohnsitzrecht des Erblassers die Erbfolge bestimmen sollte. Personen mit Wohnsitz in einem anderen Kanton als ihrem Heimatkanton konnten jedoch nach Art. 22 Abs. 2 NAG das Recht des Heimatkantons durch eine letztwillige Verfügung oder einen Erbvertrag als anwendbares Recht bestimmen.[610] Dabei sah Art. 32 NAG vor, dass die Regelungen des Gesetzes auch auf Ausländer mit Wohnsitz in der Schweiz anwendbar sind. Daraus folgerte man, dass die Rechtswahlmöglichkeit auch für Ausländer zugunsten ihres Heimatrechts vorgenommen werden konnte.[611] Auch wenn man die Lösung in Art. 22 Abs. 2 NAG als eine rein interkantonale Lösung betrachtet und die Regelung auch nicht in internationalen Übereinkommen aufgenommen wurde,[612] so ergibt sich aus Art. 32 NAG doch ein internationalprivatrechtlicher Charakter. Die Regelung zum Internationalen Erbrecht in Art. 90 Abs. 2 IPRG nimmt die ursprüngliche Regelung wieder auf. So kann ein ausländischer Erblasser auch im aktuellen Internationalen Erbrecht der Schweiz eine Rechtswahl zugunsten seines Heimatrechts treffen. Darüber hinaus schafft Art. 91 Abs. 2 IPRG eine Regelung für Schweizer Bürger. Sie werden grundsätzlich nach dem Schweizer Recht

607 *Stoll*, Rechtswahl, S. 208; *Tiedemann*, RabelsZ 55 (1991), 17, 27.

608 *Tiedemann*, RabelsZ 55 (1991), 17, 27.

609 Eine erbrechtliche Rechtswahl kannten bereits zu einem frühen Zeitpunkt auch die U.S.A. sowie Kolumbien und Bolivien, vgl. hierzu ausführlich *Kühne*, Parteiautonomie, S. 36 ff; zum anglo-amerikanischen Recht *Brandi*, Haager Abkommen, S. 247 ff.

610 Siehe ausführlich zur Rechtswahl nach Art. 22 Abs. 2 NAG: *Hotz*, Rechtswahl im Erbrecht, S. 31 ff.

611 *Vischer*, Schweizerisches Jahrbuch 22 (1965), 49, 52.

612 So *Ferid*, in: Lauterbach, Vorschläge und Gutachten, S. 91, 99 f.

beerbt, wenn Schweizer Gerichte international zuständig sind, können aber das Recht ihres Wohnsitzstaats wählen. Hier zeigt sich, dass das Schweizer Recht nochmals unterscheidet zwischen In- und Ausländern, aber eine Rechtswahl nur von Ausländern zulässt.[613] Eine Beschränkung findet sich jeweils darin, dass nur das Heimat- oder Wohnsitzrecht gewählt werden kann.

In anderen europäischen Staaten war die Rechtswahl im Internationalen Erbrecht vor Inkrafttreten der Europäischen Erbrechtsverordnung nicht sehr verbreitet.[614] Der überwiegende Teil der Staaten sah keine Rechtswahlmöglichkeit des Erblassers vor.[615] Deutschland, mit der Regelung des Art. 25 Abs. 2 EGBGB a.F., war einer der wenigen Staaten, die eine Rechtswahl überhaupt kannten. Mit dieser Wahlmöglichkeit zugunsten des unbeweglichen Vermögens stand Deutschland jedoch alleine. Eine Rechtswahlmöglichkeit wurde teilweise auch zugunsten des Heimatrechts gewährt.[616] Die Grundanknüpfung in diesen Staaten war dann jeweils der gewöhnliche Aufenthalt. Italien sah die Wahl des gewöhnlichen Aufenthalts in Art. 46 Abs. 2 ital. IPRG[617] vor, allerdings mit der Einschränkung, dass diese Rechtswahl nur dann wirksam war, wenn der Erblasser seinen gewöhnlichen Aufenthalt im Zeitpunkt des Todes noch in Italien hatte und die Pflichtteilsrechte nicht beschränkt wurden. Auch in den Niederlanden, wo die Regelung des Haager Erbrechtsübereinkommens vollständig übernommen wurde, sowie in Finnland, wo die Regelungen zum Internationalen Erbrecht vom Haager Erbrechtsübereinkommen beeinflusst wurden, findet sich die Möglichkeit der Parteien, das anwendbare Recht zu wählen.[618] Hier ist das wählbare Recht jeweils das Heimatrecht.

Alle übrigen europäischen Staaten haben von einer Rechtswahl im Erbrecht abgesehen. Sie erhalten mit der Regelung der Europäischen Erbrechtsverordnung

---

613 *Schnyder/Capaul*, in: Heiss, Europäische Erbrechtsverordnung, S. 63.

614 Eine alphabetische Auflistung der Staaten im Hinblick auf die Rechtswahlmöglichkeiten findet sich bei *Heinig*, RNotZ 2014, 281, 284 ff.

615 Keine Rechtswahlmöglichkeit sahen Dänemark, Frankreich, Griechenland, Irland, Kroatien, Lettland, Litauen, Luxemburg, Malta, Österreich (hierzu ausführlich *Linde-Rudolf*, Probleme einer Parteiautonomie, S. 85–89), Portugal, Schweden, die Slowakei, Slowenien, Spanien, Ungarn, Großbritannien und Zypern vor; siehe auch die Aufzählungen bei *Dutta*, RabelsZ 73 (2009), 547, 569; *Meyer*, Gerichtsstände der Erbrechtsverordnung, S. 24 mit den Staaten, die eine Rechtswahl kennen.

616 Bulgarien, Estland und Rumänien sahen eine solche Wahl des Heimatrechts vor.

617 Riforma del sistema italiano di diritto internazionale privato vom 31.05.1995, http://www.gazzettaufficiale.it/eli/gu/1995/06/03/128/so/68/sg/pdf (geprüft am 07.10.2018).

618 *Lagarde*, in: Gottwald, Perspektiven, S. 1, 16.

ein für sie neues Instrument, das es den Bürgern erlaubt, auch im Erbrecht parteiautonom auf das anwendbare Recht Einfluss zu nehmen. Damit erfährt die Parteiautonomie eine weitere Ausdehnung im europäischen Rechtsraum.

C. Entwicklung der Parteiautonomie im Zuständigkeitsrecht

Parteiautonomie findet sich nicht nur im Kollisionsrecht. Auch im Prozessrecht gibt es die Möglichkeit der Parteien, auf das Verfahren einzuwirken. Grundsätzlich ist das Prozessrecht zwingendes, öffentliches Recht, sodass der Wille der Parteien nur in den vom Gesetz vorgesehenen Fällen Berücksichtigung finden kann. Beispiele lassen sich auch in der ZPO finden: Gerichtsstandsvereinbarungen nach § 38 ZPO, Vereinbarung zur Art der Sicherheitsleistung nach § 108 Abs. 1 ZPO, Vereinbarungen über die Fristverkürzung nach § 224 Abs. 1 ZPO oder Schiedsvereinbarungen nach §§ 1029 ff ZPO.[619]

Im Rahmen der internationalen Zuständigkeit ist die Parteiautonomie grundsätzlich anerkannt.[620] So können die Parteien selbst bestimmen, welches Gericht international zuständig sein soll, und hierzu eine Gerichtsstandsvereinbarung treffen. Die Gerichtsstandsvereinbarung ist deshalb mit der Rechtswahl im Kollisionsrecht vergleichbar.[621] Auch andere Institute können als parteiautonomer Akt auf der Zuständigkeitsebene angesehen werden. So ist die Möglichkeit einer rügelosen Einlassung ebenfalls vom Willen der Parteien gesteuert; sie erfolgt jedoch auch bei Unkenntnis der Parteien und findet insoweit keine Entsprechung im Kollisionsrecht.[622] Durch die Gerichtsstandsanerkennung bei Sorgerechtsstreitigkeiten, wie sie die Brüssel IIa-VO vorsieht und nun auch in der Europäischen Erbrechtsverordnung aufgenommen ist, können die Parteien durch ihren Willen Einfluss auf das Zuständigkeitsrecht nehmen.[623]

---

619 Vgl. *G. Wagner*, Prozessverträge, S. 65; Stein/Jonas/*Kern*, vor § 128 ZPO Rn. 332; *ders.*, in: Negócios Processuais, 213, 217.

620 Vgl. hierzu ausführlich *Coester-Waltjen*, in: FS Heldrich, S. 549; *Leipold*, in: FS Meincke, S. 219, 228 spricht von „prozessualer Dispositionsfreiheit"; ebenso *Abendroth*, Parteiautonome Zuständigkeitsbegründung, S. 31 f; *Hess*, Europäisches Zivilprozessrecht, § 6 Rn. 128. *Lipp*, in: Liber amicorum Pintens, S. 847, 851 findet den Begriff der Parteiautonomie im Prozessrecht eher unüblich.

621 *Coester-Waltjen*, in: FS Heldrich, S. 549, 554; *Junker*, Internationales Zivilprozessrecht, 3. Aufl., § 5 Rn. 26 sieht die Gerichtsstandsvereinbarung als „funktionales Äquivalent" zur Rechtswahl im Kollisionsrecht.

622 *Coester-Waltjen*, in: FS Heldrich, S. 549, 554.

623 *Coester-Waltjen*, in: FS Heldrich, S. 549, 559.

Allerdings ist es nicht möglich, durch eine Rechtswahl das anwendbare Prozessrecht zu bestimmen. Das Prozessrecht richtet sich im Ausgangspunkt stets nach der *lex fori* des international zuständigen Gerichts.[624] Ist beispielsweise ein deutsches Gericht international zuständig, ist das anwendbare Prozessrecht das deutsche Zivilverfahrensrecht, das sich aus der ZPO oder dem FamFG ergibt. Es ist dann den Parteien selbst bei einem Auslandsbezug nicht möglich, das Verfahrensrecht eines anderen Staates zu wählen. Indirekt können die Parteien aber natürlich auf das Verfahrensrecht Einfluss ausüben, indem sie die Gerichte eines bestimmten Staates in einer Gerichtsstandsvereinbarung für international zuständig erklären.

Die Vereinbarung eines bestimmten Gerichtsstands kann jedoch zur Anwendung eines der Parteien günstigen Prozessrechts führen, sodass mittelbar ein Einfluss auf das anwendbare Prozessrecht möglich ist.[625] Dabei sollte eine solche Vereinbarung aufgrund der Parteiautonomie zu einem akzeptablen Ergebnis für beide Seiten führen. Es gibt jedoch Einschränkungen, wenn bei einer Gerichtsstandsvereinbarung eine der Parteien schwächer und damit schutzwürdig ist. Im deutschen Recht sind die Gerichtsstandsvereinbarungen von Nichtkaufleuten nur unter den besonderen Voraussetzungen des § 38 Abs. 3 ZPO zulässig. Der europäische Gesetzgeber sieht Verbraucher, Versicherte und Arbeitnehmer als besonders schutzwürdig an und lässt Gerichtsstandsvereinbarungen in diesen Fällen nur mit Einschränkungen zu. Diese sind für Versicherungsnehmer in Art. 15 EuGVVO, für Verbraucher in Art. 19 EuGVVO und für Arbeitnehmer in Art. 23 EuGVVO geregelt. Art. 25 Abs. 4 EuGVVO zählt diese Normen auf und erklärt ausdrücklich, dass Gerichtsstandsvereinbarungen, die die Vorgaben dieser Artikel nicht wahren, unwirksam sind.

---

624 Ganz hM, siehe nur *Heldrich*, Internationale Zuständigkeit und anwendbares Recht, S. 14 ff, der die verschiedenen Begründungen des *lex fori*-Grundsatzes vorstellt, aber zum Ergebnis kommt, dass er trotz der unterschiedlichen Herleitung sich weltweit durchgesetzt hat; *G. Wagner*, Prozessverträge, S. 348; *Riezler*, Internationales Zivilprozeßrecht und prozeßuales Fremdenrecht, S. 43, 75 und 91 ff. Siehe aber *Grunsky*, ZZP 89 (1976), 241, 242 ff; *Kronke*, ZZPInt 20 (2015), 399, 401 f; *Schack*, Internationales Zivilverfahrensrecht, 7. Aufl., § 2 Rn. 49; *Brinkmann*, ZZP 129 (2016), 461, 471 ff.

625 *Lindenmayr*, Vereinbarung über die internationale Zuständigkeit und das darauf anwendbare Recht, S. 36; *Abendroth*, Parteiautonome Zuständigkeitsbegründung, S. 31; *Coester-Waltjen*, in: FS Heldrich, S. 549, 549 f; *Siehr*, in: FS Keller, S. 485, 492; *Lipp*, in: Liber amicorum Pintens, S. 847, 853.

Die Rechtfertigung der Parteiautonomie im Verfahrensrecht kann auf die Grund- und Menschenrechte zurückgeführt werden.[626] Im Zivilprozess spielt die Dispositionsmaxime der Parteien eine große Rolle. Sie gilt als Gegenstück zur Privatautonomie, indem sie den Parteien die Möglichkeit einräumt, selbst über den Gegenstand des Verfahrens zu bestimmen.[627] Sie kann deshalb – wie die Privatautonomie für die kollisionsrechtliche Parteiautonomie – als Rechtfertigung für die parteiautonome Zuständigkeitsbestimmung im Internationalen Prozessrecht herangezogen werden.[628] Die Dispositionsmaxime besagt, dass die Parteien den Anfang, den Gegenstand und das Ende des Verfahrens selbst bestimmen können. So wird das Verfahren erst eingeleitet, wenn eine der beiden Parteien Klage erhebt.[629] Dies folgt dem Sprichwort „Wo kein Kläger, da kein Richter". Im Verfahren können die Parteien den Gegenstand des Verfahrens festlegen. Als wichtiger Grundsatz gilt hier, dass nur über die Punkte entschieden werden kann, die auch beantragt wurden (*ne ultra petita*). Aber auch auf das Ende können die Parteien Einfluss nehmen, indem sie eine Beendigung des Verfahrens durch eine Klagerücknahme, ein Anerkenntnis oder einen Verzicht oder durch einen Prozessvergleich herbeiführen.[630]

I. Entwicklung im nationalen und internationalen Recht

1. Historische Betrachtungen

Bereits im römischen Recht lassen sich Anfänge einer Gerichtsstandsvereinbarung mit Prorogationswirkung finden. Als Ursprung gilt die Regelung in der *lex Julia judiciaria*.[631] Insbesondere die Praktikabilität soll zu der frühen Entwicklung

---

626 *M. Weller*, Ordre-public-Kontrolle, S. 26; *G. Wagner*, Prozessverträge, S. 64; *Lipp*, in: Liber amicorum Pintens, S. 847, 853.

627 *Lüke*, Zivilprozessrecht, 10. Aufl., § 2 Rn. 6; *R. Stürner*, in: FS Heldrich, S. 1061, 1063 f; *Henckel*, Prozeßrecht und materielles Recht, S. 119; *Schiedermair*, Vereinbarungen im Zivilprozeß, S. 32.

628 *G. Wagner*, Prozessverträge, S. 89 spricht von einer „Fortsetzung" der Privatautonomie in der Dispositions- und Verhandlungsmaxime; ebenso *M. Weller*, Ordre-public-Kontrolle, S. 27; einen Zusammenhang zwischen Dispositionsmaxime und Parteiautonomie im Zuständigkeitsrecht sehen *Gaul*, AcP 168 (1968), 27, 51; *R. Stürner*, in: FS Heldrich, S. 1061, 1061; dabei auch in Bezug auf die Europäische Erbrechtsverordnung *Magnus*, IPRax 2013, 393, 393.

629 Stein/Jonas/*Kern*, vor § 128 ZPO Rn. 161.

630 Stein/Jonas/*Kern*, vor § 128 ZPO Rn. 168.

631 *Deybeck*, Gerichtsstand der Vereinbarung, S. 1; *Hackl*, Das römische Zivilprozessrecht, S. 247 Fn. 44; zweifelnd *Adam*, Civilprozeßuale Zuständigkeits-Vereinbarung, S. 29 f.

von Gerichtsstandsvereinbarungen geführt haben.[632] Eine Vereinbarung konnte nur dann geschlossen werden, wenn bereits Gerichtsbarkeit gegeben war.[633] So konnten die Parteien einen Gerichtsstand vor einem Prätor wählen, wenn diesem zustand, Gerichtsbarkeit auszuüben. Der Richter konnte eine Zuständigkeitsbestimmung der Parteien jedoch ablehnen.[634] Der Gerichtsstand konnte auch durch die Annahme des Rechtsstreits durch den Richter begründet werden, wenn dieser sich auf das Verfahren einließ.[635] Die Bestimmung des *praetor peregrinus*, der für die nichtrömischen Bürger zuständig war, war dabei möglich; ob auch der *praetor urbanus* als Richter bestimmt werden konnte, ist umstritten.[636] Die Unterwerfung unter die Gerichtsbarkeit setzte allerdings die Kenntnis der Unzuständigkeit voraus.[637] Willensmängel bei der Einigung waren schädlich für die Vereinbarung.[638] Die Gerichtsstandsvereinbarung konnte ausdrücklich oder konkludent erfolgen,[639] sodass hier auch die Anfänge der rügelosen Einlassung zu sehen sind. Diesen Gerichtsstandsvereinbarungen fehlte es jedoch an der Internationalität.[640]

Im Mittelalter waren Gerichtsstandsvereinbarungen grundsätzlich verboten und bei einer Nichtbeachtung des Verbots konnte sogar Schadensersatz verlangt werden.[641] Mit dem Aufkommen von Territorialstaaten waren

---

632 *Deybeck*, Gerichtsstand der Vereinbarung, S. 2.

633 *Deybeck*, Gerichtsstand der Vereinbarung, S. 3; *Schröder*, Internationale Zuständigkeit, S. 405; *Hackl*, Das römische Zivilprozessrecht, S. 246 f.

634 *Schröder*, Internationale Zuständigkeit, S. 405 f; *Wetzell*, System des ordentlichen Civilprocesses, 3. Aufl., S. 482; sehr ausführlich *Adam*, Civilprozeßuale Zuständigkeits-Vereinbarung, S. 48 ff.

635 *Adam*, Civilprozeßuale Zuständigkeits-Vereinbarung, S. 53 f; *Wetzell*, System des ordentlichen Civilprocesses, 3. Aufl., S. 482; diese Einlassung des Richters findet sich auch im gemeinen Recht wieder, vgl. *Deybeck*, Gerichtsstand der Vereinbarung, S. 11 f; *Wach*, AcP 62 (1879), 373, 380 f; *Adam*, Civilprozeßuale Zuständigkeits-Vereinbarung, S. 81.

636 *Riezler*, Internationales Zivilprozeßrecht und prozeßuales Fremdenrecht, S. 56; zustimmend im Hinblick auf den *praetor urbanus*: *Deybeck*, Gerichtsstand der Vereinbarung, S. 2.

637 *Adam*, Civilprozeßuale Zuständigkeits-Vereinbarung, S. 33.

638 *Wetzell*, System des ordentlichen Civilprocesses, 3. Aufl., S. 480.

639 *Adam*, Civilprozeßuale Zuständigkeits-Vereinbarung, S. 34.

640 *Berliner*, Vereinbarungen über den Gerichtsstand, S. 22; *Deybeck*, Gerichtsstand der Vereinbarung, S. 4 zweifelt an der Vereinbarung der örtlichen Zuständigkeit.

641 *Deybeck*, Gerichtsstand der Vereinbarung, S. 5 f; *Berliner*, Vereinbarungen über den Gerichtsstand, S. 22; *Adam*, Civilprozeßuale Zuständigkeits-Vereinbarung, S. 58 ff.

Gerichtsstandsvereinbarungen unvereinbar mit dem Souveränitätsgedanken der sich bildenden Staaten. In den damaligen Zivilprozessordnungen lassen sich überwiegend Verbote finden, die eine Prorogation ausländischer Gerichte ausschließen. Insbesondere das Umgehen von Gebühren wurde als nachteilig für den Landesherren angesehen.[642] Es lassen sich aber Jurisdiktionsverträge finden, die geschlossen wurden, um einen ausschließlichen Gerichtsort an der Belegenheit der Sache zu vereinbaren. Vor allem in Württemberg waren diese Jurisdiktionsverträge üblich.[643] In den Kodifikationen der Territorialstaaten waren die Zuständigkeitsvereinbarungen unterschiedlich ausgestaltet.[644] Jedoch war die Prorogation der Gerichte eines anderen Staates meist ausdrücklich ausgeschlossen.[645]

2. *Entwicklungen in nationalen Rechten*

Unter dem geeinten Kaiserreich Deutschland und mit der Verabschiedung der Zivilprozessordnung im Jahr 1877 und ihrem Inkrafttreten 1879 wurde die Zuständigkeit der Gerichte erstmals einheitlich in Deutschland geregelt. In § 38 ZPO fand sich schon die Möglichkeit, eine Gerichtsstandsvereinbarung zu treffen. Man war zu einer weiten Berücksichtigung des Parteiwillens im Zuständigkeitsrecht entschlossen. Die Begründung zur Zivilprozessordnung führt an, dass dem angerufenen Gericht kein Recht zur Ablehnung der Klage zustehen soll, um eine Willkür des Gerichts auszuschließen. Man sah eine Gefahr darin, dass bestimmte Gerichte häufiger als andere angerufen werden könnten. Doch diese

---

642 *Jakobs*, Vorprozessuale Vereinbarungen, S. 10; *Deybeck*, Gerichtsstand der Vereinbarung, S. 6 ff; *Schröder*, Internationale Zuständigkeit, S. 407 f; eher kritisch gegenüber den Gebühren als Hauptgrund *Adam*, Civilprozeßuale Zuständigkeits-Vereinbarung, S. 76 f.

643 *Riezler*, Internationales Zivilprozeßrecht und prozeßuales Fremdenrecht, S. 65; *von Wächter*, AcP 24 (1841), 230, 254 f, insbesondere Fn. 55.

644 Siehe ausführlich *Adam*, Civilprozeßuale Zuständigkeits-Vereinbarung, S. 102–147: so orientiert sich die Bayrische Gerichtsordnung von 1753 am gemeinen Recht, lässt aber nur eine Einlassung zu; die preußische Zivilprozessordnung von 1793 lehnt die Möglichkeit von Prorogationsverträgen ab; die späteren Kodifikationen sehen jeweils Prorogationsverträge vor (bis auf Braunschweig), unterscheiden sich jedoch in der Ausgestaltung, ob die Annahme des Richters erforderlich ist.

645 *Berliner*, Vereinbarungen über den Gerichtsstand, S. 23; *Adam*, Civilprozeßuale Zuständigkeits-Vereinbarung, S. 78 ff, der auch die Frage diskutiert, ob aus dem *privilegium de non evocando* eine Zulässigkeit von Gerichtsstandsvereinbarungen abgeleitet werden kann.

Gefahr wurde als nicht allzu groß angesehen.[646] Die Derogation ist zwar nicht ausdrücklich in § 38 ZPO geregelt, muss aber aufgrund der Parteiautonomie ebenfalls möglich sein.[647] Es konnte und kann auch die Zuständigkeit ausländischer Gerichte begründet werden.[648] Die Norm des § 38 ZPO regelt sowohl für nationale als auch internationale Gerichtsstandsvereinbarungen die Zulässigkeits- und Wirksamkeitsvoraussetzungen. Wollen die ausländischen Parteien also die Zuständigkeit der deutschen Gerichte vereinbaren, entscheidet sich dies nach § 38 ZPO – solange keine völkerrechtlichen Vereinbarungen oder europäischen Verordnungen aufgrund des Anwendungsvorrangs einschlägig sind. Eine Derogation zugunsten ausländischer Gerichte muss die international zwingenden Vorschriften berücksichtigen.[649]

Durch die Gerichtsstandsnovelle von 1974 beschränkte man die großzügig gewährte Freiheit jedoch auf die Fälle mit Beteiligung von Kaufleuten. Insbesondere das Einfügen von Gerichtsstandsvereinbarungen in die Allgemeinen Geschäftsbedingungen wurde als Nachteil für eine potentiell schwächere Partei empfunden.[650] Die zuvor gewährte Prorogationsfreiheit schlug in ein Verbot der Gerichtsstandsvereinbarungen um.[651] Trotz der Formulierung in § 38 ZPO, in der lediglich von der Zulassung bestimmter Gerichtsstandsvereinbarungen die Rede ist, sollte jedoch nicht von einem generellen Verbot ausgegangen werden. Vielmehr gewährt die Regelung des § 38 ZPO zuständigkeitsrechtliche Parteiautonomie.[652]

Die Einschränkungen sind in den verschiedenen Absätzen des § 38 ZPO vorgesehen.[653] Die Möglichkeit, eine Gerichtsstandsvereinbarung zu treffen, steht

646 *Hahn*, Materialien zur Civilprozessordnung, S. 160.

647 *M. Weller*, Ordre-public-Kontrolle, S. 40 ff; ebenso *Schröder*, Internationale Zuständigkeit, S. 459 ohne Begründung.

648 RG, Urt. v. 19.05.1882 – III 597/81, RGZ 7, 406, 407 f (im Hinblick auf die Gegenseitigkeit); *Hahn*, Materialien zur Civilprozessordnung, S. 432; *Deybeck*, Gerichtsstand der Vereinbarung, S. 17 stimmt der Vereinbarung ausländischer Gerichte zu, entnimmt dies jedoch nicht der Regelung des § 38 ZPO.

649 Siehe hierzu ausführlich *M. Weller*, Ordre-public-Kontrolle, S. 67–132.

650 Entwurf eines Gesetzes zur Änderung der Zivilprozessordnung vom 27.02.1973 (BT-Drucks. 7/268), S. 4; *M. Weller*, Ordre-public-Kontrolle, S. 30; *Leipold*, in: Gottwald/Greger/Prütting, Dogmatische Grundfragen des Zivilprozesses, S. 51, 51.

651 *Leipold*, in: Gottwald/Greger/Prütting, Dogmatische Grundfragen des Zivilprozesses, S. 51, 51; *Kropholler*, in: HbIntZR, § 3 Rn. 464.

652 *M. Weller*, Ordre-public-Kontrolle, S. 31.

653 Im Hinblick auf internationale Gerichtsstandsvereinbarungen beurteilt *M. Weller*, Ordre-public-Kontrolle, S. 43 ff die einzelnen Beschränkungen kritisch.

nach § 38 Abs. 1 ZPO lediglich Kaufleuten jederzeit zu. Nach § 38 Abs. 2 S. 1 ZPO kann eine Gerichtsstandsvereinbarung auch dann geschlossen werden, wenn an ihr eine Partei beteiligt ist, die ihren Wohnsitz im Ausland hat. Bei solchen internationalen Gerichtsstandsvereinbarungen sah der Gesetzgeber eine geringere Gefahr für die im Inland lebende Partei. Lediglich die Vereinbarung nach Entstehen der Streitigkeit ist auch für Nichtkaufleute nach § 38 Abs. 3 Nr. 1 ZPO möglich.[654] Diese Regelung ist infolge des häufigen Ausnutzens einer schwächeren Stellung von Nichtkaufleuten in die ZPO aufgenommen worden.

Die Vorschrift muss außerdem im Zusammenhang mit § 40 ZPO gelesen werden: Nach § 40 Abs. 1 ZPO muss Bestimmtheit gegeben sein und die Gerichtsstandsvereinbarung ist nur möglich, solange es sich um eine vermögensrechtliche Streitigkeit handelt. Das Erfordernis der Bestimmtheit trägt dazu bei, dass die Parteien vorhersehen können, in welchen Fällen von der allgemeinen Zuständigkeit abgewichen wird.[655] Außerdem darf sich kein ausschließlicher Gerichtsstand aus der ZPO ergeben. Einen solchen ausschließlichen Gerichtsstand sieht beispielsweise § 24 ZPO bei dinglichen Klagen oder § 29a ZPO bei Miet- oder Pachtklagen vor. Die Regelung des § 40 ZPO ist ein Verbot bestimmter Gerichtsstandsvereinbarungen, aber führt nicht dazu, dass die Zulässigkeit der Zuständigkeitsvereinbarungen insgesamt versagt wird.[656]

Für die Form schreibt Art. 38 Abs. 2 ZPO vor, dass die Vereinbarung schriftlich geschlossen werden muss; bei einer mündlichen Vereinbarung muss eine schriftliche Bestätigung erfolgen. Die Aufnahme der schriftlichen Bestätigung war eine Anpassung an die entsprechende Regelung des EuGVÜ. Allerdings können Nichtkaufleute eine Gerichtsstandsvereinbarung nur ausdrücklich und schriftlich treffen.

Als eine Art konkludente Gerichtsstandsvereinbarung wird die rügelose Einlassung angesehen. Bereits die Systematik der Regelung spricht dafür, sie als eine weitere Möglichkeit der parteiautonomen Zuständigkeitsbestimmung anzusehen, denn die rügelose Einlassung ist in der ZPO unter der Überschrift „Vereinbarung über die Zuständigkeit der Gerichte“ angesiedelt.[657] Sie ist in § 39 ZPO

---

654 Kritisch hierzu vor Einführung der Beschränkung *Schiedermair*, Vereinbarungen im Zivilprozeß, S. 88 ff.

655 *G. Wagner*, Prozessverträge, S. 172; *M. Weller*, Ordre-public-Kontrolle, S. 49.

656 *Schiedermair*, Vereinbarungen im Zivilprozeß, S. 64.

657 Gegen die Einordnung als Konsens der Parteien *Lindenmayr*, Vereinbarung über die internationale Zuständigkeit und das darauf anwendbare Recht, S. 51 f. Sie ordnet die rügelose Einlassung als Präklusionsregel ein; so auch *Schulte-Beckenhausen*, Internationale Zuständigkeit durch rügelose Einlassung im Europäischen Zivilprozeßrecht, S. 101; siehe auch *Wach*, AcP 62 (1879), 373, 378. Vor allem *Geimer*, Internationales

vorgesehen und regelt, dass ein Gericht dann zuständig wird, wenn die Partei vor dem angerufenen Gericht mündlich verhandelt, ohne die Zuständigkeit zu rügen. Als mündliches Verhandeln wird lediglich das Vorbringen zur Hauptsache angesehen.[658]

Im Gegensatz hierzu kennt das FamFG überhaupt keine Vereinbarung von Gerichtsständen. Hier sind die Gerichtsstände jeweils vom Gesetzgeber vorgegeben und dulden keine Ausnahme.[659]

Im internationalen Vergleich ist die deutsche Regelung zu den Gerichtsstandsvereinbarungen nicht alleine. Auch das österreichische Recht kennt in § 104 JN die Möglichkeit der Parteien, eine Gerichtsstandsvereinbarung zu treffen. Dabei ist eine ausdrückliche Vereinbarung der Parteien erforderlich und die Beurkundung der Vereinbarung, um später einen Nachweis führen zu können. Außerdem sieht das österreichische Recht in § 104 Abs. 3 JN eine rügelose Einlassung vor, sobald die Partei zu der Sache vorbringt oder mündlich verhandelt, ohne die Zuständigkeit zu rügen.[660] Zwar sieht § 114a Abs. 2 JN ebenfalls die Möglichkeit von Gerichtsstandsvereinbarungen für Ehe- und Partnerschaftsangelegenheiten vor, darunter fallen aber nicht Erbsachen.[661]

Im Schweizer Gesetz für Internationales Privatrecht können die Parteien nach Art. 5 IPRG in internationalen Fällen einen Gerichtsstand vereinbaren. Die Wahl muss ausdrücklich erfolgen und es wird vermutet, dass es sich um eine ausschließliche Gerichtsstandsvereinbarung handelt. Eine rechtsmissbräuchliche Wahl, die einer Partei den Schweizer Gerichtsstand entzieht, ist gemäß der Ausnahme in Art. 5 Abs. 2 IPRG unwirksam.

3. *Entwicklungen auf internationaler Ebene*

Das Haager Übereinkommen über Gerichtsstandsvereinbarungen ist eine staatsvertragliche Regelung der Haager Konferenz, die als solche der ZPO vorgeht. Das

---

Zivilprozessrecht, 7. Aufl., Rn. 1397 m.w.N. sieht in der rügelosen Einlassung eine einseitige Unterwerfung unter die Gerichtsbarkeit eines Staates. *Hess*, Europäisches Zivilprozessrecht, § 6 Rn. 148; *Heinig*, Grenzen von Gerichtsstandsvereinbarungen, S. 566 ff; EuGH, Urt. v. 24.06.1981, Rs. 150/80 (*Elefanten Schuh)*, Slg. 1981, 1671, 1677 f; EuGH, Urt. v. 07.03.1985, Rs. 48/84, Slg. 1985, 787, Rn. 13 hingegen nehmen eine sillschweigende Prorogation an.

658 *Rosenberg/Schwab/Gottwald*, Zivilprozessrecht, 17. Aufl., § 37 Rn. 26.

659 MüKoFamFG/*Pabst*, vor § 2 FamFG Rn. 2.

660 *Leipold*, in: Gottwald/Greger/Prütting, Dogmatische Grundfragen des Zivilprozesses, S. 51, 65 f.

661 Deixler-Hübner/Schauer/*Deixler-Hübner*, Art. 5 Rn. 6.

Übereinkommen regelt einheitlich internationale Gerichtsstandsvereinbarungen in zivil- und handelsrechtlichen Streitigkeiten. Zu seinem Inhalt zählt die Regelung, dass das bestimmte Gericht ausschließlich zuständig ist und nach seiner *lex fori* entscheidet, ob die Parteien die Vereinbarung wirksam geschlossen haben.[662] Durch die Vereinheitlichung wird für die gebundenen Vertragsstaaten eine klare und eindeutige Regelung getroffen – auch wenn sich hier weitere Probleme ergeben können, inwieweit die Vertragsstaaten an die von einem Gericht festgestellte Wirksamkeit einer Rechtswahl tatsächlich gebunden sind.[663] Allerdings ist das Haager Übereinkommen über Gerichtsstandsvereinbarungen nicht auf Erbsachen anwendbar. In seinem Art. 1 Abs. 2 lit. d ist das Erbrecht einschließlich des Testamentsrechts vom Anwendungsbereich explizit ausgeschlossen. So können sich erbrechtliche Gerichtsstandsvereinbarungen keinesfalls nach dem Haager Übereinkommen über Gerichtsstandsvereinbarungen richten.

Auch das Europäische Gerichtsstands- und Vollstreckungsübereinkommen als staatsvertragliche Regelung sah Gerichtsstandsvereinbarungen in Art. 17 EuGVÜ vor. Voraussetzung hierfür war der Bezug zu zwei Vertragsstaaten, wobei mindestens eine Partei ihren Wohnsitz in einem Vertragsstaat haben musste. Außerdem musste die Vereinbarung des Gerichtsstands zugunsten von Gerichten in einem Vertragsstaat geschlossen werden. Bei Nichtvertragsstaaten fand Art. 17 EuGVÜ keine Anwendung. Art. 18 EuGVÜ regelte ebenfalls die rügelose Einlassung. Parallel hierzu sah Art. 17 LugÜ a.F. die Möglichkeit der Parteien vor, eine Gerichtsstandsvereinbarung zu treffen. In der Neufassung des Luganer Übereinkommens findet sich die Regelung nun in Art. 23 LugÜ (parallel zur EuGVVO a.F.). Art. 17 Abs. 4 EuGVÜ sah eine einseitige Gerichtsstandsvereinbarung vor. Im Verhältnis zu den nationalen Vorschriften wie §§ 38, 39, 40 ZPO genoss das EuGVÜ als Staatsvertrag Anwendungsvorrang. Für die Form sind drei Möglichkeiten aufgelistet. So konnte die Vereinbarung schriftlich oder mündlich mit schriftlicher Bestätigung (lit. a), in einer Form, die den Gepflogenheiten der Parteien entspricht (lit. b), oder in einer Form, die dem internationalen Handelsbrauch entspricht (lit. c), geschlossen werden. Auch die internationalen Gerichtsstandsvereinbarungen des Art. 17 EuGVÜ mussten sich auf ein bestimmtes, bereits bestehendes Rechtsverhältnis beziehen und dabei ein bestimmtes Gericht oder die Gerichte eines Vertragsstaats bezeichnen. Ausschließliche Gerichtsstände nach Art. 16 EuGVÜ gingen einer Gerichtsstandsvereinbarung vor. Außerdem wurde zugunsten von schwächeren

---

662 *M. Weller*, in: FS Schütze, S. 705, 708 f.

663 *Coester-Waltjen*, in: FS Heldrich, S. 549, 554.

Parteien – Versicherungsnehmern und Verbrauchern – eine Einschränkung vorgenommen. Vor Geltung des EuGVÜ und des LugÜ hatte Deutschland mit einigen Staaten auch bilaterale Abkommen abgeschlossen, die aber jeweils nur die gegenseitige Anerkennung und Vollstreckung regelten und keine Regelung für die internationale Zuständigkeit vorsahen.[664]

Nach der Übertragung der Gesetzgebungskompetenz auf die Europäische Union wurde das EuGVÜ durch die EuGVVO a.F. abgelöst. Auch hier nahm man die Gerichtsstandsvereinbarungen in Art. 23 EuGVVO a.F. auf. In der Neufassung sieht nun Art. 25 EuGVVO die Möglichkeit der Parteien, einen Gerichtsstand zu vereinbaren, vor. Im Vergleich mit der Regelung in Art. 23 EuGVVO a.F. enthält die Neufassung einige Änderungen. So ist nun eine Gerichtsstandsvereinbarung auch von Parteien eines Drittstaates möglich und Art. 25 EuGVVO regelt ausdrücklich, dass das vereinbarte Gericht nach seinem Recht darüber entscheidet, ob die Parteien die Vereinbarung wirksam geschlossen haben.[665] Die Voraussetzung des Art. 23 EuGVVO a.F., dass eine Partei ihren Wohnsitz in einem Mitgliedstaat haben muss, wurde damit aufgegeben. Parteien aus Drittstaaten konnten zuvor nur nach nationalem Recht eine Gerichtsstandsvereinbarung abschließen. Im Hinblick auf die Wirksamkeit der Vereinbarung wurde seither das nationale Recht des Staates herangezogen, das sich nach dem Internationalen Privatrecht der *lex fori* ergab. Die dann anzuwendende *lex causae* bestimmte über die materielle Wirksamkeit; die Zulässigkeit, Form und Wirkung konnte bereits Art. 23 EuGVVO a.F. entnommen werden.[666] Mit der Neuregelung steht dies nun eindeutig fest. Dennoch kann sich sowohl nach der alten als auch neuen Fassung nur die Zuständigkeit der Gerichte der Mitgliedstaaten bestimmen und

664 Ein solches bilaterales Abkommen hat Deutschland mit Belgien, Griechenland, Großbritannien, Israel, Italien, den Niederlanden, Norwegen, Österreich, der Schweiz, Spanien, der Türkei und Tunesien abgeschossen. Lediglich die Abkommen mit Israel, der Türkei und Tunesien wurden nicht durch eine multilaterale oder europäische Regelung ersetzt. Dennoch kann es in Ausnahmefällen noch zur Anwendung der übrigen Abkommen kommen (insbesondere in Erbsachen für die Schweiz und Norwegen); vgl. MüKoZPO/*Gottwald*, § 328 ZPO Rn. 44 ff.

665 Siehe hierzu *von Hein*, RIW 2013, 97, 104 ff; *Coester-Waltjen*, in: FS Geimer (2017), S. 31, 37 f weist trotzdem auf die Unstimmigkeiten hin, befürwortet aber die Regelung im Hinblick auf Rechtssicherheit und Vorhersehbarkeit (S. 44).

666 *Nagel/Gottwald*, Internationales Zivilprozessrecht, 7. Aufl., § 3 Rn. 201; *Kropholler/von Hein*, Europäisches Zivilprozessrecht, 9. Aufl., Art. 23 EuGVVO Rn. 28; Rauscher/*Mankowski*, Bearbeitung 2011, Art. 23 EuGVVO Rn. 10 und 41; *G. Wagner*, Prozessverträge, S. 384; *Lindenmayr*, Vereinbarung über die internationale Zuständigkeit und das darauf anwendbare Recht, S. 103 ff.

gerade nicht die Prorogation eines Drittstaats beurteilen. Aufgrund von Art. 31 Abs. 2 und Abs. 3 EuGVVO liegt die Kompetenz, die Zuständigkeit des vereinbarten Gerichts zu beurteilen, bei dem vereinbarten Gericht, sodass sich auch unter der Neufassung die materielle Wirksamkeit nach der *lex fori* beurteilt. Nach Art. 23 EuGVVO a.F. wie nach Art. 25 EuGVVO ist weiterhin erforderlich, dass es sich um eine bestimmte Streitigkeit handelt. Staatsvertragliche Regelungen gehen jedoch den europäischen vor.[667] Auch nach der EuGVVO ist eine rügelose Einlassung möglich. Art. 24 EuGVVO a.F. bzw. Art. 26 EuGVVO sehen eine rügelose Einlassung vor, wenn der Beklagte sich schriftlich oder mündlich verteidigt, ohne die fehlende internationale Zuständigkeit zu rügen.[668] Zur Hauptsache muss er sich im Gegensatz zu § 39 ZPO nicht einlassen.[669] Die Regelungen der Art. 25 und Art. 26 EuGVVO verdrängen das nationale Recht. Eine Gerichtsstandsvereinbarung und rügelose Einlassung beurteilt sich dann nicht mehr nach § 38 und § 39 ZPO.

Parteiautonome Zuständigkeitsbestimmung lässt sich schließlich auch in anderen europäischen Verordnungen in Form von Gerichtsstandsvereinbarungen und rügeloser Einlassung sowie Anerkennung der Gerichtszuständigkeit finden. So sehen Art. 4 EuUnthVO, Art. 5 EuUnthVO, Art. 3 Abs. 1 lit. a 4. Spiegelstrich Brüssel IIa-VO, Art. 9 Abs. 2 Brüssel IIa-VO und Art. 12 Brüssel IIa-VO ebenfalls die Möglichkeit vor, dass die Parteien das international zuständige Gericht selbst bestimmen.

II. Entwicklung im Erbrecht

Erbrechtliche Streitigkeiten entsprechen meist nicht der klassischen Konstellation eines Zivilprozesses. In einem Erbfall soll häufig das Bestehen der Erbeneigenschaft festgestellt oder lediglich ein Erbschein ausgestellt werden. In diesen Fällen liegt die für die streitige Gerichtsbarkeit typische Zwei-Parteien-Konstellation meist nicht vor. In der deutschen Gerichtspraxis spielten Gerichtsstandsvereinbarungen und die rügelose Einlassung in Erbstreitigkeiten kaum eine Rolle.[670]

---

667 *Lindenmayr*, Vereinbarung über die internationale Zuständigkeit und das darauf anwendbare Recht, S. 59.

668 *Nagel/Gottwald*, Internationales Zivilprozessrecht, 7. Aufl., § 3 Rn. 246.

669 BGH, Urt. v. 31.05.2011 – VI ZR 154/10, BGHZ 190, 28 Rn. 35; *Nagel/Gottwald*, Internationales Zivilprozessrecht, 7. Aufl., § 3 Rn. 246; *Geimer/Schütze*, Europäisches Zivilverfahrensrecht, 3. Aufl., Art. 24 Rn. 5.

670 *Magnus*, IPRax 2013, 393, 394.

Im deutschen Erbverfahrensrecht teilen sich die streitige und die freiwillige Gerichtsbarkeit die Zuständigkeit. Die Zuständigkeit kann sich deshalb entweder aus der ZPO oder aus dem FamFG ergeben. Streiten Erbprätendenten untereinander, liegt ein klassischer Fall des streitigen Prozesses vor. Auch bei einer Feststellung, ob eine Person tatsächlich Erbe ist, finden die Vorschriften der ZPO Anwendung. Soll jedoch ein Erbschein ausgestellt oder eine Verfügung von Todes wegen verwahrt werden, finden sich die verfahrensrechtlichen Regelungen hierzu im FamFG.

Es besteht zwar die Möglichkeit, dass in Verfahren, die sich nach der ZPO richten, die Erben eine Gerichtsstandsvereinbarung nach § 38 ZPO treffen – allerdings nur, soweit es sich nach § 40 Abs. 2 Nr. 1 ZPO nicht um eine den Amtsgerichten vorbehaltene nichtvermögensrechtliche Streitigkeit handelt und kein ausschließlicher Gerichtsstand nach § 40 Abs. 2 Nr. 2 ZPO gegeben ist.[671] Für bestimmte erbrechtliche Streitigkeiten richtet sich das Verfahren nach dem FamFG, das keine Gerichtsstandsvereinbarung kennt – auch nicht außerhalb des Erbrechts.[672] Auch andere parteiautonome Zuständigkeitsbestimmungen sind mit den Regelungen des FamFG nicht vereinbar. So gilt im Gegensatz zum klassischen Zivilprozess in Verfahren der freiwilligen Gerichtsbarkeit gerade nicht die Dispositionsmaxime, sondern das Gericht hat von Amts wegen zu ermitteln. Die Verfahrenseröffnung erfolgt zwar in den meisten Fällen auf Antrag der Parteien, allerdings kann das Gericht aufgrund des Zwecks der Fürsorge Verfahren auch von Amts wegen einleiten. Regelungen können sich aus dem Verfahrensrecht oder dem materiellen Recht ergeben.[673] Das Verfahren der freiwilligen Gerichtsbarkeit ist eher in der Hand des Staates als in der der Parteien. Das FamFG bestimmt vor allem die Streitigkeiten des Familien- und Erbrechts und somit Materien, die die Parteien stark persönlich betreffen. Das Verfahren ist deshalb einer Bestimmung durch die Parteien entzogen. Wie bereits erwähnt, sind diese Rechtsgebiete aus Sicht des deutschen Gesetzgebers als „gefühlsverbunden“ zu betrachten und sollen durch einen objektiven Richter entschieden werden. Den Parteien wird keine prozessuale Parteiautonomie zugestanden. Nicht zuletzt die Amtsmaximen als Gegenstück zur Dispositionsmaxime sprechen gegen eine umfassende Beteiligung der Parteien.[674]

---

671 Vgl. auch *von Bary*, Gerichtsstands- und Schiedsvereinbarungen im internationalen Erbrecht, S. 18, die jedoch ein praktisches Problem in der Einigung auf einen Gerichtsstand sieht.

672 *Geimer*, Internationales Zivilprozessrecht, 7. Aufl., Rn. 1789.

673 MüKoFamFG/*Ulrici*, § 23 FamFG Rn. 2.

674 *Flessner*, RabelsZ 38 (1970), 547, 574.

Ebenso werden Gerichtsstandsvereinbarungen in anderen Staaten als unzulässig angesehen oder nur unter sehr engen Voraussetzungen für zulässig erklärt. Das belgische, bulgarische, niederländische und spanische Recht sehen Gerichtsstandsvereinbarungen in Erbsachen vor. In Belgien findet sich eine Ausnahme für im Ausland belegenes Vermögen.[675] In den Niederlanden muss die Vereinbarung ausdrücklich geschlossen und ein vernünftiges Interesse bekundet werden. In keinem Mitgliedstaat ist eine Bestimmung des Gerichtsstands durch den Erblasser vorgesehen.[676] Ein Blick in die Schweiz zeigt jedoch, dass der Erblasser dort nach Art. 87 Abs. 2 IPRG durch ein Testament oder einen Erbvertrag die Zuständigkeit der Schweizer Gerichte bei Belegenheit von Vermögen in der Schweiz bestimmen kann. Diese „Wahl" steht dem Erblasser selbst zu – was in anderen Rechtsordnungen ausgeschlossen ist.[677] Über Art. 5 IPRG können aber auch die Erben und Pflichtteilsberechtigten eine Vereinbarung zugunsten der Schweizer Gerichte treffen.

Mit der Neuregelung in der Europäischen Erbrechtsverordnung und der Möglichkeit der Parteien, über die Zuständigkeit der Gerichte zu bestimmen, findet sich nun auch Parteiautonomie im erbrechtlichen Zuständigkeitsrecht.[678] Bei der Regelung der Europäischen Erbrechtsverordnung handelt es sich um ein komplettes Novum, das es im Weiteren genauer zu betrachten gilt. Die Struktur der erbrechtlichen Gerichtsstandsbestimmung unterscheidet sich sehr von den Gerichtsstandsvereinbarungen, die sich sonst im internationalen Rechtsverkehr finden. Zunächst ist der Personenkreis stark beschränkt. Die Personen, die überhaupt erst eine Gerichtsstandsvereinbarung schließen können, sind eine Art „Schicksalsgemeinschaft". Nur betroffene Parteien können sich an der Gerichtsstandsvereinbarung beteiligen. Außerdem ist die sonst für Gerichtsstandsvereinbarungen übliche Form in AGB nicht möglich – schließlich wird bei einem Erbfall kein Vertrag geschlossen, in dem AGB enthalten sind. Die Überlegungen hinsichtlich Gerichtsstandsvereinbarungen nach der ZPO oder der EuGVVO scheinen nicht auf die erbrechtlichen Gerichtsstandsvereinbarungen zu passen. Als größter Unterschied ist zu nennen, dass die Ausgangssituation nicht der klassischen Konstellation mit Kläger und Beklagtem entspricht. Diese Besonderheit der erbrechtlichen Gerichtsstandsvereinbarungen muss bei ihrer Untersuchung

---

675 *Deutsches Notarinstitut*, Studie, S. 198.
676 Siehe hierzu ausführlich *D. Lübcke*, Nachlassverfahrensrecht, S. 89.
677 Dutta/Weber/*Lein*, Art. 5 Rn. 4.
678 *Leipold*, in: FS Meincke, S. 219, 221.

deshalb Berücksichtigung finden. Bevor dem im Einzelnen nachgegangen wird, ist jedoch nach der Herleitung der Parteiautonomie zu fragen.

D. Herleitung der Parteiautonomie

Die Parteiautonomie kann sowohl aus philosophischen Ansätzen als auch aus den Grund- und Menschenrechten hergeleitet werden.

I. Herleitung aus philosophischen Ansätzen

Die Rechtswahl und die Gerichtsstandsvereinbarung dienen der Betätigung des freien Willens. Der Erblasser kann frei entscheiden, welches Recht Anwendung finden soll; die Verfahrensbeteiligten können frei entscheiden, welches Gericht für ihre Angelegenheiten zuständig sein soll. Diese Disposition kann als ein die menschliche Freiheit ausübender Akt gesehen werden. In ihr kommt der Wille des Menschen zum Ausdruck, welcher wiederum als frei angesehen wird. Ob der menschliche Wille frei ist und was daraus folgt, sind philosophische Grundfragen. Schon früh hat man die Möglichkeit des Menschen anerkannt, seine Entscheidungen frei zu treffen. Die Freiheit des Menschen und der darauf beruhende Wille, zu tun und zu lassen, was er möchte, waren in der Neuzeit vielfach Gegenstand philosophischer Überlegungen. Vor allem im Zeitalter der Aufklärung war der Gedanke des freien Menschen ein wichtiges Leitmotiv. Der Mensch könne über seine Handlungen selbst bestimmen und müsse daher für sie verantwortlich sein. Die Aufklärung steht für eine Zeit, in der das alte hierarchische Denken überwunden werden sollte. Sie brachte sowohl für das gesellschaftliche Leben als auch die Naturwissenschaften, Kunst und Philosophie neue Ansätze. Für die Herleitung der Parteiautonomie aus den philosophischen Ansätzen sind deshalb die Gedanken der großen Philosophen der Aufklärung heranzuziehen.[679]

1. Jean-Jacques Rousseau

Jean- Jacques Rousseaus Werk „Vom Gesellschaftsvertrag oder Prinzipien des Staatsrechts“ (1762) bildet die Grundlage für das Interesse der Aufklärung am freien Willen.[680] *Rousseau* geht davon aus, dass der Mensch frei geboren wird, auch wenn er überall in Ketten liegt.[681] Er lebt in einer Gesellschaft, der ihrerseits ein Vertrag zugrundeliegt. Dieser Gesellschaftsvertrag geht von der Freiheit und

---

679 Siehe auch *Basedow*, RabelsZ 75 (2011), 32, 50 f.
680 *Püls*, Parteiautonomie, S. 32.
681 *Rousseau*, Contrat social, S. 2.

der Gleichheit aller aus. Jeder Mensch ordnet sich freiwillig einem Gemeinwillen (*volonté générale*) unter, um das Funktionieren der Gesellschaft zu gewährleisten.[682] Dadurch ist aber auch jeder am Wohl aller interessiert. Der Gemeinwille hat seinen Grund in der Vernunft der Menschen. Die Unterwerfung unter diesen Gemeinwillen erfolgt freiwillig, sodass hier der Beginn einer Berücksichtigung des freien Willens gesehen werden kann. Die Gesellschaft sorgt dafür, dass die Menschen sich bei der Gesetzgebung selbst die richtigen und angemessenen Gesetze geben. Zwar verliert der Mensch seine natürliche und unbegrenzte Freiheit, indem er den Gesellschaftsvertrag eingeht. Er gewinnt dadurch jedoch eine bürgerliche Freiheit und das Eigentum an allem, was ihm gehört.[683] Deshalb muss der Freiheitsbereich des einen begrenzt werden, damit die Freiheit des anderen verwirklicht werden kann.[684] *Rousseaus* Denken bildet eine Grundlage und ist Ausgangspunkt für viele Überlegungen späterer Philosophen, darunter auch *Kant*.

2. Immanuel Kant

Kants Philosophie prägte die Zeit der Aufklärung in großem Maße. Der Ausspruch *sapere aude*, der die Bürger dazu aufruft, sich ihres Verstandes zu bedienen, bringt die Philosophie *Kants* auf den Punkt. Der Mensch solle sich selbst aus seiner Unmündigkeit befreien und ein selbstbestimmtes, sittliches Leben führen.[685] Ausgangspunkt hierfür ist die Annahme, dass jeder Mensch als vernünftiger Mensch handelt.

Die Freiheit an sich ist, so *Kant*, jedem Menschen von Natur aus gegeben. Die Freiheit, nach Belieben zu handeln, wird nach der Theorie *Kants* lediglich durch den kategorischen Imperativ eingeschränkt. In seiner Grundform lautet der kategorische Imperativ „[H]andle nur nach derjenigen Maxime, durch die du zugleich wollen kannst, daß sie ein allgemeines Gesetz werde“[686]. Jede Handlung muss also so vernünftig geschehen, dass sie als Grundsatz herangezogen werden kann. Die Grenzen des Handelns müssen deshalb in vernünftiger Weise gezogen werden. Der menschliche Wille ist der Ausdruck dafür, dass der Mensch nach

---

682 *Rousseau*, Contrat social, S. 37.

683 *Rousseau*, Contrat social, S. 30: „*ce que l'homme perd par le contrat social, c'est sa liberté naturelle et un droit illimité à tout ce qui le tente et qu'il peut atteindre; ce qu'il gagne, c'est la liberté civile et la propriété de tout ce qu'il possède.*“

684 Vgl. *Zippelius*, Rechtsphilosophie, 6. Aufl., § 26 I.

685 *Kant*, Berlinische Monatszeitschrift 12, 481, 481.

686 *Kant*, Grundlegung zur Metaphysik der Sitten, 2. Aufl., S. 52.

diesen Gesetzen handeln kann. Er kann frei entscheiden, wie er sich verhält. So soll der Mensch selbstgesetzgebend – also autonom – handeln. *Kant* bezeichnet dies als „Princip der Autonomie“[687]. Der Mensch unterwirft sich selbst dem Gesetz. Der Wille des Menschen und gerade nicht eine äußere Pflicht führt dazu, dass er sich an die Gesetze hält. So lebt der Gedanke der Parteiautonomie auch in der Theorie von *Kant* auf.[688]

Beim Eingehen eines Rechtsverhältnisses wird nach *Kant* die Willkür des einen der Willkür des anderen gegenüber gestellt.

Insbesondere die Philosophie *Kants* hat das Denken *Savignys* beeinflusst und manifestiert sich in seinen Werken.[689] Die Theorie *Savignys*, dass jeweils der Sitz des Rechtsverhältnisses über das anwendbare Recht entscheidet, ist deshalb eng mit den Gedanken *Kants* verknüpft.

II. Herleitung aus Grund- und Menschenrechten

Die Rechtswahl lässt sich mittlerweile auch aus den kodifizierten Menschen- und Grundrechten herleiten.[690] Im deutschen Recht sind die Grundrechte im Grundgesetz verbürgt, auf europäischer Ebene kommen die ungeschriebenen Unionsgrundsätze sowie die Grundrechte-Charta[691] und die EMRK[692] in Betracht. Aufgrund des Mehrebenensystems bedarf es einer kurzen Betrachtung des Rangverhältnisses, das bereits in mehreren Entscheidungen des Bundesverfassungsgerichts Gegenstand der Diskussion war. Zunächst ist festzuhalten, dass die Europäische Grundrechte-Charta mit Inkrafttreten des Vertrags von Lissabon Geltung erlangt hat. Sie bindet die Mitgliedstaaten, sich an die in ihr verankerten Grundrechte zu halten, und ist eine erste Grundrechtskodifikation auf unionsrechtlicher Ebene, die umfassende Geltung beansprucht. Die EMRK ist lediglich eine Konvention und somit ein völkerrechtlicher Vertrag, der jeweils

687 *Kant*, Grundlegung zur Metaphysik der Sitten, 2. Aufl., S. 74; *ders.*, Critik der practischen Vernunft, S. 64.

688 *Yntema*, AmJCL 1 (1952), 341, 342; *Caleb*, Essai, S. 14 f; eher kritisch *Wicki*, Dogmengeschichte, S. 36.

689 *Püls*, Parteiautonomie, S. 31.

690 *Flessner*, Interessenjurisprudenz, S. 100; *Jayme*, RdC 251 (1995), 9, 147 f; *Leible*, in: FS Jayme I, S. 485, 488; *Lipp*, in: Liber amicorum Pintens, S. 847, 852. Dagegen sieht *Neuhaus*, Grundbegriffe, S. 171 Fn. 417 dies als „stark übertrieben“ an.

691 Charta der Grundrechte der Europäischen Union vom 26.10.2012 (ABl. C 326/391).

692 Europäische Menschenrechtskonvention (Konvention zum Schutze der Menschenrechte und Grundfreiheiten) vom 04.11.1950 (Fundstelle Deutschland: BGBl. 1952 II, S. 685).

nur zwischen den unterzeichnenden Staaten gilt. Die EU selbst konnte der EMRK bislang nicht beitreten,[693] jedoch sind sämtliche Mitgliedstaaten der EU an die in der EMRK festgesetzten Menschenrechte gebunden. Darüber hinaus gibt es ungeschriebene Unionsgrundrechte, die keine Kodifizierung erfahren haben und im Rang unter den kodifizierten Grund- und Menschenrechten stehen. Das Verhältnis zum Grundgesetz und anderen mitgliedstaatlichen Kodifizierungen der Grundrechte ist dabei schwierig.

1. Verhältnis zwischen Grundgesetz und europäischen Grundrechten

In seiner Entscheidung *Solange I* hatte sich das Bundesverfassungsgericht das Recht vorbehalten, selbst zu überprüfen, ob der durch die deutschen Grundrechte gewährte Schutz vom europäischen Recht eingehalten wird. Solange auf europäischer Ebene kein entsprechender Schutz gewährleistet sei, könne vor dem Bundesverfassungsgericht ein Normenkontrollverfahren durchgeführt werden.[694] Durch die *Solange II*-Rechtsprechung hat sich die Prüfungskompetenz des Bundesverfassungsgerichts dahingehend verschoben, dass es nun die Prüfung den Organen der Europäischen Union solange überlässt und annimmt, als dadurch auch der im deutschen Grundgesetz vorgesehene Schutz gewährleistet ist; eine Überprüfung durch das Bundesverfassungsgericht findet nur dann statt, wenn dieser Schutz nicht eingehalten ist.[695] Nach Ansicht des Bundesverfassungsgerichts ist der EuGH auch gesetzlicher Richter iSd Art. 101 Abs. 1 S. 2 GG.[696] Mit dem *Maastricht*-Urteil macht das Bundesverfassungsgericht klar, dass sowohl das Bundesverfassungsgericht im Hinblick auf das Grundgesetz als auch der EuGH auf europäischer Ebene den Grundrechtsschutz garantieren und ein „Kooperationsverhältnis“[697] zwischen den beiden Gerichten besteht. Die *Bananenmarkt*-Entscheidung verdeutlicht nochmals das Rangverhältnis der Ebenen zueinander und konkretisiert die *Solange II*-Entscheidung insbesondere dahingehend, dass die Anforderungen an die Zulässigkeit einer Verfassungsbeschwerde vor dem Bundesverfassungsgericht sehr hoch sind und deshalb ein Absinken unter den Grundrechtsstandard vorliegen muss.[698] Nach

---

693 Dazu EuGH, Gutachten 2/13 vom 18.12.2014, ECLI:EU:C:2014:2454.
694 BVerfG, Urt. v. 29.05.1974 – 2 BvL 52/71 (*Solange I*), BVerfGE 37, 271, 285.
695 BVerfG, Urt. v. 22.10.1986 – 2 BvR 197/83 (*Solange II*), BVerfGE 73, 339, 387.
696 BVerfG, Urt. v. 22.10.1986 – 2 BvR 197/83 (*Solange II*), BVerfGE 73, 339, 366 f.
697 BVerfG, Urt. v. 12.10.1993 – 2 BvR 2134, 2159/92 (*Maastricht*), BVerfGE 89, 155, 175.
698 BVerfG, Urt. v. 01.06.2000 – 2 BvL 1/97 (*Bananenmarkt-Entscheidung*), BVerfGE 102, 147, 164.

dem *Lissabon*-Urteil kann das Bundesverfassungsgericht nur dann Rechtsakte der Organe der Europäischen Union überprüfen, wenn das Prinzip der begrenzten Einzelermächtigung nicht eingehalten ist und ein sogenannter „ausbrechender Rechtsakt" vorliegt.[699] Der *Mangold*-Beschluss als Reaktion auf das *Mangold*-Urteil[700] macht nochmals deutlich, dass eine *ultra-vires*-Kontrolle des Bundesverfassungsgerichts nur dann möglich ist, wenn ein hinreichend qualifizierter Kompetenzverstoß vorliegt, der bei einem offensichtlichen Verstoß und der Verschiebung des Machtgefüges angenommen werden kann.[701] Aus der Entscheidung zur Identitätskontrolle ergibt sich, dass bei einem nicht gewährten Grundrechtsschutz, hier dem Schutz der Menschenwürde aus Art. 1 Abs. 1 GG, das Bundesverfassungsgericht sowie die Behörden und Gerichte zu einer Überprüfung befugt sind.[702] Im Urteil zu OMTs (*Outright Monetary Transactions*) hat das Bundesverfassungsgericht allerdings die Entscheidungen des EuGH als bindend angesehen.[703]

2. *Grundgesetz*

Die Privatautonomie und insbesondere die Parteiautonomie sind nicht ausdrücklich als solche im Grundgesetz geregelt. Das Grundgesetz kennt allerdings Freiheitsrechte, aus denen sich die Privatautonomie ableiten lässt. Die Parteiautonomie als Verlängerung der Privatautonomie auf kollisionsrechtlicher Ebene kann deshalb ebenfalls über Art. 2 Abs. 1 GG ihre Herleitung und Rechtfertigung erfahren.[704] So schützt die allgemeine Handlungsfreiheit des Art. 2 Abs. 1 GG auch den Willen einer Person, eine bestimmte rechtserhebliche Erklärung abzugeben. Die allgemeine Handlungsfreiheit ist geeignet, die Privatautonomie im Vertragsrecht zu rechtfertigen.

---

699 BVerfG, Urt. v. 30.06.2009 – 2 BvE 2, 5/08, 2 BvR 1010, 1022, 1259/08, 182/09 (*Lissabon*), BVerfGE 123, 267, 349 ff, insbesondere 353 f.

700 EuGH, Urt. v. 22.11.2005, Rs. C-144/04 (*Mangold*), Slg. 2005, I-9981.

701 BVerfG, Urt. v. 06.07.2001 – 2 BvR 2661/06 (*Mangold-Beschluss*), BVerfGE 126, 286, 322.

702 BVerfG, Urt. v. 15.12.2015 – 2 BvR 2735/14 (*Identitätskontrolle*), BVerfGE 140, 317, 333.

703 BVerfG, Urt. v. 21.06.2016 – 2 BvR 2728/13 (*OMT*), BVerfGE 142, 123, 200.

704 *Beitzke*, Grundgesetz und Internationalprivatrecht, S. 17; *Jayme*, IPRax 1999, 429, 429; *Kroll-Ludwigs*, Rolle der Parteiautonomie, S. 223; a.A. *Neuhaus*, Grundbegriffe, S. 171 Fn. 417; *Kühne*, Parteiautonomie, S. 30; *Schmitz*, Rechtswahlfreiheit, S. 74, die Bedenken äußert, da zunächst ein staatliches Recht anwendbar sein muss, um den Grundrechtsschutz daraus abzuleiten.

Die allgemeine Handlungsfreiheit in Art. 2 Abs. 1 GG ist ein umfassendes Grundrecht, das deshalb auch als Auffanggrundrecht bezeichnet wird. Jede menschliche Handlung kann vom Schutzbereich des Art. 2 Abs. 1 GG erfasst sein. So kann die allgemeine Handlungsfreiheit des Art. 2 Abs. 1 GG auf die kurze Formel „jeder kann tun und lassen, was er will" gebracht werden.[705] Gerade hier zeigt sich, dass die Freiheit des Menschen im Vordergrund steht, auch unabhängig davon, ob durch die Handlung eine besonders gewichtige Persönlichkeitsentfaltung stattfindet. Die Entscheidungen, die der Mensch frei trifft, soll er auch umsetzen können. Durch mehrere Entscheidungen des Bundesverfassungsgerichts wurde der umfassende Schutzbereich des Art. 2 Abs. 1 GG bestätigt.[706] Der Schutz geht demnach so weit, dass alle Handlungen von Art. 2 Abs. 1 GG erfasst sind. Vor allem für die Privatautonomie wird Art. 2 Abs. 1 GG als Rechtfertigung herangezogen. Aus dem Gedanken, dass jeder selbst bestimmen kann, wie er handelt, wird für das Vertragsrecht die freie Entscheidung der Parteien abgeleitet, ob, wie und mit wem sie einen Vertrag eingehen wollen.[707] Es wird deshalb sowohl die Abschluss- als auch die Gestaltungsfreiheit, die der Privatautonomie innewohnt, durch das Grundrecht der allgemeinen Handlungsfreiheit geschützt.

Obwohl die Privaten in gewisser Weise durch die Privatautonomie selbst Recht setzen, kommt den Privaten nicht dieselbe Befugnis wie dem Staat zu. Der Bürger kann allein deshalb Recht setzen, weil dies in der Verfassung verankert ist. Das Prinzip des Gesetzesvorbehalts und damit staatliche Gesetze werden durch die Privatautonomie nicht umgangen. Ein Vertrag, der privatautonom ausgestaltet ist, entfaltet keine Wirkung, die über das Privatrechtsverhältnis hinausgeht.

Eine Einschränkung ergibt sich jeweils daraus, dass auch die Freiheit der anderen berücksichtigt werden muss. Die Rechtsgüter eines Dritten dürfen durch die eigene Ausübung der Freiheit nicht geschädigt werden. Die Schrankentrias in Art. 2 Abs. 1 GG sieht neben den Rechten anderer auch die öffentliche Ordnung und das Sittengesetz als Schranke vor.

---

705 *Von Mangoldt*, Parlamentarischer Rat – Verhandlungen des Hauptausschuss 1948/49, 42. Sitzung des Hauptausschusses, S. 533.

706 BVerfG, Urt. v. 16.01.1957 – 1 BvR 253/56 (*Elfes*), BVerfGE 6, 32, 36 ff; BVerfG, Urt. v. 23.05.1980 – 2 BvR 854/79, BVerfGE 54, 143, 146; BVerfG, Urt. v. 14.01.1987 – 1 BvR 1052/79, BVerfGE 74, 129, 151 f; BVerfG, Urt. v. 06.06.1989 – 1 BvR 921/85 (*Reiten im Walde*), BVerfGE 80, 137, 152; BVerfG, Urt. v. 07.02.1990 – 1 BvR 26/84 (*Handelsvertreter*), BVerfGE 81, 242, 254; BVerfG, Urt. v. 06.02.2001 – 1 BvR 12/92, BVerfGE 103, 89, 100.

707 *Flume*, Allgemeiner Teil des Bürgerlichen Rechts, 4. Aufl., S. 2; *ders.*, in: FS Deutscher Juristentag, S. 135, 135.

Die allgemeine Handlungsfreiheit ist allerdings lediglich Auffanggrundrecht. Sind speziellere Freiheitsgrundrechte gegeben, so ist Art. 2 Abs. 1 GG subsidiär.[708] So können auch im Hinblick auf die Privatautonomie speziellere Freiheitsgrundrechte einschlägig sein. Im Arbeitsrecht ist beispielsweise Art. 12 GG als Schutz der Berufsfreiheit spezieller, für die Eheschließungsfreiheit kann Art. 6 Abs. 1 GG angeführt werden. Besondere Berücksichtigung finden auch Vereine und Gesellschaften sowie Koalitionen, die ihren Schutz durch Art. 9 GG erfahren.

Schließt man sich *Dölle* an, so kann die Testierfreiheit als Pendant zur Privatautonomie gesehen werden und die Parteiautonomie im Erbrecht rechtfertigen. Unter den Grundrechten findet sich außerdem in Art. 14 GG der Schutz des Eigentums und des Erbrechts, der auch die Testierfreiheit umfasst.[709] Als Ausfluss des Eigentumsschutzes gilt die Verfügung über das Eigentum – auch über den Tod hinaus.[710] Der Eigentümer einer Sache kann mit ihr nach Belieben verfahren, über sie verfügen oder sie nach seinen Wünschen verändern. Die Testierfreiheit erlaubt es dem Eigentümer, auch über den Tod hinaus das Schicksal seines Vermögens zu bestimmen. Im deutschen Recht ist die Testierfreiheit einfachgesetzlich in § 1937 BGB vorgesehen. Sie gibt dem Erblasser die Möglichkeit, eine einseitige Verfügung von Todes wegen zu treffen. Dies umfasst aber auch die Freiheit, diese Möglichkeit nicht zu nutzen. Die Testierfreiheit schafft jedoch Anreize für den Erblasser, seine Rechtsnachfolge von Todes wegen selbst zu regeln.[711] Führt man die Parteiautonomie im Erbrecht auf die Testierfreiheit zurück, kann man den Schutz der Parteiautonomie im Erbrecht auf Art. 14 GG stützen.[712] Aus Art. 14 Abs. 1 GG lässt sich demnach ableiten, dass der Erblasser

---

708 Siehe nur Maunz/Dürig/*Di Fabio*, Art. 2 GG Rn. 21; *Cornils*, in: HbStR VII, 3. Aufl., § 168 Rn. 60.

709 BVerfG, Urt. v. 14.12.1994 – 1 BvR 720/90 = BVerfGE 91, 346, 358; siehe hierzu ausführlich *Kaulbach*, Gestaltungsfreiheit, S. 77 ff, die sich letztlich für die Gewährleistung der Testierfreiheit sowohl aus der Eigentums- als auch Erbrechtsgarantie ausspricht (S. 83).

710 BVerfG, Urt. v. 19.04.2005 – 1 BvR 1644/00, 1 BvR 188/03 = BVerfGE 112, 332, 349: „Recht zu vererben".

711 *Kaulbach*, Gestaltungsfreiheit, S. 74 f.

712 *Dreher*, Rechtswahl im internationalen Erbrecht, S. 109 ff möchte die Parteiautonomie nicht mit der materiellrechtlichen Testierfreiheit rechtfertigen, nimmt jedoch aus Art. 14 Abs. 1 GG den grundrechtlichen Schutz für eine kollisionsrechtliche Testierfreiheit als Rechtfertigung für die Parteiautonomie im Erbrecht. Sie sieht die erbrechtliche Parteiautonomie als gewährleistet an und fordert, dass die Denkweise andersherum sein müsste: Die Einschränkungen bedürfen einer Rechtfertigung (S. 130).

zum einen eine letztwillige Verfügung treffen kann, zum anderen aber auch Erbverträge als spezielle Vertragsform abschließen kann. Eine Beschränkung liegt durch das Pflichtteilsrecht vor, das durch den Schutz von Ehe und Familie aus Art. 6 Abs. 1 GG ebenfalls eine grundrechtliche Verankerung findet.[713]

3. Grundrechte-Charta und EMRK

Das Eigentum ist auch europarechtlich garantiert. In der Grundrechte-Charta schützt Art. 17 GRCh das Eigentum umfassend. Dabei erwähnt er auch ausdrücklich, dass das Recht, sein Eigentum zu vererben, in seinen Schutzbereich fällt.[714] Auch der EGMR hat in seiner Rechtsprechung zu Art. 1 Zusatzprotokoll EMRK festgehalten, dass vom Schutz des Eigentums auch das Erbrecht umfasst sein muss.[715] Insoweit bestätigt der EGMR hier nur, dass das Eigentum auch das Recht zur Vererbung umfassen muss. Hieraus folgt dann auch die Testierfreiheit, sodass der Eigentümer auch frei entscheiden kann, an wen er sein Vermögen vererben möchte. Dies wird als ein grundlegender und traditioneller Bestandteil des Eigentums angesehen. Das Erbrecht wird zudem auch auf Art. 8 EMRK gestützt, indem das Erbrecht zum Familienrecht gerechnet wird.[716] Da zum Eigentum und zum Erbrecht die Disposition über das eigene Vermögen gehört, lässt sich auch auf die Grundrechte-Charta und die EMRK die Parteiautonomie, und zwar auch die Parteiautonomie im Erbrecht, stützen.

III. Abschließende Betrachtungen

Im Mehrebenensystem bestehend aus dem grundrechtlichen Schutz durch Europarecht sowie nationalem Verfassungsrecht ist die Parteiautonomie umfassend gewährt und geschützt.[717] Zu ihrem Verhältnis kann abschließend noch auf die Rechtsprechung verwiesen werden, so dass die Grundrechte jeweils nebeneinander bestehen; sollte jedoch der inländische Schutz weitergehen als der europäische, ist dieser zusätzlich heranzuziehen.

---

713 BVerfG, Urt. v. 17.01.1957 – 1 BvL 4/54, BVerfGE 6, 55, 71; auch *Zimmermann*, in: Zimmermann, Freedom of Testation, S. VII, VII weist darauf hin, dass die Testierfreiheit rechtsvergleichend nie schrankenlos gewährt wird.

714 *D. Lübcke*, Nachlassverfahrensrecht, S. 226 sieht dies jedoch nicht als einschlägig an, da die Grundrechtecharta keinen umfassenden Schutz garantiert.

715 EGMR, Urt. v. 13.6.1979 (*Marckx ./. Belgien*), EuGRZ 1979, 454; siehe auch *Nußberger*, ErbR 2014, 468, 468 f.

716 *Kuchinke*, in: FS Söllner, S. 589, 603.

717 *Kroll-Ludwigs*, Rolle der Parteiautonomie, S. 262.

Fraglich ist jedoch, ob die Rechtswahl in der Europäischen Erbrechtsverordnung wirklich primär dem Gedanken der Selbstverwirklichung und der Freiheit des Erblassers dienen soll oder die unzureichende objektive Anknüpfung an den gewöhnlichen Aufenthalt mit der Zulassung einer Rechtswahl im Erbrecht im Vordergrund stand.[718] Man kann selbstverständlich den Gedanken der Testierfreiheit als Ausdruck des Willens der Partei ansehen und in der Parteiautonomie das kollisionsrechtliche Pendant. Schließlich zeigt sich auf der Begründungsebene der Parteiautonomie im Erbrecht eine gewisse Parallele zum Vertragsrecht, die durchaus auch im Kollisionsrecht Ausdruck finden kann. Es wird allerdings deutlich, dass der europäische Gesetzgeber sich nicht sicher war, wie er die objektive Anknüpfung ausgestalten soll. Die Zulassung der Rechtswahl im Internationalen Erbrecht wird oft lediglich als Kompromiss zwischen Staatsangehörigkeitsprinzip und Aufenthalts- oder Wohnsitzprinzip angesehen.[719] Dies würde darauf schließen lassen, dass nicht der Freiheitsgedanke das Hauptanliegen des europäischen Gesetzgebers war. Indes ergibt sich bereits aus Art. 21 Abs. 2 EuErbVO eine Kompromisslösung. Die Ausweichklausel soll berücksichtigen, dass die engste Verbindung des Erblassers nicht stets mit dem Recht des gewöhnlichen Aufenthalts bestand, sondern mit einer anderen Rechtsordnung bestehen kann, die in den meisten Fällen diejenige des Heimatstaates sein wird. Auch lässt sich der Entstehungsgeschichte der Europäischen Erbrechtsverordnung entnehmen, dass mit Art. 21 Abs. 2 EuErbVO eine Ausweichmöglichkeit geschaffen werden sollte. Dann müsste man die Rechtswahl in Art. 22 EuErbVO als tatsächliche Rechtswahl und Ausdruck des Freiheitsgedankens ansehen. Dass der Gesetzgeber überhaupt eine Rechtswahl zulässt, spricht dafür, dass er den Willen der Parteien zumindest teilweise berücksichtigen möchte. Die Gewährung von Parteiautonomie dient auch der Stärkung des Parteiwillens im Internationalen Privatrecht. Dies zeigt sich auch in der Möglichkeit der parteiautonomen Zuständigkeitsbestimmung. Hier war der Gesetzgeber nicht angehalten, eine Kompromisslösung zu finden. Vielmehr beruhen diese Regelungen darauf, den Parteien auch auf zuständigkeitsrechtlicher Ebene eine Mitbestimmung einzuräumen. Im Ergebnis wird man also sagen können, dass der europäische Gesetzgeber den Gedanken an eine Betätigung des freien Willens nicht völlig außer Acht gelassen hat, ihn aber dennoch wohl nicht als

---

718 Siehe allgemein *Jayme*, Zugehörigkeit und kulturelle Identität, S. 22: „erinnert fast an die Ansicht von Kegel, der die freie Rechtswahl als ‚Verlegenheitslösung' bezeichnete".

719 *Stojanovic*, Parteiautonomie, S. 36 f; ähnlich *Corneloup*, in: Roth, Wahl ausländischen Rechts, S. 15, 19 f.

primäre Begründung für die Aufnahme der Parteiautonomie in die Europäische Erbrechtsverordnung ansieht.

E. Parallelen zwischen Rechtswahl und parteiautonomer Zuständigkeitsbestimmung

Parteiautonomie spielt sowohl auf der kollisionsrechtlichen als auch der zuständigkeitsrechtlichen Ebene eine Rolle. Auf beiden Ebenen können die Parteien ihren Willen zum Ausdruck bringen. Dabei zeigen sich durchaus Parallelen zwischen der kollisionsrechtlichen Rechtswahl und der parteiautonomen Zuständigkeitsbestimmung, die eine gemeinsame Betrachtung rechtfertigen.[720] Aber auch das materielle Recht und das Kollisionsrecht stehen in einem engen Zusammenhang.[721] Die Bereiche sind voneinander abzugrenzen, stehen aber trotzdem in einem gewissen Abhängigkeitsverhältnis.[722]

Sowohl die Rechtswahl als auch die parteiautonome Zuständigkeitsbestimmung sind Ausfluss der Parteiautonomie. Die Rechtswahl steht auf der Grundlage der Privatautonomie – im Erbrecht der Testierfreiheit. Die Testierfreiheit gibt dem Erblasser die Möglichkeit, die Verteilung seines Vermögens nach seinem Tod frei zu gestalten und dabei auch vom Gesetzgeber als schützenswert betrachtete Personen von der Erbfolge auszuschließen. Auf kollisionsrechtlicher Ebene kann ihm diese Option in Gestalt von Parteiautonomie eingeräumt werden. Der Erblasser kann so auch durch die Bestimmung des anwendbaren Rechts Einfluss auf seine Erbfolge erhalten. Wie im Vertragsrecht, ist die Parteiautonomie auch im Erbrecht ein „verlängerter Arm“ der materiellrechtlichen

---

720 Eine Parallelität zumindest im Hinblick auf *forum* und *ius* nimmt auch *Schaack*, Prinzipien der Privatautonomie, S. 37 an. Er erörtert weiter, wie sich die Rechtswahl und eine Zuständigkeit der Gerichte gegenseitig beeinflussen lassen (S. 65–72, ebenso speziell für das französische Recht S. 112–114). *Neuhaus*, Grundbegriffe, S. 242 bezeichnet den Gleichlauf nicht nur als Parallelität, sondern als gegenseitige Abhängigkeit von internationaler Zuständigkeit und anwendbarem Recht.

721 *Riezler*, Internationales Zivilprozeßrecht und prozeßuales Fremdenrecht, S. 121 ff; *Kühne*, Parteiautonomie, S. 32.

722 *Hotz*, Rechtswahl im Erbrecht, S. 101; *von Overbeck*, in: Liber amicorum Baron Louis Fredericq II, S. 1085, 1099 für den Zusammenhang zwischen materiellem Recht und der Möglichkeit der Rechtswahl im Kollisionsrecht.

Privatautonomie, hier der Testierfreiheit. Eine Parallele zum Schuldrecht ist deshalb gegeben.[723]

Für die Gerichtsstandsvereinbarung, rügelose Einlassung und Gerichtsstandsanerkennung kann im Zivilprozess die Dispositionsmaxime der Parteien als Rechtfertigung gelten. Den beteiligten Personen an einem Sachverhalt mit Auslandsbezug stehen deshalb sowohl für das anwendbare Recht als auch die internationale Zuständigkeit Mittel zur Verfügung, um Einfluss auf die Entscheidung zu nehmen. Die Tatsache, dass diese Beteiligung der Parteien auf beiden Ebenen möglich ist, zeigt eine gewisse Parallelität zwischen der Rechtswahl und den Gerichtsstandsvereinbarungen. Die Parteiautonomie beschränkt sich nicht nur auf eine der beiden Ebenen, sondern zieht sich wie ein roter Faden durch die Ausgestaltung eines Rechtsverhältnisses. Die Parteien bestimmen selbst, welches Gericht die Sache entscheidet und welches Recht Anwendung findet. Den Rahmen bildet das Gesetz, das die Disposition der Parteien überhaupt erst vorsieht und ermöglicht; denn nicht die Parteien selbst schaffen Recht, sondern sie bewegen sich innerhalb des gesetzlichen Rahmens, der ihnen die Wahl erlaubt.

Die internationale Zuständigkeit kann außerdem nie getrennt vom Kollisionsrecht betrachtet werden. Eine gegenseitige Beeinflussung ist stets vorhanden. Ist ein bestimmtes Gericht zuständig, wendet dieses zunächst sein eigenes Kollisionsrecht, also das Kollisionsrecht der *lex fori*, an. Durch die Wahl des Gerichtsstands wird deshalb bereits vorgegeben, welches Kollisionsrecht das Gericht anwendet. Damit steht dann bei Kenntnis des Gerichtsstands bereits fest, welche Rechtsordnung als anwendbares Recht berufen wird. Diese gegenseitige Abhängigkeit macht deutlich, dass die Rechtswahl und die parteiautonome Zuständigkeitsbestimmung eng miteinander verwoben sind. Kommt es zu einem Rechtsstreit, kann ohne die Bestimmung der internationalen Zuständigkeit nicht das Kollisionsrecht ermittelt werden.

Die Gerichtsstandsvereinbarung kann deshalb als Pendant zur Rechtswahl angesehen werden.[724] Man kann sagen, dass es zu einer doppelten Spiegelung kommt: nimmt man die einzelnen Ausprägungen des Parteiwillens mit der Dispositionsmaxime, der Privatautonomie, der Parteiautonomie und der parteiautonomen Zuständigkeitsbestimmung, kann man sowohl eine horizontale als auch vertikale Spiegelung ausmachen. Zum einen spiegelt sich der Wille der

---

723 *Linde-Rudolf*, Probleme einer Parteiautonomie, S. 90 ff sieht zusätzlich zur Parallele im Schuldrecht auch eine Ähnlichkeit zum Güterrecht, die die Rechtswahl im Erbrecht rechtfertige.

724 *Coester-Waltjen*, in: FS Heldrich, S. 549, 554.

Parteien horizontal: sowohl prozessrechtlich als auch materiellrechtlich kann der Wille der Parteien Berücksichtigung finden. Aber auch im Hinblick auf die vorangestellten Fragen bei internationalen Fällen zeigt sich eine Spiegelung, in diesem Fall vertikal, denn sowohl für die Zuständigkeit als auch das anwendbare Recht können die Parteien selbst entscheiden. Alle vier Instrumente sind Ausfluss der Grund- und Menschenrechte und lassen sich durch den freien Willen der Parteien rechtfertigen, wobei die Ebene der internationalen Fragen jeweils durch die nationale gerechtfertigt wird. So dient die Dispositionsmaxime der Rechtfertigung für die parteiautonome Zuständigkeitsbestimmung und die Privatautonomie stellt die Grundlage für die Parteiautonomie im Kollisionsrecht. Sie haben alle denselben Ursprung und finden sich auf jeder Ebene eines zivilrechtlichen Sachverhalts wieder. Jeweils die vorangestellte Überlegung, welches Gericht zuständig ist und welches Recht anwendbar ist, kann von den Parteien bestimmt werden. Innerhalb der so getroffenen Entscheidung steht es den Parteien dann erneut zu, ihren eigenen Willen durchzusetzen, indem sie auf materiellrechtlicher Ebene über die dispositiven Normen bestimmen können. Auf dieselbe Art und Weise können die Parteien den Prozess durch ihre Einflussnahme wie Klageerhebung und -beendigung bestimmen und innerhalb des materiellen Rechts ihre Rechtsverhältnisse gestalten. Die Schranken, die sich auf der materiellrechtlichen Seite zeigen, müssen sich auch im Prozessrecht widerspiegeln.[725]

Diese doppelte Spiegelung zeigt, dass der Wille der Parteien sich auf jeder Ebene durchsetzen kann, dies aber nicht zwingenderweise muss – was auch von der Willensfreiheit der Parteien gedeckt ist. Denn die Parteien können sich auch gegen eine Rechtswahl oder parteiautonome Zuständigkeitsbestimmung entscheiden.

Das Besondere an der Europäischen Erbrechtsverordnung ist nun, dass die Einflussnahme auf der zuständigkeitsrechtlichen Ebene eine Rechtswahl voraussetzt und so ein noch engeres Abhängigkeitsverhältnis zwischen den beiden Ebenen schafft. In anderen Rechtsinstrumenten sind die Ebenen getrennt voneinander zu betrachten; auf jeder Ebene kommt die parteiautonome Einflussnahme in Betracht. Auch im Hinblick darauf, dass es den Parteien frei steht, von der Möglichkeit einer Einflussnahme Gebrauch zu machen oder gerade darauf zu verzichten, scheint die Europäische Erbrechtsverordnung die Konturen zu verwischen. Die Europäische Erbrechtsverordnung nimmt ein parteiautonomes

725 *M. Weller*, Ordre-public-Kontrolle, S. 146; *G. Wagner*, Prozessverträge, S. 97 ff.

Element einer anderen Ebene und macht dieses zur Voraussetzung auf der zuständigkeitsrechtlichen Ebene.

Die Europäische Erbrechtsverordnung sieht noch eine weitere Beschränkung vor. Anders als bei freier Disposition, die wertneutral ist und die Anzahl der gegebenen Anknüpfungsmomente nicht abwägt,[726] gibt die Europäische Erbrechtsverordnung sowohl für die Wahl der Gerichtsstände als auch für die Rechtswahl jeweils nur eine Wahlmöglichkeit vor.

Das Erbrecht unter der Europäischen Erbrechtsverordnung ist mithin nicht nur durch Dispositionsfreiheit auf der Ebene des materiellen Rechts, des Kollisionsrechts, der Zuständigkeit und eines gerichtlichen Verfahrens geprägt. Vielmehr sind die Ebenen miteinander verknüpft und kennen ähnliche Beschränkungen. Daher erscheint es angezeigt, die jeweiligen Ausprägungen von Parteiautonomie nicht nur jeweils für sich, sondern auf dieser Grundlage sodann gemeinsam zu untersuchen.

726 *G. Mayer*, NiemZ 44 (1931), 103, 120.

2. Teil: Rechtswahl im Internationalen Erbrecht

Kapitel 5: Rechtswahl nach der Europäischen Erbrechtsverordnung

Die Regelungen zum anwendbaren Recht in der Europäischen Erbrechtsverordnung bilden das „Herz der Erbrechtsverordnung“[727]. Sie erlauben dem Erblasser, das auf seine Erbfolge anwendbare Recht zu wählen, wenn er nicht die objektive Anknüpfung an den gewöhnlichen Aufenthalt wünscht. Die Parteiautonomie im Internationalen Erbrecht hat sich hiermit nun auf europäischer Ebene durchgesetzt und Einzug in eine europäische Verordnung gehalten.

A. Objektive Anknüpfung an den gewöhnlichen Aufenthalt des Erblassers

Als objektiven Anknüpfungspunkt für das anwendbare Recht hat sich der europäische Gesetzgeber in Art. 21 Abs. 1 EuErbVO für den letzten gewöhnlichen Aufenthalt des Erblassers entschieden. So bestimmt das Recht des Aufenthaltsstaates darüber, welche Rechtsordnung auf den Erbfall Anwendung findet. Der gewöhnliche Aufenthalt ist nicht in der Verordnung selbst definiert, vielmehr kommt es in jedem Einzelfall auf die Umstände an, um zu beurteilen, wo der Erblasser seinen letzten gewöhnlichen Aufenthalt hatte.[728]

Fraglich ist jedoch, ob eine solche Anknüpfung sinnvoll ist. Warum wurde der gewöhnliche Aufenthalt als objektiver Anknüpfungspunkt gewählt? Wäre eine Anknüpfung an die Staatsangehörigkeit nicht sinnvoller? Das Erbrecht ist ein Rechtsgebiet, auf dem die kulturelle Identität[729] eine große Rolle spielt. Es ist stark an die Vorstellungen von Ehe und Familie gebunden und zeigt nach außen hin sehr deutlich, welche kulturelle Prägung ein Mensch erfahren hat. Fraglich ist deshalb, durch welche Kultur die Identität eines Menschen stärker geprägt ist: durch die des gewöhnlichen Aufenthalts oder durch die des Heimatstaates.

Für den gewöhnlichen Aufenthalt spricht zum einen, dass sich hier der Alltag abspielt. Im täglichen Leben hat es der Erblasser mit der Rechtsordnung seiner Umgebung zu tun.[730] Allerdings ist der Erblasser meist in seinem Heimatrecht

---

727 *Dutta*, FamRZ 2013, 4, 8.

728 S.o. Kapitel 3, D., I.

729 Begriff geprägt von *Jayme*, in: Jayme, Kulturelle Identität, S. 5, S. 5.

730 *Braga*, Staatsangehörigkeitsprinzip oder Wohnsitzprinzip?, S. 47 (bezogen auf den Wohnsitz).

sehr stark verwurzelt, sodass hierdurch auch die Vorstellungen geprägt werden, wie sich die Rechtsnachfolge von Todes wegen gestaltet.[731] Die Staatsangehörigkeit ist Ausdruck der engen Verbundenheit mit dem Heimatstaat.[732] Für das Staatsangehörigkeitsprinzip lässt sich auch die einfache Feststellbarkeit und Beständigkeit nennen.[733] Meist kann durch einen kurzen Blick in ein Ausweisdokument festgestellt werden, welcher Nationalität der Erblasser angehört.[734]

Beim gewöhnlichen Aufenthalt muss hingegen zunächst das Kriterium ausgelegt und bestimmt werden, welcher Ort als Lebensmittelpunkt des Erblassers gilt. Hinzu kommt, dass dem gewöhnlichen Aufenthalt ebenfalls ein subjektives Element innewohnt. Nicht allein objektive Kriterien können entscheiden, welcher Staat als Aufenthaltsstaat gilt. Nach Erwägungsgrund 23 sollen die Dauer und Regelmäßigkeit sowie Umstände und Gründe hierfür entscheidend sein. Um die Umstände und Gründe zu beurteilen, muss die mit dem Fall befasste Behörde auch die persönlichen und damit subjektiven Umstände des Erblassers berücksichtigen. Eine starre Beurteilung anhand der objektiven Fakten ist nicht möglich.[735] Dieser Rückgriff auf subjektive Elemente zur Bestimmung einer objektiven Anknüpfung macht die Anknüpfung an den gewöhnlichen Aufenthalt zu einer unsicheren Anknüpfung und lässt an der Geeignetheit als Anknüpfungsmoment zweifeln.[736] Allerdings spricht gegen das Prinzip des gewöhnlichen Aufenthalts, dass dadurch mehrere Rechtsordnungen zur Auswahl stehen können, zu denen der Erblasser eine enge Verbindung aufweist. Das Ziel des Internationalen Privatrechts ist es, die engste Verbindung eines Rechtsverhältnisses zu einer Rechtsordnung zu finden und dieses Recht zur Anwendung zu bringen. Die Anknüpfung an den gewöhnlichen Aufenthalt wird der steigenden Mobilität

---

731 Rauscher/*Rauscher*, Bearbeitung 2010, EG-ErbVO-E, Rn. 50; *Kern/Glücker*, RabelsZ 78 (2014), 294, 309.

732 *Junghardt*, Vereinheitlichung des Erb- und Testamentsrechts, S. 102.

733 *Junghardt*, Vereinheitlichung des Erb- und Testamentsrechts, S. 102; *Kühne*, Parteiautonomie, S. 65; *Seibl*, in: Spickhoff, Symposium Parteiautonomie, S. 123, 125; a.A. *Braga*, Staatsangehörigkeitsprinzip oder Wohnsitzprinzip?, S. 47 ff, der Gründe der Rechtssicherheit nicht für die Staatsangehörigkeit ins Feld führt.

734 *Junghardt*, Vereinheitlichung des Erb- und Testamentsrechts, S. 62; *Bajons*, in: FS Heldrich, S. 495, 502, die außerdem kritisiert, dass der gewöhnliche Aufenthalt in keinem Dokument festgehalten wird.

735 S.o. Kapitel 3, D., I.

736 Vgl. *Cabrillac/Lisanti*, Dr. et patr. 2013, 42, 45 f; *Fischer-Czermak*, EF-Z 2013, 52, 52; *dies.*, in: Schauer/Scheuba, Europäische Erbrechtsverordnung, S. 43, 44 ff.

der europäischen Bürger und der Integration gerecht.[737] Das Recht der Staatsangehörigkeit ist zwar grundsätzlich veränderbar, aber die Verleihung der Staatsangehörigkeit erfolgt nur unter gewissen Voraussetzungen durch den jeweiligen Staat.[738] Außerdem wird die Staatsangehörigkeit erfahrungsgemäß nicht sehr oft gewechselt.[739] Ein Wechsel des gewöhnlichen Aufenthalts kann stattdessen durch einen Umzug in einen anderen Staat erfolgen. Natürlich müssen auch hier weitere Voraussetzungen hinzukommen – insbesondere die Verlagerung des Lebensmittelpunkts, sodass ein schlichter Aufenthaltswechsel nicht ausreicht –, allerdings sind die Hürden hier geringer. Hinzu kommt, dass eine Integration in den neuen Staat, die für das Begründen eines gewöhnlichen Aufenthalts erforderlich ist, vom Erblasser selbst abhängt. Der Wechsel der Staatsangehörigkeit ist meist mit einem Hoheitsakt verbunden, der durch das Ausstellen des neuen Ausweisdokuments erfolgt und bei dem ein genauer Zeitpunkt feststeht. Den Wechsel des gewöhnlichen Aufenthalts kann der Erblasser demgegenüber selbst beeinflussen und er ist nicht von äußeren Faktoren abhängig.[740] Dies macht es jedoch so schwer, den gewöhnlichen Aufenthalt zu bestimmen.

Knüpft man an die Staatsangehörigkeit an, entspricht dies dem Kontinuitätsinteresse des Erblassers: Selbst bei einem Wechsel des Aufenthalts kann er sich sicher sein, dass sein Heimatrecht auf seine Rechtsnachfolge von Todes wegen Anwendung findet.[741] Bei der Bestimmung des gewöhnlichen Aufenthalts hängt vieles von Umständen ab, die dem Richter oder der Behörde im Zweifel nicht oder nur schwer zugänglich sind. Möglich ist auch, dass der Erblasser gerade

---

737 *Emmerich*, Probleme der Anknüpfung, S. 76; *Junghardt*, Vereinheitlichung des Erb- und Testamentsrechts, S. 110 f; *Max-Planck-Institut für ausländisches und internationales Privatrecht*, RabelsZ 74 (2010), 522, 604; *Dörner*, ZEV 2010, 221, 222; zweifelnd *Kern/Glücker*, RabelsZ 78 (2014), 294, 309 f.

738 *Bajons*, DNotI-Studie, S. 465, 482; so auch *Wahl*, in: FS IPR, S. 123, 151; in Deutschland ist auf Antrag einzubürgern, wenn folgende Voraussetzungen gegeben sind: ein Mindestaufenthalt von acht Jahren, ein unbefristetes Aufenthaltsrecht, die Bekennung zur freiheitlich demokratischen Grundordnung, eine Finanzierung des Lebensunterhalts ohne öffentliche Mittel, die Aufgabe der bisherigen Staatsangehörigkeit, keine Verurteilung wegen einer Straftat, ausreichende Kenntnisse der deutschen Sprache sowie durch einen Einbürgerungstest ausreichende Kenntnisse der Rechts- und Gesellschaftsordnung, so § 10 StAG (Staatsangehörigkeitsgesetz, RGBl. S. 583).

739 *Denkinger*, Europäisches Erbkollisionsrecht, S. 367; *Junghardt*, Vereinheitlichung des Erb- und Testamentsrechts, S. 62.

740 *Bajons*, in: FS Heldrich, S. 495, 500.

741 *Junghardt*, Vereinheitlichung des Erb- und Testamentsrechts, S. 102 f; *Sonnentag*, EWS 2012, 457, 463; vgl. *Lüderitz*, FamRZ 1970, 169, 173.

keine Bindung zu seinem Aufenthaltsrecht hergestellt hat und es sich dabei um ein Recht handelt, mit dem er sich nicht identifiziert.

Das Staatsangehörigkeitsprinzip sieht sich jedoch häufig auch dem Vorwurf der Diskriminierung ausgesetzt. Nach Art. 18 AEUV darf innerhalb des Anwendungsbereichs der Verträge der Europäischen Union keine Diskriminierung aufgrund der Staatsangehörigkeit erfolgen. Allerdings führt allein die kollisionsrechtliche Anknüpfung an die Staatsangehörigkeit zu keiner Ungleichbehandlung.[742] Inländer und Ausländer werden gerade nicht aufgrund der Staatsangehörigkeit ungleich behandelt.[743] Die Anknüpfung an den gewöhnlichen Aufenthalt beseitigt dennoch jeden Zweifel, dass eine Diskriminierung aufgrund der Staatsangehörigkeit erfolgen könnte.[744] Außerdem unterstützt die Anknüpfung den Gedanken der Grundfreiheit der Freizügigkeit.[745]

Ob der Erblasser sich nun mit dem Recht des Heimatstaates oder mit dem Recht des gewöhnlichen Aufenthalts eher verbunden fühlt, ist jeweils eine Frage des Einzelfalls. Die generelle Bevorzugung eines der beiden Kriterien fällt schwer.[746] Gerade deshalb scheint die Möglichkeit der Rechtswahl hier über die Problematik hinwegzuhelfen, da sie es dem Erblasser überlässt zu entscheiden, mit welchem Recht er sich verbundener fühlt.[747]

---

742 Ausführlich *Drobnig*, RabelsZ 24 (1970), 636, 636 ff; *Kroll-Ludwigs*, Rolle der Parteiautonomie, S. 340 ff; *Junghardt*, Vereinheitlichung des Erb- und Testamentsrechts, S. 65 ff; *Mansel*, in: Jayme, Kulturelle Identität, S. 119, 147 ff (hauptsächlich im Hinblick auf die Brüssel IIa-VO); *D. Lübcke*, Nachlassverfahrensrecht, S. 220.

743 *Leipold*, in: FS Söllner, S. 647, 663; *Herweg*, Vereinheitlichung des Internationalen Erbrechts, S. 226 ff; Rauscher/*Rauscher*, Bearbeitung 2010, EG-ErbVO-E, Rn. 50; *Sonnentag*, EWS 2012, 457, 460 ff; a.A. *Drobnig*, RabelsZ 24 (1970), 636, 642 ff.

744 Vorschlag für eine Verordnung des Europäischen Parlaments und des Rates über die Zuständigkeit, das anzuwendende Recht, die Anerkennung und die Vollstreckung von Entscheidungen und öffentlichen Urkunden in Erbsachen sowie zur Einführung eines Europäischen Nachlasszeugnisses vom 14.10.2009 (KOM (2009) 154 endgültig), S. 6 f.

745 Vgl. *Deutsches Notarinstitut*, Studie, S. 266.

746 *Kroll-Ludwigs*, Rolle der Parteiautonomie, S. 401; *Kühne*, Parteiautonomie, S. 65 spricht von einer „Anknüpfungsverlegenheit". Seiner Ansicht nach kann diese Anknüpfungsverlegenheit nur durch die Parteiautonomie („nur durch *ein* taugliches Mittel", S. 71) und gerade nicht durch die Suche nach der engsten Verbindung überwunden werden (S. 68 ff). Er erkennt allerdings auch, dass eine Rechtswahl nicht ohne weiteres alle Spannungen lösen kann, sieht die Suche nach einer Lösung allerdings als „Versuch der Quadratur des Kreises" an (S. 85).

747 *Dutta*, in: Reichelt/Rechberger, Europäisches Erb- und Erbverfahrensrecht, S. 57, 61; vgl. *Junghardt*, Vereinheitlichung des Erb- und Testamentsrechts, S. 96; *Kühne*,

Eine Lösung wäre die objektive Anknüpfung weiterhin an die Staatsangehörigkeit mit der Möglichkeit, das Recht des gewöhnlichen Aufenthalts zu wählen oder dem Erblasser eine alternative Anknüpfung an den gewöhnlichen Aufenthalt zur Verfügung zu stellen.[748] Damit könnte sich der Erbfall nach dem Heimatrecht beurteilen; der Erblasser könnte durch eine Rechtswahl zugunsten des Aufenthaltsrechts aber deutlich machen, dass er sich bereits mit der neuen Rechtsordnung vertraut gemacht hat und sich mit dieser identifiziert.[749] Die objektive Anknüpfung erfolgte auch wirklich anhand von objektiven Kriterien und es müsste kein weiteres subjektives Element hinzutreten. Hierdurch würde gewährleistet, dass eine objektive Anknüpfung ohne Auslegung zu einem Ergebnis führt. Ähnlich sieht dies auch *Rauscher*, der deutlich macht, dass die seiner Meinung nach falsch gewählte objektive Anknüpfung nicht durch eine Rechtswahl korrigiert werden kann.[750]

Ein Vorschlag, um jeweils das nächste Recht des Erblassers zu finden, ist die Einführung von Dynamisierungsklauseln.[751] So könnte der Erblasser selbst bestimmen, welches Anknüpfungsmerkmal für die Rechtsnachfolge von Todes wegen ausschlaggebend sein soll. Er könnte dann festlegen, ob der gewöhnliche Aufenthalt oder die Staatsangehörigkeit das anwendbare Recht bestimmen soll. Nachteil einer solchen Dynamisierungsklausel oder eines wandelbaren Anknüpfungspunktes ist jedoch die weiterhin bestehende Rechtsunsicherheit und die Praktikabilität in der Rechtswirklichkeit.

Eine Anknüpfung an die Staatsangehörigkeit mit der Möglichkeit, zugunsten des Rechts des gewöhnlichen Aufenthalts zu optieren, würde deshalb dem Telos einer objektiven Anknüpfung eher entsprechen. Nachdem sich der europäische Gesetzgeber aber in vielen Verordnungen mittlerweile dafür entschieden hat, den gewöhnlichen Aufenthalt als objektive Voraussetzung zu nehmen, und dies bereits als „Trend" in den europäischen Verordnungen erkennbar ist, ist die Wahrscheinlichkeit eher gering, dass das objektive Anknüpfungsmerkmal der Europäischen Erbrechtsverordnung nachträglich noch einer Änderung unterzogen wird. Vielmehr ist das Korrektiv der objektiven Anknüpfung durch die Rechtswahlmöglichkeit stärker in den Fokus zu nehmen und so zu einer

---

Parteiautonomie, S. 64 ff; *Kemp*, Grenzen der Rechtswahl, S. 45; *Herweg*, Vereinheitlichung des Internationalen Erbrechts, S. 88.

748 *Junghardt*, Vereinheitlichung des Erb- und Testamentsrechts, S. 118 ff; *Sonnentag*, EWS 2012, 457, 465 ff; *Kern/Glücker*, RabelsZ 78 (2014), 294, 304.

749 *Kern/Glücker*, RabelsZ 78 (2014), 294, 305.

750 Rauscher/*Rauscher*, Bearbeitung 2010, EG-ErbVO-E, Rn. 50.

751 So vorgeschlagen von *Stoll*, Rechtswahl, S. 217 f, insbesondere für das Familienrecht.

möglicherweise engeren Verbindung des Erblassers zu einer Rechtsordnung zu gelangen.

B. Wahl des Heimatrechts

Die Europäische Erbrechtsverordnung sieht vor, dass eine Rechtswahl zugunsten des Heimatrechts erfolgen kann. Dies führt dazu, dass die Rechtsnachfolge von Todes wegen nicht nach dem Recht des gewöhnlichen Aufenthalts erfolgt. Vielmehr kommt es zu einer subjektiven Anknüpfung, die das Recht zur Anwendung bringt, das der Erblasser selbst bestimmt. Der Erblasser kann von der objektiven Anknüpfung abweichen, indem er selbst vorgibt, welche Rechtsordnung diejenige ist, mit der er sich verbunden fühlt.[752] Die Wahl des Heimatrechts beurteilt sich grundsätzlich nach Art. 22 EuErbVO. Eine Rechtswahl ist auch dann zulässig, wenn das gewählte Recht eine Rechtswahl nicht kennt.[753] Mit den Änderungen durch das IntErbVG wurde nun auch die Möglichkeit der Wahl des anzuwendenden Erbrechts in §§ 1941 Abs. 1, 2270 Abs. 3 und 2278 Abs. 2 BGB aufgenommen. Insbesondere ist auch die Wahl des Rechts eines Drittstaats möglich, denn Art. 20 EuErbVO sieht vor, dass es sich um eine *loi uniforme* handelt. Gelangt das Gericht oder die mit dem Fall befasste Behörde zu dem Ergebnis, dass nicht das Recht eines Mitgliedstaats anwendbar ist, ist dieses Recht trotzdem anzuwenden.[754]

Die Verweisung, die durch die Rechtswahl erfolgt, ist eine Sachnormverweisung.[755] Das Internationale Privatrecht des Staates wird nicht berücksichtigt, soweit es sich um eine Verweisung auf das Recht eines Mitgliedstaats handelt. Jedoch sieht Art. 34 Abs. 2 EuErbVO vor, dass auch bei der Wahl des Rechts eines Drittstaats eine Rück- und Weiterverweisung nicht beachtet wird.[756] Probleme könnten sich trotzdem dann ergeben, wenn der Drittstaat eine Rechtswahl nicht kennt und nicht weiß, wie er mit einer erbrechtlichen Rechtswahl umzugehen hat.[757] Es kann bei einem Drittstaatensachverhalt zu einer nichtigen

---

752 *Süß*, in: Süß, Erbrecht in Europa, 3. Aufl., § 2 Rn. 75 spricht von einer „Korrekturfunktion".

753 *Rudolf*, NZ 2013, 225, 235.

754 MüKo/*Dutta*, Art. 20 Rn. 1; BeckOGK/*J. Schmidt*, Art. 20 Rn. 18.

755 Deixler-Hübner/Schauer/*Schauer*, Art. 22 Rn. 15; *Cach/A. Weber*, ZfRV 2013, 263, 267; *Odersky*, notar 2013, 3, 6; *Frank/Döbereiner*, Nachlassfälle, Rn. 197.

756 *Cach/A. Weber*, ZfRV 2013, 263, 267.

757 *Bonomi*, in: FS van Loon, S. 69, 74; *Lein*, in: Dutta/Herrler, Die Europäische Erbrechtsverordnung, S. 199, 212 f.

Rechtswahl kommen oder dazu, dass der Drittstaat eine getroffene Rechtswahl nicht anerkennt.[758] Für die Wirksamkeit der Rechtswahl hat dies jedoch keine negative Folge.[759]

I. Beschränkung auf das Heimatrecht

Die Rechtswahl in der Europäischen Erbrechtsverordnung ist auf die Wahl des Heimatrechts beschränkt. Damit liegt eine extreme Beschränkung auf grundsätzlich nur eine wählbare Rechtsordnung vor.[760] Daraus ergibt sich bereits, dass nur dann eine Rechtswahl möglich ist, wenn der gewöhnliche Aufenthalt und die Staatsangehörigkeit des Erblassers auseinanderfallen. Es ist nur staatliches Recht wählbar.[761]

Im Vorfeld der Verabschiedung der Verordnung standen weitere Anknüpfungspunkte zur Diskussion: das Recht des gewöhnlichen Aufenthalts, das Wohnsitzrecht, das Recht des schlichten Aufenthalts, der Schwerpunkt des Nachlassvermögens, das Ehegüterstatut und das Belegenheitsrecht.[762] Letztlich hat sich der europäische Gesetzgeber jedoch dazu entschieden, lediglich eine Rechtswahl zugunsten des Heimatrechts zuzulassen. Warum also nur eine eingeschränkte Rechtswahl? Es lohnt sich ein Blick auf die unterschiedlichen Regelungen in anderen europäischen Verordnungen.

Das Internationale Sachenrecht ist in keiner europäischen Verordnung vereinheitlicht. Hier beurteilt sich das anwendbare Recht weiterhin nach dem nationalen Recht. Im deutschen Recht sind die Normen des EGBGB einschlägig, die eine Rechtswahl im Internationalen Sachenrecht nicht vorsehen. Grundsätzlich richtet sich das anwendbare Recht in den meisten Rechtsordnungen nach der

---

758 *Corneloup*, in: Roth, Wahl ausländischen Rechts, S. 15, 25.

759 Vgl. Erwägungsgrund 40; *Junker*, Internationales Privatrecht, 2. Aufl., § 20 Rn. 27; Kroiß/Horn/Solomon/*Köhler*, Art. 22 Rn. 9 dort Fn. 21.

760 *Corneloup*, in: Roth, Wahl ausländischen Rechts, S. 15, 23 f; *Stojanovic*, Parteiautonomie, S. 55 sieht in der Beschränkung die „wichtigste, wenn nicht entscheidendste Schranke der Parteiautonomie" und nimmt eine Beschränkung anhand der materiellrechtlichen Dispositionsmöglichkeit in jedem Rechtsgebiet an. Kritik an der Beschränkung als unverhältnismäßig bei *Kroll-Ludwigs*, Rolle der Parteiautonomie, S. 590 f.

761 Deixler-Hübner/Schauer/*Schauer*, Art. 22 Rn. 29; MüKo/*Dutta*, Art. 22 Rn. 9.

762 *Lehmann*, IPRax 2006, 204, 206; siehe auch die Vorschläge des MPI in *Max-Planck-Institut für ausländisches und internationales Privatrecht*, RabelsZ 74 (2010), 522, 607 f.

lex rei sitae, sodass es auf die Belegenheit der Sache ankommt. Insbesondere im Grundstücksrecht spielt sie eine große Rolle.[763]

In Art. 3 Rom I-VO können die Parteien für vertragliche Schuldverhältnisse eine freie Rechtswahl treffen, um das auf ihren Vertrag anwendbare Recht zu bestimmen. Die Rechtswahl unterliegt keiner Beschränkung. Vielmehr bleibt es den Parteien überlassen zu entscheiden, nach welchem Recht sich ihr Sachverhalt mit Auslandsberührung bestimmen soll. Es ist möglich, jedes beliebige Recht zu wählen – soweit es sich um staatliches Recht handelt. Auch wenn die Parteien keine Verbindung zu einem Staat haben, ist es ihnen frei gestellt, sich das Recht dieses Staates auszusuchen.[764] Allein der Grund, dass den Parteien die Regelungen eines bestimmten Staates mehr zusagen als die Regelungen ihrer Herkunftsstaaten, lässt es ausreichen, dass sie dieses Recht wählen können. Eine solche Rechtswahl erfolgt dann immer gemessen an den eigenen Interessen.[765] Auch Art. 14 Rom II-VO sieht eine weite Anwendung der Rechtswahl vor. Anders als die schuldvertragliche Rechtswahl ist hier zwar die objektive Anknüpfung in systematischer Hinsicht vorangestellt, was jedoch für die Anwendung der Rechtswahl keinen Unterschied macht.[766] Die Rechtswahl setzt sich auch bei außervertraglichen Schuldverhältnissen gegenüber der objektiven Anknüpfung durch.

Im Familienrecht ist sowohl in Art. 5 Rom III-VO das auf die Scheidung anwendbare Recht als auch in Art. 8 HUP das auf die Unterhaltspflichten anwendbare Recht nicht frei wählbar.[767] Für das Scheidungsstatut können die Ehegatten nur eine der Rechtsordnungen, die in Art. 5 Abs. 1 lit. a bis lit. d Rom III-VO aufgeführt sind, wählen. Ebenso stellt Art. 8 Abs. 1 lit. a bis lit. d HUP den Parteien nur vier wählbare Rechtsordnungen zur Verfügung. Die Gründe der beschränkten Rechtswahl liegen in der engen Verbundenheit des Familienrechts mit der kulturellen Identität der Bürger und damit in den verschiedenen Traditionen, die dem Familienrecht zugrunde liegen.[768] Um eine Rechtswahl zu treffen, sollen

---

763 *Kühne*, in: Liber amicorum Gerhard Kegel, S. 65, 69 f; *Hohloch*, in: FS Thue, S. 257, 267; *Kern*, Typizität, S. 138 ff.

764 MüKo/*Martiny*, Art. 3 Rom I-VO Rn. 22; *Kühne*, Parteiautonomie, S. 103 sieht den Unterscheid zwischen Schuld- und Erbrecht darin, dass das Erbrecht nur einen einzigen Fall betrifft, während das Schuldrecht auf die Durchführung mehrerer Transaktionen gerichtet ist.

765 *Eidenmüller*, JZ 2009, 641, 642.

766 *Kroll-Ludwigs*, Rolle der Parteiautonomie, S. 88 f.

767 *Kroll-Ludwigs*, Rolle der Parteiautonomie, S. 99.

768 *C. Kohler*, ZEuP 2015, 920, 923.

die Ehegatten oder Beteiligten eines Unterhaltssachverhalts eine enge Verbindung zu diesem Staat aufweisen und die zwingenden Normen des nationalen Rechts nicht abwählen können.[769]

Parallel zum Familienrecht, mit dem das Erbrecht eng verbunden ist, wird eine freie Rechtswahl nicht gewährt. Selbst wenn das Recht eines bestimmten Staates für seinen Erbfall die für ihn beste Lösung bietet, kann der Erblasser dieses Recht nicht wählen. Natürlich steht es ihm weiterhin frei, seinen gewöhnlichen Aufenthalt in diesen Staat zu verlegen und so zur Anwendung des nationalen Erbrechts seines Wunschstaates zu gelangen – dies ist dann aber ein Fall der indirekten Rechtswahl, bei der weiterhin das objektive Anknüpfungsmerkmal die anwendbare Rechtsordnung bestimmt.[770] Zudem ist die Verlegung des gewöhnlichen Aufenthalts nicht ohne größeren Aufwand möglich.[771] Das Gericht könnte aber immer noch nach Art. 21 Abs. 2 EuErbVO zu der Entscheidung gelangen, dass sich der gewöhnliche Aufenthalt nicht im vom Erblasser bevorzugten Staat befindet, sondern weiterhin in dem Staat liegt, in dem der vorherige Aufenthalt lag. Für den Erblasser ergibt sich dadurch eine Rechtsunsicherheit, die er nicht ohne weiteres beseitigen kann.[772] In den Erwägungsgründen geht der europäische Gesetzgeber allerdings auf seine Beschränkung ein und macht deutlich, dass das Erbrecht innerhalb der Rechtsgebiete eine besondere Rolle einnimmt. Das Erbrecht wird als das Rechtsgebiet gesehen, das eine sehr enge Verbindung zum Erblasser hat.[773] Ähnlich wie das Familienrecht hat es Einfluss auf seine Persönlichkeit – oder um es nochmals mit *Erik Jayme* auszudrücken: seine kulturelle Identität.[774] Die erbrechtliche Nachfolge in das Vermögen ist ein Thema, das eng mit der Tradition und Kultur verbunden ist. Eine enge Verbindung zu dem Staat, nach dessen Recht sich die Erbfolge beurteilt, sollte deshalb vorhanden sein.[775] Aufgrund der tiefen Verwurzelung mit dem Heimatstaat soll der Erblasser deshalb nur das Recht seiner Staatsangehörigkeit wählen können.[776] Im Erbrecht

---

769 *Kroll-Ludwigs*, Rolle der Parteiautonomie, S. 105.

770 Deixler-Hübner/Schauer/*Schauer*, Art. 22 Rn. 4; *Wilke*, RIW 2012, 601, 606.

771 *Frank/Döbereiner*, Nachlassfälle, Rn. 202; *Süß*, in: Süß, Erbrecht in Europa, 3. Aufl., § 5 Rn. 27.

772 Deixler-Hübner/Schauer/*Schauer*, Art. 22 Rn. 3; MüKo/*Dutta*, Art. 22 Rn. 1; Bergquist/*Lagarde*, Art. 22 Rn. 2; Kroiß/Horn/Solomon/*Köhler*, Art. 22 Rn. 1.

773 *Sonnentag*, EWS 2012, 457, 464.

774 *Jayme*, in: Jayme, Kulturelle Identität, S. 5, 9 f, der das Staatsangehörigkeitsprinzip als das enger mit der kulturellen Identität verbundene Anknüpfungsprinzip sieht.

775 Vgl. Erwägungsgrund 38; Deixler-Hübner/Schauer/*Schauer*, Art. 22 Rn. 2.

776 *Deutsches Notarinstitut*, Studie, S. 267.

gelten außerdem viele zwingende Normen.[777] Um nicht die berechtigten Erwartungen der Pflichtteilsberechtigten zu umgehen, sollte eine Verbindung zu dem Staat bestehen, zu dessen Gunsten eine Rechtswahl erfolgen kann.[778] Auch die Überschrift des Art. 22 EuErbVO deutet auf eine nicht freie Rechtswahl hin.

Ein Vergleich kann außerdem zum Verbraucher-, Versicherungs- und Arbeitsrecht gezogen werden. Auch hier gibt es zum Schutz der schwächeren Partei – Verbraucher, Versicherungsnehmer oder Arbeitnehmer – nur eine eingeschränkte Möglichkeit der Rechtswahl in Art. 5 Abs. 2, Art. 6 Abs. 2, Art. 7 Abs. 3 und Art. 8 Abs. 1 Rom I-VO. In diesen Rechtsverhältnissen herrscht ein Ungleichgewicht zwischen den Parteien. Um einer möglichen Benachteiligung der schwächeren Partei vorzubeugen, wird eine Beschränkung der Rechtswahlmöglichkeiten vorgenommen. Fraglich ist, ob es im Internationalen Erbrecht ebenfalls eine schwächere Partei gibt, deren Interessen besonders berücksichtigt werden müssen. Zunächst ist die Situation an sich nicht unbedingt vergleichbar. Sowohl im Verbraucher- als auch im Arbeitsrecht gibt es zwei Parteien, die sich bei einem Vertragsschluss gegenüber stehen. Im Erbrecht ist dies nicht immer der Fall. Wählt der Erblasser einen Erbvertrag, um seine Rechtsnachfolge von Todes wegen zu gestalten, liegt zwar ebenfalls eine Vertragssituation vor. Bei einer testamentarischen oder gar gesetzlichen Erbfolge gibt es hingegen nur den Erblasser und keine weitere Partei, die in die Gestaltung der Rechtsnachfolge von Todes wegen einbezogen wird. Erst nach dem Versterben des Erblassers gibt es Personen, die eines besonderen Schutzes bedürfen.[779] Nach dem gesetzgeberischen Willen liegen mit den Pflichtteilsberechtigten gerade Parteien mit schützenswerten Interessen vor. Das Pflichtteilsrecht als Beschränkung der Testierfreiheit des Erblassers spiegelt sich auch bei der Rechtswahl wider, sodass nur eine beschränkte Rechtswahl möglich sein soll.[780] Die Pflichtteilsberechtigten können dann ebenfalls als „schwächere" Partei angesehen werden. Eine Beschränkung der Rechtswahlmöglichkeiten ist vor dem Hintergrund der schützenswerten Parteien gerechtfertigt.

Die Beschränkung der Rechtswahlfreiheit spiegelt die Beschränkung der Testierfreiheit auf materieller Ebene wider.[781] Bei der Gestaltung der Rechtsnachfolge

---

777 *Bajons*, in: FS Heldrich, S. 495, 499.

778 *Frantzen*, in: FS Jayme I, S. 187, 191; vgl. auch Erwägungsgrund 38.

779 *Frantzen*, in: FS Jayme I, S. 187, 190.

780 Vgl. *Hotz*, Rechtswahl im Erbrecht, S. 97, der durch die zwingenden Normen Ähnlichkeit zum Typenzwang im Sachenrecht sieht, die auch die Gestaltungsmöglichkeiten des Erblassers begrenzen.

781 *Jud*, GPR 2005, 133, 137.

von Todes wegen durch ein Testament kann der Erblasser nicht völlig frei entscheiden, weil die Pflichtteilsberechtigten weiterhin einen Anspruch auf Teilhabe am Erbe haben, selbst wenn der Erblasser sie enterbt. Sieht man die Testierfreiheit als die Rechtfertigung für die Rechtswahlmöglichkeit im Erbrecht an, so müssen konsequenterweise die Pflichtteilsberechtigten auch auf kollisionsrechtlicher Ebene geschützt werden. Dies kann dann über eine Beschränkung der zur Verfügung stehenden, wählbaren Rechtsordnungen geschehen. Kann der Erblasser nur unter einigen Rechtsordnungen eine auswählen und gerade keine *freie* Rechtswahl treffen, wird das Risiko, dass er ein die Pflichtteilsberechtigten benachteiligendes Recht wählt, geringer.[782] Durch diese Beschränkung wird verhindert, dass der Erblasser eine rechtsmissbräuchliche Wahl trifft.[783] Es kommt zu einem Ausgleich der Interessen des Erblassers und seiner Angehörigen.[784]

Auf einer höheren Abstraktionsebene lässt sich konstatieren: Wird – wie hier – eine Beschränkung vorgenommen, geht der Gesetzgeber nicht von einer Gleichwertigkeit der Rechtsordnungen aus.[785] In der Tat sieht der Gesetzgeber der Europäischen Erbrechtsverordnung nur das Heimatrecht als dem Aufenthaltsrecht gleichwertig an. Dies ist jedoch – jedenfalls aus Sicht des Gesetzgebers – zum Schutz der Pflichtteilsberechtigten hinzunehmen.

II. Ausgestaltung der Rechtswahl

Es gilt nun, die einzelnen Voraussetzungen einer Rechtswahl zu betrachten. Um eine Rechtswahl auszuüben, bedarf der Erblasser nicht der Zustimmung der Erben oder Pflichtteilsberechtigten. Dies war nach der Beantwortung des Fragenkatalogs des Grünbuchs einstimmig abgelehnt worden.[786] Im Folgenden sollen die einzelnen Voraussetzungen näher beleuchtet werden.

---

782 *Cabrillac/Lisanti*, Dr. et patr. 2013, 42, 48; selbst wenn es durch die Rechtswahl zu einer Benachteiligung der Erben und Pflichtteilsberechtigten gegenüber dem Recht nach der objektiven Anknüpfung kommt, wird das Ergebnis der Rechtswahl eher akzeptiert, wenn es sich um eine Rechtsordnung handelt, die zumindest einen Bezug zum Erbfall hat, *Brandi*, Haager Abkommen, S. 279 f (mit einem eingängigen Beispiel).

783 *Cabrillac/Lisanti*, Dr. et patr. 2013, 42, 50; *Kühne*, Parteiautonomie, S. 152.

784 *Brandi*, Haager Abkommen, S. 280 f; *Hotz*, Rechtswahl im Erbrecht, S. 116; *Röthel*, Ist unser Erbrecht noch zeitgemäß?, A 103 f, die durch die Beschränkung der wählbaren Rechtsordnungen gerade auch eine Bevorzugung des Auslandsfalls verhindern will.

785 *Argumentum e contrario* aus *Siehr*, in: FS Keller, S. 485, 510; *Junghardt*, Vereinheitlichung des Erb- und Testamentsrechts, S. 100; siehe auch *Schmitz*, Rechtswahlfreiheit, S. 102 f, die in der Parteiautonomie einen Ausdruck der Gleichwertigkeit der Rechtsordnungen sieht.

786 *Lehmann*, IPRax 2006, 204, 206.

1. Ausdrückliche und konkludente Rechtswahl

Die Rechtswahl nach Art. 22 EuErbVO kann ausdrücklich oder konkludent erfolgen.[787] Anders war noch der Wortlaut im Vorschlag zur Verordnung, in dessen Art. 17 Abs. 2 EuErbVO-V es hieß, dass die Rechtswahl ausdrücklich im Wege einer Erklärung erfolgen muss. Erklärt der Erblasser, dass sich seine Rechtsnachfolge von Todes wegen nach einem bestimmten Recht beurteilen soll, liegt eine Rechtswahl vor. Findet sich eine Formulierung im Testament, die eindeutig eine Rechtswahl beinhaltet – wie beispielsweise bei einem deutschen Erblasser die Formulierung: „auf meine Rechtsnachfolge von Todes wegen soll deutsches Recht Anwendung finden" oder „die Rechtsnachfolge von Todes wegen soll sich nach meinem Heimatrecht beurteilen" – so ist diese als solche anzuerkennen. Hier lässt sich eindeutig erkennen, dass der Wille des Erblassers auf eine Rechtswahl gerichtet ist. Außerdem kann der Erblasser eine negative Rechtswahl treffen, indem er ausdrücklich bestimmt, dass sein Heimatrecht gerade nicht angewendet werden soll.[788]

Es kann sich aber selbst dann eine wirksame Rechtswahl ergeben, wenn der Erblasser nicht konkret in seinem Testament eine Rechtsordnung bestimmt hat. Überraschend ist, dass sich die Rechtswahl nicht *eindeutig* oder *mit hinreichender Sicherheit* wie in Art. 3 Rom I-VO oder Art. 14 Rom II-VO ergeben muss.[789] Es soll der tatsächliche Wille des Erblassers ermittelt werden.[790] Selbst wenn er nicht ausdrücklich eine Rechtsordnung gewählt hat, soll eine Rechtswahl zugunsten des Heimatrechts vorliegen, wenn es hierfür konkrete Anhaltspunkte gibt. Dafür spricht auch der *favor testamenti*.[791] Erwägungsgrund 39 lässt sich entnehmen, dass eine konkludente Rechtswahl durch den Bezug auf spezifische Bestimmungen des Rechts eines Staates erfolgen kann. Dies kann zum Beispiel das Abfassen des Testaments in einer bestimmten Sprache sein oder die Verwendung von Rechtsbegriffen oder -instituten sowie Rechtsnormen, die es nur in einer bestimmten Rechtsordnung gibt.[792] So kann beispielsweise die Anordnung einer

---

787 So bereits *Kühne*, Parteiautonomie, S. 115.

788 Rauscher/*Hertel*, Art. 22 Rn. 9; *Odersky*, notar 2013, 3, 5; Bonomi/Wautelet/*Bonomi*, Art. 22 Rn. 34.

789 *Kroll-Ludwigs*, notar 2016, 75, 76 f.

790 *Cach/A. Weber*, ZfRV 2013, 263, 265.

791 *Hess/Jayme/Pfeiffer*, Stellungnahme, S. 25; *Ömür*, Rechtswahl als Rechtsgeschäft, S. 168.

792 Vgl. Erwägungsgrund 39 S. 2, der ausdrücklich auf die spezifischen Bestimmungen der fremden Rechtsordnung verweist; *Döbereiner*, MittBayNot 2013, 358, 363; *Nordmeier*, GPR 2013, 148, 152; *Odersky*, notar 2013, 3, 5; *Emmerich*, Probleme der Anknüpfung, S. 187. Lediglich Indizwirkung sprechen der Verwendung einer bestimmten Sprache

Nacherbfolge oder die Verfügung in einem gemeinschaftlichen Testament als ein Institut des deutschen Rechts gesehen werden; die Verwendung der Begriffe Verlassenschaft oder Einantwortung lässt auf das österreichische Recht schließen.[793] Auf eine Rechtswahl können außerdem die Anordnung von bestimmten Erbquoten sowie die Bezeichnung von spezifischen Normen einer Rechtsordnung und die Beurkundung durch einen Notar des Heimatstaates hindeuten.[794] Aber auch der konkrete Inhalt des Testaments, die Umstände des Abschlusses (beispielsweise die Niederschrift des Testaments im Heimatstaat) oder das Verhalten des Erblassers können Anzeichen einer konkludenten Rechtswahl sein. Nach Erwägungsgrund 51 ist bei dem Vorliegen einer Rechtswahl davon auszugehen, dass auf das Recht Bezug genommen wird, dessen Staatsangehörigkeit der Erblasser im Zeitpunkt der Errichtung besaß.

Fraglich ist, ob auch äußere Umstände berücksichtigt werden dürfen. So könnten etwa auch solche Umstände berücksichtigt werden, auf die im Testament Bezug genommen wird.[795] Aus dem Wortlaut von Art. 22 EuErbVO ergibt sich, dass sich die konkludente Rechtswahl aus den Bestimmungen der letztwilligen Verfügung selbst ergeben muss.[796] Bedauerlich ist, dass der europäische Gesetzgeber auf einen abschließenden Katalog verzichtet hat. So ist in jedem Einzelfall, der keine eindeutige Rechtswahl enthält, gesondert zu entscheiden, ob eine Bezugnahme auf das Heimatrecht und somit eine konkludente Rechtswahl vorliegt.[797] Die Umstände und Bestimmungen, die nun eine Annahme der konkludenten Rechtswahl zulassen, ergeben sich aus einem sehr weiten Feld.

Müller-Lukoschek, Die neue EU-Erbrechtsverordnung, S. 102 und *Nordmeier*, GPR 2013, 148, 152 Fn. 75 zu; skeptisch gegenüber der Abfassung in einer bestimmten Sprache *Solomon*, in: Dutta/Herrler, Die Europäische Erbrechtsverordnung, S. 19, 41 f; offen gelassen von OLG Hamburg, Beschl. v. 16.11.2016 – 2 W 85/16 = FamRZ 2017, 568, 569; OLG Hamm, Beschl. v. 02.01.2018 – I-10 W 35/17 = NJW 2018, 2061.

793 *Max-Planck-Institut für ausländisches und internationales Privatrecht*, RabelsZ 74 (2010), 522, 613 f; *Wilke*, RIW 2012, 601, 606; *Dutta*, in: Reichelt/Rechberger, Europäisches Erb- und Erbverfahrensrecht, S. 57, 75; eher skeptisch *Solomon*, in: Dutta/Herrler, Die Europäische Erbrechtsverordnung, S. 19, 39.

794 *Cach/A. Weber*, ZfRV 2013, 263, 266.

795 *Soutier*, Geltung deutscher Rechtsgrundsätze, S. 59 f.

796 *Goré*, Defrénois 2012, 762, 765, die einer konkludenten Rechtswahl aufgrund der Rechtsunsicherheit grundsätzlich skeptisch gegenübersteht und bereits zuvor im Rahmen der Diskussionen zur Europäischen Erbrechtsverordnung einer Rechtswahl im Erbrecht ablehnend gegenüber stand, vgl. *dies.*, in: Mélanges Loussouarn, S. 193; ebenso *Röthel*, Ist unser Erbrecht noch zeitgemäß?, A 105 f.

797 *Nordmeier*, GPR 2013, 148, 152.

Gefordert wird jedenfalls, dass es sich um konkrete Anhaltspunkte handelt,[798] wobei es einer unionsrechtlichen Auslegung bedarf.[799] Nicht nur vage Anhaltspunkte sollen bereits eine Rechtswahl begründen – schließlich kann der Erblasser keine Stellung mehr beziehen und es soll der Wille des Erblassers im Mittelpunkt bei der Ermittlung des anwendbaren Rechts stehen.[800] Ob er die Rechtswahlmöglichkeit und die wählbare Rechtsordnung kannte, spielt eine untergeordnete Rolle.[801] Es gilt zu verhindern, *immer* eine konkludente Rechtswahl anzunehmen.[802] Eine Entscheidung kann jedoch nur im Einzelfall getroffen werden.[803] In Fällen, in denen das gewählte Recht keine Rechtswahl vorsieht, könne man außerdem über einen Ausschluss der konkludenten Rechtswahl nachdenken.[804]

Zu entscheiden bleibt noch, nach welchem Recht sich bestimmt, ob eine konkludente Rechtswahl vorliegt. Hier wird teilweise verlangt, auf das gewählte Recht (ähnlich Art. 22 Abs. 3 EuErbVO) abzustellen.[805] Aus diesem könnten sich dann Anhaltspunkte ergeben, die eine konkludente Rechtswahl bejahen oder verneinen. Allerdings spricht vieles dafür, die Beurteilung autonom vorzunehmen.[806] Die Europäische Erbrechtsverordnung sieht eine Rechtswahl als unmittelbar geltendes Recht in den Mitgliedstaaten vor. Überließe man einem gewählten Recht, das keine Rechtswahl kennt, die Beurteilung, ob eine konkludente Rechtswahl vorliegt, liefe die Regelung der Europäischen Erbrechtsverordnung ins Leere.[807]

---

798 *Fischer-Czermak*, EF-Z 2013, 52, 53.

799 *Cach/A. Weber*, ZfRV 2013, 263, 265.

800 *Schmitz*, Rechtswahlfreiheit, S. 146; *Cach/A. Weber*, ZfRV 2013, 263, 265.

801 *Emmerich*, Probleme der Anknüpfung, S. 190 ff.

802 *Ömür*, Rechtswahl als Rechtsgeschäft, S. 168 will keinen strengen Maßstab anlegen. *Soutier*, Geltung deutscher Rechtsgrundsätze, S. 57 f geht davon aus, dass die Gerichte leichtfertig eine Rechtswahl annehmen werden, um zur Anwendung der *lex fori* zu gelangen. Dieses Argument ist insoweit nicht ganz stimmig, als die Rechtswahl gerade die Voraussetzung für die internationale Zuständigkeit der Heimatgerichte ist. Es ist nach dem System der Europäischen Erbrechtsverordnung nicht möglich, dass die Heimatgerichte zuständig sind und dann eine konkludente Rechtswahl annehmen, um zur Anwendung ihres eigenen Rechts gelangen.

803 *Emmerich*, Probleme der Anknüpfung, S. 196.

804 *Schaub*, in: Muscheler, Hereditare, S. 91, 115.

805 So *Schaub*, in: Muscheler, Hereditare, S. 91, 115; Gierl/*Köhler*, § 4 Rn. 30; Bonomi/Wautelet/*Bonomi*, Art. 22 Rn. 68 schlägt eine analoge Anwendung vor; a.A. Palandt/*Thorn*, Art. 22 Rn. 6, der auf die *lex fori* abstellt.

806 Dutta/Weber/*Bauer*, Art. 22 Rn. 19; MüKo/*Dutta*, Art. 22 Rn. 14; *Cach/A. Weber*, ZfRV 2013, 263, 265; *Nordmeier*, GPR 2013, 148, 151; kritisch *Pfeiffer*, IPRax 2016, 310, 313.

807 *Emmerich*, Probleme der Anknüpfung, S. 187.

Die Zulassung der konkludenten Rechtswahl schafft zwar eine nicht unbeträchtliche Rechtsunsicherheit. Sie lässt sich aber mit dem Respekt für den Willen des Erblassers rechtfertigen. Nicht zuletzt ist es so möglich, Rechtswahlen, die zuvor als Fälle des Handelns unter fremden Rechts erfasst wurden, nun unter der „richtigen" Rechtsordnung zu behandeln.[808]

2. *Rechtswahl von Doppel- oder Mehrstaatern, Staatenlosen und Angehörigen von Mehrrechtsstaaten*

Indem die Rechtswahl nur zugunsten des Heimatrechts erfolgen kann, kommt der Staatsangehörigkeit besondere Bedeutung zu. Für die Bestimmung der Staatsangehörigkeit an sich ist stets das Recht des in Rede stehenden Staates maßgeblich.[809] Erfolgt eine Anknüpfung an die Staatsangehörigkeit, ergeben sich grundsätzlich Probleme für Doppel- oder Mehrstaater, Staatenlose und Angehörige von Mehrrechtsstaaten. Jedoch trifft die Europäische Erbrechtsverordnung teilweise Regelungen, wie in bestimmten Problemfällen zu verfahren ist.

Eine verordnungsautonome Regelung existiert mit Art. 22 Abs. 1 S. 2 EuErbVO für Personen mit mehreren Staatsangehörigkeiten, sodass sich für diese Gruppe in Zukunft keine Probleme ergeben dürften. Die Regelung des Art. 22 Abs. 1 S. 2 EuErbVO sieht vor, dass eine Person, die mehreren Staaten angehört, jedes der Rechte wählen kann. So ergibt sich zum Beispiel für eine Person mit deutscher und französischer Staatsangehörigkeit mit gewöhnlichem Aufenthalt in Italien, dass sie eine Rechtswahl entweder für das deutsche oder das französische Recht treffen könnte, wenn sich die Erbfolge nicht nach italienischem Recht beurteilen soll. Insbesondere im Hinblick darauf, dass einige Staaten eine Entlassung aus der Staatsangehörigkeit verweigern, scheint diese Lösung sinnvoll. In manchen Fällen kann nämlich mit der aufgezwungenen Staatsangehörigkeit eine Verbindung zu einem Staat bestehen, mit der der Erblasser sich nicht verbunden fühlt, er jedoch gezwungen ist, diese Staatsangehörigkeit beizubehalten.[810]

---

808 *R. Stürner*, in: FS Baur, S. 647, 42; *Odersky*, notar 2013, 3, 5; Palandt/*Thorn*, Art. 22 Rn. 6.

809 *Nordmeier*, GPR 2013, 148, 149; Bonomi/Wautelet/*Bonomi*, Art. 22 Rn. 20; *Junker*, Internationales Privatrecht, 2. Aufl., § 20 Rn. 30; Dutta/Weber/*Bauer*, Art. 22 Rn. 7; Deixler-Hübner/Schauer/*Schauer*, Art. 22 Rn. 24.

810 Im deutschen Staatsangehörigkeitsrecht soll grundsätzlich bei einer Einbürgerung nach § 10 Abs. 4 StAG die bisherige Staatsangehörigkeit aufgegeben werden, um eine mehrfache Staatsangehörigkeit zu vermeiden. Eine Ausnahme besteht nach § 12 Abs. 1 S. 2 Nr. 2 StAG, wenn die bisherige Staatsangehörigkeit nicht aufgegeben werden kann, weil der ausländische Staat die Entlassung verweigert. Im Moment

Hervorzuheben ist, dass Doppelstaater mithin nicht auf die Wahl der effektiven Staatsangehörigkeit beschränkt sind.[811] Anders als nach Art. 5 Abs. 1 EGBGB wird nicht auf die Staatsangehörigkeit abgestellt, zu der die Person die engste Verbindung aufweist. Ob diese Regelung mit dem Regelungszweck der Verordnung vereinbar ist, ist indes fraglich. Die Europäische Erbrechtsverordnung will nur wenige Rechtsordnungen zur Auswahl stellen. Mit der Möglichkeit, nicht nur die effektive Staatsangehörigkeit zu wählen, scheint es eine Übervorteilung für Doppelstaater zu geben. Ihnen stehen – je nach Anzahl der Staatsangehörigkeiten – mindestens zwei Optionen zur Verfügung. Dem Verzicht auf das Effektivitätskriterium kann man entnehmen, dass die Europäische Erbrechtsverordnung gerade nicht die engste Verbindung anstrebt, sondern lediglich fordert, dass überhaupt eine Verbindung zu dem Staat besteht, dessen Recht gewählt wird.[812] Daraus ergibt sich umgekehrt die Rechtfertigung, dass Personen mit mehreren Staatsangehörigkeiten eines der Heimatrechte wählen können. Ist die getroffene Rechtswahl nicht eindeutig, entscheidet die objektive Anknüpfung – also das Recht des gewöhnlichen Aufenthalts –, wie die Person zu beerben ist.[813] Es erfolgt nicht automatisch eine Rechtswahl zugunsten des Rechts der anderen Staatsangehörigkeit. Ebenso gestaltet sich der Fall, in dem eine Rechtsordnung

---

verweigern Afghanistan, Algerien, Eritrea, Iran, Kuba, Libanon, Marokko, Syrien und Tunesien eine solche Entlassung aus der Staatsangehörigkeit; vgl. *Bundesministerium des Inneren*, Broschüre Wege zur Einbürgerung, S. 31 f, https://www.bmi.bund.de/SharedDocs/downloads/DE/veroeffentlichungen/themen/verfassung/wege-zur-einbuergerung.pdf?__blob=publicationFile&v=3 (geprüft am 07.10.2018); im Allgemeinen hierzu *Göbel-Zimmermann/Eichhorn*, ZAR 2010, 293, 296 f; Hailbronner/*Hailbronner/Hecker*, § 12 StAG Rn. 14.

811 *Cach/A. Weber*, ZfRV 2013, 263, 268; Bonomi/Wautelet/*Bonomi*, Art. 22 Rn. 23; Rauscher/*Hertel*, Art. 22 Rn. 11; *Solomon*, in: Dutta/Herrler, Die Europäische Erbrechtsverordnung, S. 19, 39; so bereits auch *Kühne*, Parteiautonomie, S. 96 mit dem Argument der Anknüpfungsverlegenheit und *Hotz*, Rechtswahl im Erbrecht, S. 112, der den Erblasser gerade selbst entscheiden lassen will, mit welcher Rechtsordnung er sich am meisten verbunden fühlt; vgl. auch EuGH, Urt. v. 16.07.2009, Rs. C-168/08 (*Hadidi*), Slg. 2009, I-6871, Rn. 43.

812 Vgl. Erwägungsgrund 38.

813 *Cach/A. Weber*, ZfRV 2013, 263, 266. *Stojanovic*, Parteiautonomie, S. 57 führt an, dass bei einer Wahl lediglich zugunsten der effektiven Staatsangehörigkeit möglicherweise eine unwirksame Rechtswahl das Ergebnis wäre, da das Gericht eine andere Staatsangehörigkeit als die gewählte als effektive Staatsangehörigkeit ansieht. *Hotz*, Rechtswahl im Erbrecht, S. 53 möchte die konkreten Umstände aufgrund des *favor testamenti* berücksichtigen und wendet sich gegen eine vorschnelle Beurteilung.

ausdrücklich abgewählt wird, aber keine Rechtswahl zugunsten des Rechts eines anderen Staates erfolgt.[814] Zugunsten der Unionsbürgerschaft kann keine Rechtswahl nach Art. 22 EuErbVO getroffen werden.[815] Sie tritt nach Art. 20 AEUV neben die nationalen Staatsbürgerschaften und ersetzt diese nicht.

Die Europäische Erbrechtsverordnung regelt auch den Umgang mit Mehrrechtsstaaten. Für interlokale Regelungen in einem Staat mit mehr als einem Rechtssystem sieht Art. 36 EuErbVO vor, dass zunächst das interne Recht des Staates darüber entscheidet, welches Recht Anwendung finden soll. Damit lässt die Europäische Erbrechtsverordnung die Souveränität der Staaten mit einem Mehrrechtssystem unangetastet. Liegen keine internen Kollisionsregeln vor, wird eine direkte Verweisung auf die Gebietseinheit nach Art. 36 Abs. 2 EuErbVO angenommen. Für die Rechtswahl ist dabei Art. 36 Abs. 2 lit. b EuErbVO maßgebend. Es kommt damit nur in den Fällen ohne interne Kollisionsregeln zur Anwendung des Art. 36 Abs. 2 EuErbVO. Am Beispiel von Spanien mit seinen Foralrechten lässt sich die Regelung des Art. 36 EuErbVO verdeutlichen. Wählt ein Katalane mit gewöhnlichem Aufenthalt in Deutschland spanisches Recht, entscheidet das interne spanische Kollisionsrecht, ob der allgemein geltende *Código Civil* oder das für das Erbrecht in Katalonien geltende Recht zur Anwendung kommt. Fraglich bleibt dann jedoch, ob der katalanische Erblasser auch direkt das katalanische Recht als Teilrecht wählen kann. Grundsätzlich scheint der Wortlaut von Art. 36 Abs. 2 lit. b EuErbVO davon auszugehen, dass er nur dann zur Anwendung kommt, wenn keine internen Kollisionsregeln vorliegen. Aufgrund des Vorrangs von Art. 36 Abs. 1 EuErbVO scheint die Versagung der Teilrechtswahl daher konsequent.[816] So kann ein Katalane nicht unmittelbar katalanisches Recht wählen. Keinesfalls kann ein anderes Foralrecht gewählt werden.[817] Ein Katalane kann also nicht das Recht der Balearen wählen. Art. 37 EuErbVO regelt dies entsprechend für Mehrrechtsstaaten mit personaler Rechtsspaltung.[818] Eine personale Rechtsspaltung kommt insbesondere in religiösen Staaten vor, in denen an die Religionszugehörigkeit angeknüpft wird.[819]

814 *Cach/A. Weber*, ZfRV 2013, 263, 266.

815 *Cach/A. Weber*, ZfRV 2013, 263, 268; *Nordmeier*, GPR 2013, 148, 149.

816 *Steinmetz/Löber/García Alcázar*, ZEV 2013, 535, 537.

817 Geimer/Schütze/*Frank*, Art. 22 Rn. 1.

818 *Solomon*, in: Dutta/Herrler, Die Europäische Erbrechtsverordnung, S. 19, 40.

819 MüKo/*Dutta*, Art. 37 Rn. 2; BeckOGK/*J. Schmidt*, Art. 37 Rn. 5. Beispiele hierfür sind Ägypten, Indien, Iran, Irak, Israel, Malaysia, Pakistan und Syrien.

Aber auch die Stammeszugehörigkeit oder Hausgesetze für den hohen Adel führen zu einer Anknüpfung an die Person selbst.[820]

Fraglich bleibt schließlich, ob auch Staatenlosen eine Rechtswahlmöglichkeit zustehen soll. Dem Wortlaut nach haben sie keine Wahlmöglichkeit, da Art. 22 EuErbVO ausdrücklich auf das Heimatrecht abstellt. Die Europäische Erbrechtsverordnung selbst trifft keine Regelung, wie in einem solchen Fall zu verfahren ist. Solange im Zeitpunkt des Todes keine Staatsangehörigkeit gegeben ist, könnte man zu der Auffassung gelangen, dass keine Wahl eines Rechts möglich sei.[821] Staatenlosen überhaupt keine Rechtswahlmöglichkeit einzuräumen, erscheint jedoch unbillig. Auch Staatenlose oder Flüchtlinge haben ein Interesse daran, ihre Erbfolge klar und eindeutig zu regeln.[822] Man könnte daher überlegen, ob Staatenlosen die Möglichkeit der Wahl des Wohnsitzes oder des gewöhnlichen Aufenthalts zustehen soll.[823] Es spricht wohl einiges dafür, die Wahl des gewöhnlichen Aufenthalts zuzulassen, da dies auch der Regelanknüpfung in Art. 21 EuErbVO entspricht.[824] Für diese Lösung spricht auch, dass sich die Staatsangehörigkeit weiterhin nach dem nationalen Recht richtet. Dabei kommt als völkerrechtlicher Vertrag das New Yorker Übereinkommen vorrangig zur Anwendung, das in seinem Art. 12 als Personalstatut das Recht des Wohnsitzes oder bei dessen Fehlen das Recht des schlichten Aufenthalts festlegt. Demnach müsste man bei Staatenlosen davon ausgehen, dass sie unter der Anwendung des Art. 12 NYÜ das Recht ihres Wohnsitzes oder ihres schlichten Aufenthalts wählen können.[825] Ebenso sieht die Genfer

---

820 BeckOGK/*J. Schmidt*, Art. 37 Rn. 5. *Stammeszugehörigkeit*: Lesotho, Liberia, Madagaskar und Malawi; *Hausgesetze*: Liechtenstein.

821 *Leitzen*, ZEV 2013, 128, 128; *Geimer*, in: Hager, Die neue Europäische Erbrechtsverordnung, S. 9, 18; *Schaub*, in: Muscheler, Hereditare, S. 91, 115; *Geimer*, in: Hager, Die neue Europäische Erbrechtsverordnung, S. 9, 18; Rauscher/*Hertel*, Art. 22 Rn. 13; Burandt/Rojahn/*Burandt*, Art. 22 Rn. 8; *Süß*, in: Süß, Erbrecht in Europa, 3. Aufl., § 2 Rn. 85; Dutta/Weber/*Bauer*, Art. 22 Rn. 8, der dies sehr bedauert, aber ablehnt, da die Wahl des gewöhnlichen Aufenthalts dem objektiven Anknüpfungsmoment entspricht und dieses nicht wählbar ist.

822 MüKo/*Dutta*, Art. 22 Rn. 5.

823 MüKo/*Dutta*, Art. 22 Rn. 5.

824 *Solomon*, in: Dutta/Herrler, Die Europäische Erbrechtsverordnung, S. 19, 39; MüKo/*Dutta*, Art. 22 Rn. 5; Deixler-Hübner/Schauer/*Schauer*, Art. 22 Rn. 25.

825 *Nordmeier*, GPR 2013, 148, 149 f, der allerdings aufgrund von Art. 75 EuErbVO das New Yorker Übereinkommen anwenden will; der Anwendung des Art. 12 NYÜ stimmen insoweit auch *Döbereiner*, DNotZ 2014, 323, 324 und *Solomon*, in: Dutta/Herrler, Die Europäische Erbrechtsverordnung, S. 19, 39 zu.

Flüchtlingskonvention[826] eine Regelung für Flüchtlinge vor, die aus ihrem Heimatland fliehen und einer Anknüpfung an das Heimatrecht entkommen wollen; ihnen sollte dennoch die Möglichkeit offen stehen, das Heimatrecht zu wählen.[827]

3. Zeitpunkt der Rechtswahl

Entscheidend ist auch der Zeitpunkt der Rechtswahl. Es gibt zwei mögliche Zeitpunkte, auf die abgestellt werden könnte: den Zeitpunkt, zu dem die Rechtswahl getroffen wird, und den Zeitpunkt, zu dem der Erblasser stirbt. Fraglich ist also, welcher Zeitpunkt für die Wahl des Heimatrechts relevant ist. Im Kommissionsvorschlag war es nicht eindeutig, ob der europäische Gesetzgeber auf den Zeitpunkt der Rechtswahl oder den Zeitpunkt des Todes abstellen wollte. Diese unklare Formulierung wurde kritisiert, da die Rechtswahl für Rechtsklarheit sorgen sollte.[828] In der endgültigen Fassung der Verordnung wurde nun ausdrücklich aufgenommen, dass der Erblasser sowohl das Recht seiner Staatsangehörigkeit im Zeitpunkt seiner Rechtswahl als auch im Zeitpunkt seines Todes wählen kann. Damit beugt die Verordnung unklaren Fällen vor, in denen der Erblasser kurz vor seinem Versterben eine neue Staatsangehörigkeit beantragt hat, dieser Wechsel jedoch noch nicht erfolgt ist. Wenn auch die Wahl der Staatsangehörigkeit im Todeszeitpunkt eher unwahrscheinlich ist, ist diese Lösung in der endgültigen Verordnung sehr zu begrüßen. In Fällen, in denen der Erblasser kurz vor seinem Tod die Staatsangehörigkeit wechselt, kann seinem Anliegen Rechnung getragen werden.[829] Art. 5 des Haager Erbrechtsübereinkommens, an dem sich die Europäische Erbrechtsverordnung orientiert, sieht auch beide Zeitpunkte als Anknüpfungszeitpunkt vor. Diese Regelung kommt dem Wunsch des Erblassers nach Planungssicherheit nach.[830]

---

826 Abkommen über die Rechtsstellung der Flüchtlinge vom 28.07.1951 (Fundstelle Deutschland: BGBl. 1953 II, S. 559).

827 *Junghardt*, Vereinheitlichung des Erb- und Testamentsrechts, S. 109.

828 *Max-Planck-Institut für ausländisches und internationales Privatrecht*, RabelsZ 74 (2010), 522, 610; a.A. *Süß*, in: Süß, Erbrecht in Europa, 3. Aufl., § 2 Rn. 86.

829 *Volmer*, Rpfleger 2013, 421, 423; Rauscher/*Hertel*, Art. 22 Rn. 10; *Wilke*, RIW 2012, 601, 605 f, stehen dieser Regelung trotzdem kritisch gegenüber.

830 *Schaub*, in: Muscheler, Hereditare, S. 91, 116.

4. *Rechtswahl zugunsten einer abstrakten oder einer konkreten Rechtsordnung*

Im Zusammenhang mit der Rechtswahl kommt es für die Wirksamkeit auch darauf an, ob der Erblasser eine abstrakte oder eine konkrete Rechtsordnung wählen muss – also ob die Rechtsordnung, zu deren Gunsten er eine Rechtswahl trifft, ausdrücklich benannt werden muss oder eine Formulierung wie „auf meine Rechtsnachfolge von Todes wegen soll mein Heimatrecht Anwendung finden" ausreichend ist. Der Wortlaut des Art. 22 EuErbVO lässt eine Rechtswahl zugunsten einer unbestimmten Rechtsordnung im Todesfall zu. Fraglich ist jedoch, ob aus Aspekten der Rechtssicherheit eine solche abstrakte Rechtswahl zulässig sein sollte. Im Zeitpunkt der Rechtswahl ist bei einer solchen Konstellation noch nicht sicher, welchem Staat der Erblasser im Zeitpunkt des Todes angehört. Nur durch die konkrete Wahl eines Rechts kann die Rechtssicherheit gewährleistet werden. Deshalb wird vertreten, der Erblasser müsse eine bestimmte Rechtsordnung wählen.[831] Der deutsche Erblasser könnte dann nur ausdrücklich bestimmen, dass das deutsche Recht auf seinen Erbfall angewendet wird. Er wählt jedoch bereits zu einem früheren Zeitpunkt dieses Recht. Damit werden Fälle erfasst, in denen der Erblasser kurz vor seinem Tod eine andere Staatsangehörigkeit annehmen möchte, die endgültige Annahme zum Zeitpunkt der Rechtswahl allerdings noch nicht erfolgt ist, beispielsweise aufgrund bürokratischer Hindernisse.[832] Möglich ist auch der Fall, dass der Erblasser keineswegs sein Aufenthaltsrecht auf seinen Erbfall angewendet wissen will. Mit einer Rechtswahl zugunsten irgendeiner Rechtsordnung, die im Todeszeitpunkt besteht, könnte er eine solche Anwendung des Aufenthaltsrechts verhindern.[833]

---

831 *Janzen*, DNotZ 2012, 484, 486; *Dörner*, ZEV 2012, 505, 511; *Soutier*, Geltung deutscher Rechtsgrundsätze, S. 71; *Junker*, Internationales Privatrecht, 2. Aufl., § 20 Rn. 29; *Müller-Lukoschek*, Die neue EU-Erbrechtsverordnung, S. 100; Geimer/Schütze/*Frank*, Art. 2 Rn. 7; Palandt/*Thorn*, Art. 22 Rn. 3.

832 *Süß*, in: Süß, Erbrecht in Europa, 3. Aufl., § 2 Rn. 82.

833 *Nordmeier*, GPR 2013, 148, 151; *Volmer*, Rpfleger 2013, 421, 423; *Geimer*, in: Hager, Die neue Europäische Erbrechtsverordnung, S. 9, 19 Fn. 41; *Wilke*, RIW 2012, 601, 606; MüKo/*Dutta*, Art. 22 Rn. 11; *Emmerich*, Probleme der Anknüpfung, S. 179, der grundsätzlich die abstrakte Rechtswahl befürwortet, jedoch eine Einschränkung vorsieht, wenn es sich um Mehrstaater handelt, bei denen nicht eindeutig bestimmt werden kann, welche Rechtsordnung gewählt werden soll; ist jedoch nach den Maßstäben einer konkludenten Rechtswahl eine Rechtsordnung präferiert, soll die Rechtswahl dennoch zulässig sein; Rauscher/*Hertel*, Art. 22 Rn. 25; Dutta/Weber/*Bauer*, Art. 22 Rn. 17; Deixler-Hübner/Schauer/*Schauer*, Art. 22 Rn. 27; Gierl/*Köhler*, § 4 Rn. 25.

Er muss deshalb auch abstrakt eine Rechtsordnung bezeichnen können. Diese Fälle sind in der Praxis eher von geringer Bedeutung, da eine Rechtswahl regelmäßig auch damit verbunden ist, dass sich der Erblasser Rechtssicherheit bezüglich des anwendbaren Rechts auf seine Erbfolge wünscht.[834]

III. Umfang und Wirksamkeit der Wahl

Nach Art. 22 Abs. 2 EuErbVO muss die Erklärung der Rechtswahl in Form einer Verfügung von Todes wegen erfolgen. Gemäß Art. 3 Abs. 1 lit. d EuErbVO sind ein Testament, ein gemeinschaftliches Testament und ein Erbvertrag Verfügungen von Todes wegen im Sinne der Europäischen Erbrechtsverordnung. Unterschiede ergeben sich insbesondere deshalb, weil das Testament eine einseitige Verfügung von Todes wegen ist, während bei einem Erbvertrag mehrere Parteien beteiligt sind und deren Verfügungen wiederum einseitig oder mehrseitig ausgestaltet sein können. Aus diesem Grund sind die Voraussetzungen für die jeweiligen Institute gesondert zu untersuchen.

1. Abgrenzung zwischen Erb- und Errichtungsstatut

Für den Umfang der Rechtswahl ist zunächst die Unterscheidung zwischen Errichtungs- und Erbstatut zu klären. Die Sonderanknüpfung an das Errichtungsstatut führt dazu, dass eine im Zeitpunkt der Errichtung getroffene Rechtswahl wirksam bleibt und nicht einem Statutenwechsel zum Opfer fällt.[835] Hieraus ergibt sich ein Nebeneinander von wandelbarem Erbstatut und starrem, also unwandelbarem, Errichtungsstatut. Hintergrund dieses Nebeneinanders ist es, Rechtssicherheit zu schaffen.

a. Das Erbstatut

Das Erbstatut regelt, welchem Recht die Rechtsnachfolge von Todes wegen unterliegt. Art. 23 EuErbVO macht zunächst in seinem Abs. 1 deutlich, dass sich die gesamte Rechtsnachfolge von Todes wegen nach dem gemäß Art. 21 und Art. 22 EuErbVO bestimmten Recht richtet und es gerade nicht zu einer Nachlassspaltung durch eine unterschiedliche Anknüpfung für bewegliches und unbewegliches Vermögen kommen soll. Eine *dépeçage* oder Teilrechtswahl soll

---

834 *Fischer-Czermak*, EF-Z 2013, 52, 53; *dies.*, in: Schauer/Scheuba, Europäische Erbrechtsverordnung, S. 43, 47, die einer Rechtswahl trotzdem kritisch gegenüber steht; *Cach/A. Weber*, ZfRV 2013, 263, 266; *Solomon*, in: Dutta/Herrler, Die Europäische Erbrechtsverordnung, S. 19, 38 f.

835 *Dutta*, FamRZ 2013, 4, 9.

so verhindert werden.[836] Dabei füllt die Regelung des Art. 23 EuErbVO positiv das Erbstatut aus, indem Art. 23 Abs. 2 EuErbVO beispielhaft aufzählt, welche Aspekte der Rechtsnachfolge von Todes wegen sich nach dem Erbstatut richten sollen. Diese Vorschrift ist außerdem im Zusammenhang mit Art. 1 EuErbVO zu sehen, der durch die Ausnahmen in seinem Abs. 2 den Anwendungsbereich negativ qualifiziert und damit das Erbstatut auf diese Weise begrenzt.[837] Die in Art. 23 Abs. 2 EuErbVO aufgelisteten Aspekte können allerdings eindeutig dem Erbstatut zugerechnet werden. Allgemein kann gesagt werden, dass dies alle Aspekte sind, die den Erbübergang an sich betreffen. Dabei ist die Abgrenzung zu anderen Statuten, wie dem Güterstatut oder Personalstatut, wichtig, aber auch die Abgrenzung gegenüber dem Errichtungsstatut.[838]

Insbesondere fallen unter das Erbstatut nach Art. 23 Abs. 2 lit. a EuErbVO der Grund sowie Zeitpunkt und Ort des Erbfalls. Der Grund des Eintritts der Rechtsnachfolge von Todes wegen wird nach allen Rechtsordnungen der Tod des Erblassers sein.[839] Art. 23 Abs. 2 lit. b EuErbVO legt fest, dass sich der Kreis der Berechtigten nach dem Erbstatut beurteilt. Dabei unterfallen dem Begriff „Berechtigte" sowohl Erben als auch Vermächtnisnehmer und Pflichtteilsberechtigte, um einen umfassenden Schutz zu garantieren. Weiterhin bestimmen sich die Quote der Beteiligung sowie Pflichten wie beispielsweise Auflagen ebenfalls nach dem Erbstatut.[840] Ansprüche des überlebenden Ehegatten oder Lebenspartners unterfallen nach Art. 23 Abs. 2 lit. b EuErbVO auch dem Erbstatut. Als spezielle Rechtsfähigkeit unterliegt die Erbfähigkeit nach Art. 23 Abs. 2 lit. c EuErbVO ebenfalls dem Erbstatut. Die Erbfähigkeit ist deshalb nicht von der Ausnahme des Art. 1 Abs. 2 lit. b EuErbVO umfasst. Ebenfalls mit der Rechtsnachfolge von Todes wegen eng verbunden sind die Enterbung und die Erbunwürdigkeit, die nach Art. 23 Abs. 2 lit. d EuErbVO nach dem Erbstatut anzuknüpfen sind.[841] Im Hinblick auf das Sachenrecht ist wichtig, dass der

---

836 *Corneloup*, in: Roth, Wahl ausländischen Rechts, S. 15, 29; *Cabrillac/Lisanti*, Dr. et patr. 2013, 42, 49; *Nordmeier*, GPR 2013, 148, 154; vgl. hierzu auch die französische und englische Sprachfassung: „*l'ensemble de sa succession*" und „*succession as a whole*".

837 MüKo/*Dutta*, Art. 23 Rn. 2.

838 MüKo/*Dutta*, Art. 23 Rn. 2.

839 MüKo/*Dutta*, Art. 23 Rn. 6; BeckOGK/*J. Schmidt*, Art. 23 Rn. 8; Geimer/Schütze/*Odersky*, Art. 22 Rn. 9; Dutta/Weber/*J. P. Schmidt*, Art. 23 Rn. 13.

840 Vgl. auch MüKo/*Dutta*, Art. 23 Rn. 12 f; Dutta/Weber/*J. P. Schmidt*, Art. 23 Rn. 23; Bonomi/Wautelet/*Wautelet*, Art. 23 Rn. 26; BeckOGK/*J. Schmidt*, Art. 23 Rn. 16; Palandt/*Thorn*, Art. 23 Rn. 2.

841 Siehe hierzu ausführlich *Jayme*, in: Henrich/Jayme/Sturm, Familie, Erbe, Name, S. 23, der diskutiert, ob es sich um eine bloße Erbunfähigkeit oder ein eigenes Rechtsinstitut

Übergang der zum Nachlass gehörenden Vermögenswerte, Rechte und Pflichten auf die Erben und teilweise auf die Vermächtnisnehmer sowie die Annahme und Ausschlagung der Erbschaft sich nach dem Erbstatut beurteilen. Art. 23 Abs. 2 lit. e EuErbVO regelt den Übergang des Nachlasses auf die Erben.[842] Dabei besteht ein Vorbehalt für das Sachenrecht nach Art. 1 lit. k und lit. l EuErbVO.[843] Nach Art. 23 Abs. 2 lit. f EuErbVO beurteilen sich auch sämtliche Rechte, die Erben, Testamentsvollstrecker und andere Nachlassverwalter nach dem Erbfall ausüben können, nach dem Erbstatut. Außerdem unterliegen diesem ebenfalls die Haftung für die Nachlassverbindlichkeiten nach Art. 23 Abs. 2 lit. g EuErbVO sowie die Ansprüche der Pflichtteilsberechtigten gegen den Erben nach Art. 23 Abs. 2 lit. h EuErbVO. Schließlich rechnet Art. 23 Abs. 2 lit. i EuErbVO die unentgeltlichen Ansprüche sowie Art. 23 Abs. 2 lit. j EuErbVO die Teilung des Nachlasses dem Erbstatut zu.

b. Das Errichtungsstatut

Im Gegensatz dazu regelt das Errichtungsstatut, ob eine materiell wirksame Verfügung von Todes wegen vorliegt und insbesondere, ob die getroffene letztwillige Verfügung – nicht die Rechtswahl an sich – zulässig ist. Unter das Errichtungsstatut fallen nach Art. 26 Abs. 1 EuErbVO nur bestimmte Aspekte, die dort nicht abschließend aufgelistet sind.[844] Im Allgemeinen unterfallen dem Errichtungsstatut die Fragen rund um die materielle Wirksamkeit der Verfügung von Todes wegen. Deshalb unterliegen die Testierfähigkeit und die Einschränkungen bei der Errichtung der letztwilligen Verfügung dem Errichtungsstatut.[845] Ebenfalls mit der Errichtung in engem Zusammenhang steht die Zulässigkeit der Stellvertretung nach Art. 26 Abs. 1 lit. c EuErbVO. Wie die Verfügung von Todes wegen auszulegen ist, beurteilt sich ebenfalls nach dem Recht, das für die

---

der Erbunwürdigkeit handelt und deshalb zumindest die Anknüpfung an den Erben und dessen Personalstatut in Betracht zieht; ebenso *ders.*, in: Reichelt/Rechberger, Europäisches Erb- und Erbverfahrensrecht, S. 27, 35 f; siehe hierzu auch ausführlich *Nehmer*, Erbunwürdigkeit und Elternunterhalt im Internationalen Privatrecht, S. 126 ff.

842 Siehe hierzu ausführlich Dutta/Weber/*J. P. Schmidt*, Art. 23 Rn. 51–87.

843 S.o. Kapitel 3, C., II., 2.

844 *Jayme*, in: Reichelt/Rechberger, Europäisches Erb- und Erbverfahrensrecht, S. 27, 37 f hatte eine Regelung im ursprünglichen Vorschlag „schmerzlich vermisst“ und weist auf die Notwendigkeit bei Erbverzichten hin; *Junker*, Internationales Privatrecht, 2. Aufl., § 20 Rn. 41.

845 *Soutier*, Geltung deutscher Rechtsgrundsätze, S. 54.

Errichtung maßgebend ist. Diese Regelung schützt den Erblasser dann, wenn er unter fremdem Recht handelt.[846] Darüber hinaus unterfallen alle Willensmängel nach Art. 26 Abs. 1 lit. e EuErbVO dem Errichtungsstatut. Außerdem sollen die getroffenen Anordnungen der Verfügung von Todes wegen dem Errichtungsstatut unterliegen. So wird gewährleistet, dass in einer nach einem Recht zulässigen Verfügung von Todes wegen auch die in ihr zulässigen Anordnungen enthalten sind. Insbesondere bei der Anordnung einer Vor- und Nacherbschaft erscheint die Beurteilung nach dem Errichtungsstatut sinnvoll.[847]

Eine Besonderheit enthält Art. 26 Abs. 2 EuErbVO: Eine einmal erlangte Testierfähigkeit bleibt bestehen.[848] Diese Vorschrift soll den Erblasser vor einem Statutenwechsel schützen und ihm Rechtssicherheit gewähren, sodass er nicht durch einen Wechsel seines gewöhnlichen Aufenthalts plötzlich testierunfähig wird.[849] Dies betrifft nach dem Wortlaut von Art. 26 Abs. 2 EuErbVO jedoch nur bereits getroffene Verfügungen, die geändert oder widerrufen werden sollen, und gerade nicht neue Verfügungen, die nach einem Statutenwechsel vorgenommen werden.[850] Hier beurteilt sich die Testierfähigkeit nach dem neuen Errichtungsstatut.

In der Europäischen Erbrechtsverordnung wird dem Erblasser nun sowohl die Wahl des Erbstatuts als auch des Errichtungsstatuts anheimgestellt. So kann er nur für eines der beiden Statute eine Wahl treffen oder bestimmen, dass sowohl das Errichtungs- als auch das Erbstatut sich nach der gewählten Rechtsordnung richten. Auch hier ist wieder zu unterscheiden, dass der Erblasser frei ist in der Wahl, welche Verfügung von Todes wegen er wählt, also ob er sich für eine einseitige oder eine mehrseitige Verfügung von Todes wegen entscheidet. Indem sich die Errichtung nach einem anderen Recht richten kann als das Erbstatut, kann der Erblasser eine wirksame Verfügung von Todes wegen errichten, deren Inhalt sich jedoch nach einem anderen Recht beurteilt. Besonders im Hinblick auf einen Statutenwechsel kann für den Erblasser dadurch Rechtssicherheit erreicht werden. Denn durch die Wahl einer Rechtsordnung für die Errichtung der Verfügung von Todes wegen kann der Erblasser sicherstellen, dass seine Verfügung auch nach dieser Rechtsordnung wirksam wird und es auch bleibt. Dies spielt insbesondere dann eine Rolle, wenn er einen Umzug in einen anderen

---

846 *Soutier*, Geltung deutscher Rechtsgrundsätze, S. 56.

847 *Bonomi/Öztürk*, in: Dutta/Herrler, Die Europäische Erbrechtsverordnung, S. 47, 57.

848 *Fischer-Czermak*, in: Schauer/Scheuba, Europäische Erbrechtsverordnung, S. 43, 50; *Rauscher*, Internationales Privatrecht, 5. Aufl., § 9 Rn. 1111.

849 BeckOGK/*J. Schmidt*, Art. 26 Rn. 31; Dutta/Weber/*Bauer*, Art. 26 Rn. 18.

850 Palandt/*Thorn*, Art. 26 Rn. 2.

Staat in Betracht zieht und seine errichtete letztwillige Verfügung tatsächlich wirksam ist.

2. Testament

Den „einfachsten" Fall einer letztwilligen Verfügung stellt ein Testament dar. Wählt der Erblasser diese Form der Verfügung von Todes wegen, kann er zusätzlich zu seinen erbrechtlichen Verfügungen im Testament eine Rechtswahl vornehmen und bestimmen, dass seine Erbfolge seinem Heimatrecht unterliegen soll. Nach Art. 22 iVm Art. 24 Abs. 1 EuErbVO kann er eine umfassende Rechtswahl treffen, die sich sowohl auf das Errichtungs- als auch das Erbstatut bezieht. Dies wird der Regelfall sein und auch dem Willen des Erblassers entsprechen.[851] Nach Art. 24 Abs. 2 EuErbVO besteht jedoch auch die Möglichkeit, eine Rechtswahl zu treffen, die auf das Errichtungsstatut beschränkt ist.

a. Umfassende Rechtswahl, Art. 22 Abs. 1 iVm Art. 24 Abs. 1 EuErbVO

Der Erblasser kann eine umfassende Rechtswahl treffen, bei der er sowohl für das Erb- als auch das Errichtungsstatut ein Recht wählt. Nach Art. 24 Abs. 1 EuErbVO bestimmt das hypothetische Erbstatut die Zulässigkeit und die materielle Wirksamkeit. Bei einer Rechtswahl ist es das Recht, das anwendbar wäre, wenn der Erblasser im Zeitpunkt der Errichtung verstorben wäre.[852] Konsequenterweise bestimmen sich dann sowohl die erbrechtlichen Fragen an sich als auch die Zulässigkeit der letztwilligen Verfügung nach demselben Recht. Meist geht es dem Erblasser auch in erster Linie darum, eine wirksame Verfügung von Todes wegen zu treffen und schließlich das Recht zur Anwendung zu bringen, das seinem Erblasserwillen entspricht. Beides soll sich dann einheitlich nach einem Recht beurteilen. Die Möglichkeit einer derart umfassenden Rechtswahl ergibt sich aus Art. 22 Abs. 1 iVm Art. 24 Abs. 1 EuErbVO und entspricht dem Regelfall.[853] Im Zweifelsfall ist eine umfassende Rechtswahl anzunehmen, da sie sich auch mit dem Grundsatz der Nachlasseinheit besser verträgt.[854]

---

851 *Kroll-Ludwigs*, notar 2016, 75, 76.

852 Deixler-Hübner/Schauer/*Fischer-Czermak*, Art. 24 Rn. 15.

853 Nach Ansicht von *Heinig*, RNotZ 2014, 197, 208 ergibt sich die umfassende Rechtswahl bereits aus Art. 22 Abs. 1 EuErbVO selbst, wenn man die Begründung des Erwägungsgrundes 51 heranzieht; *Bonomi/Öztürk*, in: Dutta/Herrler, Die Europäische Erbrechtsverordnung, S. 47, 53 sehen einen „Kristallisierungseffekt" und messen ihm hauptsächlich bei einer Änderung oder einem Widerruf Bedeutung zu.

854 *Bonomi/Öztürk*, in: Dutta/Herrler, Die Europäische Erbrechtsverordnung, S. 47, 55.

b. Wahl des Errichtungsstatuts, Art. 24 Abs. 2 EuErbVO

Nach Art. 24 Abs. 2 EuErbVO ist es nun auch möglich, lediglich eine Rechtswahl bezüglich des Errichtungsstatuts vorzunehmen. So wird für die Zulässigkeit und materielle Wirksamkeit der Verfügung das Heimatrecht gewählt, während sich das Erbstatut weiterhin nach dem Recht des gewöhnlichen Aufenthalts und damit nach dem objektiven Anknüpfungspunkt in Art. 21 EuErbVO beurteilt. Damit verhindert die Regelung der Europäischen Erbrechtsverordnung, dass ein zunächst nach dem Errichtungsstatut wirksam errichtetes Testament nicht dem Statutenwechsel unterliegt und möglicherweise nach dem Erbstatut nicht wirksam ist. Zwar kommt es dann zu einem vom Erblasser gewollten Auseinanderfallen des Erb- und des Errichtungsstatuts,[855] aber der *favor testamenti* spricht für die vom europäischen Gesetzgeber gewählte Lösung. So kann beispielsweise bei der Testierfähigkeit, die nur im Heimatstaat gegeben ist, für die Errichtung dieses Recht gewählt werden, um zu einem wirksamen Testament zu gelangen.[856] Die Wahl des Errichtungsstatuts wird auch „kleine Rechtswahl" genannt.[857] Sie kann auch nachträglich erfolgen.[858]

c. Wahl des Erbstatuts

Wenn eine Rechtswahl nur zugunsten des Errichtungsstatuts möglich ist, stellt sich die Frage, ob auch eine Wahl allein des Erbstatuts als umgekehrter Fall möglich ist. Nach dem Wortlaut scheint dies in der Europäischen Erbrechtsverordnung nicht vorgesehen zu sein. Für die Wahl lediglich des Errichtungsstatuts spricht die ausdrückliche Regelung in Art. 24 Abs. 2 EuErbVO, die deshalb ohne Bedenken anzuerkennen ist. Eine vergleichbare Regelung trifft die Europäische Erbrechtsverordnung nicht für eine auf das Erbstatut beschränkte Rechtswahl. So könnte man zu dem Schluss kommen, dass bei einer Rechtswahl nach Art. 22 EuErbVO die objektive Anknüpfung vollständig verdrängt wird und sich das Errichtungsstatut nicht nach dem Recht des gewöhnlichen Aufenthalts bestimmen kann.[859] Aus Art. 22 EuErbVO könnte man jedoch ebensogut ableiten, dass auch eine auf das Erbstatut beschränkte Rechtswahl als mögliche

---

855 *Kroll-Ludwigs*, notar 2016, 75, 77; *Bonomi/Öztürk*, in: Dutta/Herrler, Die Europäische Erbrechtsverordnung, S. 47, 54.

856 Beispiel nach *Bonomi/Öztürk*, in: Dutta/Herrler, Die Europäische Erbrechtsverordnung, S. 47, 54 f.

857 *Junker*, Internationales Privatrecht, 2. Aufl., § 20 Rn. 44.

858 Siehe hierzu ausführlich Deixler-Hübner/Schauer/*Fischer-Czermak*, Art. 22 Rn. 20.

859 *Heinig*, RNotZ 2014, 197, 209.

Gestaltungsform in Betracht kommt und Art. 24 EuErbVO nur den Regelfall bestimmt. Bei der Rechtswahl kommt es aber auch auf den Erblasserwillen an, sodass dieser berücksichtigt werden muss. Will der Erblasser nun lediglich das Erbstatut dem Heimatrecht unterstellen und für die Errichtung weiterhin die objektive Anknüpfung wählen, muss ihm dies aus Gründen der Rechtssicherheit gestattet werden.[860]

3. *Erbvertrag*

Bei den Erbverträgen ist zunächst zwischen den einseitigen und den mehrseitigen Erbverträgen zu unterscheiden.[861] Sie sind die Schnittstelle zum Schuldrecht, sodass auch hier eine Rechtswahl gewährt werden sollte.[862] Grundsätzlich sieht die Erbrechtsverordnung dieselben Mechanismen wie beim Testament auch auf der Ebene der Erbverträge vor. Sie stellt jedoch besondere Voraussetzungen an mehrseitige Erbverträge. Art. 25 EuErbVO erfasst nicht nur Erbverträge im klassischen Sinn, sondern auch Erb- und Pflichtteilsverzichtsverträge fallen unter diese Regelung.[863] Dies lässt sich Art. 3 Abs. 1 lit. b EuErbVO entnehmen, indem dort definiert wird, was unter einem Erbvertrag zu verstehen ist. Element eines Erbvertrags muss demnach eine Vereinbarung sein, in der mit oder ohne Gegenleistung Rechte am künftigen Nachlass einer oder mehrerer Personen begründet, geändert oder entzogen werden.

a. *Umfassende Rechtswahl, Art. 22 Abs. 1 iVm Art. 25 Abs. 1 bzw. Abs. 2 EuErbVO*

Für die einseitigen Erbverträge – also solche Erbverträge, die nur den Nachlass einer Person betreffen – regelt Art. 25 Abs. 1 EuErbVO die Zulässigkeit und materielle Wirksamkeit. Danach richtet sich der einseitige Erbvertrag nach dem Recht, das im Zeitpunkt der Errichtung des Erbvertrags auf die Rechtsnachfolge

---

860 *Kroll-Ludwigs*, notar 2016, 75, 77; Palandt/*Thorn*, Art. 24 Rn. 4; *Frank/Döbereiner*, Nachlassfälle, Rn. 371; *Döbereiner*, MittBayNot 2013, 358, 366; *ders.*, DNotZ 2014, 323, 328; wohl auch *Keim*, in: Roth, Wahl ausländischen Rechts, S. 67, 80.

861 Siehe hierzu ausführlich *Nordmeier*, ZErb 2013, 112, 112 ff.

862 *Mankowski*, ZEV 2014, 395, 399 f.

863 *Seeger*, Erbverzichte im europäischen Kollisionsrecht, S. 86 ff; *Kroll-Ludwigs*, notar 2016, 75, 81; *Bonomi/Öztürk*, in: Dutta/Herrler, Die Europäische Erbrechtsverordnung, S. 47, 59; Burandt/Rojahn/*Burandt*, Art. 25 Rn. 1; Deixler-Hübner/Schauer/*Fischer-Czermak*, Art. 25 Rn. 9.

von Todes wegen anwendbar wäre, also nach dem hypothetischen Erbstatut. Diese Regelung entspricht jener für Testamente in Art. 24 Abs. 1 EuErbVO.[864]

In Art. 25 Abs. 2 EuErbVO trifft der europäische Gesetzgeber für mehrseitige Erbverträge, bei denen der Nachlass von mehreren Personen berührt ist, jedoch eine Unterscheidung zwischen der Zulässigkeit an sich und der materiellen Wirksamkeit und Bindungswirkung des Erbvertrags. Zunächst ist für jeden Vertragsteil gesondert das anwendbare Recht festzustellen, um die Zulässigkeit des Erbvertrags nach Art. 25 Abs. 2 UAbs. 1 EuErbVO zu beurteilen. Da die am Erbvertrag Beteiligten unterschiedliche gewöhnliche Aufenthalte und Staatsangehörigkeiten haben können, können auch unterschiedliche Rechte zur Anwendung kommen. Möglich ist auch, dass lediglich ein Vertragsteil eine Rechtswahl trifft, während für die andere Partei die objektive Anknüpfung an das Aufenthaltsrecht maßgebend ist.[865] Der Erbvertrag ist aber nur dann zulässig, wenn er nach jedem der Rechte im Zeitpunkt des Vertragsschlusses zulässig ist.[866] Ein erbvertragsfeindliches Recht verhindert also die Zulässigkeit insgesamt.[867] Sind an einem Erbvertrag beispielsweise ein Deutscher und ein Italiener beteiligt und beide treffen jeweils zugunsten ihres Heimatrechts eine Rechtswahl, ist der gesamte Erbvertrag unwirksam, da das italienische Recht das Rechtsinstitut des Erbvertrags nicht kennt. Die Erbvertragsfeindlichkeit setzt sich auch dann durch, wenn beide Parteien ihren gewöhnlichen Aufenthalt in Italien haben und lediglich die Partei mit deutscher Staatsangehörigkeit eine Rechtswahl zugunsten ihres Heimatrechts trifft. Es ist deshalb weder erforderlich, dass überhaupt eine Rechtswahl getroffen wird, noch dass von allen Beteiligten zugunsten des Heimatrechts optiert wird.

---

864 *Heinig*, RNotZ 2014, 197, 201; Bergquist/*Lagarde*, Art. 25 Rn. 4.

865 *Mankowski*, ZEV 2014, 395, 400 geht davon aus, dass eine Rechtswahl in einem mehrseitigen Erbvertrag nur dann getroffen werden kann, wenn alle Beteiligten eine Rechtswahl treffen. In diesem Fall wäre die Maßgeblichkeit des Rechts des gewöhnlichen Aufenthalts für einige der Beteiligten nicht gegeben.

866 *Bonomi/Öztürk*, in: Dutta/Herrler, Die Europäische Erbrechtsverordnung, S. 47, 62; siehe hierzu die Auflistung der Staaten, die einen Erbvertrag für zulässig oder unzulässig erachten, bei Geimer/Schütze/*Döbereiner*, Art. 25 Rn. 7 ff.

867 *Kroll-Ludwigs*, notar 2016, 75, 78; *Süß*, in: Süß, Erbrecht in Europa, 3. Aufl., § 4 Rn. 37. Dabei verbieten Italien, Frankreich, Belgien, Luxemburg, die Niederlande, Spanien und Portugal bereits die Errichtung eines Erbvertrags. Lediglich in Deutschland, Österreich, der Schweiz und der Türkei ist ein Erbvertrag anerkannt, vgl. *Deutsches Notarinstitut*, Studie, S. 324.

Ist der Erbvertrag nach allen Rechtsordnungen zulässig, sieht Art. 25 Abs. 2 UAbs. 2 EuErbVO für die Beurteilung der materiellen Wirksamkeit und die Bindungswirkung des Erbvertrags vor, dass sich diese nach dem Recht beurteilen soll, das die engste Verbindung zu dem Erbvertrag aufweist. Fraglich ist demnach, welches das Recht ist, mit dem der Erbvertrag am engsten verbunden ist. Dies wird in der Praxis häufig zu Problemen führen und demnach eine Rechtsunsicherheit hervorrufen. In den Erwägungsgründen finden sich keine Anhaltspunkte, die zur Bestimmung des Begriffs herangezogen werden sollen. Vielmehr scheint es, als sei die engste Verbindung im Einzelfall festzustellen und dabei sämtliche Umstände zu berücksichtigen.[868] Allerdings ist nicht klar, welche Kriterien ausschlaggebend sein sollen. Die Beurteilung gestaltet sich im Vergleich zur Beurteilung des gewöhnlichen Aufenthalts nach Art. 21 EuErbVO als noch schwieriger. Denn für Art. 21 EuErbVO sind lediglich die Umstände einer Person zu berücksichtigen, während bei einem Erbvertrag mehrere Personen beteiligt sind und dementsprechend eine Vielzahl von Umständen bei der Beurteilung der engsten Verbindung eine Rolle spielen kann. Der Erbvertrag weist bereits eine Verbindung zu den Rechtsordnungen auf, die über seine Zulässigkeit entschieden haben. Weitere ausschlaggebende Kriterien könnten trotzdem die Belegenheit von Vermögen oder der Abschluss in einem der beteiligten Staaten sein.[869] Denn der Erbvertrag ist zumindest mit diesem Staat nicht allein durch die Staatsangehörigkeit oder den gewöhnlichen Aufenthalt eines Vertragsteils verbunden.

b. Wahl des Errichtungsstatuts, Art. 25 Abs. 3 EuErbVO

Ähnlich wie bei Testamenten erlaubt Art. 25 Abs. 3 EuErbVO lediglich die Wahl des Errichtungsstatuts. Dabei können die am Erbvertrag Beteiligten für die Zulässigkeit, die materielle Wirksamkeit und die Bindungswirkung das Heimatrecht einer der Parteien wählen. Die Besonderheit zeigt sich darin, dass bei unterschiedlichen Staatsangehörigkeiten mehrere Rechtsordnungen zur

868 MüKo/*Dutta*, Art. 25 Rn. 10; Dutta/Weber/*Bauer*, Art. 25 Rn. 19; BeckOGK/*J. Schmidt*, Art. 25 Rn. 25; Deixler-Hübner/Schauer/*Fischer-Czermak*, Art. 25 Rn. 24; a.A. Kroiß/Horn/Solomon/*Köhler*, Art. 25 Rn. 7, der lediglich auf Umstände des Erbvertrags selbst abstellen will.

869 *Bonomi/Öztürk*, in: Dutta/Herrler, Die Europäische Erbrechtsverordnung, S. 47, 63; *Fischer-Czermak*, in: Schauer/Scheuba, Europäische Erbrechtsverordnung, S. 43, 52; Burandt/Rojahn/*Burandt*, Art. 25 Rn. 4; Dutta/Weber/*Bauer*, Art. 25 Rn. 19; Deixler-Hübner/Schauer/*Fischer-Czermak*, Art. 25 Rn. 24; *Keim*, in: Roth, Wahl ausländischen Rechts, S. 67, 78; *Nordmeier*, ZErb 2013, 112, 115.

Auswahl stehen. Unter diesen Umständen können die Parteien also das Heimatrecht wählen, nach dem ein Erbvertrag zulässig ist.[870] Sie gelangen so zu einem wirksamen Erbvertrag – auch wenn der Erbvertrag nach einem der Heimatrechte unwirksam wäre. Auch hier liegt der Vorteil der Wahl des Errichtungsstatuts darin, dass der Erbvertrag vor einem Statutenwechsel geschützt ist, was zu Rechtssicherheit führt.[871] Allerdings kann es dazu kommen, dass das Erbstatut anschließend nach unterschiedlichen Rechten beurteilt wird, da für das Erbstatut jeder der Beteiligten sein eigenes Heimatrecht wählt. Wird beispielsweise von einem Deutschen und einem Italiener ein Erbvertrag geschlossen, für den das deutsche Recht nach Art. 25 Abs. 3 EuErbVO das maßgebliche Errichtungsstatut sein soll, beurteilt sich das anschließende Erbstatut nach dem Aufenthaltsrecht (bei demselben gewöhnlichen Aufenthalt dann nach demselben Recht), bei einer Wahl des Heimatrechts jedoch beurteilt sich der Erbfall des Deutschen nach deutschem, der des Italieners nach italienischem Recht. Fraglich ist dann, wie das italienische Recht mit einem ihm unbekannten Rechtsinstitut zu verfahren hat.[872] Eine Ablehnung aufgrund von Art. 458 CCI als Eingriffsnorm iSd Art. 30 EuErbVO ist jedenfalls nicht angebracht.[873].

c. *Wahl des Erbstatuts*

Auch für Erbverträge könnte eine Wahl lediglich des Erbstatuts möglich sein. Eine ausdrückliche Formulierung ist in Art. 22 oder Art. 25 EuErbVO ebenfalls nicht enthalten. Allerdings lässt sich keine Rechtfertigung finden, warum die Sachverhalte unterschiedlich beurteilt werden sollten. Lässt man die Wahl lediglich des Erbstatuts bei Testamenten zu, so spricht nichts dagegen, die isolierte Wahl des Erbstatuts auch für Erbverträge anzuerkennen.[874] Die Gegner der isolierten Erbstatutswahl bei einseitigen Verfügungen von Todes wegen erkennen auch für Erbverträge diese nicht an.[875]

---

870 Vgl. *Bonomi/Öztürk*, in: Dutta/Herrler, Die Europäische Erbrechtsverordnung, S. 47, 63.

871 *Schaub*, in: Muscheler, Hereditare, S. 91, 118.

872 Siehe hierzu ausführlich *Seeger*, Erbverzichte im europäischen Kollisionsrecht, S. 157 ff.

873 *Schnyder/Capaul*, in: Heiss, Europäische Erbrechtsverordnung, S. 63, 105 ff.

874 *Kroll-Ludwigs*, notar 2016, 75, 79.

875 S.o. Kapitel 5, B., III., 2., c.

4. *Gemeinschaftliches Testament*

Für das gemeinschaftliche Testament stellt sich zunächst die Frage, ob es sich um ein Testament oder um einen Erbvertrag im Sinne der Verordnung handelt. Grundsätzlich ist das gemeinschaftliche Testament in Art. 3 Abs. 1 lit. c EuErbVO definiert als ein durch eine oder mehrere Personen in einer Urkunde errichtetes Testament. Trotz dieser Definition des gemeinschaftlichen Testaments erwähnt es die Europäische Erbrechtsverordnung danach jedoch nicht mehr. Insbesondere findet sich in der Europäischen Erbrechtsverordnung keine ausdrückliche Regelung für die Anknüpfung des gemeinschaftlichen Testaments.[876] Damit ist zu entscheiden, ob Art. 24 oder 25 EuErbVO zur Anwendung kommen.

Für eine Anwendung des Art. 24 EuErbVO spricht, dass es sich beim gemeinschaftlichen Testament der Sache nach um zwei Testamente handelt und diese lediglich in einer Urkunde zusammengefasst sind.[877] Man könnte also von zwei parallelen Testamenten ausgehen, deren Wirksamkeit sich dann nach Art. 24 EuErbVO beurteilt.

Aufgrund der Bindungswirkung bei wechselseitigen Verfügungen könnte das gemeinschaftliche Testament jedoch auch als Erbvertrag nach Art. 25 EuErbVO anzusehen sein.[878] Bei einem wechselbezüglichen gemeinschaftlichen Testament ist gerade die Bindungswirkung das kennzeichnende Element. Zudem ist der Begriff des Erbvertrags verordnungsautonom auszulegen. Bei einem gemeinschaftlichen Testament ist das Vermögen mehrerer Personen[879] betroffen, sodass nicht ausschließlich das Vermögen einer Person in Rede steht, wie dies in

---

876 *Kroll-Ludwigs*, notar 2016, 75, 79.

877 *Schaub*, in: Muscheler, Hereditare, S. 91, 117; *Nordmeier*, ZEV 2012, 513, 514; *Simon/Buschbaum*, NJW 2012, 2393, 2396.

878 *Geimer*, in: Hager, Die neue Europäische Erbrechtsverordnung, S. 9, 36; *Dutta*, FamRZ 2013, 4, 10; Geimer/Schütze/*Odersky*, Art. 24 Rn. 10; Burandt/Rojahn/*Burandt*, Art. 25 Rn. 2; mit ausführlicher Begründung auch *Kroll-Ludwigs*, notar 2016, 75, 80 f; Palandt/*Thorn*, Art. 25 Rn. 3; Dutta/Weber/*Bauer*, Art. 25 Rn. 3; anders das österreichische gemeinschaftliche Testament, das selbst bei wechselbezüglichen Verfügungen keine Bindungswirkung entfaltet, Deixler-Hübner/Schauer/*Fischer-Czermak*, Art. 24 Rn. 5.

879 Ein gemeinschaftliches Testament kennen nur wenige Rechtsordnungen. Dabei ist meist eine gemeinschaftliche Verfügung von Ehegatten möglich, in Schweden steht die Form eines gemeinschaftlichen Testaments jedoch auch Geschwistern zu. Allein durch die Zulässigkeit eines gemeinschaftlichen Testaments kann allerdings noch nicht auf die Bindungswirkung eines solchen geschlossen werden, vgl. *Deutsches Notarinstitut*, Studie, S. 324.

Konstellationen des Art. 24 EuErbVO der Fall ist. Man kann der Definition für einen Erbvertrag in Art. 3 Abs. 1 lit. b EuErbVO außerdem entnehmen, dass es sich um eine Vereinbarung handeln muss, die auch aufgrund eines gegenseitigen Testaments gegeben sein kann, das mit oder ohne Gegenleistung ausgestaltet sein kann.[880]

Die Unterscheidung ist demnach anhand der Bindungswirkung zu treffen: Liegt ein gemeinschaftliches Testament vor, das keine wechselbezüglichen Verfügungen enthält, entscheidet sich dessen materielle Wirksamkeit nach Art. 24 EuErbVO; treffen die Ehegatten hingegen wechselbezügliche Verfügungen und machen ihr Testament von einer Bindungswirkung wie im deutschen Recht nach § 2270 BGB abhängig, muss Art. 25 EuErbVO über die Zulässigkeit, materielle Wirksamkeit und Bindungswirkung bestimmen.[881] Fraglich ist in diesem Zusammenhang, wie zu entscheiden ist, wenn die Ehegatten in dem gemeinschaftlichen Testament sowohl einseitige als auch wechselbezügliche Verfügungen treffen. Nach der deutschen Dogmatik muss für jede einzelne Verfügung gesondert festgestellt werden, ob sie wechselbezüglich erfolgt ist und damit einer Bindungswirkung unterliegt.[882] Im Internationalen Erbrecht müsste dann folglich ebenfalls für jede einzelne Verfügung in einem gemeinschaftlichen Testament geprüft werden, ob mit der Verfügung des einen Ehegatten die des anderen Ehegatten steht und fällt. Aus praktischen Gründen empfiehlt es sich aber, im Internationalen Erbrecht auf das gesamte Testament abzustellen und bereits bei lediglich einer wechselseitigen Verfügung neben anderen einseitigen Verfügungen eine Bindungswirkung anzunehmen. Das gesamte gemeinschaftliche Testament sollte einem einzigen anwendbaren Recht unterliegen, das dann bestimmt, ob die einzelnen Verfügungen einseitig oder wechselbezüglich sind. Bei Wechselbezüglichkeit bereits einer einzigen Verfügung ist das gemeinschaftliche Testament also insgesamt dem Anwendungsbereich des Art. 25 EuErbVO zu unterstellen und mithin als Erbvertrag im Sinne der Verordnung zu behandeln. Dementsprechend gelten für ein gemeinschaftliches Testament je nach Zuordnung die für Art. 24 oder Art. 25 EuErbVO genannten Voraussetzungen.

Über die Zulässigkeit entscheidet nicht der für die Formgültigkeit geltende Art. 27 EuErbVO, da es sich um eine Zulässigkeitsfrage und gerade keine Formfrage handelt. Selbst wenn ein gemeinschaftliches Testament in manchen

---

880 *Bonomi/Öztürk*, in: Dutta/Herrler, Die Europäische Erbrechtsverordnung, S. 47, 61.

881 Dutta/Weber/*Bauer*, Art. 25 Rn. 3.

882 MüKo/*Musielak*, § 2270 BGB Rn. 6; Palandt/*Weidlich*, § 2270 BGB Rn. 1; Burandt/Rojahn/*Braun*, § 2270 BGB Rn. 6.

Rechtsordnungen bereits an der Form scheitert, kann eine Beurteilung nach der Europäischen Erbrechtsverordnung lediglich anhand des hypothetischen Erbstatuts erfolgen.[883]

5. *Isolierte Rechtswahl*

Der Erblasser muss die Rechtswahl in einer Verfügung von Todes wegen treffen. Damit ist fraglich, ob der Erblasser neben der Rechtswahl auch testamentarische Verfügungen treffen muss. Mit der Regelung in Art. 22 Abs. 2 EuErbVO könnte der europäische Gesetzgeber die Verknüpfung einer Rechtswahl mit einer Verfügung von Todes wegen gewollt haben, sodass eine isolierte Rechtswahl deshalb nicht möglich wäre.[884] Es ist jedoch der Fall denkbar, dass der Erblasser an sich mit dem gesetzlichen Erbrecht seines Heimatstaates, also dem Recht seiner Staatsangehörigkeit, einverstanden ist und lediglich Sicherheit über dessen Anwendung haben möchte. In diesem Fall muss es dem Erblasser möglich sein, in Form eines Testaments oder eines Erbvertrags vorzusehen, dass sein Heimatrecht Anwendung findet. Sonst würde man dem Erblasser, dem die gesetzliche Erbrechtsfolge zusagt, eine Anwendung seines Heimatrechts verwehren. Natürlich bestünde die Möglichkeit einer testamentarischen Verfügung entsprechend der gesetzlichen Erbfolge; es erscheint jedoch einfacher und konsequenter, dem Erblasser die Möglichkeit einer isolierten Rechtswahl zuzugestehen. Man könnte schließlich dem Vorliegen einer Rechtswahl entnehmen, dass es sich um eine gewillkürte Erbfolge handelt.[885]

Der Wortlaut des Art. 22 Abs. 2 EuErbVO verbietet die isolierte Rechtswahl nicht, sondern sieht lediglich die Form einer Verfügung von Todes wegen vor. Art. 22 Abs. 2 EuErbVO ist demnach keine abschließende Formvorschrift, da sich die formelle Wirksamkeit der Verfügung von Todes wegen nach Art. 27 EuErbVO oder Art. 75 Abs. 1 EuErbVO iVm dem Haager Testamentsformübereinkommen bestimmt.[886] Der Gesetzgeber fordert also im Hinblick auf die

---

883 *Bonomi/Öztürk*, in: Dutta/Herrler, Die Europäische Erbrechtsverordnung, S. 47, 66.

884 *L. Kunz*, GPR 2012, 208, 208; wohl ebenfalls *Schauer*, JEV 2012, 78, 86 der davon spricht, dass die Rechtswahl „in der letztwilligen Verfügung" erfolgt; auch *Bajons*, in: Schauer/Scheuba, Europäische Erbrechtsverordnung, S. 29, 34 geht von einer „gültigen Verfügung von Todes wegen" aus; *Kroll-Ludwigs*, Rolle der Parteiautonomie, S. 142 will ebenfalls keine isolierte Rechtswahl zulassen, indem sie auf den Wortlaut „Verfügung von Todes wegen" abstellt.

885 *Hotz*, Rechtswahl im Erbrecht, S. 43; Geimer/Schütze/*Frank*, Art. 22 Rn. 15; a.A. Deixler-Hübner/Schauer/*Schauer*, Art. 22 Rn. 8.

886 *Kroll-Ludwigs*, notar 2016, 75, 76; *Döbereiner*, MittBayNot 2013, 358, 363.

Erkennbarkeit der Rechtswahl ein schriftliches Dokument, aus dem der Wille des Erblassers hervorgeht. Ob der Erblasser nun zusätzlich testamentarische Verfügungen wie Erbeinsetzungen oder Vermächtnisse vornimmt, ist für die Rechtswahl ohne Bedeutung, solange sie die Form einer Verfügung von Todes wegen wahrt. Im Hinblick auf den Zweck der Rechtswahl, dem Erblasser Rechtssicherheit und Vorhersehbarkeit zu garantieren, ist eine isolierte Rechtswahl ebenfalls zu begrüßen. Auch aus den Regelungen von Art. 24 Abs. 2 und Art. 25 Abs. 3 EuErbVO lässt sich ableiten, dass eine testamentarische Verfügung nicht zwingend erforderlich ist.[887] Eine isolierte Rechtswahl sollte deshalb für den Erblasser möglich sein.[888]

6. *Formelle Wirksamkeit, Art. 27 EuErbVO*

Nach Art. 22 Abs. 2 EuErbVO kann eine Rechtswahl nur in Form einer Verfügung von Todes wegen getroffen werden.[889] Art. 27 EuErbVO beurteilt dann die Formwirksamkeit der Verfügung von Todes wegen. Die hohen Anforderungen an die Form haben eine Warn- und Beweisfunktion für den Erblasser und seine Angehörigen.[890]

Eine Besonderheit besteht aufgrund der Regelung in Art. 75 Abs. 1 UAbs. 2 EuErbVO: Für Vertragsstaaten des Haager Testamentsformübereinkommens hat dieses Vorrang und wird anstelle von Art. 27 EuErbVO angewendet. Die formelle Wirksamkeit von Testamenten und gemeinschaftlichen Testamenten beurteilt sich für Deutschland als Vertragsstaat deshalb nach dem Haager Testamentsformübereinkommen[891] und es ist nicht auf Art. 27 EuErbVO zurückzugreifen.

---

887 *Dutta*, FamRZ 2013, 4, 8 Fn. 40.

888 *Cach/A. Weber*, ZfRV 2013, 263, 264; *Frodl*, ÖJZ 2012, 950, 955; *Leitzen*, ZEV 2013, 128, 129; *Rudolf*, NZ 2013, 225, 235; *Frank/Döbereiner*, Nachlassfälle, Rn. 179; *Seibl*, in: Spickhoff, Symposium Parteiautonomie, S. 123, 139 f, der darauf abstellt, dass die Rechtswahl ohnehin bereits Konsequenzen für die Erbeinsetzung haben kann; in diese Richtung gehen auch *Dutta*, RabelsZ 73 (2009), 547, 578 und *Davi*, DNotI-Studie, S. 387, 399; *Döbereiner*, DNotZ 2014, 323, 324 sieht in der Formvorschrift des Art. 22 Abs. 2 EuErbVO lediglich eine Klarstellung; so auch bereits schon die Begründung bei *Kühne*, Parteiautonomie, S. 113 und *Linde-Rudolf*, Probleme einer Parteiautonomie, S. 41.

889 Für eine formfreie Rechtswahl sprachen sich beim Aufkommen der erbrechtlichen Rechtswahl *Kühne*, Parteiautonomie, S. 111 ff und *Dölle*, RabelsZ 30 (1966), 205, 237 ff aus.

890 *Schmitz*, Rechtswahlfreiheit, S. 172, die dennoch eine Beratung für verpflichtend hält, S. 175.

891 Vgl. Art. 4 HTestformÜ.

Das Haager Testamentsformübereinkommen trifft aber keine Regelung für Erbverträge. Aus diesem Grund unterliegt die formelle Wirksamkeit von Erbverträgen auch für Vertragsstaaten des Haager Testamentsformübereinkommens der Regelung des Art. 27 EuErbVO, der allerdings weitgehend dem Wortlaut des Übereinkommens entspricht.[892]

Grundsätzlich ist sowohl nach Art. 27 EuErbVO als auch nach dem Haager Testamentsformübereinkommen das Ziel erkennbar, die errichtete Verfügung von Todes wegen nicht an einer Formungültigkeit scheitern zu lassen. Dieser Grundsatz des *favor testamenti* zeigt sich insbesondere darin, dass die jeweilige letztwillige Verfügung nur nach einem der Rechte formwirksam sein muss.[893] Die Aufzählung der verschiedenen Anknüpfungspunkte in Art. 27 Abs. 1 lit. a bis lit. e EuErbVO bzw. Art. 1 lit. a bis lit. e HTestformÜ ist mithin keine kumulative Aufzählung, sondern eine alternative. So sehen sowohl die Europäische Erbrechtsverordnung als auch das Haager Testamentsformübereinkommen die Wirksamkeit dann vor, wenn die Verfügung von Todes wegen nach dem Recht des Errichtungsstaats wirksam ist. Alternativ kann sich die Formwirksamkeit ergeben, wenn das Testament nach dem Recht der Staatsangehörigkeit einer der beteiligten Personen wirksam ist, und zwar entweder im Errichtungs- oder im Todeszeitpunkt. Daneben kann sich die Formwirksamkeit auch nach dem Recht des Wohnsitzes oder des gewöhnlichen Aufenthalts einer Person ergeben, jeweils auch wieder zu beiden möglichen Zeitpunkten. Darüber hinaus anerkennen beide Regelwerke eine formelle Wirksamkeit, wenn die Verfügung von Todes wegen nach dem Recht der *lex rei sitae* von unbeweglichem Vermögen wirksam ist. Hier zeigt sich, dass sich die formelle Wirksamkeit insgesamt nach acht möglicherweise unterschiedlichen Rechtsordnungen ergeben kann. Dieser umfassende *favor testamenti* dürfte in den seltensten Fällen zu einem nicht formwirksam errichteten Testament führen.[894]

7. Materielle Wirksamkeit, Art. 22 Abs. 3 EuErbVO

Die Zulässigkeit der Rechtswahl ergibt sich bereits aus Art. 22 EuErbVO selbst, sodass selbst dann eine Rechtswahl zulässig ist, wenn das gewählte Recht eine

---

892 *Bonomi/Öztürk*, in: Dutta/Herrler, Die Europäische Erbrechtsverordnung, S. 47, 65.
893 *Dutta*, in: Reichelt/Rechberger, Europäisches Erb- und Erbverfahrensrecht, S. 57, 77.
894 *Jayme*, in: FS Coester-Waltjen, S. 461, 463, der aber trotzdem in den übrigen Fällen Probleme sieht.

Rechtswahl nicht kennt.[895] Darüber hinaus bleibt das gewählte Recht auch dann anwendbar, wenn das Testament durch die Rechtswahl ungültig wird.[896]

Sehr zu begrüßen ist die ausdrückliche Regelung des Art. 22 Abs. 3 EuErbVO, dass sich die materielle Wirksamkeit der Rechtswahl nach dem gewählten Recht bestimmt.[897] Dem gewählten Recht kommt deshalb Vorwirkung zu.[898] In anderen Verordnungen ist das für die materielle Wirksamkeit einer Rechtswahl geltende Recht nicht explizit geregelt, was immer wieder Fragen aufwarf. Dabei wurde der Vorgriff auf das gewählte Recht oft in Frage gestellt. Es wurde für sinnvoller erachtet, die materielle Wirksamkeit nach der *lex fori* zu beurteilen. Dies konnte in extremen Fällen dazu führen, dass eine getroffene Rechtswahl als nicht wirksam angesehen wurde, da sie nur nach dem gewählten Recht einen zulässigen Inhalt enthielt, nicht jedoch nach der *lex fori*.[899] Durch die Anwendung der *lex fori* kann aber die von den Parteien angestrebte Rechtssicherheit leiden.[900] Zudem wird dadurch ein *forum shopping* begünstigt: Die Parteien reichen dort Klage ein, wo ihnen die Beurteilung der Rechtswahl am günstigsten erscheint. Mit der eindeutigen Regelung in der Europäischen Erbrechtsverordnung stellt sich diese Frage nun im Internationalen Erbrecht nicht mehr. Vielmehr ist es für den Gesetzesanwender klar, nach welchem Recht sich die materielle Wirksamkeit beurteilt. Sehen sich die deutschen Gerichte einem Fall gegenüber, in dem die Wahl französischen Rechts in Rede steht, müssen sie anhand des französischen Rechts beurteilen, ob der Inhalt einer letztwilligen Verfügung eine Rechtswahl ist. Es besteht nicht die Möglichkeit, auf die *lex fori* und damit deutsches Recht zurückzugreifen. Allein das französische Recht als *lex causae* bestimmt die materielle Wirksamkeit.

---

895 Erwägungsgrund 40; *Solomon*, in: Dutta/Herrler, Die Europäische Erbrechtsverordnung, S. 19, 42; *Nordmeier*, GPR 2013, 148, 151; *Dutta*, FamRZ 2013, 4, 8; Burandt/Rojahn/*Burandt*, Art. 22 Rn. 10; Deixler-Hübner/Schauer/*Schauer*, Art. 22 Rn. 16; Bergquist/*Lagarde*, Art. 22 Rn. 12.

896 Vgl. *Gamillscheg*, AcP 157 (1958), 303, 307 f; Deixler-Hübner/Schauer/*Schauer*, Art. 22 Rn. 15.

897 *Seibl*, in: Spickhoff, Symposium Parteiautonomie, S. 123, 139; Geimer/Schütze/*Frank*, Art. 22 Rn. 25 ff.

898 Dutta/Weber/*Bauer*, Art. 22 Rn. 22; *Leitzen*, ZEV 2013, 128, 129; *Süß*, in: Süß, Erbrecht in Europa, 3. Aufl., § 2 Rn. 92, auch wenn er die Gefahr eines Zirkelschlusses sieht.

899 Siehe hierzu ausführlich *Schmitz*, Rechtswahlfreiheit, S. 121–128.

900 *Hotz*, Rechtswahl im Erbrecht, S. 28.

8. *Unwirksame Rechtswahl*

Trifft der Erblasser eine Rechtswahl und ist diese ungültig, wird der Erbfall so behandelt, als läge keine Rechtswahl vor, und die allgemeine Anknüpfung des Art. 21 EuErbVO kommt zur Anwendung. Damit bestimmt regelmäßig das Recht des gewöhnlichen Aufenthalts die Erbfolge.[901]

Denkbar ist eine Umdeutung der unwirksamen Rechtswahl in eine negative Rechtswahl.[902] Demnach würde die unwirksame Rechtswahl zumindest einen Anhaltspunkt dafür geben, dass eine bestimmte Rechtsordnung nicht gewollt ist. Dies kann indes wohl lediglich eine Rolle bei Personen mit mehreren Staatsangehörigkeiten spielen, sieht man von dem seltenen Fall ab, dass mehrere Staaten als Staat des gewöhnlichen Aufenthalts in Betracht kommen. Man wird mit der Annahme einer negativen Rechtswahl aber zurückhaltend sein müssen.

Eine weitere Überlegung ist, bei einer ungültigen Rechtswahl, die allein an den Formerfordernissen scheitert – was jedoch selten der Fall sein sollte –, die Ausweichklausel des Art. 21 Abs. 2 EuErbVO heranzuziehen. Die ungültige Rechtswahl könnte dann ein Anhaltspunkt dafür sein, dass zu einem anderen Mitgliedstaat eine wesentlich engere Verbindung besteht.[903] Auch hier bedarf es indes einer genauen Prüfung; ohne weitere gewichtige Gesichtspunkte sollte man nicht vorschnell die Ausweichklausel bemühen.

Ein weiteres Problem ergibt sich dann, wenn der Erblasser eine Teilrechtswahl nur für bestimmtes Vermögen in einem Staat trifft, also eine Rechtswahl, wie sie lediglich unter der alten Rechtslage nach Art. 25 Abs. 2 EGBGB a.F. möglich war. Hier zeigt sich der Wille des Erblassers, einen Teil seines Vermögens dem Recht eines anderen Staates zu unterstellen, ansonsten jedoch an der objektiven Anknüpfung des gewöhnlichen Aufenthalts festzuhalten. Meist wird eine solche Wahl im Hinblick auf unbewegliches Vermögen im Ausland erfolgen, das in vielen Fällen den Großteil des Vermögens ausmacht. Soll nun eine Umdeutung der unwirksamen Teilrechtswahl in eine wirksame Rechtswahl bezüglich des gesamten Vermögens zugunsten des Heimatrechts erfolgen? Man wird hier wohl annehmen müssen, dass einer Teilrechtswahl schlicht nicht zur Wirksamkeit verholfen werden kann. Schließlich wollte der Erblasser auch, dass der übrige Teil seines Vermögens dem Recht des gewöhnlichen Aufenthalts untersteht.

---

901 Geimer/Schütze/*Frank*, Art. 22 Rn. 31; vgl. *Cabrillac/Lisanti*, Dr. et patr. 2013, 42, 49; so auch die Überlegungen bei *Dreher*, Rechtswahl im internationalen Erbrecht, S. 179.

902 Siehe zur negativen Rechtswahl *Cach/A. Weber*, ZfRV 2013, 263, 266; *Emmerich*, Probleme der Anknüpfung, S. 180 ff; Deixler-Hübner/Schauer/*Schauer*, Art. 22 Rn. 12.

903 *Lisanti*, Gaz. Pal. 2013, 23, 25 Rn. 13.

9. *Testierunfähige*

Die Rechtswahlmöglichkeit setzt die Form einer testamentarischen Verfügung voraus. Dabei ist erforderlich, dass diese auch wirksam errichtet wurde. Die Beurteilung hierfür richtet sich jeweils nach dem Errichtungsstatut, wobei die Testierfähigkeit auch ausdrücklich in Art. 26 Abs. 1 lit. a EuErbVO aufgezählt ist. Nach deutschem Recht ist die Errichtung eines Testaments an die Testierfähigkeit in § 2229 BGB geknüpft. Dabei sieht die Regelung vor, dass Minderjährige erst dann ein Testament errichten können, wenn sie das 16. Lebensjahr vollendet haben. In manchen Ländern wird die Testierfähigkeit auch an die Heirat gekoppelt.[904] Ebenso ist nach § 2229 Abs. 4 BGB das wirksame Testieren denjenigen verwehrt, die aufgrund einer krankhaften geistigen Störung, Geistesschwäche oder wegen einer Bewusstseinsstörung nicht in der Lage sind, die Folgen ihrer Erklärung abzuschätzen. Damit ist es Testierunfähigen nicht möglich, eine wirksame Rechtswahl zu treffen. Auf kollisionsrechtlicher Ebene können sie keinen Gebrauch von Art. 22 EuErbVO machen.[905]

Ein Parallelproblem stellt sich auch im Vertragsrecht, wenn ein Geschäftsunfähiger oder ein beschränkt Geschäftsfähiger einen Vertrag abschließt. Nach Art. 10 Rom I-VO bestimmt sich die materielle Wirksamkeit eines Vertrages nach dem Recht des Staates, das auf den Vertrag anzuwenden wäre. Ist das anwendbare Recht für den Vertrag deutsches Recht, so bestimmt sich die Rechts- und Geschäftsfähigkeit des Minderjährigen nach Art. 7 EGBGB. Danach ist das Recht der Staatsangehörigkeit des Minderjährigen maßgebend für die Bestimmung der Geschäftsfähigkeit. Bei einem deutschen Minderjährigen entscheiden dann die §§ 104 ff BGB, ob ein Minderjähriger Rechtsgeschäfte vornehmen darf. Hier zeigt sich, dass im Vertragsrecht ein Minderjähriger und damit nicht voll Geschäftsfähiger wirksam Rechtsgeschäfte abschließen kann. Die Testierfähigkeit ist ein Unterfall der Geschäftsfähigkeit, die jedoch besondere Voraussetzungen fordert und deshalb nicht mit der sonstigen Geschäftsfähigkeit gleich gesetzt werden kann.[906] Die Gedanken aus §§ 107, 108 BGB lassen sich deshalb nicht auf die Testierfähigkeit übertragen.[907] Bereits § 2229 Abs. 2 BGB macht dies deutlich, indem er bei der Errichtung eines Minderjährigen, der das 16. Lebensjahr vollendet hat, nicht die Zustimmung der gesetzlichen Vertreter voraussetzt. Ein

904 Dazu *Deutsches Notarinstitut*, Studie, S. 321.

905 *Döbereiner*, DNotZ 2014, 323, 325.

906 OLG Rostock, Beschl. v. 05.06.2009 – 3 W 47/09, BeckRS 2009, 22699 = FamRZ 2009, 2039, 2040; MüKo/*Schmitt*, § 104 BGB Rn. 7.

907 MüKo/*Hagena*, § 2229 BGB Rn. 7; Burandt/Rojahn/*Lauck*, § 2229 BGB Rn. 9.

gewichtiger Grund spricht außerdem dagegen, die Testierfähigkeit eines Testierunfähigen durch Zustimmung der gesetzlichen Vertreter aufleben zu lassen: die Höchstpersönlichkeit. Nach § 2064 BGB kann der Erblasser ein Testament nur persönlich errichten. Er kann sich bei der Errichtung nicht durch einen Dritten vertreten lassen. Dies spricht auch dagegen, im Internationalen Erbrecht eine Zustimmung des gesetzlichen Vertreters zur Rechtswahl eines Testierunfähigen ausreichen zu lassen. Die Disposition im Erbrecht ist an das zusätzliche Merkmal der Höchstpersönlichkeit geknüpft. Da der europäische Gesetzgeber nur eine eingeschränkte Rechtswahl vorsieht, sollten die Voraussetzungen für die Testierfähigkeit nicht ausgeweitet werden. Dies bedeutet zwar im Ergebnis, dass Testierunfähigen keine Rechtswahlmöglichkeit zukommt. Allerdings sind sie eben auch im nationalen Recht nicht testierfähig. Sieht man die Rechtswahl im Internationalen Erbrecht als Spiegelung der Testierfreiheit an,[908] muss man konsequenterweise zu dem Schluss gelangen, dass eine Rechtswahl Testierunfähigen nicht zusteht.[909] Ein anderes Ergebnis könnte sich nur dann ergeben, wenn eine Rechtsordnung die Stellvertretung bei der Testamentserrichtung zulässt.

Zu einem anderen Ergebnis könnte man bei einem Erbvertrag gelangen, der eine Vertragsstruktur aufweist. Im Vertragsrecht ist eine Stellvertretung eines Geschäftsunfähigen oder eines beschränkt Geschäftsfähigen an sich durchaus möglich. Allerdings gilt es hier, die Vorschriften der §§ 2274, 2275 Abs. 1 BGB zu beachten. Diese Vorschriften gehen als eine besondere Regelung im Erbrecht den allgemeinen Bestimmungen vor. Gem. § 2274 BGB kann der Erblasser einen Erbvertrag nur persönlich – also höchstpersönlich – schließen; gem. § 2275 Abs. 1 BGB kann einen Erbvertrag als Erblasser nur ein unbeschränkt Geschäftsfähiger schließen. Damit ist für Geschäftsunfähige und beschränkt Geschäftsfähige nach deutschem Recht auch der Weg, eine Rechtswahl in Form eines Erbvertrags zu schließen, ausgeschlossen.[910]

IV. Änderung und Widerruf, Art. 22 Abs. 4 EuErbVO

In der Europäischen Erbrechtsverordnung ist nicht nur die Rechtswahl an sich vorgesehen, sondern auch die Änderung und der Widerruf. Eine getroffene Rechtswahl, die dem Erblasser Freiheit bei der Bestimmung des anwendbaren Rechts einräumt, muss auch wieder aus der Welt geschafft oder geändert werden können, wenn sie nicht mehr dem Erblasserwillen entspricht. Art. 22 Abs. 4

908 S.o. bei *Dölle* Kapitel 4, B., II., 1.

909 *Döbereiner*, MittBayNot 2013, 358, 363.

910 *Geimer*, in: Hager, Die neue Europäische Erbrechtsverordnung, S. 9, 18.

EuErbVO trifft deshalb in der Verordnung selbst Regelungen, wie sich dies beurteilen soll. Dabei soll die Änderung oder der Widerruf den Formvorschriften einer Verfügung von Todes wegen entsprechen. Daraus ergibt sich, dass eine Änderung oder ein Widerruf ebenfalls nur in Form eines Testaments, Erbvertrags oder gemeinschaftlichen Testaments erfolgen kann. Zeitlich kann eine solche Änderung oder ein Widerruf nur bis zum Todeszeitpunkt des Erblassers geschehen. Änderung und Widerruf geben dem Erblasser jedoch die Möglichkeit, zu Lebzeiten selbst eine Änderung vorzunehmen.

1. Widerruf

Der Widerruf steht grundsätzlich allen Erblassern, die eine Rechtswahl getroffen haben, zu. Mit einem Widerruf soll die getroffene Rechtswahl wieder aufgehoben werden. Fraglich ist, nach welchem Recht sich der Erbfall beurteilen soll, wenn keine Rechtswahl mehr besteht. Grundsätzlich müsste dann das Recht des gewöhnlichen Aufenthalts des Erblassers maßgeblich sein, welches nach den allgemeinen Regeln zur Anwendung kommt.[911] Allerdings hat der Erblasser durch seine Rechtswahl gerade zum Ausdruck gebracht, dass sich seine Rechtsnachfolge von Todes wegen nicht nach dem Recht des gewöhnlichen Aufenthalts beurteilen soll. Eine Möglichkeit bei Doppelstaatern wäre, dass nicht die Rechtswahl an sich widerrufen wird, sondern lediglich die Rechtswahl zugunsten eines der Heimatrechte. So könnte beispielsweise bei einem Erblasser mit deutscher und französischer Staatsangehörigkeit und gewöhnlichem Aufenthalt in Italien, der eine Rechtswahl zugunsten des deutschen Rechts getroffen hat, bei einem Widerruf statt des italienischen Rechts das französische Recht zur Anwendung kommen. Allerdings wird man sagen können, dass aus einem Widerruf einer Rechtswahl nicht automatisch auf die Wahl einer anderen Rechtsordnung geschlossen werden kann.[912] Vielmehr ist der Widerruf als ein vollständiges Beseitigen einer getroffenen Regelung zu sehen. In ihm kann man gerade den *actus contrarius* zur Rechtswahl sehen. Daher muss man zu dem Ergebnis kommen, dass im Falle eines Widerrufs die objektive Anknüpfung gilt, also regelmäßig das Recht des gewöhnlichen Aufenthalts zur Anwendung kommt.[913] Dass der Erblasser ursprünglich diese Anknüpfung abgewählt hat, spielt keine Rolle, da sich sein Wille geändert hat und er sich möglicherweise nun mit dem

---

911 Dutta/Weber/*Bauer*, Art. 22 Rn. 35.

912 S.o. Kapitel 5, B., II., 2.

913 Dutta/Weber/*Bauer*, Art. 22 Rn. 33; Deixler-Hübner/Schauer/*Schauer*, Art. 22 Rn. 17; *Döbereiner*, DNotZ 2014, 323, 325 f.

Aufenthaltsrecht verbundener fühlt. Ein solcher Fall scheint jedenfalls denkbar, wenn sich eine Person nach längerem gewöhnlichen Aufenthalt in diesem Staat aufgenommen fühlt und die dort geltenden Regelungen bezüglich des Erbrechts als auf ihre Erbfolge passend empfindet.

2. Änderung

Bei einer umfassend gewährten Parteiautonomie muss dem Erblasser auch die Möglichkeit zustehen, seine Rechtswahl zu ändern. Dabei stellt sich jedoch die Frage nach dem Personenkreis, für den die Änderung nach Art. 22 Abs. 4 EuErbVO überhaupt eine Rolle spielen kann. Grundsätzlich würde eine Änderung bedeuten, dass eine Rechtswahl an sich im Gegensatz zum Widerruf erhalten bleiben und gerade nicht vollständig beseitigt werden soll. Die Möglichkeit, ein anderes Heimatrecht zu wählen, haben lediglich Doppelstaater oder Personen, die ihre Staatsangehörigkeit wechseln und sich nicht für eine abstrakte Rechtswahl entschieden haben.[914] Personen, die nur eine Staatsangehörigkeit haben, können demnach lediglich ihre Rechtswahl widerrufen und nicht ändern, da eine Änderung ins Leere laufen würde. Für Doppelstaater und Wechsler der Staatsangehörigkeit muss jedoch die Änderung als zulässiges Mittel erhalten bleiben. Allerdings ist fraglich, ob die Änderung ausdrücklich erfolgen muss oder sich auch aus den Bestimmungen der letztwilligen Verfügung ergeben kann. Ist in einem späteren Testament den Formulierungen zu entnehmen, dass sie sich auf eine bestimmte Rechtsordnung beziehen, spricht nichts dagegen, auch hier eine konkludente Änderung anzunehmen.[915] Fraglich bleibt dann, nach welchem Recht sich die Änderung beurteilen soll. In Betracht kommt dabei das abgewählte Recht[916], das neu gewählte Recht oder deren Kumulation. Vorzugswürdig ist es, lediglich das neu gewählte Recht über die Wirksamkeit der Änderung entscheiden zu lassen.[917] Schließlich muss sich das neu gewählte Recht auf die Rechtswahl stützen können, und in der Änderung des

914 *Cabrillac/Lisanti*, Dr. et patr. 2013, 42, 49; *Döbereiner*, DNotZ 2014, 323, 326.

915 Vgl. *Fischer-Czermak*, EF-Z 2013, 52, 53.

916 So will *Junker*, Internationales Privatrecht, 2. Aufl., § 20 Rn. 35 für die Abberufung das bereits gewählte Recht, für die Berufung das neu gewählte Recht entscheiden lassen.

917 *Solomon*, in: Dutta/Herrler, Die Europäische Erbrechtsverordnung, S. 19, 43; *Nordmeier*, GPR 2013, 148, 154; *Müller-Lukoschek*, Die neue EU-Erbrechtsverordnung, S. 103; *Döbereiner*, DNotZ 2014, 323, 326; Geimer/Schütze/*Frank*, Art. 22 Rn. 36; Kroiß/Horn/Solomon/*Köhler*, Art. 22 Rn. 13 (auch wenn er die Lösung für konsequent hält, dass sowohl das ab- als auch das neu gewählte Recht entscheiden).

gewählten Rechts liegt nur *eine* Rechtshandlung, die sich auch nur nach einem Recht beurteilen sollte.[918]

3. *Bindungswirkung der Rechtswahl*

Die Europäische Erbrechtsverordnung sieht ausdrücklich keine Bindungswirkung für Rechtswahlen vor. Fraglich ist aber, ob eine getroffene Rechtswahl Bindungswirkung entfalten kann. Dabei ist zwischen den einseitigen und mehrseitigen Verfügungen von Todes wegen zu unterscheiden.

Eine Bindungswirkung der Rechtswahl kann immer nur dann entstehen, wenn die Verfügung von Todes wegen selbst bindend ist. Einseitige Verfügungen von Todes wegen sind frei widerruflich.[919] Möchte der Erblasser eine in einem Testament getroffene letztwillige Verfügung wieder aus der Welt schaffen, stehen ihm die einfachen Möglichkeiten des Widerrufs und der Änderung des Testaments zur Verfügung. Es stehen dann auch insbesondere nicht berechtigte Interessen der Erben entgegen.[920] Wird eine auf das Errichtungsstatut beschränkte Rechtswahl nach Art. 24 Abs. 2 EuErbVO getroffen, ist fraglich, ob diese auch widerrufen werden kann. Ist die Rechtswahl nach dem Errichtungsstatut bereits nicht zulässig oder materiell wirksam, handelt es sich um eine rechtlich nicht bestehende Verfügung.[921] Ein Widerruf soll deshalb nicht möglich sein.[922] Schließlich könne der Erblasser in diesem Fall ohne weiteres ein neues Testament errichten, das auch nicht in Konkurrenz zu einem anderen Testament stehe. Möchte der Erblasser seine Wahl jedoch ändern und das Errichtungsstaut einem anderen Recht unterstellen, sieht Art. 24 Abs. 3 S. 2 EuErbVO ausdrücklich vor, dass die Änderung oder der Widerruf dem gewählten Recht unterliegen. Dies macht es dem Erblasser möglich, eine Änderung oder einen Widerruf einer beschränkten Rechtswahl vorzunehmen. Die nachträgliche Änderung oder der nachträgliche Widerruf einer beschränkten Rechtswahl werden in der Praxis wohl eher eine geringe Rolle spielen, da gerade die Unwandelbarkeit des Errichtungsstatuts den Erblasser zu einer solchen Wahl veranlasst.

Bei einem Erbvertrag oder einem gemeinschaftlichen Testament kann sich der Erblasser nicht ohne weiteres von seiner Verfügung von Todes wegen lösen.

---

918 Vgl. Erwägungsgrund 40 S. 3: „die Rechtshandlung".

919 *Soutier*, ZEV 2015, 515, 516; Dutta/Weber/*Bauer*, Art. 22 Rn. 29; Deixler-Hübner/Schauer/*Fischer-Czermak*, Art. 24 Rn. 12.

920 So schon *Kühne*, Parteiautonomie, S. 146 f.

921 Vgl. Erwägungsgrund 48 S. 3.

922 *Soutier*, ZEV 2015, 515, 516; *Döbereiner*, DNotZ 2014, 323, 327.

Bei einem Erbvertrag müssen auch der andere Teil oder die anderen Teile des Erbvertrags einer Änderung oder Aufhebung des Vertrags zustimmen. Ebenso ist bei einem gemeinschaftlichen Testament eine freie Widerruflichkeit ausgeschlossen, soweit es sich um eine wechselseitige Verfügung handelt. Demnach muss auch auf kollisionsrechtlicher Ebene nach Art der gewählten Verfügung von Todes wegen unterschieden werden und sich die jeweilige Bindungswirkung einer in ihr getroffenen Rechtswahl hiernach richten. In den Fällen des Erbvertrags und des gemeinschaftlichen Testaments muss man also die materiellrechtlichen Regelungen der Bindungswirkung auch auf die Rechtswahl übertragen. Diese bestimmen sich nach dem Errichtungsstatut.[923] So muss man bei einer verordnungsautonomen Auslegung der Bindungswirkung davon ausgehen, dass diese dann gegeben ist, wenn an den Widerruf durch eine Partei weitere Voraussetzungen geknüpft werden.[924] Dies kann beispielsweise die Mitteilung an den anderen Vertragsteil sein oder dass der Widerruf der anderen Partei zugehen muss.[925] Bei einem Erbvertrag ist deshalb eine Bindungswirkung anzunehmen, um Rechtssicherheit für alle Parteien zu geben.[926] Ist das Rechtsinstitut des Erbvertrags insgesamt in einer Rechtsordnung unbekannt, ist durch Umdeutung oder Anpassung eine Lösung zu suchen. Falls dies nicht erfolgen kann, ist die Verfügung von Todes wegen unwirksam.[927] Bei einem gemeinschaftlichen Testament ergibt sich eine Bindungswirkung dann, wenn es sich um wechselbezügliche Verfügungen handelt, die ohne die Verfügung des anderen so nicht getroffen worden wären.[928] Handelt es sich jedoch nur um in einer Urkunde zusammengefasste Einzeltestamente, ist eine Bindungswirkung nicht gegeben.[929] Die Wahl des Errichtungsstatuts ist bei Erbverträgen bindend.[930]

Jedenfalls muss aus logischen Überlegungen heraus die Rechtswahl mit dem Tod des Erblassers unwiderruflich werden. Nachdem der Erblasser verstorben ist, kann eine Änderung oder gar ein Widerruf der Rechtswahl nicht mehr möglich sein.[931]

---

923 *Soutier*, ZEV 2015, 515, 518; a.A. *Döbereiner*, DNotZ 2014, 323, 332 (gewähltes Recht).

924 *Döbereiner*, DNotZ 2014, 323, 333 f.

925 *Döbereiner*, DNotZ 2014, 323, 329; Dutta/Weber/*Bauer*, Art. 25 Rn. 8.

926 Geimer/Schütze/*Döbereiner*, Art. 25 Rn. 90.

927 *Soutier*, ZEV 2015, 515, 518.

928 *Döbereiner*, DNotZ 2014, 323, 337 f; Dutta/Weber/*Bauer*, Art. 22 Rn. 29.

929 *Soutier*, ZEV 2015, 515, 519.

930 *Müller-Lukoschek*, Die neue EU-Erbrechtsverordnung, S. 110; Kroiß/Horn/Solomon/*Köhler*, Art. 25 Rn. 10.

931 Vgl. *Stoll*, Rechtswahl, S. 93.

V. Vorherige Rechtswahl, Art. 83 EuErbVO

Übergangsvorschriften sind für die Adaption eines Rechtsakts wichtig. Eine besonders große Bedeutung haben sie allerdings im Internationalen Erbrecht.[932] Mit Art. 83 EuErbVO hat der europäische Gesetzgeber eine Norm geschaffen, die eine erfolgte Rechtswahl nicht durch das Inkrafttreten der Europäischen Erbrechtsverordnung scheitern lässt. Die Regelung entspricht dem *favor testamenti*, indem sie zu einer möglichst hohen Wirksamkeit von Rechtswahlen kommt.[933] Sie gibt dem Erblasser einen Bestands- und Vertrauensschutz in bereits erfolgte Rechtswahlen.[934] Dabei sind die unterschiedlichen Absätze des Art. 83 EuErbVO zu betrachten.

Eine Rechtswahl, die bereits vor dem 17.08.2015 getroffen wurde, ist nach Art. 83 Abs. 2 Var. 1 EuErbVO weiterhin wirksam, wenn sie die Voraussetzungen der Art. 22 ff EuErbVO erfüllt. Hat der Erblasser also vor dem 17.08.2015 in einem Testament verfügt, dass auf seine Rechtsnachfolge von Todes wegen das Recht seines Heimatstaates Anwendung finden soll, ist diese Rechtswahl auch nach dem Inkrafttreten der Europäischen Erbrechtsverordnung zu berücksichtigen.[935] Außerdem sieht Art. 83 Abs. 2 Var. 2 EuErbVO vor, dass auch eine vorherige Rechtswahl, die nach dem Internationalen Privatrecht des Aufenthalts- oder Heimatstaats im Zeitpunkt der Vornahme der Rechtswahl wirksam war, nach dem 17.08.2015 wirksam bleibt. Diese Regelung erfasst auch Rechtswahlen nach dem deutschen Art. 25 Abs. 2 EGBGB a.F.[936] Hatte ein Erblasser frühzeitig eine Rechtswahl für seine Immobilien in Deutschland zugunsten des deutschen Rechts getroffen, bleibt diese Rechtswahl wirksam, wenn er weiterhin seinen gewöhnlichen Aufenthalt in Deutschland hatte. Hatte ein Franzose vor dem 17.08.2015 mit gewöhnlichem Aufenthalt in Deutschland nach Art. 25 Abs. 2 EGBGB a.F. eine Rechtswahl für sein in Deutschland belegenes Grundstück getroffen, bleibt diese Rechtswahl nach Art. 83 Abs. 2 EuErbVO auch bei einem Versterben des Erblassers nach dem 17.08.2015 wirksam.[937] Die Rechtswahl war

---

932 *Ferid*, Internationales Privatrecht, 3. Aufl., Rn. 9–2; *Schoppe*, IPRax 2014, 27, 29.

933 *Schaub*, in: Muscheler, Hereditare, S. 91, 128; *Lechner*, in: Dutta/Herrler, Die Europäische Erbrechtsverordnung, S. 5, 13.

934 *Emmerich*, Probleme der Anknüpfung, S. 214; *Fetsch*, in: FS Roth, S. 107, 108.

935 Geimer/Schütze/*Frank*, Art. 22 Rn. 39; *Schoppe*, IPRax 2014, 27, 29.

936 *Müller-Lukoschek*, Die neue EU-Erbrechtsverordnung, S. 55; *Fetsch*, in: FS Roth, S. 107, 109; *Schoppe*, IPRax 2014, 27, 30 f.

937 Geimer/Schütze/*Frank*, Art. 22 Rn. 43: bei gewöhnlichem Aufenthalt in Frankreich verliert die Rechtswahl ihre Wirksamkeit.

nämlich im Zeitpunkt der Vornahme nach deutschem Recht wirksam erfolgt. Dies ist die einzige Möglichkeit, wie eine Teilrechtswahl unter der Europäischen Erbrechtsverordnung Geltung haben kann. Ansonsten ist eine Teilrechtswahl nach der Europäischen Erbrechtsverordnung unwirksam. Dem Wortlaut ist auch nicht zu entnehmen, dass diese Rechtswahl nur bis zum 17.08.2015 wirksam war.[938] Eine Wahl zugunsten des Aufenthaltsrechts, die unter den nationalen Bestimmungen vor dem 17.08.2015 wirksam war, bleibt es ebenfalls nach dem 17.08.2015 und gleicht die fehlende Möglichkeit einer Rechtswahl zugunsten des gewöhnlichen Aufenthalts aus.[939]

Eine weitere Besonderheit der Europäischen Erbrechtsverordnung bietet Art. 83 Abs. 4 EuErbVO.[940] Er sieht vor, dass bei einer Verfügung von Todes wegen, die vor dem Anwendungsbeginn der Europäischen Erbrechtsverordnung nach dem Recht errichtet wurde, das der Erblasser nach Art. 22 ff EuErbVO hätte wählen können, sich die Rechtsnachfolge von Todes wegen nach diesem Recht beurteilt. Hier liegt also die Fiktion einer Rechtswahl für alle Verfügungen von Todes wegen vor, die vor dem 17.08.2015 errichtet wurden. Für einen deutschen Erblasser mit einem vor dem 17.08.2015 errichteten und von einem deutschen Notar ausgefertigten Testament, der aber nach dem 17.08.2015 in Frankreich verstirbt, gilt die Rechtswahl zugunsten des deutschen Rechts. So kommt einer früheren letztwilligen Verfügung des Erblassers echter Vertrauensschutz zu.[941] Diese Rechtswahlfiktion ist von der konkludenten Rechtswahlmöglichkeit nach Art. 22 Abs. 2 EuErbVO zu unterscheiden. Im Falle einer konkludenten Rechtswahl ist es erforderlich, dass der Erblasser ein Erklärungsbewusstsein hierüber hat, auch wenn hieran geringe Anforderungen zu stellen sind.[942] Die Verfügung von Todes wegen ist darauf zu untersuchen, ob es Anhaltspunkte gibt, die zeigen, dass der Erblasser eine Rechtswahl zugunsten seines Heimatrechts vornehmen wollte. Für die Fiktion ist ein solches Erklärungsbewusstsein nicht erforderlich.[943] Art. 83 Abs. 4 EuErbVO kommt deshalb der Rechtssicherheit des Erblassers zugute.

---

938 A.A. *Döbereiner*, DNotZ 2014, 323, 339.

939 *Kroll-Ludwigs*, Rolle der Parteiautonomie, S. 83.

940 Siehe hierzu ausführlich *Fetsch*, in: FS Roth, S. 107, 111–123.

941 *Soutier*, Geltung deutscher Rechtsgrundsätze, S. 69; *Lechner*, in: Dutta/Herrler, Die Europäische Erbrechtsverordnung, S. 5, 13; *Schoppe*, IPRax 2014, 27, 32.

942 Siehe hierzu nur MüKo/*Dutta*, Art. 22 Rn. 14.

943 BeckOGK/*J. Schmidt*, Art. 83 Rn. 20; Geimer/Schütze/*Frank*, Art. 22 Rn. 48; a.A. MüKo/*Dutta*, Art. 83 Rn. 13; *Fetsch*, in: FS Roth, S. 107, 113 ff.

VI. Grenzen der Rechtswahl

Gewährt man dem Erblasser die Möglichkeit, selbst über das anwendbare Recht zu bestimmen und so von seiner Autonomie Gebrauch zu machen, stellt sich auch die Frage, wo die Grenzen zu ziehen sind. Klassischerweise finden sich diese im Internationalen Privatrecht in den Bestimmungen des *ordre public* und möglicherweise im Institut der *fraude à la loi*, das eine rechtsmissbräuchliche Ausübung des Rechts beschreibt.

Dass eine Regelung der *fraude à la loi* auch bei der Anwendung der Europäischen Erbrechtsverordnung berücksichtigt werden soll, ergibt sich aus Erwägungsgrund 26 der Verordnung, indem dort festgehalten ist, dass Regelungen der Gesetzesumgehung trotzdem anwendbar bleiben. Dennoch sollte eine Anwendung der *fraude à la loi* nur in Ausnahmefällen erfolgen.[944] Rechtsmissbräuchlich könnte eine Rechtswahl dann sein, wenn sie nur zu dem Zweck getroffen wird, um die Anwendung des Pflichtteilsrechts des Staates des gewöhnlichen Aufenthalts zu umgehen.[945] Der Erblasser kann aber auch den gewöhnlichen Aufenthalt allein zu dem Zweck verlegen, dass das Pflichtteilsrecht des bisherigen gewöhnlichen Aufenthalts nicht zur Anwendung kommt.[946] Er könnte außerdem allein zum Zweck der Umgehung seine Staatsangehörigkeit ändern, um zugunsten des Rechts dieses Staates zu optieren. Allerdings ist ein solcher Fall eher unwahrscheinlich, da der Erblasser bei Anwendung des Rechts des gewöhnlichen Aufenthalts – wenn er keine Rechtswahl trifft oder seine getroffene Rechtswahl widerruft – ohnehin das Pflichtteilsrecht seines Heimatstaates umgehen kann.[947] Ein weiterer Fall der rechtsmissbräuchlichen Rechtswahl ist möglich, indem eine unwirksame Rechtswahl durch einen Renvoi nach Art. 34 Abs. 1 EuErbVO wieder auflebt. Grundsätzlich wäre bei einer Rechtswahl der Renvoi ausgeschlossen,

944 MüKo/*Dutta*, vor Art. 20 Rn. 64.

945 Die Fälle, die von *Kötters*, Parteiautonomie, S. 84 ff aufgeführt werden, sind im Falle der Rechtswahlmöglichkeiten nach der Europäischen Erbrechtsverordnung nicht einschlägig, da es bereits eine Begrenzung auf lediglich eine Rechtsordnung gibt und zumindest bei einer Rechtswahl in einem Testament nicht die Schwäche einer anderen Partei ausgenutzt wird. Lediglich die der Rechtswahl immanente Gesetzesumgehung, indem die zwingenden Vorschriften einer Rechtsordnung umgangen werden (S. 88 f), könnte im Fall der Europäischen Erbrechtsverordnung eine Rolle spielen.

946 *Devers*, Dr. et patr. 2014, 52, 53 f; *Bajons*, DNotI-Studie, S. 465, 478 denkt an eine mögliche Unwirksamkeit der Rechtswahl, macht allerdings auch auf das Problem der Beweispflicht aufmerksam.

947 *Cabrillac/Lisanti*, Dr. et patr. 2013, 42, 50; Dutta/Weber/*Bauer*, Art. 22 Rn. 10; *Seibl*, in: Spickhoff, Symposium Parteiautonomie, S. 123, 125.

da es bei einer getroffenen Rechtswahl nach Art. 34 Abs. 2 EuErbVO nicht zu einem Renvoi kommen soll. Ist die Rechtswahl aber unwirksam, bleibt Art. 34 Abs. 1 EuErbVO anwendbar und eine an sich unwirksame Rechtswahl kann nach dem Recht des Drittstaats doch Wirksamkeit entfalten. Dieser Fall ist jedoch als solcher hinzunehmen, da er gerade gesetzlich vorgesehen ist und der Erblasser dann nicht die gesetzliche Regelung umgeht.[948] Durch die Beschränkung der Rechtswahl sollten die rechtsmissbräuchlichen Rechtswahlen ausgeschlossen sein, denn infolge der Beschränkung auf das Heimatrecht bzw. die Heimatrechte liegt immer eine Verbindung zur wählbaren Rechtsordnung vor.[949] Auch die Wahl von Mehrstaatern, die nicht die effektive Staatsangehörigkeit wählen, kann nicht als Fall der *fraude à la loi* angesehen werden, da diese Wahl in Art. 22 Abs. 1 S. 2 EuErbVO vorgesehen ist.[950] Die Rechtswahl selbst ist ebenfalls keine Gesetzesumgehung.[951]

Das andere Korrektiv im Internationalen Privatrecht ist der *ordre public*. Er besagt, dass das fremde Recht dann nicht angewendet wird, wenn es mit der öffentlichen Ordnung des Forumstaates nicht vereinbar ist. In Fällen der Rechtswahl könnte der *ordre public* dann eingreifen, wenn ein Recht gewählt wird, um das Pflichtteilsrecht der Pflichtteilsberechtigten zu beschränken. Allerdings ist die Rechtswahl ein Instrument, das eher dazu führt, dass die Pflichtteils- und Noterbrechte beibehalten werden, statt sie zu verhindern.[952] Indem die zur Verfügung stehenden Rechtsordnungen auf lediglich eine Rechtsordnung beschränkt sind, sind die Umgehungsmöglichkeiten sehr gering gehalten, sodass der *ordre public* im Rahmen der Rechtswahl eher eine untergeordnete Rolle spielt.[953]

Durch die Beschränkung auf eine wählbare Rechtsordnung und die einheitliche Bestimmung für die gesamte Rechtsnachfolge von Todes wegen kommt es auch nicht zum Wiederaufleben einer Nachlassspaltung.[954] Auch in dieser Hinsicht geht deshalb keine Gefahr von der Rechtswahl aus. Eine Inhaltskontrolle ist deshalb nicht notwendig.[955]

---

948 *Schmitz*, Rechtswahlfreiheit, S. 255.

949 *Hotz*, Rechtswahl im Erbrecht, S. 122; *Süß*, in: Süß, Erbrecht in Europa, 3. Aufl., § 5 Rn. 29.

950 Rauscher/*Hertel*, Art. 22 Rn. 11; Geimer/Schütze/*Frank*, Art. 22 Rn. 29 f.

951 *Brandi*, Haager Abkommen, S. 286 und 289 f; *Kötters*, Parteiautonomie, S. 88; so auch *Kroll-Ludwigs*, Rolle der Parteiautonomie, S. 522 f.

952 *Cabrillac/Lisanti*, Dr. et patr. 2013, 42, 50.

953 *Cabrillac/Lisanti*, Dr. et patr. 2013, 42, 50; *Lisanti*, Gaz. Pal. 2013, 23, 24; Rauscher/*Hertel*, Art. 22 Rn. 20.

954 *Lisanti*, Gaz. Pal. 2013, 23, 24.

955 Ebenso *Ömür*, Rechtswahl als Rechtsgeschäft, S. 222.

C. Ziel: Bestimmung der engsten Verbindung durch Wahl des Erblassers

Durch die Rechtswahl soll das Recht zur Anwendung kommen, zu dem der Erblasser eine Verbindung aufweist. Im Idealfall handelt es sich beim gewählten Heimatrecht um das Recht, mit dem sich der Erblasser am engsten verbunden fühlt und zu dem nicht nur eine zufällige Verbindung besteht. Eine besonders enge Verbindung wurde nicht zur Voraussetzung für die Rechtswahl gemacht.[956] Es ist deshalb möglich, dass ein Erblasser sein Heimatrecht wählt, ohne zu ihm eine enge Verbindung zu haben. Allein die Tatsache, dass er die Regelungen für auf seinen Erbfall „passender“ und schlicht „besser“ hält, reicht für die Wahl aus.[957] Die Staatsangehörigkeit dieses Staates rechtfertigt diese Wahl und stellt bereits eine ausreichende Verbindung zu diesem Staat her. Dies widerspricht eigentlich dem im Internationalen Privatrecht anerkannten Grundsatz, dass immer die engste Verbindung zu einer Rechtsordnung gefunden werden soll.[958] Es soll bei Rechtsgebieten mit engem Bezug zu den persönlichen Lebensverhältnissen nicht jede Rechtsordnung zur Auswahl stehen, sondern nur eine solche, zu der eine enge Verbindung besteht. In Art. 4 Rom I-VO legt die Verordnung beispielsweise für die einzelnen Vertragsarten die objektiven Anknüpfungsmomente fest und bestimmt, welches die charakterisierende, also die dem Vertrag innewohnende Leistung ist. Sie gelangt so zur Feststellung der engsten Verbindung eines Vertragstyps und schließlich zu einer Rechtsordnung. Allerdings können die Vertragsparteien in Art. 3 Rom I-VO eine Rechtswahl zugunsten einer Rechtsordnung treffen, die nicht der objektiven Bestimmung in Art. 4 Rom I-VO entsprechen muss. Vielmehr legen die Parteien selbst fest, welches Recht mit ihrem Vertrag am engsten verbunden sein soll. Ähnlich erfolgt die Rechtswahl auch in der Europäischen Erbrechtsverordnung: Der Erblasser bestimmt durch seine Rechtswahl, dass er mit seiner Heimatrechtsordnung die engste Verbindung hat. Dies kann einerseits sein, weil die Regelungen ihm am ehesten zusagen, andererseits aber auch, weil er tatsächlich mit diesem Staat eine tiefe Verwurzlung hat. Die Verbundenheit zu dieser Rechtsordnung zeigt sich bereits darin, dass es das Recht der Staatsangehörigkeit ist. Der europäische Gesetzgeber ließ es ausreichen, dass *irgendeine* Verbindung zu dem Staat besteht, dessen Rechtsordnung

---

956 *Kroll-Ludwigs*, Rolle der Parteiautonomie, S. 446 spricht von der „Emanzipation der Parteiautonomie vom Prinzip der engsten Verbindung“; *Odersky*, notar 2013, 3, 5; *Frank/Döbereiner*, Nachlassfälle, Rn. 164.

957 Deixler-Hübner/Schauer/*Schauer*, Art. 22 Rn. 3.

958 Siehe nur *Kropholler*, Internationales Privatrecht, 6. Aufl., § 4 II.

gewählt werden kann. Der Erblasser bestimmt also selbst, ob er zum Heimat- oder zum Aufenthaltsstaat die Verbindung herstellen möchte.

Durch eine Rechtswahl können jedoch auch Probleme erst geschaffen werden, statt sie zu lösen. Der „Normalfall" wäre, dass die Gerichte am gewöhnlichen Aufenthalt über den Erbfall entscheiden und das Recht des gewöhnlichen Aufenthalts anwenden. Nimmt der Erblasser eine Rechtswahl vor, zerstört er gerade den von der Europäischen Erbrechtsverordnung verfolgten Zweck des Gleichlaufs von *forum* und *ius*. Erst durch die Rechtswahl wird also das Problem hervorgerufen; allein durch Ausübung der Rechtswahl bedarf es des Korrektivs einer Gerichtsstandsvereinbarung oder Zuständigkeitsanerkennung.

Die Rechtswahl ist dennoch ein Mittel, um Rechtssicherheit, eine gewisse Nähebeziehung und Vorhersehbarkeit zu garantieren.[959] Außerdem sorgt sie dafür, dass sich der Erblasser gegen einen Statutenwechsel absichern kann.[960] Die gewährte Parteiautonomie im Internationalen Erbrecht sollte nicht aufgrund des Auseinanderfallens von *forum* und *ius* dem Erblasser wieder genommen werden. Es gilt vielmehr, auf zuständigkeitsrechtlicher Ebene adäquate Mittel zur Lösung zu finden.

959 *Cabrillac/Lisanti*, Dr. et patr. 2013, 42, 47.

960 *Kroll-Ludwigs*, notar 2016, 75, 76; allgemein zur Möglichkeit, mithilfe der Parteiautonomie einem Statutenwechsel entgegen zu wirken, *Stojanovic*, Parteiautonomie, S. 39 f.

3. Teil: Parteiautonome Zuständigkeitsbestimmung im Internationalen Erbrecht

Kapitel 6: Parteiautonome Zuständigkeitsbestimmung in der Europäischen Erbrechtsverordnung

Mit den Regelungen in Art. 5 ff EuErbVO hat die Parteiautonomie auch auf zuständigkeitsrechtlicher Ebene an Wichtigkeit gewonnen. Neben der Gerichtsstandsvereinbarung sind auch die Gerichtsstandsanerkennung und die rügelose Einlassung Ausdruck für den Willen der Parteien zur Begründung der Zuständigkeit.

Vor Einführung der Europäischen Erbrechtsverordnung war das *forum shopping* im Erbrecht sehr beliebt.[961] Durch die Wahl des Orts der Klageerhebung konnte Einfluss auf das anzuwendende Internationale Privatrecht und damit auf das materielle Recht genommen werden. Nahmen die Erben eine geschickte Wahl des Gerichtsorts vor und erhoben Klage in einem Staat, der nur geringe Pflichtteilsrechte kennt, konnten sie zum Teil die Pflichtteilsrechte der Abkömmlinge des Erblassers zu einem gewissen Grad ausschließen. Besonders bei einer Klageerhebung in Frankreich bestimmte sich das anwendbare Recht nach dem Wohnsitz oder der Belegenheit der Sache, sodass es auf die Staatsangehörigkeit nicht ankam und bei einem Deutschen mit Wohnsitz und unbeweglichem Vermögen in Frankreich französisches Recht angewendet wurde. Eine solche Verlegung des gewöhnlichen Aufenthalts, um die Zuständigkeit in einem anderen Staat zu begründen, ist kein Akt des Parteiwillens. Hier beruht die Zuständigkeit der Gerichte nicht auf dem Willen der Parteien, sondern darauf, dass die Regeln der allgemeinen Anknüpfung eingreifen und dadurch die Zuständigkeit begründet wird.[962] Durch die Europäische Erbrechtsverordnung wird nun zum einen das *forum shopping* eingedämmt,[963] zum anderen echte Parteiautonomie gewährt.

Indem unter der Europäischen Erbrechtsverordnung die Regeln zur internationalen Zuständigkeit und zum anwendbaren Recht vereinheitlicht sind und jeweils der gewöhnliche Aufenthalt die Anknüpfung bestimmt, kommt

961 *Deutsches Notarinstitut*, Studie, S. 189; *Lagarde*, in: Gottwald, Perspektiven, S. 1, 10; *D. Lübcke*, Nachlassverfahrensrecht, S. 94 f.

962 *Coester-Waltjen*, in: FS Heldrich, S. 549, 550.

963 *Kränzle*, Heimat als Rechtsbegriff?, S. 205; siehe auch *Dörner/Hertel/Lagarde/Riering*, IPRax 2005, 1, 2; *Meyer*, Gerichtsstände der Erbrechtsverordnung, S. 117 ff sieht die Möglichkeit durch die Zuständigkeitsregelungen der Europäischen Erbrechtsverordnung noch nicht gebannt und versucht, eine Lösung über ein Rechtsmissbrauchsverbot zu finden (S. 160–177).

jedes Gericht eines Mitgliedstaats zur selben internationalen Zuständigkeit und zum selben anwendbaren Recht. Dadurch ist es für die späteren Erben weniger attraktiv, sich einen Gerichtsort zum Nachteil der anderen Partei auszusuchen, denn aufgrund des Entscheidungseinklangs verspricht ihnen ein *forum shopping* materiellrechtlich keine Vorteile. Die Europäische Erbrechtsverordnung gibt den Parteien nun aber die Möglichkeit, die Zuständigkeit unter bestimmten Voraussetzungen selbst zu bestimmen. In den bisherigen nationalen Regelungen war eine Gerichtsstandsvereinbarung oder sonstige parteiautonome Zuständigkeitsbestimmung in Erbsachen nicht vorgesehen.[964] Die Einführung der parteiautonomen Zuständigkeitsbestimmungen in der Europäischen Erbrechtsverordnung war deshalb kein einfaches Unterfangen. Zunächst waren sie im Entwurf zur Verordnung noch nicht enthalten[965] und der Gesetzgeber hat sich erst spät mit ihnen auseinander gesetzt. Da in den Rechtsordnungen der Mitgliedstaaten eine Regelung der parteiautonomen Zuständigkeitsbestimmung unbekannt war, fehlte ein Vorbild.[966] Insbesondere auf deutsche Empfehlungen hin kam es letztlich zu einer Befürwortung der parteiautonomen Zuständigkeitsbestimmungen, sodass sie in die Europäische Erbrechtsverordnung aufgenommen wurden.[967]

Wie bereits ausgeführt,[968] ist die Wahl eines Gerichtsstands als ein Akt der Parteiautonomie anzuerkennen. In diesem Fall ist es den Parteien anheimgestellt, sich frei für einen bestimmten Gerichtsstand zu entscheiden. Es liegt in ihrem Willen und ihrer Verantwortung, zugunsten eines Gerichts eine Prorogation vorzunehmen.[969] Folglich ist die Gerichtsstandsvereinbarung als Pendant zur Rechtswahl auf Ebene der internationalen Zuständigkeit anzusehen. Die Europäische Erbrechtsverordnung sieht weitere Möglichkeiten der parteiautonomen Zuständigkeitsbestimmung vor: Neben den Gerichtsstandsvereinbarungen kann auch eine Zuständigkeitsanerkennung und eine rügelose Einlassung zu einer parteiautonomen Bestimmung der internationalen Zuständigkeit führen. Auch wenn bis heute

---

964 Insbesondere das FamFG im deutschen Recht, das das Verfahren für Nachlasssachen regelt, kennt keine Gerichtsstandsvereinbarung, s.o. Kapitel 4, C., I. und *Magnus*, IPRax 2013, 393, 393.

965 *Leipold*, in: FS Meincke, S. 219, 229; Geimer/Schütze/*Wall*, Art. 5 Rn. 5; Dutta/Weber/*Lein*, Art. 5 Rn. 2.

966 S.o. Kapitel 4, C., II.

967 BeckOGK/*J. Schmidt*, Art. 5 Rn. 2; Dutta/Weber/*Lein*, Art. 5 Rn. 2; siehe zum Vorschlag, Gerichtsstandsvereinbarungen zuzulassen, *Max-Planck-Institut für ausländisches und internationales Privatrecht*, RabelsZ 74 (2010), 522, 586 ff.

968 S.o. Kapitel 4, E.

969 S.o. Kapitel 4, C; eher kritisch *Schack*, Internationales Zivilverfahrensrecht, 7. Aufl., § 2 Rn. 57.

die Parteiautonomie nicht als Rechtsprinzip für die internationale Zuständigkeit allgemein anerkannt ist, kann man die Augen vor einer gewissen Herrschaft des Parteiwillens bei Gerichtsstandsvereinbarungen nicht verschließen.

Die Europäische Erbrechtsverordnung regelt nicht die internationale Zuständigkeit von Drittstaaten.[970] Diese entzieht sich der Kompetenz der Europäischen Union, sodass hier die jeweilige *lex fori* des Drittstaates dessen internationale Zuständigkeit bestimmt. Lediglich in den Fällen des Art. 10 oder Art. 11 EuErbVO findet sich in der Europäischen Erbrechtsverordnung eine Regelung für Erbfälle mit Drittstaatenbezug. Außerdem kann das Verfahren nach Art. 12 EuErbVO beschränkt werden, sodass das Gericht nicht über das in einem Drittstaat belegene Vermögen zu entscheiden hat.

A. Allgemeine Zuständigkeit der Gerichte des gewöhnlichen Aufenthalts

Parallel zu der objektiven Anknüpfung für das anwendbare Recht findet sich für die internationale Zuständigkeit eine allgemeine Zuständigkeitsregel. Nach Art. 4 EuErbVO sind für Entscheidungen in Erbsachen für den gesamten Nachlass die Gerichte am letzten gewöhnlichen Aufenthalt des Erblassers zuständig.[971] Der europäische Gesetzgeber geht davon aus, dass sich große Teile des Vermögens, insbesondere auch Immobilien des Erblassers, am letzten gewöhnlichen Aufenthalt des Erblassers befinden.[972] Innerhalb der Mitgliedstaaten finden sich unterschiedliche Zuständigkeiten in Erbsachen, die jeweils unterschiedliche Anknüpfungen verwenden.[973] Vergleicht man die Regelung mit den bisherigen deutschen Regelungen, bringt die Europäische Erbrechtsverordnung hier einen wesentlich geringeren Wechsel mit sich als beim anwendbaren Recht.

Auch das nationale deutsche Recht kennt in §§ 27, 28, 12, 13 ZPO die Anknüpfung an den letzten Wohnsitz oder in § 23 ZPO das Abstellen auf den

---

970 *Schaub*, in: Muscheler, Hereditare, S. 91, 104.

971 Siehe hierzu kritisch, da die internationale Zuständigkeit von der Willkür des Erblassers abhängt, *Bajons*, in: FS Heldrich, S. 495, 500 ff; siehe zur Darlegungs- und Beweislast des letzten gewöhnlichen Aufenthalts des Erblassers *Kurth*, Der gewöhnliche Aufenthalt, S. 236 ff.

972 Vorschlag für eine Verordnung des Europäischen Parlaments und des Rates über die Zuständigkeit, das anzuwendende Recht, die Anerkennung und die Vollstreckung von Entscheidungen und öffentlichen Urkunden in Erbsachen sowie zur Einführung eines Europäischen Nachlasszeugnisses vom 14.10.2009 (KOM (2009) 154 endgültig), S. 5.

973 *Haas*, in: Gottwald, Perspektiven, S. 43, 56 f.

Belegenheitsort des Vermögens.[974] Im deutschen Recht finden die Regelungen der ZPO dann Anwendung, wenn es sich um streitige Verfahren handelt. Als Beispiele für streitige Verfahren sind die Feststellung des Erbrechts oder Ansprüche des Erben gegen den Erbschaftsbesitzer zu nennen sowie Ansprüche der Vermächtnisnehmer und Pflichtteilsberechtigten gegen den Erben.[975] Darüber hinaus findet sich in §§ 105, 109, 343 f FamFG die Anknüpfung an den letzten gewöhnlichen Aufenthalt des Erblassers. Aus deutscher Sicht ist die Zuständigkeit der Gerichte am gewöhnlichen Aufenthalt zumindest in der freiwilligen Gerichtsbarkeit keine Neuerung.[976]

Die Europäische Erbrechtsverordnung legt lediglich die internationale Zuständigkeit fest. Die innerstaatliche Zuständigkeit bleibt nach Art. 2 EuErbVO unberührt. Deshalb richten sich die sachliche, örtliche sowie funktionale Zuständigkeit weiterhin nach der *lex fori*.[977] Für Deutschland legt § 2 IntErbRVG fest, dass das Gericht örtlich zuständig ist, in dessen Bezirk der Erblasser seinen gewöhnlichen Aufenthalt hatte. Liegt eine parteiautonome Zuständigkeitsbestimmung vor, ist das Gericht örtlich zuständig, auf das sich die Parteien geeinigt haben.

Das Gericht muss den Begriff des gewöhnlichen Aufenthalts bestimmen, um über seine Zuständigkeit zu entscheiden, sofern keine parteiautonome Zuständigkeitsbestimmung vorliegt. Inwieweit das Gericht Ermittlungen vornimmt, liegt in seinem Ermessen.[978] Fraglich ist deshalb, ob der gewöhnliche Aufenthalt im Zuständigkeitsrecht und auf Kollisionsrechtsebene gleich auszulegen ist. Konkret geht es also darum, ob der Begriff des gewöhnlichen Aufenthalts in Art. 4 und in Art. 21 EuErbVO identisch ist. Hierfür spricht zum einen, dass die Auslegung eines Begriffes innerhalb einer Verordnung immer autonom erfolgt. Dagegen könnte sprechen, dass zum einen eine prozessrechtliche, zum anderen eine kollisionsrechtliche Frage betroffen ist. Es könnten sich deshalb Unterschiede bei der Auslegung des Anknüpfungspunktes ergeben. Im

---

974 Auch in anderen Staaten findet sich der Gerichtsstand des Wohnsitzes des Erblassers; *Lagarde*, in: Gottwald, Perspektiven, S. 1, 10 f nennt unter Hinweis auf die unterschiedliche materielle Definition des Wohnsitzes neben Deutschland auch Dänemark, Finnland, Irland, Italien (für Verfahren der freiwilligen Gerichtsbarkeit), die Niederlande, Portugal, Schweden, Frankreich, Belgien und Luxemburg.

975 *Haas*, in: Gottwald, Perspektiven, S. 43, 55 f.

976 *E. Geimer*, in: FS Geimer (2017), S. 117, 118.

977 *Rudolf*, NZ 2013, 225, 228; *Schaub*, in: Muscheler, Hereditare, S. 91, 104; Geimer/Schütze/*Wall*, Art. 5 Rn. 39.

978 *E. Geimer*, in: FS Geimer (2017), S. 117, 120.

Prozessrecht könnten bei der Auslegung des gewöhnlichen Aufenthalts andere Interessen im Mittelpunkt stehen als im Kollisionsrecht. Hier sollen schnelle Rechtssicherheit und die schnelle Ermittlung des gewöhnlichen Aufenthalts zu einer klaren Zuständigkeitsbestimmung der mitgliedstaatlichen Gerichte führen.[979] Deshalb entspricht eine Beurteilung allein anhand objektiver Kriterien der schnellen Feststellbarkeit. Auch steht der zuständigen Behörde für die Beurteilung auf kollisionsrechtlicher Ebene eine Korrekturmöglichkeit über Art. 21 Abs. 2 EuErbVO zu, die sich gerade nicht im Zuständigkeitsrecht finden lässt.[980] Das Ziel der Europäischen Erbrechtverordnung ist aber die Herstellung eines Gleichlaufs zwischen *forum* und *ius*.[981] Es liegt deshalb nahe, dass der europäische Gesetzgeber sich eine einheitliche Auslegung des Begriffs gewöhnlicher Aufenthalt gewünscht hat. Eine unterschiedliche Auslegung des Begriffs könnte außerdem zu sich widerstreitenden Ergebnissen führen. Nimmt das Gericht bei der Beurteilung des gewöhnlichen Aufenthalts im Prozessrecht andere Kriterien zu Hilfe als im Kollisionsrecht, könnte in bestimmten Fällen der gewöhnliche Aufenthalt unterschiedlich ausfallen, sodass sich der gewöhnliche Aufenthalt für das Prozessrecht nicht im selben Staat befindet wie für das Kollisionsrecht. Somit muss auch im Rahmen der internationalen Zuständigkeit der gewöhnliche Aufenthalt anhand objektiver und subjektiver Kriterien bestimmt werden.[982] Der Begriff des gewöhnlichen Aufenthalts im Zuständigkeits- und Kollisionsrecht ist also gleich zu beurteilen.[983]

I. Keine Trennung von freiwilliger und streitiger Gerichtsbarkeit

In der Europäischen Erbrechtsverordnung wird im Gegensatz zum deutschen Recht und vielen anderen kontinentaleuropäischen Rechten keine Unterscheidung zwischen der freiwilligen und der streitigen Gerichtsbarkeit vorgenommen. Sie sieht jedoch die Anerkennung und Vollstreckung für Entscheidungen beider Gerichtsbarkeiten vor.[984] Die klassische Trennung zwischen diesen beiden

---

979 So die Argumente bei *Schaub*, in: Muscheler, Hereditare, S. 91, 113.

980 *Lechner*, in: Dutta/Herrler, Die Europäische Erbrechtsverordnung, S. 5, 11; *Solomon*, in: Dutta/Herrler, Die Europäische Erbrechtsverordnung, S. 19, 36; *Müller-Lukoschek*, Die neue EU-Erbrechtsverordnung, S. 123 f.

981 *Emmerich*, Probleme der Anknüpfung, S. 114; *Süß*, in: Süß, Erbrecht in Europa, 3. Aufl., § 2 Rn. 17; *D. Lübcke*, Nachlassverfahrensrecht, S. 359, der sich aber gegen eine speziell erbrechtliche Beschreibung des Begriffs stellt.

982 *Schaub*, in: Muscheler, Hereditare, S. 91, 113.

983 So auch *Kurth*, Der gewöhnliche Aufenthalt, S. 107.

984 *Leipold*, in: FS Meincke, S. 219, 226.

Gerichtsbarkeiten geht auf das römische Recht zurück.[985] Schon dieses unterschied zwischen streitiger und freiwilliger Gerichtsbarkeit, was sich in den meisten romanischen Rechtsordnungen auch heute noch zeigt.[986]

Für die freiwillige Gerichtsbarkeit gibt es keine Legaldefinition; ihr sind vielmehr bestimmte Verfahren ausdrücklich zugeordnet. Eine Einteilung nach Rechtsgebieten ist nur schwer möglich. Meist handelt es sich aber um Verfahren über statusrechtliche Fragen mit hohem Bezug zum Persönlichkeitsrecht. In § 23a Abs. 2 GVG[987] findet sich eine Auflistung von Verfahren, die zumindest als Anhaltspunkt dienen kann.[988] Außerdem stehen sich in den Verfahren der freiwilligen Gerichtsbarkeit keine Parteien gegenüber, sondern es gibt Beteiligte. Das Gericht hat nach § 26 FamFG von Amts wegen zu ermitteln und entscheidet am Ende nach § 38 FamFG in Form eines Beschlusses statt eines Urteils. Im Gegensatz dazu ist der streitige Zivilprozess gekennzeichnet durch die Stellung der Parteien als Beklagter und Kläger und die Dispositions- und Verhandlungsmaxime. Die Parteien beherrschen also das Verfahren und entscheiden sowohl über Anfang, Ende und Gegenstand des Verfahrens als auch über die Beweisbedürftigkeit.[989] Der Richter spricht am Ende ein Urteil, das durch eine Berufung oder Revision angegriffen werden kann. Gegen einen Beschluss ist lediglich eine Beschwerde (§ 58 FamFG) möglich. Für Erbsachen sieht das deutsche Verfahrensrecht grundsätzlich Verfahren nach der ZPO und gemäß § 23a Abs. 2 Nr. 2 GVG auch nach der freiwilligen Gerichtsbarkeit vor. So beurteilen sich Streitigkeiten zwischen dem Erben und anderen Erben oder Vermächtnisnehmern nach der ZPO in einem streitigen Verfahren, während die Ausstellung eines Erbscheins (§§ 352 ff FamFG) ein klassisches Verfahren der freiwilligen Gerichtsbarkeit ist. Die Verwahrung und die Eröffnung von Testamenten (§§ 346 f, 348 ff FamFG) sowie die Verfahren in Teilungssachen (§§ 363 ff FamFG) unterfallen ebenfalls der freiwilligen Gerichtsbarkeit.

Die Europäische Erbrechtsverordnung nimmt aber gerade keine Unterscheidung vor, obwohl das deutsche Verfahrensrecht mit einer Trennung der Gerichtsverfahren im Rechtsvergleich nicht alleine steht.[990] Die Systeme in

---

985 *Adam*, Civilprozeßuale Zuständigkeits-Vereinbarung, S. 5; MüKoFamFG/*Pabst*, § 1 FamFG Rn. 7; siehe hierzu ausführlich *Wacke*, DNotZ 1988, 732.

986 *Wacke*, DNotZ 1988, 732, 732.

987 Gerichtsverfassungsgesetz vom 27.01.1877 (RGBl. S. 41), in der Fassung vom 09.05.1975 (BGBl. I, S. 1077).

988 MüKoFamFG/*Pabst*, § 1 FamFG Rn. 6.

989 S.o. Kapitel 4, II.

990 *Müller-Lukoschek*, Die neue EU-Erbrechtsverordnung, S. 67; *Lorenz*, ErbR 2012, 39, 41.

den einzelnen Mitgliedstaaten waren jedoch so unterschiedlich, dass sich der europäische Gesetzgeber für eine Aufhebung der Trennung entschied.[991] Dass die Europäische Erbrechtsverordnung keine Unterscheidung bei der Definition des Gerichts vornimmt, lässt sich Art. 3 Abs. 2 EuErbVO entnehmen.[992] Art. 4 EuErbVO bezieht seine Zuständigkeit auf Entscheidungen in Erbsachen. Der Begriff der Entscheidung ist in Art. 3 Abs. 1 lit. g EuErbVO legaldefiniert als jede von einem Gericht erlassene Entscheidung ungeachtet der Bezeichnung als solche. Deshalb könnte man zu der Auffassung gelangen, dass sämtliche Verfahren ausgeschlossen sind, die keine Entscheidung – also die Lösung eines Konflikts – darstellen. Im Ergebnis würde die Eröffnung eines Testaments oder eines Erbvertrags nicht unter den Begriff der Entscheidung fallen und für sie auch keine Gerichtsstandsvereinbarung in Betracht kommen.[993] Allerdings widerspricht dies dem Wortlaut des Art. 3 Abs. 1 lit. g EuErbVO, der betont, dass unabhängig von der Bezeichnung von einer Entscheidung ausgegangen werden soll, sodass auch Beschlüsse oder sonstige Maßnahmen im Rahmen der freiwilligen Gerichtsbarkeit darunterfallen können. Der Begriff der Entscheidung ist deshalb weit auszulegen. Außerdem vernachlässigte man ansonsten den Grundgedanken der Europäischen Erbrechtsverordnung, dass es keine Trennung zwischen der streitigen und freiwilligen Gerichtsbarkeit geben soll. Im Hinblick auf Gerichtsstandsvereinbarungen wirft die freiwillige Gerichtsbarkeit dennoch Probleme auf.[994]

II. Abgrenzung zur EuGVVO

Zunächst stellt sich die Frage, welche Verfahren die Europäische Erbrechtsverordnung überhaupt erfasst und welche Verfahren sich nach anderen Rechtsinstrumenten beurteilen. Klagen könnten auch unter die EuGVVO fallen. Allerdings sieht diese in Art. 1 Abs. 2 lit. f EuGVVO vor, dass sie nicht auf das Gebiet des Testaments- und Erbrechts, einschließlich Unterhaltspflichten, die mit dem Tod entstehen, anzuwenden ist. Zwar könnte man an eine Ausdehnung

---

991 Vgl. Erwägungsgrund 20 sowie Vorschlag für eine Verordnung des Europäischen Parlaments und des Rates über die Zuständigkeit, das anzuwendende Recht, die Anerkennung und die Vollstreckung von Entscheidungen und öffentlichen Urkunden in Erbsachen sowie zur Einführung eines Europäischen Nachlasszeugnisses vom 14.10.2009 (KOM (2009) 154 endgültig, S. 5 f.

992 *T. Lübcke*, GPR 2015, 111, 112.

993 *Geimer*, in: Hager, Die neue Europäische Erbrechtsverordnung, S. 9, 21; Zöller/*ders.*, Anhang II J, Art. 4 Rn. 12.

994 *L. Kunz*, GPR 2012, 208, 209 f.

auf das Erbrecht denken, aber erbrechtliche Streitigkeiten weisen Besonderheiten auf, die vor allem im Bereich der freiwilligen Gerichtsbarkeit liegen.[995]

Dennoch besteht hier Abgrenzungsbedarf. Mit Testaments- und Erbrechtssachen sind lediglich Klagen gemeint, die sich tatsächlich hierauf beziehen. Andere Streitigkeiten, die zwar einen Bezug zu dem Erbfall haben und erbrechtliche Fragen als „Vorfrage" zu beantworten haben, deren Hauptgegenstand aber nicht erbrechtlicher Natur ist, können sich durchaus nach der EuGVVO beurteilen. Zu unterscheiden ist danach, ob es sich um eine konkrete, dem Erbfall innewohnende Frage handelt, die von einem Gericht entschieden werden soll. Geht es ausschließlich darum, wer Erbe des Erblassers geworden ist, handelt es sich um eine spezifisch erbrechtliche Streitigkeit, die dann nach der Europäischen Erbrechtsverordnung zu entscheiden ist. Möchte der Erbe eine Klage gegen einen Nachlassgläubiger anstreben, beurteilt sich dies nach den Zuständigkeitsregeln der EuGVVO.[996] Hier tritt die Frage, ob der Erbe tatsächlich Rechtsnachfolger des Erblassers ist, lediglich als Vorfrage auf; die Klage selbst setzt keinen erbrechtlichen Anspruch voraus und unterfällt deshalb nicht dem Anwendungsbereich der Europäischen Erbrechtsverordnung.[997] Prämortelle Klagen fallen ebenfalls nicht unter die Europäische Erbrechtsverordnung;[998] ebenso sind Klagen aus ererbten Ansprüchen nicht erfasst.[999]

B. Parteiautonome Zuständigkeitsbestimmungen zugunsten der Heimatgerichte des Erblassers

Mit einer Gerichtsstandsvereinbarung nach Art. 5 EuErbVO können die Parteien vom allgemeinen Gerichtsstand am gewöhnlichen Aufenthalt abweichen. Die Europäische Erbrechtsverordnung sieht außerdem weitere Möglichkeiten vor, um zu einer Zuständigkeit der Heimatgerichte zu kommen. Diese weiteren Varianten der Gerichtsstandsanerkennung und rügelosen Einlassung sollen hier ebenfalls untersucht werden.

---

995 *D. Lübcke*, Nachlassverfahrensrecht, S. 333.

996 *D. Lübcke*, Nachlassverfahrensrecht, S. 376.

997 Vgl. MüKo/*Dutta*, Art. 1 Rn. 4.

998 *Geimer*, in: Hager, Die neue Europäische Erbrechtsverordnung, S. 9, 22 f.

999 *Dutta*, ZEuP 2016, 427, 435; EuGH, Urt. v. 17.09.2009, Rs. C-347/08, Slg. 2009, I-8661, Rn. 44 mit Rn. 34.

I. Gerichtsstandsvereinbarung, Art. 5 iVm Art. 7 lit. b EuErbVO

Der Grundfall der Gerichtsstandsvereinbarung ist in Art. 5 EuErbVO geregelt. Die betroffenen Parteien können vereinbaren, dass die Heimatgerichte des Erblassers international für die Erbstreitigkeiten zuständig sind. Dabei ist zu beachten, dass lediglich zugunsten von Gerichten eines Mitgliedstaats eine solche Vereinbarung getroffen werden kann. Für drittstaatliche Gerichte findet Art. 5 EuErbVO keine Anwendung; Gerichtsstandsvereinbarungen unterliegen dann vielmehr der *lex fori* des Drittstaates.[1000] Art. 5 EuErbVO ist in Verbindung mit Art. 7 lit. b EuErbVO zu lesen, wonach sich das Heimatgericht aufgrund der Gerichtsstandsvereinbarung für zuständig erklärt. Auch in anderen europäischen Verordnungen findet sich die Möglichkeit, eine Gerichtsstandsvereinbarung zugunsten der Gerichte oder eines Gerichts eines Mitgliedstaats zu treffen. Die Regelungen im Haager Übereinkommen über Gerichtsstandsvereinbarungen ermöglicht es den Vertragsstaaten in Art. 14 des Übereinkommens, einen Bezug zu diesem Staat zur Voraussetzung zu machen; fehlt dieser Bezug, kann das Gericht die Zuständigkeit auch ablehnen.[1001] In der Europäischen Erbrechtsverordnung wird diese enge Bindung des Gerichtsorts zur Erbsache bereits vorausgesetzt, da die Parteien lediglich zugunsten der Heimatgerichte des Erblassers eine Prorogation treffen können. Es kann deshalb kein „zufälliger" Staat ausgewählt werden und eine zusätzliche Prüfung der engen Bindung ist nicht erforderlich. Als Konsequenz der Gerichtsstandsvereinbarung und der Erklärung des Heimatgerichts, dass es zuständig ist, kommt es zur Unzuständigkeitserklärung der Gerichte des Aufenthaltsstaates nach Art. 6 lit. b EuErbVO.[1002] Die Vereinbarung ist außerdem als eine ausschließliche Zuständigkeit zu verstehen.[1003] Eine einseitige Gerichtsstandsvereinbarung, die nur zugunsten einer

---

1000 *Magnus*, IPRax 2013, 393, 395; generell zur Drittstaatenproblematik *D. Lübcke*, Nachlassverfahrensrecht, S. 427 ff, der insbesondere eine Regelung für Verfahren vorschlägt, die Drittstaatenbezug haben und in denen aufgrund einer ausschließlichen Zuständigkeit des Drittstaats die mitgliedstaatliche Entscheidung nicht anerkannt wird. Hier soll das befasste mitgliedstaatliche Gericht das Verfahren ablehnen, um Kosten und Zeit zu sparen (S. 441).

1001 *Coester-Waltjen*, in: FS Heldrich, S. 549, 558.

1002 *D. Lübcke*, Nachlassverfahrensrecht, S. 404 sieht die Regelung des Art. 7 lit. b und Art. 6 lit. a EuErbVO als überflüssig an.

1003 Vgl. § 2 IntErbRVG; *Leipold*, in: FS Meincke, S. 219, 225, der allerdings auch eine Wahlzuständigkeit anerkennt.

Partei einen ausschließlichen oder zusätzlichen Gerichtsort bestimmt, ist nach der Europäischen Erbrechtsverordnung nicht möglich.[1004]

1. Vorherige Rechtswahl des Erblassers

Spiegelbildlich zur eingeschränkten Rechtswahl auf Kollisionsrechtsebene ist auch die Wahl des Gerichtsstands auf Zuständigkeitsebene nur eingeschränkt möglich. Die EuGVVO erlaubt eine Gerichtsstandsvereinbarung nach Art. 25 EuGVVO zugunsten der Gerichte jedes Mitgliedstaats.[1005] Im Gegensatz zur EuGVVO sind in der Europäischen Erbrechtsverordnung nicht alle Gerichte aller Mitgliedstaaten frei wählbar. In der Europäischen Erbrechtsverordnung können die Parteien vielmehr nach Art. 5 EuErbVO nur die Zuständigkeit der Heimatgerichte des Erblassers vereinbaren – parallel zur beschränkten Wahl des Heimatrechts durch den Erblasser. Die Europäische Erbrechtsverordnung sieht nicht die Wahl der Heimatgerichte der Parteien oder der Belegenheitsgerichte vor. Zusätzliche und notwendige Voraussetzung ist, dass der Erblasser sein Heimatrecht zuvor gewählt hat.

Es stellt sich deshalb die Frage, warum die Gerichtswahl überhaupt von der Rechtswahl des Erblassers abhängig gemacht wird. Der Erblasser ist am Verfahren nicht beteiligt, da eine Gerichtsstandsvereinbarung zu Lebzeiten des Erblassers nicht vom Anwendungsbereich der Europäischen Erbrechtsverordnung erfasst ist.[1006] Trotzdem hat er durch die Bestimmung des anwendbaren Rechts einen gewissen Einfluss auf die internationale Zuständigkeit seines Erbfalls. Mit einer Rechtswahl kann der Erblasser demnach zwischen zwei Gerichtsorten indirekt entscheiden und damit etwa auch auf die Verfahrensregeln und die Verfahrensdauer Einfluss nehmen. Will er eine schnelle Herbeiführung des Streitentscheids, wird er sich für das anwendbare Recht und damit die Gerichte eines Mitgliedstaats entscheiden, die im europäischen Vergleich eine kürzere Verfahrensdauer aufweisen. Der Erblasser hat es also indirekt in der Hand zu bestimmen, ob sein Heimatgericht (bei Doppelstaatern auch, welches der möglichen Gerichte) international zuständig sein soll. Grundsätzlich geht der europäische

---

1004 *Keim*, in: Roth, Wahl ausländischen Rechts, S. 67, 77.

1005 Dies lässt sich jedenfalls dem Wortlaut von Art. 25 EuGVVO, aber auch Art. 4 EuGVVO, entnehmen. Nach Art. 4 EuGVVO kann ein Drittstaater bei einer Vereinbarung zugunsten eines mitgliedstaatlichen Gerichts trotzdem in einem Mitgliedstaat verklagt werden; ansonsten bestimmt sich die Zuständigkeit nach nationalem Recht.

1006 Kritisch hierzu *Magnus*, IPRax 2013, 393, 395; *Lagarde*, Rev. crit. dr. intern. priv. 101 (2012), 691, 724.

Gesetzgeber von der Gleichwertigkeit aller europäischen Gerichte aus.[1007] Dennoch sind Unterschiede in Verfahrensablauf und Verfahrensdauer nicht zu leugnen.[1008] Trifft der Erblasser aber keine Rechtswahl, können die Parteien keinen Gerichtsstand vereinbaren. Die Parteien sind gezwungen, die Streitigkeit vor den Gerichten des Aufenthaltsstaats zu verhandeln. Es kann jedoch gerade das Bedürfnis bestehen, die Erbstreitigkeiten in einem anderen Staat als dem des letzten gewöhnlichen Aufenthalts des Erblassers vor Gericht zu bringen, beispielsweise wenn alle Verfahrensparteien ihren gewöhnlichen Aufenthalt in einem anderen Staat als der Erblasser haben.[1009] In diesen Fällen führt die Voraussetzung der vorherigen Rechtswahl durch den Erblasser zu einer erheblichen Einschränkung für die Parteien des Verfahrens. Dennoch ist sie nach derzeitiger Rechtslage Voraussetzung einer Gerichtsstandsbestimmung durch die Parteien.

Die Rechtswahl des Erblassers muss wirksam erfolgt sein.[1010] Es müssen die in Art. 22 EuErbVO genannten Anforderungen an eine Rechtswahl erfüllt sein. Auch eine konkludente Rechtswahl ist ausreichend, damit eine Zuständigkeit nach Art. 7 EuErbVO begründet werden kann.[1011] Dabei stellt sich die Frage, ob bereits eine beschränkte Rechtswahl nach Art. 24 Abs. 2 oder Art. 25 Abs. 3 EuErbVO ausreichend sein kann, um den betroffenen Parteien die Möglichkeit einer Gerichtsstandsvereinbarung einzuräumen. Wenn der Gesetzgeber lediglich eine wirksame Rechtswahl verlangt, könnte man der Auffassung sein, dass bereits eine auf das Errichtungsstatut beschränkte Rechtswahl diese Voraussetzungen erfüllt.[1012] Außerdem könnten die Heimatgerichte anhand ihres eigenen Rechts beurteilen, ob die letztwillige Verfügung wirksam errichtet wurde und es würde zumindest in Hinsicht auf das Errichtungsstatut zu einem Gleichlauf von *forum* und *ius* kommen.

1007 *Schack*, Internationales Zivilverfahrensrecht, 7. Aufl., § 2 Rn. 39; *Neuhaus*, RabelsZ 20 (1955), 201, 229.

1008 *Sander/Breßler*, ZZP 122 (2009), 157, insbesondere 159 ff.

1009 *Magnus*, IPRax 2013, 393, 395.

1010 *Cach/A. Weber*, ZfRV 2013, 263, 269; *Nordmeier*, GPR 2013, 148, 154; MüKo/*Dutta*, Art. 5 Rn. 3; vgl. auch Bonomi/Wautelet/*Bonomi*, Art. 6 Rn. 18.

1011 Vgl. OLG Hamburg, Beschl. v. 16.1.2016 – 2 W 85/16, FGPrax 2017, 129, 130.

1012 MüKo/*Dutta*, Art. 5 Rn. 5; *Hess*, in: Dutta/Herrler, Die Europäische Erbrechtsverordnung, S. 131, 139; BeckOGK/*J. Schmidt*, Art. 5 Rn. 4 mit Beschränkung auf Prozesse der isolierten Rechtswahl; *Abendroth*, Parteiautonome Zuständigkeitsbegründung, S. 366 f differenziert und hält eine beschränkte Rechtswahl dann für ausreichend, wenn das Gericht lediglich über die Verfügung von Todes wegen oder den Erbvertrag entscheiden muss und gerade keine Entscheidung über die gesamte Rechtsnachfolge von Todes wegen vornimmt.

Allerdings scheint dies mit dem Wortlaut des Art. 5 EuErbVO nicht vereinbar zu sein. Hier wird eine Rechtswahl nach Art. 22 EuErbVO gefordert und ein Ausreichen einer beschränkten Rechtswahl nicht angedeutet. Mit dem Bezug auf Art. 22 EuErbVO ist vielmehr die umfassende Rechtswahl sowohl des Erb- als auch Errichtungsstatuts gemeint.[1013] Gegen eine Anwendung des Art. 5 EuErbVO auch bei einer beschränkten Rechtswahl spricht außerdem der Sinn und Zweck der Regelung. Eine Gerichtsstandsvereinbarung soll das durch die Rechtswahl hervorgerufene Auseinanderfallen von *forum* und *ius* überwinden, sodass das Gericht wieder zur Anwendung seines eigenen Rechts gelangt. Bei einer auf das Errichtungsstatut beschränkten Rechtswahl bleibt Erbstatut nach Art. 21 EuErbVO das Recht des gewöhnlichen Aufenthalts, denn lediglich die Errichtung richtet sich nach dem Heimatrecht. In diesen Fällen wäre es kaum sinnvoll, eine Gerichtsstandsvereinbarung zugunsten der Heimatgerichte anzunehmen. Denn diese müssten dann aufgrund der objektiven Anknüpfung für das Erbstatut das Recht des gewöhnlichen Aufenthalts und damit fremdes Recht anwenden.[1014]

Durch das Erfordernis der vorherigen Rechtswahl gerät allerdings die logische Vorgehensweise für die gerichtliche Prüfung eines Falles durcheinander. Grundsätzlich muss zunächst die internationale Zuständigkeit bestimmt werden, erst danach widmet sich das zuständige Gericht der Frage, welches Recht anwendbar ist, und entscheidet dann anhand des anwendbaren Rechts. Indem zuerst eine wirksame Rechtswahl des Erblassers notwendig ist, wird eine Frage des anwendbaren Rechts zur „Vorfrage" der internationalen Zuständigkeit. Das prorogierte Gericht hat zunächst zu prüfen, ob eine Rechtswahl des Erblassers zugunsten seiner Heimatgerichte vorliegt und ob diese auch wirksam erfolgt ist. Erst danach prüft es, ob die Parteien die Gerichtsstandsvereinbarung überhaupt zulässigerweise geschlossen haben.[1015] Man könnte hier an die Lehre der doppelrelevanten Tatsachen denken.[1016] Dies sind Tatsachen, die sowohl bei der Zulässigkeit als auch bei der Begründetheit der Klage eine Rolle spielen können. Sie sind grundsätzlich bei der Prüfung der Zulässigkeit als zutreffend zu unterstellen.[1017] Allerdings könnte dann der Fall eintreten, dass eine wirksame Rechtswahl

1013 *Kroll-Ludwigs*, notar 2016, 75, 84; Dutta/Weber/*Lein*, Art. 5 Rn. 8.

1014 Vgl. *Kroll-Ludwigs*, notar 2016, 75, 84; ebenso *von Bary*, Gerichtsstands- und Schiedsvereinbarungen im internationalen Erbrecht, S. 43 ff.

1015 *Heldrich*, Internationale Zuständigkeit und anwendbares Recht, S. 221 will dies allein nicht als Grund für die Widerlegung ausreichen lassen.

1016 MüKo/*Dutta*, Art. 5 Rn. 4 (im Ergebnis ablehnend).

1017 Vgl. Stein/Jonas/*H. Roth*, § 1 ZPO Rn. 24 ff.

angenommen wird, sich später auf Ebene der Begründetheit jedoch herausstellt, dass die Rechtswahl doch unwirksam war und es konsequenterweise zur objektiven Anknüpfung nach Art. 21 EuErbVO kommt. Dann tritt jedoch genau der Fall ein, den die Europäische Erbrechtsverordnung zu verhindern versucht: Ein Gericht muss ein ihm fremdes Recht anwenden, um die Rechtsnachfolge von Todes wegen zu bestimmen.[1018] Als Lösung wird vorgeschlagen, das sachnähere Gericht über Art. 6 lit. a EuErbVO über die Wirksamkeit des Testaments entscheiden zu lassen.[1019] Allerdings führt diese Lösung zu hohen Verfahrenskosten durch Verweisungen, wenn sich herausstellt, dass tatsächlich eine wirksame Rechtswahl vorliegt und die Parteien wirksam eine Gerichtsstandsvereinbarung vereinbaren konnten. Sinnvoller scheint eine Kommunikation zwischen den Gerichten, wie dies Art. 15 Brüssel IIa-VO bereits vorsieht.[1020]

Insgesamt kann man deshalb aufgrund der Voraussetzung einer vorherigen Rechtswahl des Erblassers und der daraus resultierenden Beschränkung auf die Heimatgerichte des Erblassers keinesfalls von einer umfassenden Gewährung von Parteiautonomie im Bereich der internationalen Zuständigkeit von Erbsachen ausgehen.[1021] Die Gerichtsstandsvereinbarung dient lediglich der Wiederherstellung des Gleichlaufs von *forum* und *ius*.[1022] Auch sind Fälle denkbar, in denen der Erblasser eine Rechtswahl nicht mehr vornehmen konnte oder er sie schlichtweg versäumt hat.[1023] In diesen Fällen kann die analoge Anwendung des Art. 5 EuErbVO das Problem nicht lösen.[1024] Die Voraussetzung der vorherigen Rechtswahl des Erblassers beschränkt die Möglichkeit einer Gerichtsstandsvereinbarung. Dies führt zu einer doppelten Beschränkung: Es können nur die Heimatgerichte des Erblassers prorogiert werden und die Bestimmung ist von einer Rechtswahl des Erblassers abhängig.

1018 Ähnlich *Hess*, in: Dutta/Herrler, Die Europäische Erbrechtsverordnung, S. 131, 140.

1019 *Hess*, in: Dutta/Herrler, Die Europäische Erbrechtsverordnung, S. 131, 140.

1020 *Wilke*, RIW 2012, 601, 603; diese Möglichkeit war auch in Art. 5 EuErbVO-V enthalten.

1021 *Leipold*, in: FS Meincke, S. 219, 222; *Kränzle*, Heimat als Rechtsbegriff?, S. 203; *Dutta*, FamRZ 2013, 4, 6; Dutta/Weber/*Lein*, Art. 5 Rn. 9.

1022 Burandt/Rojahn/*Burandt*, Art. 5 Rn. 3; Deixler-Hübner/Schauer/*Deixler-Hübner*, Art. 5 Rn. 4.

1023 *Hess/Jayme/Pfeiffer*, Stellungnahme, S. 19.

1024 *T. Lübcke*, GPR 2015, 111, 112; hier dennoch eine Gerichtsstandsvereinbarung zuzulassen, vertritt jedoch *Magnus*, IPRax 2013, 393, 395.

2. *Betroffene Parteien*

Ein weiteres Problem stellt sich bei der Frage, wer als betroffene Partei des Verfahrens anzusehen ist. Der Begriff wird in der Europäischen Erbrechtsverordnung nicht näher bestimmt, sodass über ihn Uneinigkeit besteht. Auch Erwägungsgrund 28 S. 2 der Europäischen Erbrechtsverordnung kann nicht weiterhelfen. Denn in ihm wird lediglich festgelegt, dass es sich um Personen handelt, deren Rechte am Nachlass durch die Entscheidung des Gerichts berührt werden. Im Zivilprozess umfasst der Parteibegriff diejenigen Personen, von welchen oder gegen welche staatliche Schutzhandlungen ergehen, insbesondere Urteile oder Zwangsvollstreckungen.[1025]

a. *Erblasser*

Zunächst könnte auch der Erblasser als eine betroffene Partei gelten – schließlich geht es um seine Rechtsnachfolge von Todes wegen und sein Vermögen ist unmittelbar betroffen. Ihm könnte es zustehen, in einem Erbvertrag mit den übrigen betroffenen Parteien die Zuständigkeit der Heimatgerichte zu vereinbaren.[1026] Auch die Stellungnahme des MPI, auf die die Regelung der Gerichtsstandsbestimmung zurückgeht, sieht eine einseitige Bestimmung des Gerichtsstands durch den Erblasser vor. Schließlich solle er auch nach seinem Ableben die Möglichkeit haben, auf das Verfahren Einfluss zu nehmen, um die getroffenen Verfügungen von Todes wegen nach seinen Vorstellungen umzusetzen. Im Hinblick auf die übrigen europäischen Verordnungen sah man es als angemessen an, auch in der Europäischen Erbrechtsverordnung die Möglichkeit von Gerichtsstandsvereinbarungen aufzunehmen. Es sollte so zu einer Parallelität der Verordnungen kommen. Die Regelung zu den Trusts in Art. 23 Abs. 4 EuGVVO a.F. diente dabei als Vorbild. Hiernach ist es dem Trustbegründer gestattet, die Zuständigkeit einseitig zu bestimmen. So sollte dem Erblasser entsprechend die einseitige Bestimmung des Gerichtsstands zugestanden werden.[1027]

1025 Siehe nur *Rosenberg/Schwab/Gottwald*, Zivilprozessrecht, § 40 Rn. 1.

1026 So *Kroll-Ludwigs*, notar 2016, 75, 83; MüKo/*Dutta*, Art. 5 Rn. 9; Bonomi/Wautelet/*Bonomi*, Art. 5 Rn. 17; *Dutta*, FamRZ 2013, 4, 7. *L. Kunz*, GPR 2012, 208, 209 spricht die Möglichkeit einer Vereinbarung durch den Erblasser an, lässt diesen Punkt jedoch offen.

1027 *Max-Planck-Institut für ausländisches und internationales Privatrecht*, RabelsZ 74 (2010), 522, 586 ff; *Hess*, in: Dutta/Herrler, Die Europäische Erbrechtsverordnung, S. 131, 137; *Dutta*, in: Reichelt/Rechberger, Europäisches Erb- und Erbverfahrensrecht, S. 57, 82; so auch Deixler-Hübner/Schauer/*Deixler-Hübner*, Art. 5 Rn. 13.

Dem Erblasser kann aber die einseitige Bestimmung nicht zustehen, wenn man bei der Gerichtsstandsvereinbarung von einem prozessrechtlichen Vertrag ausgeht.[1028] Er ist am eigentlichen Verfahren nicht beteiligt, da er zu diesem Zeitpunkt bereits verstorben ist. Außerdem spricht der Anwendungsbereich der Europäischen Erbrechtsverordnung gegen eine Gerichtsstandsbestimmung durch den Erblasser. Denn die Verordnung ist lediglich auf die Rechtsnachfolge von Todes wegen anwendbar. Sie erfasst keine Verfahren zu Lebzeiten des Erblassers.[1029]

Der Erblasser könnte jedoch auf andere Weise bereits zu Lebzeiten auf den späteren Gerichtsort einwirken. Mögliches Mittel hierzu könnte zum Beispiel die Aufnahme einer Schiedsklausel sein.[1030] Schiedsverfahren haben den Vorteil, dass die Verhandlungen unter Ausschluss der Öffentlichkeit vor einem privaten Gericht, das mit Experten auf diesem Gebiet besetzt sein kann, stattfinden.[1031] Die Anerkennung und Vollstreckung richtet sich dann nach dem New Yorker Übereinkommen für Schiedssprüche[1032]. Dabei legt Art. V Abs. 2 lit. a UNÜ fest, dass eine Sache dann objektiv schiedsfähig ist, wenn sie nach der *lex fori* schiedsfähig ist. Demnach ist nach der deutschen ZPO zu entscheiden, ob auch erbrechtliche Streitigkeiten schiedsfähig sind. Nach § 1030 Abs. 1 ZPO ist das der Fall, wenn es sich um eine vermögensrechtliche Streitigkeit handelt. Darunter fallen auch erbrechtliche Streitigkeiten.[1033] Allerdings sind Fragen der Erbscheinsausstellung und die Bestellung eines Testamentsvollstreckers keine vermögensrechtlichen Angelegenheiten. Verfahren, die sich nach dem FamFG beurteilen, können dann auch nicht vor ein Schiedsgericht gebracht werden.[1034] Demnach sind nur Teilbereiche des Erbrechts tatsächlich schiedsfähig. Diese Streitigkeiten kann jedoch

---

1028 *Magnus*, IPRax 2013, 393, 393.

1029 Gegen die Beteiligung des Erblassers: *T. Lübcke*, GPR 2015, 111, 112.

1030 Siehe hierzu insbesondere *von Bary*, Gerichtsstands- und Schiedsvereinbarungen im internationalen Erbrecht, S. 202–330; *Geimer*, in: Hager, Die neue Europäische Erbrechtsverordnung, S. 9, 22; *T. Lübcke*, GPR 2015, 111, 116 f (für bestimmte Fälle); ausführlich auch *Mankowski*, ZEV 2014, 395 und *Haas*, SchiedsVZ 2011, 289; eher kritisch *Magnus*, IPRax 2013, 393, 397 f.

1031 *Schack*, Internationales Zivilverfahrensrecht, 7. Aufl., § 28 Rn. 1255; *Nagel/Gottwald*, Internationales Zivilprozessrecht, 7. Aufl., § 18 Rn. 7; *Riezler*, Internationales Zivilprozeßrecht und prozeßuales Fremdenrecht, S. 600.

1032 New Yorker Übereinkommen über die Anerkennung und Vollstreckung ausländischer Schiedssprüche vom 10.06.1958 (Fundstelle Deutschland: BGBl. 1961 II, S. 121).

1033 *Mankowski*, ZEV 2014, 395, 397; *Haas*, SchiedsVZ 2011, 289, 290.

1034 *Magnus*, IPRax 2013, 393, 397.

ein Schiedsgericht entscheiden und die Anerkennung und Vollstreckung richtet sich dann nach dem New Yorker Übereinkommen. Damit kann der Erblasser auch schon zu Lebzeiten Einfluss auf die Zuständigkeit nehmen.

Des Weiteren besteht die Möglichkeit, einen Trust zu errichten. Doch auch dieses Gestaltungsmittel kann nur in wenigen Ausnahmen zu einer Zuständigkeitsbestimmung durch den Erblasser führen.[1035] Weitere Möglichkeiten sind Bedingungen und Auflagen im Testament oder im Erbvertrag, die die Erben verpflichten, eine Gerichtsstandsvereinbarung zugunsten der Heimatgerichte zu treffen.[1036] Die Möglichkeit, selbst einen Gerichtsort nach der Europäischen Erbrechtsverordnung zu bestimmen, steht dem Erblasser aber jedenfalls nicht zu.

b. Sonstige Personen

Bezüglich anderer Personen als dem Erblasser stellt sich die Frage nach einer sinnvollen Eingrenzung. Zunächst ist festzuhalten, dass Gerichtsstandsvereinbarungen generell auf Zweipersonenverhältnisse zugeschnitten sind. Daraus ergeben sich bei den verschiedenen Beteiligten an einem Erbverfahren Schwierigkeiten.[1037] Hier zeigt sich auch der Verzicht auf eine Trennung zwischen streitiger und freiwilliger Gerichtsbarkeit: In einem streitigen Zivilprozess stehen die Parteien als Kläger und Beklagter grundsätzlich fest; bei einem Verfahren der freiwilligen Gerichtsbarkeit ist zu Beginn oft nicht klar, wer zu den Beteiligten zählt; häufig ändern sich die Beteiligten sogar während eines Verfahrens.[1038] Es scheint deshalb fast unmöglich, die Beteiligten eines Verfahrens der freiwilligen Gerichtsbarkeit festzulegen.[1039] Es wird deshalb vorgeschlagen, dass die betroffenen Parteien anhand des nationalen Rechts bestimmt werden, da sich auch ihre Rechte aus dem materiellen Recht ableiteten. So sei im deutschen Recht insbesondere auf den Begriff der Beteiligten in § 7 und § 345 FamFG abzustellen.[1040] Dies widerspricht jedoch der autonomen Auslegung der Verordnung.

1035 Siehe ausführlich *T. Lübcke*, GPR 2015, 111, 117.

1036 *Von Bary*, Gerichtsstands- und Schiedsvereinbarungen im internationalen Erbrecht, S. 103 f, die dann jedoch keine Bindungswirkung für die Parteien annimmt; Burandt/Rojahn/*Burandt*, Art. 5 Rn. 4; Dutta/Weber/*Lein*, Art. 5 Rn. 22; *Lehmann*, ZEV 2015, 309, 315; Geimer/Schütze/*Wall*, Art. 5 Rn. 17.

1037 *Hess*, in: Dutta/Herrler, Die Europäische Erbrechtsverordnung, S. 131, 137; *Geimer*, in: Hager, Die neue Europäische Erbrechtsverordnung, S. 9, 21.

1038 *Magnus*, IPRax 2013, 393, 395 f; *Leipold*, in: FS Meincke, S. 219, 226 f.

1039 *Abendroth*, Parteiautonome Zuständigkeitsbegründung, S. 374; *Leipold*, in: FS Meincke, S. 219, 227; *Volmer*, Rpfleger 2013, 421, 428; *Vollmer*, ZErb 2012, 227, 230.

1040 *Von Bary*, Gerichtsstands- und Schiedsvereinbarungen im internationalen Erbrecht, S. 91 ff.

Dennoch hilft die Europäische Erbrechtsverordnung mit Erwägungsgrund 28 bei der Beurteilung der betroffenen Parteien nicht wirklich weiter. Er sieht in S. 2 vor, dass abhängig von der Gerichtsstandsvereinbarung entschieden werden soll, ob tatsächlich sämtliche betroffene Parteien an der Gerichtsstandsvereinbarung beteiligt sein müssen. Eine Einzelfallentscheidung soll nach diesem Erwägungsgrund die Antwort sein. Es wird deshalb vorgeschlagen, die Gerichtsstandsvereinbarung nur dort zuzulassen, wo sich ein kontradiktorisches Verfahren und damit ein klassischer Zivilprozess abzeichnet. In Verfahren der freiwilligen Gerichtsbarkeit sollen keine Gerichtsstandsvereinbarungen möglich sein.[1041] Der Amtsermittlungsgrundsatz in der freiwilligen Gerichtsbarkeit spreche dagegen, den Parteien eine umfangreiche Parteiautonomie zu gewähren.[1042] Zudem könnten Gerichtsstandsvereinbarungen zum Nachteil von Dritten geschlossen werden.[1043] Folge wäre, die Parteiautonomie nur im streitigen Verfahren zuzulassen. Für die Anwendung von Gerichtsstandsvereinbarungen auch in Erbstreitigkeiten der freiwilligen Gerichtsbarkeit spricht allerdings, dass der Zweck der Gerichtsstandsvereinbarung in der Gewährung von Parteiautonomie liegt und keine Unterscheidung zwischen streitiger und freiwilliger Gerichtsbarkeit vorgenommen wird.[1044] Sie soll den Parteien eine Einflussmöglichkeit auf die internationale Zuständigkeit geben und soll ebenfalls in Verfahren der Europäischen Erbrechtsverordnung gewährt werden. Über die funktionale Zuständigkeit innerhalb eines Staates trifft die Europäische Erbrechtsverordnung gerade keine Aussage. Es kann also weiterhin das Nachlassgericht für die Streitigkeiten der freiwilligen Gerichtsbarkeit zuständig bleiben und sich das Verfahren nach den Vorschriften des FamFG richten. Es sollte deshalb keine Ausnahme für Verfahren der freiwilligen Gerichtsbarkeit geben.

Jedenfalls betroffen sind die testamentarischen und gesetzlichen Erben sowie Vermächtnisnehmer.[1045] Es ist nicht klar, ob Nachlassgläubiger an dem Verfahren zu beteiligen sind. Die Forderung, die sie einklagen wollen, beispielsweise eine vertragliche Forderung, unterfällt für die klageweise Geltendmachung meist der Zuständigkeit, die sich nach der EuGVVO bestimmt. Hier treten die

1041 *Leipold*, in: FS Meincke, S. 219, 230; *Magnus*, IPRax 2013, 393, 396.

1042 *Flessner*, RabelsZ 38 (1970), 547, 574 in Bezug auf das Familienrecht.

1043 *D. Lübcke*, Nachlassverfahrensrecht, S. 404 f.

1044 Geimer/Schütze/*Wall*, Art. 5 Rn. 14; MüKo/*Dutta*, Art. 5 Rn. 13.

1045 *Abendroth*, Parteiautonome Zuständigkeitsbegründung, S. 373; *Volmer*, Rpfleger 2013, 421, 428; *Lehmann*, DStR 2012, 2085, 2088; Geimer/Schütze/*Wall*, Art. 5 Rn. 36; Kroiß/Horn/Solomon/*Köhler*, Art. 5 Rn. 2.

Erben lediglich als Rechtsnachfolger im Verfahren auf.[1046] Außerdem kann im Verhältnis zwischen Erblasser und Gläubiger bereits eine Gerichtsstandsvereinbarung vorliegen.[1047] Vorgeschlagen wird eine Einschränkung dahingehend, dass nur solche Parteien als betroffene Parteien gelten, deren Rechte am Nachlass unmittelbar betroffen sind. So sind solche Parteien ausgeschlossen, die zwar auch betroffen sind, für die sich aber nur mittelbar Wirkungen ergeben.[1048] Es könnten dann auch gesonderte Gerichtsstandsvereinbarungen nur von denjenigen Parteien getroffen werden, die an der zu klärenden Frage unmittelbar ein Interesse haben.[1049] Die Ermittlung der übrigen Beteiligten mit nur mittelbarem Interesse würde dann entfallen. Für Gerichtsstandsvereinbarungen ist deshalb immer darauf abzustellen, welche Partei unmittelbar betroffen ist. Dies kann je nach geltend gemachtem Anspruch zu unterschiedlichen Beteiligten führen.[1050] So muss ein Nachlassgläubiger nur dann am Verfahren beteiligt werden, wenn tatsächlich sein gegen die Erben eingeforderter Anspruch für die Entscheidung erheblich ist.

Problematisch ist der Fall, dass ein Erbe erst zu einem späteren Zeitpunkt bekannt wird und erst nachträglich in das Verfahren eintreten kann. Dieser kann dann keinen Einfluss mehr auf die Gerichtsstandsvereinbarung nehmen, obwohl grundsätzlich der Konsens *aller* Parteien erforderlich ist. Die getroffene Gerichtsstandsvereinbarung zwischen den bisherigen Parteien könnte dann unwirksam werden. Dies ist im Zusammenhang mit Art. 9 EuErbVO zu betrachten. Dort ist ausdrücklich geregelt, dass eine nicht beteiligte Partei sich auf das Verfahren einlassen kann. Sofern sie die Zuständigkeit des Gerichts jedoch rügt, sind die Gerichte der allgemeinen Zuständigkeit zur Entscheidung berufen. Wird eine zu beteiligende Partei nicht an der Gerichtsstandsvereinbarung beteiligt, kann also lediglich eine rügelose Einlassung über die Unzuständigkeit hinweghelfen. Es wird in diesen Fällen der fehlenden Beteiligung einer nachträglich bekannt gewordenen Verfahrenspartei jedoch häufig zu einer Gerichtsstandsanerkennung

---

1046 *Von Bary*, Gerichtsstands- und Schiedsvereinbarungen im internationalen Erbrecht, S. 81 f.

1047 Siehe hierzu ausführlich Dutta/Weber/*Lein*, Art. 5 Rn. 15 ff; Khairallah/Revillard/*Gaudemet-Tallon*, Rn. 290.

1048 *Kroll-Ludwigs*, notar 2016, 75, 83 f; wohl a.A. *von Bary*, Gerichtsstands- und Schiedsvereinbarungen im internationalen Erbrecht, S. 77, die ausreichen lässt, wenn ein Recht am Nachlass berührt sein könnte.

1049 *Schaub*, in: Muscheler, Hereditare, S. 91, 106.

1050 Vgl. auch *von Bary*, Gerichtsstands- und Schiedsvereinbarungen im internationalen Erbrecht, S. 86 ff.

kommen, sodass lediglich ein Beteiligter des Verfahrens die Gerichte des Heimatstaats anrufen kann und die übrigen zustimmen.[1051] Fraglich ist deshalb, ob eine nachträgliche Anerkennung der Zuständigkeit ausreichend ist, um die Interessen des nachträglichen Erben zu berücksichtigen. Eine wirkliche Wahl bleibt ihm dann nicht, aber indem immerhin seine Anerkennung verlangt wird, zeigt sich in geringem Maße die Parteiautonomie. Auch die Folge der Rüge der internationalen Zuständigkeit zeigt, dass die nachträglich bekannt gewordene Partei trotzdem Einfluss ausüben kann.[1052]

c. *Prozessfähigkeit*

Ein Problem stellt sich noch im Hinblick auf die Prozessfähigkeit. Können auch Parteien, die nicht prozessfähig sind, eine Gerichtsstandsvereinbarung abschließen? Grundsätzlich können sich die Parteien im Prozess vertreten lassen. So können die gesetzlichen Vertreter eines Minderjährigen beispielsweise für sie im Prozess ohne Anwaltszwang auftreten. In Verfahren mit Anwaltszwang bedarf es zur Vornahme von Prozesshandlungen eines Anwalts. Die jeweiligen Prozessvertreter können für die Partei dann auch Gerichtsstandsvereinbarungen abschließen. Im Gegensatz zur Rechtswahl steht hier nicht der Grundsatz der Höchstpersönlichkeit entgegen. Natürlich können in einem Prozess auch nur subjektive Rechte eingeklagt werden, aber eine Vertretung des Prozessunfähigen ist vorgesehen.[1053]

3. *Form, Art. 5 Abs. 2 EuErbVO*

Die Form für Gerichtsstandsvereinbarungen bestimmt sich nach Art. 5 Abs. 2 EuErbVO. Eine Gerichtsstandsvereinbarung bedarf demnach der Schriftform und muss datiert und unterschrieben sein. Der Schriftform ist die elektronische Übermittlung nach Art. 5 Abs. 2 S. 2 EuErbVO gleichgestellt, wenn sie eine dauerhafte Aufzeichnung erlaubt. Diese Formvorschriften sind strenger als in Art. 25 EuGVVO, der lediglich die Schriftform erfordert. Allerdings lässt sich dies damit rechtfertigen, dass dieselben Anforderungen wie an ein Testament

---

1051 *Schaub*, in: Muscheler, Hereditare, S. 91, 106.

1052 Deixler-Hübner/Schauer/*Deixler-Hübner*, Art. 5 Rn. 12 (dennoch kritisch im Hinblick auf die Verfahrensökonomie).

1053 Vgl. *Schiedermair*, Vereinbarungen im Zivilprozeß, S. 141 ff.

gestellt werden, das ebenfalls einer Datumsangabe und Unterschrift nach deutschem Recht bedarf.[1054]

4. *Vereinbarungsstatut*

Aus der Europäischen Erbrechtsverordnung ergibt sich nicht ausdrücklich, welches Recht die materielle Wirksamkeit der Gerichtsstandsvereinbarung regeln soll. Dies ist deshalb problematisch, weil die Wirksamkeit nach dem Recht des derogierten oder des prorogierten Gerichts bestimmt werden kann. Insbesondere bei einer unterschiedlichen Beurteilung können die Parteien Nachteilen ausgesetzt sein.

Das Vereinbarungsstatut könnte sich nach den Regelungen der Rom I-VO bestimmen. Allerdings ist in Art. 1 Abs. 2 lit. e Rom I-VO gerade eine Ausnahme vom Anwendungsbereich für Schieds- und Gerichtsstandsklauseln vorgesehen. Für die EuGVVO bestimmt die neue Fassung in Art. 25 Abs. 1 EuGVVO, dass sich die Wirksamkeit nach dem Recht des Staates beurteilt, dessen Gerichte über die Zuständigkeit entscheiden sollen. Die prorogierten Gerichte bestimmen anhand der *lex fori*, ob es sich um eine wirksame Gerichtsstandsvereinbarung handelt. Für die Europäische Erbrechtsverordnung wird das Erbstatut befürwortet.[1055] So sollen die Gerichte des gewählten Rechts bestimmen, was im Falle einer Gerichtsstandvereinbarung zugunsten der Heimatgerichte der *lex fori* entspricht.[1056] Dabei wird auf nationales Recht zurückgegriffen.[1057] Wichtig ist jedenfalls, dass eine Einigung zwischen den Parteien gegeben ist.[1058] Diese

---

1054 *Leipold*, in: FS Meincke, S. 219, 234, der allerdings die strengeren Formvorschriften kritisiert, weil sich keine einheitliche Regelung der Formvoraussetzungen für Gerichtsstandsvereinbarungen nach den europäischen Verordnungen ergibt.

1055 BeckOGK/*J. Schmidt*, Art. 5 Rn. 17; MüKo/*Dutta*, Art. 5 Rn. 18; *ders.*, FamRZ 2013, 4, 6; *L. Kunz*, GPR 2012, 208, 210; *Hess*, in: Dutta/Herrler, Die Europäische Erbrechtsverordnung, S. 131, 138 Fn. 39; *Müller-Lukoschek*, Die neue EU-Erbrechtsverordnung, S. 133; *Heinig*, RNotZ 2014, 197, 227; Bonomi/Wautelet/*Bonomi*, Art. 5 Rn. 8; Geimer/Schütze/*Wall*, Art. 5 Rn. 20; *von Bary*, Gerichtsstands- und Schiedsvereinbarungen im internationalen Erbrecht, S. 143 ff sieht darüber hinaus auch die Anknüpfung an das Recht des gewählten Gerichts und die Möglichkeit der Wahl eines Gerichtsstandsvereinbarungsstatuts.

1056 *Max-Planck-Institut für ausländisches und internationales Privatrecht*, RabelsZ 74 (2010), 522, 590 f; vgl. auch allgemein *Coester-Waltjen*, in: FS Heldrich, S. 549, 556.

1057 *Abendroth*, Parteiautonome Zuständigkeitsbegründung, S. 373.

1058 *T. Lübcke*, GPR 2015, 111, 112; *Abendroth*, Parteiautonome Zuständigkeitsbegründung, S. 372; Bergquist/*Odersky*, Art. 5 Rn. 10.

Einigung der Parteien ist auch für eine Gerichtsstandsvereinbarung nach der EuGVVO erforderlich. Sie ist der Willensakt der Parteien, dass sie die Gerichte eines Staates prorogieren wollen.

5. *Zeitpunkt der Vereinbarung*

Die Europäische Erbrechtsverordnung schweigt auch dazu, ab wann die betroffenen Parteien eine Gerichtsstandsvereinbarung abschließen können. Möglich wäre es jedenfalls, dass eine Vereinbarung ab dem Zeitpunkt getroffen werden kann, zu dem der Erblasser wirksam seine Rechtswahl in einer Verfügung von Todes wegen festgehalten hat.[1059] Es spricht jedoch einiges dafür, dass die Vereinbarung erst dann möglich ist, wenn der Erblasser bereits verstorben ist.[1060] Der Erblasser kann seine Rechtswahl widerrufen oder ändern, sodass eine Gerichtsstandsvereinbarung, die unmittelbar nach der Vornahme der Rechtswahl geschlossen wird, hinfällig werden könnte. Es besteht gewissermaßen ein Schwebezustand. Außerdem spricht gegen eine frühe Einigung auf einen Gerichtsstand, dass sich die Interessen der betroffenen Parteien bis zum Versterben des Erblassers möglichweise verschieben können, beispielsweise wenn eine Partei ihren gewöhnlichen Aufenthalt in einen anderen Staat verlegt. Durch die Bindung an die Gerichtsstandsvereinbarung wäre es der betroffenen Partei dann nicht möglich, sich ohne Zustimmung aller Beteiligten wieder von der Gerichtsstandsvereinbarung zu lösen.

Letztmöglicher Zeitpunkt ist mit Hinblick auf Art. 7 lit. c EuErbVO die Anrufung des Gerichts nach Art. 14 EuErbVO.[1061] Danach ist ein Gericht angerufen, wenn das verfahrenseinleitende Schriftstück entweder dem Gericht oder dem Beklagten zugeht. Dabei ist auffällig, dass der europäische Gesetzgeber hier nicht zwischen der streitigen und der freiwilligen Gerichtsbarkeit unterscheidet, sondern lediglich von „Beklagtem" und „Kläger" spricht. Allerdings ist Art. 14 EuErbVO ebenfalls auf Verfahren der freiwilligen Gerichtsbarkeit anwendbar, da die Europäische Verordnung keine Unterscheidung zwischen den verschiedenen

---

1059 *T. Lübcke*, GPR 2015, 111, 113; Bonomi/Wautelet/*Bonomi*, Art. 5 Rn. 16; *Heinig*, RNotZ 2014, 197, 226 f zu Lebzeiten in einem Erbvertrag; MüKo/*Dutta*, Art. 5 Rn. 19; *Abendroth*, Parteiautonome Zuständigkeitsbegründung, S. 372 sieht die Vereinbarung eines Gerichtsstands zu Lebzeiten ohne Bedenken, da weder der Normtext noch die Erwägungsgründe eine gegenteilige Annahme zulassen; ebenso Geimer/Schütze/*Wall*, Art. 5 Rn. 31; Dutta/Weber/*Lein*, Art. 5 Rn. 31.

1060 Zöller/*Geimer*, Anhang II J, Art. 5 Rn. 1.

1061 MüKo/*Dutta*, Art. 5 Rn. 19; Bonomi/Wautelet/*Bonomi*, Art. 5 Rn. 18; Dutta/Weber/*Lein*, Art. 5 Rn. 32.

Gerichtsbarkeiten vornimmt.[1062] Ein Sonderfall ist in Art. 14 lit. c EuErbVO vorgesehen: Bei einem von Amts wegen eingeleiteten Verfahren ist ein Gericht angerufen, wenn entweder der Beschluss des Gerichts gefasst wurde oder die Sache beim Gericht eingetragen wird. Ist ein Gericht nach Art. 14 lit. a bis lit. c EuErbVO angerufen, können die betroffenen Parteien keine Gerichtsstandsvereinbarung mehr treffen. Für die Gerichtsstandsvereinbarung ergibt sich also ein Zeitfenster zwischen dem Versterben des Erblassers bis zur Anrufung des Gerichts.

6. *Bindungswirkung*

Die Frage nach der Bindungswirkung ist insbesondere für die Parteien von großer Bedeutung. Die Parteien selbst müssen an die Vereinbarung gebunden sein. Wären sie nicht an die Vereinbarung gebunden, käme es zur kostenpflichtigen Abweisung der Klage.[1063] Außerdem könnten Schadensersatzansprüche entstehen, wenn ein anderes Gericht angerufen wird.[1064] Auch das Gericht selbst ist an die Vereinbarung gebunden – ansonsten wäre die Rechtssicherheit der Parteien gefährdet, wenn sie sich nicht darauf verlassen könnten, dass ihre Vereinbarung zugunsten eines Gerichts von diesem auch angenommen wird.[1065] Gerichtsstandsvereinbarungen sollen grundsätzlich keine Bindungswirkung gegenüber Dritten entfalten.[1066] Schließlich ist eine Vereinbarung mit Bindungswirkung für Dritte ein Vertrag zulasten Dritter.[1067] Aus Art. 9 EuErbVO ergibt sich auch, dass nicht an der Vereinbarung zu beteiligende Parteien auch nicht gebunden sind.[1068]

II. Zuständigkeitsanerkennung, Art. 7 lit. c EuErbVO

Eine weitere Möglichkeit, durch Parteiwillen auf die internationale Zuständigkeit Einfluss zu nehmen, ist die Zuständigkeitsanerkennung nach

---

1062 MüKo/*Dutta*, Art. 14 Rn. 3; BeckOGK/*J. Schmidt*, Art. 14 Rn. 5.

1063 *Abendroth*, Parteiautonome Zuständigkeitsbegründung, S. 378.

1064 *Hess*, Europäisches Zivilprozessrecht, § 6 Rn. 145 ff; siehe auch ausführlich für die Geltendmachung vor deutschen Gerichten *Antomo*, Schadensersatz, S. 359 ff.

1065 *Abendroth*, Parteiautonome Zuständigkeitsbegründung, S. 377; er stellt zusätzlich auf den Sinn und Zweck des Art. 15 EuErbVO ab.

1066 Vgl. *Gottwald*, in: FS Geimer (2017), S. 131, 132.

1067 BeckOGK/*J. Schmidt*, Art. 5 Rn. 5; *Max-Planck-Institut für ausländisches und internationales Privatrecht*, RabelsZ 74 (2010), 522, 590.

1068 *Abendroth*, Parteiautonome Zuständigkeitsbegründung, S. 378.

Art. 7 lit. c EuErbVO.[1069] Diese ist von der rügelosen Einlassung und der Gerichtsstandsvereinbarung zu unterscheiden. Sie ist eine eigene Zuständigkeitsbegründung.[1070] Bei der Zuständigkeitsanerkennung erklären die Parteien ausdrücklich, dass sie mit der Zuständigkeit eines Gerichts einverstanden sind. Sie gleicht damit eher einer nachträglichen Gerichtsstandsvereinbarung als einer rügelosen Einlassung. Eine ähnliche Regelung findet sich auch in Art. 12 Brüssel IIa-VO. Dort gibt der Gesetzgeber den Parteien die Möglichkeit, nach Art. 12 Abs. 1 lit. b, Abs. 2 lit. c Brüssel IIa-VO die Zuständigkeit des Gerichts zur Aufhebung der Ehe anzuerkennen. Bemerkenswert ist die Überschrift des Art. 12 Brüssel IIa-VO: Hier spricht der Gesetzgeber von einer „Vereinbarung über die Zuständigkeit", obwohl in der Regelung selbst die klassische Gerichtsstandsvereinbarung mit keinem Wort erwähnt wird. Hier wurde darauf abgestellt, dass die Parteien durch eine ausdrückliche Anerkennung oder auf sonstige Weise die Zuständigkeit des Gerichts anerkennen. Die Zuständigkeitsregelung in Art. 12 Brüssel IIa-VO ist allerdings nur eine Annexzuständigkeit und begründet gerade keine ausschließliche Zuständigkeit eines Gerichts. Eine klassische Gerichtsstandsvereinbarung begründet jedoch meist die ausschließliche Zuständigkeit. Der Regelung der Europäischen Erbrechtsverordnung für eine Zuständigkeitsanerkennung kommt diese Wirkung ebenfalls zu. Sie unterscheidet sich insoweit von Art. 12 Brüssel IIa-VO. Auch das Anerkennen der Zuständigkeit führt zu einer ausschließlichen Zuständigkeit dieses Gerichts, wonach sich dieses als zuständig erklärt und ein anderes angerufenes Gericht sich für unzuständig zu erklären hat. Insbesondere kann die Gerichtsstandsanerkennung über die fehlende Beteiligung von betroffenen Parteien hinweghelfen, wenn diese Partei zu einem späteren Zeitpunkt die Zuständigkeit anerkennen kann.[1071] Des Weiteren führt auch eine Zuständigkeit nach Art. 7 lit. c EuErbVO zu einer Zuständigkeit der Heimatgerichte und stellt so den Gleichlauf zwischen *forum* und *ius* her.[1072]

1069 Eine ähnliche Regelung bei nachträglichem Bekanntwerden weiterer Beteiligter haben bereits *Hess/Jayme/Pfeiffer*, Stellungnahme, S. 18 vorgeschlagen.

1070 *Abendroth*, Parteiautonome Zuständigkeitsbegründung, S. 382; Dutta/Weber/*Lein*, Art. 7 Rn. 14; Deixler-Hübner/Schauer/*Deixler-Hübner*, Art. 7 Rn. 9; a.A. *Burandt*, FuR 2013, 377, 380 (als Gerichtsstandsvereinbarung).

1071 *Schaub*, in: Muscheler, Hereditare, S. 91, 106.

1072 *Abendroth*, Parteiautonome Zuständigkeitsbegründung, S. 381.

1. *Vorherige Rechtswahl des Erblassers*

Auch für die Zuständigkeitsanerkennung wird in Art. 7 lit. c EuErbVO die vorherige Rechtswahl des Erblassers benötigt. Die verfahrensrechtliche Parteiautonomie wird nur dann gestattet, wenn sie sich auch im Kollisionsrecht widerspiegelt. Nur bei einer wirksamen Rechtswahl des Erblassers können die Parteien die Zuständigkeit anerkennen. Auch hier stellt sich die Frage, ob die vorherige Rechtswahl des Erblassers wirklich als Voraussetzung erforderlich ist. Denn wie bei den vorherigen Gerichtsstandsvereinbarungen können auch bei der nachträglichen Zuständigkeitsanerkennung Fälle denkbar sein, in denen es den Parteien ohne Rechtswahl des Erblassers erlaubt sein sollte, eine Prorogation zugunsten bestimmter Gerichte vorzunehmen. Wenn nach Bekanntwerden einer weiteren Partei die überwiegende Anzahl der betroffenen Parteien ihren gewöhnlichen Aufenthalt im Heimatstaat des Erblassers hat, kann es hier sinnvoll sein, auch ohne eine Rechtswahl des Erblassers eine Zuständigkeit im Heimatstaat anzuerkennen. Das Erfordernis der vorherigen Rechtswahl sollte deshalb kritisch betrachtet werden, auch wenn es nach der jetzigen Rechtslage Voraussetzung einer Zuständigkeitsanerkennung ist.

2. *Anerkennung der Zuständigkeit*

Welche Fälle nun von der Anerkennung der Zuständigkeit erfasst sind, ist nicht ohne weiteres ersichtlich. Die Parteien müssen sich bewusst sein, dass es sich um eine Zuständigkeitsanerkennung handelt und sie durch ihre Handlung einem an sich unzuständigen Gericht die internationale Zuständigkeit einräumen.[1073] Parteien, die bereits eine Gerichtsstandsvereinbarung getroffen haben, müssen die Zuständigkeit nicht ausdrücklich anerkennen.[1074] Der Anwendungsbereich dieser Norm erfasst also solche Parteien, die an einer Gerichtsstandsvereinbarung nicht beteiligt waren. Sie können sich dann nachträglich und ausdrücklich mit der internationalen Zuständigkeit der Heimatgerichte einverstanden erklären. Zu denken ist besonders an die Fälle, in denen eine am Verfahren zu beteiligende Person erst nachträglich ermittelt wird und diese Partei nicht bei einer vorherigen Gerichtsstandsvereinbarung mitwirken konnte – schlicht weil sie nicht bekannt war. Art. 7 lit. c EuErbVO erlaubt dann, dass diese Partei ausdrücklich die Zuständigkeit anerkennt und sich so mit der Gerichtsstandsvereinbarung der übrigen betroffenen Parteien einverstanden erklärt. Das Telos dahinter ist

---

1073 *Simotta*, in: FS Gottwald, S. 597, 603; Geimer/Schütze/*Wall*, Art. 7 Rn. 17.

1074 *Simotta*, in: FS Gottwald, S. 597, 603.

die möglicherweise unbekannte Anzahl an betroffenen Parteien – insbesondere bei Verfahren der freiwilligen Gerichtsbarkeit – zu Beginn des Verfahrens und die einfache Einbeziehung weiterer Parteien. Es gibt (normalerweise) keine vorherige Absprache oder Einigung zwischen den Parteien. Gerade bei zerstrittenen Parteien, die sich nicht im Vorfeld auf einen Gerichtsstand einigen können, bietet diese Variante einen Weg, die Abweisung wegen fehlender Zuständigkeit zu vermeiden.[1075]

Eine Anerkennung der Zuständigkeit kann immer nur für ein bestimmtes Verfahren erfolgen. Sie ist auf einen konkreten Fall beschränkt.[1076]

3. *Form und Zeitpunkt*

Eine bestimmte Form ist in Art. 7 lit. c EuErbVO nicht vorgesehen. Die Zuständigkeitsanerkennung ist formfrei möglich.[1077] Daraus kann man schließen, dass bereits eine mündliche Anerkennung der Zuständigkeit im Verfahren ausreicht, um die Voraussetzungen des Art. 7 lit. c EuErbVO zu erfüllen.[1078] Die Erklärung der Parteien erfolgt gegenüber dem Gericht. Jede Partei erklärt für sich die Anerkennung der Zuständigkeit.[1079] Die Zuständigkeitsanerkennung kann nur dann erfolgen, wenn ein Gericht bereits das Verfahren eröffnet hat, und ist nur solange möglich, wie sich das Gericht nicht für unzuständig erklärt.[1080]

III. Rügelose Einlassung, Art. 9 Abs. 1 EuErbVO

Die rügelose Einlassung ist in vielen Rechtsordnungen bekannt und gilt als ein Mittel, um die Zuständigkeit eines Gerichts zu begründen. Auch die rügelose Einlassung ist ein Akt der Parteiautonomie.[1081] Indem sich die Parteien auf das Verfahren einlassen, ohne die fehlende Zuständigkeit zu rügen, äußern sie konkludent den Willen, dass sie sich mit der Zuständigkeit des Gerichts

---

1075 Burandt/Rojahn/*Burandt*, Art. 7 Rn. 2 sieht nur einen geringen Anwendungsbereich des Art. 7 lit. c EuErbVO, da sich die Parteien durch eine Gerichtsstandsvereinbarung auch einigen könnten.

1076 *Dutta*, ZEuP 2016, 427, 452; vgl. hierzu bereits die Rechtsprechung des EuGH zu Art. 12 Abs. 3 Brüssel IIa-VO: EuGH, Urt. v. 01.10.2014, Rs. C-436/13, NJW 2014, 3355, 3357 Rn. 49.

1077 *Rauscher*, Internationales Privatrecht, 5. Aufl., § 15 Rn. 2210.

1078 *Abendroth*, Parteiautonome Zuständigkeitsbegründung, S. 381.

1079 Dutta/Weber/*Lein*, Art. 7 Rn. 16.

1080 Dutta/Weber/*Lein*, Art. 7 Rn. 17; Deixler-Hübner/Schauer/*Deixler-Hübner*, Art. 7 Rn. 14 ff.

1081 *Coester-Waltjen*, in: FS Heldrich, S. 549, 553.

einverstanden erklären. Anders als bei der Zuständigkeitsanerkennung nach Art. 7 lit. c EuErbVO passiert dies nicht ausdrücklich, sondern die Zustimmung zur Zuständigkeit erfolgt durch Vornahme einer Verfahrenshandlung. Bei mündlichen Verhandlungen ist dies dann der Fall, wenn die Partei sich zum Verfahren äußert oder Anträge stellt. Die rügelose Einlassung wird häufig – wie gesehen[1082] – als eine sillschweigende Gerichtsstandsvereinbarung angesehen.[1083] Der Zweck einer rügelosen Einlassung liegt in der Beschleunigung des Verfahrens, was wiederum einen geringeren Zeit- und Kostenaufwand für die Parteien bedeutet.[1084] Auch die rügelose Einlassung ist eine eigene Zuständigkeitsbegründung, etwa auch dann, wenn eine Gerichtsstandsvereinbarung unwirksam war. Sie ist nicht lediglich die Fortsetzung der Gerichtsstandsvereinbarung.[1085] Indem eine betroffene Partei die Zuständigkeit rügen kann und es so zur Unzuständigkeit der Heimatgerichte kommt, findet sich mit Art. 9 EuErbVO eine Ausnahme des Prinzips der *perpetuatio fori internationalis* in der Europäischen Erbrechtsverordnung.[1086]

1. Gerichtsstandsvereinbarung

Voraussetzung für die Anwendbarkeit des Art. 9 Abs. 1 EuErbVO ist die Begründung der Zuständigkeit eines Gerichts nach Art. 7 EuErbVO.[1087] In Art. 9 Abs. 1 EuErbVO heißt es weiter, dass eine Gerichtsstandsvereinbarung zwischen einigen betroffenen Parteien besteht, jedoch nicht alle betroffenen Parteien dieser Vereinbarung zugestimmt oder sie unterzeichnet haben. So ist durch das Erfordernis einer Gerichtsstandsvereinbarung auch für die rügelose Einlassung eine vorherige Rechtswahl des Erblassers Voraussetzung.

1082 S.o. Kapitel 4, A., III.

1083 Der EuGH sieht in der rügelosen Einlassung eine stillschweigende Zustimmung zur Zuständigkeit des angerufenen Gerichts, vgl. EuGH, Urt. v. 20.05.2010, Rs. C-111/09, Slg. 2010, I-4545, Rn. 22 und EuGH, Urt. v. 24.06.1981, Rs. 150/80 (*Elefanten Schuh)*, Slg. 1981, 1671; vgl. auch *Simotta*, in: FS Gottwald, S. 597, 600, die den Begriff der „*prorogatio tacita*" verwendet.

1084 *Schulte-Beckenhausen*, Internationale Zuständigkeit durch rügelose Einlassung im Europäischen Zivilprozeßrecht, S. 84 f; Geimer/Schütze/*Wall*, Art. 9 Rn. 4.

1085 *Abendroth*, Parteiautonome Zuständigkeitsbegründung, S. 380; so aber Burandt/Rojahn/*Burandt*, Art. 9 Rn. 1.

1086 Geimer/Schütze/*Wall*, Art. 9 Rn. 11.

1087 Bergquist/*Odersky*, Art. 9 Rn. 2; *Hess*, in: Dutta/Herrler, Die Europäische Erbrechtsverordnung, S. 131, 138 hält die rügelose Einlassung für den einfachsten Weg, um zu einer „vereinbarten" Zuständigkeit zu kommen.

Art. 9 EuErbVO spricht lediglich von Gerichtsstandsvereinbarungen. Es kann auch dann eine rügelose Einlassung sinnvoll sein, wenn der Erblasser sein Heimatrecht gewählt hat und es keine Gerichtsstandsvereinbarung gibt.[1088] So können etwa an dem Verfahren zu beteiligende Personen erst später hinzutreten. Ihnen steht die Option der rügelosen Einlassung dann nicht zu, sondern sie können nur die Gerichtszuständigkeit ausdrücklich anerkennen. Auch bei einer Gerichtsstandsanerkennung können Parteien übergangen worden sein, die grundsätzlich am Verfahren hätten beteiligt werden müssen. Nach Art. 7 lit. c EuErbVO kommt der Anerkennung eines Gerichtsstands darüber hinaus dieselbe Wirkung zu wie einer Gerichtsstandsvereinbarung und der Wortlaut des Art. 9 EuErbVO geht grundsätzlich davon aus, dass die Zuständigkeit nach Art. 7 EuErbVO begründet worden sein muss. In beiden Fällen liegt eine ausdrückliche Unterwerfung der Parteien unter die Zuständigkeit eines bestimmten Gerichts vor.[1089] Deshalb kann auch nach einer Gerichtsstandsanerkennung eine rügelose Einlassung von Parteien, die nicht beteiligt waren, erfolgen.

Ebenso könnte man in den Fällen des Art. 8 EuErbVO eine Anwendung des Art. 9 EuErbVO in Betracht ziehen. Bei einer außergerichtlichen Streitbeilegung könnte dieselbe Konstellation auftreten, dass die Parteien sich durch das Unterlassen der Rüge der mangelnden Zuständigkeit des Gerichts mit der Zuständigkeit einverstanden zeigen. In systematischer Hinsicht ist dies auch anzunehmen, indem die Verfahren der außergerichtlichen Streitbeilegung in Art. 8 EuErbVO geregelt sind und erst danach die rügelose Einlassung in Art. 9 EuErbVO zu finden ist. Allerdings spricht der Wortlaut des Art. 9 EuErbVO mit einer Verweisung lediglich auf Art. 7 EuErbVO eindeutig gegen eine Erstreckung auf Fälle des Art. 8 EuErbVO.[1090] Der Fall des *forum non conveniens* ist ebenfalls nicht umfasst, da hier die Interessen dagegen sprechen.[1091] Es erfolgt in diesen Fällen gerade keine Zuständigkeit aufgrund einer parteiautonomen Handlung der Parteien.[1092]

Für den Fall, dass weder einer Gerichtsstandsvereinbarung noch eine Gerichtsstandsanerkennung zwischen den Parteien vorliegt, scheidet eine

1088 *Leipold*, in: FS Meincke, S. 219, 231.

1089 Eine Gleichbehandlung der Fälle sieht *Simotta*, in: FS Gottwald, S. 597, 604 vor; ebenso Dutta/Weber/*Lein*, Art. 9 Rn. 6; Deixler-Hübner/Schauer/*Deixler-Hübner*, Art. 9 Rn. 4.

1090 Dutta/Weber/*Lein*, Art. 9 Rn. 3; MüKo/*Dutta*, Art. 9 Rn. 5.

1091 Deixler-Hübner/Schauer/*Deixler-Hübner*, Art. 9 Rn. 6; Geimer/Schütze/*Wall*, Art. 9 Rn. 16 ff; *Meyer*, Gerichtsstände der Erbrechtsverordnung, S. 95.

1092 BeckOGK/*J. Schmidt*, Art. 9 Rn. 6.

rügelose Einlassung nach dem Wortlaut des Art. 9 EuErbVO aus. Dies lässt sich damit begründen, dass dann automatisch die Gerichte des letzten gewöhnlichen Aufenthalts zuständig sind. Im Gegensatz zu den Gerichtsständen der ZPO oder EuGVVO stehen in der Europäischen Erbrechtsverordnung neben den Heimat- und Aufenthaltsgerichten keine weiteren Gerichtsstände zur Verfügung. Bei Fehlen einer Gerichtsstandsvereinbarung oder einer Gerichtsstandsanerkennung könnte das Gericht, dessen Zuständigkeit gerügt wird, also nicht an ein weiteres Gericht verweisen. Dennoch kann hier eine Rüge der Zuständigkeit sinnvoll sein, wenn eine Partei lediglich rügen möchte, dass sich der letzte gewöhnliche Aufenthalt in einem anderen Staat befunden hat. Es muss dann der Partei ebenfalls zustehen, sich zu entscheiden, ob sie die Zuständigkeit mangels gewöhnlichem Aufenthalt im nach Art. 4 EuErbVO bestimmten Staat rügen möchte. Deshalb sollte eine rügelose Einlassung nicht von der Gerichtsstandsvereinbarung abhängig gemacht werden, da auch weitere Fälle einer rügelosen Einlassung der Parteien denkbar sind.

2. *Einlassen auf das Verfahren*

Durch die rügelose Einlassung kann die Zuständigkeit des Gerichts auch dann begründet werden, wenn betroffene Parteien zunächst nicht beteiligt wurden. Dabei muss das Einverständnis der Parteien mit der Zuständigkeit lediglich konkludent zum Ausdruck kommen.

Die Europäische Erbrechtsverordnung beschreibt nicht näher, was unter einer Einlassung zu verstehen ist. Jedenfalls muss der Begriff verordnungsautonom ausgelegt werden. Hierbei kann man sich am Begriff der rügelosen Einlassung orientieren, den das Vorbild des Art. 26 EuGVVO verwendet.[1093] Eine bloße Untätigkeit der Partei genügt dabei nicht als Einlassung auf das Verfahren.[1094] Der Begriff ist dennoch weit zu verstehen, sodass bereits ein Einlassen auf das Verfahren ausreicht und nicht lediglich ein Einlassen zur Hauptsache.[1095] Nicht unter das Einlassen fallen Handlungen, die bereits vor dem Verfahren stattfinden. So liegt bei der bloßen Anzeige der Verteidigungsbereitschaft[1096] ohne Rüge der Zuständigkeit noch kein Einlassen auf das Verfahren vor. Wenn die Partei hingegen zum Fall vorträgt oder eine Einrede erhebt, lässt sie sich auf

---

1093 NK/*Makowsky*, Art. 9 Rn. 10; Dutta/Weber/*Lein*, Art. 9 Rn. 14.

1094 Geimer/Schütze/*Wall*, Art. 9 Rn. 26.

1095 NK/*Makowsky*, Art. 9 Rn. 10; BeckOGK/*J. Schmidt*, Art. 9 Rn. 12.

1096 Im deutschen Recht ist die Anzeige der Verteidigungsbereitschaft in § 276 Abs. 1 ZPO geregelt.

das Verfahren ein.[1097] Ebenso führt das Stellen von Anträgen im Verfahren zur Einlassung.[1098] Das hilfsweise Verhandeln zur Hauptsache kann allerdings nicht als rügelose Einlassung angesehen werden, auch wenn der Begriff eher weit auszulegen ist. In Verfahren der freiwilligen Gerichtsbarkeit kann nicht bereits das Stellen eines Antrags auf Verfahrensbeteiligung ausreichen.[1099]

Eine Rüge liegt dann vor, wenn sich aus dem Vortrag der Partei erkennen lässt, dass sie das Gericht nicht für international zuständig hält. Dabei ist es ausreichend, wenn lediglich die örtliche Zuständigkeit gerügt wird. Es ist davon auszugehen, dass mit der örtlichen auch die internationale Zuständigkeit gerügt werden soll.[1100] Die Rüge muss erhoben werden, bevor eine „erste Verteidigungshandlung" vorgenommen wird.

3. *Zeitpunkt*

Der Zeitpunkt für die rügelose Einlassung unterscheidet sich von dem einer Gerichtsstandsvereinbarung oder einer Zuständigkeitsanerkennung. Für eine rügelose Einlassung muss ein Gericht bereits nach Art. 14 EuErbVO angerufen sein. Sie ist ein Rechtsinstitut, das keine Parteiautonomie im Vorfeld erlaubt, sondern erst nach Beginn des Verfahrens mit einer ersten Verfahrenshandlung die Zuständigkeit begründet.[1101] Im Gegensatz dazu ist eine Gerichtsstandsvereinbarung grundsätzlich vor Anrufung des benannten Gerichts zu schließen. Erst durch die Gerichtsstandsvereinbarung kommt es überhaupt zur Anrufung des bestimmten Gerichts. Bei der Zuständigkeitsanerkennung ist wiederum die bereits erfolgte Anrufung des Gerichts erforderlich, damit die Zuständigkeit überhaupt anerkannt werden kann. Somit bietet allein die Gerichtsstandsvereinbarung die Möglichkeit, bereits vorab auf den Gerichtsstand einzuwirken.[1102]

4. *Rechtsfolge des Art. 9 Abs. 2 EuErbVO*

Art. 9 Abs. 2 EuErbVO sieht die Konsequenz vor für den Fall, dass sich die betroffenen, aber nicht an der Gerichtsstandsvereinbarung beteiligten Parteien nicht rügelos auf das Verfahren einlassen. Eine Regelung, wie sie Art. 9 Abs. 2 EuErbVO vorsieht, findet sich jedoch nicht in Art. 7 EuErbVO. Für eine analoge

---

1097 *Simotta*, in: FS Gottwald, S. 597, 604.

1098 Geimer/Schütze/*Wall*, Art. 9 Rn. 26.

1099 Dutta/Weber/*Lein*, Art. 9 Rn. 15; MüKo/*Dutta*, Art. 9 Rn. 9.

1100 Geimer/Schütze/*Wall*, Art. 9 Rn. 28; BeckOGK/*J. Schmidt*, Art. 9 Rn. 13.

1101 Dutta/Weber/*Lein*, Art. 9 Rn. 8.

1102 Vgl. Deixler-Hübner/Schauer/*Deixler-Hübner*, Art. 9 Rn. 8.

Anwendung auf die Gerichtsstandsanerkennung nach Art. 7 lit. c EuErbVO spricht jedoch die vergleichbare Situation.[1103] Wird die internationale Zuständigkeit der Heimatgerichte gerügt, erklären sich diese für unzuständig. Es sind dann die nach Art. 4 und Art. 10 EuErbVO zu bestimmenden Gerichte für die Erbsache zuständig. Diese Folge wirkt auf den ersten Blick sehr hart: Das von der Gerichtsstandsvereinbarung vorgesehene und meist der Mehrheit der Parteien gewünschte Gericht wird nicht international zuständig. Jedoch ist zu bedenken, dass die betroffenen, nachträglich hinzukommenden Parteien schon bei der Gerichtsstandsvereinbarung nach Art. 5 EuErbVO hätten beteiligt werden müssen und auch in diesem Fall sich nicht mit einer Prorogation der Heimatgerichte einverstanden erklärt hätten. Für eine Gerichtsstandsvereinbarung hätte dann die notwendige Einigung der Parteien gefehlt. *Hess* hält die Regelung für zu kompliziert und schlägt im Falle einer Nichteinlassung die Verweisung oder Abgabe an das zuständige Gericht vor, ähnlich der Regelung in Art. 15 Abs. 2 Brüssel IIa-VO.[1104] Vor dem Hintergrund, dass eine Gerichtsstandsvereinbarung unter Beteiligung der ausgeschlossenen Partei nicht zustande gekommen wäre, ist eine Regelung, wie sie Art. 9 Abs. 2 EuErbVO vorsieht, dennoch gerechtfertigt. Sie führt zu dem Ergebnis, das eingetreten wäre, wenn die Gerichtsstandsvereinbarung ordnungsgemäß erfolgt wäre: zur Zuständigkeit der Aufenthaltsgerichte.

Nicht ausdrücklich geregelt ist, ob die Unzuständigkeitserklärung *ex nunc* oder *ex tunc* wirkt. Bei Rückwirkung der Unzuständigkeit würden sämtliche bereits getroffene Maßnahmen des Gerichts nicht mehr gelten. Aus prozessökonomischen Gründen spricht deshalb vieles dafür, die Unzuständigkeit nur mit *ex nunc*-Wirkung auszustatten.[1105] So bleibt die Ernennung eines Testamentsvollstreckers, die Anordnung einer Nachlassverwaltung oder die Erteilung eines Erbscheins weiterhin bestehen.[1106] Alle Mittel, die dem später bekannt gewordenen Erben zunächst gegeben sind, beziehen sich außerdem nur auf die Bestimmung der Zuständigkeit. Deshalb erscheint es hier konsequent, dass die bereits ergangene Entscheidung ihre Wirksamkeit behält. Dafür spricht auch, dass die Entscheidung in jedem Mitgliedstaat unter Anwendung desselben Rechts ergangen

---

1103 Kroiß/Horn/Solomon/*Köhler*, Art. 9 Rn. 2.

1104 *Hess*, in: Dutta/Herrler, Die Europäische Erbrechtsverordnung, S. 131, 138.

1105 *Von Bary*, Gerichtsstands- und Schiedsvereinbarungen im internationalen Erbrecht, S. 180 ff; Dutta/Weber/*Lein*, Art. 9 Rn. 21; MüKo/*Dutta*, Art. 9 Rn. 14; Deixler-Hübner/Schauer/*Deixler-Hübner*, Art 9 Rn. 16, die von einem „verfahrensökonomischen ‚Supergau'" spricht (Rn. 15); Bergquist/*Odersky*, Art. 9 Rn. 7.

1106 MüKo/*Dutta*, Art. 9 Rn. 14; BeckOGK/*J. Schmidt*, Art. 9 Rn. 17; Geimer/Schütze/*Wall*, Art. 9 Rn. 29.

und so ein anderes Gericht zum selben Ergebnis gelangt wäre. Die Möglichkeit des nachträglich bekannt gewordenen Erben hätte sich auch lediglich darauf beschränkt, die Zuständigkeit der Heimatgerichte zu rügen, damit die Gerichte des Aufenthaltsstaats zuständig sind. Für die ergangene Entscheidung scheidet deshalb auch eine Anfechtung durch die nachträglich bekannt gewordene Partei aus. Wenn beispielsweise ein Urteil eines Vermächtnisnehmers gegen die Erbengemeinschaft bestehend aus den bisher beteiligten Erben ergangen ist, wird das Gericht wohl nicht die Entscheidung aufheben, sondern lediglich den Tenor des Urteils ändern und den nachträglich hinzugetretenen Erben in den Tenor aufnehmen. Fraglich ist jedoch, ob die getroffenen Maßnahmen von dem dann zuständigen Gericht aufgehoben oder geändert werden können. Unter Heranziehung des Rechtsgedankens aus Art. 20 Abs. 2 EuGVVO wird man hier zu der Auffassung gelangen, dass das Gericht Anpassungen oder Aufhebungen der Maßnahmen vornehmen kann.[1107] Denn das zuerst angerufene Gericht verliert seine Zuständigkeit, sodass dieses nicht mehr entscheiden kann.[1108]

IV. Verweisung bei *forum non conveniens*, Art. 6 lit. a iVm Art. 7 lit. a EuErbVO

Eine weitere in der Europäischen Erbrechtsverordnung vorgesehene Möglichkeit zur Wiederherstellung des Gleichlaufs von *forum* und *ius* ist die Verweisung in Art. 6 lit. a iVm Art. 7 lit. a EuErbVO. Demnach kann ein nach Art. 4 EuErbVO angerufenes Gericht die Streitigkeit an ein Gericht verweisen, das in seinen Augen die Sache besser entscheiden kann. Diese Form des *forum non conveniens* findet sich in der europäischen Rechtswelt bislang nicht häufig. Einzig Art. 15 Brüssel IIa-VO sieht ebenfalls eine *forum non conveniens*-Regel vor, wenn auch nur in „homöopathischen Dosen“[1109].

1. Forum non conveniens doctrine

Die *forum non conveniens doctrine* stammt aus dem *common law* und führt dort zu einer Verweisung des zuständigen Gerichts an ein anderes, besser geeignetes Gericht. Es soll das Gericht gefunden werden, das den Fall am besten entscheiden kann. In dieser Hinsicht ähnelt es dem Gedanken des Internationalen

---

1107 MüKo/*Dutta*, Art. 9 Rn. 14; Deixler-Hübner/Schauer/*Deixler-Hübner*, Art. 9 Rn. 16; *Hess*, in: Dutta/Herrler, Die Europäische Erbrechtsverordnung, S. 131, 138.

1108 Für eine Zuständigkeit des zunächst befassten Gerichts, das einen *actus contrarius* zu erlassen hat, aber BeckOGK/*J. Schmidt*, Art. 9 Rn. 18.

1109 *Dutta*, FamRZ 2013, 4, 6.

Privatrechts, die engste Verbindung zwischen einem Sachverhalt und einer Rechtsordnung zu finden. Eine Verweisung dient der Einzelfallgerechtigkeit.[1110]

Dem *civil law* und auch dem europäischen vereinheitlichten Verfahrensrecht ist der Gedanke, dass ein an sich zuständiges Gericht seine Zuständigkeit freiwillig an ein anderes Gericht überträgt, fremd.[1111] Man fürchtet insbesondere um die Rechtssicherheit und sieht das Ziel, dass konkurrierende Gerichtsstände im europäischen Zuständigkeitssystem vermieden werden sollen, in Gefahr.[1112] Außerdem könnte die Verweisung an ein besser zuständiges Gericht das rechtliche Gehör der Parteien sowie das Recht auf den gesetzlichen Richter verletzen. Dieser Grundsatz ist im deutschen Verfassungsrecht in Art. 101 GG festgehalten, für das europäische Recht findet sich die entsprechende Regelung in Art. 6 EMRK.[1113] In seiner Rechtsprechung hat der EuGH zudem eine Verletzung der Vorhersehbarkeit der Zuständigkeit durch das Rechtsinstitut des *forum non conveniens* gesehen.[1114] Kann ein zuständiges Gericht später die anhängige Rechtssache an ein anderes, unbekanntes Gericht verweisen, könnte jedes Gericht über die Sache entscheiden und es ist nicht mehr vorhersehbar, welches Gericht den Fall entscheidet.

Die *forum non conveniens doctrine* steht zudem der Parteiautonomie entgegen, auch wenn sie eine gewisse Flexibilität ermöglicht. Kann ein Gericht entscheiden, dass ein anderes Gericht die Sache besser entscheiden kann, verliert der Wille der Parteien an Wert. Es wird den Verfahrensparteien die Möglichkeit genommen, selbst zu entscheiden, welches Gericht ihren Fall am besten entscheiden kann. Ohne Regelung eines *forum non conveniens* wird die Parteiautonomie gestärkt.[1115] Sie wird teilweise auch in der Europäischen Erbrechtsverordnung als „Fremdkörper" in der Regelung des europäischen Zuständigkeitssystems angesehen.[1116]

1110 *Meyer*, Gerichtsstände der Erbrechtsverordnung, S. 83.

1111 *Simotta*, in: FS Gottwald, S. 597, 601; die Regelung der Verweisung begrüßt *D. Lübcke*, Nachlassverfahrensrecht, S. 389.

1112 *T. Lübcke*, GPR 2015, 111, 114; *Kropholler*, in: HbIntZR, § 1 Rn. 207 ff; *Geimer/Schütze*, Europäisches Zivilverfahrensrecht, 3. Aufl., Art. 23 EuGVVO Rn. 6.

1113 *Kern*, ZZP 130 (2017), 91, 112 ff; *Simotta*, in: FS Gottwald, S. 597, 602; gegen einen Verstoß *Coester-Waltjen*, RabelsZ 79 (2015), 471, 504.

1114 EuGH, Urt. v. 01.03.2005, Rs. C-281/02 (*Owusu*), Slg. 2005, I-1383 Rn. 37 ff.

1115 *Coester-Waltjen*, in: FS Heldrich, S. 549, 552.

1116 *Junker*, Internationales Zivilprozessrecht, 3. Aufl., § 20 Rn. 31, an anderer Stelle (§ 5 Rn. 39) auch als „Einbruchstelle" einer sonst ablehnenden Haltung gegenüber der *forum non conveniens*-Doktrin; ebenso *Wilke*, RIW 2012, 601, 604.

2. *Antrag einer Partei*

Das Gericht kann in der Europäischen Erbrechtsverordnung nur dann eine Verweisung aussprechen, wenn eine der Verfahrensparteien vorher einen Antrag auf Verweisung gestellt hat. Der Antrag beinhaltet immerhin ein Willenselement und beschränkt in gewisser Weise die Ausübung des Ermessens der Gerichte.[1117] Allerdings ist bereits der Antrag *einer* Verfahrenspartei ausreichend. Es wird nicht auf die übrigen Verfahrensparteien abgestellt.[1118] So kann insbesondere hier ein Konflikt der Interessen auftreten. Beantragt die Partei, die weiterhin im Heimatstaat des Erblassers ansässig ist, die Verweisung an die Heimatgerichte, befinden sich jedoch alle weiteren betroffenen Parteien im Aufenthaltsstaat, kann es trotzdem zu einer Verweisung an die Gerichte des Heimatstaats kommen. Es ist dann der Wille allein einer Partei entscheidend, um die Zuständigkeit eines Gerichts begründen zu können. Gerade deshalb wohnt dem Antrag auch ein Potenzial zum Rechtsmissbrauch inne, auch wenn eine Beurteilung und somit eine Kontrolle der Aufenthaltsgerichte folgt.[1119]

Im Gegensatz dazu sieht Art. 15 Brüssel IIa-VO die Möglichkeit vor, auch von Amts wegen eine Verweisung an ein anderes Gericht vorzunehmen. Es entscheidet dann nicht der Antrag der Parteien darüber, ob die internationale Zuständigkeit auf ein anderes Gericht übertragen werden soll.[1120] Allerdings ist in diesem Fall die Zustimmung der Parteien erforderlich. Die Zustimmung der übrigen Parteien wird in Art. 6 lit. a EuErbVO gerade nicht gefordert.

3. *Ermessensentscheidung des Gerichts*

Das Gericht kann nach seinem Ermessen entscheiden, ob ein anderes Gericht besser geeignet ist, den Fall zu entscheiden. Es hat die konkreten Umstände des Erbfalles zu berücksichtigen. Dabei kann es insbesondere den Aufenthaltsort der Parteien des Verfahrens oder den Ort der Belegenheit als Indizien heranziehen, aber auch die Verfahrensdauer und den *ordre public*-Standard.[1121] Auffallend ist jedoch, dass ebenfalls nur eine Verweisung an die Heimatgerichte erfolgen kann. Selbst wenn die Parteien in einem weiteren Mitgliedstaat ihren gewöhnlichen

---

1117 *Meyer*, Gerichtsstände der Erbrechtsverordnung, S. 83.

1118 *Simotta*, in: FS Gottwald, S. 597, 602; Deixler-Hübner/Schauer/*Deixler-Hübner*, Art. 6 Rn. 8.

1119 *Simotta*, in: FS Gottwald, S. 597, 602; Rauscher/*Rauscher*, Bearbeitung 2010, EG-ErbVO-E, Rn. 16.

1120 Dutta/Weber/*Lein*, Art. 6 Rn. 9.

1121 Dutta/Weber/*Lein*, Art. 6 Rn. 11.

Aufenthalt haben und dort der Großteil des Vermögens des Erblassers belegen ist, kann keine Verweisung an die Gerichte dieses Staates erfolgen. Auch hier setzt sich die Beschränkung auf die Heimatgerichte fort. Dennoch wird es in der Praxis höchstwahrscheinlich häufig zu einer Verweisung kommen, damit das Gericht nicht fremdes Recht anwenden muss.[1122] Man könnte auch an eine Hinweispflicht des Gerichts nach § 139 ZPO denken, damit zur Wiederherstellung des Gleichlaufs die Gerichte verpflichtet sind, die Parteien auf die Möglichkeit eines Antrags auf Verweisung aufmerksam zu machen.[1123]

Als Einschränkung könnte deshalb der Wille aller Parteien gelten, der durch das Gericht zu erforschen ist. Somit könnte das rechtliche Gehör jeder Partei gewahrt werden. Ein solches Vorgehen ist indessen mit einem großen Aufwand für das Gericht verbunden. Es gilt zunächst, alle Parteien ausfindig zu machen, dann den Willen jedes Einzelnen festzustellen und schließlich zu bewerten, welche Gerichte den Fall am besten entscheiden können. Dies wird zu Verzögerungen führen, muss doch bereits für die Bestimmung der internationalen Zuständigkeit ein großer Aufwand betrieben werden.[1124] Eine weitere Möglichkeit, ein Ausufern zu begrenzen, ergibt sich, wenn die Aufenthaltsgerichte nicht an die Heimatgerichte verweisen, sobald sich die Mehrheit der betroffenen Parteien gegen die Verweisung ausspricht. Dabei müssen nicht alle betroffenen Parteien kontaktiert werden, sondern es reicht bereits aus, wenn die Mehrheit der bereits feststehenden Anzahl der Parteien einer Verweisung ablehnend gegenüber steht.[1125]

Die Lösung könnte ein Kriterienkatalog sein. Er könnte Indizien enthalten, die angeführt werden können, um eine Verweisung auszusprechen und die Ermessensentscheidung der Gerichte nachvollziehbarer machen. Für eine Verweisung könnten eine Rechtswahl, ein gemeinsamer gewöhnlicher Aufenthalt der Parteien oder die Belegenheit von Vermögen sprechen.[1126]

Ein Vergleich zu Art. 15 Brüssel IIa-VO zeigt ebenfalls einen Unterschied: Nach der Europäischen Erbrechtsverordnung wird das angerufene Gericht nicht gefragt, ob es sich für zuständig hält. Nach der Prüfung durch das zunächst angerufene Gericht wird bei einer Feststellung, dass die Heimatgerichte

1122 *Simotta*, in: FS Gottwald, S. 597, 601; auch wenn dies nicht als Grund ausreichen sollte, so Bergquist/*Odersky*, Art. 5 Rn. 8.

1123 Vgl. *Simotta*, in: FS Gottwald, S. 597, 601, die von davon spricht, die Erhebung „nahezulegen“.

1124 *Simotta*, in: FS Gottwald, S. 597, 602.

1125 *Simotta*, in: FS Gottwald, S. 597, 602.

1126 *D. Lübcke*, Nachlassverfahrensrecht, S. 391.

den Fall besser entscheiden können, automatisch an die Heimatgerichte verwiesen.[1127]

4. *Zeitpunkt*

Eine Verweisung ist dann möglich, wenn ein Gericht des Staates des gewöhnlichen Aufenthalts bereits angerufen wurde. Die Anrufung des Gerichts beurteilt sich nach Art. 14 EuErbVO.

Es stellt sich die Frage, bis zu welchem Zeitpunkt eine Verweisung der Streitigkeit an ein anderes Gericht möglich ist. Hier muss die Vorschrift im Zusammenhang mit Art. 9 EuErbVO gelesen werden: Eine Verweisung kann nur so lange möglich sein, wie die Parteien sich noch nicht auf das Verfahren eingelassen haben.[1128] Für die Verweisung ergibt sich deshalb ein Zeitraum zwischen Anrufung des Gerichts bis zur Einlassung auf das Verfahren.

V. Beendigung eines Verfahrens bei außergerichtlicher Einigung, Art. 8 EuErbVO

Eine besondere Vorschrift ist außerdem Art. 8 EuErbVO. Hiernach kann eine Streitigkeit vor den Gerichten des Aufenthaltsstaats für beendet erklärt werden, wenn es eine Vereinbarung der Parteien über die außergerichtliche Regelung im Heimatstaat des Erblassers gibt. Auch wenn man bei einer außergerichtlichen Einigung zunächst an die Schiedsgerichtsbarkeit denken könnte, fällt diese nicht unter Art. 8 EuErbVO.[1129] Vielmehr zielt der Gesetzgeber hier auf Verfahren ab, die eine Einschaltung eines Gerichts – staatlich oder parteiautonom zusammengesetzt – nicht erforderlich machen. Gemeint sind also etwa Vergleiche und solche Verfahren, die durch Schlichtungsstellen oder Mediation erfolgen.[1130] In Erwägungsgrund 29 wird außerdem die einvernehmliche Regelung vor einem Notar erwähnt. Kommt es zu parallelen Verfahren, sollen die Parteien sich gemäß Erwägungsgrund 36 einigen oder das mit der Erbsache befasste Gericht entscheidet. Im deutschen Recht findet sich in § 22 FamFG eine Regelung,

---

1127 *Boiché*, AJ Famille 2015, 371, 372; *Rauscher*, Internationales Privatrecht, 5. Aufl., § 15 Rn. 2211.

1128 *Simotta*, in: FS Gottwald, S. 597, 600.

1129 *Magnus*, IPRax 2013, 393, 398; MüKo/*Dutta*, Art. 8 Rn. 11; Deixler-Hübner/Schauer/*Deixler-Hübner*, Art. 8 Rn. 8; a.A. *Hess*, in: Dutta/Herrler, Die Europäische Erbrechtsverordnung, S. 131, 141; Dutta/Weber/*Lein*, Art. 8 Rn. 14, sofern Schiedsverfahren in Erbsachen in diesem Staat bekannt sind.

1130 MüKo/*Dutta*, Art. 8 Rn. 10; Deixler-Hübner/Schauer/*Deixler-Hübner*, Art. 8 Rn. 8.

wonach von Amts wegen eingeleitete Verfahren nicht durch eine einvernehmliche Vereinbarung der Parteien beendet werden können. Allerdings geht in diesen Fällen Art. 8 EuErbVO vor, sodass selbst dann, wenn der Mitgliedstaat eine solche Möglichkeit nicht vorsieht, das Verfahren einvernehmlich und außergerichtlich beendet werden kann.[1131]

Dies dient einem umfassenden Schutz der Parteiautonomie. Es bleibt jedoch fraglich, ob durch eine außergerichtliche Entscheidung tatsächlich schnell Rechtssicherheit erreicht wird.[1132]

Diese Regelung unterstützt damit den Zweck der Europäischen Erbrechtsverordnung: Es kommt zwischen *forum* und *ius* zu einem Gleichlauf. Indem sich die Aufenthaltsgerichte für unzuständig erklären können, kommt es bei einer Rechtswahl nicht zu dem Fall, dass die Gerichte ein ihnen fremdes Recht anwenden müssen.[1133]

VI. Grenzen der parteiautonomen Zuständigkeitsbestimmung

Auch der parteiautonomen Zuständigkeitsbestimmung könnten Grenzen gesetzt sein. In der wissenschaftlichen Diskussion über Gerichtsstandsvereinbarungen findet sich die Idee einer allgemeinen Rechtsmissbrauchskontrolle. Es wird überlegt, bereits nach Vereinbarung der Zuständigkeit zu überprüfen, ob eine der Parteien durch die Vereinbarung unverhältnismäßig benachteiligt wird.[1134] Für die Europäische Erbrechtsverordnung wird das Bedürfnis einer solchen Missbrauchskontrolle aber nicht gesehen, da sich die Wahlmöglichkeit nur auf die Heimatgerichte des Erblassers beschränkt.[1135]

C. Ziel: Gleichlauf von *forum* und *ius*

Im Internationalen Familien- und Erbrecht hat das Gleichlaufprinzip eine lange Tradition. Unter Gleichlauf versteht man dabei, dass Kollisions- wie Zuständigkeitsregeln in ein und denselben Staat verweisen. Folge ist, dass die Gerichte eines Staates nur dann international zuständig sind, wenn sie auch ihr eigenes

1131 *Keim*, in: Roth, Wahl ausländischen Rechts, S. 67, 77; *Dutta*, FamRZ 2013, 4, 6; Dutta/Weber/*Lein*, Art. 8 Rn. 4.

1132 *Schaub*, in: Muscheler, Hereditare, S. 91, 108.

1133 MüKo/*Dutta*, Art. 8 Rn. 1; Dutta/Weber/*Lein*, Art. 8 Rn. 10.

1134 Siehe hierzu ausführlich *Lindenmayr*, Vereinbarung über die internationale Zuständigkeit und das darauf anwendbare Recht, S. 323–360.

1135 *Abendroth*, Parteiautonome Zuständigkeitsbegründung, S. 375.

Sachrecht anwenden dürfen, oder andersherum das Sachrecht eines Staates immer von dessen eigenen Gerichten angewandt wird.

Ein solcher Gleichlauf von *forum* und *ius* kann auf unterschiedliche Weise hergestellt werden. So kann aus der Gerichtszuständigkeit auf das anwendbare Recht geschlossen werden,[1136] aus dem anwendbaren Recht kann sich die Gerichtszuständigkeit ergeben[1137] oder man wählt einen gemeinsamen Anknüpfungspunkt für das anwendbare Recht und die Zuständigkeit.[1138]

Eines der Ziele der Europäischen Erbrechtsverordnung ist es, den Gleichlauf zwischen *forum* und *ius* herzustellen, indem sowohl für die Zuständigkeit als auch das anwendbare Recht an den gewöhnlichen Aufenthalt angeknüpft wird.[1139] Die Gerichte eines Mitgliedstaates wenden somit jeweils ihr eigenes Recht an.[1140] Die Regelungen der Europäischen Erbrechtsverordnung begünstigen damit das „Heimwärtsstreben der Gerichte",[1141] also deren oft unverkennbarer Versuch, so oft wie möglich zur Anwendung ihres eigenen materiellen Rechts zu gelangen. Ein solches Heimwärtsstreben ist verständlich. Denn die Anwendung materiellen Rechts, das nicht die *lex fori* ist, ist aufwendiger und fehleranfälliger.[1142] Sein eigenes Recht kennt der Richter besser als ausländisches Recht.[1143] Daher fühlt sich der Richter sicherer, wenn er sein eigenes Recht anwenden kann. Die Besonderheit der Europäischen Erbrechtsverordnung liegt nun in der weitreichenden Kodifikation des Gleichlaufs. Hierdurch sollen gerechtere Entscheidungen in Fällen mit internationalem Bezug ergehen.[1144]

1136 *Heldrich*, Internationale Zuständigkeit und anwendbares Recht, S. 14–57.

1137 *Heldrich*, Internationale Zuständigkeit und anwendbares Recht, S. 57–60, aber sehr kritisch S. 206 ff.

1138 *Heldrich*, Internationale Zuständigkeit und anwendbares Recht, S. 60–64.

1139 *Fischer-Czermak*, EF-Z 2013, 52, 52; vgl. auch *Heldrich*, Internationale Zuständigkeit und anwendbares Recht, S. 13 f, der die Anknüpfung an ein und dasselbe Merkmal für die internationale Zuständigkeit und das anwendbare Recht als eine der drei Möglichkeiten ansieht, zu einem Gleichlauf von *forum* und *ius* zu gelangen; speziell zu dieser Möglichkeit S. 60 ff.

1140 Vgl. Erwägungsgrund 27; *Cach/A. Weber*, ZfRV 2013, 263, 269; *Leipold*, in: FS Meincke, S. 219, 219.

1141 Begriff nach *Nußbaum*, Deutsches Internationales Privatrecht, S. 43; vgl. auch *Bajons*, in: FS Rüßmann, S. 751, 756.

1142 *Dreher*, Rechtswahl im internationalen Erbrecht, S. 133; *Ferid*, in: Liber amicorum Cohn, S. 31, 32.

1143 *Sonnentag*, EWS 2012, 457, 460.

1144 *Leipold*, in: FS Meincke, S. 219, 219.

Bereits unter der Geltung des FGG[1145] wurde ein Gleichlauf in Nachlasssachen angenommen. Dieser war nicht ausdrücklich geregelt, aber aufgrund der engen Verbundenheit von Prozessrecht und materiellem Recht in Erbsachen hielt man den Gleichlauf für zwingend.[1146] Eine Ausnahme galt jedoch für die Erstellung eines gegenständlich beschränkten Fremdrechtserbscheins nach dem inzwischen aufgehobenen § 2369 BGB, da hierfür ausdrücklich eine Regelung hinsichtlich der Zuständigkeit bestand.[1147] Als Grund für die allgemeine Anerkennung dieses ungeschriebenen Gleichlaufs wird die Unerfahrenheit der Rechtsanwender nach der Jahrhundertwende gesehen. Der Gleichlauf erlaubte ihnen die Anwendung ihres eigenen Rechts.[1148] Allerdings führte der Gleichlauf auch zu einer Bevorzugung von deutschen gegenüber ausländischen Staatsangehörigen. Daher konnte man in dem deutschen Gleichlaufprinzip einen Verstoß gegen Art. 18 AEUV bzw. seiner Vorgängernormen erblicken.[1149] Mit der Neuregelung der Verfahren der freiwilligen Gerichtsbarkeit im FamFG wurde der Gleichlauf für Nachlasssachen zunächst abgeschafft. Die unermüdliche Kritik der Wissenschaft[1150] hatte zu einer Abkehr vom Gleichlaufprinzip im deutschen Recht geführt.[1151] Die Europäische Erbrechtsverordnung führt nun wieder das Gleichlaufprinzip ein, allerdings ohne dabei auf die Staatsangehörigkeit abzustellen, sodass die Europarechtskonformität der Verordnung nicht in Frage steht.

Ein Problem stellt sich unter Geltung der Europäischen Erbrechtsverordnung allerdings dann, wenn der Erblasser eine Rechtswahl trifft. Dann befinden sich *forum* und *ius* nicht mehr im Gleichlauf. International zuständig sind vielmehr zunächst weiterhin die Gerichte des Staates, in dem der Erblasser seinen letzten gewöhnlichen Aufenthalt hatte. Trifft er eine Rechtswahl, müssen mithin an sich

---

1145 Gesetz über die Angelegenheiten der freiwilligen Gerichtsbarkeit vom 20.05.1898 (RGBl. S. 771).

1146 *Berenbrock*, Internationale Nachlaßabwicklung, S. 17 m.w.N. aus der Rechtsprechung.

1147 *Berenbrock*, Internationale Nachlaßabwicklung, S. 60 ff.

1148 *Wiethölter*, in: Lauterbach, Vorschläge und Gutachten, S. 141, 161 ff; *Berenbrock*, Internationale Nachlaßabwicklung, S. 56 ff.

1149 *D. Lübcke*, Nachlassverfahrensrecht, S. 220 ff; *Pfeiffer*, Internationale Zuständigkeit und prozessuale Gerechtigkeit, S. 693 ff; *Geimer*, Internationales Zivilprozessrecht, 7. Aufl., Rn. 246t ff.

1150 Insbesondere findet sich Kritik bei *Berenbrock*, Internationale Nachlaßabwicklung, vgl. Ergebnisse S. 248 ff.

1151 Entwurf eines Gesetzes zur Reform des Verfahrens in Familiensachen und in den Angelegenheiten der freiwilligen Gerichtsbarkeit (FGG-Reformgesetz – FGG-RG) vom 07.09.2007 (BT-Drucks. 16/6308), S. 221.

die Gerichte im Aufenthaltsstaat das ihnen fremde Heimatrecht des Erblassers auf die Rechtsnachfolge von Todes wegen anwenden. Durch die Rechtswahl wird also der von der Verordnung angestrebte Gleichlauf gerade außer Kraft gesetzt. Erst das Zulassen einer Rechtswahl führt dazu, im Interesse des Gleichlaufs über eine Korrektur in der internationalen Zuständigkeit nachdenken zu müssen.[1152] Tatsächlich sieht die Europäische Erbrechtsverordnung Möglichkeiten vor, um den Gleichlauf von *forum* und *ius* wiederherzustellen. Insbesondere soll eine Gerichtsstandsvereinbarung zugunsten der Heimatgerichte den Gleichlauf wiederherstellen.[1153]

I. Gleichlauf als Konsequenz der parteiautonomen Zuständigkeitsbestimmung

Bestimmen die betroffenen Parteien die Zuständigkeit der Gerichte selbst durch eine Gerichtsstandsvereinbarung, Gerichtsstandsanerkennung oder im Rahmen der rügelosen Einlassung, können sie diesen Gleichlauf wiederherstellen. Denn durch eine parteiautonome Zuständigkeitsbestimmung kommt es unter der Verordnung stets zur internationalen Zuständigkeit der Heimatgerichte, die dann wegen der Rechtswahl des Erblassers wiederum ihr eigenes Recht anwenden. Die parteiautonome Zuständigkeitsbestimmung löst also das Problem, das durch die Rechtswahl entsteht. Mit der Gerichtsstandsvereinbarung sowie der Gerichtsstandsanerkennung und der rügelosen Einlassung sind folglich Institute in der Europäischen Erbrechtsverordnung vorgesehen, um das selbstgeschaffene Auseinanderfallen von *forum* und *ius* zu beheben. Indem bei der allein möglichen Rechtswahl zugunsten des Heimatrechts die Wahl nur der Heimatgerichte vorgesehen ist, kann kein anderes Gericht prorogiert werden. Auf eine parteiautonome Zuständigkeitsbestimmung folgt deshalb immer der Gleichlauf von *forum* und *ius*. Sie ist ein Korrektiv, das das von einer Rechtswahl hervorgerufene ungewünschte Ergebnis eines Auseinanderfallens von *forum* und *ius* beseitigt.

II. Gleichlauf durch die *forum non conveniens*-Regelung

Auch die *forum non conveniens*-Regelung in Art. 6 lit. a iVm Art. 7 lit. a EuErbVO führt zu einer Wiederherstellung des Gleichlaufs von *forum* und *ius*. Nach dieser Regelung erklären sich die Gerichte des Aufenthaltsstaates für unzuständig, damit die Gerichte des Heimatstaates zuständig werden. Bei einer wirksamen Rechtswahl des Erblassers werden also die Heimatgerichte zuständig. Diese

---

1152 *T. Lübcke*, GPR 2015, 111, 111 f; *Bajons*, DNotI-Studie, S. 465, 472.

1153 Vgl. Erwägungsgrund 28.

wenden dann auch das Heimatrecht des Erblassers auf die Rechtsnachfolge von Todes wegen an. Der Gleichlauf als Ziel der Europäischen Erbrechtsverordnung wird daher erreicht. Auch wenn die *forum non conveniens*-Theorie in den vom *civil law* geprägten Staaten bislang wenig Zuspruch erfahren hat, setzt die Europäische Erbrechtsverordnung sie hier gezielt ein, um das gewünschte Ergebnis zu erreichen. Die Verweisung an die Heimatgerichte kann zwar nur unter bestimmten Voraussetzungen erfolgen und setzt immer die Rechtswahl des Erblassers voraus. Trotz dieser Einschränkungen kann aber immer dann, wenn eine Verweisung erfolgt, der Gleichlauf von *forum* und *ius* im Internationalen Erbrecht erreicht werden.

III. Durchbrechungen dieses Grundsatzes

Der Grundsatz des Gleichlaufs von *forum* und *ius* wird jedoch in der Europäischen Erbrechtsverordnung mehrfach durchbrochen. Dabei handelt es sich nicht um Gesetzesumgehungen, da die Europäische Erbrechtsverordnung diese Durchbrechungen selbst vorsieht.

1. Zuständigkeit der Gerichte des gewöhnlichen Aufenthalts bei Fehlen einer Gerichtsstandsvereinbarung

Die erste Durchbrechung betrifft den Fall, in dem der Erblasser eine Rechtswahl zugunsten seines Heimatrechts getroffen hat, die beteiligten Parteien aber auf eine Gerichtsstandsvereinbarung verzichten, keine Gerichtsstandsanerkennung erfolgt, sich die Parteien auch nicht rügelos auf ein Verfahren vor den Gerichten des Heimatstaats einlassen und entweder kein Verweisungsantrag nach Art. 6 lit. a EuErbVO gestellt wird oder das Gericht des letzten gewöhnlichen Aufenthalts diesem nicht stattgibt.[1154] Es bleiben dann nach der allgemeinen Zuständigkeitsregel die Gerichte am letzten gewöhnlichen Aufenthalt des Erblassers zuständig; das anwendbare Recht ist dann aber das Heimatrecht. Dies lässt sich an einem Beispiel verdeutlichen: Ein Deutscher mit gewöhnlichem Aufenthalt in Frankreich verstirbt. Zu Lebzeiten hatte er eine Rechtswahl zugunsten des deutschen Rechts getroffen. Die Erben, die über die Erbenstellung streiten, treffen keine Gerichtsstandsvereinbarung zugunsten der deutschen Gerichte, da sie selbst alle ihren gewöhnlichen Aufenthalt in Frankreich haben. Das französische Gericht ist nun nach Art. 4 EuErbVO international zuständig und wendet nach Art. 22 EuErbVO deutsches Recht auf den Erbfall des deutschen Erblassers an.

1154 Vgl. *Heldrich*, Internationale Zuständigkeit und anwendbares Recht, S. 62.

Hier liegt eine Durchbrechung des Grundsatzes des Gleichlaufs von *forum* und *ius* vor: Das Gericht wendet nicht sein eigenes Recht an, sondern muss sich mit einer fremden Rechtsordnung auseinandersetzen. Der Fall, dass die beteiligten Parteien und der Erblasser denselben gewöhnlichen Aufenthalt haben, wird in der Praxis sehr häufig vorkommen. Die Parteien sind dann meist mit dem Gerichtsverfahren vor den Aufenthaltsgerichten vertraut und wollen sich nicht auf ein Verfahren vor ausländischen Gerichten einlassen. Obwohl die Anerkennung und Vollstreckung einer Entscheidung der Gerichte des Heimatstaats unproblematisch sein dürfte,[1155] fürchten sie – nicht immer zu Unrecht – höhere Gerichtskosten oder, wenn sie die Sprache nicht beherrschen, Übersetzungs- und Dolmetscherkosten. Aus Sicht der Parteien ist es also nachvollziehbar, dass sie gerade keine Gerichtsstandsvereinbarung zugunsten ausländischer Gerichte treffen. Der Grundsatz des Gleichlaufs von *forum* und *ius* ist zwar wesentliches Ziel der Europäischen Erbrechtsverordnung. Es soll nicht zu einem Auseinanderfallen kommen, um die Erbrechtsfälle besser, schneller und effizienter entscheiden zu können. Indem es der europäische Gesetzgeber jedoch den Parteien überlässt, in einem solchen Fall keine Gerichtsstandsvereinbarung zu treffen, lässt er die Durchbrechung seines wesentlichen Grundsatzes zu.

De lege lata trifft es mithin durchaus zu, dass die Rechtswahl die „Quelle des Übels" ist, so man jede Durchbrechung des Gleichlaufs als Übel ansieht.[1156] Demgegenüber soll die Gerichtsstandsvereinbarung dazu dienen, den Gleichlauf wiederherzustellen. Werden durch die Gerichtsstandsvereinbarung die Heimatgerichte zuständig, wenden diese auch ihr eigenes Recht an. Die Gerichtsstandsvereinbarung ist deshalb unter der Europäischen Erbrechtsverordnung niemals selbst die „Quelle des Übels". Allerdings hätte sich möglicherweise eine andere Lösung auf Ebene der internationalen Zuständigkeit angeboten. Um den Gleichlauf zu wahren, hätte man automatisch eine Verschiebung der internationalen Zuständigkeit zugunsten der Heimatgerichte im Fall einer Wahl des Heimatrechts anordnen können. So bliebe der Gleichlauf aufrechterhalten und es müsste darüber hinaus nicht festgestellt werden, welche Parteien sich an einer Gerichtsstandsvereinbarung zu beteiligen haben. Vielmehr käme es dann zur Zuständigkeit der Heimatgerichte für alle Beteiligten und letztlich zu einem Gleichlauf von *forum* und *ius*. Von einer solchen Lösung hat der Verordnungsgeber indes abgesehen. Den beteiligten Parteien soll kein ihnen fremdes Gericht

---

1155 Vgl. die Regelungen zur Anerkennung und Vollstreckung in der Europäischen Erbrechtsverordnung in Art. 39 ff EuErbVO.

1156 *Bajons*, DNotI-Studie, S. 465, 478.

aufgezwungen werden. Dieser Gedanke erklärt zugleich auch die Möglichkeiten der Gerichtsstandsvereinbarung, -anerkennung und rügelosen Einlassung. Erst bei einem inkonvenienten Forum und einem Verweisungsantrag kippt die Waage wieder um.

2. Anknüpfung nach Art. 21 Abs. 2 EuErbVO

Eine weitere Durchbrechung ergibt sich dann, wenn eine Anknüpfung des anwendbaren Rechts nach Art. 21 Abs. 2 EuErbVO erfolgt.[1157] Dabei sind nach der allgemeinen Zuständigkeitsregel in Art. 4 EuErbVO die Gerichte des letzten gewöhnlichen Aufenthalts zuständig. Allerdings kommt das Gericht nach einer Beurteilung der Gesamtumstände nicht dazu, dass das Recht des letzten gewöhnlichen Aufenthalts Anwendung findet. Vielmehr sieht es den Erblasser in einer anderen Rechtsordnung stärker verwurzelt und legt die Regelungen dieser Rechtsordnung für die Beurteilung des Erbfalles zugrunde. Bei dieser Regelung handelt es sich um eine Ausnahmeregelung, die nur in Extremfällen relevant werden soll;[1158] genannt werden Fälle, in denen der Erblasser erst kurzfristig einen neuen Aufenthalt begründet hat. Eine solche Ausnahmeregelung gibt es für die internationale Zuständigkeit nicht. Ist im obigen Beispiel der Deutsche in Frankreich ohne Rechtswahl verstorben, sind zweifelsfrei die Gerichte des letzten gewöhnlichen Aufenthalts, also die französischen Gerichte, zuständig. Sie entscheiden dann aber aufgrund von Art. 21 Abs. 2 EuErbVO, dass der Erblasser eine engere Verbindung zum deutschen Recht – oder gar dem Recht eines dritten Staates, in dem der Erblasser die letzten Jahrzehnte seines Lebens verbrachte – hat. Es kommt zu einem Auseinanderfallen von *forum* und *ius*.[1159] „Quelle des Übels“ ist hier noch nicht einmal eine Rechtswahl des Erblassers.

Für diesen Fall sieht der Gesetzgeber nun aber weder die Möglichkeit einer Gerichtsstandsvereinbarung noch eine *forum non conveniens*-Vorschrift vor. Folglich kann in diesem Fall unter keinen Umständen die Wahrung der Grundregel wiederhergestellt werden.[1160] Auch wenn der Fall des Art. 21 Abs. 2 EuErbVO nur selten einschlägig sein wird, kann dieses Problem nicht geleugnet

---

1157 Vgl. *Junker*, Internationales Privatrecht, 2. Aufl., § 20 Rn. 25; *Bajons*, in: Schauer/Scheuba, Europäische Erbrechtsverordnung, S. 29, 32.

1158 Vgl. Erwägungsgrund 25; *Soutier*, Geltung deutscher Rechtsgrundsätze, S. 47, der darauf abstellt, dass das Gericht sonst zur Anwendung des fremden Rechts gelangen würde und dies in den meisten Fällen zu vermeiden versuchen wird.

1159 *Fischer-Czermak*, in: Schauer/Scheuba, Europäische Erbrechtsverordnung, S. 43, 45.

1160 *Leipold*, in: FS Meincke, S. 219, 231 f.

werden. Man kann nun einerseits der Auffassung sein, dass in diesem Fall das Ergebnis in Kauf genommen werden muss, denn schließlich soll vor allem auf der Ebene des materiellen Rechts die engste Verbindung gefunden werden.[1161] Andererseits kann man bei der Regelung des Gesetzgebers aber auch von einer planwidrigen Lücke ausgehen, die bei der Ausarbeitung der Europäischen Erbrechtsverordnung nicht berücksichtigt wurde. Deshalb könnte auch eine Lösung über Art. 5 EuErbVO analog möglich sein.[1162] Allerdings ergeben sich Probleme mit der Prüfungsreihenfolge: Ein Gericht des letzten gewöhnlichen Aufenthalts ist bereits zuständig und dieses Gericht hat die Umstände beurteilt, kommt dann jedoch zum Ergebnis, dass zu einem anderen Staat eine wesentlich engere Verbindung besteht. Bei einer analogen Anwendung von Art. 5 EuErbVO auf Fälle des Art. 21 Abs. 2 EuErbVO würde nachträglich die internationale Zuständigkeit nochmals geändert werden. Möglich wäre jedenfalls eine Verweisung des Gerichts des gewöhnlichen Aufenthalts an die Heimatgerichte.[1163] Doch eine Verweisung sollte eigentlich bereits zu einem früheren Zeitpunkt erfolgen, nämlich dann, wenn das Gericht im Rahmen der Zuständigkeitsprüfung für sich erkennt, dass es für den Fall nicht zuständig ist. Eine Verweisung, die sich erst aufgrund der später geprüften materiellen Rechtslage ergibt, wäre systemwidrig. Darüber hinaus ist der Fall des Art. 21 Abs. 2 EuErbVO kein Akt der Parteiautonomie. Vielmehr kommt das *Gericht* zu dem Ergebnis, dass es eine engere Verbindung zu einem anderen Staat gibt. Bei einer Rechtswahl entscheidet der Erblasser selbst, dass die Verbindung zu seinem Heimatstaat enger ist. Wenn auf der Ebene des anwendbaren Rechts also keine Parteiautonomie gewährt wird, sollte auch für die internationale Zuständigkeit keine Vereinbarung beruhend auf einem Parteiwillen möglich sein.

Bei einem Erbfall mit Drittstaatenbezug wird sich dies anders auswirken. Zieht ein Erblasser erst kurz vor seinem Tod in einen Drittstaat, hat aber dennoch eine enge Verbindung zu seinem Heimatstaat, kommt das Gericht oder die zuständige Behörde in Anwendung der Ausnahmeregelung des Art. 21 Abs. 2 EuErbVO zur Anwendbarkeit eines mitgliedstaatlichen Rechts. Dabei wird man über Art. 10 EuErbVO zu einer Zuständigkeit der mitgliedstaatlichen Gerichte kommen können, wenn sich weiterhin Vermögen in einem Mitgliedstaat befindet

---

1161 *Bajons*, in: FS Rüßmann, S. 751, 754.

1162 *Leipold*, in: FS Meincke, S. 219, 232; siehe auch *von Bary*, Gerichtsstands- und Schiedsvereinbarungen im internationalen Erbrecht, S. 51 ff, die diese Möglichkeit jedoch im Ergebnis ablehnt.

1163 So der Vorschlag in Art. 5 EuErbVO-V.

und der Erblasser entweder die Staatsangehörigkeit dieses Staates besitzt oder zu einem früheren Zeitpunkt seinen gewöhnlichen Aufenthalt in diesem Staat hatte.[1164]

Insgesamt sorgt die Regelung des Art. 21 Abs. 2 EuErbVO aber für Rechtsunsicherheit. Es sollte daher über eine Abschaffung nachgedacht werden, insbesondere auch aufgrund des geringen Anwendungsbereichs der Norm.

3. *Rechtswahl nach Art. 22 EuErbVO zugunsten des Rechts eines Drittstaates*

Problematisch erscheint außerdem der Fall, in dem der Erblasser die Staatsangehörigkeit eines Drittstaates besitzt und zugunsten dieser Rechtsordnung eine Rechtswahl trifft. Wählt der Erblasser nach Art. 22 EuErbVO dieses Recht, ist das Recht des Drittstaats aufgrund der *loi uniforme* nach Art. 20 EuErbVO auf die Erbfolge anzuwenden. Dabei erfolgt auch keine Rückverweisung, sodass auch ein Renvoi die Rechtswahl nicht torpedieren kann. Allerdings sieht Art. 5 Abs. 1 EuErbVO in Anerkennung der auf Unionsgerichte der teilnehmenden Mitgliedstaaten beschränkten Rechtssetzungsgewalt des europäischen Verordnungsgebers[1165] vor, dass nur die Gerichte eines Mitgliedstaats – damit auch nicht die Gerichte von Großbritannien, Irland oder Dänemark – prorogiert werden können. Bei der Rechtswahl zugunsten eines drittstaatlichen Rechts können die betroffenen Parteien deshalb trotz wirksamer Rechtswahl des Erblassers jedenfalls nicht auf der Grundlage der EuErbVO eine Gerichtsstandsvereinbarung treffen.[1166] Ebenfalls ausgeschlossen sind die ausdrückliche Anerkennung nach Art. 7 lit. c EuErbVO und die rügelose Einlassung auf das Verfahren nach Art. 9 Abs. 1 EuErbVO. Auch kann keine Verweisung an ein drittstaatliches Gericht nach Art. 6 lit. a EuErbVO erfolgen.[1167]

Allerdings kann es auch bei einer Konstellation mit Drittstaatenbezug für die betroffenen Parteien sinnvoller sein, in diesem Drittstaat die Streitigkeit vor Gericht zu bringen. Gerade wenn die Erben weiterhin ihren gewöhnlichen Aufenthalt in dem Drittstaat haben, spricht einiges dafür, die Streitigkeit auch in diesem Staat abzuwickeln. Der Drittstaat kann dabei durchaus ein Forum

---

1164 *Leipold*, in: FS Meincke, S. 219, 232 f.

1165 *Leipold*, in: FS Meincke, S. 219, 222.

1166 *Magnus*, IPRax 2013, 393, 395; *Bajons*, in: Schauer/Scheuba, Europäische Erbrechtsverordnung, S. 29, 34.

1167 *Müller-Lukoschek*, Die neue EU-Erbrechtsverordnung, S. 129.

bereitstellen. Zu fragen bleibt aber, ob die Parteien zugunsten des drittstaatlichen Forums die Zuständigkeit der mitgliedstaatlichen Gerichte derogieren können.

Auch in Art. 25 EuGVVO ist lediglich die Prorogation der mitgliedstaatlichen Gerichte vorgesehen. Allerdings soll hier die Derogation der Gerichte eines Mitgliedstaats zugunsten eines drittstaatlichen Gerichts möglich sein.[1168] Für erbrechtliche Streitigkeiten, die unter die Europäische Erbrechtsverordnung fallen, können die Parteien grundsätzlich in einer Gerichtsstandsvereinbarung die Derogation der Gerichte des letzten gewöhnlichen Aufenthalts des Erblassers vorsehen.[1169] Dabei ist jedoch fraglich, ob die Derogation mitgliedstaatlicher Gerichte tatsächlich mit dem eng gefassten Wortlaut des Art. 5 EuErbVO vereinbar ist, denn Art. 5 EuErbVO hat einen schmaleren Anwendungsbereich als Art. 25 EuGVVO. In der Europäischen Erbrechtsverordnung liegt eine Beschränkung auf die Gerichte des Heimatstaates des Erblassers vor. Allerdings sind für eine weiterhin bestehende Zuständigkeit der Aufenthaltsgerichte keine zwingenden Gründe ersichtlich.[1170] Allenfalls könnte man die Derogation auf solche Fälle beschränken, in denen auch tatsächlich mit der Annahmebereitschaft des Drittstaates gerechnet werden kann.[1171] Ist damit eine Derogation an sich möglich, bleibt zu entscheiden, ob sich die Wirksamkeit der Gerichtsstandsvereinbarung mit einer Derogation der Aufenthaltsgerichte nach Art. 5 EuErbVO analog oder nach nationalem Recht (im deutschen Recht §§ 38, 40 ZPO) beurteilt. Für eine analoge Anwendung des Art. 5 EuErbVO spricht die einheitliche Beurteilung in allen Mitgliedstaaten. Darüber hinaus nimmt die Europäische Erbrechtsverordnung im Gegensatz zur EuGVVO eine umfassende Geltung für alle Erbfälle in Anspruch.[1172]

1168 *Von Hein*, RIW 2013, 97, 104; Musielak/Voit/*Stadler*, Art. 25 EuGVVO Rn. 3; vgl. EuGH, Urt. v. 19.07.2012, Rs. C-154/11 (*Mahamdia*), RIW 2012, 630 Rn. 65; zur isolierten Derogation siehe auch *Kropholler*, in: HbIntZR, § 3 Rn. 473; *Riezler*, Internationales Zivilprozeßrecht und prozeßuales Fremdenrecht, S. 300.

1169 Diese Möglichkeit sehen *Magnus*, IPRax 2013, 393, 395; *Leipold*, in: FS Meincke, S. 219, 223 und *Heinig*, RNotZ 2014, 197, 226. *Abendroth*, Parteiautonome Zuständigkeitsbegründung, S. 369 f geht im Wege der teleologischen Extension im Ergebnis davon aus, dass eine Derogation drittstaatlicher Gerichte in erbrechtlichen Streitigkeiten mit Art. 5 EuErbVO vereinbar ist. Ebenso sieht *von Bary*, Gerichtsstands- und Schiedsvereinbarungen im internationalen Erbrecht, S. 65 ff die Derogation vor, wenn die Voraussetzungen des Art. 5 EuErbVO entsprechend vorliegen, der Erblasser also das drittstaatliche Heimatrecht gewählt hat.

1170 *Leipold*, in: FS Meincke, S. 219, 223.

1171 *Leipold*, in: FS Meincke, S. 219, 224.

1172 Siehe hierzu ausführlich *Leipold*, in: FS Meincke, S. 219, 223 f.

Der umgekehrte Fall, dass Drittstaater eine Gerichtsstandsvereinbarung zugunsten der Gerichte eines Mitgliedstaats treffen, ist ohne weiteres möglich.[1173]

Die Durchbrechungen des Grundsatzes des Gleichlaufs von *forum* und *ius* sind hausgemacht durch die Europäische Erbrechtsverordnung. Auch wenn sie sich diesen Grundsatz als wichtiges Ziel gesetzt hat, kann – und wohl auch will – sie dieses Ziel nicht vollständig umsetzen.

1173 *Abendroth*, Parteiautonome Zuständigkeitsbegründung, S. 367.

4. Teil: Interessen der Beteiligten

Kapitel 7: Einhaltung der Interessen im Erbrecht bei der Rechtswahl und der parteiautonomen Zuständigkeitsbestimmung

Das Erbrecht ist ein Rechtsgebiet, das viele Beteiligte betrifft. So ist an erster und wichtigster Stelle der Erblasser zu nennen, gefolgt von den Erben und anderen Begünstigten, den Pflichtteilsberechtigten, Dritten und schließlich auch dem Staat. Jeder dieser Beteiligten hat andere Interessen in und an dem Erbfall; jeder sucht nach der für ihn besten Lösung. Es gilt daher, diese Interessen gegeneinander abzuwägen.

A. Interessen im Internationalen Privatrecht

Das Internationale Privatrecht ist geprägt von der Idee, die Interessen aller Beteiligten bei einem Sachverhalt mit Auslandsberührung miteinander in Einklang zu bringen. Es versucht, für jeden Sachverhalt die engste Verbindung zu finden und somit zu einer gerechten Beurteilung im Hinblick auf das anwendbare Recht zu gelangen. Dabei kommt es entscheidend darauf an, welche Personen und folglich welche Interessen in einem Fall aufeinandertreffen. Das Ziel ist es, eine passende sowie gerechte Anknüpfung zu finden. Man kann deshalb auch von Interessengerechtigkeit sprechen: Es soll ein Ausgleich zwischen den verschiedenen Interessen gefunden werden, der im Ergebnis gerecht erscheint.

Interessen spielen nicht nur im Kollisionsrecht eine Rolle, sondern auch dann, wenn es um die internationale Zuständigkeit geht. Denn auch hier soll eine Zuständigkeit gefunden werden, die eine enge Verbindung zum Sachverhalt aufweist und Gerichte mit dem Fall betraut, die ihn am besten entscheiden können.

Bildlich gesprochen, soll mithin im Kollisions- wie Zuständigkeitsrecht die Waage der Justitia ausgeglichen sein. Dies bedeutet jedoch auch, dass Kompromisse eingegangen werden müssen: Damit die Waage im Gleichgewicht ist, kann wohl stets weder das eine noch das andere Interesse komplett verwirklicht werden. Damit gilt es, eine Balance zwischen den jeweiligen „Gewichten“ zu finden. Werden lediglich die Interessen des Erblassers berücksichtigt, kippt die Waage auf seine Seite. Dasselbe passiert auf der anderen Seite aber auch, wenn lediglich die Interessen der übrigen Beteiligten im Vordergrund stehen. Die verschiedenen Interessen müssen daher bewertet werden.[1174] Die Europäische Erbrechtsverordnung versucht, diesen Balanceakt auf der Ebene der Rechtswahl und der parteiautonomen Zuständigkeitsbestimmung vorzunehmen. Auch und gerade wenn es den Parteien selbst überlassen ist, Regelungen zu treffen, müssen gewisse Beschränkungen eingreifen, die das Gesetz zum Schutz der schwächeren Partei oder im öffentlichen Interesse bereitstellt. Dadurch ergibt sich, dass die Rechtswahl und die Zuständigkeitsbestimmung nur innerhalb der Grenzen der gesetzlichen Regelungen erfolgen kann, welche sowohl inhaltliche als auch formelle Voraussetzungen haben können.

Die relevanten Interessen können nach *Kegel* in Parteiinteressen, Verkehrsinteressen und Ordnungsinteressen unterteilt werden.[1175] Für das Internationale Privatrecht steht selbstredend die Gerechtigkeit auf kollisionsrechtlicher Ebene im Vordergrund: Es geht nicht darum, das beste Recht zu finden, sondern das Recht, mit dem die Parteien am engsten verbunden sind.[1176] Dabei können nur allgemeine und abstrakte Regeln aufgestellt werden. Im Einzelfall mag die Nähebeziehung anders liegen.[1177] Dennoch ist die Feststellung abstrakt vorzunehmen, um möglichst viele Fälle zu erfassen. Das Ziel ist die Gerechtigkeit der Regelung.[1178]

Flessner versucht, das System *Kegels* neu zu erfassen, indem er reale Elemente bei den Interessen berücksichtigen möchte. Er sieht in der Auffassung *Kegels* die Wirklichkeit zu wenig berücksichtigt und möchte mit seinem Ansatz der Wirklichkeitsfremdheit begegnen.[1179] Den Grund sieht er in der Fortsetzung des Privatrechts im Internationalen Privatrecht, weshalb man sich denselben Aufgaben stellen müsse – lediglich im internationalen Raum.[1180] Stets stehe der Mensch im Mittelpunkt. Daher sollten sowohl die kollisionsrechtlichen als auch die materiellrechtlichen Interessen Beachtung finden.[1181] Eine Begrenzung soll jedoch ebenfalls durch die Ordnungsinteressen erfolgen.[1182]

1174 *Wiethölter*, in: Lauterbach, Vorschläge und Gutachten, S. 141, 182; *Flessner*, Interessenjurisprudenz, S. 80.

1175 *Kegel*, Internationales Privatrecht, 7. Aufl., S. 109 ff.

1176 *Kegel*, Internationales Privatrecht, 7. Aufl., S. 106 ff; *ders.*, in: FS Lewald, S. 259, 270 f; ihm größtenteils zustimmend *Batiffol*, in: FS Kegel, S. 11; hierzu kritisch *Schinkels*, in: FS von Hoffmann, S. 390, 397 f.

1177 *Kegel*, Internationales Privatrecht, 7. Aufl., S. 108; ebenso *Lüderitz*, in: FS Kegel, S. 31, 40.

1178 *Kegel*, Internationales Privatrecht, 7. Aufl., S. 106.

1179 *Flessner*, Interessenjurisprudenz, S. 47 ff.

1180 *Flessner*, Interessenjurisprudenz, S. 51 f.

1181 *Flessner*, Interessenjurisprudenz, S. 55 ff.

1182 *Flessner*, Interessenjurisprudenz, S. 93.

Auch im Zuständigkeitsrecht müssen Interessen berücksichtigt werden.[1183] *Schröder* nennt Parteiinteressen, Gerichtsinteressen, Staatsinteressen und Ordnungsinteressen. Unter die Ordnungsinteressen fällt insbesondere auch die Zuständigkeitsgleichheit, die die Gleichheit der Parteien sowie der Staaten erfasst.[1184]

An dieser Stelle braucht keine Entscheidung zwischen den verschiedenen Ansätzen zu erfolgen. Denn in jedem Fall ist festzustellen, wie die Interessen in der Europäischen Erbrechtsverordnung berücksichtigt wurden. An einem Erbfall sind der Erblasser, die Erben und sonstige Berechtigte, Pflichtteilsberechtigte, Dritte sowie der Staat beteiligt. Für die folgende Betrachtung sind die Interessen des Erblassers, der Erben und der Pflichtteilsberechtigten den Parteiinteressen zuzuordnen. Als Verkehrsinteressen sind insbesondere die Interessen von Dritten zu beachten, während die Ordnungsinteressen staatliche Interessen repräsentieren. Die Untersuchung erfolgt jeweils zum einen für die Rechtswahl und zum anderen für die parteiautonome Zuständigkeitsbestimmung.

B. Interessen der beteiligten Parteien im Internationalen Erbrecht

I. Erblasser

Der Erblasser ist die zentrale Figur bei einem Erbfall.[1185] Durch seinen Tod werden verschiedene Abläufe in Gang gesetzt. Ein großes Problem ist jedoch, dass er naturgemäß zu diesem Zeitpunkt nicht mehr lebt und daher die rechtliche Lage gegenwärtig nicht mehr bestimmen kann. Sein Interesse ist deshalb darauf gerichtet, die Vermögensnachfolge bereits zu einem frühen Zeitpunkt zu regeln; er will sie also schon im Vorfeld für die Zeit nach seinem Ableben gestalten. Seinem Gestaltungswunsch entspricht es, dass nach dem Tod keine Zweifel über das anwendbare Recht auftreten.[1186] Dies gilt insbesondere dann, wenn er bestimmte Zwecke mit seinem Vermögen verfolgen will.[1187] Auch hiervon abgesehen will wohl jeder Erblasser verhindern, dass sein Erbe in die falschen Hände gerät. Auf der materiellrechtlichen Seite stehen ihm das Testament und der Erbvertrag zur

---

1183 *Schröder*, Internationale Zuständigkeit, S. 110; ihm zustimmend *Flessner*, Interessenjurisprudenz, S. 13 f.

1184 *Schröder*, Internationale Zuständigkeit, S. 615 ff.

1185 *Dutta*, Warum Erbrecht?, S. 152.

1186 *Dölle*, RabelsZ 30 (1966), 205, 219 und 229 f; *Lehmann*, FPR 2008, 203, 203.

1187 *Dutta*, Warum Erbrecht?, S. 153.

Verfügung. Diese Mittel zur Gestaltung der Erbfolge erlauben es dem Erblasser, die Person oder Personen zu bestimmen, die er als Erbe oder Erben einsetzen möchte. Dabei kann er aber auch Personen von seiner Erbfolge ausschließen und bestimmten Personen nur einzelne Gegenstände in Form eines Vermächtnisses zukommen lassen. Lediglich die Pflichtteilsberechtigungen bzw. funktionsäquivalente Institute zugunsten der Kinder oder der Eltern und des Ehegatten setzen der Testierfreiheit des Erblassers Grenzen. Dem Interesse des Erblassers entspricht daher ein Kollisionsrecht, dass den materiellrechtlichen Gestaltungsmöglichkeiten auch in einem Fall mit Auslandsbezug Rechnung trägt, ihm also auch in einem Fall mit Auslandsbeziehung die Selbstbestimmung lässt.[1188] Von seinen materiellrechtlichen Gestaltungsmöglichkeiten wiederum macht der Erblasser stets vor dem Hintergrund einer bestimmten Rechts- und Gerechtigkeitsvorstellung Gebrauch. Diese Rechts- und Gerechtigkeitsvorstellung basiert auf einem Recht, das der Erblasser kennt und das seine kulturelle Identität widerspiegelt.[1189] Die Europäische Erbrechtsverordnung geht davon aus, dass dieses Recht das Aufenthaltsrecht ist. Dies muss aber nicht so sein. Die Möglichkeit der Rechtswahl will dem Rechnung tragen.

1. Rechtswahl

Die Rechtswahl nach der Europäischen Erbrechtsverordnung gibt dem Erblasser die Möglichkeit, das rechtspolitisch umstrittene Anknüpfungsmerkmal des gewöhnlichen Aufenthalts zu korrigieren, wenn sich der Erblasser mit seiner Heimat trotz Aufenthaltswechsels weiterhin eng verbunden fühlt und keine Verbindung zu seinem Aufenthaltsstaat aufgebaut hat.[1190] Es kommt zu einem Ausgleich zwischen dem Kontinuitäts- und Anpassungsinteresse des Erblassers: Steht für ihn die Herkunft und Tradition über der Integration und Assimilation, kann er eine Rechtswahl zugunsten seines Heimatrechts treffen. Im umgekehrten Fall kann er es bei der objektiven Anknüpfung an das Recht des gewöhnlichen Aufenthalts belassen.[1191] Der Erblasser kann so seinen (letzten)

1188 *Schaack*, Prinzipien der Privatautonomie, S. 29; *Püls*, Parteiautonomie, S. 161 f; *Junghardt*, Vereinheitlichung des Erb- und Testamentsrechts, S. 99; *Hotz*, Rechtswahl im Erbrecht, S. 107.

1189 *Kroll-Ludwigs*, Rolle der Parteiautonomie, S. 423 f; *Cabrillac/Lisanti*, Dr. et patr. 2013, 42, 48; *Lüderitz*, in: FS Kegel, S. 31, 36, der auch darauf abstellt, ob die Partei leicht an die Informationen gelangt; siehe auch *Schmeding*, RabelsZ 41 (1977), 299, 306.

1190 *Lisanti*, Gaz. Pal. 2013, 23, 25.

1191 Vgl. *Dreher*, Rechtswahl im internationalen Erbrecht, S. 37 u. 89; *Dutta*, in: Reichelt/Rechberger, Europäisches Erb- und Erbverfahrensrecht, S. 57, 63 f.

Willen auch kollisionsrechtlich durchsetzen.[1192] Er kann selbst am besten entscheiden, welchem Recht er sich zugehörig fühlt, sodass es auf seinen Erbfall Anwendung finden soll.[1193] Die dadurch erzielte Individualgerechtigkeit hat einen hohen Stellenwert.[1194] Zu begrüßen ist, dass die Vornahme der Rechtswahl dank der Vereinheitlichung der Regelungen in der Europäischen Erbrechtsverordnung einfacher geworden ist.[1195]

Für den Erblasser, der seinen Nachlass plant, steht die Rechtssicherheit an oberster Stelle.[1196] Nach seinem Ableben sollen die Erbfolge und sonstige Verfügungen nach seinen Vorstellungen ausgeführt werden. Der Erblasser möchte den sichersten Weg gehen und dabei vorhersehen, wie am Ende seine Erbfolge aussieht.[1197] Hierzu muss er das anwendbare Recht und die darin enthaltenen Regelungen kennen. Die Gewissheit, dass die einzelnen Verfügungen Bestand haben, wird durch eine Rechtswahl gewährleistet.[1198] Denn der Erblasser wird bei seiner Wahl auch beachten, ob sie durchsetzbar ist und die geplanten Verfügungen erlaubt.[1199]

Viele Bürger sind jedoch nicht über die Möglichkeit der Rechtswahl informiert. Zudem wissen sie nicht, dass sich ihr Erbfall unter der Europäischen Erbrechtsverordnung nach dem Recht des gewöhnlichen Aufenthalts richtet.[1200] Vor allem in Staaten, die seither an die Staatsangehörigkeit angeknüpft haben, wie dies in Deutschland oder Österreich der Fall war, bringt diese neue objektive Anknüpfung für das anwendbare Recht eine komplette Änderung mit sich. Soweit die Bürger keine Kenntnis vom Wechsel des Anknüpfungsmoments haben,

---

1192 *Dreher*, Rechtswahl im internationalen Erbrecht, S. 87; *Kroll-Ludwigs*, Rolle der Parteiautonomie, S. 440.

1193 *Dölle*, RabelsZ 30 (1966), 205, 219; *Brandi*, Haager Abkommen, S. 267 f; *S. Weber*, Parteiautonomie, S. 129; *Frick*, Grenzen der Parteiautonomie, S. 30; *Davi*, DNotI-Studie, S. 387, 388; vgl. auch *Eidenmüller*, JZ 2009, 641, 642.

1194 *Kühne*, Parteiautonomie, S. 78; siehe auch *Flessner*, Interessenjurisprudenz, S. 99.

1195 *Soutier*, Geltung deutscher Rechtsgrundsätze, S. 78 f.

1196 Zum Planungsinteresse allgemein *Schmeding*, RabelsZ 41 (1977), 299, 305 u. 314 ff.

1197 *Frick*, Grenzen der Parteiautonomie, S. 30; *Junghardt*, Vereinheitlichung des Erb- und Testamentsrechts, S. 165; *Süß*, in: Süß, Erbrecht in Europa, 3. Aufl., § 2 Rn. 78.

1198 Erwägungsgrund 37 S. 1; *Kühne*, Parteiautonomie, S. 78; *Brandi*, Haager Abkommen, S. 266 f; *Dölle*, RabelsZ 30 (1966), 205, 230; *Dutta*, in: Reichelt/Rechberger, Europäisches Erb- und Erbverfahrensrecht, S. 57, 61; *Hotz*, Rechtswahl im Erbrecht, S. 107; *S. Weber*, Parteiautonomie, S. 129; *Corneloup*, in: Roth, Wahl ausländischen Rechts, S. 15, 18 f.

1199 *Schmeding*, RabelsZ 41 (1977), 299, 311.

1200 Vgl. Rauscher/*Rauscher*, Bearbeitung 2010, EG-ErbVO-E, Rn. 50.

machen sie auch nicht von der Möglichkeit einer Rechtswahl Gebrauch.[1201] Dies steht eigentlich dem Interesse des Erblassers entgegen, denn er geht von einer anderen, möglicherweise auch der gewünschten, Anknüpfung an die Staatsangehörigkeit aus und sieht nicht das Bedürfnis einer Rechtswahl. Die Rechtswahl könnte ihm aber die gewünschte Anknüpfung an sein Heimatrecht bieten. Hier würde sich eine Informationskampagne empfehlen, um die Bürger, die einen Wechsel ihres Aufenthaltsortes vornehmen, über damit verbundene Konsequenzen und Gestaltungsmöglichkeiten zu informieren.[1202] Generell wird nicht von vielen Erblassern ein Testament als Verfügung von Todes wegen genutzt.[1203] Viele Erblasser verlassen sich bei der Rechtsnachfolge von Todes wegen darauf, dass die gesetzliche Erbfolge ihrem Willen entspricht. Ein Testament hilft aber gerade, Klarheit zu schaffen. Wird das Testament nach dem Tod des Erblassers schnell gefunden, kann dadurch die Nachlassabwicklung in zeitlicher Hinsicht positiv beeinflusst werden. Mit den Verfügungen in einem Testament steht fest, wie der Erblasser seine Rechtsnachfolge von Todes wegen gestalten möchte.

Eine Rechtswahl des Erblassers sieht sich vielfach dem Vorwurf des Rechtsmissbrauchs ausgesetzt. Der Erblasser will aber in den meisten Fällen Rechtssicherheit gewinnen, sodass eine rechtsmissbräuchliche Ausübung der Rechtswahl nicht die *alleinige* Motivation sein wird.[1204] Es ist nicht zu leugnen, dass natürlich auch materiellrechtliche Interessen eine Rolle spielen und der Erblasser nicht allein durch kollisionsrechtliche Interessen geleitet wird.[1205] Dies darf jedoch nicht als Grund gegen eine Rechtswahl ins Feld geführt werden. Schließlich bewegt im Vertragsrecht auch nicht ausschließlich das kollisionsrechtliche Interesse die Parteien zu einer Rechtswahl zugunsten eines bestimmten Rechts. Vielmehr wird es auch dort der Fall sein, dass die Parteien die materiellrechtlichen

---

1201 *Soutier*, Geltung deutscher Rechtsgrundsätze, S. 20 f.

1202 *Soutier*, Geltung deutscher Rechtsgrundsätze, S. 80 f; Arbeitsunterlage der Kommissionsdienststelle Begleitdokument zu dem Vorschlag für eine Verordnung des Europäischen Parlaments und des Rates über die Zuständigkeit, das anzuwendende Recht, die Anerkennung und die Vollstreckung von Entscheidungen und öffentlichen Urkunden in Erbsachen sowie zur Einführung eines Europäischen Nachlasszeugnisses vom 14.10.2009 (SEC (2009) 410), S. 10. *Stojanovic*, Parteiautonomie, S. 43 f schlägt auch die Aushändigung von Formularen zur Information der Bürger vor.

1203 *Helms*, in: Zimmermann, Freedom of Testation, S. 1, 2 nennt als Zahl, dass nur bei einem Drittel der Erbfälle überhaupt ein Testament vorliegt.

1204 *Umbricht*, Schranken, S. 70.

1205 *Dreher*, Rechtswahl im internationalen Erbrecht, S. 92 f; *Brandi*, Haager Abkommen, S. 268; *Reinhart*, ZVglRWiss 80 (1981), 150, 162.

Interessen vor Augen haben, um eine für sie in einer bestimmten Rechtsordnung günstige Regelung ausnutzen zu können. So wird der Erblasser natürlich auch die materiellrechtliche Regelung seines Heimatstaats dahingehend prüfen, ob sie seinen Interessen entspricht.

Ein Unterfall der Rechtssicherheit ist die Vorhersehbarkeit.[1206] Der Erblasser möchte im Zeitpunkt seines Todes wissen, welches Recht auf seinen Erbfall Anwendung findet. Trifft er eine Rechtswahl, kann er vermeiden, dass das Gericht für die Bestimmung seines gewöhnlichen Aufenthalts die falschen Schlüsse zieht oder die Umstände anders als erwartet gewichtet und so zu einer Rechtsordnung gelangt, die nicht mit seinem selbstempfundenen letzten gewöhnlichen Aufenthalt übereinstimmt.[1207] Er kann eine klare und eindeutige Regelung zu Lebzeiten treffen.[1208] Natürlich besteht auch die Möglichkeit, den gewöhnlichen Aufenthalt in den Heimatstaat zu verlegen, um dadurch zur Anwendung einer anderen Rechtsordnung zu gelangen. Im Vergleich zu einer in einer letztwilligen Verfügung getroffenen Rechtswahl ist der Aufwand zur Änderung des gewöhnlichen Aufenthalts jedoch unverhältnismäßig hoch.[1209] Nicht erreicht wird die erstrebte Vorhersehbarkeit jedoch dann, wenn sich die Rechtswahl als unwirksam herausstellt. Es kann der Fall eintreten, dass der Erblasser eine Rechtswahl zugunsten seines Heimatrechts getroffen hat, der Inhalt oder die Form aber nicht den Voraussetzungen der Europäischen Erbrechtsverordnung entspricht – auch wenn die Europäische Erbrechtsverordnung mit Art. 27 EuErbVO eine Regelung aufgenommen hat, die wie schon das Haager Testamentsformübereinkommen mit ihrer alternativen Anknüpfung den *favor testamenti* begünstigt, sodass es in den meisten Fällen nicht zu einer Formunwirksamkeit des Testaments kommen sollte.[1210] Bei einer solchen unwirksamen Rechtswahl kommt gerade nicht das Heimatrecht, sondern das Recht des letzten gewöhnlichen Aufenthalts zur Anwendung.[1211] Der Erbfall bestimmt sich dann nach dem Recht, das der Erblasser mit einer wirksamen Rechtswahl gerade nicht zur Anwendung berufen wollte. Dieses Problem lässt sich jedoch nicht ohne weiteres beheben. Natürlich sind auch hier Informationskampagnen sinnvoll, um den Erblasser zu informieren, wie eine gewünschte Rechtswahl in dem jeweiligen Mitgliedstaat zu erfolgen hat. Mit den Regelungen in der Europäischen Erbrechtsverordnung hat der

---

1206 *Cabrillac/Lisanti*, Dr. et patr. 2013, 42, 48; *Davi*, DNotI-Studie, S. 387, 393.

1207 *Soutier*, Geltung deutscher Rechtsgrundsätze, S. 40.

1208 *Lisanti*, Gaz. Pal. 2013, 23, 25; *Kötters*, Parteiautonomie, S. 48.

1209 S.o. Kapitel 5, B., I.

1210 *Kötters*, Parteiautonomie, S. 91 f.

1211 S.o. Kapitel 5, B., III., 8.

europäische Gesetzgeber bereits darauf hingewirkt, dass einer Rechtswahl in den meisten Fällen durch den *favor testamenti* zur Wirksamkeit verholfen wird. Das verbleibende Risiko einer unwirksamen Rechtswahl trägt in diesem Fall der Erblasser, was angesichts der Großzügigkeit der Regelungen vertretbar erscheint.

Ein Vorteil der Rechtswahl und ebenfalls Unterfall der Rechtssicherheit ist die Stabilität. Selbst bei einem Statutenwechsel, also dem Wechsel des gewöhnlichen Aufenthalts, kommt es nicht zu einem Wechsel des Anknüpfungsmoments, da die Rechtswahl immer Vorrang hat.[1212] Der Erblasser muss nicht überprüfen, ob sich sein Erbfall nach der neuen Rechtslage ändern würde. Vielmehr kann er auf seine Rechtswahl vertrauen und hat Gewissheit, dass selbst bei einem Wechsel des gewöhnlichen Aufenthalts sein Heimatrecht auf den Erbfall Anwendung findet.[1213] Natürlich ist der Erblasser nicht vor Änderungen und Reformierungen des gewählten Rechts gefeit – das ist er jedoch auch bei einer objektiven Anknüpfung nicht.[1214] Allerdings können weder die Ausweichklausel noch ein möglicher Renvoi bei der Wahl des Rechts eines Drittstaates der Rechtswahl etwas anhaben.[1215] Dabei spielt auch Art. 83 EuErbVO eine wichtige Rolle: Das Vertrauen des Erblassers in eine Rechtswahl soll nicht erschüttert werden.[1216]

Die Möglichkeit, ein „neutrales Recht" zu wählen, steht dem Erblasser im Gegensatz zum Vertragsrecht nicht zur Verfügung. Die Wahl eines „neutralen" Rechts repräsentiert im Vertragsrecht immer einen Kompromiss der Parteien. Dieser Kompromiss muss im Erbrecht nicht gefunden werden, denn die Wahl des Rechts steht allein dem Erblasser zu. Allerdings könnte in Fällen des gemeinschaftlichen Testaments und des Erbvertrags, die eine Parallele zum Vertragsrecht aufweisen, auch die Wahl eines „neutralen" Rechts zu befürworten sein.[1217] Doch auch für die Parteien einer vertraglichen Situation im Erbrecht spricht vieles für das Erfordernis einer Verbindung zum gewählten Recht. Nach der Europäischen Erbrechtsverordnung kann denn auch gerade kein „neutrales" Recht gewählt werden.

1212 *Cabrillac/Lisanti*, Dr. et patr. 2013, 42, 48; *Dutta*, in: Reichelt/Rechberger, Europäisches Erb- und Erbverfahrensrecht, S. 57, 63; vgl. *Kroll-Ludwigs*, Rolle der Parteiautonomie, S. 441.

1213 *Jud*, GPR 2005, 133, 136.

1214 *Jud*, GPR 2005, 133, 136; *Nordmeier*, GPR 2013, 148, 150.

1215 *Cabrillac/Lisanti*, Dr. et patr. 2013, 42, 49; *Lisanti*, Gaz. Pal. 2013, 23, 25; *Hotz*, Rechtswahl im Erbrecht, S. 107.

1216 *Seibl*, in: Spickhoff, Symposium Parteiautonomie, S. 123, 140.

1217 So *Dreher*, Rechtswahl im internationalen Erbrecht, S. 89 f.

Für mehr Rechtssicherheit und Stabilität der Anknüpfung würde eine zusätzliche Rechtswahlmöglichkeit zugunsten des Aufenthaltsrechts sprechen. Aus Sicht des Erblassers könnte dieser zu einer Zeit, zu der er noch Einfluss auf seine Rechtsnachfolge von Todes wegen nehmen kann, sicherstellen, dass das von ihm gewünschte Recht zur Anwendung kommt. Er könnte dadurch vermeiden, dass das Gericht oder die befasste Behörde zu einer von ihm unerwünschten Beurteilung der Umstände seiner Lebensverhältnisse kommt und so zu einem anderen gewöhnlichen Aufenthalt. Er könnte ebenfalls die Anwendung des Art. 21 Abs. 2 EuErbVO durch das Gericht und damit die Annahme einer engeren Verbindung zu seinem Heimatstaat ausschließen, wenn er sich bereits in seinem Aufenthaltsstaat verankert fühlt.[1218] Bestünde für den Erblasser die Möglichkeit, sein aktuelles Aufenthaltsrecht zu wählen, brächte das Gericht oder die befasste Behörde nach seinem Ableben das Recht zur Anwendung, dem er sich am engsten verbunden fühlt. Er muss dabei nicht jede Rechtsordnung wählen können. Eine Einschränkung der Rechtswahlfreiheit lässt sich auch mit der beschränkten Testierfreiheit des Erblassers rechtfertigen, die das Pendant zur Rechtswahlfreiheit auf materiellrechtlicher Ebene ist, und ebenso mit seinem abstrakten Interesse an einer Verbundenheit zur Rechtsordnung.[1219] Allerdings ist die starke Beschränkung auf nur eine Rechtsordnung aus Sicht des Erblassers sehr unvorteilhaft; sie widerspricht seinen Interessen. Das Heimatrecht ist zwar jedenfalls ein dem Erblasser vertrautes und verbundenes Recht. Aber auch zum Aufenthaltsrecht kann der Erblasser eine enge Verbindung aufweisen – davon geht der europäische Gesetzgeber mit der Regelung der objektiven Anknüpfung in Art. 21 EuErbVO ja gerade aus. Eine Rechtswahlmöglichkeit zugunsten des Rechts des gewöhnlichen Aufenthalts könnte dem Erblasser somit in jedem Fall Rechtssicherheit bezüglich der Anwendung ebendieser Rechtsordnung garantieren. Die Rechtswahl sollte daher *de lege ferenda* auch zugunsten des Aufenthaltsrechts zugelassen werden. Nur so kann dem Erblasser in vollem Umfang Rechtssicherheit gewährt werden. Der gewöhnliche Aufenthalt ist an sich ein sehr unsicheres und unbeständiges Anknüpfungskriterium, zumal keine Definition in der Europäischen Erbrechtsverordnung selbst erfolgt. Dieser Nachteil kann ausgeglichen werden, wenn der Erblasser in einer letztwilligen Verfügung seinen gewöhnlichen Aufenthalt in einem bestimmten Staat festlegen kann, weil dort sein familienrechtlicher und vermögensrechtlicher Lebensmittelpunkt liegt. Bei der Wahl dieses Rechts werden später auftretende Unsicherheiten von

1218 *Süß*, in: Süß, Erbrecht in Europa, 3. Aufl., § 2 Rn. 74.
1219 *Jud*, GPR 2005, 133, 137.

vornherein ausgeblendet und der Erblasser kann eindeutig zeigen, dass er sich mit seinem Aufenthaltsrecht verbunden fühlt.

Die Regelungen im Kollisionsrecht sollten auf den Erblasser zugeschnitten sein und seine Interessen widerspiegeln. Die Interessen des Erblassers müssen am stärksten berücksichtigt werden, er steht im Fokus.[1220] Eine Rechtswahlmöglichkeit auch zugunsten des Aufenthaltsrechts wäre deshalb zu begrüßen.

2. Parteiautonome Zuständigkeitsbestimmung

Dem Erblasser liegt daran, dass sein Wille nach seinem Ableben in einem Streitfall schnell vor Gericht zur Geltung kommt. Er könnte daher ein Interesse daran haben, dass er den Gerichtsstand bereits zu Lebzeiten vorhersehen kann, weil er nach seinem Ableben keinen Einfluss mehr darauf hat. Die Vorhersehbarkeit des Gerichtsstands ist eine Ausprägung der Rechtssicherheit.[1221] Der Erblasser könnte durch eine Gerichtsstandsbestimmung unvorhergesehene Gerichtsstände verhindern. Damit seinem Willen auch tatsächlich korrekt Rechnung getragen wird, ist für ihn ein Gleichlauf von *forum* und *ius* und die daraus folgende einfache Rechtsanwendung von Vorteil.[1222] Auch die spätere Anerkennung und Vollstreckung spielt für ihn eine wichtige Rolle, wenn nach den Umständen die Umsetzung seines Willens auch in einem anderen Mitgliedstaat in Rede steht. Kann der Erblasser mithin ein Interesse an einem bestimmten Gerichtsstand haben, liegt nahe, dass er auch Einfluss auf die Internationale Zuständigkeit nehmen können muss.

Allerdings kann man ein rechtserhebliches Interesse des Erblassers an einem bestimmten Gerichtsstand auch bezweifeln. Zum Zeitpunkt des gerichtlichen Verfahrens ist er bereits verstorben. Er hat zwar verständlicherweise ein Interesse daran, dass sein Wille durchgesetzt wird. Jedoch steht durch die Rechtswahl oder durch das Unterlassen einer Rechtswahl das anwendbare Recht und damit die materielle Rechtsordnung fest. Indem ein ausländisches Gericht die Rechtswahl ebenfalls zu berücksichtigen hat, garantiert die Rechtswahl die vom Erblasser gewünschten materiellen Ausgestaltungen. Die Gerichte aller Mitgliedstaaten wenden also das gewählte bzw. nach denselben Kriterien das objektiv bestimmte Recht an – auch dann, wenn es sich um ausländisches Recht

1220 *Kern/Glücker*, RabelsZ 78 (2014), 294, 312.

1221 Vgl. EuGH, Urt. v. 01.03.2005, Rs. C-281/02 (*Owusu*), Slg. 2005, I-1383, Rn. 37 ff.

1222 *Dutta*, in: Reichelt/Rechberger, Europäisches Erb- und Erbverfahrensrecht, S. 57, 82; *Dreher*, Rechtswahl im internationalen Erbrecht, S. 90.

handelt.[1223] Wählt der Erblasser beispielsweise das deutsche Recht, wenden bei französischer Zuständigkeit die französischen Gerichte auch das deutsche materielle Recht an. Für einen Gleichlauf sprechen zwar die geringere Verfahrensdauer und die Anwendung des eigenen Rechts bei der Zuständigkeit deutscher Gerichte. Jedoch ist der Erblasser davon nicht mehr betroffen.

De lege lata spricht der Wortlaut des Art. 5 EuErbVO von „betroffenen Parteien", die eine solche Vereinbarung vornehmen können. Der verstorbene Erblasser hat an dem Erbe im Gegensatz zu Erben und Pflichtteilsberechtigten keine eigenen Rechte mehr. Er ist daher schon nicht rechtlich betroffen. Auch „Partei" kann er nicht mehr sein. Zudem spricht Art. 5 EuErbVO von einer Vereinbarung. Eine einseitige Festlegung durch den Erblasser entspricht jedenfalls nicht dem Wortlaut; denn für eine Vereinbarung bedürfte es eines Vertragspartners. Unter Art. 5 EuErbVO kann der Erblasser deshalb in einem Testament keine Gerichtsstandsbestimmung treffen.[1224]

Der Erblasser hat jedoch einen gewissen Einfluss auf eine eventuelle künftige Gerichtsstandsvereinbarung. Denn eine Gerichtsstandsvereinbarung zwischen den Erben und sonstigen betroffenen Parteien ist von seiner vorherigen Rechtswahl abhängig.[1225] Trifft er keine Rechtswahl, können die Erben und sonstige betroffene Parteien später keine Gerichtsstandsvereinbarung treffen.[1226] Der Erblasser kann demnach immerhin mittelbar beeinflussen, ob später die Gerichte des gewöhnlichen Aufenthalts oder die Gerichte des Heimatstaats zuständig sind. Dabei ist er auf die indirekte Wahl zwischen den beiden möglichen Gerichten beschränkt, um zu verhindern, dass er durch die Wahl eines Gerichtsstands mögliche Pflichtteilsrechte umgeht und es zu einem *forum shopping* kommt.[1227] Die Beschränkung der Testierfreiheit zeigt sich auch auf der prozessrechtlichen Ebene.

1223 Vgl. im deutschen Recht § 293 ZPO; die Überlegungen von *Flessner*, RabelsZ 38 (1970), 547, 566, ausländisches Recht nur fakultativ anzuwenden, sind auf Ablehnung gestoßen.

1224 S.o. Kapitel 6, B., I., 2., a.; a.A. *Dutta*, in: Reichelt/Rechberger, Europäisches Erb- und Erbverfahrensrecht, S. 57, 82 f, der die Interessen der Erben nicht zu stark eingeschränkt sieht bei einer Wahl des Gerichtsstands durch den Erblasser; zuvor bereits *Max-Planck-Institut für ausländisches und internationales Privatrecht*, RabelsZ 74 (2010), 522, 585 ff.

1225 *Seibl*, in: Spickhoff, Symposium Parteiautonomie, S. 123, 126.

1226 S.o. Kapitel 6, B., I. 1.

1227 Vgl. *D. Lübcke*, Nachlassverfahrensrecht, S. 94.

Gestattet man ihm die Möglichkeit, in einem Erbvertrag eine Gerichtsstandsvereinbarung vorzusehen oder die Gerichtsstandsvereinbarung zur Auflage zu machen, hat er zumindest einen gewissen Einfluss auf die spätere Zuständigkeit der Gerichte.[1228] Der Erblasser könnte durch eine Bestimmung der Zuständigkeit für die Vorhersehbarkeit und die Planbarkeit des Verfahrens sorgen. Weiterhin würde der Testierfreiheit auf materieller Ebene auch auf der zuständigkeitsrechtlichen Ebene Geltung verschafft werden. Aus diesen Gründen sollte man eine Gerichtsstandsvereinbarung in einem Erbvertrag oder die Auflage einer Gerichtsstandsvereinbarung als zulässig ansehen. Als Grenze müssen dann jedoch auch die Pflichtteilsrechte der übergangenen Erben herangezogen werden.[1229] Ob indes derartige Gestaltungen mit Art. 5 EuErbVO überhaupt vereinbar sind, ist bislang nicht abschließend geklärt. Jedenfalls hätte der Erblasser auch hier nurmehr einen mittelbaren Einfluss auf den künftigen Gerichtsstand.

Nach alldem lässt sich für die EuErbVO festhalten, dass der Erblasser im Hinblick auf die Bestimmung der internationalen Zuständigkeit nicht als Hauptperson angesehen werden kann. Ihm ist keine umfassende Bestimmung der Zuständigkeit zugestanden. Allerdings wird sein Interesse an einer schnellen Durchsetzbarkeit dem Interesse der Erben und Begünstigten sowie Pflichtteilsberechtigten entsprechen. Über die Rechtswahl kann er nach der jetzigen Rechtslage mittelbar die Zuständigkeit beeinflussen.

II. Erben und sonstige Begünstigte

1. Rechtswahl

Dass die Erben[1230] und sonstigen tatsächlich oder potentiell Begünstigten ein großes Interesse am Erbfall haben, liegt auf der Hand. Sie sind schließlich diejenigen, die direkt Vorteile erhalten – sofern der Nachlass nicht verschuldet ist. Ihnen kommt neben dem Erblasser eine wichtige Rolle zu. Sie könnten im Falle

---

1228 *Heinig*, RNotZ 2014, 197, 226 f; BeckOGK/*J. Schmidt*, Art. 5 Rn. 9; Bonomi/Wautelet/*Bonomi*, Art. 5 Rn. 17.

1229 *Magnus*, IPRax 2013, 393, 397.

1230 Zu beachten ist dabei jeweils, ob die Begünstigten tatsächlich Erben im deutschen Verständnis sind. Im französischen Recht können beispielsweise durch eine letztwillige Verfügung keine Erben, sondern nur Vermächtnisnehmer eingesetzt werden, vgl. *Döbereiner*, in: Süß, Erbrecht in Europa, 2. Aufl., Länderbericht Frankreich, Rn. 85.

einer Rechtswahl des Erblassers nämlich leer ausgehen.[1231] Ihnen selbst steht jedoch nicht die Möglichkeit der Rechtswahl zu.[1232]

Auch die Erben und sonstigen Begünstigten haben aber ein Interesse daran, Sicherheit zu haben, welches Recht auf den Erbfall anwendbar ist. Je nachdem, nach welchem Recht sich die Rechtsnachfolge von Todes wegen beurteilt, kann es zu einer unterschiedlichen Verteilung der Erbquoten kommen. Jeder einzelne Begünstigte will natürlich das Recht angewendet wissen, das ihm eine möglichst hohe Beteiligung am Erbe zukommen lässt und seinen Anteil so wenig wie möglich beschneidet.[1233] Besonders vorteilhaft ist es für die Erben und sonstigen Begünstigten, wenn das anwendbare Recht bereits zu einem frühen Zeitpunkt absehbar ist. Trifft der Erblasser eine Rechtswahl, haben die Erben und sonstigen Begünstigten Klarheit über die materiellrechtliche Ausgestaltung der Erbquote und der Einsetzung als Vermächtnisnehmer.[1234]

Probleme ergeben sich dann, wenn die Erben und sonstigen Begünstigten keine Kenntnis von der Rechtswahl des Erblassers hatten und erst bei Einleitung des Verfahrens von ihr erfahren. Auf der Grundlage der EuErbVO mussten sie von der Anwendbarkeit des Rechts des letzten gewöhnlichen Aufenthalts ausgehen, nun kommt aber ein Recht zur Anwendung, das sie nicht vorhersehen konnten. Die Erbquoten und Vermächtnisse werden sich dann nicht so wie erwartet beurteilen. Ähnlich ist es im umgekehrten Fall, wenn die Erben und Vermächtnisnehmer davon ausgehen, dass der Erblasser eine Rechtswahl getroffen hat und sie sich auf das Recht des Heimatstaates einstellen, die Rechtswahl aber in Wahrheit nicht stattgefunden hat oder später vom Erblasser wieder aufgehoben wurde. Die Rechtswahl berührt die Interessen der Erben und Begünstigten deshalb zunächst insoweit, als sie vorhersehen können wollen, welches Recht auf den Erbfall anwendbar sein wird. Es kommt ihnen zugute, wenn nur wenige Rechtsordnungen zur Wahl stehen.

Der Erblasser kann jedoch nach freiem Willen Erben und Vermächtnisnehmer einsetzen. Es liegt in der Natur der testamentarischen Verfügung, dass nicht vorhersehbar ist, wie der Erblasser letztendlich verfügt. Natürlich halten sich die negativen Überraschungen bei der gesetzlichen Erbfolge[1235] eher in

1231 *Flessner*, Interessenjurisprudenz, S. 107.

1232 Siehe hierzu *Dutta*, in: Reichelt/Rechberger, Europäisches Erb- und Erbverfahrensrecht, S. 57, 80 f.

1233 *Dreher*, Rechtswahl im internationalen Erbrecht, S. 97.

1234 *Dreher*, Rechtswahl im internationalen Erbrecht, S. 95.

1235 Auch eine gesetzliche Erbfolge kann trotz Rechtswahl in einem Testament dem Willen des Erblassers entsprechen, s.o. Kapitel 5, B., III., 5.

Grenzen. Dennoch kann nicht aus diesem Grund dem Erblasser die Möglichkeit der Rechtswahl verwehrt werden. Für das Kollisionsrecht stehen gerade die Interessen des Erblassers im Mittelpunkt. Die Erben und sonstigen Begünstigten können nicht beeinflussen, ob sich der Erblasser mit dem Heimatrecht oder dem Aufenthaltsrecht enger verbunden fühlt. Ob nun das eine oder das andere Recht ihnen die höchste Beteiligung am Erbe erlaubt, erfolgt aus ihrer Sicht zufällig.[1236] Hat der Erblasser die Wahl zugunsten des für den Erben oder sonstigen Begünstigten „schlechteren" Rechts getroffen, muss dessen Interesse an der Anwendbarkeit eines anderen Rechts zurückstehen. Schließlich können sich die Erben und sonstigen Begünstigten auch nicht gegen einen Statutenwechsel absichern.[1237] Die Interessen des Erblassers stehen klar im Vordergrund.

Für die Erben ist darüber hinaus eine einfache und schnelle Abwicklung des Erbfalls von Vorteil.[1238] Das Verfahren soll sich nicht zu lange hinziehen, um unnötige Kosten zu vermeiden und schnell Zugriff auf das Erbe zu haben. Steht das anzuwendende Recht durch eine Rechtswahl zügig fest, muss sich das Gericht nicht vorab mit der Auslegung des Art. 21 Abs. 1 EuErbVO und der Bestimmung des gewöhnlichen Aufenthalts beschäftigen. Im Falle einer Rechtswahl des Erblassers ist nach Überprüfung der Wirksamkeit das anwendbare Recht klar festgelegt, da es sich bei Art. 22 EuErbVO nach Art. 34 Abs. 2 EuErbVO um eine Sachnormverweisung handelt. Das Gericht oder die mit dem Fall befasste Behörde kann also – ohne weitere Schritte vorzunehmen – den Fall anhand des gewählten Rechts beurteilen. In diesem Fall ist eine Rechtswahl des Erblassers aus Sicht der Erben und Begünstigten sehr zu begrüßen – sie hilft, ihnen ihr Recht schnell und eindeutig zuzusprechen.[1239]

Eine Rechtswahl kann aus Sicht der Erben und Vermächtnisnehmer allerdings auch Nachteile mit sich bringen: Sind gerade nicht die Heimatgerichte des Erblassers für den Erbfall zuständig, müssen die Gerichte des gewöhnlichen Aufenthalts ein für sie fremdes Recht anwenden. Dabei besteht die Gefahr, dass das Gericht das fremde Recht nicht so gut kennt wie sein eigenes. Um jedoch eine gerechte Entscheidung zu treffen, wird das Gericht in einem solchen Fall Rechtsrat durch die Erstellung von Gutachten einholen.[1240] Diese Gutachten sind dann ein für die Erben und Begünstigten nicht vorhersehbares Risiko, das mit

1236 *Brandi*, Haager Abkommen, S. 278.

1237 *Junghardt*, Vereinheitlichung des Erb- und Testamentsrechts, S. 168.

1238 *Ferid*, in: Liber amicorum Cohn, S. 31, 36; *Dreher*, Rechtswahl im internationalen Erbrecht, S. 95.

1239 *Kötters*, Parteiautonomie, S. 94.

1240 *Flessner*, RabelsZ 38 (1970), 547, 550; *Emmerich*, Probleme der Anknüpfung, S. 76.

hohen Kosten und zusätzlicher Zeit verbunden sein kann und darüber hinaus das Verfahren vor Gericht zunächst hemmt. Eine längere Verfahrensdauer muss dann in Kauf genommen werden. Auch die Hinzuziehung von Übersetzern und Dolmetschern für die vom Gericht benötigten Dokumente erschweren dann die leichte und einfache Feststellung der Erben- und Vermächtnisnehmerstellung.

Für die Erben und Begünstigten bietet die Rechtswahl des Erblassers eine gewisse Vorhersehbarkeit, mit welchem anwendbaren Recht sie rechnen müssen. Einfluss auf die Rechtswahl können die Erben und Begünstigten jedenfalls nicht nehmen[1241] – man könnte bei einem rechtsmissbräuchlichen Einwirken sogar an einen Erbunwürdigkeitsgrund iSd § 2339 Abs. 1 Nr. 3 BGB denken. Dem Interesse des Erblassers muss aber gegenüber desjenigen der Erben die höhere Bedeutung eingeräumt werden.[1242] Schließlich besteht kein „Anspruch" zu erben, sodass das Vertrauen der Erben im Verhältnis zum Erblasser weniger schützenswert ist.[1243]

2. *Parteiautonome Zuständigkeitsbestimmung*

Hauptpersonen soweit es um die internationale Zuständigkeit geht, sind die Erben und sonstigen Begünstigten wie Vermächtnisnehmer. Sie sind die betroffenen Parteien, denn sie wollen ihre Rechte am Nachlass durchsetzen.[1244] Diese Interessentengruppe will deshalb ein schnelles und kostengünstiges Verfahren vor Gericht.[1245] Die Durchsetzung subjektiver Rechte ist das primäre Ziel des Prozessrechts.[1246] Die Erben und Vermächtnisnehmer sind an einer schnellen Feststellung der internationalen Zuständigkeit interessiert, damit das Gericht schnell ihre Erben- oder Vermächtnisnehmerstellung klärt.[1247] Ihre Interessen sind als Parteiinteressen im Internationalen Prozessrecht zu beachten. Die Verkehrs- und Ordnungsinteressen dürfen aber nicht völlig außer Acht gelassen werden.[1248]

1241 So die Überlegungen bei *Dreher*, Rechtswahl im internationalen Erbrecht, S. 131 ff, die aber zum Ergebnis kommt, eine Rechtswahl der Erben nicht zuzulassen (S. 139).

1242 *Dreher*, Rechtswahl im internationalen Erbrecht, S. 116; *Brandi*, Haager Abkommen, S. 278.

1243 *S. Weber*, Parteiautonomie, S. 139.

1244 S.o. Kapitel 6, B., I., 2., b.

1245 *R. Wagner*, DNotZ 2010, 506, 506.

1246 *Pfeiffer*, Internationale Zuständigkeit und prozessuale Gerechtigkeit, S. 238 ff; *G. Wagner*, Prozessverträge, S. 59; *M. Weller*, Ordre-public-Kontrolle, S. 26 f.

1247 Vgl. *Schröder*, Internationale Zuständigkeit, S. 116; *Ferid*, in: Liber amicorum Cohn, S. 31, 36.

1248 Vgl. *Schröder*, Internationale Zuständigkeit, S. 484 f.

Das Interesse an der Vorhersehbarkeit hat im Internationalen Zivilprozessrecht große Bedeutung. Den Beteiligten eines Verfahrens soll schon vor Entstehung der Streitigkeit klar sein, in welchem Staat die Klage erhoben werden kann.[1249] Die Europäische Erbrechtsverordnung sieht die Zuständigkeit der Gerichte des gewöhnlichen Aufenthalts des Erblassers als allgemeine Zuständigkeit vor. Von ihr kann nur durch eine Vereinbarung zugunsten der Heimatgerichte abgewichen werden. Es stehen deshalb nur zwei mögliche Gerichtsstände zur Verfügung. Unerwünscht für die Begünstigten ist ein *forum shopping*.[1250] Sie wollen nicht, dass eine der Parteien zuerst an einem für sie günstigen Ort Klage erhebt, sondern alle Parteien sollen denselben Vor- und Nachteilen eines Gerichtsstands ausgesetzt sein. Allein die Tatsache, vor einem ausländischen Gericht klagen zu müssen oder verklagt zu werden, ist kein Verstoß gegen Art. 6 EMRK.[1251]

Den betroffenen Parteien steht die Möglichkeit zu, eine Gerichtsstandsvereinbarung zugunsten der Heimatgerichte des Erblassers zu treffen. Dadurch steht bei Wirksamkeit der Gerichtsstandsvereinbarung schnell fest, welche Gerichte über den Fall entscheiden sollen. Für die Parteien ist ein einfaches Verfahren von Vorteil. Außerdem können sie so selbst über das zuständige Gericht entscheiden.[1252] Es kommt ihnen zugute, wenn sie mit dem Prozessrecht vertraut sind und die Gerichtssprache des zuständigen Gerichts beherrschen.[1253] Sie können ebenfalls leichter Rechtsrat einholen.[1254] Außerdem kann der Aspekt der Gerichtskosten eine Rolle spielen. Insbesondere das Prozessieren vor englischen Gerichten[1255] ist mit hohen Kosten verbunden. Es kann deshalb im Interesse der Parteien sein, einen Gerichtsort zu wählen, an dem das Prozessieren günstiger ist.[1256]

1249 Vgl. *Kropholler*, in: HbIntZR, § 3 Rn. 470.

1250 *Lehmann*, FPR 2008, 203, 203.

1251 *D. Lübcke*, Nachlassverfahrensrecht, S. 336.

1252 *Schröder*, Internationale Zuständigkeit, S. 475 f; vgl. *Geimer/Schütze*, Europäisches Zivilverfahrensrecht, 3. Aufl., Art. 23 EuGVVO Rn. 8.

1253 *Von Bary*, Gerichtsstands- und Schiedsvereinbarungen im internationalen Erbrecht, S. 33; *Abendroth*, Parteiautonome Zuständigkeitsbegründung, S. 29; *Schröder*, Internationale Zuständigkeit, S. 112 ff; *Heldrich*, Internationale Zuständigkeit und anwendbares Recht, S. 106 ff, insbesondere S. 115; *Lindenmayr*, Vereinbarung über die internationale Zuständigkeit und das darauf anwendbare Recht, S. 34 (bezogen auf den „Heimatgerichtsstand" bei zwei Vertragspartnern); vgl. auch *Berliner*, Vereinbarungen über den Gerichtsstand, S. 13.

1254 *Kern/Glücker*, RabelsZ 78 (2014), 294, 301; *von Bary*, Gerichtsstands- und Schiedsvereinbarungen im internationalen Erbrecht, S. 33.

1255 Diese können nach der Europäischen Erbrechtsverordnung nicht prorogiert werden.

1256 *Berliner*, Vereinbarungen über den Gerichtsstand, S. 17.

Dies ist nicht zuletzt im Hinblick auf möglicherweise entstehende Übersetzer- und Dolmetscherkosten im Prozess von Relevanz. Natürlich leidet die Beweisnähe, wenn ein Gericht zuständig ist, das sich nicht am Ort des Erbanfalls befindet.[1257] Aus Sicht der Erben und Begünstigten wird ein Gericht am Aufenthaltsort dann sinnvoll sein, wenn auch sie dort ihren gewöhnlichen Aufenthalt haben; eine Gerichtsstandsvereinbarung zu treffen, bietet sich dann an, wenn die Erben und Begünstigten weiterhin ihren eigenen gewöhnlichen Aufenthalt im Heimatstaat des Erblassers haben.[1258] Insbesondere das Vertrauen in die Rechtspflege und der leichtere Zugang spielen für die Parteien eine wichtige Rolle.[1259] Bei unterschiedlichen gewöhnlichen Aufenthalten der Erben und Begünstigten könnte der Heimatgerichtsstand des Erblassers auch die Funktion eines neutralen Gerichtsstands übernehmen.

Die Vereinbarung zugunsten der Gerichte eines Mitgliedstaats setzt jedoch die Rechtswahl des Erblassers voraus. In den anderen europäischen Instrumenten, die eine Gerichtsstandswahl zulassen, ist die Freiheit der Parteien auf prozessualer Ebene nicht so stark beschränkt. Es sind Fälle denkbar, in denen der Erblasser nicht zugunsten seines Heimatrechts optiert hat und es zur Anwendung des Rechts des gewöhnlichen Aufenthalts des Erblassers kommt, sämtliche Verfahrensparteien sich jedoch im Heimatstaat des Erblassers aufhalten. Hier kann es durchaus sinnvoll sein, wenn Erben und Begünstigte eine Gerichtsstandsvereinbarung zugunsten der Heimatgerichte treffen. In diesem Fall ist die Zuständigkeit der Heimatgerichte aufgrund der näheren Beziehung zu diesem Prozessrecht und insgesamt der räumlichen Nähe der Verfahrensparteien sinnvoll.[1260] Dies fördert außerdem die Rechtssicherheit.[1261] Die Erben haben ein Interesse an einem Gerichtsstand im eigenen Staat.[1262] Eine solche Möglichkeit sieht die Europäische Erbrechtsverordnung jedoch nicht vor. Um den Gleichlauf

1257 Vgl. *Schröder*, Internationale Zuständigkeit, S. 184.

1258 *Hess*, in: Dutta/Herrler, Die Europäische Erbrechtsverordnung, S. 131, 137.

1259 *Schröder*, Internationale Zuständigkeit, 182 f.

1260 *Magnus*, IPRax 2013, 393, 395; *von Bary*, Gerichtsstands- und Schiedsvereinbarungen im internationalen Erbrecht, S. 33; vgl. *Pfeiffer*, Internationale Zuständigkeit und prozessuale Gerechtigkeit, S. 170; *Schröder*, Internationale Zuständigkeit, S. 108; *Heldrich*, Internationale Zuständigkeit und anwendbares Recht, S. 114.

1261 *Pfeiffer*, Internationale Zuständigkeit und prozessuale Gerechtigkeit, S. 13; *Lindenmayr*, Vereinbarung über die internationale Zuständigkeit und das darauf anwendbare Recht, S. 37.

1262 *Pfeiffer*, Internationale Zuständigkeit und prozessuale Gerechtigkeit, S. 169.

von *forum* und *ius* zu wahren, soll nur im Fall einer vorher erfolgten Rechtswahl die Gerichtsstandsvereinbarung als Korrektiv gelten.[1263]

Der europäische Gesetzgeber übersieht jedoch die Durchbrechungen des Gleichlaufs in anderen Konstellationen.[1264] In den Fällen, in denen die Verfahrensparteien alle im selben Staat ihren gewöhnlichen Aufenthalt haben, erscheint es aus Sicht der Erben und Begünstigten sinnvoll, auch hier eine Ausnahme vom Gleichlauf von *forum* und *ius* zuzulassen. Die Bestimmung eines Gerichtsstands sollte dann gerade nicht von einer vorherigen Rechtswahl des Erblassers abhängig gemacht werden. Ihren Interessen wird gedient, wenn sie nicht nur auf die Heimatgerichte des Erblassers beschränkt sind.[1265] Es ist durchaus auch der Fall denkbar, in dem der Erblasser die Staatsangehörigkeit eines Staates A hat, einen früheren gewöhnlichen Aufenthalt in Staat B und nun aber in Staat C seinen Lebensmittelpunkt begründet hat und hier verstorben ist. Die Erben und Begünstigten können dann nicht nur im Heimatstaat, sondern auch im Staat B ihren gewöhnlichen Aufenthalt haben. Die Erben sind bei der Vereinbarung von der Rechtswahl des Erblassers abhängig, sodass sie dessen Willen ausgesetzt sind.[1266] Gerade der Gedanke der Parteiautonomie spricht aber gegen eine Abhängigkeit von der Rechtswahl des Erblassers bei der Bestimmung des zuständigen Gerichts. Eine mögliche Beschränkung auf nur bestimmte Gerichtsstände, die zur Auswahl stehen, kann noch durch die Beschränkung der materiellrechtlichen Privatautonomie gerechtfertigt werden. Eine Abhängigkeit von einer Entscheidung des Erblassers, die er auch völlig willkürlich treffen kann, ist nicht mit dem Gedanken der Parteiautonomie auf Zuständigkeitsebene vereinbar. Es müsste den Parteien eine Möglichkeit der Gerichtsstandswahl zustehen, die unabhängig vom Erblasser erfolgen kann. Auch wenn die Europäische Erbrechtsverordnung sich das Ziel gesetzt hat, einen Gleichlauf von *forum* und *ius* herzustellen, ist dieser Grundsatz nicht immer eingehalten. Der Gleichlauf kann deshalb nicht die Rechtfertigung für die Abhängigkeit im Rahmen der Parteiautonomie sein. Indem die Rechtswahl des Erblassers Voraussetzung für die Gerichtsstandsvereinbarung ist, wird auch die Vorhersehbarkeit des zuständigen Gerichts eingeschränkt. Problematisch ist insoweit, dass die Erben und Vermächtnisnehmer zunächst abwarten müssen, ob der Erblasser in seinem Testament eine Rechtswahl vorgenommen hat. Erst dann können die Parteien eine

1263 NK/*Makowsky*, Art. 5 Rn. 1.
1264 S.o. Kapitel 6, C., III., 1.–3.
1265 *Magnus*, IPRax 2013, 393, 395.
1266 *Bajons*, in: FS Heldrich, S. 495, 500.

Gerichtsstandsvereinbarung treffen, in der sie eindeutig einen Gerichtsstand wählen können. Zuvor ist die Zuständigkeit in der Schwebe.

Ebenso sollte auch die rügelose Einlassung nicht von einer Gerichtsstandsvereinbarung abhängig gemacht werden. Denn es kann für die Parteien auch dann eine Rüge der Zuständigkeit sinnvoll sein, wenn sie lediglich den durch das Gericht festgestellten letzten gewöhnlichen Aufenthalt des Erblassers rügen wollen.

Dennoch könnte auch der Gleichlauf von *forum* und *ius* für die Erben und Begünstigten von Interesse sein: Wenn das Gericht sein eigenes Recht anwendet, kann das Gericht eher eine gerechte und im Einklang mit der Rechtsordnung stehende Entscheidung treffen.[1267] Darüber hinaus sind die Erben nicht dem Nachteil der Ermittlung des fremden Rechts ausgesetzt.[1268] Dies führt, wie schon vielfach gesehen, zu einer längeren Dauer, höheren Kosten und einer geringeren Effizienz.[1269] Deshalb dürfte einiges für eine Gerichtsstandsvereinbarung der Erben und Begünstigten bei einer Rechtswahl sprechen. Sie sollten jedoch diese Entscheidung *selbst* treffen können.

Fraglich ist, ob die Parteien auch eine für sie nachteilige Zuständigkeitsbestimmung vornehmen können. Dies würde dazu führen, dass eine Gerichtsstandsvereinbarung oder eine Gerichtsstandsanerkennung in jedem Fall als zulässig angesehen wird – selbst dann, wenn der Erbe oder Vermächtnisnehmer dadurch beispielsweise seinen nahen Gerichtsstand verliert. Hier muss jedoch der Parteiautonomie insoweit Geltung eingeräumt werden, dass auch die möglicherweise entstehenden Nachteile in Kauf genommen werden müssen.[1270] Eine Art Missbrauchskontrolle, wie sie in manchen Fällen der EuGVVO bereits angedacht wurde, findet nicht statt. Selbstverständlich muss die Gerichtsstandsvereinbarung aber nach den Regelungen des auf sie anwendbaren Rechts wirksam sein. So muss für den Abschluss dieses Prozessvertrags die Fähigkeit der Parteien gegeben sein, wirksam Willenserklärungen abgeben zu können. Außerdem darf weder ein Anfechtungsgrund noch Sittenwidrigkeit vorliegen. Kommt es trotzdem zu einem mit den wesentlichen Grundsätzen eines Staates nicht zu vereinbarenden Ergebnis, kann der anerkennungsrechtliche *ordre public* in Art. 40 lit. a EuErbVO über dieses Ergebnis hinweghelfen.

1267 *Flessner*, RabelsZ 38 (1970), 547, 552.

1268 *Flessner*, RabelsZ 38 (1970), 547, 550.

1269 Siehe nur *Flessner*, in: Liber amicorum Pintens, S. 593, 593; vgl. *Kern/Glücker*, RabelsZ 78 (2014), 294, 301.

1270 *Flessner*, Interessenjurisprudenz, S. 110 f; *Schröder*, Internationale Zuständigkeit, S. 476.

Eine Verweisung nach Art. 6 lit. a EuErbVO birgt auch für die Erben und Begünstigten die Gefahr, dass nicht klar vorhersehbar ist, welches Gericht am Ende über den Fall entscheidet. Mit der Verweisung gibt es immer eine Bedrohung, die über dem Verfahren schwebt. Es gibt auch keine Möglichkeit, sich dagegen abzusichern.[1271] Außerdem entstehen durch eine Verweisung zusätzliche Kosten sowie eine Verzögerung des Erbverfahrens. Eine Befristung zur Stellung des Verweisungsantrags erscheint hier sinnvoll, um die Verweisung nicht ausufern zu lassen.[1272]

In der Gerichtsstandsvereinbarung kann man also zwar nicht an erster Stelle eine Gestaltungsmöglichkeit der Parteien sehen, sondern ihr kommt zurzeit nach der Verordnung lediglich der Zweck zur Wiederherstellung des Gleichlaufs zu.[1273] Dennoch sollten die Interessen der Erben und Begünstigten im Fokus stehen. Sie sollten die Möglichkeit haben, umfassend und ohne eine Abhängigkeit von einer Rechtswahl des Erblassers ihre Parteiautonomie auf Zuständigkeitsebene auszuüben, um ihre Interessen in einem internationalen Erbfall vollumfänglich verwirklichen zu können.

III. Pflichtteilsberechtigte

1. Vorüberlegungen

Im Erbrecht spielen die Pflichtteilsberechtigten schon immer eine große Rolle. Der Pflichtteil sichert den Pflichtteilsberechtigten eine gesetzliche Mindestbeteiligung am Nachlass zu – selbst dann, wenn der Erblasser sie in einem Testament oder Erbvertrag enterbt.[1274] Der Pflichtteil ist deshalb als Beschränkung der materiellrechtlich gewährten Testierfreiheit des Erblassers anzusehen, sodass er sich nicht über die in der jeweiligen Rechtsordnung getroffenen Regelungen zum Schutz der Verwandten oder des überlebenden Ehegatten hinwegsetzen kann.[1275] Den Pflichtteilsberechtigten oder Noterben ist eine Mindestbeteiligung am Erbe zuzusichern. Der Teil, der für die Pflichtteilsberechtigten vorgesehen ist, ist damit der Disposition des Erblassers entzogen.

1271 *Simotta*, in: FS Gottwald, S. 597, 602.

1272 *Simotta*, in: FS Gottwald, S. 597, 601 f.

1273 *Abendroth*, Parteiautonome Zuständigkeitsbegründung, S. 376; *von Bary*, Gerichtsstands- und Schiedsvereinbarungen im internationalen Erbrecht, S. 28 f.

1274 HbPflichtteil/*Hölscher/J. Mayer*, Grundzüge des Pflichtteilsrecht, § 1 Rn. 1; *Dreher*, Rechtswahl im internationalen Erbrecht, S. 117 sieht dies jedoch nicht als häufigen Fall an.

1275 HbPflichtteil/*Hölscher/J. Mayer*, Grundzüge des Pflichtteilsrecht, § 1 Rn. 1.

a. *Formen der Pflichtteilsberechtigung*

Das Pflichtteilsrecht ist in den verschiedenen Mitgliedstaaten unterschiedlich ausgestaltet. Einige Rechtsordnungen kennen eine schuldrechtliche Beteiligung; andere sehen Noterbrechte mit einer dinglichen Beteiligung am Nachlass vor; wieder andere gewähren nur dann eine Beteiligung, wenn eine Bedürftigkeit hinzukommt.[1276] Im Folgenden sollen mit dem Begriff der Pflichtteilsberechtigten sämtliche Ausgestaltungen, die dem deutschen Pflichtteilsrecht funktionsverwandt sind, einbezogen werden.

b. *Berechtigter Personenkreis*

Die Pflichtteilsberechtigten sind in allen Rechtsordnungen nahe Angehörige des Erblassers, zu denen er eine enge familiäre Verbindung hatte. So gehören in allen Rechtsordnungen die Abkömmlinge des Erblassers zu den Pflichtteilsberechtigten.[1277] Einige Rechtsordnungen sprechen außerdem den Eltern oder dem überlebenden Ehegatten einen Pflichtteil zu.[1278] Für sie soll nach dem Tod des Erblassers weiterhin die Versorgung garantiert werden. Im deutschen Recht sieht § 2303 Abs. 1 BGB zunächst für Abkömmlinge ein Pflichtteilsrecht vor. Auch die Eltern und der Ehegatte gehören nach § 2303 Abs. 2 BGB zum Kreis der Berechtigten. Allerdings regelt § 2309 BGB, dass die Eltern und entfernte Abkömmlinge dann keinen Pflichtteil erhalten sollen, wenn ein Abkömmling sie auch von der gesetzlichen Erbfolge ausschließen würde und dieser seinen Pflichtteil verlangt. Der Pflichtteil beträgt die Hälfte des gesetzlichen Erbrechts und ist als schuldrechtlicher Geldanspruch gegen den Erben geltend zu machen. Den quotalen Geldanspruch gegen den Erben kennen ebenfalls Polen, Österreich und die Niederlande.[1279] In den Rechtsordnungen anderer Mitgliedstaaten wird die Höhe des Noterbrechts konkret bestimmt.[1280] Vor allem in den romanischen Rechtsordnungen erhalten die Kinder des Erblassers ein materielles Noterbrecht, dessen Umfang aber durch eine Herabsetzungsklage eingeschränkt werden kann. Ihnen steht ein Teil des Erbes grundsätzlich zu und der Erblasser kann über diesen nicht frei verfügen. Andere Rechtsordnungen wie

---

1276 *Deutsches Notarinstitut*, Studie, S. 324 f.

1277 *Pfundstein*, Pflichtteil und ordre public, S. 11; *Deutsches Notarinstitut*, Studie, S. 325.

1278 *Pfundstein*, Pflichtteil und ordre public, S. 11 und 25 mit ausführlicher Darstellung der Pflichtteilslösungen S. 28–38.

1279 *Pfundstein*, Pflichtteil und ordre public, S. 12 f.

1280 Dies ist in Belgien, Frankreich, teilweise Irland, Italien und Luxemburg der Fall, vgl. *Deutsches Notarinstitut*, Studie, S. 325.

die anglo-amerikanische und die chinesische kennen eine Pflichtteilslösung, die die Testierfreiheit des Erblassers nur gering einschränkt, den schutzbedürftigen Verwandten jedoch einen Unterhaltsanspruch gewährt. Bei einem Wegzug in einen anglo-amerikanischen Drittstaat kann das *domicile* nur schwer erworben werden, sodass das deutsche Pflichtteilsrecht nicht ohne weiteres abgeschüttelt werden kann.[1281] Rechtsordnungen, die keinen Schutz für Verwandte kennen, sind lediglich das mongolische und das thailändische Recht.[1282]

In manchen Rechtsordnungen kommt ein solches Recht auch dem Ehegatten zu. Dabei gibt es unterschiedliche Ausprägungen, wie der Schutz ausgestaltet ist. Für Ehegatten hängt die Pflichtteils- oder Noterblösung meist von der güterrechtlichen Stellung des überlebenden Ehegatten ab. Je nach Regelung im Güterrecht erhält der überlebende Ehegatte eine zusätzliche erbrechtliche Position.[1283] Auch hier zeigen sich verschiedene Möglichkeiten, dieses Pflichtteilsrecht auszugestalten. So gibt es ähnlich wie beim Verwandtenpflichtteilsrecht Lösungen über einen Geldanspruch gegen den Erben[1284], eine materiellrechtliche Beteiligung oder ein Nießbrauchrecht[1285] und Unterhaltsansprüche[1286]. Für Ehegatten wird aufgrund des Ehegüterrechts im tschechischen, thailändischen und südafrikanischen Recht überhaupt kein Pflichtteils- oder Noterbenrecht vorgesehen. Das mongolische Recht sieht auch für das Noterbrecht des Ehegatten die Möglichkeit einer vollständigen Abwahl vor.[1287]

Der Gedanke der Sicherung des Lebensstandards des Berechtigten kann allen Regelungen des Pflichtteils entnommen werden. Eine Ausnahme bildet lediglich das anglo-amerikanische Recht – insbesondere in England, Québec und den

1281 *Jülicher*, EWS 2017, 19, 22.

1282 *Pfundstein*, Pflichtteil und ordre public, S. 25: das mongolische Recht kennt zwar ein Noterbrecht, dieses kann jedoch durch eine testamentarische Verfügung ausgeschlossen werden; das thailändische Recht kennt keinen Schutz zugunsten der nahen Angehörigen; siehe auch HbPflichtteil/*Süß*, § 19 Länderbericht Thailand Rn. 511.

1283 *Kemp*, Grenzen der Rechtswahl, S. 110 spricht sich für eine Abschaffung des Elternpflichtteils und eine Stärkung des Ehegattenpflichtteils aus.

1284 Einen solchen Geldanspruch parallel zu den Verwandten kennen das deutsche, polnische und österreichische Recht.

1285 Diese Art des Schutzes des Ehegatten findet sich vor allem in den romanischen Rechtsordnungen, wobei insbesondere das spanische Recht zwar die Lösung über ein Nießbrauchrecht des Ehegatten an der Wohnung kennt, die Erben ihm dieses jedoch durch Geldleistungen entziehen können.

1286 Vor allem in den Niederlanden und den skandinavischen Rechtsordnungen ist die Lösung über die Unterhaltsansprüche ausgeprägt.

1287 *Pfundstein*, Pflichtteil und ordre public, S. 38.

U.S.A. – das durch die Voraussetzung der Unterhaltsbedürftigkeit zum einen den Berechtigtenkreis erweitert und darüber hinaus dem Umstand Rechnung trägt, dass eine Sicherung des Überlebens der nahen Angehörigen nicht mehr erforderlich ist.[1288]

In fast allen Rechtsordnungen – bis auf Thailand – steht jedenfalls den Verwandten des Erblassers ein Schutz zu und der überlebende Ehegatte erhält in den Rechtsordnungen ohne Regelung eines Pflichtteilsrechts zumindest güterrechtlich einen Schutz.[1289] Jede Rechtsordnung bedient sich der Mittel, die für sie den gerechten Ausgleich im Verhältnis zur Testierfreiheit bringen. Es zeigt sich hier, dass eine Rechtswahl zugunsten einer anderen Rechtsordnung nur bei der Wahl des thailändischen Rechts überhaupt keinen Schutz bietet.

c. *Historisches*

Das Pflichtteilsrecht hat als Versorgungsrecht eine lange Tradition. Bereits im römischen Recht lassen sich Züge einer Pflichtteilsregelung erkennen, wobei lediglich den männlichen Nachkommen eine solche Klage gewährt wurde.[1290] Früher galt der *pater familias* als Versorger der Familie und war der Einzige, der Vermögen hatte. Die weiblichen Nachkommen waren nicht nur vom Erbe, sondern auch vom Pflichtteil ausgeschlossen, weil sie jeweils in der Obhut des Vaters oder eines anderen männlichen Verwandten standen. Die komplette Familie war deshalb vom Vermögen des *pater familias* abhängig und nur durch Gewährung von Pflichtteilsansprüchen konnte man die Versorgung der Familie sichern. Damit konnte man die Gefährdung der Existenzgrundlage von einzelnen Familienmitgliedern ausschließen. Testierte der Erblasser zuungunsten seiner Abkömmlinge, konnten sie durch den Pflichtteil einen Teil des Vermögens erhalten und damit das Familienvermögen sichern.[1291]

1288 *Deutsches Notarinstitut*, Studie, S. 325; HbPflichtteil/*Süß*, § 19 Länderbericht Großbritannien: England und Wales Rn. 144–174 sowie U.S.A. Rn. 575–588; *Pfundstein*, Pflichtteil und ordre public, S. 23.

1289 Vgl. *Kühne*, Parteiautonomie, S. 76; *Dölle*, RabelsZ 30 (1966), 205, 225; *Dutta*, in: Reichelt/Rechberger, Europäisches Erb- und Erbverfahrensrecht, S. 57, 69; *Denkinger*, Europäisches Erbkollisionsrecht, S. 377; *Frick*, Grenzen der Parteiautonomie, S. 32.

1290 *Kaulbach*, Gestaltungsfreiheit, S. 26 ff, die sich gegen eine eindeutig erkennbare Tradition des Pflichtteils ausspricht; Dauner-Lieb/Grziwotz/*Dauner-Lieb/Grziwotz*, Einl. Rn. 9.

1291 *Zimmermann*, in: Röthel, Reformfragen des Pflichtteilsrechts, S. 97, 99 ff; HbPflichtteil/*Hölscher/J. Mayer*, Grundzüge des Pflichtteilsrecht, § 1 Rn. 3.

d. Kritische Würdigung

Fraglich erscheint, ob das Pflichtteilsrecht heutzutage noch denselben Stellenwert haben kann. In der heutigen Zeit sind die Familien und insbesondere auch die Frauen nicht mehr so stark von einem Vielverdiener abhängig. Das Bild eines Patriarchen, der die gesamte Familie versorgt, ist dem Familienbild einer gleichberechtigten Ehe gewichen. Die Änderung zeigt sich auch im Pflichtteilsrecht: Mittlerweile sind neben den männlichen Abkömmlingen auch die weiblichen Nachkommen sowie der überlebende Ehegatte berechtigt, einen Pflichtteil einzufordern. Das klassische Verständnis hat sich geändert und der gesellschaftliche Wandel hat auch Einzug in verschiedene gesetzliche Regelungen im Familienrecht gefunden. Beispielsweise wurde § 1354 BGB aufgehoben,[1292] der vorsah, dass lediglich der Ehemann die das eheliche Leben betreffenden Angelegenheiten, insbesondere den Wohnort und die Wohnung, bestimmen darf. Auch für das Pflichtteilsrecht sollte deshalb die Frage gestellt werden, ob es noch zeitgemäß ist.[1293] Dem Pflichtteilsrecht spricht man nicht mehr seinen ursprünglichen Versorgungscharakter zu;[1294] manche halten es sogar für verfassungswidrig.[1295] Es besteht keine Notwendigkeit mehr, das Familienvermögen nach dem Tod eines Erblassers weiterhin durch einen Pflichtteil zu sichern. Vielmehr wird das Pflichtteilsrecht in der heutigen pluralistischen Gesellschaft als überflüssig angesehen. Als Grund wird auch die selbstständige Versorgung der Pflichtteilsberechtigten angeführt.[1296] Auch die höhere Lebenserwartung lässt annehmen, dass dem Pflichtteilsrecht nicht mehr dieselbe große wirtschaftliche Bedeutung zukommt, weshalb auch eine Unterscheidung zwischen Ehegatten und

---

1292 Aufgehoben durch das Gesetz über die Gleichberechtigung von Mann und Frau auf dem Gebiete des bürgerlichen Rechts vom 18.06.1957 (BGBl. I, S. 609).

1293 Siehe hierzu *Lipp*, NJW 2002, 2201, 2202; *Martiny*, Unterhalts- und erbrechtliches Teilgutachten, A 15–A 19 und A 65–A 71; zur Reform *ders.*, in: Röthel, Reformfragen des Pflichtteilsrechts, S. 195, 198 ff.

1294 *Beckert*, in: Röthel, Reformfragen des Pflichtteilsrechts, S. 1, 13 ff; *Dauner-Lieb*, DNotZ 2001, 460, 461 ff; Dauner-Lieb/Grziwotz/*Dauner-Lieb/Grziwotz*, Einl. Rn. 10 ff; *Haas*, ZEV 2000, 249, 256 ff; *Dreher*, Rechtswahl im internationalen Erbrecht, S. 120.

1295 *Kaulbach*, Gestaltungsfreiheit, S. 138 ff, insbesondere S. 161 sieht das Pflichtteilsrecht als verfassungswidrig an, sie schlägt ein neues Familienerbrecht vor, das auch Regelungen zum Ausgleich geleisteter Leistungen sowie eine unterhaltssichernde Funktion wie im englischen Recht hat (S. 161 ff).

1296 *Dreher*, Rechtswahl im internationalen Erbrecht, S. 120.

Abkömmlingen vorzunehmen ist.[1297] Der Vorteil des Pflichtteilsrechts liegt in der erbrechtlichen Lösung, die die staatlichen Kassen nicht belastet.[1298] In einem Urteil hat das Bundesverfassungsgericht das Pflichtteilsrecht als einen Ausfluss aus der Erbrechtsgarantie des Art. 14 Abs. 1 GG iVm Art. 6 Abs. 1 GG angesehen.[1299] Auch wenn der Sinn und Zweck des Pflichtteils häufig kritisiert wird, ist er dennoch verfassungsrechtlich verankert und wurde auch schon vor dem Urteil des Bundesverfassungsgerichts von der Rechtsprechung als geschützt angesehen.[1300] Er ist nicht zuletzt deshalb aus den Regelungen des Erbrechts nicht hinwegzudenken.

2. Rechtswahl

Pflichtteilsberechtigte wollen in einem Erbfall einen möglichst hohen Pflichtteil erhalten – schließlich wären sie zu einem wesentlich höheren Anteil am Nachlass beteiligt gewesen, wenn der Erblasser sie nicht von der Erbfolge ausgeschlossen hätte. Der Kreis der Pflichtteilsberechtigten, der aus nahen Angehörigen besteht, hat eine gewisse Erwartung an die Beteiligung an der Erbmasse. Fällt diese durch die Enterbung bereits geringer aus als erwartet, möchte der Pflichtteilsberechtigte natürlich, dass sich die Höhe seines Pflichtteils nach einem Recht richtet, das ihm eine hohe Beteiligung zuspricht. Ihm kommt ein Recht zugute, das die parteiautonomen Möglichkeiten des Erblassers weitgehend einschränkt. Allerdings kann der Pflichtteilsberechtigte am Ende ebenso wenig wie der Erbe bestimmen, ob sich der Erblasser mit dem Heimat- oder dem Aufenthaltsrecht enger verbunden fühlt. Bestimmt sich das Erbstatut nach dem Recht des gewöhnlichen Aufenthalts, beurteilt sich dieses auch allein anhand der Umstände des Erblassers – es findet gerade keine Berücksichtigung der Pflichtteilsberechtigten statt. Dennoch ist die Bestimmung des anwendbaren Rechts mithilfe des objektiven Anknüpfungspunktes nicht verwerflich.[1301] Die Pflichtteilsberechtigten fühlen sich auch nur dann benachteiligt, wenn der Pflichtteil durch die Rechtswahl

---

1297 *Brandi*, Haager Abkommen, S. 274 f; *Leipold*, AcP 180 (1980), 160, 185; *Muscheler*, Erbrecht I, § 13 Rn. 465; a.A. *Neumayer*, in: FS Ferid, S. 659, 672 f.

1298 *Kroll-Ludwigs*, Rolle der Parteiautonomie, S. 164; *Canaris*, in: FS Lerche, S. 873, 877 f.

1299 BVerfG, Urt. v. 19.04.2005 – 1 BvR 1644/00, 1 BvR 188/03 = BVerfGE 112, 332, 349; siehe hierzu auch *Badura*, in: Röthel, Reformfragen des Pflichtteilsrechts, S. 151, 153 f.

1300 BGH, Urt. v. 17.09.1986 – IVa ZR 13/85 = BGHZ 98, 226, 233; BGH, Urt. v. 06.12.1989 – IVa ZR 249/88 = BGHZ 109, 306, 313.

1301 *Dutta*, in: Reichelt/Rechberger, Europäisches Erb- und Erbverfahrensrecht, S. 57, 68.

deutlich geringer ausfällt als bei der Anwendung des Aufenthaltsrechts. Ihnen kann in manchen Fällen eine Rechtswahl des Erblassers sogar zugutekommen.

Es ist jedoch der Fall denkbar, in dem der Erblasser nur deshalb eine Rechtswahl trifft, um die Pflichtteilsberechtigten zu benachteiligen und seine Testierfreiheit in möglichst großem Umfang auszuüben.[1302] So könnte der Erblasser dann die Rechtswahl treffen, wenn ihm bewusst ist, dass seine Testierfreiheit in seinem Heimatstaat nicht so stark beschränkt ist wie in seinem Aufenthaltsstaat. Er könnte so das Institut der Rechtswahl zulasten der Pflichtteilsberechtigten nutzen. Ebenso ist denkbar, dass der Erblasser seinen gewöhnlichen Aufenthalt absichtlich in einen Mitgliedstaat mit geringen Pflichtteilsrechten verlegt.[1303]

Allerdings dürfte die Gefahr einer bewussten kollisionsrechtlichen Benachteiligung der Pflichtteilsberechtigten nicht besonders hoch sein. Schließlich ist der Erblasser hauptsächlich auf Rechtssicherheit bedacht, da er später nicht mehr auf seine Verfügung einwirken kann. Die Pflichtteilsberechtigten sind aber auch nicht vor einem Statutenwechsel geschützt, wenn der Erblasser seinen gewöhnlichen Aufenthalt aus freien Stücken verlegt.[1304] Sie können sich dann auch nicht darauf berufen, dass sie nach dem Recht des vorherigen gewöhnlichen Aufenthalts einen höheren Pflichtteil erhalten hätten. Die Gefahr einer Manipulation des objektiven Anknüpfungspunktes ist zwar deutlich geringer als bei der Rechtswahl.[1305] Dennoch sind die Rechte der Pflichtteilsberechtigten noch kein Grund, die Rechtswahl völlig auszuschließen, da sie in (fast) allen Rechtsordnungen zumindest ein gewisses Maß an Absicherung erhalten. Auch eine beschränkte Wirksamkeit der Rechtswahl, also eine Rechtswahl, die nur insoweit wirksam sein soll, als sie nicht die Rechte der Pflichtteilsberechtigten vereitelt,[1306] ist abzulehnen. Sie würde eindeutig den Interessen des Erblassers widersprechen, der Rechtssicherheit durch seine Rechtswahl erreichen will. Außerdem würde die Rechtswahl dann weiter beschränkt, indem der Erblasser immer nur das Recht wählen kann, das für die Pflichtteilsberechtigten günstiger

---

1302 *Brandi*, Haager Abkommen, S. 272 f.

1303 *Deutsches Notarinstitut*, Studie, S. 269.

1304 *Kroll-Ludwigs*, Rolle der Parteiautonomie, S. 502 f; *Jud*, GPR 2005, 133, 137.

1305 *Jud*, GPR 2005, 133, 138.

1306 Ähnlich einer Regelung wie in Art. 46 Abs. 2 S. 3 ital. IPRG; vgl. hierzu *Dreher*, Rechtswahl im internationalen Erbrecht, S. 57 und ausführlich zur italienischen Regelung S. 185 ff, hierbei speziell zur beschränkten Wirksamkeit S. 212 f; *Max-Planck-Institut für ausländisches und internationales Privatrecht*, RabelsZ 47 (1983), 595, 660 (als Geldanspruch); auch *Brandi*, Haager Abkommen, S. 282 f stellt Überlegungen zu einer Vorbehaltsklausel an, lehnt sie jedoch aufgrund der Rechtsunsicherheit ab.

ist.[1307] Letztlich würde der Vorschlag dazu führen, dass immer nur die Rechtsordnung einer Rechtswahl zugänglich gemacht wird, die die besten Bedingungen für die Pflichtteilsberechtigten stellt.

Auch wenn die Rechtswahlmöglichkeit in der Europäischen Erbrechtsverordnung das Risiko einer Umgehung bietet, ist die Benachteiligung der Pflichtteilsberechtigten nicht höher als bei einem Statutenwechsel durch Verlegung des gewöhnlichen Aufenthalts. Die Beschränkung der wählbaren Rechtsordnungen trägt der Umgehungsgefahr Rechnung und bringt die Interessen des Erblassers und der Pflichtteilsberechtigten in einen Ausgleich.[1308] Die Interessen der Pflichtteilsberechtigten sind jene, die am ehesten gegen eine Rechtswahl sprechen. Allerdings wird eine Rechtswahl, die allein zulasten der Pflichtteilsberechtigten getroffen wird, die Ausnahme sein. Hier können dann außerdem andere Mechanismen wie der *ordre public* (der allerdings nur selten eingreifen wird) oder der Weg über die Nichtanerkennung bei einem Rechtsmissbrauch die fraudulösen Rechtswahlen ausschließen. Im Entwurf zur Europäischen Erbrechtsverordnung war in Art. 27 Abs. 2 EuErbVO-V festgehalten, dass eine abweichende Regelung des Pflichtteilsrechts nicht unbedingt zu einem Verstoß gegen den *ordre public* führen muss. Vielmehr müssten besondere Umstände hinzutreten, die das Vorliegen eines *ordre public*-Verstoßes rechtfertigen.[1309] Dieser zweite Absatz wurde in der endgültigen Fassung der Europäischen Erbrechtsverordnung in Art. 35 EuErbVO jedoch nicht aufgenommen. Dennoch kann ein *ordre public*-Verstoß nicht generell bei einer benachteiligenden Regelung des Pflichtteilsrechts vorliegen.[1310] Er kommt auch hier nur in Ausnahmefällen in Betracht. Das Bundesverfassungsgericht hat sich insoweit für eine unentziehbare, nicht von Bedürftigkeit abhängige Mindestbeteiligung entschieden.[1311] Nur wenn ein Pflichtteilsberechtigter nach dem gewählten Recht völlig unberücksichtigt bleibt, kommt daher in Deutschland ein Verstoß gegen den *ordre public* in Betracht.

Auch hier sind aber die Interessen des Erblassers zu berücksichtigen, der bei einer wirksamen Rechtswahl davon ausgehen darf, dass sein gewünschtes Recht zur Anwendung kommt. Im Allgemeinen sehen die Rechtsordnungen aller Mitgliedstaaten zumindest einen Minimalschutz für die Pflichtteilsberechtigten vor.

1307 *Jud*, GPR 2005, 133, 138 f.

1308 *Soutier*, Geltung deutscher Rechtsgrundsätze, S. 62; *Wilke*, RIW 2012, 601, 606; *Jud*, GPR 2005, 133, 138.

1309 S.o. Kapitel 3, D., V.

1310 OLG Köln, FamRZ 1976, 170; BGH, NJW 1993, 1920, 1921; *Dreher*, Rechtswahl im internationalen Erbrecht, S. 117 und 164; *Kühne*, Parteiautonomie, S. 76.

1311 *Looschelders*, IPRax 2006, 462, 465.

Wenn die Pflichtteilsberechtigten nicht „leer ausgehen", kann ein Verstoß gegen den *ordre public* nicht angenommen werden. Allein bei der Wahl des Rechts eines Drittstaates könnte es zu einem Eingreifen des *ordre public* kommen. Doch auch hier muss darauf geachtet werden, ob den Pflichtteilsberechtigten in irgendeiner Art und Weise ein Schutz zukommt.[1312]

Die Interessen der Pflichtteilsberechtigten stehen gegenüber den Interessen des Erblassers eine Stufe niedriger und sprechen nicht gegen eine Rechtswahl.[1313] Grundsätzlich steht es dem Erblasser frei, seine Abkömmlinge von der Erbfolge auszuschließen und sie zu benachteiligen.[1314] Für eine Benachteiligung wird er im Zweifel auch seine Gründe haben.[1315] Die Zulassung der Rechtswahl in Art. 22 EuErbVO benachteiligt deshalb nicht die Interessen der Pflichtteilsberechtigten. Vor allem kann nicht allein durch die Belegenheit von Vermögen, wie dies bei Art. 25 Abs. 2 EGBGB a.F. der Fall war, das Pflichtteilsrecht reduziert werden.[1316]

3. *Parteiautonome Zuständigkeitsbestimmung*

Pflichtteilsberechtigte sind bei einem bestehenden Pflichtteilsanspruch ebenfalls betroffene Parteien iSd Art. 5 EuErbVO. Durch den Pflichtteilsanspruch erhalten sie ein auf den Nachlass bezogenes Recht. Sie haben demnach auch ein Interesse an der gerichtlichen Auseinandersetzung. Ihnen ist an einer schnellen Feststellung der Pflichtteilsberechtigung und an einer daran anschließenden schnellen Durchsetzung ihres Anspruchs gelegen. Sie haben deshalb im Hinblick auf die Gerichtsstandsvereinbarung, Gerichtsstandsanerkennung und rügelose Einlassung grundsätzlich dieselben Interessen wie die Erben.[1317] Auch sie möchten sich lediglich mit einem ihnen bekannten Prozessrecht auseinandersetzen. Sie wollen das Gericht selbst bestimmen können und im Idealfall befindet sich der Gerichtsort im Staat ihres gewöhnlichen Aufenthalts. Auch für sie könnte der zur Verfügung stehende Kreis der wählbaren Gerichte zu eng sein – gerade dann, wenn sie sich weder im Aufenthalts- noch im Heimatstaat des Erblassers aufhalten.

1312 S.o. Kapitel 3, D. V.

1313 *Dreher*, Rechtswahl im internationalen Erbrecht, S. 122.

1314 *Looschelders*, IPRax 2006, 462, 464; a.A. *Canaris*, AcP 84 (1984), 201, 236.

1315 *Dörner/Hertel/Lagarde/Riering*, IPRax 2005, 1, 5.

1316 *Müller-Lukoschek*, Die neue EU-Erbrechtsverordnung, S. 248; *Keim*, in: Roth, Wahl ausländischen Rechts, S. 67, 88 f.

1317 S.o. Kapitel 7, B., II., 2.

Die Pflichtteilsberechtigten müssen sich jedoch mit den Erben, Vermächtnisnehmern und sonstigen Beteiligten des Erbfalls auf einen gemeinsamen Gerichtsort einigen. Es liegt in der Natur des streitigen Verfahrens, dass hier die Interessen der Beteiligten auseinandergehen. Die Beteiligten sollen sich jedoch in einer Gerichtsstandsvereinbarung einigen. In der EuGVVO und der ZPO sind Gerichtsstandsvereinbarungen bereits zu einem Zeitpunkt möglich, zu dem noch keine Streitigkeit besteht. Diese Möglichkeit sieht die Europäische Erbrechtsverordnung jedoch nicht vor. Auch die Möglichkeit der rügelosen Einlassung setzt eine gewisse Einigung der Parteien auf ein Gericht voraus. In einem Streitfall, in dem die Interessen generell schon in zwei entgegen gesetzte Richtungen laufen, kann diese Einigung dann schwer fallen. Nach der jetzigen Regelung in der Europäischen Erbrechtsverordnung bleibt bei einer Uneinigkeit der Parteien nur der Gerichtsort im Staat des gewöhnlichen Aufenthalts des Erblassers.

IV. Dritte

Nicht zu vergessen bei einer Erbstreitigkeit sind auch weitere Dritte, die ein Interesse an dem Erbfall haben. Hierzu zählen insbesondere die Gläubiger des Nachlasses. Unter den Begriff der Dritten kann man auch die Ordnungs- und Verkehrsinteressen fassen.

1. Rechtswahl

Nachlassgläubiger, also Gläubiger, die eine Forderung gegen den Nachlass geltend machen können, sind ebenfalls an einer einfachen und schnellen Abwicklung interessiert.[1318] Deshalb ist es ebenfalls in ihrem Interesse, wenn das anwendbare Recht schnell feststeht und die Erben – und damit ihre Schuldner – schnell ermittelt werden. Dafür müssen die Gegner ihrer Klage gefunden werden und die Nachlassgläubiger wollen durch Einreichung einer Klage schnellstmöglich an die ihnen zustehende Forderung kommen.[1319] Ihnen kommt eine Rechtswahl zugute, da sich durch die Rechtswahl eine lange Suche nach dem anwendbaren Recht erledigt.

Zu unterscheiden sind die unterschiedlichen Arten von Nachlassgläubigern. Anhand des Entstehens der Nachlassverbindlichkeiten können drei unterschiedliche Gruppen gebildet werden. Zum einen gibt es Erblasserschulden,

---

1318 Ihre Interessen sind vergleichbar mit denen der Erben und Begünstigten, s.o. Kapitel 7, B., II., 1.

1319 *Kroll-Ludwigs*, Rolle der Parteiautonomie, S. 490.

die schon zu Lebzeiten des Erblassers bestanden und mit dessen Tod auf die Erben übergehen. Im deutschen Recht richtet sich die Haftung des Erben für die Nachlassverbindlichkeiten nach § 1967 BGB. Nach § 1967 Abs. 2 BGB gehören hierzu die Schulden, die bereits beim Erbfall bestanden. Die Normen zur Nachlasshaftung gehören zum zwingenden Recht und können nicht von den Erben abbedungen werden.[1320] In allen Rechtsordnungen müssen zunächst die Nachlassverbindlichkeiten beglichen werden, bevor der Erbe komplett auf sein Erbe zugreifen kann.[1321] Lediglich in einem zweiten Schritt kann der Erbe seine Haftung in manchen Rechtsordnungen beschränken. Die Gläubiger stehen deshalb nicht immer einem persönlich haftenden Erben gegenüber.[1322] Im deutschen Recht kann der Erbe beispielsweise seine Haftung nach § 1975 BGB auf den Nachlass beschränken. Die Gründe der Nachlasshaftung sprechen deshalb nicht gegen Parteiautonomie des Erblassers.[1323] Das auf die Forderung anwendbare Recht richtet sich nicht nach dem Erbstatut, sondern nach dem für die Forderung maßgeblichen Recht. Die Rechtswahl hat keinerlei weitere Auswirkungen auf die Nachlassforderung.

Daneben gibt es Forderungen, die mit dem Erbfall selbst eintreten, die sogenannten Erbfallschulden. Hierunter fallen die Forderungen der Vermächtnisnehmer und der Pflichtteilsberechtigten, die ausdrücklich auch in § 1967 Abs. 2 BGB erwähnt sind. Ebenfalls dieser Gruppe können die Kosten für die Beerdigung und Zugewinnausgleichsforderungen zugerechnet werden. Unter die Erbfallschulden fallen aber auch die Schulden, die aufgrund der Nachlassverwaltung und aus dem Nachlass selbst anfallen, wie beispielsweise die Kosten für die Testamentseröffnung. Hierbei spielt die Rechtswahl wiederum eine Rolle, da sich diese Rechte aufgrund des Entstehens mit dem Erbfall nach dem Erbstatut richten.[1324] Dies ergibt sich auch aus Art. 23 Abs. 2 lit. f EuErbVO, wonach sich die Haftung für Nachlassverbindlichkeiten nach dem Erbstatut bestimmt.

Als weitere Gruppe sind die Nachlasserbenschulden zu nennen. Dies sind Schulden, die sich aus der ordnungsgemäßen Verwaltung des Nachlasses

---

1320 *Firsching*, in: Vorschläge und Gutachten zur Reform des IPR, S. 202, 222 und *D. Müller*, RabelsZ 31 (1967), 337, 339 sprechen sich deshalb gegen eine Rechtswahl im Erbrecht aus.

1321 *Brandi*, Haager Abkommen, S. 271; *Max-Planck-Institut für ausländisches und internationales Privatrecht*, RabelsZ 47 (1983), 595, 659.

1322 *Hotz*, Rechtswahl im Erbrecht, S. 104; *Brandi*, Haager Abkommen, S. 271.

1323 *Max-Planck-Institut für ausländisches und internationales Privatrecht*, RabelsZ 47 (1983), 595, 659.

1324 S.o. Kapitel 6, B., I., 2., b.

ergeben. Die Rechtswahl hat aber für die später entstehenden Nachlassverbindlichkeiten keine Auswirkungen.

Eine Rechtswahl ist deshalb für Nachlassgläubiger – sofern es sich um keine Nachlassverbindlichkeiten handelt, die sich unmittelbar mit Eintritt des Erbfalls ergeben – begrüßenswert, da der Schuldner ihrer Forderung schnell und eindeutig feststeht, indem das anwendbare Recht schnell ermittelt wird. Die Interessen der Gläubiger sprechen deshalb nicht gegen die Zulassung einer Rechtswahl des Erblassers.[1325]

Des Weiteren sind Ordnungs- und Verkehrsinteressen zu berücksichtigten, die Dritte im Rechtsverkehr schützen sollen. Hierunter fallen beispielsweise Rechte Dritter an einer Sache. Dem sachenrechtlichen Interesse ist besonders dann gedient, wenn sich die in einem Staat belegenen Sachen, vor allem Immobilien, nach dem Recht dieses Staates beurteilen. Die *lex rei sitae* verhindert, dass sachenrechtliche Prinzipien durcheinander geraten, und sorgt für eine einheitliche Beurteilung der im Inland belegenen Sachen im Zusammenhang mit der gesamten Rechtsordnung.[1326] Sie entspricht jedoch eher den staatlichen als den Parteiinteressen, indem ein Gleichlauf zwischen Sach- und Erbstatut hergestellt wird.[1327] Dennoch kommt den Parteien ein solcher Gleichlauf entgegen, da der Grundstücksverkehr erleichtert wird.[1328] Bei einer Rechtswahl kann dieses Gleichgewicht auseinanderfallen, indem mit dem Heimatrecht ein abweichendes Recht für im Aufenthaltsstaat belegene Grundstücke gewählt wird und von einer Nachlasseinheit ausgegangen wird. Für die sachenrechtlichen Interessen wäre eine Unterscheidung je nach Belegenheit am sinnvollsten, sodass eine Rechtswahl nur in Ausnahmefällen zuzulassen wäre. Dies widerspräche jedoch schon der Idee eines eigenen Erbstatuts, sind doch insbesondere Grundstücke häufig ein besonders wertvoller Nachlassbestandteil, und sodann der von der Europäischen Erbrechtsverordnung geforderten Nachlasseinheit. Denn durch eine unterschiedliche Anknüpfung für Mobilien und Immobilien kommt es zwangsläufig zu einer Nachlassspaltung. Eine Rechtswahlmöglichkeit, wie sie Art. 25 Abs. 2 EGBGB a.F. vorsah, würde den sachenrechtlichen Interessen bei einer tatsächlich erfolgten Wahl gerecht, jedoch dem Grundsatz der Europäischen Erbrechtsverordnung zuwider laufen. Die sachenrechtlichen Interessen

---

1325 *Flessner*, Interessenjurisprudenz, S. 109; *Dreher*, Rechtswahl im internationalen Erbrecht, S. 124; auch *Brandi*, Haager Abkommen, S. 271 sieht die Nachlassgläubiger nicht im Nachteil.

1326 *Kegel*, in: FS Lewald, S. 259, 275.

1327 *Stoll*, Rechtswahl, S. 55; *Dörner*, DNotZ 1988, 67, 93 f.

1328 *Stoll*, Rechtswahl, S. 56.

sind natürlich von großer Bedeutung, wenn es sich um einen Erbfall handelt, denn in der Erbmasse sind oft auch Immobilien enthalten. Bei einer sachenrechtlichen Trennung des Nachlasses kommt es außerdem nicht zu Anpassungsschwierigkeiten, wenn eine Rechtsordnung ein bestimmtes sachenrechtliches Institut nicht kennt. Allerdings sind die sachenrechtlichen Interessen nur beim Rechtserwerb betroffen und nicht bei der Entstehung des Erbrechts.[1329]

Nimmt man den Grundsatz der Nachlasseinheit als ein Ziel der Europäischen Erbrechtsverordnung, können die Ordnungs- und Verkehrsinteressen nicht in vollem Umfang berücksichtigt werden. Misst man dem Sachenrecht einen höheren Stellenwert bei, kommt es zwangsläufig zu einer Nachlassspaltung. Die Nachlasseinheit schließt aber die Möglichkeit einer Anknüpfung nach der Belegenheit der Sachen aus. Das Prinzip der Nachlasseinheit wird zwar nicht vollständig in der Europäischen Erbrechtsverordnung eingehalten, indem auch bei einer Sonderanknüpfung (Art. 30 EuErbVO), erbenlosen Nachlässen (Art. 33 EuErbVO) und einem möglichen Renvoi (Art. 34 EuErbVO) ebenfalls eine Nachlassspaltung eintreten kann. Dies sind jedoch Ausnahmefälle, die eng auszulegen sind. Die *lex rei sitae* hat damit eine verschwindend geringe Rolle im europäischen Internationalen Erbrecht. Den Interessen wird insoweit dennoch Rechnung getragen, dass im Anwendungsbereich Ausnahmen für die Art der dinglichen Rechte und die Eintragung der Rechte in die Register enthalten sind. Betrachtet man die Interessen der Nachlassgläubiger, so sind auch hier die schnelle Feststellbarkeit des anwendbaren Rechts sowie die Klarheit und Vorhersehbarkeit als vorteilhafte Aspekte aufzuzählen. Mithin müssen die sachenrechtlichen Interessen hinter die Interessen der Parteien zurücktreten, um den Grundsatz der Nachlasseinheit zu wahren.

2. Parteiautonome Zuständigkeitsbestimmung

Dritte wollen eine schnelle Durchsetzung ihrer Forderung und sind deshalb an einer kurzen Verfahrensdauer interessiert.[1330] Sie können ebenfalls betroffene Partei iSd Art. 5 EuErbVO sein, wenn ihnen eine Forderung gegen den Nachlass zusteht.[1331] Außerdem ist ihnen gedient, wenn sie die Forderung in möglichst voller Höhe erhalten. Bleibt am Ende vom Nachlass nichts mehr übrig,

1329 *Jud*, GPR 2005, 133, 134.

1330 *Ferid*, in: Liber amicorum Cohn, S. 31, 36.

1331 Es ist trotzdem umstritten, ob Nachlassgläubiger betroffene Partei sein können, s.o. Kapitel 6, B., I., 2., b.

könnten sie leer ausgehen.[1332] Deshalb liegt es auch im Interesse der Dritten, dass die Gerichtskosten nicht zu hoch ausfallen.

Dritte, die keine Berechtigung am Nachlass selbst haben, sondern ihre Ansprüche geltend machen wollen, die bereits vor dem Erbfall gegen den Erben bestanden, können sich nicht auf die Zuständigkeitsregeln der Europäischen Erbrechtsverordnung berufen. Sie müssen vielmehr ein Verfahren nach der EuGVVO einleiten. Dann entscheiden Art. 25, 26 EuGVVO über die Möglichkeiten einer parteiautonomen Zuständigkeitsbestimmung. Handelt es sich jedoch um Erbfallschulden, was insbesondere die Forderungen der Vermächtnisnehmer und der Pflichtteilsberechtigten sind, sind die Gläubiger an einer schnellen und effektiven Durchsetzung ihrer Forderungen interessiert.[1333]

Für die Ordnungs- und Verkehrsinteressen ist es von Vorteil, wenn ein Gericht am Ort der Belegenheit von Mobilien und insbesondere von Immobilien zuständig ist. Entscheidet das Gericht der Belegenheit, können die besonderen sachenrechtlichen Vorschriften dieses Staates berücksichtigt werden. Im Hinblick auf die Durchsetzbarkeit muss nicht auf die Anpassung des unbekannten an ein bekanntes Rechtsinstitut zurückgegriffen werden. Eine Anwendung des Belegenheitsrechts würde dies weiter fördern. Eine solche Möglichkeit sieht die Europäische Erbrechtsverordnung indes nur in Fällen mit Drittstaatenbezug nach Art. 10 EuErbVO vor – allerdings ohne den Willen der Parteien zu berücksichtigen. Ansonsten stehen die Ordnungs- und Verkehrsinteressen hinter den Parteiinteressen zurück, was aber umso mehr gerechtfertigt erscheint, als vielfach Parteiautonomie zu Gerichten führen wird, in deren Staat wenigstens Teile des Nachlasses belegen sind.

V. Staat

Viele Normen im Erbrecht sind zwingend und verhindern dadurch, dass sich Situationen ergeben, die den Interessen des Staates zuwider laufen.[1334] Auch der Staat hat ein Interesse daran, wo und wie der Nachlass auseinandergesetzt wird. Für ihn ist es wichtig, über seine Staatsbürger und über im Staat belegenes Vermögen sowie seine Justizressourcen zu entscheiden. Die staatlichen Interessen sind deshalb auf ein Funktionieren des Staates gerichtet.[1335] Der Zweck des

---

1332 Vgl. im deutschen Recht § 1973 BGB.

1333 S.o. Kapitel 7, B., II., 2. und III., 3.

1334 *Bajons*, in: FS Heldrich, S. 495, 499.

1335 *Dreher*, Rechtswahl im internationalen Erbrecht, S. 100.

staatlichen Prozesses liegt darin, die subjektiven Rechte zu sichern und Rechtsfrieden zu schaffen.[1336]

1. Rechtswahl

So ist hier zunächst die eindeutige Vermögensverteilung zu nennen. Für den Staat ist eine klare Verteilung der Vermögensmassen nach einem Erbfall von Vorteil, denn nur so bleibt die allgemeine Vermögensverteilung erhalten. Daneben spielen auch steuerliche Gesichtspunkte eine Rolle, wenn der Erbanfall bei den Erben und sonstigen Begünstigen versteuert werden muss.[1337] Das deutsche System der gesetzlichen Erbfolge zeigt das Interesse an einer eindeutigen Verteilung des Erbes auf die Erben. Es besteht ein durchdachtes System, an dessen Ende auch der Staat selbst nach § 1964 BGB steht, wenn weder ein gewillkürter noch ein gesetzlicher Erbe ermittelt werden kann. Das Vermögen des Erblassers soll kein „verlorenes" Vermögen sein.

Der Staat ist an einer einfachen Abwicklung interessiert, die schnell Klarheit bringt.[1338] Dabei hat er auch ein Interesse an der Funktionsfähigkeit seines Gerichtssystems.[1339] Bei der Auslegung des Begriffs des gewöhnlichen Aufenthalts müssen die Gerichte und Behörden nach Erwägungsgrund 23 der Europäischen Erbrechtsverordnung zunächst sämtliche Lebensumstände des Erblassers berücksichtigen. Möglicherweise sind auch Beweise zu erheben und Zeugen zu hören, um den gewöhnlichen Aufenthalt des Erblassers zu bestimmen.[1340] Von einer schnellen und klaren Feststellung kann dann keine Rede sein.[1341] Die Ressourcen der staatlichen Gerichte werden für diesen Fall verwendet und sind gewissermaßen „blockiert". Dem Staat ist deshalb daran gelegen, dass das anwendbare Recht nicht erst durch eine Beurteilung der Gesamtumstände erfolgt.[1342] Bei einer Rechtswahl ist lediglich deren Wirksamkeit zu prüfen, was in den meisten Fällen einfacher festzustellen sein sollte als eine Beurteilung der Gesamtumstände für die Bestimmung des gewöhnlichen Aufenthalts. Die

---

1336 *Schlosser*, Einverständliches Parteihandeln im Zivilprozeß, S. 10 f; *Gaul*, AcP 168 (1968), 27, 27 ff und 46 ff; *Pfeiffer*, Internationale Zuständigkeit und prozessuale Gerechtigkeit, S. 253 ff; *Heldrich*, Internationale Zuständigkeit und anwendbares Recht, S. 106.

1337 *Ferid*, in: Liber amicorum Cohn, S. 31, 36 f.

1338 *Schmeding*, RabelsZ 41 (1977), 299, 305.

1339 *Dreher*, Rechtswahl im internationalen Erbrecht, S. 102.

1340 *Soutier*, Geltung deutscher Rechtsgrundsätze, S. 40.

1341 Vgl. *E. Geimer*, in: FS Geimer (2017), S. 117, 118 f.

1342 Vgl. *Dreher*, Rechtswahl im internationalen Erbrecht, S. 102.

Rechtswahl ist daher eine für die Gerichte praktische Lösung. Bereits zu einem frühen Zeitpunkt steht das Recht fest, das die Erbfolge bestimmt.[1343]

Dem Staat ist gedient, wenn die *lex causae* der *lex fori* entspricht, sich also das Erbstatut nach dem Recht des international zuständigen Gerichts beurteilt.[1344] Dies könnte bei der Rechtswahl jedoch zu Problemen führen. Allgemein zuständig sind die Gerichte des gewöhnlichen Aufenthalts nach Art. 4 EuErbVO. Liegt eine wirksame Rechtswahl vor, kommt es allerdings zur Anwendung des Heimatrechts und damit zu einem fremden Recht. Grundsätzlich hat der Staat ein Interesse daran, sein eigenes Recht anzuwenden.[1345] Die Anwendung fremden Rechts ist dem Richter zwar nicht unmöglich, bedarf aber möglicherweise der Einholung von Rechtsgutachten, um den Fall zu entscheiden. Dabei kann er auch nicht das gesamte Rechtssystem des fremden Rechts im Hinterkopf haben, sodass er in manchen Fällen die Norm im konkreten Fall richtig anwendet, das Ergebnis aber nicht mit den Gedanken der fremden Rechtsordnung übereinstimmt.[1346] Die Möglichkeiten einer parteiautonomen Zuständigkeitsbestimmung können dieses ungewollte Ergebnis verhindern.[1347]

Auch ökonomische Gründe können eine Rolle für die Einräumung einer Rechtswahlmöglichkeit spielen. Können die Bürger über das Vermögen auch nach ihrem Tod selbst bestimmen und müssen sie keine Nachteile durch eine Grenzüberschreitung fürchten, kann sich eine positive Beeinflussung der wirtschaftlichen Beziehungen ergeben und die Rechtswahl die Mobilität der Bürger innerhalb der EU fördern.[1348] Allerdings wird man das Gewicht dieser Gründe nicht überbewerten dürfen; erst recht lassen sich die so erreichten Effekte nicht ernsthaft quantifizieren.

An Art. 22 iVm Art. 34 EuErbVO wird die Ausgestaltung als Sachnormverweisung kritisiert. So gehe die Effektivität und Durchsetzbarkeit der eigenen Rechtsordnung verloren.[1349] Allerdings bewirkt eine Sachnormverweisung den Ausschluss von Rück- und Weiterverweisungen bei einer Rechtswahl. Die

1343 *Kötters*, Parteiautonomie, S. 94; *Dreher*, Rechtswahl im internationalen Erbrecht, S. 60.

1344 MüKo/*Dutta*, vor Art. 4 Rn. 2; Dutta/Weber/*Lein*, vor Art. 4 Rn. 2; vgl. auch *Gargani*, Bericht mit Empfehlungen an die Kommission zum Erb- und Testamentrecht (2005/2148(INI)), S. 6.

1345 *Bajons*, in: FS Heldrich, S. 495, 502.

1346 *Flessner*, RabelsZ 38 (1970), 547, 549 ff; *Neuhaus*, RabelsZ 20 (1955), 201, 244 f.

1347 S.u. Kapitel 7, B., V., 2.

1348 *Corneloup*, in: Roth, Wahl ausländischen Rechts, S. 15, 21 f.

1349 *Bajons*, in: FS Heldrich, S. 495, 501.

Sachnormverweisung bietet Rechtssicherheit, da sie nicht davon abhängt, ob eine Verweisung angenommen wird.

Der Staat müsste deshalb insgesamt einer Rechtswahl positiv gegenüberstehen. Insbesondere die schnelle Feststellbarkeit des anwendbaren Rechts führen zu einer Entlastung des Staates und seiner Gerichte.[1350] Zwar kommt den Parteiinteressen, insbesondere den Interessen des Erblassers, bei der Rechtswahl das größte Gewicht zu. Dennoch sind auch die übrigen Interessen zu berücksichtigen.[1351] Die Interessen des Staates sprechen jedenfalls nicht gegen eine Rechtswahl des Erblassers.

2. *Parteiautonome Zuständigkeitsbestimmung*

Zunächst ist der Staat ebenfalls an einem einfachen und schnellen Verfahren interessiert. Es soll keine allzu große Belastung des Gerichtssystems erfolgen.[1352] So kann der Staat auch seiner Stellung als „Rechtsschutzmonopol" nachkommen und Gerichtsschutz für streitige Verfahren sowie Rechtsfürsorge für Verfahren der freiwilligen Gerichtsbarkeit garantieren.[1353] Eine Gerichtsstandsvereinbarung trägt zur Prozessökonomie bei.[1354] Die Parteien haben sich bereits auf einen Gerichtsstand geeinigt. Das Gericht muss nur die Wirksamkeit der Vereinbarung überprüfen und nicht seine internationale Zuständigkeit anhand der Vorschriften der Europäischen Erbrechtsverordnung feststellen, insbesondere entfällt auch die Auslegung des Begriffs des gewöhnlichen Aufenthalts. Vielmehr ist bei einer Wirksamkeit der Vereinbarung dieses Gericht in der Sache zuständig. Somit sind Gerichtsstandsvereinbarungen im Interesse des Staates und eines prozessökonomen Verfahrens.

Darüber hinaus möchte der Staat eine Konzentration des Verfahrens an nur einem Gericht, sodass keine sich widersprechenden Entscheidungen ergehen.[1355] Auch diesem Interesse werden Gerichtsstandsvereinbarungen gerecht, indem sie für den gesamten Erbfall die Zuständigkeit begründen. Schließlich möchte der Staat auch den Standard der Rechtsprechung erhalten. Er hat daher ein Interesse daran, dass die Parteien die Zuständigkeit eines inländischen statt eines

---

1350 *Kühne*, Parteiautonomie, S. 79; *Schmeding*, RabelsZ 41 (1977), 299, 307.

1351 So auch *Junghardt*, Vereinheitlichung des Erb- und Testamentsrechts, S. 170.

1352 *Dreher*, Rechtswahl im internationalen Erbrecht, S. 102; *Schmeding*, RabelsZ 41 (1977), 299, 305.

1353 *Heldrich*, Internationale Zuständigkeit und anwendbares Recht, S. 103 f u. 106.

1354 *Peiffer*, Schutz gegen Klagen, S. 12 f.

1355 *Heldrich*, Internationale Zuständigkeit und anwendbares Recht, S. 118.

ausländischen Gerichts aufgrund der Qualität der eigenen Rechtspflege bestimmen.[1356] Für den Staat steht schließlich auch die Praktikabilität im Vordergrund. Es geht nicht primär darum, das Gericht des Staates zu finden, zu dem der Erblasser die engste Verbindung hat.[1357] Vielmehr spielen Fragen der Beweis- und Sachnähe eine Rolle.[1358] Wenn man annimmt, dass die Parteien auch wegen der Beweis- und Sachnähe ein Gericht wählen, wird hierdurch zugleich dem staatlichen Interesse Rechnung getragen.

Der Staat ist außerdem daran interessiert, dass seine Gerichte ihr eigenes Recht anwenden, weil sie dieses am besten kennen.[1359] Dadurch lassen sich Anwendungsfehler des fremden Rechts vermeiden. Insbesondere ist der Richter sicherer in der Anwendung seines eigenen Rechts und am Ende überzeugter von seiner Entscheidung.[1360] Für die Anwendung ausländischen Rechts wird mehr Zeit benötigt und es entstehen höhere Kosten.[1361] Der Gleichlauf fördert deshalb ebenfalls die Prozessökonomie.[1362] Allerdings darf das Interesse des Richters nicht allein der geringere Arbeitsaufwand an sich sein.[1363] Seine Abneigung, fremdes Recht anzuwenden, sollte für sich allein kein Kriterium sein.[1364]

1356 *Heldrich*, Internationale Zuständigkeit und anwendbares Recht, S. 118.

1357 *D. Lübcke*, Nachlassverfahrensrecht, S. 333 f; *Pfeiffer*, Internationale Zuständigkeit und prozessuale Gerechtigkeit, S. 113; auch wenn die praktische Lösung meist im Gleichlauf liegt, so *Heldrich*, Internationale Zuständigkeit und anwendbares Recht, S. 114; Rauscher/*Rauscher*, Bearbeitung 2010, EG-ErbVO-E, Rn. 52.

1358 *Heldrich*, Internationale Zuständigkeit und anwendbares Recht, S. 112 f; *Berliner*, Vereinbarungen über den Gerichtsstand, S. 14; *Schröder*, Internationale Zuständigkeit, S. 486; *Abendroth*, Parteiautonome Zuständigkeitsbegründung, S. 29.

1359 *Abendroth*, Parteiautonome Zuständigkeitsbegründung, S. 29; *Geimer*, in: Hager, Die neue Europäische Erbrechtsverordnung, S. 9, 17; *Heldrich*, Internationale Zuständigkeit und anwendbares Recht, S. 110 f; *Neuhaus*, RabelsZ 20 (1955), 201, 244; *Schröder*, Internationale Zuständigkeit, S. 504 ff, trotzdem kritisch hinsichtlich des Gleichlaufs von Sach- und Prozessrecht allein aufgrund eines anwendbaren Rechts.

1360 *Flessner*, RabelsZ 38 (1970), 547, 551 f.

1361 *Flessner*, Interessenjurisprudenz, S. 119; *ders.*, RabelsZ 38 (1970), 547, 549 ff; *Jakobs*, Vorprozessuale Vereinbarungen, S. 2; *Heldrich*, Internationale Zuständigkeit und anwendbares Recht, S. 110; *Müller-Lukoschek*, Die neue EU-Erbrechtsverordnung, S. 58; *Dutta*, ZEuP 2016, 427, 434 (wird aber durch kollisionsrechtliche Wertungen relativiert); *Wall*, ZErb 2014, 272, 272; *Wilke*, RIW 2012, 601, 604 f; *Magnus*, IPRax 2013, 393, 394.

1362 Geimer/Schütze/*Wall*, Art. 4 Rn. 11; Burandt/Rojahn/*Burandt*, Art. 4 Rn. 1.

1363 *Flessner*, Interessenjurisprudenz, S. 117; Deixler-Hübner/Schauer/*Deixler-Hübner*, vor Art. 4 Rn. 1.

1364 *Heldrich*, Internationale Zuständigkeit und anwendbares Recht, S. 213.

Dennoch können durch die Anwendung des eigenen Rechts gerechtere Entscheidungen ergehen[1365] – auch wenn der Richter das ausländische Recht anwenden können muss.[1366] Ein Gleichlauf wird mit der bisherigen Regelung der Europäischen Erbrechtsverordnung im Falle einer parteiautonomen Zuständigkeitsbestimmung erreicht. Die Gerichtsstandsvereinbarung kann nur dann getroffen werden, wenn der Erblasser zuvor eine Rechtswahl getroffen hat. Ist dies der Fall, können nur die Heimatgerichte prorogiert werden. Im Ergebnis wenden dann die Heimatgerichte das Heimatrecht des Erblassers an. Der Gleichlauf von *forum* und *ius* trägt zur Wahrung der Abstimmungen zwischen dem materiellen und dem Prozessrecht bei.[1367] Es besteht gerade eine enge Verbindung zwischen dem materiellen und dem Prozessrecht.[1368] Im Hinblick auf gerechte Entscheidungen ist diese Entwicklung zu begrüßen. Die Rechtswahl ist der Auslöser für das Auseinanderfallen, das durch die Gerichtsstandsvereinbarung wieder aufgehoben werden kann. Es kommt außerdem nicht zu einem *forum shopping*, was dem Staat insofern zugutekommt, als dass die Verfahren (theoretisch) auf alle Staaten gleichermaßen verteilt werden. Die Gerichtsstandsvereinbarung ist zudem beschränkt, sodass nach jetziger Regelung lediglich zwischen zwei Gerichten (Gerichte im Aufenthaltsstaat oder im Heimatstaat des Erblassers) die Wahl besteht. Durch Vermeidung konkurrierender Gerichtsstände wird außerdem der internationale Entscheidungseinklang gestärkt.[1369]

Auch bei einer Abwicklung des Erbfalls im Staat des gewöhnlichen Aufenthalts könnten andere Staaten den Nachteil davontragen: So hat auch der Heimatstaat und der Belegenheitsstaat von unbeweglichem Vermögen ein Interesse an der Abwicklung des Nachlasses im eigenen Staat.[1370] Wird der Fall vor einem fremden Gericht verhandelt, können die Gerichte die Besonderheiten des jeweiligen Staates insbesondere im Immobiliarsachenrecht nicht so gut berücksichtigen. Den Staaten wird in gewisser Weise die Regelungskompetenz entzogen,

---

1365 *Von Caemmerer*, in: FS Hallstein, S. 63, 83; *Heldrich*, Internationale Zuständigkeit und anwendbares Recht, S. 111; *Hotz*, Rechtswahl im Erbrecht, S. 105; *Berliner*, Vereinbarungen über den Gerichtsstand, S. 15 f.

1366 S.o. Kapitel 7, B., V., 2.

1367 *Heldrich*, Internationale Zuständigkeit und anwendbares Recht, S. 110.

1368 Bonomi/Wautelet/*Bonomi*, Art. 4 Rn. 5; Dutta/Weber/*Lein*, Art. 4 Rn. 2.

1369 *Haas*, in: Gottwald, Perspektiven, S. 43, 59, der aber dennoch Gerichtsstandsvereinbarungen ablehnt, S. 61 Fn. 104.

1370 *Bajons*, DNotI-Studie, S. 465, 471.

indem sie nicht mehr über ihre Staatsangehörigen oder ihr unbewegliches Vermögen bestimmen können.[1371]

Im Hinblick auf eine spätere Vollstreckbarkeit sind Gerichtsstandsvereinbarungen ebenfalls hilfreich.[1372] Denn wenn die Zuständigkeit der Gerichte des Vollstreckungsstaates vereinbart ist, können sich keine Fragen der Anerkennung und Vollstreckbarkeit stellen.

Die Regelung der Gerichtsstandsvereinbarung in der derzeit geltenden Fassung der Europäischen Erbrechtsverordnung scheint bei einer Abwägung der Interessen insbesondere den Interessen des Staates zu entsprechen. Dabei sind jedoch die Interessen der übrigen Beteiligten außer Acht gelassen.[1373] Auf prozessualer Ebene stehen die Erben und die Vermächtnisnehmer sowie Pflichtteilsberechtigten im Mittelpunkt. Sie sollen ihre Interessen am stärksten durchsetzen können. Für sie ist eine parteiautonome Zuständigkeitsbestimmung auch zugunsten anderer Gerichte als den Heimatgerichten unabhängig von einer Rechtswahl des Erblassers sinnvoll. Dabei kann das Interesse des Staates an einer Anwendung des eigenen Rechts nicht vollumfänglich Berücksichtigung finden.

C. Möglichkeiten der besseren Berücksichtigung

Nach der Untersuchung der einzelnen parteiautonomen Institute und der beteiligten Interessen muss überlegt werden, wie die Interessen in den Regelungen zur Parteiautonomie der Europäischen Erbrechtsverordnung besser berücksichtigt werden können. Die Untersuchung hat gezeigt, dass die jetzige Regelung zwar die Interessen teilweise in den Blick nimmt, jedoch noch in stärkerem Maße aufgreifen könnte. Insbesondere sollten die Interessen ausgewogen auf die Regelungen einwirken: Die Waage der Justitia soll im Gleichgewicht sein und keines der Interessen ein Übergewicht erhalten. Die Möglichkeiten, die bisherige Regelung zu verbessern, sind dabei vielfältig.

I. Kollisionsrechtliche Rechtswahl

Für die kollisionsrechtliche Ebene muss das Interesse des Erblassers im Mittelpunkt stehen. Die Beschränkung der Testierfreiheit im materiellen Recht muss

1371 *Bajons*, DNotI-Studie, S. 465, 484 spricht sich deshalb gegen Gerichtsstandsvereinbarungen im Erbrecht aus.

1372 *Jakobs*, Vorprozessuale Vereinbarungen, S. 3.

1373 Vgl. *Leipold*, in: FS Meincke, S. 219, 222.

sich aber auch im Kollisionsrecht widerspiegeln. Außerdem dürfen die Pflichtteilsberechtigten nicht völlig außer Acht gelassen werden.

1. *Unbeschränkte Rechtswahl*

Zunächst könnte man an eine unbeschränkte Rechtswahl denken. Dem Erblasser würden dann keine Vorgaben zu der jeweils wählbaren Rechtsordnung gemacht.[1374] Der Erblasser könnte dann jede beliebige Rechtsordnung wählen, was jedoch den Interessen der Erben und der Pflichtteilsberechtigten entgegenstehen würde. Für sie ist es notwendig, zumindest zu einem gewissen Grad vorhersehen zu können, welches Recht anwendbar ist. Eine uneingeschränkte Rechtswahl kann dem Erblasser deshalb nicht zugestanden werden. Vielmehr ist es im Hinblick auf das sehr emotional konnotierte Erbrecht sinnvoll, nur solche Rechtsordnungen zur Wahl zu stellen, die eine enge Verbindung zum Erblasser und den beteiligten Parteien des Verfahrens aufweisen. Eine Beschränkung der wählbaren Rechtsordnungen entspricht deshalb auch den Interessen des Erblassers selbst: Er selbst möchte, dass er zu dem Recht, das Anwendung auf seinen Todesfall findet, eine Verbindung hat. Anders als beispielsweise im Kaufrecht sind im Erbrecht die Rechtsverhältnisse persönlicher Gestalt. Die Zulassung nur *einer* Rechtsordnung kann jedoch nicht mit den Interessen vereinbar sein. Denn gerade im Hinblick auf die Rechtssicherheit spricht vieles für die Wählbarkeit mehrerer Rechtsordnungen.

2. *Wahl der* lex rei sitae

Der Großteil des Nachlassvermögens besteht meist aus dem unbeweglichen Vermögen des Erblassers.[1375] So wäre es möglich, eine Regelung in die Europäische Erbrechtsverordnung aufzunehmen, die der des Art. 25 Abs. 2 EGBGB a.F. entspricht.[1376] Die sachenrechtlichen Prinzipien eines jeden Mitgliedstaates könnten unter einer solchen Regelung in höherem Maße Berücksichtigung finden. Insbesondere für das Grundstücksrecht würde sich diese Möglichkeit als positiv herausstellen und so das Verkehrs- und Ordnungsinteresse an einem Ergebnis, bei dem die sachenrechtlichen Besonderheiten eines Staates berücksichtigt werden, unterstützen. Das Prinzip der *lex rei sitae* könnte so auch im Erbrecht weiterhin

---

1374 So *Dölle*, RabelsZ 30 (1966), 205, 234; *Kroll-Ludwigs*, Rolle der Parteiautonomie, S. 571 ff.

1375 *D. Lübcke*, Nachlassverfahrensrecht, S. 115.

1376 *Linde-Rudolf*, Probleme einer Parteiautonomie, S. 136 f verlangt im Hinblick auf Art. 25 Abs. 2 EGBGB a.F. eine weitergehende Rechtswahl.

Geltung beanspruchen.[1377] Allerdings widerspricht eine dem Art. 25 Abs. 2 EGBGB a.F. ähnliche Regelung dem Prinzip der Nachlasseinheit, das die Europäische Erbrechtsverordnung stark prägt. Die Nachlasseinheit wurde als ein zu erreichendes Ziel in der Europäischen Erbrechtsverordnung verankert, das die Anwendung mehrerer Rechtsordnungen auf einen Erbfall verhindert. Beurteilt sich der erbrechtliche Sachverhalt lediglich nach einer Rechtsordnung, bleibt dem Gericht erspart, sich mit mehreren Rechtsordnungen auseinanderzusetzen. Im Hinblick auf das Sachenrecht und auch insbesondere das Grundstücksrecht versucht Art. 1 Abs. 2 lit. l und lit. k EuErbVO eine Ausnahme zu schaffen, um dennoch die sachenrechtlichen Interessen eines Staates nicht völlig außer Acht zu lassen. So kann beispielsweise im deutschen Recht für die Übertragung des Eigentums eines Grundstücks trotzdem die Eintragung ins Grundbuch vorausgesetzt werden. Der Verstoß gegen das Prinzip der Nachlasseinheit könnte beispielsweise durch die eigene Entscheidung des Erblassers für eine Nachlassspaltung gerechtfertigt werden.[1378] Es käme außerdem zu einer Entlastung der Gerichte.[1379] Aus rein logischen Gründen kann man entweder die Nachlasseinheit oder die Nachlassspaltung verwirklichen, eine Entscheidung zugunsten des einen oder des anderen Prinzips ist aber zwingend.[1380] Grundsätzlich gestaltet sich die Nachlassplanung aber einfacher, wenn die gesamte Rechtsnachfolge von Todes wegen einem einheitlichen Recht unterliegt. Im Interesse des Erblassers ist deshalb eine Nachlasseinheit zu bevorzugen.[1381] Hier müssen die sachenrechtlichen Interessen zurücktreten.

3. *Wahl des gewöhnlichen Aufenthalts*

Es stellt sich die Frage, warum das Aufenthaltsrecht nicht als weiteres wählbares Recht zur Verfügung steht. Bedauerlicherweise hat sich der europäische Gesetzgeber dafür entschieden, dem Erblasser eine Rechtswahl zugunsten des gewöhnlichen Aufenthalts nicht zur Verfügung zu stellen. Es ist nur die Wahl

1377 *Dutta*, in: Reichelt/Rechberger, Europäisches Erb- und Erbverfahrensrecht, S. 57, 74; so auch die Überlegungen bei *Dreher*, Rechtswahl im internationalen Erbrecht, S. 158 ff und *Brandi*, Haager Abkommen, S. 268 f, die eine Wahl sowohl für bewegliches als auch unbewegliches Vermögen befürworten.

1378 *Dutta*, in: Reichelt/Rechberger, Europäisches Erb- und Erbverfahrensrecht, S. 57, 74.

1379 *Brandi*, Haager Abkommen, S. 270.

1380 *Hotz*, Rechtswahl im Erbrecht, S. 115.

1381 *Herweg*, Vereinheitlichung des Internationalen Erbrechts, S. 73; *Lagarde*, in: Gottwald, Perspektiven, S. 1, 15; *Haas*, in: Gottwald, Perspektiven, S. 43, 106; *Schmitz*, Rechtswahlfreiheit, S. 217; *Stoll*, Rechtswahl, S. 236.

des Heimatrechts möglich. Dem Erblasser steht lediglich eine negative Rechtswahl zu, indem er festlegt, dass das Heimatrecht keine Anwendung finden soll. Diese Entscheidung ist zu kritisieren.[1382] Ziel der Rechtswahlmöglichkeit ist es, dem Erblasser Rechtssicherheit zukommen zu lassen. Er soll nicht auf den vagen Begriff des gewöhnlichen Aufenthalts vertrauen müssen, sondern er soll von vornherein das auf seinen Erbfall anwendbare Recht wählen können. Die Sicherheit an der Anwendung seines gewünschten Rechts nach seinem Ableben kann nur erreicht werden, wenn ihm die Möglichkeit eröffnet wird, das anwendbare Recht selbst zu bestimmen. Er hat jedoch nur die Möglichkeit, das Recht seines Heimatstaates zu wählen. Die Beschränkung ist aufgrund der Pflichtteilsberechtigten gerechtfertigt. Diese sehr krasse Beschränkung auf nur eine wählbare Rechtsordnung fördert aber nicht unbedingt den hinter der Verordnung stehenden Gedanken, dass für das anwendbare Recht ein dem Erblasser verbundenes Erbrecht gefunden wird und darüber hinaus auch Rechtssicherheit besteht. Fühlt sich der Erblasser mit dem Aufenthaltsrecht verbunden, hat seinen Aufenthalt aber erst seit kurzem dorthin verlegt, könnte das zuständige Gericht die Ausnahme des Art. 21 Abs. 2 EuErbVO anwenden und es würde nicht das Aufenthaltsrecht zur Anwendung kommen. Außerdem kann der Erblasser ein Interesse daran haben, sich vor einem Statutenwechsel zu schützen.[1383] Deshalb wäre es für den Erblasser von Vorteil und würde ihm Rechtssicherheit geben, wenn er auch das Recht des gewöhnlichen Aufenthalts wählen könnte. Insbesondere in Fällen mit Drittstaatenbezug kann ein Renvoi verhindert werden.[1384] Damit könnte er selbst festlegen, ob er sich bereits dem Aufenthaltsrecht oder noch

---

1382 *Dutta*, in: Reichelt/Rechberger, Europäisches Erb- und Erbverfahrensrecht, S. 57, 71; *ders.*, RabelsZ 73 (2009), 547, 576; *Coester-Waltjen/Coester*, in: Liber amicorum Schurig, S. 33, 41; *Lange*, ZErb 2012, 160, 163; *Kindler*, IPRax 2010, 44, 49; *Solomon*, in: Dutta/Herrler, Die Europäische Erbrechtsverordnung, S. 19, 36; *Bonomi*, in: FS van Loon, S. 69, 72; *Lehmann*, DStR 2012, 2085, 2088; Deixler-Hübner/Schauer/*Schauer*, Art. 22 Rn. 2; *Rentsch*, Der gewöhnliche Aufenthalt im System des Europäischen Kollisionsrechts, S. 426. Nicht zugunsten jedes Aufenthaltsrechts des Erblassers *Emmerich*, Probleme der Anknüpfung, S. 209 f, da der gewöhnliche Aufenthalt auch objektive Elemente enthält; gegen den Aufenthalt im Errichtungszeitpunkt aber für den Todeszeitpunkt *Schmitz*, Rechtswahlfreiheit, S. 216. Gegen die Wahl des gewöhnlichen Aufenthalts aufgrund einer fehlenden Nähebeziehung *Haas*, in: Gottwald, Perspektiven, S. 43, 105; *Röthel*, Ist unser Erbrecht noch zeitgemäß?, A 104 f, da sonst materiellrechtliche Erwägungen bestimmen; keine Notwendigkeit sieht *Ömür*, Rechtswahlfreiheit als Rechtsgeschäft, S. 107.

1383 *Schauer*, JEV 2012, 78, 86.

1384 *Dutta*, in: Reichelt/Rechberger, Europäisches Erb- und Erbverfahrensrecht, S. 57, 72.

dem Heimatrecht verbunden fühlt. Das Ziel, dem Erblasser Rechtssicherheit bezüglich des anwendbaren Rechts zu geben, könnte durch die Zulassung einer Wahl des Aufenthaltsrechts weiter vorangetrieben werden. Auch im Vergleich zu den sonstigen Regelungen der Rechtswahl in internationalen Verträgen und Verordnungen mit Bezug zum Familienrecht ist eine Beschränkung auf nur eine wählbare Rechtsordnung ein Fremdkörper, sie ist in keinem anderen Rechtstext vorgesehen. Das Haager Erbrechtsübereinkommen sieht eine Rechtswahl zugunsten des Aufenthaltsrechts in seinem Art. 5 Haager Erbrechtsübereinkommen vor. In Art. 5 Abs. 1 S. 1 Haager Erbrechtsübereinkommen ist festgehalten, dass nur das Recht eines bestimmten Staates gewählt werden kann. Nach Art. 5 Abs. 1 S. 2 Haager Erbrechtsübereinkommen kann es sich sowohl um das Heimat- als auch das Aufenthaltsrecht handeln.[1385] Die Not- und Pflichtteilsrechte der Nachkommen werden gerade nicht vereitelt. Träfe der Erblasser keine Rechtswahl zugunsten des Heimatrechts, würde es ohnehin zur Anwendung des Rechts des gewöhnlichen Aufenthalts kommen. Es sollte deshalb zusätzlich das Recht des gewöhnlichen Aufenthalts wählbar sein. Dafür spricht, dass die Rechtswahl gerade ein Kompromiss zwischen Heimat- und Aufenthaltsrecht ist und einen Statutenwechsel verhindern soll. Zudem können auch Staatenlose und Flüchtlinge das Recht des gewöhnlichen Aufenthalts wählen.[1386] Auch das Problem der wirkungslosen Erbverzichte kann durch die Wahl des Aufenthaltsrechts umgangen werden. Dem Erblasser sollte aus Rechtssicherheitsgründen nicht nur die negative Rechtswahlerklärung in einer Verfügung von Todes wegen als Gestaltungsmittel zustehen.

Auch im Hinblick auf die bald zur Anwendung kommenden Güterrechtsverordnungen für Ehegatten und Lebenspartner sollte die Rechtswahl zugunsten des gewöhnlichen Aufenthalts unbedingt zugelassen werden. Art. 22 Abs. 1 lit. a EuGüVO und Art. 22 Abs. 1 lit. a EuPartVO kennen für das Güterstatut die Möglichkeit einer Wahl des Rechts des Aufenthaltsstaats. Daneben regeln die Güterrechtsverordnungen auch die internationale Zuständigkeit und sehen eine Koppelung an die Zuständigkeit im Erbrecht vor. Um einen Gleichlauf von *forum* und *ius* in Güterrechts- und Erbsachen zu garantieren, sollte deshalb die

---

1385 Siehe hierzu *Brandi*, Haager Abkommen, S. 293 ff; *Junghardt*, Vereinheitlichung des Erb- und Testamentsrechts, S. 144 zählt die Rechtswahl „[z]u den großen Errungenschaften" des Übereinkommens, sieht aber auch die Relativierung durch den Vorbehalt in Art. 24 Haager Erbrechtsübereinkommen.

1386 S.o. Kapitel 5, B., II., 2.

Wahl des gewöhnlichen Aufenthalts auch in der Europäischen Erbrechtsverordnung zugelassen werden.

Zur Bestimmung des gewöhnlichen Aufenthalts durch das Gericht kann die Rechtswahl zugunsten des gewöhnlichen Aufenthalts bereits als starkes Indiz gewertet werden. So kann das Gericht das subjektive Element zur Bestimmung des Aufenthalts bereits der Rechtswahlerklärung entnehmen. Die Prüfung des Gerichts muss deshalb weniger umfangreich erfolgen und es kann sich stärker auf die Prüfung der Wirksamkeit der Rechtswahl selbst konzentrieren.

4. Wahl des Güterstatuts für Ehegatten und Lebenspartner

Möglich wäre auch eine Wahl des Güterstatuts des Erblassers. Die Auseinandersetzung des Güterstandes findet lediglich in zwei Fällen statt: zum einen beim Tod eines Ehegatten und zum anderen bei einer Scheidung. Stirbt einer der Ehegatten und die ehelichen Güter müssen aufgeteilt werden, kann ein Vorteil darin gesehen werden, wenn Erb- und Güterstatut demselben Recht unterfallen.[1387] So könnten die Abgrenzungsschwierigkeiten zwischen Güter- und Erbstatut beseitigt werden. Die Wahl des Rechts des gemeinsamen Güterstandes bei Ehegatten oder Lebenspartnern scheint zum jetzigen Zeitpunkt noch nicht sinnvoll, da die Europäischen Verordnungen zur Regelung der Güterstände noch nicht anwendbar sind.[1388] Hier bleibt abzuwarten, wie sich die Verordnungen zu den Güterständen weiterentwickeln. Wenn sich die Praxis sowohl an die Europäische Erbrechtsverordnung als auch die Güterrechtsverordnung gewöhnt hat und sich das Zusammenspiel eingependelt hat, könnte man auch die Wahl des Güterstandes für Ehegatten und Lebenspartner in Betracht ziehen. Jedenfalls lässt sich eine Abhängigkeit der beiden Verordnungen erkennen.

II. Zuständigkeitsrechtliche Wahl

Für die parteiautonome Zuständigkeitsbestimmung muss hauptsächlich auf die Interessen der Erben, Begünstigten und Pflichtteilsberechtigten abgestellt werden, da sie unmittelbar vom erbrechtlichen Verfahren betroffen sind. Dabei soll insbesondere auch auf einen Gleichlauf von *forum* und *ius* geachtet werden.

1387 *Linde-Rudolf*, Probleme einer Parteiautonomie, S. 130 ff.

1388 *Dutta*, in: Reichelt/Rechberger, Europäisches Erb- und Erbverfahrensrecht, S. 57, 73; *Junghardt*, Vereinheitlichung des Erb- und Testamentsrechts, S. 164.

1. *Automatische Zuständigkeit der Heimatgerichte*

Eine Möglichkeit, den Gleichlauf von *forum* und *ius* zu garantieren, ist die automatische Zuständigkeit der Gerichte des Heimatstaates des Erblassers. Trifft er eine Rechtswahl zugunsten des Heimatrechts, könnten automatisch die Heimatgerichte zuständig sein. Die Gerichte könnten auch ihr eigenes Recht anwenden und es müsste nicht der komplizierte Weg über eine Gerichtsstandsvereinbarung der Parteien gegangen werden. Die Rechtswahl indizierte dann bereits die Zuständigkeit der Gerichte. Diese Möglichkeit erinnert an den Gleichlauf, der sich für Nachlassverfahren unter dem FGG ergab. Aufgrund der engen Verbindung zwischen materiellem Recht und Prozessrecht waren die deutschen Gerichte dann zuständig, wenn das deutsche Recht anwendbar war. Die Gerichte des Heimatstaates hätten dann zunächst die Wirksamkeit der Rechtswahl zu prüfen – dies dürfte sie aber nicht vor große Schwierigkeiten stellen, da sich die Wirksamkeit nach dem eigenen Recht der Gerichte beurteilen würde. Auch für Rechtswahlen außerhalb des Erbrechts wird oft eine Gerichtsstandsvereinbarung zugunsten der Gerichte des gewählten Rechts angenommen.[1389] Grund ist die Einfachheit, die durch den Gleichlauf von *forum* und *ius* erreicht wird. Die automatische Zuständigkeit der Heimatgerichte des Erblassers entspricht den Interessen des Erblassers an einer exakten Umsetzung seiner getroffenen Rechtsnachfolge von Todes wegen. Er muss nicht befürchten, dass die Rechtsordnung eines anderen Staates möglicherweise eine getroffene Verfügung nicht kennt und deshalb eine Anpassung oder Umdeutung der Verfügung vornimmt. Beispielsweise könnten die italienischen Gerichte bei einer nach deutschem Recht vorgenommenen Vor- und Nacherbschaft diese an das italienische Recht nach Art. 31 EuErbVO anpassen und so nicht vollständig dem Willen des Erblassers nachkommen.

Allerdings werden durch die automatische Zuständigkeit die Interessen der am Verfahren tatsächlich beteiligten Parteien völlig außer Acht gelassen. Ihnen steht dann keine Möglichkeit zu, das Verfahren von einem ihnen unbeliebten Ort an einen anderen Ort zu ziehen. Sie müssen sich dann immer auf ein Verfahren vor den Heimatgerichten einlassen, selbst wenn sie ihren gewöhnlichen Aufenthalt in einem anderen Staat haben. Erhöhte Kosten durch Reisen und Dolmetscher sowie Anwälte erschweren dann für sie das Erbverfahren. Nicht mehr ihre Interessen stehen dann im Mittelpunkt, sondern die Interessen des Erblassers. Dieser ist aber am Verfahren nicht beteiligt, sodass er nicht die größte

1389 Vgl. Erwägungsgrund 12 der Rom I-VO; *Geimer*, Internationales Zivilprozessrecht, 7. Aufl., S. 622 und 647.

Einflussmöglichkeit im Hinblick auf die internationale Zuständigkeit haben sollte.[1390] Eine automatische Zuständigkeit der Heimatgerichte wird den beteiligten Interessen mithin nicht gerecht.

2. *Wahl durch den Erblasser*

Ähnlich gestaltet sich die Möglichkeit, dem Erblasser die Wahl des Gerichtsstands zu überlassen. So sind die Gerichte des Heimatstaats nicht automatisch zuständig, sondern nur dann, wenn der Erblasser sich für sie entscheidet. Er kann demnach selbst festlegen, ob er möchte, dass die Gerichte des Aufenthaltsstaats das fremde Recht anwenden oder die Heimatgerichte ihr eigenes Recht. Gerade wenn sich die Beteiligten des Nachlassverfahrens ebenfalls im Heimatstaat aufhalten, kann der Erblasser eine Wahl der Heimatgerichte treffen. Dies dient insbesondere der Beschleunigung und der Vereinfachung des Verfahrens.[1391] Im umgekehrten Fall, in dem die Beteiligten ihren Aufenthalt ebenfalls im Staat des gewöhnlichen Aufenthalts des Erblassers haben, könnte sich der Erblasser gegen eine Wahl des Gerichtsstands entscheiden.[1392] Die Wahl durch den Erblasser selbst ist jedoch in keiner Rechtsordnung eines Mitgliedstaats vorgesehen.[1393] Schließlich spricht die Nichtbeteiligung des Erblassers an dem Erbverfahren gegen die Zulassung einer Wahlmöglichkeit des Erblassers. Er soll gerade nicht den Parteien einen Gerichtsstand „aufzwingen" können.[1394] Darüber hinaus kann der Erblasser auch vor seinem Tod nicht vorhersehen, welcher Gerichtsstand für die Nachlassabwicklung der günstigste ist.[1395] Auch hier sprechen die Interessen der Erben und Pflichtteilsberechtigten gegen eine alleinige Bestimmung des Gerichtsstands durch den Erblasser.

3. *Wahl eines* forum rei sitae

Die Wahl eines Gerichts, an dem sich Immobilien oder Mobilien des Erblassers befinden, könnte dem Interesse an einer Berücksichtigung der sachenrechtlichen Regelungen dienen. Im Schweizer IPRG findet sich in Art. 87 Abs. 2 S. 1

1390 So auch *D. Lübcke*, Nachlassverfahrensrecht, S. 382 ff.

1391 *Von Bary*, Gerichtsstands- und Schiedsvereinbarungen im internationalen Erbrecht, S. 106 ff (jedoch ohne erbrechtliche Bindungswirkung); Dutta/Weber/*Lein*, Art. 5 Rn. 20.

1392 *Dutta*, in: Reichelt/Rechberger, Europäisches Erb- und Erbverfahrensrecht, S. 57, 82 f.

1393 Anders Art. 87 IPRG der Schweiz.

1394 *Hess/Jayme/Pfeiffer*, Stellungnahme, S. 17.

1395 *D. Lübcke*, Nachlassverfahrensrecht, S. 400; a.A. Dutta/Weber/*Lein*, Art. 5 Rn. 18.

IPRG eine Regelung, dass der Erblasser für im Inland belegenes Vermögen die Gerichtszuständigkeit der Schweizer Gerichte festlegen kann. Eine dahingehende Regelung fand sich noch im Verordnungsvorschlag in Art. 9 EuErbVO-V für solche Nachlassgegenstände, die eine Eintragung in ein öffentliches Register oder eine Umschreibung erfordern.[1396] Der Vorschlag möchte das Tätigwerden der Gerichte der Belegenheit fördern, damit diese die sachenrechtlichen Maßnahmen veranlassen können. Die Interessen des Lageorts werden vollumfänglich berücksichtigt.[1397]

Eine Zuständigkeit nach der Belegenheit von Sachen führt jedoch zu konkurrierenden Zuständigkeiten, denn die Gerichte jedes Staates, in dessen Gebiet sich Vermögen befindet, werden durch diese Regelung zuständig.[1398] Durch die konkurrierenden Zuständigkeiten wird außerdem ein *forum shopping* der Parteien begünstigt, das durch die Regelungen der Europäischen Erbrechtsverordnung eingeschränkt werden sollte. Die in der Europäischen Erbrechtsverordnung angestrebte Verfahrenskonzentration an einem Gericht in einem Mitgliedstaat wird so unterlaufen.[1399] Außerdem zeigt sich in der ersatzlosen Streichung des Art. 9 EuErbVO-V in der endgültigen Fassung der Europäischen Erbrechtsverordnung, dass der Gesetzgeber diese Zuständigkeit nochmals überdacht hat und sie nicht für sinnvoll erachtet hat.[1400] Eine Wahlmöglichkeit zugunsten eines *forum rei sitae* ist also abzulehnen.

4. Unbeschränkte Gerichtsstandswahl

Für die Bestimmung des international zuständigen Gerichts könnten Gerichtsstandsvereinbarungen zugunsten jedes Mitgliedstaats ohne Einschränkung möglich sein. Es stünde den Parteien des Verfahrens dann frei, jedes beliebige Gericht zu prorogieren. Sie wären dabei nicht von einer Rechtswahl des Erblassers abhängig. Den Interessen der Erben und Pflichtteilsberechtigten, die an einem ihnen vertrauten Ort Klage einreichen wollen, könnte so entsprochen werden. Insbesondere ist an den Fall zu denken, bei dem die Erben und Pflichtteilsberechtigten weder im Heimat- noch im Aufenthaltsstaat des Erblassers

---

1396 Vorschlag auch bei *Max-Planck-Institut für ausländisches und internationales Privatrecht*, RabelsZ 74 (2010), 522, 576.

1397 *Lagarde*, in: Gottwald, Perspektiven, S. 1, S. 12 f; *Haas*, in: Gottwald, Perspektiven, S. 43, 64 ff.

1398 *Meyer*, Gerichtsstände der Erbrechtsverordnung, S. 89.

1399 *D. Lübcke*, Nachlassverfahrensrecht, S. 410 ff.

1400 So auch *Lehmann*, ZErb 2005, 320, 325.

ihren gewöhnlichen Aufenthalt oder Wohnsitz haben. Führt man sich die Interessen der vom Verfahren betroffenen Parteien nochmals vor Augen, so haben sie insbesondere ein Interesse an einer Zuständigkeit in einem Staat, in dem sie die Sprache beherrschen und einen ihnen bekannten Anwalt zu Rate ziehen können.[1401] Die Wahl lediglich des Heimatstaates des Erblassers ist zu eng.[1402] Auch sollte die parteiautonome Zuständigkeitsbestimmung nicht von einer Rechtswahl des Erblassers abhängig gemacht werden.

Problematisch ist die unbeschränkte Gerichtsstandswahl dann, wenn die Beteiligten in unterschiedlichen Staaten ihren Aufenthalt haben. Besonders in einem streitigen Verfahren könnte es dann schwierig sein, sich auf die Zuständigkeit der Gerichte nur eines Mitgliedstaats zu einigen, da für manche Parteien durch die Wahl ein Nachteil entstehen könnte. Vorgeschlagen wird aber auch, die unbeschränkte Rechtswahl zugunsten aller Mitgliedstaaten lediglich in streitigen Verfahren zuzulassen.[1403] Allerdings widerspricht dies gerade dem Zweck der Europäischen Erbrechtsverordnung, nicht zwischen Verfahren der streitigen und freiwilligen Gerichtsbarkeit zu unterscheiden.[1404]

Eine Zulassung der unbeschränkten Gerichtsstandswahl würde die Interessen der am Verfahren Beteiligten voll verwirklichen, jedoch das Interesse des Staates und seiner Gerichte an Sach- und Beweisnähe außer Acht lassen. Dennoch sollten die Interessen der Erben und Pflichtteilsberechtigten den Vorzug erhalten. Die betroffenen Parteien sollten also ohne Einschränkung den Gerichtsstand wählen können, damit ihre Parteiautonomie auf Zuständigkeitsebene gestärkt wird.[1405]

1401 *Max-Planck-Institut für ausländisches und internationales Privatrecht*, RabelsZ 74 (2010), 522, 575; *C. Kohler/Pintens*, FamRZ 2010, 1481, 1484.

1402 *Dutta*, FamRZ 2013, 4, 6; MüKo/*ders.*, Art. 4 Rn. 16; *Magnus*, IPRax 2013, 393, 395; *Dörner*, ZEV 2010, 221, 224; a.A. *Mansel*, in: FS Ansay, S. 185, 203. *Rentsch*, Der gewöhnliche Aufenthalt im System des Europäischen Kollisionsrechts, S. 426 Fn. 37 schlägt eine Wählbarkeit der Aufenthaltsgerichte parallel zur Wählbarkeit des Aufenthaltsrechts vor.

1403 *D. Lübcke*, Nachlassverfahrensrecht, S. 404.

1404 S.o. Kapitel 6, B., I., 2., b.

1405 Eine Einschränkung insbesondere für Verfahren der freiwilligen Gerichtsbarkeit schlägt *von Bary*, Gerichtsstands- und Schiedsvereinbarungen im internationalen Erbrecht, S. 59 vor.

III. Ergebnisse in Thesen

Die Abwägung der beteiligten Interessen führt nach alledem zu den folgenden Ergebnissen:

1. Die kollisionsrechtliche und internationalprozessrechtliche Ebene sollten die Spiegelung der materiellen und prozessualen Ebene sein.[1406] Deshalb sollte den Parteien auf beiden Ebenen Parteiautonomie zugestanden werden. Im Ergebnis findet dann der Wille der Parteien auf der Ebene der materiellrechtlichen Privatautonomie in der Testierfreiheit, auf der Ebene des Kollisionsrechts in der Parteiautonomie, auf der Ebene des Verfahrensrechts in der Dispositionsmaxime und auf der Ebene der internationalen Zuständigkeit in der parteiautonomen Zuständigkeitsbestimmung Ausdruck.
2. Die Rechtswahl des Erblassers sollte auch zugunsten des Aufenthaltsrechts zugelassen werden. Nur so kann ein Statutenwechsel vollständig verhindert und das Interesse des Erblassers an Rechtssicherheit umfassend befriedigt werden.
3. Zumindest die Regelung des Art. 21 Abs. 2 EuErbVO sollte jedoch vom Gesetzgeber erneut überdacht werden, da die Ausnahmeregelung ohnehin stark kritisiert wird und Rechtsunsicherheit hervorruft. In einer Überarbeitung der Verordnung sollte die Ausnahmeregelung gestrichen werden.
4. Der Gleichlauf von *forum* und *ius* der Europäischen Erbrechtsverordnung kann nicht in allen Fällen erfolgen, da bereits die Verordnung selbst Ausnahmen von diesem Prinzip vorsieht. Das Auseinanderfallen von anwendbarem Recht und Internationaler Zuständigkeit ist deshalb hinzunehmen. Der Gleichlauf sollte trotzdem als wünschenswertes Ziel beachtet werden, da im Erbrecht das Verfahrens- und Sachrecht aufeinander abgestimmt sind.
5. Den betroffenen Parteien sollte zugestanden werden, eine Gerichtsstandsvereinbarung zugunsten jedes mitgliedstaatlichen Gerichts zu treffen – unabhängig von einer zuvor erfolgten Rechtswahl des Erblassers. Dasselbe sollte auch für die Gerichtsstandsanerkennung gelten. Die rügelose Einlassung sollte nicht einer vorherigen Gerichtsstandsvereinbarung bedürfen. Gerichtsstandsvereinbarungen sollten sowohl im Fall von Verfahren der streitigen als auch der freiwilligen Gerichtsbarkeit zugelassen werden.

1406 Vgl. *G. Wagner*, ZEuP 1999, 6, 33.

Kapitel 8: Fazit

Mit der Europäischen Erbrechtsverordnung wurden zwei Konzepte, die in der Vergangenheit auf viel Ablehnung stießen, in eine Kodifikation aufgenommen: zum einen die Vereinheitlichung des Internationalen Erbrechts und zum anderen die Parteiautonomie im Erbrecht. Beide Aspekte wurden in den letzten Jahrzehnten oft diskutiert.

Die Parteiautonomie wurde noch nicht von *Dumoulin* begründet, ist aber nach der Überwindung der Statutenlehre durch *von Wächter* und *von Savigny* seit *Mancini* ein wichtiges Konzept des Kollisionsrechts. Sie fand nach und nach ihren Weg in die Wissenschaft, Rechtsprechung und Kodifikationen. Eine Ausnahme blieb lange Zeit das Erbrecht, bis man sich über eine Rechtfertigung durch die Testierfreiheit einer Rechtswahlmöglichkeit im Erbrecht näherte. Ihre Wurzeln hat die Parteiautonomie in der abendländischen Philosophie und den Grund- und Menschenrechten. Festzuhalten ist außerdem, dass der Wille der Parteien auf allen Ebenen Berücksichtigung findet: im materiellen Recht wie im Kollisionsrecht, im Prozessrecht wie in der internationalen Zuständigkeit.

Die Rechtswahl in der Europäischen Erbrechtsverordnung dient als Korrektiv für die Anknüpfung an den gewöhnlichen Aufenthalt, ist jedoch auf nur eine wählbare Rechtsordnung beschränkt. Eine Rechtswahl kann sowohl für das Erb- als auch das Errichtungsstatut erfolgen und der Erblasser kann zwischen den verschiedenen Verfügungen von Todes wegen (Testament, Erbvertrag, gemeinschaftliches Testament) wählen. Ziel der Rechtswahl ist es, dem Erblasser Rechtssicherheit vor einem Statutenwechsel zu geben und ihn selbst die engste Verbindung zu seinem Erbfall bestimmen zu lassen.

Mit den Gerichtsstandsvereinbarungen, der Gerichtsstandsanerkennung und der rügelosen Einlassung stehen Instrumente der parteiautonomen Zuständigkeitsbestimmung in der Europäischen Erbrechtsverordnung zur Verfügung. Diese gewähren allerdings keine umfassende Parteiautonomie, da sie von der Rechtswahl bzw. Gerichtsstandsvereinbarung oder Gerichtsstandsanerkennung abhängig sind. Ziel der Verordnung ist eine Herstellung des Gleichlaufs zwischen *forum* und *ius*, der jedoch an einigen Stellen durchbrochen wird.

Die zu berücksichtigenden Interessen sind diejenigen des Erblassers selbst, der Erben und sonstigen Begünstigten sowie der Pflichtteilsberechtigten, der Dritten und des Staates. Auf kollisionsrechtlicher Ebene spielt der Erblasser die Hauptrolle, während im Zuständigkeitsrecht die Erben, Begünstigten und Pflichtteilsberechtigten im Fokus stehen.

Die Untersuchung hat gezeigt, dass die Europäische Erbrechtsverordnung noch Schwächen aufweist. Insbesondere im Zuständigkeitsrecht sind die Regelungen nicht vollständig aufeinander abgestimmt. Dies könnte auch an der späten Berücksichtigung im Gesetzgebungsverfahren liegen. Die geltenden Regelungen sind unnötig kompliziert.[1407] Grundsätzlich ist das einheitliche System in der Europäischen Erbrechtsverordnung zur Nachlassabwicklung aber sehr positiv zu bewerten.[1408] Die Vereinheitlichung des Kollisionsrechts und der internationalen Zuständigkeit helfen sowohl dem Erblasser als auch den übrigen Parteien, einen grenzüberschreitenden Sachverhalt im Voraus sinnvoll zu planen, und eine gemeinsame Basis erleichtert den Gerichten und Notaren die Rechtsanwendung bei der Nachlassabwicklung und bei eventuellen Streitigkeiten mit Auslandsbezug. Innerhalb der Europäischen Union ist die Rechtsangleichung weiter auf dem Vormarsch. Sie erhält mit den erbrechtlichen Regelungen weiter Aufschwung.[1409]

Im Familien- und Erbrecht lassen sich gemeinsame Grundtendenzen erkennen: Eine Aufgabe des Staatsangehörigkeitsprinzips zugunsten des Aufenthaltsprinzips, das Zulassen beschränkter Parteiautonomie und der Gleichlauf von *forum* und *ius*.[1410] Diese Tendenzen prägen ganz klar auch die Europäische Erbrechtsverordnung.

Der Wille der Parteien wird sowohl auf kollisionsrechtlicher als auch auf zuständigkeitsrechtlicher Ebene im Internationalen Erbrecht berücksichtigt. Die Interessen der Parteien könnten jedoch noch umfangreicher Berücksichtigung finden. So sollte mit Rücksicht auf die Interessen des Erblassers – insbesondere an Rechtssicherheit und Vorhersehbarkeit – auch die Wahl des Rechts des gewöhnlichen Aufenthalts möglich sein. Im Zuständigkeitsrecht sollte den Parteien gestattet werden, eine Zuständigkeitsvereinbarung zugunsten der Gerichte aller Mitgliedstaaten zu treffen. Nur so können sie die Vorteile der eigenen Gerichtssprache und der geringeren Kosten nutzen. Die derzeitige Ausgestaltung der parteiautonomen Zuständigkeitsbestimmung kann nicht als umfassende Gewährung von Parteiautonomie gesehen werden. Vielmehr dient sie lediglich als Korrektiv, um den Gleichlauf zwischen *forum* und *ius* aufrecht

---

1407 *Junker*, Internationales Zivilprozessrecht, 3. Aufl., § 20 Rn. 31; Deixler-Hübner/Schauer/*Deixler-Hübner*, vor Art. 4 Rn. 18.

1408 *Bajons*, in: FS Heldrich, S. 495, 502; *D. Lübcke*, Nachlassverfahrensrecht, S. 646.

1409 *Schaub*, in: Muscheler, Hereditare, S. 91, 131 spricht von einem „‚Feuerwerk' europäischer Rechtsangleichung".

1410 *Dutta*, ZEuP 2016, 427, 433 ff.

zu erhalten. Sie spielt deshalb nur eine untergeordnete Rolle. Dies wird den zu berücksichtigenden Interessen nicht optimal gerecht.

Für die Europäische Erbrechtsverordnung steht bei der Gewährung von Parteiautonomie die Rechtssicherheit im Zentrum. Allerdings gilt für diese erbrechtliche Parteiautonomie der Imperativ „*memento mori*“: Damit der Erblasser von den Möglichkeiten Gebrauch machen kann, muss er hierüber informiert sein und sich mit den Rechtsfolgen seines Todes auseinandersetzen. In einem grenzüberschreitenden Sachverhalt muss er sich überlegen, ob er sich dem Aufenthalts- oder dem Heimatrecht verbundener fühlt, und sich dann entscheiden, ob er eine Rechtswahl zugunsten des Heimatrechts (nach der hier vorgeschlagenen Lösung: oder zugunsten des Aufenthaltsrechts) treffen möchte und hiervon in einem Testament oder Erbvertrag Gebrauch machen möchte. Nur wenn er eine Rechtswahl vornimmt, kommt nach geltendem Recht Parteiautonomie auch bei der Gerichtsstandsbestimmung in Betracht.

Die Erben und Pflichtteilsberechtigten sind also *de lege lata* bei der Bestimmung des Gerichts von der Rechtswahl des Erblassers abhängig. Es sind jedoch viele Fälle denkbar, in denen es den betroffenen Parteien des Verfahrens helfen würde, könnten sie sich auch ohne Rechtswahl durch den Erblasser auf die Zuständigkeit der Gerichte eines anderen Staates einigen. Diese Möglichkeit steht ihnen im Moment nicht zur Verfügung. Zudem können sie lediglich die Gerichte des Heimatstaats des Erblassers prorogieren, selbst wenn eine Gerichtsstandsvereinbarung zugunsten eines anderen Gerichts aus Kosten- und Aufwandsgründen näher liegt. Auch wenn durch eine über die Verordnung hinausgehende Prorogation ein Gleichlauf von *forum* und *ius* verlorenginge, kann die Bestimmung eines anderen Gerichts den Vorteil des Gleichlaufs überwiegen. Hier sollte *de lege ferenda* der Parteiautonomie mehr Raum gegeben werden.

Die Europäische Erbrechtsverordnung beachtet demnach die Interessen der Beteiligten, durch einige Änderungen könnten die Interessen jedoch noch umfassender berücksichtigt werden. Es bleibt abzuwarten, ob die Überprüfung der Verordnung, wie sie in Art. 82 EuErbVO bis zum 18.08.2025 vorgesehen ist, zu einer Änderung führt. Im Sinne der Stärkung der Parteiautonomie sollten die Rechtswahl und die parteiautonome Zuständigkeitsbestimmung in größerem Umfang Berücksichtigung finden.

Literaturverzeichnis

Abendroth, Matthias, Parteiautonome Zuständigkeitsbegründung im Europäischen Zivilverfahrensrecht, Berlin 2016 (zit. *Abendroth*, Parteiautonome Zuständigkeitsbegründung)

Adam, Robert, Die civilprozeßuale Zuständigkeits-Vereinbarung in geschichtlicher Entwicklung, München 1888 (zit. *Adam*, Civilprozeßuale Zuständigkeits-Vereinbarung)

Andrae, Marianne, Wertungswidersprüche und internationales Erbrecht, in: Kronke, Herbert/Thorn, Karsten (Hrsg.), Grenzen überwinden – Prinzipien bewahren. Festschrift für Bernd von Hoffmann zum 70. Geburtstag, Bielefeld 2011, S. 3–22

Antomo, Jennifer, Schadensersatz wegen der Verletzung einer internationalen Gerichtsstandsvereinbarung?, Tübingen 2017 (zit. *Antomo*, Schadensersatz)

Arnold, Stefan, Gründe und Grenzen der Parteiautonomie im Europäischen Kollisionsrecht, in: ders. (Hrsg.), Grundfragen des Europäischen Kollisionsrechts, Tübingen 2016, S. 24–53

Aubin, Bernhard, Europäisches Einheitsrecht oder intereuropäische Rechtsharmonie?, in: Zweigert, Konrad (Hrsg.), Europäische Zusammenarbeit im Rechtswesen, Tübingen 1955, S. 45–78

Aubry, Jules, Le domaine de la loi d'autonomie en droit international privé, Clunet 23 (1896), S. 465–481

—, Le domaine de la loi d'autonomie en droit international privé, Clunet 23 (1896), S. 721–745

Badura, Peter, Erbrecht, Testierfreiheit und Schutz der Familie, in: Röthel, Anne (Hrsg.), Reformfragen des Pflichtteilsrechts – Symposium vom 30.11.-2.12.2006 in Salzau, Köln u.a. 2007, S. 151–159

Baetge, Dietmar, Der gewöhnliche Aufenthalt im Internationalen Privatrecht, Tübingen 1994 (zit. *Baetge*, Der gewöhnliche Aufenthalt)

Bajons, Ena-Marlis, Zur Interdependenz von IPR und IZVR bei der Schaffung eines europäischen Justizraums für grenzüberschreitende Nachlassangelegenheiten, in: Rechtsvergleichende Studie der erbrechtlichen Regelungen des Internationalen Verfahrensrechtes und Internationalen Privatrechts der Mitgliedsstaaten der Europäischen Union des Deutschen Notarinstituts, S. 465–489 (zit. *Bajons*, DNotI-Studie)

—, Internationale Zuständigkeit und anwendbares Recht in grenzüberschreitenden Erbrechtsfällen innerhalb des europäischen Rechtsraums – Eine

Abkehr von nationalen Grundwertungen durch freie Orts- und Rechtswahl?, in: Lorenz, Stephan/Trunk, Alexander/Eidenmüller, Horst/Wendehorst, Christiane/Adolff, Johannes (Hrsg.), Festschrift für Andreas Heldrich, München 2005, S. 495–509

—, Internationale Zuständigkeit und anwendbares Recht in Erbsachen, in: Schauer, Martin/Scheuba, Elisabeth (Hrsg.), Europäische Erbrechtsverordnung (2012/650/EU vom 4. Juli 2012), Wien 2012, S. 29–42

—, Die EU-Erbrechts-VO: Gleichlauf und Auseinanderfallen von forum und ius im Wechselspiel mit Drittstaaten, in: Stamm, Jürgen (Hrsg.), Festschrift für Helmut Rüßmann, Saarbrücken 2013, S. 751–761

Baldus, Christian, Normqualität und Untermaßverbot: Für eine privatrechtliche Logik der Kompetenzbestimmung am Beispiel des Europäischen Erbscheins, GPR 2006, S. 80–82

Bandel, Stefan, Anmerkung zu EuGH, Urt. v. 1.3.2018 - C 558/16, Doris Mahnkopf, ZEV 2018, S. 207–209

—, Rechtsübergang und Rechtsbegründung durch ausländische Vindikationslegate in Deutschland - Zugleich Anmerkung zum Urteil des EuGH vom 12.10.2017, C-218/16, MittBayNot 2018, S. 99–107

—, Überzeugende Ergebnisse statt stringenter Dogmatik - Replik zu Sakka: Der pauschalierte Zugewinnausgleich und das Europäische Nachlasszeugnis, MittBayNot 2018, S. 209–210

Basedow, Jürgen, The Communitarization of the Conflict of Laws under the Treaty of Amsterdam, CMLR 37 (2000), S. 687–708

—, Die Vergemeinschaftung des Kollisionsrechts nach dem Vertrag von Amsterdam, in: Baur, Jürgen F./Mansel, Heinz-Peter (Hrsg.), Systemwechsel im europäischen Kollisionsrecht, München 2002, S. 19–46

—, Freedom of Contract in the European Union, ERPL 6 (2008), S. 901–923

—, Theorie der Rechtswahl oder Parteiautonomie als Grundlage des Internationalen Privatrechts, RabelsZ 75 (2011), S. 32–59

—, EU-Kollisionsrecht und Haager Konferenz - Ein schwieriges Verhältnis, IPRax 2017, S. 194–200

Batiffol, Henri, Les conflits de lois en matière de contrats - Étude de Droit international privé comparé, Paris 1938 (zit. *Batiffol*, Conflits)

—, Aspects philosophiques du droit international privé, Paris 1956 (zit. *Batiffol*, Aspects philosophiques)

—, Traité élémentaire de droit international privé, 3. Aufl., Paris 1959 (zit. *Batiffol*, Traité élémentaire)

—, Les intérêts de droit international privé, in: Lüderitz, Alexander/Schröder, Jochen (Hrsg.), Internationales Privatrecht und Rechtsvergleichung im Ausgang des 20. Jahrhunderts – Bewahrung oder Wende? Festschrift für Gerhard Kegel, Frankfurt am Main 1977, S. 11–21

Baumgärtel, Gottfried, Wesen und Begriff der Prozeßhandlung einer Partei im Zivilprozeß, Berlin u.a. 1957 (zit. *Baumgärtel*, Wesen und Begriff der Prozeßhandlung)

Beckert, Jens, Familiäre Solidarität und die Pluralität moderner Lebensformen – Eine gesellschaftstheoretische Perspektive auf das Pflichtteilsrecht, in: Röthel, Anne (Hrsg.), Reformfragen des Pflichtteilsrechts – Symposium vom 30.11.-2.12.2006 in Salzau, Köln u.a. 2007, S. 1–21

Beitzke, Günther, Grundgesetz und Internationalprivatrecht, Berlin 1961

Berenbrock, Marius, Internationale Nachlaßabwicklung – Zuständigkeit und Verfahren, Berlin 1989

Bergmann, Jan/Lenz, Christofer (Hrsg.), Der Amsterdamer Vertrag – Eine Kommentierung der Neuerungen des EU- und EG-Vertrages, Köln 1998 (zit. Bergmann/Lenz/*Bearbeiter*)

Bergquist, Ulf/Damascelli, Domenico/Frimston, Richard/Lagarde, Paul/-Odersky, Felix/Reinhartz, Barbara (Hrsg.), EU Regulation on Succession and Wills – Commentary, Köln 2015 (zit. Bergquist/*Bearbeiter*)

Berliner, Michael Wolfgang, Vereinbarungen über den Gerichtsstand im internationalen Rechtsverkehr, München 1936 (zit. *Berliner*, Vereinbarungen über den Gerichtsstand)

Böhringer, Walter, Grundbucheintragung eines Vindikationslegats mit Europäischem Nachlasszeugnis, ZfIR 2018, S. 81–86

Boiché, Alexandre, Les règles de compétence des juridictions dans le cadre du règlement « successions », AJ Famille 2015, S. 371–375

Bonomi, Andrea, Conférence de la Haye et Union Européenne – Synergies dans le domaine du droit des successions, in: Hague Conference on Private International Law (Hrsg.), A Commitment to Private International Law – Essays in honour of Hans van Loon, Cambridge u. a. 2013, S. 69–76

Bonomi, Andrea/Öztürk, Azadi, Das Statut der Verfügung von Todes wegen (Art. 24 ff. EuErbVO), in: Dutta, Anatol/Herrler, Sebastian (Hrsg.), Die Europäische Erbrechtsverordnung, München 2014, S. 47–69

Bonomi, Andrea/Wautelet, Patrick (Hrsg.), Le droit européen des successions, 2. Aufl., Brüssel 2016 (zit. Bonomi/Wautelet/*Bearbeiter*)

Bork, Reinhard/Roth, Herbert (Hrsg.), Stein/Jonas – Kommentar zur Zivilprozessordnung, Bd. 1, 23. Aufl., Tübingen 2014 (zit. Stein/Jonas/*Bearbeiter*)

— (Hrsg.), Stein/Jonas – Kommentar zur Zivilprozessordnung, Bd. 2, 23. Aufl., Tübingen 2016 (zit. Stein/Jonas/*Bearbeiter*)

Boulanger, *François*, Étude comparative du droit international privé des successions en France et en Allemagne, Paris 1964 (zit. *Boulanger*, Étude)

Braga, *Sevold*, Staatsangehörigkeitsprinzip oder Wohnsitzprinzip? – Ein Beitrag zur Reform des internationalen Privatrechts, Erlangen 1954

Brandi, *Tim*, Das Haager Abkommen von 1989 über das auf die Erbfolge anzuwendende Recht, Berlin 1996 (zit. *Brandi*, Haager Abkommen)

Breslauer, *Walter*, The Private International Law of Succession in England, America and Germany, London 1937 (zit. *Breslauer*, Private International Law of Succession)

—, Zur Staatsangehörigkeit des ausgebürgerten Verfolgten, RzW 1969, S. 164–166

Brinkmann, *Moritz*, Das lex-fori-Prinzip und Alternativen, ZZP 129 (2016), S. 461–499

Bruns, *Manfred*, Eingetragene Lebenspartnerschaften im Rahmen der EU-Erbrechtsverordnung, ZErb 2014, S. 181–184

Budzikiewicz, Christine/Weller, Marc-Philippe/Wurmnest, Wolfgang (Hrsg.), beck-online.GROSSKOMMENTAR – EuErbVO, Stand 01.09.2018 (zit. BeckOGK/*Bearbeiter*)

Burandt, *Wolfgang*, Die EU-ErbVO – Das europäische Erbrecht im Wandel (Teil 2), FuR 2013, S. 377–388

Burandt, Wolfgang/Rojahn, Dieter (Hrsg.), Erbrecht, 2. Aufl., München 2014 (zit. Burandt/Rojahn/*Bearbeiter*)

Buschbaum, *Markus*, Europäisches Nachlasszeugnis und Annahme öffentlicher Urkunden – neue Mechanismen zur grenzüberschreitenden Nachlassabwicklung und ihr Verhältnis zum materiellen Sachenrecht, in: Hager, Johannes (Hrsg.), Die neue Europäische Erbrechtsverordnung – Tagungsband, Baden-Baden 2013, S. 39–65

Buschbaum, *Markus*/*Simon*, *Ulrich*, EuErbVO: Das Europäische Nachlasszeugnis, ZEV 2012, S. 525–530

Cabrillac, *Séverine*/*Lisanti*, *Cécile*, La détermination de la loi applicable à la succession internationale, Dr. et patr. 2013, S. 42–50

Cach, *Christopher*/*Weber*, *Alexander*, Privatautonomie im Internationalen Erbrecht, ZfRV 2013, S. 263–269

Caleb, *Marcel*, Essai sur le principe de l'autonomie de la volonté en droit international privé, Paris 1927 (zit. *Caleb*, Essai)

Calliess, Christian/Ruffert, Matthias (Hrsg.), EUV/AEUV – Das Verfassungsrecht der Europäischen Union mit Europäischer Grundrechtecharta, 5. Aufl., München 2016 (zit. Calliess/Ruffert/*Bearbeiter*)

Canaris, Claus-Wilhelm, Grundrechte und Privatrecht, AcP 84 (1984), S. 201–246

—, Verfassungs- und europarechtliche Aspekte der Vertragsfreiheit in der Privatrechtsgesellschaft, in: Badura, Peter/Scholz, Rupert (Hrsg.), Wege und Verfahren des Verfassungslebens. Festschrift für Peter Lerche zum 65. Geburtstag, München 1993, S. 873–891

Coester, Michael, Das Erbrecht registrierter Lebenspartner unter der EuErbVO, ZEV 2013, S. 115–117

Coester-Waltjen, Dagmar, Parteiautonomie in der internationalen Zuständigkeit, in: Lorenz, Stephan/Trunk, Alexander/Eidenmüller, Horst/Wendehorst, Christiane/Adolff, Johannes (Hrsg.), Festschrift für Andreas Heldrich, München 2005, S. 549–561

—, Himmel und Hölle: Einige Überlegungen zur internationalen Zuständigkeit, RabelsZ 79 (2015), S. 471–520

—, Ein Plädoyer für Art. 25 Brüssel Ia VO, in: Schütze, Rolf A. (Hrsg.), Fairness Justice Equity. Festschrift für Reinhold Geimer zum 80. Geburtstag, München 2017, S. 31–44

Coester-Waltjen, Dagmar/Coester, Michael, Rechtswahlmöglichkeiten im Europäischen Kollisionsrecht, in: Michaels, Ralf/Solomon, Dennis (Hrsg.), Liber amicorum Klaus Schurig, München 2012, S. 33–47

Corneloup, Sabine, Grundlagen der Rechtswahl im Familien- und Erbrecht, in: Roth, Andreas (Hrsg.), Die Wahl ausländischen Rechts im Familien- und Erbrecht, Baden-Baden 2013, S. 15–31

Dauner-Lieb, Barbara, Bedarf es einer Reform des Pflichtteilsrechts?, DNotZ 2001, S. 460–465

Dauner-Lieb, Barbara/Grziwotz, Herbert (Hrsg.), Pflichtteilsrecht – Bürgerliches Recht, Prozessrecht, Wirtschaftsrecht, 2. Aufl., Baden-Baden 2017 (zit. Dauner-Lieb/Grziwotz/*Bearbeiter*)

Davi, Angelo, L'Autonomie de la Volonté en Droit International Privé des Successions dans la Perspective d'une Future Réglementation Européenne, in: Rechtsvergleichende Studie der erbrechtlichen Regelungen des Internationalen Verfahrensrechtes und Internationalen Privatrechts der Mitgliedsstaaten der Europäischen Union des Deutschen Notarinstituts, S. 387–415 (zit. *Davi*, DNotI-Studie)

David, René, Die Zukunft der europäischen Rechtsordnungen: Vereinheitlichung oder Harmonisierung?, in: Zweigert, Konrad (Hrsg.), Europäische Zusammenarbeit im Rechtswesen, Tübingen 1955, S. 1–17

Deixler-Hübner, Astrid/Schauer, Martin (Hrsg.), Kommentar zur EU-Erbrechtsverordnung – EuErbVO, Wien 2015 (zit. Deixler-Hübner/Schauer/*Bearbeiter*)

Denkinger, Miriam, Europäisches Erbkollisionsrecht – Einheit trotz Vielfalt?, Köln 2009 (zit. *Denkinger*, Europäisches Erbkollisionsrecht)

Deutsches Notarinstitut, Rechtsvergleichende Studie der erbrechtlichen Regelungen des Internationalen Verfahrensrechtes und Internationalen Privatrechts der Mitgliedsstaaten der Europäischen Union des Deutschen Notarinstituts (zit. *Deutsches Notarinstitut*, Studie)

Devers, Alain, Requiem pour la fraude à la loi ?, Dr. et patr. 2014, S. 52–55

Deybeck, Carl, Der Gerichtsstand der Vereinbarung in historischer und dogmatischer Darstellung, Erlangen 1888 (zit. *Deybeck*, Gerichtsstand der Vereinbarung)

Döbereiner, Christoph, Das internationale Erbrecht nach der EU-Erbrechtsverordnung (Teil I), MittBayNot 2013, S. 358–366

—, (Bindende?) Rechtswahlen nach der EU-Erbrechtsverordnung, DNotZ 2014, S. 323–340

—, Vindikationslegate unter Geltung der EU-Erbrechtsverordnung – Praktische Anmerkungen aus notarieller Sicht, GPR 2014, S. 42–44

Dölle, Hans, Die Rechtswahl im internationalen Erbrecht, RabelsZ 30 (1966), S. 205–240

Dörner, Heinrich, Probleme des neuen Internationalen Erbrechts, DNotZ 1988, S. 67–109

—, Vorschläge für ein internationales Erbrecht, in: Saar, Stefan Chr./Roth, Andreas/Hattenhauer, Christian (Hrsg.), Recht als Erbe und Aufgabe. Festschrift für Heinz Holzhauer zum 21. April 2005, Berlin 2005, S. 474–483

—, Der Entwurf einer europäischen Verordnung zum Internationalen Erb- und Erbverfahrensrecht – Überblick und ausgewählte Probleme, ZEV 2010, S. 221–228

—, EuErbVO: Die Verordnung zum Internationalen Erb- und Erbverfahrensrecht ist in Kraft!, ZEV 2012, S. 505–513

—, Die Abgrenzung des Erbstatuts vom Güterstatut, in: Dutta, Anatol/Herrler, Sebastian (Hrsg.), Die Europäische Erbrechtsverordnung, München 2014, S. 73–83

—, Besser spät als nie – Zur güterrechtlichen Qualifikation des § 1371 Abs. 1 BGB im deutschen und europäischen IPR, IPRax 2017, S. 81–88

—, Erbrechtliche Qualifikation des § 1371 Abs. 1 BGB durch den EuGH: Konsequenzen und neue Fragen, ZEV 2018, S. 305–310

Dörner, Heinrich/Hertel, Christian/Lagarde, Paul/Riering, Wolfgang, Auf dem Weg zu einem europäischen Internationalen Erb- und Erbverfahrensrecht, IPRax 2005, S. 1–8

Dorsel, Christoph, Europäische Erbrechtsverordnung und Europäisches Nachlasszeugnis, ZErb 2014, S. 212–224

Dorth, Katharina, Testamentarische Anordnung eines ausländischen Vindikationslegats im Hinblick auf ein deutsches Nachlassgrundstück, ZEV 2018, S. 11–14

Dreher, Karin, Die Rechtswahl im internationalen Erbrecht – Unter besonderer Berücksichtigung des italienischen IPR-Reformgesetzes N. 218 vom 31. Mai 1995, Frankfurt am Main 1999 (zit. *Dreher*, Rechtswahl im internationalen Erbrecht)

Dressler, Alexander, Das Europäische Nachlasszeugnis unter Berücksichtigung des Vindikationslegats ausländischer Rechtsordnungen – zugleich Anmerkung zu EuGH, Urteil vom 12.10.2017 – C-218/16, Rpfleger 2018, S. 413–417

Drobnig, Ulrich, Verstößt das Staatsangehörigkeitsprinzip gegen das Diskriminierungsverbot des EWG-Vertrages?, RabelsZ 24 (1970), S. 636–661

Dumoulin, Franz Josef, Vereinheitlichung des internationalen Ehegüter- und Erbrechts, RabelsZ 28 (1964), S. 425–435

Dutta, Anatol, Succession and Wills in the Conflict of Laws on the Eve of Europeanisation, RabelsZ 73 (2009), S. 547–606

—, Die Rechtswahlfreiheit im künftigen internationalen Erbrecht der Europäischen Union, in: Reichelt, Gerte/Rechberger, Walter H. (Hrsg.), Europäisches Erb- und Erbverfahrensrecht – Zum Verordnungsvorschlag der Europäischen Kommission zum Erb- und Testamentsrecht, Wien 2011, S. 57–84

—, Anmerkung zu BGH 12.09.2012 IV ZB 12/12, FamRZ 2013, S. 452

—, Das neue internationale Erbrecht der Europäischen Union – Eine erste Lektüre der Erbrechtsverordnung, FamRZ 2013, S. 4–15

—, Warum Erbrecht? – Das Vermögensrecht des Generationenwechsels in funktionaler Betrachtung, Tübingen 2014

—, Die europäische Erbrechtsverordnung vor ihrem Anwendungsbeginn: Zehn ausgewählte Streitstandsminiaturen, IPRax 2015, S. 32–39

—, Entwicklungen im internationalen Familien- und Erbrecht der Europäischen Union bis Gogova, ZEuP 2016, S. 427–463

Dutta, Anatol/Weber, Johannes (Hrsg.), Internationales Erbrecht – EuErbVO, Erbrechtliche Staatsverträge, EGBGB, IntErbRVG, IntErbStR, IntSchenkungsR, München 2016 (zit. Dutta/Weber/*Bearbeiter*)

Eidenmüller, Horst, Recht als Produkt, JZ 2009, S. 641–653

Eisenhardt, Ulrich, Deutsche Rechtsgeschichte, 6. Aufl., München 2013

Emmerich, Julian, Probleme der Anknüpfung im Rahmen der EuErbVO – Zugleich ein Beitrag zur Kohärenz des europäischen IPR, Berlin 2016 (zit. *Emmerich*, Probleme der Anknüpfung)

Ferid, Murad, Die gewillkürte Erbfolge im internationalen Privatrecht, in: Lauterbach, Wolfgang (Hrsg.), Vorschläge und Gutachten zur Reform des deutschen internationalen Erbrechts, Berlin u.a. 1969, S. 91–120

—, Zum Entwurf eines einheitlichen Gesetzes über das IPR in den Benelux-Staaten, StAZ 1969, S. 241–252

—, Der Erbgang als autonome Größe im Kollisionsrecht, in: Cholores, A. G./ Neumayer, Karl H. (Hrsg.), Liber amicorum Ernst J. Cohn. Festschrift für Ernst J. Cohn zum 70. Geburtstag, Heidelberg 1975, S. 31–41

—, Internationales Privatrecht, 3. Aufl., Frankfurt am Main 1986

Ferid, Murad/Firsching, Karl (Begr.), Internationales Erbrecht, Bd. 2 Dänemark – Ghana, 105. Ergänzungslieferung, München 2018

Fetsch, Johannes, Die Rechtswahlfiktion in Art. 83 Abs. 4 der Europäischen Erbrechtsverordnung, in: Ackermann, Thomas/Köndgen, Johannes (Hrsg.), Privat- und Wirtschaftsrecht in Europa. Festschrift für Wulf-Henning Roth zum 70. Geburtstag, München 2015, S. 107–123

Firsching, Karl, Zur Reform des deutschen internationalen Erbrechts, in: Beitzke, Günther (Hrsg.), Vorschläge und Gutachten zur Reform des deutschen internationalen Personen-, Familien- und Erbrechts, Tübingen 1981, S. 202–225

Fischer-Czermak, Constanze, Anwendbares Recht, in: Schauer, Martin/Scheuba, Elisabeth (Hrsg.), Europäische Erbrechtsverordnung (2012/650/EU vom 4. Juli 2012), Wien 2012, S. 43–55

—, Gestaltung der Erbfolge durch Rechtswahl, EF-Z 2013, S. 52–54

Flessner, Axel, Fakultatives Kollisionsrecht, RabelsZ 38 (1970), S. 547–584

—, Interessenjurisprudenz im internationalen Privatrecht, Tübingen 1990 (zit. *Flessner*, Interessenjurisprudenz)

—, Das Parteiinteresse an der Lex fori nach europäischem Kollisionsrecht, in: Verbeke, Alain-Laurent/Scherpe, Jens M./Declerck, Charlotte/Helms, Tobias/Senaeve, Patrick (Hrsg.), Confronting the Frontiers of Family and Succession Law. Liber Amicorum Walter Pintens, Cambridge u. a. 2012, S. 593–606

Flume, Werner, Rechtsgeschäft und Privatautonomie, in: von Caemmerer, Ernst/-Friesenhahn, Ernst/Lange, Richard (Hrsg.), Hundert Jahre deutsches Rechtsleben. Festschrift zum hundertjährigen Bestehen des deutschen Juristentages 1860–1960, Karlsruhe 1960, S. 135–238

—, Allgemeiner Teil des Bürgerlichen Rechts – Zweiter Band: Das Rechtsgeschäft, 4. Aufl., Berlin u.a. 1992

Fornasier, Matteo, Art. 1 I EuErbVO, § 1371 I BGB: Erbrechtl. Qualifikation des güterrechtl. Viertels – Anmerkung, FamRZ 2018, S. 634–635

Frank, Susanne/Döbereiner, Christoph, Nachlassfälle mit Auslandsbezug, Bielefeld 2015 (zit. *Frank/Döbereiner*, Nachlassfälle)

Frantzen, Torstein, Europäisches internationales Erbrecht, in: Mansel, Heinz-Peter/Pfeiffer, Thomas/Kronke, Herbert/Kohler, Christian/Hausmann, Rainer (Hrsg.), Festschrift für Erik Jayme, Bd. 1, München 2004, S. 187–196

Frick, Hans Peter, Die Grenzen der Parteiautonomie – Eine rechtsvergleichende Darstellung des schweizerischen, deutschen, französischen und anglo-amerikanischen internationalen Privatrechts, Zürich 1974 (zit. *Frick*, Grenzen der Parteiautonomie)

Frodl, Susanne, Einheit durch Aufgabe nationaler Rechtstraditionen? – EU-Erbrechtsverordnung kundgemacht, ÖJZ 2012, S. 950–959

Gamillscheg, Franz, Der Einfluß Dumoulins auf die Entwicklung des Kollisionsrechts, Berlin u.a. 1955 (zit. *Gamillscheg*, Einfluß Dumoulins)

—, Rechtswahl, Schwerpunkt und mutmaßlicher Parteiwille im internationalen Vertragsrecht, AcP 157 (1958), S. 303–341

Gargani, Giuseppe, Bericht mit Empfehlungen an die Kommission zum Erb- und Testamentrecht (2005/2148(INI))

Gärtner, Franz, Die Behandlung ausländischer Vindikationslegate im deutschen Recht, München 2014 (zit. *Gärtner*, Vindikationslegate)

Gaudemet-Tallon, Hélène, Quelques réflexions sur les propositions concernant la compétence judiciaire, la reconnaissance et l'exécution des décisions en matière successorale dans l'Union européenne, in: Rechtsvergleichende Studie der erbrechtlichen Regelungen des Internationalen Verfahrensrechtes und Internationalen Privatrechts der Mitgliedsstaaten der Europäischen Union des Deutschen Notarinstituts, S. 445–463 (zit. *Gaudemet-Tallon*, DNotI-Studie)

Gaul, Hans Friedhelm, Zur Frage nach dem Zweck des Zivilprozesses, AcP 168 (1968), S. 27–62

Gebauer, Martin, Grundfragen der Europäisierung des Privatrechts, Heidelberg 1998 (zit. *Gebauer*, Grundfragen)

—, Charles Dumoulin zum 450. Todestag, ZEuP 2016, S. 928–949

—, Das deutsch-türkische Nachlassabkommen im Sog des Europäischen Kollisionsrechts, IPRax 2018, S. 345–351

Geimer, Ewald, Die Ermittlung des gewöhnlichen Aufenthaltes des Erblassers durch das Nachlassgericht, in: Schütze, Rolf A. (Hrsg.), Fairness Justice Equity. Festschrift für Reinhold Geimer zum 80. Geburtstag, München 2017, S. 117–120

Geimer, Reinhold, Die europäische Erbrechtsverordnung im Überblick, in: Hager, Johannes (Hrsg.), Die neue Europäische Erbrechtsverordnung – Tagungsband, Baden-Baden 2013, S. 9–38

—, „Annahme" ausländischer öffentlicher Urkunden in Erbsachen gemäß Art. 59 EuErbVO, in: Dutta, Anatol/Herrler, Sebastian (Hrsg.), Die Europäische Erbrechtsverordnung, München 2014, S. 143–159

—, Internationales Zivilprozessrecht, 7. Aufl., Köln 2015

Geimer, Reinhold/Schütze, Rolf A., Europäisches Zivilverfahrensrecht – Kommentar zur EuGVVO, EuEheVO, EuZustellungsVO, EuInsVO, EuVTVO, zum Lugano-Übereinkommen und zum nationalen Kompetenz- und Anerkennungsrecht, 3. Aufl., München 2010

— (Hrsg.), Internationaler Rechtsverkehr in Zivil- und Handelssachen – Loseblatt-Handbuch mit Texten, Kommentierungen und Länderberichten, Bd. 3, 55. Ergänzungslieferung, München 2018 (zit. Geimer/Schütze/*Bearbeiter*)

Gierl, Walter/Köhler, Andreas/Kroiß, Ludwig/Wilsch, Harald (Hrsg.), Internationales Erbrecht – EuErbVO, IntErbRVG, 2. Aufl., Baden-Baden 2017 (zit. Gierl/*Bearbeiter*)

Göbel-Zimmermann, Ralph/Eichhorn, Alexander, Entwicklungen des Staatsangehörigkeitsrechts seit 2000 – eine kritische Bilanz (Teil 1), ZAR 2010, S. 293–302

Goré, Marie, « De la mode » … dans les successions internationales : Contre les prétentions de la professio juris, in: Long, Marceau/Drai, Pierre/Boré, Jacques/Flécheux, Georges/Ardant, Philippe/Bouzat, Pierre (Hrsg.), L'internationalisation du droit. Mélanges en l'honneur de Yvon Loussouarn, Paris 1994, S. 193–201

—, La professio juris, Defrénois 2012, S. 762–767

Gottwald, Peter, Zur Bindung Dritter an internationale Gerichtsstands- und Schiedsvereinbarungen, in: Schütze, Rolf A. (Hrsg.), Fairness Justice Equity. Festschrift für Reinhold Geimer zum 80. Geburtstag, München 2017, S. 131–137

Grau, Volker, Deutscher Erbschein und Europäische Erbrechtsverordnung, in: Meller-Hannich, Caroline/Haertlein, Lutz/Gaul, Hans Friedhelm/Becker-Eberhard, Ekkehard (Hrsg.), Rechtslage – Rechtserkenntnis – Rechtsdurchsetzung. Festschrift für Eberhard Schilken zum 70. Geburtstag, München 2015, S. 3–18

Grunsky, Wolfgang, Lex fori und Verfahrensrecht, ZZP 89 (1976), S. 241–259

Gutzwiller, Max, Der Einfluß Savignys auf die Entwicklung des Internationalprivatrechts, Fribourg 1923 (zit. *Gutzwiller*, Einfluß Savignys)

—, Geschichte des Internationalprivatrechts – Von den Anfängen bis zu den großen Privatrechtskodifikationen, Basel u.a. 1977 (zit. *Gutzwiller*, Geschichte)

Haas, Ulrich, Ist das Pflichtteilsrecht verfassungswidrig?, ZEV 2000, S. 249–260

—, Der europäische Justizraum in „Erbsachen", in: Gottwald, Peter (Hrsg.), Perspektiven der justiziellen Zusammenarbeit in Zivilsachen in der Europäischen Union, Bielefeld 2004, S. 43–112

—, Schiedsgerichte in Erbsachen und das New Yorker Übereinkommen über die Anerkennung und Vollstreckung ausländischer Schiedssprüche, SchiedsVZ 2011, S. 289–301

Hackl, Karl, Das römische Zivilprozessrecht, München 1996

Hahn, Carl, Die gesammten Materialien zur Civilprozessordnung und dem Einführungsgesetz zu derselben vom 30.1.1877, Berlin 1880 (zit. *Hahn*, Materialien zur Civilprozessordnung)

Hailbronner, Kay/Hecker, Jan/Maaßen, Hans-Georg/Kau, Marcel (Hrsg.), Staatsangehörigkeitsrecht, 6. Aufl. 2017 (zit. Hailbronner/*Bearbeiter*)

Haudek, Wilhelm, Die Bedeutung des Parteiwillens im Internationalen Privatrecht, Berlin 1931 (zit. *Haudek*, Bedeutung des Parteiwillens)

Heinig, Jens, Grenzen von Gerichtsstandsvereinbarungen im Europäischen Zivilprozessrecht, Sipplingen 2010 (zit. *Heinig*, Grenzen von Gerichtsstandsvereinbarungen)

—, Rechtswahlen im Erbrecht nach nationalem Kollisionsrecht – Der Countdown läuft!, RNotZ 2014, S. 281–308

—, Rechtswahlen in Verfügungen von Todes wegen nach der EU-Erbrechts-Verordnung, RNotZ 2014, S. 197–229

Heldrich, Andreas, Internationale Zuständigkeit und anwendbares Recht, Tübingen 1969

Hellner, Michael, Probleme des allgemeinen Teils des Internationalen Privatrechts, in: Dutta, Anatol/Herrler, Sebastian (Hrsg.), Die Europäische Erbrechtsverordnung, München 2014, S. 107–111

Helms, Tobias, Testierfreiheit und ihre Grenzen im deutschen, österreichischen und schweizerischen Recht, in: Zimmermann, Reinhard (Hrsg.), Freedom of Testation – Testierfreiheit, Tübingen 2012, S. 1–24

Henckel, Wolfram, Prozeßrecht und materielles Recht, Göttingen 1970

Henrich, Dieter, Abschied vom Staatsangehörigkeitsprinzip?, in: Hohloch, Gerhard/Frank, Rainer/Schlechtriem, Peter (Hrsg.), Festschrift für Hans Stoll zum 75. Geburtstag, Tübingen 2001, S. 437–449

Herdegen, Matthias, Europarecht, 19. Aufl., München 2017

Hertel, Christian, Nachweis der Erbfolge im Grundbuchverfahren – bisher und nach der EuErbVO, ZEV 2013, S. 539–541

Herweg, Cornelia, Die Vereinheitlichung des Internationalen Erbrechts im Europäischen Binnenmarkt, Baden-Baden 2004 (zit. *Herweg*, Vereinheitlichung des Internationalen Erbrechts)

Hess, Burkhard, Die „Europäisierung" des internationalen Zivilprozessrechts durch den Amsterdamer Vertrag – Chancen und Gefahren, NJW 2000, S. 23–32

—, Europäisches Zivilprozessrecht, Heidelberg u.a. 2010

—, Die internationale Zuständigkeit nach der Erbrechtsverordnung, in: Dutta, Anatol/Herrler, Sebastian (Hrsg.), Die Europäische Erbrechtsverordnung, München 2014, S. 131–142

—, Back to the Past: BREXIT und das europäische internationale Privat- und Verfahrensrecht, IPRax 2016, S. 409–418

Hess, Burkhard/Jayme, Erik/Pfeiffer, Thomas, Stellungnahme zum Vorschlag für eine Europäische Erbrechtsverordnung Version 2009/157 (COD) vom 16.1.2012 (zit. *Hess/Jayme/Pfeiffer*, Stellungnahme)

Hohloch, Gerhard, Rechtswahl als Anknüpfungsprinzip (Zur Bedeutung des Parteiwillens im europäischen Internationalen Privatrecht), in: Frantzen, Torstein/Giertsen, Johan/Cordero Moss, Giuditta (Hrsg.), Rett og toleranse. Festskrift til Helge Johan Thue 70 ar, Oslo 2007, S. 257–270

Hotz, Klaus P., Die Rechtswahl im Erbrecht – im interkantonalen und internationalen Verhältnis, Zürich 1969 (zit. *Hotz*, Rechtswahl im Erbrecht)

Hüßtege, Rainer/Mansel, Heinz-Peter (Hrsg.) Nomos Kommentar zum BGB – Rom-Verordnungen, EuErbVO, HUP, Bd. 6, 2. Aufl., Baden-Baden 2015 (zit. NK/*Bearbeiter*)

Isensee, Josef/Kirchhof, Paul (Hrsg.), Handbuch des Staatsrechts, Bd. 7, 3. Aufl., Heidelberg 2009 (zit. HbStR VII/*Bearbeiter*)

—, Handbuch des Staatsrechts, Bd. 8, 3. Aufl., Heidelberg 2010 (zit. HbStR VIII/*Bearbeiter*)

Jakobs, Arnold, Vorprozessuale Vereinbarungen über die deutsche internationale Zuständigkeit, Mannheim 1974 (zit. *Jakobs*, Vorprozessuale Vereinbarungen)

Janzen, Ulrike, Die EU-Erbrechtsverordnung, DNotZ 2012, S. 484–493

Jayme, Erik, Pasquale Stanislao Mancini – Internationales Privatrecht zwischen Risorgimento und praktischer Jurisprudenz, Ebelsbach am Main 1980 (zit. *Jayme*, Mancini)

—, Mancini heute – Einige Betrachtungen, in: Bernstein, Herbert/Drobnig, Ulrich/Kötz, Hein (Hrsg.), Festschrift für Konrad Zweigert zum 70. Geburtstag, Tübingen 1981, S. 145–155

—, Grundfragen des internationalen Erbrechts – dargestellt an deutsch-österreichischen Nachlaßfällen, ZfRV 1983, S. 162–179

—, Pasquale Stanislao Mancini (1817–1888) – Die Nation als Rechtsbegriff im Internationalen Privatrecht, JuS 1988, S. 933–937

—, L'autonomie de la volonté des parties dans les contrats internationaux entre personnes privés – Considérations préliminaires pour la délimitation de l'objet des travaux, Annuaire 64-I (1991), S. 13–79

—, Identité culturelle et intégration : le droit international privé postmoderne, RdC 251 (1995), S. 9–268

—, Die Parteiautonomie im internationalen Vertragsrecht auf dem Prüfstand – 65. Sitzung des Institut de Droit International in Basel, IPRax 1999, S. 429–430

—, Die kulturelle Dimension des Rechts – ihre Bedeutung für das Internationale Privatrecht und die Rechtsvergleichung, RabelsZ 67 (2003), S. 211–230

—, Kulturelle Identität und Internationales Privatrecht, in: ders. (Hrsg.), Kulturelle Identität und Internationales Privatrecht, Heidelberg 2003, S. 5–14

—, Die Kodifikationsidee am Beispiel der kollisionsrechtlichen Parteiautonomie, in: Jud, Brigitta/Rechberger, Walter H./Reichelt, Gerte (Hrsg.), Kollisionsrecht in der Europäischen Union – Neue Fragen des Internationalen Privat- und Zivilverfahrensrechtes, Wien 2008, S. 63–75

—, Erbunwürdigkeit und Internationales Privatrecht, in: Henrich, Dieter/Jayme, Erik/Sturm, Fritz (Hrsg.), Familie, Erbe, Name – Entwicklungen im internationalen und nationalen Privatrecht, Berlin 2010, S. 23–35

—, Zur Reichweite des Erbstatuts, in: Reichelt, Gerte/Rechberger, Walter H. (Hrsg.), Europäisches Erb- und Erbverfahrensrecht – Zum Verordnungsvorschlag der Europäischen Kommission zum Erb- und Testamentsrecht, Wien 2011, S. 27–56

—, Zuständigkeit und kulturelle Identität – Die Sicht des Internationalen Privatrechts, Reden am Lichtenberg-Kolleg, Göttingen 2012

—, Zur Formunwirksamkeit von Testamenten im Internationalen Privatrecht, in: Hilbig-Lugani, Katharina/Jakob, Dominique/Mäsch, Gerald/Reuß, Philipp M./Schmid, Christoph (Hrsg.), Zwischenbilanz. Festschrift für Dagmar Coester-Waltjen, Bielefeld 2015, S. 461–468

Jud, Brigitta, Rechtswahl im Erbrecht: Das Grünbuch der Europäischen Kommission zum Erb- und Testamentsrecht, GPR 2005, S. 133–139

Jülicher, Marc, Nachlassplanung gegenüber dem anglo-amerikanischen Rechtskreis, EWS 2017, S. 19–25

Junghardt, Anna, Die Vereinheitlichung des Erb- und Testamentsrechts im Rahmen einer Europäischen Verordnung – Rom IV-VO, Regensburg 2009 (zit. *Junghardt*, Vereinheitlichung des Erb- und Testamentsrechts)

Junker, Abbo, Internationales Zivilprozessrecht, 3. Aufl., München 2016

—, Internationales Privatrecht, 2. Aufl., München 2017

Kahn, Franz, Die Haager Staatenkonferenz – Kritische Studien, ZIR 13 (1903), S. 229–351

Kant, Immanuel, Beantwortung der Frage: Was ist Aufklärung?, Berlinische Monatszeitschrift 12, S. 481–494

—, Grundlegung zur Metaphysik der Sitten, 2. Aufl., Riga 1786

—, Critik der practischen Vernunft, Riga 1788

Kanzleiter, Rainer, Die Reform des Internationalen Erbrechts in der Europäischen Union – Bedenken gegen den „gewöhnlichen Aufenthalt“ als Kriterium für das anwendbare Erbrecht, in: Hanau, Peter/Schmitz, Peter/Schröder, Rainer/Vossius, Oliver (Hrsg.), Notar als Berufung. Festschrift für Stefan Zimmermann zum 60. Geburtstag, Bonn 2010, S. 165–176

Kaulbach, Ann-Marie Cathérine, Gestaltungsfreiheit im Erbrecht – Pflichtteilsrecht und Testiervertrag auf dem Prüfstand, Frankfurt am Main 2012 (zit. *Kaulbach*, Gestaltungsfreiheit)

Kegel, Gerhard, Begriffs- und Interessenjurisprudenz im internationalen Privatrecht, in: Juristische Fakultät der Universität Basel (Hrsg.), Festschrift Hans Lewald, Basel 1953, S. 259–288

—, Internationales Privatrecht, 3. Aufl., München 1971

—, Internationales Privatrecht, 7. Aufl., München 1995

— (Hrsg.), Soergel Bürgerliches Gesetzbuch, Bd. 10, 12. Aufl., Berlin u.a. 1996 (zit. Soergel/*Bearbeiter*)

Kegel, Gerhard/Schurig, Klaus, Internationales Privatrecht, 9. Aufl., München 2004

Keim, Christopher, Rechtswahl nach der Europäischen Erbrechtsverordnung (EuErbVO), in: Roth, Andreas (Hrsg.), Die Wahl ausländischen Rechts im Familien- und Erbrecht, Baden-Baden 2013, S. 67–90

Kemp, Peter, Grenzen der Rechtswahl im internationalen Ehegüter- und Erbrecht, Köln u.a. 1999 (zit. *Kemp,* Grenzen der Rechtswahl)

Kern, Christoph A., Das europäische Verfahren für geringfügige Forderungen und die gemeineuropäischen Verfahrensgrundsätze, JZ 2012, S. 389–398

—, Typizität als Strukturprinzip des Privatrechts - Ein Beitrag zur Standardisierung übertragbarer Güter, Tübingen 2013 (zit. *Kern,* Typizität)

—, Der gesetzliche Richter - Verfassungsprinzip oder Ermessensfrage? Teil I, ZZP 130 (2017), S. 91–120

—, Procedural Contracts in Germany, in: do Passo Cabral, Antonio/Nogueira, Pedro Henrique (Hrsg.), Negócios Processuais, 3. Aufl., Salvador (Bahia) 2017, S. 213–225

Kern, Christoph A./Glücker, Daniela, Das neue Europäische Erbstatut und seine Aufnahme in der deutschen Literatur, RabelsZ 78 (2014), S. 294–314

Khairallah, Georges/Revillard, Mariel (Hrsg.), Droit européen des successions internationales - Le règelement du 4 juillet 2012, Paris 2013 (zit. Khairallah/Revillard/*Bearbeiter*)

Kindler, Peter, Vom Staatsangehörigkeits- zum Domizilprinzip: das künftige internationale Erbrecht der Europäischen Union, IPRax 2010, S. 44–50

Kleinschmidt, Jens, Optionales Erbrecht: Das Europäische Nachlasszeugnis als Herausforderung an das Kollisionsrecht, RabelsZ 77 (2013), S. 723–785

Kohler, Christian, Europäisches Kollisionsrecht zwischen Amsterdam und Nizza, in: Reichelt, Gerte (Hrsg.), Ludwig Boltzmann Institut für Europarecht - Vorlesungen und Vorträge, Wien 2001, S. 1–23

—, Systemwechsel im europäischen Anerkennungsrecht: Von der EuGVVO zur Abschaffung des Exequaturs, in: Baur, Jürgen F./Mansel, Heinz-Peter (Hrsg.), Systemwechsel im europäischen Kollisionsrecht, München 2002, S. 147–163

—, Kathrin Kroll-Ludwigs: Die Rolle der Parteiautonomie im europäischen Kollisionsrecht, ZEuP 2015, S. 920–923

Kohler, Christian/Pintens, Walter, Entwicklungen im europäischen Familien- und Erbrecht 2009-2010, FamRZ 2010, S. 1481–1486

Kohler, Marius/Buschbaum, Markus, Die „Anerkennung" öffentlicher Urkunden? - Kritische Gedanken über einen zweifelhaften Ansatz in der EU-Kollisionsrechtsvereinheitlichung, IPRax 2010, S. 313–316

Kötters, Ursula, Parteiautonomie und Anknüpfungsmaximen – Ein Vergleich des deutschen und U.S.-amerikanischen internationalen Familien- und Erbrechts, Frankfurt am Main 1989 (zit. *Kötters*, Parteiautonomie)

Kränzle, Michael, Heimat als Rechtsbegriff?, Tübingen 2014

Kreuzer, Karl, Zu Stand und Perspektiven des Europäischen Internationalen Privatrechts – Wie europäisch soll das Europäische Privatrecht sein?, RabelsZ 70 (2006), S. 1–88

Kroiß, Ludwig/Horn, Claus-Henrik/Solomon, Dennis (Hrsg.), Nachfolgerecht – Erbrechtliche Spezialgesetze. Zivilrecht, Strafrecht, Verwaltungsrecht, Steuerrecht, Verfahrensrecht, IPR, Baden-Baden 2015 (zit. Kroiß/Horn/Solomon/*Bearbeiter*)

Kroll-Ludwigs, Kathrin, Die Rolle der Parteiautonomie im europäischen Kollisionsrecht, Tübingen 2013 (zit. *Kroll-Ludwigs*, Rolle der Parteiautonomie)

—, Rechtswahl- und Gerichtsstandsvereinbarungen nach der Europäischen Erbrechtsverordnung, notar 2016, S. 75–85

Kronke, Herbert, Das Lex-fori-»Prinzip« im internationalen Zivilprozessrecht, ZZPInt 20 (2015), S. 399–408

Kropholler, Jan, Internationales Einheitsrecht, Tübingen 1975

—, Internationale Zuständigkeit, in: Herrmann, Hans Joachim/Basedow, Jürgen/Kropholler, Jan (Hrsg.), Handbuch des Internationalen Zivilverfahrensrechts, Tübingen 1982 (zit. HbIntZR/*Bearbeiter*)

—, Die Auslegung von EG-Verordnungen zum Internationalen Privat- und Verfahrensrecht, in: Basedow, Jürgen/Drobnig, Ulrich/Ellger, Reinhard/Hopt, Klaus J./Kötz, Hein/Kulms, Rainer/Mestmäcker, Ernst-Joachim (Hrsg.), Aufbruch nach Europa. 75 Jahre Max-Planck-Institut für Privatrecht, Tübingen 2001, S. 583–594

—, Internationales Privatrecht – einschließlich der Grundbegriffe des Internationalen Zivilverfahrensrechts, 6. Aufl., Tübingen 2006

Kropholler, Jan/von Hein, Jan, Europäisches Zivilprozessrecht – Kommentar zu EuGVO, Lugano-Übereinkommen 2007, EuVTVO, EuMVVO und EuGFVO, 9. Aufl., Frankfurt am Main 2011

Kuchinke, Kurt, Über die Notwendigkeit, ein gemeineuropäisches Familien- und Erbrecht zu schaffen, in: Köbler, Gerhard/Heinze, Meinhard/Hromadka, Wolfgang (Hrsg.), Europas universale rechtsordnungspolitische Aufgabe im Recht des dritten Jahrtausends. Festschrift für Alfred Söllner zum 70. Geburtstag, München 2000, S. 589–612

Kühne, Gunther, Die Parteiautonomie im internationalen Erbrecht, Bielefeld 1973 (zit. *Kühne*, Parteiautonomie)

—, Testierfreiheit und Rechtswahl im internationalen Erbrecht, JZ 1973, S. 403–407

—, IPR-Gesetz-Entwurf. Entwurf eines Gesetzes zur Reform des internationalen Privat- und Verfahrensrechts, Heidelberg u.a. 1980 (zit. *Kühne*, IPR-Gesetz-Entwurf)

—, Die Parteiautonomie zwischen kollisionsrechtlicher und materiellrechtlicher Gerechtigkeit, in: Krüger, Hilmar/Mansel, Heinz-Peter (Hrsg.), Liber amicorum Gerhard Kegel, München 2002, S. 65–82

Kunz, Karl-Heinz, Wandel oder Ruhe im deutschen internationalen Erbrecht?, ZRP 1990, S. 212–214

Kunz, Lena, Die neue Europäische Erbrechtsverordnung - ein Überblick (Teil I), GPR 2012, S. 208–212

—, Die neue Europäische Erbrechtsverordnung - ein Überblick (Teil II), GPR 2012, S. 253–257

—, Nachlassspaltung durch die registerrechtliche Hintertür, GPR 2013, S. 293–295

Kurth, Steffen, Der gewöhnliche Aufenthalt in Art. 4, 21 Abs. 1 EuErb-VO, Bielefeld 2017 (zit. *Kurth*, Der gewöhnliche Aufenthalt)

Lagarde, Paul, Familienvermögens- und Erbrecht in Europa, in: Gottwald, Peter (Hrsg.), Perspektiven der justiziellen Zusammenarbeit in Zivilsachen in der Europäischen Union, Bielefeld 2004, S. 1–20

—, Les principes de base du nouveau règlement européen sur les successions, Rev. crit. dr. intern. priv. 101 (2012), S. 691–732

Lalive, Pierre, Réponses de M. Pierre Lalive au questionnaire, Annuaire 52 (1967), S. 555–564

Lange, Knut Werner, Die geplante Harmonisierung des Internationalen Erbrechts in Europa, ZVglRWiss 110 (2011), S. 426–442

—, Das Erbkollisionsrecht im neuen Entwurf einer EU-ErbVO, ZErb 2012, S. 160–165

—, Das geplante Europäische Nachlasszeugnis, DNotZ 2012, S. 168–179

—, Das Europäische Nachlasszeugnis, in: Dutta, Anatol/Herrler, Sebastian (Hrsg.), Die Europäische Erbrechtsverordnung, München 2014, S. 161–178

Laurent, François, Droit civil international, Brüssel u.a. 1880

Lechner, Kurt, Die Entwicklung der Erbrechtsverordnung - Eine Einführung zum Gesetzgebungsverfahren, in: Dutta, Anatol/Herrler, Sebastian (Hrsg.), Die Europäische Erbrechtsverordnung, München 2014, S. 5–18

—, Die EuErbVO im Spannungsfeld zwischen Erbstatut und Sachenrecht, IPRax 2013, S. 497–500

Lehmann, Daniel, Stellungnahme zum Grünbuch der Kommission der Europäischen Gemeinschaften zum Erb- und Testamentsrecht, ZErb 2005, S. 320–327

—, Internationale Reaktionen auf das Grünbuch zum Erb- und Testamentsrecht, IPRax 2006, S. 204–207

—, Ernüchternde Entwicklung beim Europäischen Erbrecht?, FPR 2008, S. 203–206

—, Die EU-Erbrechtsverordnung zur Abwicklung grenzüberschreitender Nachlässe, DStR 2012, S. 2085–2089

—, Erhöhter Druck auf Erbvertrag, gemeinschaftliches Testament sowie Vor- und Nacherbfolge durch die EuErbVO, ZEV 2015, S. 309–316

Leible, Stefan, Parteiautonomie im IPR – Allgemeines Anknüpfungsprinzip oder Verlegenheitslösung?, in: Mansel, Heinz-Peter/Pfeiffer, Thomas/Kronke, Herbert/Kohler, Christian/Hausmann, Rainer (Hrsg.), Festschrift für Erik Jayme, Bd. 1, München 2004, S. 485–503

Lein, Eva, Die Erbrechtsverordnung aus Sicht der Drittstaaten, in: Dutta, Anatol/Herrler, Sebastian (Hrsg.), Die Europäische Erbrechtsverordnung, München 2014, S. 199–220

Leipold, Dieter, Wandlungen in den Grundlagen des Erbrechts?, AcP 180 (1980), S. 160–237

—, Europa und das Erbrecht, in: Köbler, Gerhard/Heinze, Meinhard/Hromadka, Wolfgang (Hrsg.), Europas universale rechtsordnungspolitische Aufgabe im Recht des dritten Jahrtausends. Festschrift für Alfred Söllner zum 70. Geburtstag, München 2000, S. 647–668

—, Zuständigkeitsvereinbarungen in Europa, in: Gottwald, Peter/Greger, Reinhard/Prütting, Hanns (Hrsg.), Dogmatische Grundfragen des Zivilprozesses im geeinten Europa, Bielefeld 2000, S. 51–75

—, Ist unser Erbrecht noch zeitgemäß? – Gedankensplitter zu einem großen Thema, JZ 2010, S. 802–811

—, Gerichtsstandsvereinbarungen nach der Europäischen Erbrechtsverordnung, in: Muscheler, Karlheinz/Zimmermann, Reinhard (Hrsg.), Zivilrecht und Steuerrecht, Erwerb von Todes wegen und Schenkung. Festschrift für Jens Peter Meincke zum 80. Geburtstag, München 2015, S. 219–235

Leitzen, Mario, EuErbVO: Praxisfragen an der Schnittstelle zwischen Erb- und Gesellschaftsrecht, ZEV 2012, S. 520–524

—, Die Rechtswahl nach der EuErbVO, ZEV 2013, S. 128–132

—, Kubicka und die Folgen: Vindikationslegate in der Rechtspraxis, ZEV 2018, S. 311–317

Lindenmayr, Barbara, Vereinbarung über die internationale Zuständigkeit und das darauf anwendbare Recht, Berlin 2002

Linde-Rudolf, Sabine, Probleme einer Parteiautonomie im deutschen internationalen Erbrecht – unter Heranziehung des schweizerischen und österreichischen Rechts, Rheinfelden 1988 (zit. *Linde-Rudolf*, Probleme einer Parteiautonomie)

Linke, Hartmut, Die Europäisierung des Internationalen Privat- und Verfahrensrechts – Traum oder Trauma?, in: Schütze, Rolf A. (Hrsg.), Einheit und Vielfalt des Rechts. Festschrift für Reinhold Geimer zum 65. Geburtstag, München 2002, S. 529–554

Lipp, Volker, Finanzielle Solidarität zwischen Verwandten im Privat- und Sozialrecht, NJW 2002, S. 2201–2207

—, Parteiautonomie im internationalen Unterhaltsrecht, in: Verbeke, Alain-Laurent/Scherpe, Jens M./Declerck, Charlotte/Helms, Tobias/Senaeve, Patrick (Hrsg.), Confronting the Frontiers of Family and Succession Law. Liber Amicorum Walter Pintens, Cambridge u.a. 2012, S. 847–866

Lisanti, Cécile, La professio juris dans le règlement Successions du 4 juillet 2012, Gaz. Pal. 2013, S. 23–26

Löhnig, Martin, Qualifizierung von § 1371 Abs. 1 BGB als erbrechtliche Norm i.S.d. EuErbVO – Anmerkung, NotBZ 2018, S. 225–226

Looschelders, Dirk, Grundrechtliche Diskriminierungsverbote, Pflichtteilsrecht und Testierfreiheit im internationalen Erbrecht, IPRax 2006, S. 462–466

—, Die allgemeinen Lehren des Internationalen Privatrechts im Rahmen der Europäischen Erbrechtsverordnung, in: Hilbig-Lugani, Katharina/Jakob, Dominique/Mäsch, Gerald/Reuß, Philipp M./Schmid, Christoph (Hrsg.), Zwischenbilanz. Festschrift für Dagmar Coester-Waltjen, Bielefeld 2015, S. 531–542

Lorenz, Stephan, Erbrecht in Europa – Auf dem Weg kollisionsrechtlicher Rechtseinheit, ErbR 2012, S. 39–49

Lübcke, Daniel, Das neue europäische Internationale Nachlassverfahrensrecht – Darstellung auf Grundlage des Verordnungsentwurfs vom 14. Oktober 2009 unter Berücksichtigung der Endfassung, Baden-Baden 2013 (zit. *D. Lübcke*, Nachlassverfahrensrecht)

Lübcke, Tobias, EuErbVO: Problemfelder im Rahmen der internationalen Zuständigkeit bei Vorliegen einer Rechtswahl durch den Erblasser, GPR 2015, S. 111–118

Lüderitz, Alexander, Erneut: Gleichberechtigung im internationalen Eherecht, FamRZ 1970, S. 169–177

—, Anknüpfung im Parteiinteresse, in: Lüderitz, Alexander/Schröder, Jochen (Hrsg.), Internationales Privatrecht und Rechtsvergleichung im Ausgang des 20. Jahrhunderts – Bewahrung oder Wende? Festschrift für Gerhard Kegel, Frankfurt am Main 1977, S. 31–54

Ludwig, Ingo, Anwendbarkeit der EuErbVO auf Ehegattenerbrecht, FamRB 2018, S. 274–275

Lüke, Wolfgang, Zivilprozessrecht – Erkenntnisverfahren, Zwangsvollstreckung, Europäisches Zivilverfahrensrecht, 10. Aufl., München 2011

Lurger, Brigitta, Der Europäische Erbschein – ein neues Rechtsinstrument für Notare und Rechtspraktiker in Europa, in: Rechberger, Walter H. (Hrsg.), Brücken im Europäischen Rechtsraum – Europäische öffentliche Urkunde und Europäischer Erbschein, Wien 2010, S. 45–63

Magnus, Robert, Gerichtsstandsvereinbarungen im Erbrecht?, IPRax 2013, S. 393–398

—, Der Rückholanspruch, Tübingen 2018

Magold, Rainer, Die Parteiautonomie im internationalen und interlokalen Vertragsrecht der Vereinigten Staaten von Amerika, Berlin 1987 (zit. *Magold*, Parteiautonomie)

Majer, Christian F., Die Geltung der EU-Erbrechtsverordnung für reine Drittstaatensachverhalte, ZEV 2011, S. 445–450

—, Das deutsch-türkische Nachlassabkommen: ein Anachronismus, ZEV 2012, S. 182–186

Malmström, Ake, Die Zusammenarbeit der nordischen Staaten auf dem Gebiet der Gesetzgebung – Ergebnisse und Erfahrungen, in: Zweigert, Konrad (Hrsg.), Europäische Zusammenarbeit im Rechtswesen, Tübingen 1955, S. 18–32

Mancini, Pasquale Stanislao, Della nazionalità come fondamento del dritto delle genti – Prelezione al corso di dritto internazionale e marittimo pronunziata nella R. Università di Torino dal Professore Pasquale Stanislao Mancini nel dì 22 gennaio 1851, Turin 1851

—, De l'utilité de rendre obligatoires pour tous les Etats, sous la forme d'un ou de plusieurs traités internationaux, un certain nombre de règles générales du Droit international privé pour assurer la décision uniforme des conflits entre les différentes législations civiles et criminelles, Clunet 1 (1874), S. 285–304

Mankowski, Peter, Gelten die bilateralen Staatsverträge der Bundesrepublik Deutschland im Internationalen Erbrecht nach dem Wirksamwerden der EuErbVO weiter?, ZEV 2013, S. 529–534

—, Das erbrechtliche Viertel nach § 1371 Abs. 1 BGB im deutschen und europäischen Internationalen Privatrecht, ZEV 2014, S. 121–129

—, Erbrechtliche Schiedsgerichte in Fällen mit Auslandsbezug und die EuErbVO, ZEV 2014, S. 395–401

—, Der gewöhnliche Aufenthalt des Erblassers unter Art. 21 Abs. 1 EuErbVO, IPRax 2015, S. 39–46

—, Europäische Reversion: Das erbrechtliche Viertel ist im europäischen IPR Erbrecht!, ErbR 2018, S. 295–305

Mansel, Heinz-Peter, Mancini, v. Savigny und die Kodifikation des deutschen internationalen Privatrechts von 1896, in: Schulze, Reiner (Hrsg.), Deutsche Rechtswissenschaft und Staatslehre im Spiegel der italienischen Rechtskultur während der zweiten Hälfte des 19. Jahrhunderts, Berlin 1990, S. 245–295

—, Zum Systemwechsel im europäischen Kollisionsrecht nach Amsterdam und Nizza, in: Baur, Jürgen F./Mansel, Heinz-Peter (Hrsg.), Systemwechsel im europäischen Kollisionsrecht, München 2002, S. 1–15

—, Das Staatsangehörigkeitsprinzip im deutschen gemeinschaftsrechtlichen Internationalen Privatrecht: Schutz der kulturellen Identität oder Diskriminierung der Person?, in: Jayme, Erik (Hrsg.), Kulturelle Identität und Internationales Privatrecht, Heidelberg 2003, S. 119–154

—, Vereinheitlichung des internationalen Erbrechts in der europäischen Gemeinschaft – Kompetenzfragen und Regelungsgrundsätze, in: Arkan, Sabih/Yongalik, Aynur/Sit, Basak (Hrsg.), Festschrift für Tugul Ansayà Armagan, Ankara 2006, S. 185–226

—, Parteiautonomie, Rechtsgeschäftslehre der Rechtswahl und Allgemeinen Teil des europäischen Kollisionsrechts, in: Leible, Stefan/Unberath, Hannes (Hrsg.), Brauchen wir eine Rom 0-Verordnung? – Überlegungen zu einem Allgemeinen Teil des europäischen IPR, Jena 2013, S. 241–292

Margonski, Martin, Ausländische Vindikationslegate nach der EU-Erbrechtsverordnung, GPR 2013, S. 106–111

Martiny, Dieter, Empfiehlt es sich, die rechtliche Ordnung finanzieller Solidarität zwischen Verwandten in den Bereichen des Unterhaltsrechts, des Pflichtteilsrechts, des Sozialhilferechts und des Sozialversicherungsrechts neu zu gestalten?, Unterhalts- und erbrechtliches Teilgutachten – Gutachten A für den 64. Deutschen Juristentag, in: Ständige Deputation des Deutschen Juristentages (Hrsg), Verhandlungen des vierundsechzigsten Deutschen Juristentages, München 2002 (zit. *Martiny*, Unterhalts- und erbrechtliches Teilgutachten)

—, Zur Reform des Pflichtteilsrechts, in: Röthel, Anne (Hrsg.), Reformfragen des Pflichtteilsrechts – Symposium vom 30.11.-2.12.2006 in Salzau, Köln u.a. 2007, S. 195–202

—, Lex rei sitae as a connecting factor in EU Private International Law, IPRax 2012, S. 119–132

—, Die Haager *Principles on Choice of Law in International Commercial Contracts*, RabelsZ 79 (2015), S. 624–653

—, Internationale Zuständigkeit und gewöhnlicher Aufenthalt des verstorbenen Grenzpendlers, IPRax 2018, S. 29–35

Mäsch, *Gerald*, Zur Vorfrage im europäischen IPR, in: Leible, Stefan/Unberath, Hannes (Hrsg.), Brauchen wir eine Rom 0-Verordnung? – Überlegungen zu einem Allgemeinen Teil des europäischen IPR, Jena 2013, S. 201–221

Maultzsch, *Felix*, Parteiautonomie bei reinen Inlandsfällen im Internationalen Privat-, Prozess- und Schiedsverfahrensrecht, in: Kronke, Herbert/Thorn, Karsten (Hrsg.), Grenzen überwinden – Prinzipien bewahren. Festschrift für Bernd von Hoffmann zum 70. Geburtstag, Bielefeld 2011, S. 304–318

Maunz, Theodor/Dürig, Günter (Hrsg.), Grundgesetz – Kommentar, 83. Ergänzungslieferung, München 2018 (zit. Maunz/Dürig/*Bearbeiter*)

Max-Planck-Institut für ausländisches und internationales Privatrecht, Kodifikation des deutschen Internationalen Privatrechts: Stellungnahme des Max-Planck-Instituts für ausländisches und internationales Privatrecht zum Regierungsentwurf von 1983, RabelsZ 47 (1983), S. 595–690

—, Comments on the European Commission's Proposal for a Regulation of the European Parliament and of the Council on jurisdiction, applicable law, recognition and enforcement of decisions and authentic instruments in matters of succession and the creation of a European Certificate of Succession, RabelsZ 74 (2010), S. 522–720

Mayer, *Gerhard*, Zur Parteiautonomie als Kollisionsnorm, NiemZ 44 (1931), S. 103–139

Mayer, Jörg/Süß, Rembert/Tanck, Manuel/Bittler, Jan (Hrsg.), Handbuch Pflichtteilsrecht, 4. Aufl., Bonn 2018 (zit. HbPflichtteil/*Bearbeiter*)

Meili, *Friedrich*, Argentraeus und Molinaeus und ihre Bedeutung im internationalen Privat- und Strafrecht, ZIR 5 (1895), S. 554–566

—, Das internationale Civil- und Handelsrecht – auf Grund der Theorie, Gesetzgebung und Praxis, Bd. 1, Zürich 1902

Melchior, *George*, Die Grundlagen des deutschen internationalen Privatrechts, Berlin u.a. 1932 (zit. *Melchior*, Grundlagen)

Meyer, *Manuela*, Die Gerichtsstände der Erbrechtsverordnung unter besonderer Berücksichtigung des Forum Shopping, Frankfurt am Main 2013 (zit. *Meyer*, Gerichtsstände der Erbrechtsverordnung)

Mincke, *Wolfgang*, Die Parteiautonomie: Rechtswahl oder Ortswahl?, IPRax 1985, S. 313–317

Moser, *Rudolf*, Vertragsabschluss, Vertragsgültigkeit und Parteiwille im internationalen Obligationenrecht, St. Gallen 1948 (zit. *Moser*, Vertragsabschluss)

Möslein, Florian, Dispositives Recht, Tübingen 2011

Müller, Dierk, Miszelle: Die Rechtswahl im internationalen Erbrecht, RabelsZ 31 (1967), S. 337–340

Müller-Graff, Peter-Christian, Die ziviljustizielle Zusammenarbeit im „Raum der Freiheit, der Sicherheit und des Rechts" im System des Europäischen Verfassungsvertrags, in: Mansel, Heinz-Peter/Pfeiffer, Thomas/Kronke, Herbert/Kohler, Christian/Hausmann, Rainer (Hrsg.), Festschrift für Erik Jayme, Bd. 2, München 2004, S. 1323–1337

—, Der Raum der Freiheit, der Sicherheit und des Rechts – Der primärrechtliche Rahmen, in: ders. (Hrsg.), Der Raum der Freiheit, der Sicherheit und des Rechts, Baden-Baden 2005, S. 11–27

Müller-Lukoschek, Jutta, Die neue EU-Erbrechtsverordnung, 2. Aufl., Bonn 2015

Muscheler, Karlheinz, Erbrecht, Bd. 1, Tübingen 2010

Musielak, Hans-Joachim/Voit, Wolfgang (Hrsg.), Zivilprozessordnung – Kommentar, 15. Aufl., München 2018 (zit. Musielak/Voit/*Bearbeiter*)

Nagel, Heinrich/Gottwald, Peter, Internationales Zivilprozessrecht, 7. Aufl., Köln 2013

Nehmer, Michael, Erbunwürdigkeit und Elternunterhalt im Internationalen Privatrecht – Eine historisch-rechtspolitische Betrachtung, Frankfurt am Main 2013

Neuhaus, Paul Heinrich, Savigny und die Rechtsfindung aus der Natur der Sache, RabelsZ 15 (1949/1950), S. 364–381

—, Internationales Privatrecht, JZ 1951, S. 644–647

—, Internationales Zivilprozessrecht und Internationales Privatrecht – Eine Skizze, RabelsZ 20 (1955), S. 201–269

—, Die Grundbegriffe des Internationalen Privatrechts, Berlin/Tübingen 1962 (zit. *Neuhaus*, Grundbegriffe)

Neumann, Konrad, Vertragsgültigkeit und Parteiwille in Lehre und Rechtsprechung des internationalen Schuldrechts, Heidelberg 1930 (zit. *Neumann*, Vertragsgültigkeit)

Neumayer, Karl H., Einheit in der Vielfalt – Bewegung und Bewahrung im Erbrecht der Nationen, in: Heldrich, Andreas/Henrich, Dieter/Sonnenberger, Hans Jürgen (Hrsg.), Konflikt und Ordnung. Festschrift für Murad Ferid zum 70. Geburtstag, München 1978, S. 659–686

Niboyet, Jean-Paulin, La théorie de l'autonomie de la volonté, RdC 16 (1927), S. 5–116

Niederländer, Hubert, Franz Gamillscheg: Der Einfluß Dumoulins auf die Entwicklung des Kollisionsrechts, AcP 155 (1956), S. 268–272

Nishitani, Yuko, Mancini und die Parteiautonomie im Internationalen Privatrecht, Heidelberg 2000 (zit. *Nishitani*, Mancini)

Nordmeier, Carl Friedrich, EuErbVO: Neues Kollisionsrecht für gemeinschaftliche Testamente, ZEV 2012, S. 513–519

—, Erbverträge in der neuen EU-Erbrechtsverordnung: zur Ermittlung des hypothetischen Erbstatuts nach Art. 25 ErbRVO, ZErb 2013, S. 112–118

—, Erbverträge und nachlassbezogene Rechtsgeschäfte in der EuErbVO – eine Begriffserklärung, ZEV 2013, S. 117–124

—, Grundfragen der Rechtswahl in der neuen EU-Erbrechtsverordnung – eine Untersuchung des Art. 22 EuErbVO, GPR 2013, S. 148–155

Nußbaum, Arthur, Deutsches Internationales Privatrecht – Unter besonderer Berücksichtigung des österreichischen und schweizerischen Rechts, Tübingen 1932

Nußberger, Angelika, Die Europäische Menschenrechtskonvention und das Erbrecht, ErbR 2014, S. 468–472

Odersky, Felix, Die Europäische Erbrechtsverordnung in der Gestaltungspraxis, notar 2013, S. 3–9

Omlor, Sebastian, Gutglaubensschutz durch das Europäische Nachlasszeugnis, GPR 2014, S. 216–222

Ömür, Susan, Rechtswahl als Rechtsgeschäft, Sipplingen 2016

Oppermann, Thomas/Classen, Claus Dieter/Nettesheim, Martin, Europarecht, 7. Aufl., München 2016

Pagenstecher, Max, Gerichtsbarkeit und internationale Zuständigkeit als selbständige Prozeßvoraussetzungen – Zugleich ein Beitrag zur Lehre der internationalen Prorogation, RabelsZ 11 (1937), S. 337–483

Palandt, Otto (Begr.), Bürgerliches Gesetzbuch mit Nebengesetzen, 77. Aufl., München 2018 (zit. Palandt/*Bearbeiter*)

Peiffer, Evgenia, Schutz gegen Klagen im *forum prorogatum* – Gültigkeit und Durchsetzung von Gerichtsstandsvereinbarungen im internationalen Rechtsverkehr. Eine rechtsvergleichende Untersuchung unter Berücksichtigung ökonomischer Aspekte, Tübingen 2013 (zit. *Peiffer*, Schutz gegen Klagen)

Pfeiffer, Thomas, Internationale Zuständigkeit und prozessuale Gerechtigkeit – Die internationale Zuständigkeit im Zivilprozess zwischen effektivem Rechtsschutz und nationaler Zuständigkeitspolitik, Frankfurt am Main 1995

—, Die Vergemeinschaftung des Internationalen Privat- und Zivilverfahrensrechts, in: Müller-Graff, Peter-Christian (Hrsg.), Der Raum der Freiheit, der Sicherheit und des Rechts, Baden-Baden 2005, S. 75–94

—, Ruhestandsmigration und EU-Erbrechtsverordnung, IPRax 2016, S. 310–314

Pfundstein, Tobias, Pflichtteil und ordre public – Angehörigenschutz im internationalen Erbrecht, München 2010

Pintens, Walter, Einführung in die Grundprinzipien der Erbrechtsverordnung, in: Löhnig, Martin/Schwab, Dieter/Henrich, Dieter/Gottwald, Peter/-Grziwotz, Herbert/Reimann, Wolfgang/Dutta, Anatol (Hrsg.), Erbfälle unter Geltung der Europäischen Erbrechtsverordnung, Bielefeld 2014, S. 1–32

Pirrung, Jörg, Die Haager Konferenz für IPR und ihr Übereinkommen vom 1. August 1989 über das auf die Rechtsnachfolge von Todes wegen anzuwendende Recht, in: Gerkens, Jean-Francois/Peter, Hansjörg/Trenk-Hinterberger, Peter/Vigneron, Roger (Hrsg.), Mélanges Fritz Sturm, Liège 1999, S. 1607–1627

Püls, Joachim, Parteiautonomie – Die Bedeutung des Parteiwillens und die Entwicklung seiner Schranken bei Schuldverträgen im deutschen Rechtsanwendungsrecht des 19. und 20. Jahrhunderts, Berlin 1995

Raape, Leo, Deutsches Internationales Privatrecht – Anwendung fremden Rechts, Bd. 2, Berlin 1939

Rabel, Ernst, The Conflict of Laws – A Comparative Study, 2. Aufl., Ann Arbor 1958 (zit. *Rabel*, Conflict of Laws)

Ranouil, Véronique, L'autonomie de la volonté – Naissance et évolution d'un concept, Paris 1980

Rauscher, Thomas (Hrsg.), Europäisches Zivilprozess- und Kollisionsrecht – EuZPR/EuIPR, Bd. 3, Bearbeitung 2010, München 2010 (zit. Rauscher/*Bearbeiter*, Bearbeitung 2010)

— (Hrsg.), Europäisches Zivilprozess- und Kollisionsrecht – EuZPR/EuIPR, Bd. 1, Bearbeitung 2011, München 2011 (zit. Rauscher/*Bearbeiter*, Bearbeitung 2011)

— (Hrsg.), Münchener Kommentar zum FamFG – Gesetz über das Verfahren in Familiensachen und in den Angelegenheiten der freiwilligen Gerichtsbarkeit (FamFG) mit Internationalem und Europäischem Zivilverfahrensrecht in Familiensachen (IZVR, EuZVR), 2. Aufl., München 2013 (zit. MüKoFamFG/*Bearbeiter*)

— (Hrsg.), Europäisches Zivilprozess- und Kollisionsrecht, Bd. 4, 4. Aufl., Köln 2015 (zit. Rauscher/*Bearbeiter*)

— (Hrsg.), Europäisches Zivilprozess- und Kollisionsrecht, Bd. 5, 4. Aufl., Köln 2016 (zit. Rauscher/*Bearbeiter*)

—, Internationales Privatrecht, 5. Aufl., Heidelberg 2017

Rauscher, Thomas/Krüger, Wolfgang (Hrsg.), Münchener Kommentar zur Zivilprozessordnung mit Gerichtsverfassungsgesetz und Nebengesetzen, Bd. 1, 5. Aufl., München 2016 (zit. MüKoZPO/*Bearbeiter*)

Rechberger, Walter H., Das Europäische Nachlasszeugnis und seine Wirkungen, ÖJZ 2012, S. 14–19

Reinhart, Gert, Zur Parteiautonomie im künftigen deutschen internationalen Privatrecht auf den Gebieten des Familien- und des Erbrechts, ZVglRWiss 80 (1981), S. 150–171

Remien, Oliver, Illusion und Realität eines europäischen Privatrechts, JZ 1992, S. 277–284

Rentsch, Bettina, Der gewöhnliche Aufenthalt im System des Europäischen Kollisionsrechts, Tübingen 2017

Riezler, Erwin, Internationales Zivilprozeßrecht und prozeßuales Fremdenrecht, Berlin u.a. 1949

Rigaux, François, Union internationale du notariat latin – Septième Congrès (Bruxelles, septembre 1963). Régimes matrimoniaux et successions en droit international privé, Rev. crit. dr. intern. priv. 53 (1964), S. 168–176

Rosenberg, Leo/Schwab, Karl Heinz/Gottwald, Peter, Zivilprozessrecht, 18. Aufl., München 2018

Röthel, Anne, Ist unser Erbrecht noch zeitgemäß? – Gutachten A zum 68. Deutschen Juristentag, in: Ständige Deputation des Deutschen Juristentages (Hrsg.), Verhandlungen des 68. Deutschen Juristentages, München 2010

Rousseau, Jean-Jacques, Du contrat social ou principes du droit politique, Amsterdam 1762 (zit. *Rousseau*, Contrat social)

Rudolf, Claudia, Die Erbrechtsverordnung der Europäischen Union – VO zum Internationalen Erb- und Erbverfahrensrecht in Kraft – ein Überblick, NZ 2013, S. 225–242

Rühl, Giesela, Die Kosten der Rechtswahlfreiheit: Zur Anwendung ausländischen Rechts durch deutsche Gerichte, RabelsZ 71 (2007), S. 559–596

—, Rechtswahlfreiheit im europäischen Kollisionsrecht, in: Baetge, Dietmar/von Hein, Jan/Hinden, Michael von (Hrsg.), Festschrift für Jan Kropholler, Tübingen 2008, S. 187–209

—, Der Schutz des „Schwächeren" im europäischen Kollisionsrecht, in: Kronke, Herbert/Thorn, Karsten (Hrsg.), Grenzen überwinden – Prinzipien bewahren. Festschrift für Bernd von Hoffmann zum 70. Geburtstag, Bielefeld 2011, S. 364–377

Säcker, Franz Jürgen/Rixecker, Roland/Oetker, Hartmut/Limperg, Bettina (Hrsg.), Münchener Kommentar zum BGB, Bd. 1, 7. Aufl., München 2015 (zit. MüKo/*Bearbeiter*)

— (Hrsg.), Münchener Kommentar zum BGB, Bd. 10, 7. Aufl., München 2017 (zit. MüKo/*Bearbeiter*)

— (Hrsg.), Münchener Kommentar zum BGB, Bd. 11, 7. Aufl., München 2018 (zit. MüKo/*Bearbeiter*)

Sakka, Samy, Der pauschalierte Zugewinnausgleich und das Europäische Nachlasszeugnis, MittBayNot 2018, S. 4–9

—, Anmerkung zu EuGH, Urteil vom 1.3.2018, C-558/16, MittBayNot 2018, S. 377–379

Sander, Florian/Breßler, Steffen, Das Dilemma mitgliedstaatlicher Rechtsgleichheit und unterschiedlicher Rechtsschutzstandards in der Europäischen Union – Zum Umgang mit sogenannten Torpedoklagen, ZZP 122 (2009), S. 157–185

Schaack, Roger, Zu den Prinzipien der Privatautonomie im deutschen und französischen Rechtsanwendungsrecht, Berlin 1990 (zit. *Schaack*, Prinzipien der Privatautonomie)

Schack, Haimo, Internationales Zivilverfahrensrecht – mit internationalem Insolvenz- und Schiedsverfahrensrecht, 7. Aufl., München 2017

Schaub, Renate, Die EU-Erbrechtsverordnung, in: Muscheler, Karlheinz (Hrsg.), Hereditare – Jahrbuch für Erbrecht und Schenkungsrecht, Tübingen 2013, S. 91–131

Schauer, Martin, Die neue Erbrechts-VO der Europäischen Union – eine Annäherung, JEV 2012, S. 78–90

—, Europäisches Nachlasszeugnis, in: Schauer, Martin/Scheuba, Elisabeth (Hrsg.), Europäische Erbrechtsverordnung (2012/650/EU vom 4. Juli 2012), Wien 2012, S. 73–98

Scheuba, Elisabeth, Anmerkungen zur Entstehungsgeschichte, in: Schauer, Martin/Scheuba, Elisabeth (Hrsg.), Europäische Erbrechtsverordnung (2012/650/EU vom 4. Juli 2012), Wien 2012, S. 1–21

Schiedermair, Gerhard, Vereinbarungen im Zivilprozeß, Bonn 1935

Schinkels, Boris, Das internationalprivatrechtliche Interesse – Gedanken zur Zweckmäßigkeit eines Begriffs, in: Kronke, Herbert/Thorn, Karsten (Hrsg.), Grenzen überwinden – Prinzipien bewahren. Festschrift für Bernd von Hoffmann zum 70. Geburtstag, Bielefeld 2011, S. 390–404

Schlosser, Peter, Einverständliches Parteihandeln im Zivilprozeß, Tübingen 1968

Schlosser, Peter/Hess, Burkhard, EU-Zivilprozessrecht – mit EuGVVO, EuMahnVO, EuBagVO, EuZVO, HBÜ, EuBVO, 4. Aufl., München 2015

Schmeding, Jörg G.-A., Zur Bedeutung der Rechtswahl im Kollisionsrecht – Ein Beitrag zur funktionalen Methode nach von Mehren/Trautmann, RabelsZ 41 (1977), S. 299–331

Schmidt, Jan Peter, Ausländische Vindikationslegate über im Inland belegene Immobilien – zur Bedeutung des Art. 1 Abs. 2 lit. l EuErbVO, ZEV 2014, S. 133–139

Schmitz, Melanie, Die Rechtswahlfreiheit im europäischen Kollisionsrecht, Berlin 2017 (zit. *Schmitz*, Rechtswahlfreiheit)

Schnitzer, Adolf F., Handbuch des Internationalen Privatrechts, 3. Aufl., Basel 1950

—, Professio iuris und Staatsverträge (insbesondere der Vertag mit den USA), SJZ 1969, S. 133–141

Schnyder, Anton K./Capaul, Gian Andri, Die Europäische Erbrechtsverordnung und ihre Bedeutung für die Schweiz – dargestellt am schweizerisch-italienischen (Sonder-)Erbfall, in: Heiss, Helmut (Hrsg.), Europäische Erbrechtsverordnung – Auswirkungen auf das Fürstentum Liechtenstein und die Schweiz – 3. Tagung des Zentrums für liechtensteinisches Recht an der Universität Zürich, Zürich u.a. 2016, S. 63–114

—/—, Anerkennung erbrechtlicher Entscheidungen und Urkunden im Verhältnis Deutschland/Schweiz, in: Schütze, Rolf A. (Hrsg.), Fairness Justice Equity. Festschrift für Reinhold Geimer zum 80. Geburtstag, München 2017, S. 629–640

Schoppe, Christoph, Die Übergangsbestimmungen zur Rechtswahl im internationalen Erbrecht: Anwendungsprobleme und Gestaltungspotential, IPRax 2014, S. 27–33

Schröder, Jochen, Internationale Zuständigkeit – Entwurf eines Systems von Zuständigkeitsinteressen im zwischenstaatlichen Privatverfahrensrecht aufgrund rechtshistorischer, rechtsvergleichender und rechtspolitischer Betrachtungen, Opladen 1971

Schulte-Beckenhausen, Sabine, Internationale Zuständigkeit durch rügelose Einlassung im Europäischen Zivilprozeßrecht, Bielefeld 1994

Schurig, Klaus, Das internationale Erbrecht wird europäisch – Bemerkungen zur kommenden Europäischen Verordnung, in: Bernreuther, Jörn/Freitag, Robert/Leible, Stefan/Sippel, Harald/Wanitzek, Ulrike (Hrsg.), Festschrift für Ulrich Spellenberg, München 2010, S. 343–353

Seeger, Sebastian, Erbverzichte im europäischen Kollisionsrecht – Unter besonderer Berücksichtigung rechtsvergleichender Bezüge und der Problematik des Statutenwechsels, Tübingen 2018

Seibl, Maximilian, Objektive und subjektive Anknüpfungen im Internationalen Erbrecht: ein Vergleich der bisherigen Rechtslage und der ErbVO, in: Spickhoff, Andreas (Hrsg.), Symposium Parteiautonomie im Europäischen Internationalen Privatrecht, Bonn 2014, S. 123–143

Siehr, Kurt, Die Parteiautonomie im Internationalen Privatrecht, in: Forstmoser, Peter/Heini, Anton/Giger, Hans/Schluep, Walter R. (Hrsg.), Festschrift für Max Keller zum 65. Geburtstag, Zürich 1989, S. 485–510

Simon, Ulrich/Buschbaum, Markus, Die neue EU-Erbrechtsverordnung, NJW 2012, S. 2393–2398

Simotta, Daphne-Ariane, Die internationale Zuständigkeit in Erbsachen im Fall einer Rechtswahl des Erblassers (Art. 5–9 EuErbVO), in: Adolphsen, Jens/-Goebel, Joachim/Haas, Ulrich/Hess, Burkhard/Kolmann, Stephan/Würdinger, Markus (Hrsg.), Festschrift für Peter Gottwald zum 70. Geburtstag, München 2014, S. 597–606

Solomon, Dennis, Die allgemeine Kollisionsnorm (Art. 21, 22 EuErbVO), in: Dutta, Anatol/Herrler, Sebastian (Hrsg.), Die Europäische Erbrechtsverordnung, München 2014, S. 19–45

Sonnentag, Michael, Das Europäische Internationale Erbrecht im Spannungsfeld zwischen der Anknüpfung an die Staatsangehörigkeit und den gewöhnlichen Aufenthalt, EWS 2012, S. 457–469

Soutier, Martin, Die Geltung deutscher Rechtsgrundsätze im Anwendungsbereich der Europäischen Erbrechtsverordnung, Köln 2015 (zit. *Soutier*, Geltung deutscher Rechtsgrundsätze)

—, Verbindliche Rechtswahlen im Erbrecht, ZEV 2015, S. 515–520

Steinmetz, Alexander/Löber, Jan/García Alcázar, Rocío, Die EuErbVO und ihre Anwendbarkeit im Mehrrechtsstaat Spanien, ZEV 2013, S. 535–539

Stojanovic, Srdjan, Die Parteiautonomie und der internationale Entscheidungseinklang – unter besonderer Berücksichtigung des internationalen Ehegüterrechts, Zürich 1983 (zit. *Stojanovic*, Parteiautonomie)

Stoll, Veit, Rechtswahl im Namens-, Ehe- und Erbrecht, München 1991 (zit. *Stoll*, Rechtswahl)

Strauß, Benedikt, Der notleidende Nachlass bei Auslandsberührung – zugleich ein Beitrag zur Abgrenzung zwischen EuErbVO und EuInsVO, München 2015 (zit. *Strauß*, Der notleidende Nachlass)

Stumpf, Cordula, Das Erbrecht als Objekt differenzierter Intergrationsschritte, in: Jung, Peter/Baldus, Christian (Hrsg.), Differenzierte Integration im Gemeinschaftsprivatrecht, Kempten im Allgäu 2007, S. 217–253

—, EG-Rechtsetzungskompetenz im Erbrecht, EuR 2007, S. 291–316

Sturm, Fritz, Parteiautonomie als bestimmender Faktor im internationalen Familien- und Erbrecht, in: Bickel, Dietrich/Hadding, Walther/Jahnke, Volker/Lüke, Gerhard (Hrsg.), Festschrift für Ernst Wolf, Köln u.a. 1985, S. 637–658

Stürner, Michael, Gerichtsstands- und Erfüllungsortvereinbarungen im europäischen Zivilprozessrecht, GPR 2013, S. 305–315

Stürner, Rolf, Verfahrensgrundsätze des Zivilprozesses und Verfassung, in: Grunsky, Wolfgang/Stürner, Rolf/Walter, Gerhard/Wolf, Manfred (Hrsg.), Festschrift für Fritz Baur, Tübingen 1981, S. 647–666

—, Parteidisposition über Anfang, Gegenstand und Umfang des Verfahrens in wichtigen europäischen Prozessordnungen, in: Lorenz, Stephan/Trunk, Alexander/Eidenmüller, Horst/Wendehorst, Christiane/Adolff, Johannes (Hrsg.), Festschrift für Andreas Heldrich, München 2005, S. 1061–1070

Süß, Rembert (Hrsg.), Das Vindikationslegat im Internationalen Privatrecht, RabelsZ 65 (2001), S. 245–263

—, Erbrecht in Europa, 2. Aufl., Angelbachtal 2008

—, Der Vorschlag der EG-Kommission zu einer Erbrechtsverordnung (Rom IV-Verordnung) vom 14. Oktober 2009, ZErb 2009, S. 342–348

—, Das Europäische Nachlasszeugnis, ZEuP 2013, S. 725–750

—, Der Vorbehalt zugunsten bilateraler Abkommen mit Drittstaaten, in: Dutta, Anatol/Herrler, Sebastian (Hrsg.), Die Europäische Erbrechtsverordnung, München 2014, S. 181–198

— (Hrsg.), Erbrecht in Europa, 3. Aufl., Bonn 2015

Teubner, Ernst/Künzel, Thomas, Prozeßverträge, MDR 1988, S. 720–726

Thireau, Jean-Louis, Charles du Moulin (1500–1566) - Etude sur les sources, la méthode, les idées politiques et économiques d'un juriste de la Renaissance, Genf 1980 (zit. *Thireau*, Charles du Moulin)

Tiedemann, Andrea, Die Rechtswahl im deutschen Internationalen Erbrecht, RabelsZ 55 (1991), S. 17–40

Tilmann, Winfried, Zur Entwicklung eines europäischen Zivilrechts, in: Jagenburg, Walter/Maier-Reimer, Georg/Verhoeven, Thomas (Hrsg.), Festschrift für Walter Oppenhoff, München 1985, S. 495–507

Treumann, Werner, Die Parteiautonomie im Deutschen Internationalen Privatrecht, Quakenbrück 1933 (zit. *Treumann*, Parteiautonomie)

Uddgren, Lars, Die nordische Konvention über Erbe, Testament und Nachlaßverordnung, RabelsZ 9 (1934), S. 266–274

Umbricht, Robert P., Die immanenten Schranken der Rechtswahl im internationalen Schuldvertragsrecht, Zürich 1963 (zit. *Umbricht*, Schranken)

Ungerer, Johannes, Brexit von Brüssel und den anderen IZPR-/IPR-Verordnungen zum Internationalen Zivilverfahrens- und Privatrecht, in: Kramme, Malte/Baldus, Christian/Schmidt-Kessel, Martin (Hrsg.), Brexit und die juristischen Folgen, Baden-Baden 2017, S. 297–320

Valladão, Haroldo, Observations de M. Haroldo Valladão, Annuaire 52 (1967), S. 634–639

van Hecke, Georges, Ziele und Methoden der juristischen Zusammenarbeit der Benelux-Staaten, in: Zweigert, Konrad (Hrsg.), Europäische Zusammenarbeit im Rechtswesen, Tübingen 1955, S. 33–44 *van Loon, Hans*, Die Haager Konferenz und ihre Bestrebungen zur Reform des Internationalen Erbrechts, MittRhNotK 1989, S. 9–13

—, The Hague Conference on Private International Law in a time of Globalisation: New Challenges and New Conventions in the fields of Civil Procedure and Applicable Law, in: Baur, Jürgen F./Mansel, Heinz-Peter (Hrsg.), Systemwechsel im europäischen Kollisionsrecht, München 2002, S. 193–203

Verbeke, Alain/Leleu, Yves-Henri, Harmonization of the Law of Succession in Europe, in: Hartkamp, Arthur/Hesselink, Martijn/Hondius, Ewoud/Joustra, Carla/Du Perron, Edgar (Hrsg.), Towards a European Civil Code, 2. Aufl., Den Haag u.a. 1998, S. 173–188

Vischer, Frank, Internationales Vertragsrecht - Die kollisionsrechtlichen Regeln der Anknüpfung bei internationalen Verträgen, Bern 1962

—, Die erbrechtliche professio iuris und der schweizerisch-amerikanische Staatsvertrag von 1850, Schweizerisches Jahrbuch 22 (1965), S. 49–74

Vollmer, Peter W., Die neue europäische Erbrechtsverordnung - ein Überblick, ZErb 2012, S. 227–234

Volmer, Michael, Die EU-Erbrechtsverordnung - erste Fragen an die Dogmatik und Forensik, Rpfleger 2013, S. 421–433

von Bar, Ludwig, Theorie und Praxis des internationalen Privatrechts, 2. Aufl., Hannover 1889

von Bary, Christiane, Gerichtsstands- und Schiedsvereinbarungen im internationalen Erbrecht, Tübingen 2018

von Caemmerer, Ernst, Rechtsvereinheitlichung und internationales Privatrecht, in: von Caemmerer, Ernst/Schlochauer, Hans-Jürgen/Steindorff, Ernst (Hrsg.), Probleme des Europäischen Rechts. Festschrift für Walter Hallstein zu seinem 65. Geburtstag, Frankfurt am Main 1966, S. 63–95

von Hein, Jan, Die Neufassung der Europäischen Gerichtsstands- und Vollstreckungsverordnung (EuGVVO), RIW 2013, S. 97–111

von Hinden, Michael/Müller, Thorsten, Die Europäische Erbrechtsverordnung – Aktuelle Auswirkungen auf die Nachfolgeplanung, ErbStB 2013, S. 97–103

von Mangoldt, Hermann, 42. Sitzung des Hauptausschusses, in: Parlamentarischer Rat (Hrsg), Verhandlungen des Hauptausschusses Bonn 1948/49, Bonn 1949, S. 529–544

von Overbeck, Alfred E., La professio juris comme moyen de rapprocher les principes du domicile et de la nationalité en droit international privé, in: Juristische Fakultät Gent (Hrsg.), Liber amicorum Baron Louis Fredericq, Gent 1965, S. 1085–1112

von Savigny, Friedrich Karl, System des heutigen römischen Rechts, Bd. 8, Berlin 1894

von Staudinger, Julius (Begr.), Kommentar zum Bürgerlichen Gesetzbuch mit Einführungsgesetz und Nebengesetzen, Bd. 4 Internationales Privatrecht: Art. 24–28 a.F.; 5, 6 n.F. EGBGB, 10./11. Auflage, Berlin 1990 (zit. Staudinger/*Bearbeiter*)

—, Kommentar zum Bürgerlichen Gesetzbuch mit Einführungsgesetz und Nebengesetzen, EGBGB/IPR Art 26, 26 EGBGB; Anhang zu Art 25 und 26 EGBGB, Neubearbeitung 2000, Berlin 2000 (zit. Staudinger/*Bearbeiter*)

—, Kommentar zum Bürgerlichen Gesetzbuch mit Einführungsgesetz und Nebengesetzen – Eckpfeiler des Zivilrechts, Neubearbeitung 2018, Berlin 2018 (zit. Staudinger, Eckpfeiler des Zivilrechts/*Bearbeiter*)

von Wächter, Carl Georg, Ueber die Collision der Privatrechtsgesetze verschiedener Staaten, AcP 24 (1841), S. 230–311

—, Ueber die Collision der Privatrechtsgesetze verschiedener Staaten (Fortsetzung), AcP 25 (1842), S. 1–60

Wach, Adolf, Das Princip des gewillkürten Gerichtsstands, AcP 62 (1879), S. 373–404

Wachter, Thomas, Ehegattenerbrecht nach „Mahnkopf" – Neue Chancen und Risiken für Zu- und Wegzügler, ErbStB 2018, S. 206–215

Wacke, Andreas, Ursprung der freiwilligen Gerichtsbarkeit, DNotZ 1988, S. 732–750

Wagner, Gerhard, Prozessverträge – Privatautonomie im Verfahrensrecht, Tübingen 1998

—, Fakultatives Kollisionsrecht und prozessuale Parteiautonomie, ZEuP 1999, S. 6–46

Wagner, Rolf, Der Kommissionsvorschlag vom 14.10.2009 zum internationalen Erbrecht: Stand und Perspektiven des Gesetzgebungsverfahrens, DNotZ 2010, S. 506–519

Wahl, Eduard, Zur Entwicklung des Personalstatuts im europäischen Raum – Rückblick und Ausblick, in: Wahl, Eduard/Serick, Rolf/Niederländer, Hubert (Hrsg.), Festschrift zum fünfzigjährigen Bestehen des Instituts für ausländisches und internationales Privat- und Wirtschaftsrecht der Universität Heidelberg, Heidelberg 1967, S. 123–154

Wall, Fabian, Vermeidung negativer Kompetenzkonflikte im Zuständigkeitsrecht der Artt. 4 ff EU-ErbVO, ZErb 2014, S. 272–281

Walther, Bianca, Die Qualifikation des § 1371 Abs. 1 BGB im Rahmen der europäischen Erb- und Güterrechtsverordnungen, GPR 2014, S. 325–329

—, Das deutsche Pflichtteilsrecht in Europa – eine (un)endliche Geschichte?, GPR 2016, S. 128–131

Weber, Johannes, Kubicka und die Folgen: Vindikationslegate aus Sicht des deutschen Immobiliarsachenrechts – Zugleich Anmerkungen zum Urt. des EuGH v. 12.10.2017 – Rs. C-218/16, DNotZ 2018, S. 16–32

—, Der Klassiker neu aufgelegt: Die Qualifikation des § 1371 BGB unter dem Regime der Europäischen Erbrechtsverordnung, NJW 2018, S. 1356–1358

Weber, Johannes/Francastel, Julie, Der gewöhnliche Aufenthalt pflegebedürftiger Erblasser im Kontext von EuErbVO und FamFG, DNotZ 2018, S. 163–176

Weber, Susanne, Die Parteiautonomie außerhalb des internationalen Schuldvertragsrechts unter Berücksichtigung der Rechtslage in Österreich und der Schweiz, Hamburg 2012 (zit. *S. Weber*, Parteiautonomie)

Weller, Marc-Philippe, Der gewöhnliche Aufenthalt im Kollisionsrecht, in: Leible, Stefan/Unberath, Hannes (Hrsg.), Brauchen wir eine Rom 0-Verordnung? – Überlegungen zu einem Allgemeinen Teil des europäischen IPR, Jena 2013, S. 293–323

Weller, Marc-Philippe/Benz, Nina/Thomale, Chris, Rechtsgeschäftsähnliche Parteiautonomie, ZEuP 2017, S. 250–282

Weller, Matthias, Ordre-public-Kontrolle internationaler Gerichtsstandsvereinbarungen im autonomen Zuständigkeitsrecht, Tübingen 2005 (zit. *Weller*, Ordre-public-Kontrolle)

—, Internationale Gerichtsstandsvereinbarungen: Haager Übereinkommen – Brüssel I-Reform, in: Geimer, Reinhold/Kaissis, Athanassios/Thümmel, Roderich C. (Hrsg.), Ars aequi et boni in mundo. Festschrift für Rolf A. Schütze zum 80. Geburtstag, München 2015, S. 705–716

Werner, Rüdiger, Die Novellierung des internationalen Erbrechts durch die Europäische Erbrechtsverordnung, StBW 2012, S. 857–864

Wetzell, Georg Wilhelm, System des ordentlichen Civilprocesses, 3. Aufl., Leipzig 1878

Wicki, André Aloys, Zur Dogmengeschichte der Parteiautonomie im internationalen Privatrecht, Winterthur 1965 (zit. *Wicki*, Dogmengeschichte)

Wiethölter, Rudolf, Internationales Nachlaßverfahrensrecht, in: Lauterbach, Wolfgang (Hrsg.), Vorschläge und Gutachten zur Reform des deutschen internationalen Erbrechts, Berlin u.a. 1969, S. 141–184

Wilke, Felix M., Das internationale Erbrecht nach der neuen EU-Erbrechtsverordnung, RIW 2012, S. 601–609

Wilsch, Harald, EuErbVO: Die Verordnung in der deutschen Grundbuchpraxis, ZEV 2012, S. 530–532

—, Anmerkung zu OLG München, Beschl. v. 12.9.2017 – 31 Wx 275/17, FGPrax 2018, S. 39–40

—, Die EuGH-Rechtsprechung zu den Vindikationslegaten und die Auswirkungen auf das deutsche Grundbuch- und Nachlassverfahren, ZfIR 2018, S. 253–263

Wolff, Martin, Das internationale Privatrecht Deutschlands, 2. Aufl., Berlin u.a. 1949

Yntema, Hessel E., „Autonomy“ in Choice of Law, AmJCL 1 (1952), S. 341–358

—, Die historischen Grundlagen des Internationalen Privatrechts, in: Dölle, Hans/Rheinstein, Max/Zweigert, Konrad (Hrsg.), Festschrift für Ernst Rabel, Tübingen 1954, S. 513–537

Zimmermann, Reinhard, Die Europäisierung des Privatrechts und die Rechtsvergleichung, Berlin 2006 (zit. *Zimmermann*, Europäisierung des Privatrechts)

—, Die Erbfolge gegen das Testament im Römischen Recht – Formelles und materielles Noterbrecht im Spannungsfeld von Testierfreiheit und familiärer Solidarität, in: Röthel, Anne (Hrsg.), Reformfragen des Pflichtteilsrechts – Symposium vom 30.11.–2.12.2006 in Salzau, Köln u.a. 2007, S. 97–117

—, Vorwort, in: ders. (Hrsg.), Freedom of Testation – Testierfreiheit, Tübingen 2012, S. VII–X

Zippelius, Reinhold, Rechtsphilosophie, 6. Aufl., München 2011

Zitelmann, Ernst, Internationales Privatrecht, Leipzig 1897

—, Internationales Privatrecht, Leipzig 1912

Zöller, Richard (Begr.), Zivilprozessordnung, 32. Aufl., Köln 2018 (zit. Zöller/*Bearbeiter*)

Zweigert, Konrad, Die Rechtsvergleichung im Dienste der europäischen Rechtsvereinheitlichung, RabelsZ 16 (1951), S. 387–397

STUDIEN ZUM VERGLEICHENDEN UND INTERNATIONALEN RECHT

Herausgeber: Bernd von Hoffmann (†), Erik Jayme, Heinz-Peter Mansel, Christine Budzikiewicz, Michael Stürner, Karsten Thorn und Marc-Philippe Weller

Band 1 Ferdinand Henke: Die Datenschutzkonvention des Europarates. 1986.

Band 2 Peter Czermak: Der express trust im internationalen Privatrecht. 1986.

Band 3 Peter Kindler: Der Ausgleichsanspruch des Handelsvertreters im deutsch-italienischen Warenverkehr. Eine rechtsvergleichende und kollisionsrechtliche Untersuchung. 1987.

Band 4 Wilhelm Denzer: Stellung und Bedeutung des Engineers in den FIDIC-Bauvertragsbedingungen. 1988.

Band 5 Marijan-Maximilian Lederer: Die internationale Enteignung von Mitgliedschaftsrechten unter besonderer Berücksichtigung der französischen Enteignungen 1982. 1989.

Band 6 Rainer Esser: Klagen gegen ausländische Staaten. 1990.

Band 7 Chang Jae-Ok: Auf dem Weg zu einer Materialisierung des Immateriellen? Personen-, Persönlichkeitsschutz und Geldersatz des immateriellen Schadens in rechtsvergleichender Hinsicht am Beispiel des koreanischen und japanischen Zivilrechts unter besonderer Berücksichtigung des deutschen Rechts. 1990.

Band 8 Paul-Frank Weise: Lex mercatoria. Materielles Recht vor der internationalen Handelsschiedsgerichtbarkeit.1990.

Band 9 Werner Born: Der Auftrittsvertrag für Musikgruppen im Bereich der Rock- und Popmusik. 1990.

Band 10 Ralf Erich Jürgens: IPR und Verfassung in Italien und in der Bundesrepublik Deutschland. 1990.

Band 11 Rainer Gildeggen: Internationale Schieds- und Schiedsverfahrensvereinbarungen in Allgemeinen Geschäftsbedingungen vor deutschen Gerichten. 1991.

Band 12 Klaus Grabinski: Die kollisionsrechtliche Behandlung des Durchgriffs bei rechtlich verselbständigten Unternehmen in privater oder öffentlicher Hand. 1991.

Band 13 Dieter Stummel: Konkurs und Integration. Konventionsrechtliche Wege zur Bewältigung grenzüberschreitender Insolvenzverfahren. 1991.

Band 14 Joachim Güntzer: Die Rechtsstellung des Geschäftsführers im spanischen Aktienrecht. Die Neuregelung des spanischen Aktienrechts nach dem Beitritt Spaniens zur EG. 1991.

Band 15 Sabine Isenburg-Epple: Die Berücksichtigung ausländischer Rechtshängigkeit nach dem Europäischen Gerichtsstands- und Vollstreckungsübereinkommen vom 27.9.1968. Untersuchungen zum Anwendungsbereich von Art. 21 EuGVÜ unter schwerpunktmäßiger Behandlung der Frage nach der Bestimmung eines europäischen Streitgegenstandsbegriffs. 1992.

Band 16 Ulrich Nickl: Die Qualifikation der culpa in contrahendo im Internationalen Privatrecht. 1992.

Band 17 Theo Rauh: Leistungserschwerungen im Schuldvertrag. Eine rechtsvergleichende Untersuchung des englischen, US-amerikanischen, französischen und deutschen Rechts unter besonderer Berücksichtigung der gerichtlichen Praxis. 1992.

Band 18 Bernadette Chaussade-Klein: Vorvertragliche "obligation de renseignements" im französischen Recht. 1992.

Band 19 Josef Sievers: Verbraucherschutz gegen unlautere Vertragsbedingungen im französischen Recht. Vom Code civil zum "Code de la consommation" – die Entstehung eines Sonderprivatrechts für Verbraucher. 1993.

Band 20 Achim Schäfer: Grenzüberschreitende Kreditsicherung an Grundstücken, unter besonderer Berücksichtigung des deutschen und italienischen Rechts. 1993.

Band 21 Eugenio Hernández-Breton: Internationale Gerichtsstandsklauseln in Allgemeinen Geschäftsbedingungen. Unter besonderer Berücksichtigung des deutsch-südamerikanischen Rechtsverkehrs (dargestellt am Beispiel Argentinien, Brasilien und Venezuela). 1993.

Band 22 Ingo Reng: Unterhaltsansprüche aufgrund nichtehelicher Lebensgemeinschaft – Internationales Privatrecht und ausländisches materielles Recht. 1994.

Band 23 Stefanie Roloff: Die Geltendmachung ausländischer öffentlicher Ansprüche im Inland. 1994.

Band 24 Katharina Ludwig: Der Vertragsschluß nach UN-Kaufrecht im Spannungsverhältnis von Common Law und Civil Law. Dargestellt auf der Grundlage der Rechtsordnungen Englands und Deutschlands. 1994.

Band 25 Malte Diesselhorst: Mehrparteienschiedsverfahren. Internationale Schiedsverfahren unter Beteiligung von mehr als zwei Parteien. 1994.

Band 26 Manfred Kost: Konsensprobleme im internationalen Schuldvertragsrecht. 1995.

Band 27 Wolff-Heinrich Fleischer: Das italienische Wettbewerbsrecht und die Probleme des selektiven Parfümvertriebs unter Berücksichtigung der Rechtslage in Frankreich und Deutschland. 1995.

Band 28 Angelika Fuchs: Lateinamerikanische Devisenkontrollen in der internationalen Schuldenkrise und Art. VIII Abschn. 2 b) IWF-Abkommen. 1995.

Band 29 Jacques Matthias Aull: Der Geltungsanspruch des EuGVÜ: "Binnensachverhalte" und Internationales Zivilverfahrensrecht in der Europäischen Union. Zur Auslegung von Art. 17 Abs. 1 S. 1 EuGVÜ. 1996.

Band 30 Hartmut Ost: EVÜ und fact doctrine. Konflikte zwischen europäischer IPR-Vereinheitlichung und der Stellung ausländischen Rechts im angelsächsischen Zivilprozeß. 1996.

Band 31 Stefan Wagner: Die Testierfähigkeit im Internationalen Privatrecht. 1996.

Band 32 Wolfgang Jakob Hau: Positive Kompetenzkonflikte im Internationalen Zivilprozeßrecht. Überlegungen zur Bewältigung von *multi-fora disputes*. 1996.

Band 33 Markus Schütz: UN-Kaufrecht und *Culpa in contrahendo*. 1996.

Band 34 Volker Geyrhalter: Das Lösungsrecht des gutgläubigen Erwerbers. Ein "vergessener" Kompromiß und die Auswirkungen auf das heutige deutsche Recht unter besonderer Berücksichtigung des internationalen Sachenrechts. 1996.

Band 35 Andreas Kramer: Abwicklungsstörungen bei Kaufverträgen. Die Lieferung vertragswidriger Sachen im deutschen und italienischen Recht. 1996.

Band 36 Petra Krings: Erfüllungsmodalitäten im internationalen Schuldvertragsrecht. 1997.

Band 37 Tonja Gaibler: Der rechtsgeschäftliche Irrtum im französischen Recht. 1997.

Band 38 Dirk Otto: Rechtsspaltung im indischen Erbrecht. Bedeutung und Auswirkungen auf deutsch-indische Nachlaßfälle. 1997.

Band 39 Gregor W. Decku: Zwischen Vertrag und Delikt. Grenzfälle vertraglicher und deliktischer Haftung dargestellt am Beispiel der Berufs- und Expertenhaftung zum Schutze des Vermögens Dritter im deutschen und englischen Recht. 1997.

Band 40 Gregor W. Decku: Zwischen Vertrag und Delikt. Grenzfälle vertraglicher und deliktischer Haftung dargestellt am Beispiel der Berufs- und Expertenhaftung zum Schutze des Vermögens Dritter im deutschen und englischen Recht. 1997.

Band 41 Ulrike Höpping: Auswirkungen der Warenverkehrsfreiheit auf das IPR unter besonderer Berücksichtigung des Internationalen Produkthaftungsrechts und des Internationalen Vertragsrechts. 1997.

Band 42 Helene Boriths Müller: Die Umsetzung der europäischen Übereinkommen von Rom und Brüssel in das Recht der Mitgliedstaaten. Dargestellt am Beispiel Deutschlands und Dänemarks. 1997.

Band 43 Bernd von Hoffmann / Myong-Chang Hwang (eds.): The Public Concept of Land Ownership. Reports and Discussions of a German-Korean Symposium held in Seoul on October 7-9, 1996. 1997.

Band 44 Oliver Heeder: Fraus legis. Eine rechtsvergleichende Untersuchung über den Vorbehalt der Gesetzesumgehung in Deutschland, Österreich, der Schweiz, Frankreich und Belgien unter besonderer Berücksichtigung des Internationalen Privatrechts. 1998.

Band 45 Heinrich Schütt: Deliktstyp und Internationales Privatrecht. Dargestellt an grenzüberschreitenden Problemen der Arzthaftung. 1998.

Band 46 Axel Steiner: Die stillschweigende Rechtswahl im Prozeß im System der subjektiven Anknüpfungen im deutschen Internationalen Privatrecht. 1998.

Band 47 Martina Schulz: Der Eigentumsvorbehalt in europäischen Rechtsordnungen. Rechtsvergleichende Untersuchung des deutschen, englischen und französischen Rechts unter besonderer Berücksichtigung von Erweiterungen und Verlängerungen. 1998.

Band 48 Karin Dreher: Die Rechtswahl im internationalen Erbrecht. Unter besonderer Berücksichtigung des italienischen IPR-Reformgesetzes N. 218 vom 31. Mai 1995. 1999.

Band 49 Giuliano Gabrielli: Das Verhältnis zwischen der Anfechtung wegen Eigenschaftsirrtums und den Gewährleistungsansprüchen im deutschen, österreichischen und italienischen Recht. 1999.

Band 50 Bernd von Hoffmann / Myong-Chan Hwang (eds.): Developments in Land Law. Reports and Discussions of a German-Korean Symposium held in Berlin and Trier on July 21-24, 1997. 1999.

Band 51 Volker Heidbüchel: Das UNCITRAL-Übereinkommen über unabhängige Garantien und Standby Letters of Credit. Vergleiche mit den Richtlinien der Internationalen Handelskammer, dem deutschen, englischen und US-amerikanischen Recht. 1999.

Band 52 Jan Christoph Nordmeyer: Pflichtteilsansprüche und Wiedervereinigung. Eine systematische Analyse der Ausgleichsansprüche nach BGB-Pflichtteilsrecht unter besonderer Berücksichtigung der durch den Wiedervereinigungsprozeß eingetretenen Wertveränderungen. 1999.

Band 53 Bettina Linder: Vertragsabschluß beim grenzüberschreitenden Verbraucherleasing. 1999.

Band 54 Almontasser Fetih: Die zivilrechtliche Haftung bei Vertragsverhandlungen. Eine rechtsvergleichende Studie zum deutschen, französischen, ägyptischen und islamischen Recht. 2000.

Band 55 Sona Rajani: Die Geltung und Anwendung des Gemeinschaftsrechts im Vereinigten Königreich von Großbritannien und Nordirland. Der Grundsatz der Parlamentssouveränität im Wandel. 2000.

Band 56 Joachim Kayser: Gegenmaßnahmen im Außenwirtschaftsrecht und das System des europäischen Kollisionsrechts. Eine Analyse der EU-Abwehrverordnung gegen die Auswirkungen extraterritorialer Rechtserstreckung eines Drittlandes. 2001.

Band 57 Albrecht Conrad: Qualifikationsfragen des Trust im Europäischen Zivilprozeßrecht. 2001.

Band 58 Bernd Borgmann: Die Entsendung von Arbeitnehmern in der Europäischen Gemeinschaft. Wechselwirkungen zwischen Kollisionsrecht, Grundfreiheiten und Spezialgesetzen. 2001.

Band 59 Aleksandar Jaksic: Arbitration and Human Rights. 2002.

Band 60 Islamisches und arabisches Recht als Problem der Rechtsanwendung. Symposium zu Ehren von Professor Emeritus Dr. iur. Omaia Elwan. Veranstaltet vom Institut für ausländisches und internationales Privat- und Wirtschaftsrecht der Universität Heidelberg und der Gesellschaft für Arabisches und Islamisches Recht e.V. Herausgegeben von Herbert Kronke, Gert Reinhart und Nika Witteborg. 2001.

Band 61 Patrick Fiedler: Stabilisierungsklauseln und materielle Verweisung im internationalen Vertragsrecht. 2001.

Band 62 Werner Mangold: Die Abtretung im Europäischen Kollisionsrecht. Unter besonderer Berücksichtigung des spanischen Rechts. 2001.

Band 63 Eike Dirk Eschenfelder: Beweiserhebung im Ausland und ihre Verwertung im inländischen Zivilprozess. Zur Bedeutung des US-amerikanischen discovery-Verfahrens für das deutsche Erkenntnisverfahren. 2002.

Band 64 Bernd Ehle: Wege zu einer Kohärenz der Rechtsquellen im Europäischen Kollisionsrecht der Verbraucherverträge. 2002.

Band 65 Heiko Lehmkuhl: Das Nacherfüllungsrecht des Verkäufers im UN-Kaufrecht. 2002.

Band 66 Jochen Nikolaus Schlotter: Erbrechtliche Probleme in der Société Privée Européenne. IPR-Harmonisierung im einheitlichen Europäischen Rechtsraum. 2002.

Band 67 Konrad Ost: Doppelrelevante Tatsachen im Internationalen Zivilverfahrensrecht. Zur Prüfung der internationalen Zuständigkeit bei den Gerichtsständen des Erfüllungsortes und der unerlaubten Handlung. 2002.

Band 68 Tobias Bosch: Die Durchbrechungen des Gesamtstatuts im internationalen Ehegüterrecht. Unter besonderer Berücksichtigung deutsch-französischer Rechtsfälle. 2002.

Band 69 Ursula Philipp: Form im amerikanischen Erbrecht. Zwischen Formalismus und harmless error. 2002.

Band 70 Christian Stefan Wolf: Der Begriff der wesentlich engeren Verbindung im Internationalen Sachenrecht. 2002.

Band 71 André Fomferek: Der Schutz des Vermögens Minderjähriger. Ein Vergleich des deutschen und des englischen Rechts unter Berücksichtigung des schottischen und irischen Rechts. 2002.

Band 72 nicht erschienen

Band 73 Markus Dreißigacker: Sprachenfreiheit im Verbrauchervertragsrecht. Der Verbraucher im Spannungsfeld zwischen kultureller Identität und Privatautonomie. 2002.

Band 74 Vassiliki Myller-Igknay: Auskunftsansprüche im griechischen Zivilrecht. Auswirkungen im deutsch-griechischen Rechtsverkehr sowie im deutschen internationalen Privat- und Verfahrensrecht. 2003.

Band 75 Stefan Bruinier: Der Einfluss der Grundfreiheiten auf das Internationale Privatrecht. 2003.

Band 76 Nika Witteborg: Das gemeinsame Sorgerecht nichtverheirateter Eltern. Eine Untersuchung im soziologischen, rechtsgeschichtlichen, verfassungsrechtlichen, rechtsvergleichenden und internationalen Kontext. 2003.

Band 77 Peter Stankewitsch: Entscheidungsnormen im IPR als Wirksamkeitsvoraussetzungen der Rechtswahl. 2003.

Band 78 Jan Wilhelm Ritter: Euro-Einführung und IPR unter besonderer Berücksichtigung nachehelicher Unterhaltsverträge. Eine Untersuchung mit Blick auf das deutsche, französische und schweizerische Recht. 2003.

Band 79 Wolf Richard Herkner: Die Grenzen der Rechtswahl im internationalen Deliktsrecht. 2003.

Band 80 Ira Ditandy: Internationale Zuständigkeit. Neuregelung durch die LOPJ 1985. Vergleich mit dem europäischen Vorbild und Auswirkungen auf das spanische internationale Zivilverfahrensrecht. 2003.

Band 81 Andrea Verena Schefold: Werbung im Internet und das deutsche Internationale Privatrecht. 2004.

Band 82 Klaus Herkenrath: Die Umsetzung der Richtlinie 93/13/EWG über missbräuliche Klauseln in Verbraucherverträgen in Deutschland, dem Vereinigten Königreich, Frankreich und Italien. Auswirkungen nationaler Umsetzungstechniken auf dem Harmonisierungserfolg. 2003.

Band 83 Alexander Thünken: Das kollisionsrechtliche Herkunftslandprinzip. 2003.

Band 84 Barbara v. Daumiller: Die Rechtswahl im italienischen internationalen Erbrecht: und ihre Auswirkungen im deutsch-italienischen Rechtsverkehr. 2003.

Band 85 Robert Mödl: Macht, Verantwortlichkeit und Zurechnung im Konzern. Eine rechtsvergleichende Untersuchung auf der Grundlage des deutschen, spanischen und US-amerikanischen Rechts. 2003.

Band 86 Ursula Kerpen: Das Internationale Privatrecht der Persönlichkeitsrechtsverletzungen. Eine Untersuchung auf rechtsvergleichender Grundlage. 2003.

Band 87 Barbara Ploeckl: Umgangsrechtsstreitigkeiten im deutsch-französischen Rechtsverkehr. Bestehende internationale und nationale Regelungen und der geplante *europäische Besuchstitel*. 2003.

Band 88 Katrin Wannemacher: Die Außenkompetenzen der EG im Bereich des Internationalen Zivilverfahrensrechts. Der räumliche Anwendungsbereich des Art. 65 EGV am Beispiel der EuGVO und der EheVO. 2003.

Band 89 Maren B. Eilinghoff: Das Kollisionsrecht der ungerechtfertigten Bereicherung nach dem IPR-Reformgesetz von 1999. 2004.

Band 90 Patrick Niehr: Die zivilprozessuale Dokumentenvorlegung im deutsch-englischen Rechtshilfeverkehr nach der deutschen und der englischen Prozessrechtsreform. 2004.

Band 91 Anna Christina Gördes: Internationale Zuständigkeit, Anerkennung und Vollstreckung von Entscheidungen über die elterliche Verantwortung. Die VO(EG) Nr. 1347/2000, ihre geplanten Änderungen und das Verhältnis beider zum Minderjährigen- und Kinderschutzabkommen. 2004.

Band 92 Martin Rädler: Rechtsbehelfe des Käufers eines Unternehmens oder einer unternehmerischen Beteiligung gegen den Verkäufer im deutschen und französischen Recht. 2004.

Band 93 Marc-Yngve Dietrich: Rechtsstellung und Beteiligung der Gläubiger im französischen Insolvenzverfahren. 2004.

Band 94 Katia Niemann: Die rechtsgeschäftliche und organschaftliche Stellvertretung und deren kollisionsrechtliche Einordnung. Deutschland und England im Vergleich. 2004.

Band 95 Daniel Ludwig: Neuregelungen des deutschen Internationalen Insolvenzverfahrensrechts. Eine Untersuchung unter vergleichender Heranziehung der Europäischen Insolvenzver-ordnung. 2004.

Band 96 Cordelia Faulenbach: Der gemeinschaftsrechtliche Vorbehalt im europäischen Wettbewerbsrecht. Die Herkunftslandanknüpfung der E-Commerce-Richtlinie unter dem Einfluss der Grundfreiheiten. 2004.

Band 97 Ulf Dörner: Der Vertragsgerichtsstand nach dem Protokoll von Buenos Aires. 2004.

Band 98 Martin Schmidhuber: Verhaltenskodizes im nationalen und grenzüberschreitenden elektronischen Geschäftsverkehr. Zur Frage der Integration der Selbstregulierung durch Private in die staatliche Rechtsordnung. 2004.

Band 99 Florian Kienle: Die fehlerhafte Banküberweisung im internationalen Rechtsverkehr. Unter besonderer Berücksichtigung des Artikels 4A US Uniform Commercial Code. 2004.

Band 100 Thomas Alexander Brandt: Die Adoption durch eingetragene Lebenspartner im internationalen Privat- und Verfahrensrecht. 2004.

Band 101 Florian Pulkowski: Subunternehmer und Internationales Privatrecht. Der Subunternehmer als Quasi-Verbraucher im Europäischen Kollisionsrecht. 2004.

Band 102 Ulrich Becker: Grundrechtsschutz bei der Anerkennung und Vollstreckbarerklärung im europäischen Zivilverfahrensrecht. Bestimmung der Grenzen für die Einführung eines europäischen Vollstreckungstitels. 2004.

Band 103 Thomas Badelt: Aufrechnung und internationale Zuständigkeit unter besonderer Berücksichtigung des deutsch-spanischen Rechtsverkehrs. 2005.

Band 104 Florian D. Wagner: Vorvertragliche Aufklärungspflichten im internationalen Franchising. Zur Harmonisierung von Delikts- und Vertragsstatut im internationalen Privatrecht unter besonderer Berücksichtigung der Franchise-Gesetzgebung des US-Bundesstaates Kalifornien. 2005.

Band 105 Vera Heine: Die Umsetzung der *EG-Richtlinie über missbräuchliche Klauseln in Verbraucherverträgen* im englischen und deutschen Recht. 2005.

Band 106 Alexander Franz: Überregionale Effektentransaktionen und anwendbares Recht. Eine kollisionsrechtliche Untersuchung unter besonderer Berücksichtigung der Vorschrift des § 17 a DepotG. 2005.

Band 107 Hanna-Maria Uhlenbrock: Gesetzliche Regelungen für nichteheliche Lebensgemeinschaften in Deutschland und Frankreich. Ein Vergleich des Unterhaltsrechts bei der eingetragenen Lebenspartnerschaft und beim Pacte civil de Solidarité. 2005.

Band 108 Katrin Stieß: Anknüpfungen im internationalen Urheberrecht unter Berücksichtigung der neuen Informationstechnologien. 2005.

Band 109 Hendrik Otto: Der gesetzliche Abschlussprüfer im italienischen Recht. Eine rechtsvergleichende Untersuchung unter besonderer Berücksichtigung der zivilrechtlichen Haftung. 2005.

Band 110 Frauke Stuphorn: Bankhaftung für Kreditauskünfte im deutschen und französischen Recht. 2005.

Band 111 Nina Fürer: Die zivilrechtliche Haftung für Raucherschäden. 2005.

Band 112 Giovanni B. Barillà: *Contratto autonomo di garanzia* e *Garantievertrag*. Categorie civilistiche e prassi del commercio. 2005.

Band 113 Timo Torz: Gerichtsstände im Internationalen Insolvenzrecht zur Eröffnung von Partikularinsolvenzverfahren. 2005.

Band 114 Martina Schmid: Die Grenzen der Auslegungskompetenz des EuGH im Vorabentscheidungsverfahren nach Art. 234 EG. Dargestellt am Beispiel der überschießenden Richtlinienumsetzung. 2005.

Band 115 Stephan Lesage-Mathieu: Dispositives Kollisionsrecht im prozessualen Kontext. 2005.

Band 116 Jürgen Görtz: Die subjektiven Grenzen der Rechtskraft US-amerikanischer Urteile. 2005.

Band 117 Vera Hoppe: Die Einbeziehung ausländischer Beteiligter in US-amerikanische class actions. Unter Berücksichtigung des Class Action Fairness Act 2005. 2005.

Band 118 Silke Pütz: Parteiautonomie im internationalen Urhebervertragsrecht – Eine rechtsdogmatische und rechtspolitische Betrachtung der Grenzen freier Rechtswahl im internationalen Urhebervertragsrecht unter besonderer Berücksichtigung des neuen deutschen Urhebervertragsrechts. 2005.

Band 119 Alice Nieroba: Die europäische Rechtshängigkeit nach der EuGVVO (Verordnung (EG) Nr. 44/2001) an der Schnittstelle zum nationalen Zivilprozessrecht. 2006.

Band 120 Jan Kayser: Alternative Formen gerichtlicher und außergerichtlicher Streitbeilegung im deutschen und französischen Zivilprozess. Les modes alternatifs judiciaires et extrajudiciaires de résolution des conflits en procédure civile allemande et française. 2006.

Band 121 Mirko Ehrich: Der internationale Anwendungsbereich des deutschen und französischen Rechts gegen irreführende Werbung. Freie Wahl von Form und Mittel, Rom II und Herkunftslandprinzip. 2006.

Band 122 Daniel Thelen: Die Haftung des Sekundärschädigers für Gewalttaten anderer im US-amerikanischen Deliktsrecht ausgehend von dem Problem rechtsextremistisch motivierter Gewalttaten. 2006.

Band 123 Anne Winterling: Die Entscheidungszuständigkeit in Arbeitssachen im europäischen Zivilverfahrensrecht. 2006.

Band 124 Sarah Gerling: Die Gleichstellung ausländischer mit inländischen Vollstreckungstiteln durch die Verordnung zur Einführung eines Europäischen Vollstreckungstitels für unbestrittene Forderungen. Im Vergleich zum bisherigen Recht und zur Rechtslage in den USA. 2006.

Band 125 Christian Bank: Präventivmaßnahmen börsennotierter Gesellschaften zur Abwehr feindlicher Übernahmeversuche in Deutschland und Großbritannien. Eine rechtsvergleichende Untersuchung des deutschen und britischen Rechts unter Berücksichtigung der Europäischen Übernahmerichtlinie. 2006.

Band 126 Christian Weis: Kaufrechtliche Gewährleistung und Garantievergabe in Deutschland und Spanien. Unter besonderer Berücksichtigung des Unternehmenskaufs. 2006.

Band 127 Emilio Maus Ratz: Der Nacherfüllungsanspruch nach UN-Kaufrecht. Im Lichte der deutschen, spanisch-mexikanischen und US-amerikanischen Rechtswissenschaft. 2006.

Band 128 Constanze Jacobs: Die Sachmängelgewähr im deutschen und belgischen Kaufrecht nach Umsetzung der Verbrauchsgüterkauf-Richtlinie. 2006.

Band 129 Ulrike Teichert: Lückenfüllung im CISG mittels UNIDROIT-Prinzipien – Zugleich ein Beitrag zur Wählbarkeit nichtstaatlichen Rechts. 2007.

Band 130 Sascha Reichardt: Internationale Zuständigkeit im Gerichtsstand der unerlaubten Handlung bei Verletzung europäischer Patente. 2006.

Band 131 Bilgehan Cetiner: Die Sachmängelhaftung des Verkäufers im UN-Kaufrecht und im neuen deutschen Schuldrecht. Eine rechtsvergleichende Studie. 2006.

Band 132 Jan Streer: Die Umsetzung der Verbrauchsgüterkaufrichtlinie im englischen Recht durch die Sale and Supply of Goods to Consumer Regulations 2002. 2007.

Band 133 Kathrin Wannenmacher: Einstweilige Maßnahmen im Anwendungsbereich von Art. 31 EuGVVO in Frankreich und Deutschland: Eine Betrachtung ausgesuchter Verfahren des einstweiligen Rechtsschutzes im internationalen Zivilverfahrensrecht – gerichtliche Zuständigkeit, Anerkennung und Vollstreckung. 2007.

Band 134 Wim Kreytenberg: Die individuelle Schwerpunktbestimmung internationaler Schuldverträge nach der Ausweichklausel des Artikel 4 Absatz 5 Satz 2 EVÜ. Ein Beitrag zur Förderung von Rechtssicherheit und Einzelfallgerechtigkeit im europäischen Kollisionsrecht der Schuldverträge. 2007.

Band 135 Nikolaus Geiben: Der Vorvertrag im Internationalen Privatrecht. Unter besonderer Berücksichtigung des Immobilienerwerbs im portugiesischen und brasilianischen Recht. 2007.

Band 136 Predrag Maksimovic: Der Kapitalschutz im europäischen, serbischen und deutschen Recht der Gesellschaft mit beschränkter Haftung. 2007.

Band 137 Alexander Rathenau: Die Anwendung des EuGVÜ durch portugiesische Gerichte unter Berücksichtigung des autonomen internationalen Zivilverfahrensrechts. 2007.

Band 138 Matthias Creydt: Die Besicherung von Weltraumvermögenswerten. Ein neues einheitliches internationales Sicherungsrecht und dessen Vergleich zum US-amerikanischen Mobiliarsicherungsrecht. 2007.

Band 139 Oliver Borkhardt: Registerpublizität und Kollisionsrecht besitzloser Mobiliarsicherheiten nach dem neuen Art. 9 UCC. 2007.

Band 140 Jens Engelmann-Pilger: Deliktische Haftung für das Fehlverhalten Dritter im Common Law. 2007.

Band 141 Bastian Rotmann: Der Schutz des Dritten in der europäischen Mobiliarzwangsvollstreckung. Eine rechtsvergleichende Untersuchung vor dem Hintergrund der Verordnung (EG) Nr. 805/2004 zur Einführung eines Europäischen Vollstreckungstitels für unbestrittene Forderungen. 2007.

Band 142 Oliver Ratzel: Die Präklusion isolierter Unterhaltsverfahren durch den ausländischen Scheidungsverbund. Zugleich ein Beitrag zur internationalen Verbundszuständigkeit im Lichte der Quellenveränderung. 2007.

Band 143 Bettina Maria Stade: Die Konstitutionalisierung des Zivilprozessrechts in Spanien und Deutschland vor dem Hintergrund der Europäisierung des Zivilprozessrechts. 2007.

Band 144 Julia El-Bitar: Der deutsche und der französische Kulturgüterschutz nach der Umsetzung der Kulturgüterrückgaberichtlinie. Eine materiellrechtliche und kollisionsrechtliche Untersuchung. 2007.

Band 145 Aris Kaschefi: Sachmängelhaftung im französischen Kaufrecht vor und nach Umsetzung der Verbrauchsgüterkaufrichtlinie. Mit rechtsvergleichenden Hinweisen zum deutschen Recht unter besonderer Berücksichtigung von Weiterfressersachverhalten. 2007.

Band 146 Isabel Roth: Die internationale Zuständigkeit deutscher Gerichte bei Persönlichkeitsrechtsverletzungen im Internet. 2007.

Band 147 Theresa Wilhelmi: Das Weltrechtsprinzip im internationalen Privat- und Strafrecht. Zugleich eine Untersuchung zu Parallelitäten, Divergenzen und Interdependenzen von internationalem Privatrecht und internationalem Strafrecht. 2007.

Band 148 Alice Halsdorfer: Privat- und kollisionsrechtliche Folgen der Verletzung von Kulturgüterschutznormen auf der Grundlage des UNESCO-Kulturgutübereinkommens 1970. 2008.

Band 149 Thomas Müller-Froelich: Der Gerichtsstand der Niederlassung im deutsch-amerikanischen Rechtsverkehr. Eine Untersuchung zu Fragen der Entscheidungs- und Anerkennungszuständigkeit. 2008.

Band 150 Christopher Luhn: Privatautonomie und Inhaltskontrolle von Eheverträgen. Ein kritischer Vergleich des deutschen und des australischen Rechts mit Bezügen zum Internationalen Privatrecht. 2008.

Band 151 Kristin Kohler: Die grenzüberschreitende Verbraucherverbandsklage nach dem Unterlassungsklagengesetz im Binnenmarkt. 2008.

Band 152 Dorothee Maria Kaulen: Die Anerkennung von Gesellschaften unter Artikel XXV Abs. 5 S. 2 des deutsch-US-amerikanischen Freundschafts-, Handels- und Schifffahrtsvertrags von 1954. 2008.

Band 153 Birka Vanessa Stroschein: Parteizustellung im Ausland. Eine systemvergleichende Untersuchung des Gemeinschafts- und Staatsvertragsrechts unter Einbeziehung des deutschen, französischen, englischen und US-amerikanischen Zustellungsrechts. 2008.

Band 154 Nancy Gruschinkse: Das europäische Kollisionsrecht der Aufrechnung unter besonderer Beachtung des Insolvenzfalles. 2008.

Band 155 Hans-Christian Frick: Sprachrisiko im Zeitalter des Ethnomarketings. US-amerikanische Erfahrungen und europäische Rechtsentwicklung. 2009.

Band 156 Stephan Mangold: Verbraucherschutz und Kunstkauf im deutschen und europäischen Recht. 2009.

Band 157 Robert Beier: Die gesetzlichen Rechte des überlebenden Ehegatten nach dem deutschen und spanischen Kollisionsrecht. Unter besonderer Berücksichtigung der *viudedad aragonesa*. 2009.

Band 158 Julia-Marie Oppermann: Internationale Handelsschiedsgerichtsbarkeit und Verjährung. 2009.

Band 159 Stephan Boese: Strukturprinzipien im Gläubigerschutz. Eine rechtsvergleichende Untersuchung zur GmbH und zur englischen Limited Company. 2009.

Band 160 Thomas Rosa: Das Kaufrecht nach dem Zivilgesetzbuch der Tschechischen und Slowakischen Republik. Eine rechtsvergleichende Darstellung im Lichte des deutschen Bürgerlichen Gesetzbuches. 2009.

Band 161 Roland Weis: Rechnungslegungspflichten von EU-Scheinauslandsgesellschaften im Land ihrer tatsächlichen wirtschaftlichen Betätigung. Insbesondere im Hinblick auf in Deutschland tätige englische Limiteds. 2009.

Band 162 Henning Frase: "Leoninische Vereinbarungen" und Ergebnisbeteiligungspflicht im deutschen und italienischen Gesellschaftsrecht. Zum *patto leonino* des italienischen Rechts und möglichen Entsprechungen im deutschen Recht. 2010.

Band 163 Christiane Tödter: Europäisches Kindschaftsrecht. Nach der Verordnung (EG) Nr. 2201/ 2003. 2010.

Band 164 Edda Gampp: *Perpetuatio fori internationalis* im Zivilprozeß und im Verfahren der freiwilligen Gerichtsbarkeit. 2010.

Band 165 Mei Wu: Die Reform des chinesischen Beweisrechts vor dem Hintergrund deutscher und US-amerikanischer Regelungsmodelle. 2010.

Band 166 Corina Leimert: Stand und Entwicklung des italienischen Rechts der Unternehmenszusammenschlüsse (gruppi di società / gruppi di imprese). 2010.

Band 167 Kasim Özen: Die Scheidungsgründe im türkischen Zivilgesetzbuch. 2010.

Band 168 Helena Isabel Maier: Marktortanknüpfung im internationalen Kartelldeliktsrecht. Eine internationalzuständigkeits- und kollisionsrechtliche Untersuchung unter Einbeziehung rechts-vergleichender Überlegungen zum englischen Recht. 2011.

Band 169 Thomas Spernat: Die gleichgeschlechtliche Ehe im Internationalen Privatrecht. Unter besonderer Berücksichtigung des Einflusses des EG-Vertrags. 2011.

Band 170 Max Johann Lipsky: Statutenwechsel im italienischen Sachenrecht – Auswirkungen auf den Im- und Export von Mobiliarsicherheiten. Eine Untersuchung der rechtlichen Beständigkeit dinglicher Kreditsicherheiten im deutsch-italienischen Rechtsverkehr. 2011.

Band 171 Silvia Karolina Seilstorfer: Die Umsetzung der Verbrauchsgüterkaufrichtlinie in Portugal mit rechtsvergleichenden Hinweisen zum deutschen Recht. 2011.

Band 172 Stephan Georg Knöchel: Anerkennung französischer Urteile mit Drittbeteiligung. Eine Untersuchung der Anerkennung von Drittbindungswirkungen nach der EuGVVO und autonomem deutschem Recht. 2011.

Band 173 Kristina Menzel: Vollstreckungsschutz zugunsten privater Altersvorsorge. Eine rechtsvergleichende Untersuchung zum deutschen und schweizerischen Recht. 2011.

Band 174 Manuela Krach: Scheidung auf Mexikanisch. Das materielle Recht der Scheidung im Mehrrechtsstaat Mexiko unter Berücksichtigung von Eheschließung und Ehewirkungen. 2011.

Band 175 Vanessa Sofia Wagner: Verkehrsschutz beim redlichen Erwerb von GmbH-Geschäfts-anteilen. Ein Vergleich des Rechts für Gesellschaften mit beschränkter Haftung in Deutschland, England und Italien. 2011.

Band 176 Alexander Swienty: Der Statutenwechsel im deutschen und englischen internationalen Sachenrecht unter besonderer Betrachtung der Kreditsicherungsrechte. 2011.

Band 177 Kathrin Süß: Streitbeilegungsmechanismen im Verbraucherrecht. Unter besonderer Berücksichtigung der australischen Rechtsordnung. 2011.

Band 178 Efe Direnisa: Die materielle Rechtskraft im deutschen und türkischen Zivilverfahrensrecht. 2012.

Band 179 Julia Faenger: Leistungsunabhängige Nebenpflichten zum Schutz des Integritätsinteresses im deutschen und französischen Recht. Eine rechtsvergleichende Betrachtung ausgehend von den Rücksichtspflichten des § 241 Abs. 2 BGB. 2012.

Band 180 Dorothea Heine: Das Kollisionsrecht der Forderungsabtretung. UNCITRAL-Abtretungs-konvention und Rom I-Verordnung. 2012.

Band 181 Lisa B. Möll: Kollidierende Rechtswahlklauseln in Allgemeinen Geschäftsbedingungen im internationalen Vertragsrecht. 2012.

Band 182 Jutta Jasmin Uusitalo: Einbeziehung von AGB im unternehmerischen Geschäftsverkehr zwischen Deutschland und Finnland. 2012.

Band 183 Darya Alikhani Chamgardani: Der Allgemeine Teil des iranischen Schuldvertragsrechts. Im Spannungsverhältnis zwischen rezipiertem französischen und traditionellem islamischen Recht. 2013.

Band 184 Volker Anton: Aktuelle Entwicklungen des Bankgeheimnisses im Rechtsvergleich unter besonderer Berücksichtigung seiner exterritorialen Wirkungen. Deutschland, Luxemburg, Österreich, Schweiz und Liechtenstein. 2013.

Band 185 Charlotte Wilhelm: Die Regelung der Geld- und Warenkreditsicherheiten nach dem deutschen Recht im Vergleich zum Draft Common Frame of Reference (DCFR). 2013.

Band 186 Michael Nehmer: Erbunwürdigkeit und Elternunterhalt im Internationalen Privatrecht. Eine historisch-rechtspolitische Betrachtung. 2013.

Band 187 Pınar Şamiloğlu-Riegermann: Türkisches und deutsches Vertragshändlerrecht im Rechtsvergleich. 2014.

Band 188 Elvan Er: Realsicherheiten des türkischen Mobiliarsachenrechts. Eine Darstellung des geltenden türkischen Rechts unter vergleichender Berücksichtigung des deutschen und schweizerischen Kreditsicherungsrechts. 2014.

Band 189 Maya Mandery: Party Autonomy in Contractual and Non-Contractual Obligations. A European and Anglo-Common Law perspective on the freedom of choice of law in the Rome I Regulation on the law applicable to contractual obligations and the Rome II Regulation on the law applicable to non-contractual obligations. 2014.

www.peterlang.com

www.ingramcontent.com/pod-product-compliance
Ingram Content Group UK Ltd.
Pitfield, Milton Keynes, MK11 3LW, UK
UKHW022105051026
15623UKWH00003B/682

9 783631 788783